정책학개론

정정길
이시원 · 정준금 · 김성수
최종원 · 정광호 · 권혁주 · 문명재

大明出版社

서 문

1 사과는 심어서 6~7년이 되면 맛있는 열매를 얻을 수 있다고 한다. 그런데 이 사실도 정확하게 모르는 사람이 과수원을 만들어서 사과를 심고, 3~4년을 기다리다가 참지 못하여 뽑아 버리고 포도를 심었다. 포도가 수익성이 좋다는 소문을 들었기 때문이다. 그런데 포도를 처음으로 수확하는 해에 전국적으로 과잉생산이 되어 싼 가격으로 팔아넘겨야 했다. 다음 해에는 포도가 익을 때 쯤에 비가 많이 와서 또 큰 손해를 보았다. 참지 못한 주인이 포도를 뽑고 수익성이 좋다고 최근에 인기를 끌고 있는 불루베리를 심어 보려고 계획을 세운다. 이런 일이 되풀이 되면 과수원은 망해 버린다.

옆집 사람의 벼는 키도 크고 무성하게 잘 자랐는데, 자기 논의 벼는 약하고 키도 작아서 속이 상한 농부가 있었다. 벼를 빨리 키울 수 있는 묘안을 찾던 농부가 드디어 벼 뿌리를 뽑아 올려 키를 키우려고 결정하였다. 당연히 원래 튼튼한 뿌리를 지닌 벼를 제외한 대부분의 약한 벼들이 말라 죽게 되었다. 약한 벼를 키 키우려다 정반대의 결과를 얻게 된 것이다. 〈장자〉에 나오는 이야기이다.

이렇게 멍청하고 성미 급한 과수원 주인이나 농부는 찾아보기 힘들겠지만, 대한민국의 정부에서는 흔히 발생하는 일이 되고 말았다. 사실은 대한민국만이 아니라 많은 선진국에서도 볼 수 있는 기현상이다. 21세기가 되면서 세계적으로 나타나는 현상이 되었다. 왜 정부는 이렇게 무능한 것일까? 대통령, 국회의원, 고위관료 등등이 모두 바보가 아닌데, 왜 이럴까?

대학입시제도나 일자리 만들기 정책 등을 생각하면 쉽게 짐작할 수 있다. 정권에 따라 이렇게도 해보고 저렇게도 해보지만, 문제가 제대로 해결되는 경우는 흔하지 않다. 대부분의 경우 시행착오를 거듭하면서 정책문제는 더욱 악화되기도 하여 국민들은 정부에 대한 신뢰를 상실해 간다. 우리나라만이 아니라 세계적인 현상이다. 과거 1970년대 까지 국민들의 정부에 대한 신뢰도 70%대를 자랑하던 미국이나 독일 같은 국가도 2010년대에 접어들어 겨우 30%대의 신뢰를 받는 초라한 상태가 되었다.

2 정부에서 문제해결을 제대로 할 수 있는 바람직한 정책결정을 하지 못하

는 이유는 크게 두 가지이다. 첫째는 문제가 복잡하고 까다로워져 해결책을 쉽게 찾기 어렵기 때문이고, 둘째는 정책결정 참여자들의 주관적 이유이다. 먼저 국제적 문제가 무척 어려워졌다. 세계화가 진행되면서 정치 경제 사회 문화 모든 측면에서 국가 간의 관계가 긴밀해지고 복잡하여 국내문제와도 얽히게 되었다. 우리나라는 부존자원이 부족하고 국내시장이 좁아 수출에 크게 의존하는 경제(수출의존도가 50%에 육박한다)이기 때문에 대외문제는 사활이 걸린 중대한 문제가 된다. 수출을 하는 중견기업 하나가 도산하여도 수만 명의 실직자가 발생한다, 더욱이 국제상황은 끊임없이 변동한다. 동서 냉전체제가 붕괴된 지 30여년이 지난 현재 시점에서 중국과 러시아의 연합이 다시 강화되고, 중국의 팽창노력과 이를 억제하려는 미국의 아시아 전략, 심각한 북한의 핵문제 등이 얽힌 속에서 탈세계화와 지역패권주의가 다시 대두하고 있다. 언제 폭발할지 모르는 이스라엘과 중동의 대립, 이란의 핵무장 문제, 나토의 러시아 견제와 우크라이나 사태와 같은 갈등이 언제 우리의 수출환경을 급변시킬지 모른다. 설상가상으로 코로나 팬데믹 상황이 2년 넘게 계속되어 정부의 부담을 누적시키면서 경제를 위축시켜 많은 국가들이 위기상태에 빠지고 있다. 이러한 어려움 속에서도 선진국의 대열로 발돋움하는 한국이 짊어져야 할 국제사회에서의 인도주의적 의무와 무역국가 경제가 감당해야 할 국가적 이미지의 개선을 위한 일들이 새로운 국정과제로 계속 등장한다. 인류사회의 보편적 가치를 추구하면서도 경제적 국익을 우선하지 않을 수 없는 어려운 정책과제들이다.

국내정책문제가 해결이 무척 어려운 것은 우리 모두가 잘 아는 사실이다. 걸핏하면 악화되는 주택문제, 엄청난 부담이 되는 사교육비, 끊임없이 수정변경을 시도하는 대학입시제도, 청소년들의 학교폭력, 취업과 주거문제가 심각하여 결혼을 할 수 없는 젊은이들의 증가, 심화되는 저출산문제, 고령화와 코로나 피해보상비를 비롯하여 끊임없이 증가되는 복지비 등등 국가의 미래를 어둡게 하는 문제들이 산적해 있다. 특히 과학기술의 급속한 발달로 컴퓨터와 로봇이 인간노동을 대체하면서 일자리가 급속도로 감소하여 새로운 기술에 의한 일자리의 창출로서는 충분한 양질의 일자리를 만들 수가 없다. 대졸생의 미취업, 중장년의 조기퇴직, 상근직을 포기한 젊은이들이 대거 증가되어 수많은 사회문제를 파생시키고, 기존의 문제를 악화시켜서 우리를 벼랑 끝으로 몰고 가는 상황이 전개되고 있다. 이런 위기 속에서도 젊은이들에게 희망을 줄 수 있는 미래도 준비하여야 한다. 아무리 현재상황이 어려워도 해야 할 일이다.

불행하게도 이런 위기를 극복할 정책을 결정하고 집행을 담당할 주체들 측면에서의 장애물도 심각하다. 원래 정책의 결정이나 집행은 정부가 담당하는데, 실질적으로는 선거에서 승리한 대통령을 중심으로 구성된 집정부가 주도한다. 어떠한 정책이든 효과도 산출하지만, 부작용이나 비용도 반드시 발생시킨다. 효과를 얻는 국민들은 찬성하지만, 부작용이나 비용 때문에 고통을 받는 국민들은 반대하게 되어 있다. 더욱이 정책문제들은 대부분 얽히고설키어 한쪽을 건드리면 다른 쪽에서 새로운 문제가 발생하게 된다. 복잡하게 얽힌 대립관계가 형성된다. 한편 집정부의 집권자들은 지지집단의 요구를 우선적으로 고려하지 않을 수 없기 때문에 많은 사람들이 수용할 수 있는 대책을 만들기가 너무나 힘들다. 자연이 많은 반대자들의 저항을 유발한다. 이해관계만이 아니라 정책신념도 다양하다. 더욱이 대다수가 합의할 수 있는 문제해결책을 찾는데 필요한 지적 능력도 충분치 못하다. 착각이나 오해도 개입한다. 최근에는 남녀 간, 세대 간의 견해차이나 갈등도 심각해지고 있어 상황을 더욱 복잡하게 만든다.

이렇게 대립하거나 다양한 이해관계와 주장들의 소용돌이는 민주국가에서 당연한 상황이므로, 이 속에서 합리적인 결정을 할 수 있는 제도적 장치를 선진 민주국가들은 오래전부터 운영해 오고 있다. 선거에서 당선된 대통령 국회의원 등의 정치인들이 국민들의 다양한 뜻을 받아 정책의 기본방향과 핵심 내용을 결정하고, 세부적인 내용과 집행은 행정이 담당하도록 한 것이다. 정치는 국민들의 요구를 정책으로 전환하는 역할을 하고, 행정은 그 정책의 세부적 내용을 결정하는데 필요한 전문지식을 제공하여 정책이 정책문제를 바람직스럽게 해결할 수 있도록 보조하는 역할을 담당하게 한 것이다.

원래 행정이 담당하는 전문지식은 정책의 내용을 결정하는데 필요한 이론과 정책이 추진될 때 발생할 효과와 비용을 추정하는데 필요한 각종의 정보들이다. 합리적인 정책결정을 할 때 필요한 지적 능력을 최대한 적용하는 것이므로 정책결정에서 가장 중요한 요소이다. 그래서 분야별로 우수한 인재를 선발하여 신분보장을 하면서 이러한 지식을 축적하게 하는 것이다. 그러나 행정이 정책과정을 지나치게 압도하면, 권위적 과잉행정이 되어 급속한 시대변화를 따르지 못하고 과거 지식에 집착하면서 국민들 위에 군림하기 쉬워서, 민주주의가 발전하면서 행정통제를 강화하여 이를 극복해 왔다.

한편 편향적 과잉정치가 최근에는 한국의 정책과정을 압도하여 많은 문제를 발생시킨다. 일자리 문제 등 사회문제가 심각해지면서 본인의 고통해소를 강력하게 주장하는 국민들이 많아졌다. 다른 사람들이나 국가공동체의 공익 등에 미칠 피해를 고려할 여유가 없어진 경우가 많다. 그런데 지나치게 이기적인 주장은 상대방에게 심각한 피해를 주어 저항과 반발을 유발하고, 악순환이 시작되어 정책을 둘러싼 갈등은 양극화로 치닫게 된다. 결국 정치에서 제시할 수 있는 정책방향이나 정책의 핵심내용은 한쪽을 도우면서 상대편을 심각하게 희생시키는 편향적인 내용이 되기 쉽다. 물론 이는 상대편의 격렬한 반발을 불러일으키고 목소리가 큰 과격파가 주도하는 정치가 되어 합리주의자들을 압도한다. 예를 들면, 성장과 복지 어느 쪽에도 지나친 희생을 주지 않고 지속가능한 발전을 할 수 있는 정책은 채택하기가 어려워진다. 정치에서의 과격한 주장이 합리성을 담보하는 행정을 압도하여 합리적 결정에 필수적인 전문적 지식을 무시하여 나타나는 결과이다. 이러한 편향적 과잉정치를 견제하여 합리적인 내용을 결정하도록 집정부를 설득 보좌하는 역할이 행정의 임무가 된다. 그리고 최근에는 이 임무가 아주 중요해지고 있다. 그러나 불행하게도 행정은 이러한 임무를 제대로 수행하지 못하고 있다.

3 우리나라는 그동안 세계의 많은 국가들이 부러워하는 발전을 이룩하였다. 부존자원이나 축적된 자산도 없는 상태에서 출발하여, 이제는 외국에 원조도 주면서 선진국의 문턱까지 왔다. 경제의 기적적 고도성장과 정치적 민주화를 짧은 기간에 연이어 성공시켜 세계를 놀라게 하였다. 지금은 경제, 산업기술 등에서 세계 최고의 수준을 자랑하는 분야가 많을 뿐만 아니라, 문화적 측면에서도 세계 제일에 가까운 분야가 많다. 명실상부하게 선진국의 수준에 근접하고 있는 것이다.

그럼에도 불구하고 어둡고 불안한 측면이 너무나 많다. 앞에서 지적했듯이, 컴퓨터와 로봇의 급속한 발달로 사라지는 양질의 일자리를 대신할 새로운 일자리들이 빨리 마련되지 못하여, 모든 것들이 벼랑 끝으로 내몰리는 형국이다. 극복하기 어려운 위기 속에서 국가운영의 기본방향을 대전환해야 하는 역사의 새로운 변곡점에 조만간 부닥칠 것 같은 상황이 전개되고 있다. 우리는 그동안 고도성장과 정치민주화의 동시 성취라는 신화를 창조하면서 무수한 위기와 도전에 직면했고, 몇 번이나 부닥친 역사적 변곡점에서 도박적 선택을 강요받았다. 그리고 비록 적지 않은 잘못도 저질렀지만, 결정적인 실패 없이 이러한 위기와 도전을 극복하였고 변곡점도 통과하였다. 앞서간 선배들과 우리 모두의 노력으로 성취한 것은 틀림없지만, 우리의 지혜나 헌신만이 아니라, 대단한 국가적 행운이 따라 주었음도 틀림없다. 그러지 않고서야 인류역사상 유례를 찾기가 쉽지 않는 기적을 우리만이 이룰 수 있었겠는가? 끊임없이 등장하는 위기, 도전, 방향전환의 무수한 고비를 치명적인 좌절 없이 넘을 수 있었겠는가?

그러나 우리 모두가 알고 있듯이, 준비가 안 된 경우에는 모처럼의 행운이 와도 이를 붙잡을 수가 없다. 점점 더 악화되고 있는 국제적 문제, 국내적 문제, 특히 일자리 문제 등을 해결할 합리적인 방안을 마련하고 이를 충실히 집행하여야만, 우리 앞에 다가오는 행운도 잡을 수 있다. 물론 이것이 아주 어렵다. 그렇지만 불가능하지는 않다. 최선의 방법이 없으면, 차선의 방법, 그것도 없으면 차차선의 방법이라도 찾으면 된다. 어떻게 해야 하는가?

모든 지혜를 다 모아서 가급적 합리적인 결정을 하도록 해야 한다. 그러기 위해서 집정부가 합리적인 정책을 결정하도록 해야 하고, 특히 편향된 과잉정치로부터 정책을 구조해야 하는데, 이 임무는 행정의 전문성이 담당해야 한다. 앞에서 지적한 대로이다. 행정은 분야별로 필요한 전문성을 최대한 축적해야 하고, 축적된 전문성으로 집정부를 설득하고 경우에 따라서는 집정부와 대립하여 수용을 강제할 수 있도록 외부에서 행정을 지원해야 한다. 위축된 행정이 자부심과 용기를 지니도록 제도적 장치를 점검하는 등 행정환경을 개선해야 한다. 그리고 무엇보다 중요한 것은 과잉정치가 이해관계에 휘둘려 전문성을 무시할 때 각 분야의 지식계층이 행정을 지원하여야 한다. 지식인들이 정확한 정책평가를 하여 집정부가 올바른 결정을 할 때 이를 지지하면 더욱 좋다. 그러기 위해서는 각 분야의 지도적 역할을 할 사람들이 정책의 결정이나 집행에서 왜 전문성이 중요한지를 이해하여야 한다. 더 근본적으로는 바람직한 정책을 결정하고 집행하기 위해서 어떻게 해야 하는지, 왜 현실에서 이것이 잘 안되는지를 이해하여야 한다. 이것이 정책학에서 연구하고 전달하려는 메시지이다.

4 현실에서 바람직한 정책결정과 집행이 되지 않는 이유를 밝히는 것은 그 장애물을 극복하기 위한 전략을 수립하는데 필수적인 지식을 제공하기 위해서이다. 즉, 바람직한 정책결정과 집행을 위한 전략을 수립하기 위해서 현대적 정책학이 등장하게 된 것이다. 2차 세계대전을 종식시킨 원자탄의 위력을 보고 인류멸망의 가능성을 걱정한 라스웰(H. Lasswell)교수가 정부의 합리적 결정을 위

한 지식이 절실하게 필요함을 강조하여 현대적 정책학이 태동된 것이다.

바람직한 정책을 결정하고 집행하기 위해서 필요한 지식은 크게 두 가지이다. 하나는 정책의 주요 내용을 결정하는데 필요한 해당 분야의 전문지식이다. 물가가 갑자기 상승하는데 이를 안정시키려면 무엇을 해야 하는가? 통화량을 감소시키기 위해서 이자율을 인상해야 한다는 주장과 물가인상을 선도하는 품목에 대한 정부통제(가격동결 등)를 하자는 주장 중에서 어느 것을 채택할지는 인프레에 대한 경제학적 지식이 도움을 준다. 플라스틱제품에 의한 저수지오염을 감소시키기 위해서 플라스틱을 분해하는 미생물을 육성시키는 것이 가능한가를 알기 위해서는 그 분야의 전문지식이 필요하다. 이런 식으로 정책수단의 주요 내용을 합리적으로 결정하기 위해서 필요한 지식은 해당 분야의 전문지식으로 정책의 종류에 따라 다르고 이 부분은 정책학에서 취급하지 않는다. 경제정책, 교육정책, 보건정책, 환경정책, 국방정책 등등은 모두 해당 전공분야에서 담당한다. 학문간 분업을 하는 것이다. 두 번째의 것은 모든 정책에 공통적인 부분에 관한 지식으로서 이것이 정책학에서 제공하고 자 하는 지식이다. 모든 정책에 공통적으로 적용할 수 있는 합리적인 정책결정 방식, 현실적인 정책결정 방식과 과정, 합리적인 정책집행 방식과 과정, 그리고 이를 제약하는 요인들, 정책의 효과를 판단하는 방법과 그 제약요소들 등등이 바로 그것이다. 이들을 이 책에서 자세히 검토한다.

5 정책학에서 제공하는 지식이 최근 들어 더욱 중요해지고 있다. 앞에서 지적한 것과 같이, 각 분야에서 여론을 주도하는 지식계층의 정책에 대한 올바른 평가와 비판이 바람직한 정책결정과 집행에 가장 큰 힘이 된다. 그러므로 대학에 진학한 학생들은 전공에 관계없이 정책학에 대한 이해를 어느 정도 하고 있어야 한다.

행정고시를 거쳐 고위관료를 목표로 하는 학생은 말할 것도 없고, 9급시험에 응시하거나 공기업 등 공직에 진출하는 학생들이 정부의 정책결정과 집행에 관한 지식을 습득해야 함은 자명한 일이다. 공직에 진출하지 않더라도 법학 정치학 경제학 사회학 등의 사회과학을 전공하는 학생들도 정책학에 관한 기본지식을 지니고 있어야 한다. 사회과학은 그 궁극적 목적이 바람직한 사회를 만드는데 있고, 이를 위한 실천적인 방법의 중심부에 국가 또는 정부의 활동이 있어야 하기 때문이다.

필자들은 〈정책학 원론〉을 공저하였다. 1989년에 처음 출판된 이래 지금까지 대학이나 대학원에서 교재로 활용되고 있다. 그런데 정책학에 관한 지식의 필요성은 계속 증가하는데, 기존의 〈정책학 원론〉은 너무나 방대하여 쉽게 접근하기가 어렵다. 분량도 과다하지만 내용도 너무 세밀한 부분이 많아서 전체를 빨리 파악하기가 쉽지 않다. 행정고시를 준비하는 학생들이나 정책학전공을 하는 대학원 학생들에게는 필요하지만, 정책학에 대한 개요를 터득해야 하는 1, 2학년 학부생들에게 너무 과중한 부담이 된다. 정책학의 기본내용은 사회과학 어느 분야를 공부하든지 반드시 이해하여야 하는 지식인데도 불구하고 학생들이 기피하는 원인을 제공하는 셈이다. 그래서 정책학의 기본이 되는 부분만 뽑아서 쉽게 접근할 수 있게 만들자는 생각을 5~6년 전부터 필자들 간에 공유해 왔다.

그리하여 3년 전부터 본격적으로 작업을 시작하여 이제야 결실을 본 것이다. 〈정책학 원론〉의 공동저자들이 분야별로 분담하여 중요 내용만 발췌하고, 이를 종합하여 정리를 하였다. 내용을 좀 더 자세히 알고 싶거나 고시준비를 하는 학생들은 〈정책학 원론〉을 참고하는 것이 좋다. 종합정리과정에서 이시원·정준금·김성수 교수 세 분이 큰 수고를 하였다. 발췌 부분이 담당 교수별로 분량 면에서 차이가 나고, 문체도 약간 식 다를 수밖에 없기 때문이었다. 그뿐 아니라 학생들이 좀 더 친근하게 정책학에 접근할 수 있도록 〈Behind Story〉·〈사례〉 등을 준비하고, 여러 가지 부수적인 일들을 모두 담당하였다. 이 세 분께 공동저자 모두가 감사드린다.

이 책으로 정책결정·집행·평가 등에 대한 기본지식을 획득하여 지식인들이 올바른 정책비판을 하고, 이를 밑거름으로 한국정부가 올바르게 정책을 추진하여 지금의 어려움을 극복하고, 젊은이들에게 희망을 줄 수 있는 미래가 열리는 데 조금의 기여라도 할 수 있기를 기원한다.

2022년 7월

저자 일동

목 차

제 1 장 정책과 정책학

제 7 장 정책집행론

제 8 장 정책평가론

제 9 장 정책변동론

|제 1 장| 정책과 정책학

개 요

정부 정책은 한 개인이나 특정 집단에 영향을 미칠 뿐만 아니라, 국민 또는 인류 전체에도 영향을 미친다. 따라서 한 국가에서의 잘못된 정책으로 인한 피해도 인류 전체로 확대될 수 있다. 정책학은 바로 이러한 정책을 바람직하게 결정하고 집행하기 위해서는 어떻게 해야 하는지를 논의하는 학문이다. 정책학의 연구대상인 정책은 정책목표, 정책수단, 정책대상집단 등을 주요 구성요소로 하며, 이 장에서는 이들의 개념을 자세히 설명하고 있다. 또한 정책은 다양한 유형으로 구분되는데, 이 장에서는 Lowi의 주장에 따라 배분정책, 규제정책, 재분배정책 등으로 구분하여 각 정책유형의 개념 및 정책과정상의 특징 등을 설명하고 있다. 이 장에서는 학문으로서의 정책학의 등장 배경과 학문적 목적, 정책학의 연구대상 및 방법 등을 논의하고 있다. 정책학의 연구대상은 정책이며, 정책이 형성되고 집행되는 '정책과정'을 주된 연구범위로 한다. 또한 정책학은 경험적·실증적 접근방법과 규범적·처방적 접근방법을 사용하여 정책과정을 정확히 파악하고 이를 바람직하게 할 수 있는 방안을 제시하고자 노력한다.

제 1 절 정책의 중요성

현대국가의 정책은 대내적·대외적 정책을 막론하고 하나하나의 영향력이 막중하고 동시에 인간생활의 모든 부문에 침투하고 있을 정도로 확대되고 다양화되었다.

1951년도에 Lasswell(라쓰웰)이 국가의 정책을 체계적인 학문의 연구대상으로 삼아야 한다고 주장한 배경에는 2차 세계대전을 전후해서 경험한 새로운 정책이 인류의 장래에 미친 영향 때문이다. 1945년 8월 6일 미국 대통령에 의해 최종적으로 결정된 일본의 히로시마 원자탄 투하는 2차 대전의 종식이라는 결과를 가져온 중대한 군사정책결정의 한 사례이다. 수 만 명의 목숨을 앗아간 원자폭탄은 단지 일본만이 아니라 인류 전체의 운명을 좌우할 수 있는 정책결정의 대상이었다. 이러한 위험의 존재는 급속하게 발전하는 과학기술을 인류의 복지를 위해 사용하기 위한 사회적 장치의 필요성을 절감하게 하였으며, 정책결정이 잘못되면 인류를 멸망시키는 상황까지도 초래할 수 있다는 점에서 합리적인 정책결정이 얼마나 중요한가 하는 것을 단적으로 보여 주었다. 인류를 파멸의 구렁텅이에서 구제해야 한다는 절박한 각성은 바람직한 정책의 결정을 위한 여러 사회과학자들의 새로운 노력을 촉구하게 되었으며 정책에 대한 새로운 관심을 고조시킨 하나의 계기가 되었다.[1)]

한편 국내정책도 국민들의 일상생활에 커다란 충격(혜택이나 피해)을 가져온다. 1960년대, 70년대에 걸쳐 추진했던 경제성장정책은 우리나라의 모습을 완전히 바꾸어 놓았으며, 고등학교 평준화 같은 교육정책은 학생, 학부모, 그리고 교육내용 전반에 걸쳐 혁명적 변화를 일으켰다. 1980년대의 정보화 추진정책은 우리들 모두의 일상생활에 상상할 수 없을 정도의 커다란 영향을 미쳐왔고, 2000년부터 시행된 의약분업정책도 일반국민들의 의료이용 관행에 커다란 변화

1) 현대 「정책학」의 효시라고 불리는 Lasswell의 편저 「정책학」의 권두언을 쓴 Rothwell은 첫 문장에서 '핵 거인과 윤리적 어린이'의 문제를 지적하고 있다(Lerner and Lasswell(eds.), 1951).

를 가져온 대표적인 정책이다.

이와 같이 국가의 정책은 질적으로나 양적으로 국민생활의 모든 부문에 침투하고 있을 정도로 확대되고 다양화되었다. 이는 현대국가의 활동이나 기능의 양적 팽창에 기인하는 것으로서, 현대국가는 국토방위, 치안 등의 전통적인 국가기능 이외에도 경제, 통상, 교육, 복지, 보건의료, 노동, 환경문제 등 거의 모든 중요한 문제의 해결을 위하여 인적·물적 자원의 획득과 배분을 행하고 있다. 이러한 중요한 정책이 잘못 결정되거나 잘못 집행되고 평가되면 크게는 인류의 운명을 그르치고, 작게는 국민생활이 어려워질 것이다. 반대로 바람직한 정책의 결정과 집행, 그리고 평가는 인류의 미래를 밝게 하고, 국가와 민족의 발전에 커다란 도움이 될 것이다. 그러나 불행하게도 현실에서의 정책결정과 집행, 그리고 평가는 우리들이 원하는 만큼 바람직스럽게 수행되지 못하고 있다. 그렇다면 왜 정책이 잘못 결정되고, 집행되며, 평가되는가? 이를 극복할 수 있는 방법은 무엇인가? 이러한 질문에 대한 답변을 찾기 위하여 정책학이 등장하였다. 즉, 바람직한 정책의 결정·집행·평가에 필요한 지식을 제공하기 위하여 정책학은 연구되기 시작한 것이다.

Behind Story 1-1 **현대정책학의 출발**

1945년 8월에 일본 히로시마에 투하된 원자탄은 2차 대전을 단번에 끝내었을 뿐 아니라, 인류를 멸망시킬 수 있는 가능성을 현실적으로 보여 준 무서운 사건이었다. 나치 독일이 먼저 원자탄을 개발하지 못한 것은 천만 다행이었지만, 3~4년이 지나면서 프랑스 소련 중국 등이 경쟁적으로 원자탄을 개발하기 시작하였다. 역사적으로 보면 20~30년에 한번 씩 강대국들 간의 거대한 전쟁이 있어 왔기 때문에 멀지 않아 이들 강대국들이 원자탄을 사용하여 인류 전체가 멸종되는 것이 필연적일 수도 있게 되었다.

강대국들 간의 국가이익을 위한 전쟁만이 아니라, 흉악한 악당이나 미친 과학자가 원자탄을 악용하여 강대국들 간의 전쟁으로 연결될 가능성도 많아 보였다. 1960년대에 대유행을 한 영화 〈007 제임스 본드 시리즈〉는 대부분 이러한 주제를 가지고 사람들의 비상한 관심을 끌었던 것이다.

원자탄의 개발만이 아니라 원자력발전 등 원자력의 평화적 이용 등에 대하여 강대국 정부들이 합리적인 대책을 강구하지 않으면, 인류멸종이 시간문제인 것 같이 보였다. 당연히 세계의 지성인들은 정부의 지도자들과 과학자들이 합리적인 대책을 강구해 주기를 간절히 바랐다. 이러한 지성인들 중의 한 사람인 라스웰(Harold Lasswell) 교수가 국가의 정책이 합리적으로 결정되는데 필요한 지식을 제공해야 한다고 학자들에게 호소하기 시작했다. 1950년대 초에 이런 내용을 담아 발표된 라스웰 교수의 논문이 현대정책학의 시발점이 되었다.

제2절 정책의 개념

정책학에서 연구하고 있는 여러 가지 대상의 핵심이 되는 것이 '정책'이라는 사회현상이다. 간단하게 말하면 〈정책은 정부가 하는 일의 기본방침〉이라고 볼 수 있다. 국방, 치안, 교육, 경제, 복지, 보건 등의 국가기능을 국민을 위하여 수행할 때 그 기본방침을 말하는 것이다. 이렇게 생각하고 정책학을 공부해도 큰 문제가 없다. 물론 좀 더 구체적으로 들어가면, 학자들 간에 의견의 통일을 보기가 쉽지 않다. 실제현상들을 연구하게 되면 연구자가 현상의 어느 측면을 보다 중시하느냐에 따라서 연구대상이 조금씩 달라지기 때문이다.[2] 이 책에서

2) 정책의 개념에 대해서는 다양한 견해가 있다. 이는 정책의 제 측면 중에서 학자들마다 중요하다고 생각하는 측면이 제각기 다르기 때문이다. 그러므로 이들 다양한 정책개념을 간단하게 검토하면 학자들의 견해를 알 수 있을 뿐만 아니라 이들이 중요하게 생각하는 정책의 측면을 이해할 수 있다. 여러 학자들의 정책에 대한 개념정의를 간단하게 검토하면 다음과 같다. Lasswell(라쓰웰)은 Kaplan(카플란)과의 공저에서 "정책은 목적가치와 실행을 투사한 계획"이라고 부르고 이 때의 계획(또는 프로그램)은 일련의 행동경로(course of action)를 의미하는 뜻으로 쓰고 있다(Lasswell and Kaplan, 1970). Lasswell에서 보듯이 정책의 개념을 목표와 수단의 결합으로 보는 것은 대부분의 학자에게 공통적이다. Wildavsky(윌다브스키)도 Pressman(프레쓰만)과의 공저에서 정책을 "목표와 그것의 실현을 위한 행동으로 구성된 것"이라고 생각하고 있다(Pressman and Wildavsky, 1979).

허범(1981) 교수도 정책을 "가치관 속에 들어 있는 당위성과 현실적으로 가능한 행동을 통합함으로써, 문제시되는 어떤 현실의 내용(환경의 부분)을 바람직한 방향으로 변화시키려는 지침적 결정"이라고 보고 있다.

Dror(드로)(1983)는 정책이란 "주로 정부기관에 의하여 결정이 되는 미래를 지향하는 행동의 주요지침이며, 이 지침(정책)은 최선의 수단에 의하여 공익을 달성할 것을 공식적인 목표로 삼는다"고 보고 있다. Lowi(로위)(1970)는 정책은 "의도적인 강압", 즉 강압의 목적, 수단주체, 대상을 밝히려는 설명으로 정의하고 있다.

이상과 같은 포괄적인 정책 개념에 비해서 정책의 일부 측면만을 강조한 개념 정의도 많은데, 예를 들면 Lindblom(린드블롬)과 같이 정책수단만을 강조하는 경우(Braybrooke and Li-

는 정책내용을 좀 더 구체화시켜 다음과 같이 정의하기로 한다. "정책은 바람직한 사회상태를 이룩하려는 정책목표와 이를 달성하기 위해 필요한 정책수단에 대하여 권위 있는 정부기관이 공식적으로 결정한 기본방침"이다. 정책의 이러한 내용은 다음 절에서 자세히 검토된다.

한편 정책이라는 용어와 비슷한 여러 가지 용어들이 상식적으로 사용되고 있다. 시책, 대책, 정부방침, 정부지침 등의 용어들이 그것이다. 뿐만 아니라 법률, 규칙, 기획, 계획 등도 정책과 혼용되고 있다. 이들을 이론적으로 엄격하게 정의하기가 극히 어렵다. 그러나 이들은 정책이라는 동일한 현상을 다른 각도에서 파악한 내용이 많아서 정책과 이질적인 것은 아니다.

우선 시책, 대책, 사업 등은 정책과 거의 같은 뜻으로 쓰이는 상식적인 용어이다. 그러나 이들은 정책 중에서 하위정책을 의미할 때가 많다. 정책구조에서 보았을 때 상위목표의 구체화는 하위목표로 나타나게 되는데, 이것은 상위정책의 집행과정에서 발생하는 현상이다. 이때 상위정책의 집행을 위한 하위정책은 흔히 시책이라고 불린다. 이러한 목표-수단의 계층제적 구분은 정책(policy)과 프로그램(program), 그리고 프로젝트(project)의 구분과 유사하다. 즉, 정책을 구체화하면 프로그램으로 구분되고, 또 프로그램은 프로젝트로 구체화되어 집행된다. 여기에 대해서는 뒤에서 자세히 볼 것이다.

계획(plan)은 사회계획, 이보다 범위가 좁은 경제계획, 경제개발계획, 사회복지계획 뿐만 아니라 부문계획으로 볼 수 있는 자원계획(자원의 보존과 이용을 위한), 지역계획, 도시계획 등 무수히 많다. 계획은 이렇게 그 종류가 다양하기 때문에 정책만큼이나 개념정의가 어렵다. 계획은 그 구성요소로서 목표와 수단을 지니고 있으며 정부계획의 경우는 수립주체도 정부이므로 정책과 공통적인 요소를 지니고 있다.

법률은 일반적으로 정책과 본질적으로 동일하다. 즉, 정책과 마찬가지로 법률에도 목표가 있고 최후수단으로서 강제력이 보유되고 대상집단으로 규제될 인간이 있으며, 법의 내용을 실현할 정부의 강력한 의지가 있다. 원래 법률은 국민의 대표기관인 국회의 의결을 거친 것이며 국가의 중요한 정책은 반드시 국회의 의결을 거쳐야 하므로 법이 곧 정책이라는 생각엔 틀린 것이 없다. 즉, 법률

---

ndblom, 1970), Easton(1953)과 같이 정책목표나 정책이 국가사회에서 담당하는 역할이나 기능을 강조하는 경우 등이 그것이다.

은 정책의 한 형태라고 할 수 있다. 특히 강제력을 동원하여 국민의 권리행사나 행동의 자유를 제한하는 규제정책은 정부에 의한 남용의 가능성이 있으므로 국회의 의결을 거치는 법률의 형태를 띠고 있는 것이 대부분이다.3) 하지만 모든 정책이 법률의 형식을 취하는 것은 아니다. 예컨대 배분정책의 경우에는 법의 형식을 취하지 않고 행정부에서 결정되는 것도 많은데 이는 행정부가 전문기술과 권한을 장악하고 있기 때문이다.

제3절 정책의 구성요소

이와 같은 정책에 대한 정의에는 여러 가지 중요한 요소들이 포함되어 있다.

첫째, 정책은 정책목표를 지닌다. 비록 그 내용이 분명하지 않거나 표면상으로는 보이지 않는 경우가 있지만 원칙적으로 정책은 정책을 통해서 달성하고자 하는 목표를 가지고 있다. 둘째, 정책목표를 달성하기 위한 정책수단 역시 정책의 중요한 구성 요소이다. 셋째, 정책목표와 정책수단의 세밀한 부분까지 정책 속에 구체화되는 경우도 있지만 이는 원칙적으로 정책의 집행과정에서 일어나는 현상이므로, 정책은 원칙적으로 정책목표와 수단의 기본방침만 포함하는 것으로 정의하기로 한다. 넷째, 정책은 권위 있는 정부기관에 의하여 결정된 것이며 보통의 경우에는 공식적으로 천명된 것이다.

정책의 구성요소를 하나하나를 검토하면 정책의 의미를 어느 정도 이해할 수 있다. 이들 중 정책목표와 정책수단이 가장 핵심적 요소이며 이들과 정책대상집단을 합하여 정책의 3대 구성요소라고 볼 수 있다.

---

3) 사실 절대군주국가에서 군주가 이 강제력을 악용하여 국민의 재산을 약탈하고 생명을 빼앗았으며 신체의 자유 등을 박탈했다. 이를 타도한 시민혁명에서 제일 먼저 수립한 제도는 국민의 권리·자유의 제한을 반드시 국민의 대표기관인 국회의 의결을 얻은 법률에 의하도록 함으로써 국민의 기본권을 보장하는 것이다.

1 정책목표

1) 개 념

"정책을 통하여 이룩하고자 하는 바람직한 상태(desirable state)"를 정책목표라고 한다. 예를 들면, 경제안정정책의 목표는 경제의 안정이고, 대도시 교통정책의 목표는 교통의 원활이며, 보건정책의 목표는 국민건강의 향상인 것과 같다. 정책목표는 미래성과 방향성을 가지고 있다. 즉, 시간적으로 보아서 미래에 도달하고자 하는 바람직한 상태이며(흔히 학자들이 바람직한 미래상이라고 표현하는 것이다), 그대로 방치할 경우 도달할 수 없기 때문에 정책을 통해서 실현하고자 하는 발전지향적 성격 또는 의지를 포함한다. 그리하여 정책목표는 정책의 존재이유가 되는 것이다. 또한 정책목표는 무엇이 바람직한 상태인가를 판단하는 가치판단에 의존하기 때문에 주관적이며, 규범적인 성격을 지니고 있다.

정책은 정치체제가 환경에 대하여 산출물로서 내어놓은 것이므로 정책목표에서 달성하려고 하는 바람직한 상태는 정치체제 내부가 아닌 '사회상태'에 관한 것이다. 즉 국민을 위하여 국가기능을 구체적으로 정부가 추진하는 것이다. 예를 들면, 물가안정, 교통의 원활화, 국민보건의 향상, 공해의 감소 등과 같다. 이렇게 정책목표를 사회의 어떤 상태에 관한 것으로 한정시키면 정부의 조직을 변경·축소시키려는 정부기구 축소정책이나 인사의 기본방침을 밝히는 인사정책 등은 비록 이들이 정책이란 이름을 지니고 있더라도 그 정책목표가 '사회'의 바람직한 상태가 아니므로 우리가 말하는 좁은 의미의 정책은 아니다.[4] 사실 위의 것들은 조직관리의 기본방침이나 조직개혁 또는 인사관리의 기본방침이라 부르는 것이 보다 타당할 것이다.

정책목표가 달성되어 나타나는 결과를 정책효과(policy effect)라고 부른다. 그러므로 효과성(effectiveness)은 정책목표의 달성정도를 의미한다. 일반적으로 정책효과는 정책목표 달성 후 나타나는 상태 변화를 의미한다. 예를 들어 차량이 지체되는 도로의 소통을 개선하기 위하여 도로신설 정책을 추진한 결과, 예

---

4) Lowi(1972)는 구성정책이라고 하여 정치체제 구조나 제도의 변화를 목표로 하는 것을 정책의 일종으로 보고 있으나 여기서의 좁은 의미의 정책에서는 제외된다.

전에 시속 15km였던 평균속도가 25km로 개선되었다면, 속도개선 10km가 정책효과가 될 것이다. 이 정책효과는 정책산출(policy output)에 의해 야기되는데, 이 경우 새롭게 건설된 도로가 정책산출물이 될 것이다.

정책효과에는 부수효과(side effect)도 있다. 이는 정책담당자가 애초에 의도하지 않았던 효과를 의미하는데, 성격에 따라 긍정적인 것과 부정적인 것으로 구분할 수 있다. 예컨대 차량지체를 해소하기 위해 도로를 신설했는데, 의도하지 않게 지역상권을 활성화시켰다면 긍정적 부수효과가 나타난 것이며, 차량 속도가 빨라지면서 이전보다 대형교통사고가 증가했다면 부정적 부수효과(즉, 부작용)가 발생했다고 할 수 있다.

한편 정책결과(policy outcome)는 정책집행의 결과로서 나타나는 것으로 정책효과, 부수효과에 추가하여 정책을 실현하기 위해 지불한 모든 사회적 희생(즉, 나중에 보게 될 정책비용)도 포함한다. 이런 맥락에서 정책영향(policy impact)이라는 용어도 정책결과와 거의 같은 뜻으로 쓰이고 있다.

2) 정책목표의 종류

정책목표는 여러 가지 기준에 따라서 분류할 수 있다. 예를 들면 달성하고자 하는 상태의 내용이 무엇이냐에 따라서 경제적 목표, 사회적 목표, 문화적 목표, 정치적 목표 등으로 나눌 수 있다. 그러나 우리는 여기서 앞으로의 논의를 위해서 꼭 필요한 분류만을 보기로 한다. 정책목표는 소극적 목표와 적극적 목표로 나눌 수 있다. 소극적 목표는 치유적 목표(remedial goal)로 지칭되는 경우가 많다. 그리고 적극적 목표는 창조적 목표라고 부를 수도 있다. 이에 대해서는 아직 학계에서 자세히 다뤄지고 있지는 않다.

치유적 목표 또는 소극적 목표는 문제 발생 이전에 존재하던 상태를 정책목표로 삼는 경우이다. 정책문제가 발생하지 않았던 상태로 되돌아가는 것이 목표이므로 소극적이라고 부를 수도 있다. 예를 들면, 공해방지를 정책목표로 하는 경우는 공해라는 정책문제를 해결하여 과거에 공해가 없었던 상태로 되돌아가고자 하는 목표를 지닌다.

한편 적극적 목표 또는 창조적 목표는 과거에 경험해보지 않은 새로운 상태를 창조하려는 것으로서 정부가 적극적인 태도를 취하는 경우를 일컫는다.

2030년도에 1인당 국민소득 $70,000을 달성하겠다든가 수출을 2조 달러 달성하겠다는 목표 등이 여기에 속한다. 여러 나라에서 추진하고 있는 경제개발계획이나 경제개발정책에서 흔히 발견된다.

그러나 양자의 구별이 언제나 뚜렷한 것은 아니다. 과거에 경험해 보았던 상태인지 아니면 전혀 새로운 상태인지를 구별하기 힘든 경우도 있기 때문이다. 또한 더욱 중요한 것은 정책문제 해결로써 도달되는 상태가 반드시 과거에 존재하였고 그래서 우리가 경험했던 상태만은 아니라는 것이다. 그럼에도 불구하고 굳이 양자를 구별하는 것은 이들 목표의 차이에 따라 정책목표의 결정이나 정책수단의 탐색방법, 정책수단의 성질이나 정책 관련자의 정책에 대한 태도 등이 달라질 수 있기 때문이다.

위에서 본 정책목표와 정책문제와의 관계는 다음 그림과 같이 정리된다.

〈그림 1-1〉 정책문제와 정책목표

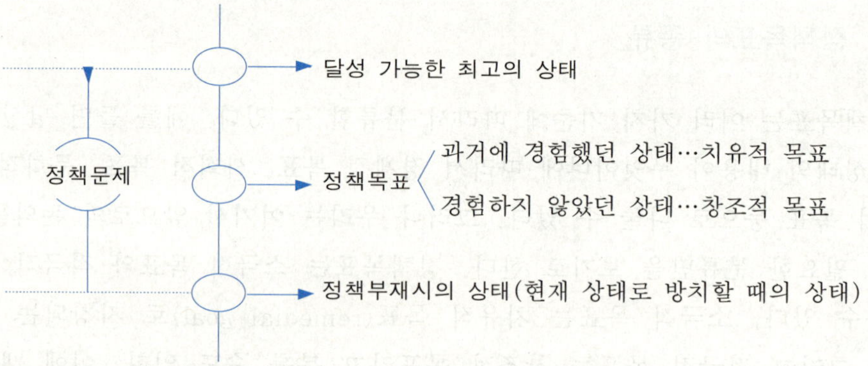

3) 정책목표의 상호관계

하나의 정책이 여러 가지 정책목표를 지니고 있는 경우가 많다. 이들 목표는 경우에 따라서는 상호 모순·충돌하기도 하고 서로 보완적이기도 하며 때로는 독립적이기도 하다. 또 어떤 경우에는 동일한 수준에 있는가 하면 어떤 경우에는 상·하 관계에 있는 수도 있다.5) 여기서는 다음의 논의를 위해서 필요한 목

5) 정책목표들 간의 모순·충돌, 보완적 또는 독립적 관계 등은 후술하는 제8장의 합리적·분석적 정책결정에서 자세히 언급하고 있음.

표의 상·하 관계에 대해서만 살펴보기로 한다. 목표들은 서로 상·하 관계를 지니고 있을 수 있으며 이는 목표-수단의 계층제(ends-means hierarchy)로 표현된다. <그림 1-2>는 교통정책을 예로 들어 이러한 관계를 나타낸 것이다.

<그림 1-2>에서 보는 바와 같이 도로확장 공사를 하고 있는 이유는 출퇴근 시에 많은 차량이 밀리는 것을 방지하여 차량이 신속하게 통행할 수 있도록 하려는 것이다. 한편 차량통행의 신속화는 교통의 원활화라는 보다 상위목표를 위한 수단으로서 역할을 한다. <그림 1-2>의 화살표 아래 부분에 있는 것들은 바로 위의 것에 대한 수단의 역할을 하고, 반대로 위의 것은 화살표 아래 부분에 대하여 목표의 역할을 한다. 또한 도로의 신설·확장이나 지하철의 확대, 또는 버스의 증차 등을 위해서도 여러 가지 수단들을 마련할 수 있고, 이 수단들을 달성하기 위한 하위수단들도 역시 마련할 수 있다. 이렇게 하여 <그림 1-2>는 거대한 피라미드식의 계층제를 구성하는데, 이것을 바로 수단-목표 또는 목표-수단의 계층제라고 부른다.

〈그림 1-2〉 목표-수단의 계층제에 대한 예

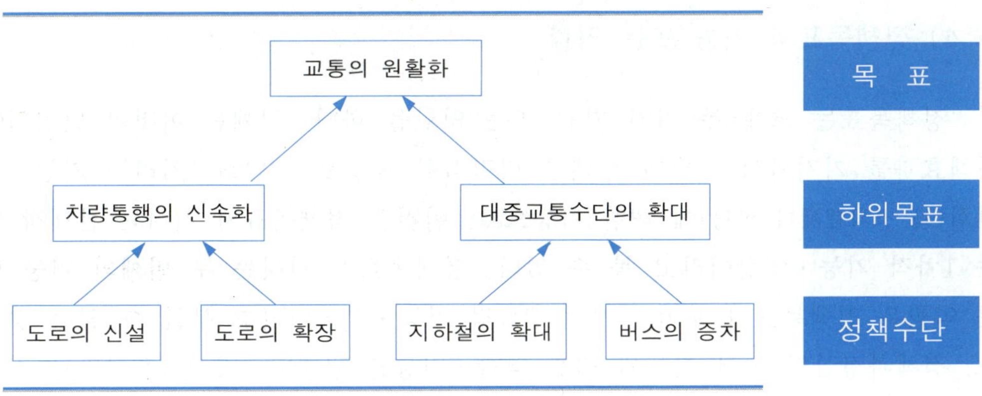

목표-수단의 계층제에서 볼 수 있듯이 어떤 요소가 상위목표를 지니면서 하위수단에 대해서는 그 자신이 목표로서 역할을 하는 경우에 이 목표를 도구적 목표(instrumental goal)라고 한다. 이 도구적 목표의 경우에는 다음과 같은 그림을 생각할 수 있다.

〈그림 1-3〉 최종목표-상위목표-하위목표의 예

하위목표 ——— 목표 —— 상위목표 ——— · · · ——— 최종목표
(sub-objective) (objective) (ultimate goal)

위의 <그림 1-2>와 <그림 1-3>에서 보듯이 보통의 경우 정책목표는 이를 좀 더 구체화하기 위한 정책수단으로서의 하위목표를 지니고 있으며, 자신을 통하여 달성하려고 하는 상위목표를 지니고 있다. 예를 들면, '교통의 원활화'라는 목표는 '차량통행의 신속화'라는 하위목표를 가지고 있으며, '시민생활의 편의증진'이라는 상위목표가 있을 수 있다. 또 시민생활의 편의증진이라는 상위목표 위에는 '시민행복 수준의 향상'이라는 더 상위의 목표가 있을 수 있다. 이와 같이 상위목표는 또 그 위에 상위목표가 있을 수 있으며, 맨 마지막에 그 이상의 상위목표가 없는 목표를 최종목표(ultimate goal)라고 부른다. 이러한 최종목표는 논리적으로는 존재하더라도 실제로 명확히 규정하기는 쉽지 않다.

4) 정책목표의 기능 또는 역할

정책목표는 크게 두 가지 기능 또는 역할을 한다. 첫째는 이것이 달성되어 정책효과를 가져와서 사회의 상태를 바람직한 방향으로 변화시키려는 기능, 즉 사회(곧 정치체제의 환경)에 대한 기능으로, 이것은 정책목표가 지니는 본래적 또는 1차적 기능·역할이라고 볼 수 있다. 정책목표가 지니는 두 번째의 기능 또는 역할은 정책목표의 부차적 또는 2차적 기능·역할이라고 부를 수 있는 것으로, 정책과정상의 여러 활동에 대한 역할·기능을 말한다. 정책목표야말로 정책의 존재이유가 되기 때문에 정책과 관련된 여러 과정이나 활동에서 길잡이 또는 목표물의 역할을 하는데 여기에는 다음의 세 가지가 중요하다.

(1) 최선의 정책수단 선정 기준

정책목표는 여러 가지 정책수단 중에서 최선의 것을 선택하는 기준이 된다. 다만 다음에 자세히 보듯이(제5장 5절) 최선의 정책대안 또는 수단을 선정하기 위해서 사용되는 기준으로서는 목표달성의 정도(효과성)만이 아니라 효율성과 같은 다른 기준도 있다. 하지만 이러한 목표달성의 정도가 대안선택에 있어서 가

장 중요한 기준 중의 하나임에는 틀림없다.

(2) 정책집행에 대한 지침

정책결정을 할 때 집행과정에 필요한 정책수단의 내용이나 기타 필요한 활동을 모두 결정할 수는 없다. 그래서 집행과정에서 실질적인 결정이 많이 일어나고 이에 따른 집행활동이 이루어지는데 이때 집행과정상에서의 결정이나 활동은 정책목표 달성의 극대화를 기준으로 삼는 것이 일반적이다. 따라서 정책목표는 정책집행과정에서의 결정이나 활동에서 길잡이 역할을 한다. 물론 여기서도 비용 등을 고려하는 효율성이 중요한 기준이지만, 정책목표 역시 정책집행의 지침으로서의 역할을 한다.

(3) 정책평가의 기준

정책평가는 정책을 사후적으로 평가하는 것인데, 일반적으로 정책집행과정에서의 평가(형성적 평가 또는 과정평가)와 정책목표달성으로 나타난 정책효과의 발생여부를 판단하는 평가(총괄적 평가)로 분류한다.(이에 대해서는 제8장 2절에서 설명) 후자의 경우는 말할 것도 없지만, 전자의 경우에도 바로 위의 (2)에서 본 바와 같은 이유 때문에 정책목표가 그 평가기준이 된다.

이상과 같이 정책목표는 정책과정상의 여러 결정이나 활동에 대한 길잡이의 역할을 하는데 이러한 경우 역할을 제대로 수행하기 위해서는 정책목표들이 명확하게 구체화되고 상호 모순·충돌이 없어야 한다. 그러나 현실에서는 추상적이고 모호할 뿐만 아니라 상호 모순되는 정책목표가 흔히 존재한다. 이에 대해서는 제5장 2절에서 자세히 논의할 것이다.

2 정책수단

1) 개념과 중요성

정책수단은 정책목표 달성을 위한 수단이다. '교통의 원활화'라는 정책목표를 달성하기 위해서 대중교통수단을 확대하고 도로를 신설·확장하는 것 등이 정책수단이 될 수 있다. 흔히 정책수단은 정책이라는 말과 혼동되어 쓰인다. "모든 정책은 달성하려는 목표를 지니고 있다"라든가 "목표는 좋은데 정책이 틀렸다"라는 표현이 그 예인데, 이러한 상식적인 표현은 혼란을 가져오므로 가급적

피하는 것이 좋다. 다만 이러한 표현에서도 볼 수 있듯이 정책수단은 정책의 실질적 내용으로서 정책의 가장 중요한 구성요소가 된다. 정책에 의해서 국민들이 피해를 입거나 또는 혜택을 볼 때 직접적인 원인은 정책수단에서 비롯된다.

정책수단은 국민들에게 직접적인 영향을 미치기 때문에 이를 둘러싼 이해관계자들 간의 갈등과 대립이 첨예하다. 정책을 둘러싸고 일어나는 정치적인 갈등이나 타협에서는 정책수단을 무엇으로 하느냐에 관한 것이 핵심이며, 정책목표에 대한 갈등 역시 특정 목표가 결정될 경우 그에 따라서 채택될 가능성이 높은 정책수단에 관한 이해관계 때문에 일어난다. 예를 들면, 도시의 공기를 정화시키려는 정책목표를 달성하기 위한 수단으로서 차량 배기가스의 통제가 채택될 가능성이 크다면 이 때문에 운수회사가 그러한 정책목표 자체에 대해서 반대할 가능성이 생긴다. 이러한 이유 때문에 정책수단의 결정 또는 선택은 정책결정에서 가장 중요한 측면이 되고, 정책수단은 효과성, 능률성만이 아니라 형평성 등의 여러 가지 평가기준도 만족시켜야 하는 것이다. 이들에 대한 자세한 논의는 합리적 · 분석적 정책결정(제5장)에서 다루게 된다.

2) 정책수단의 종류

정책수단의 중요성에도 불구하고 이에 대한 체계적인 검토가 부족하여 몇 가지 측면에 대해서 많은 사람들이 혼동을 하고 있으므로, 간단하게 살펴보기로 한다. 특히 실질적 정책수단과 실행적(또는 보조적) 정책수단에 관한 혼동이다.

(1) 실질적 정책수단(substantive policy means)

실질적 정책수단은 정책내용적인 측면에서 정책목표와 인과관계를 가진 수단을 말한다. 이 때문에 실질적 정책수단은 정책분야에 따라 다르다. 그리고 실질적 정책수단은 상위목표에 대해서는 정책수단으로서, 하위수단에 대해서는 목표로서 역할을 하기 때문에 전술한 도구적 정책목표 또는 도구적 정책수단(instrumental policy means)이라고도 부를 수 있다. 예를 들면, 다음 <그림 2-4>에서 수질오염방지 목표를 달성하기 위한 폐수방류 규제와 오염물질 분해재료 개발 등의 수단이 이에 해당한다. 이들은 다시 하위수단으로 구분할 수 있다. 폐수방류 규제는 공장폐수방류 규제, 축산오물방류 규제, 생활폐수방류 규제 등의 하위수단으로 구분되며, 오물물질 분해재료 개발을 위한 구체적인 수단으로는 석유분해 미생물개발, 플라스틱분해 화학물질개발 등의 수단이 있을 수 있다.

(2) 실행적 또는 보조적 정책수단

이는 위에서 언급한 실질적 정책수단을 실현시키기 위하여 필요한 수단들이다. 그래서 이를 실행적 또는 보조적 정책수단이라고 부를 수 있다.

위에서 본 실질적 정책수단을 실현시키기 위해서는 <그림 1-4>에서처럼 목표-수단의 계층제를 따라 하위수준으로 내려오면서 실질적 정책수단을 계속적으로 구체화시켜야 한다. 정책수단을 계속 구체화시키면 마지막에는 이를 직접 실현시키는 작업이나 활동을 할 수 있는 정책수단으로까지 구체화되는데, 예를 들면 <그림 1-4>에서 석유분해 미생물 개발, 플라스틱 분해 화학물질 개발 등이다.

〈그림 1-4〉 실질적 정책수단의 예

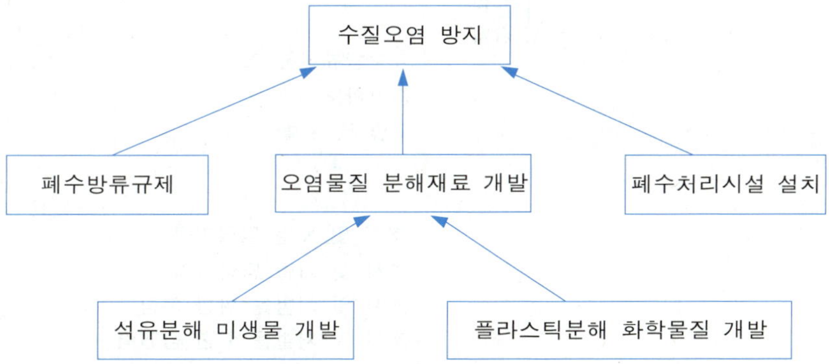

그런데 직접 실현할 수 있을 정도로 구체화된 정책수단은 직접적인 활동이나 작업이 있어야 비로소 실현이 된다. 이때 실현을 위해서 필요한 작업이나 활동을 보면 <그림 1-5>와 같다. 앞의 <그림 1-4>에서 폐수방류규제라는 실질적 정책수단을 구체화하는 예를 들면, 공장폐수방류규제, 생활폐수방류규제 등의 실질적 정책수단들이 있고, 이 중에서 공장폐수방류규제라는 정책수단을 실현하기 위해서 필요한 작업이나 활동과 이들을 위해서 필요한 요소들을 <그림 1-5> 에서 예시하고 있다. 공장폐수가 공기업에서 방류되는 경우에는 감독기관에 의하여 폐기물 처리활동을 관리하면 된다. 그런데 민간 기업이 폐수를 방류하는 경우는 정부가 이들을 설득(기업가의 도덕적인 양심에 호소하는 등으로)하거나 유인책(세금이나 자금 면에서 처리활동에 혜택을 주는 방법 등)을 쓰거나 아니면 강압적으로 이를 금지해야 한다. 이들 세 가지 방법은 순응확보수단(또는 순응기제 / compliance mechanism)으로서 실행적 정책수단에 해당한다.

한편 이러한 설득, 유인, 강압적 수단을 적용하기 위해서는 이들을 담당할 집행기구, 집행요원, 자금, 공권력 등이 필요한데 이들 역시 실행적 또는 보조적 정책수단이다.

〈그림 1-5〉 실행적 또는 보조적 정책수단의 예

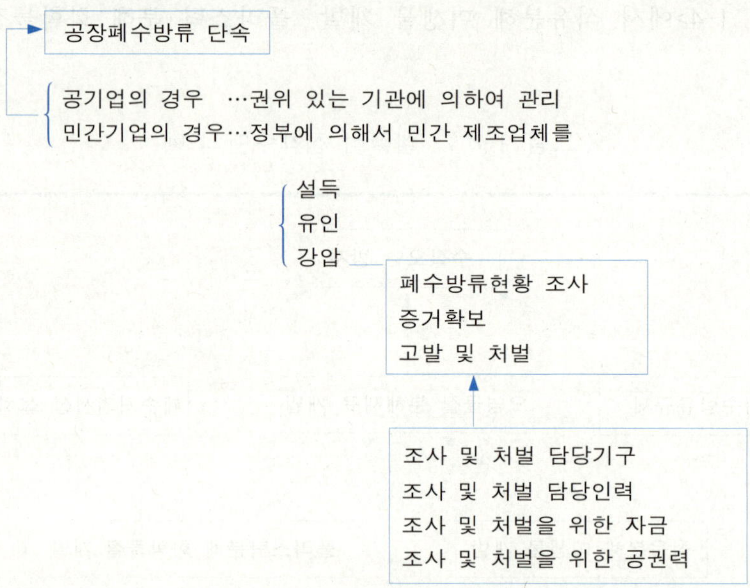

이상에서 본 바와 같이 실질적 정책수단을 실현(이것을 정책집행이라고 부른다)하기 위한 실행적 정책수단은 첫째, 순응확보수단, 둘째 집행기구, 집행요원, 자금, 공권력 등이 있다. 이러한 실행적 정책수단은 거의 모든 정책에서 공통적으로 필요한 것이므로 실질적 정책수단이 정책의 종류에 따라 완전히 달라지는 것과는 대조가 된다. 그리고 최근에 연구되는 정책도구론(수단론)은 실행적 수단을 주로 검토하는 것이지만 간혹 실질적 수단을 포함시키는 학자들도 있다. 자세한 것은 제7장 정책집행론 부분에서 검토하기로 한다.

3 정책대상자

정책은 일반적으로 위에서 본 정책목표와 정책수단을 필수적 요소로 지니고 명시하고 있지만, 이와 더불어 정책대상집단(policy target group)도 모든 정책이 지니고 있지만, 이것은 명시하지 않는 경우도 많다. 정책대상집단 또는 정책대상자는 정책의 적용을 받는 집단이나 사람들을 의미한다. 이들 집단을 성질에 따라 크게 두 개로 분류할 수 있는데, 첫째는 정책의 혜택을 받는 자들이고, 둘째는 정책 때문에 희생을 당하는 자들이다.

정책의 혜택을 받는 자들을 흔히 수혜집단(beneficiary group)이라고 부르는데, 이들은 정책에서 제공하는 서비스나 재화를 받는 자들을 말한다. 예를 들면, 기업들의 국제경쟁력 향상을 위하여 기업의 기술혁신 활동을 지원하는 경우, 지원을 받는 기업들이 수혜집단이 된다. 이와 같이 정책수단의 하나로서 정부에서 서비스나 재화를 특정집단에 제공하는 경우에는 정책내용 속에 수혜집단이 명백히 밝혀져 있어 집행자가 마음대로 수혜자를 선택하지 못하도록 하는 것이 일반적이다. 하지만 정책목표를 달성함으로써 얻게 되는 효과를 향유할 수 있는 자들이 광범위하면 정책 속에 명시하지 않는 경우도 있다. 전염병 예방을 위한 방역활동의 혜택은 전 국민에게 돌아가므로 굳이 수혜집단을 명기할 필요가 없다.

두 번째 정책대상집단은 정책 때문에 희생을 당해야 하는 사람들로서 넓은 의미의 정책비용부담자이다. 이 희생을 당하는 집단은 주로 정책수단의 실현과정에서 피해를 입게 되는데, 앞선 예시처럼 도심지 공해를 방지하려는 정책목표를 위해 일정수준 이상의 배기가스를 뿜는 자동차를 폐차시키는 정책수단을 채택하게 되면 이 정책수단의 실현 때문에 폐차되는 노후차량의 차주들이 희생집단이 된다. 또 코로나 확산을 방지하기 위하여 식당이나 카페의 출입인원을 제한하거나 영업시간을 단축시키는 정책수단을 실현하게 되면 자영업자들의 막대한 영업 손실이 발생하게 되므로 이들이 희생집단이 된다. 정책 때문에 희생을 당하는 자들은 이 정책의 혜택을 받는 자들을 위해서 희생을 하는 것이므로 사회 전체의 입장에서 보면 불가피한 것 같지만 개인적으로는 피해를 입게 된다. 이때 윤리적으로나 도덕적으로 희생이 당연한 경우이더라도 가급적 이를 회피하거나 줄이는 것이 바람직하며, 억울하게 희생이 따를 시에는 반드시 국가의 보상이 있어야 한다. 또한 이러한 희생을 감수해야 하는 자, 또는 희생을 당해야 하는 경우는 반드시 정책내용에 미리 명시하는 것이 바람직하다. 정책결정에서 정해진 것 이외에 집행과정에서 집행자가 마음대로 특정인에게 희생을 강요할 수 없도록 하기 위해서이다.

4 정책의 기타 특징

1) 권위 있는 정부기관의 결정

이상으로 정책의 3대 구성요소라고 볼 수 있는 정책목표, 정책수단, 정책대상자는 모두 검토한 셈이 된다. 그러나 정책을 보다 정확히 이해하려면 정책이 지닌 다음과 같은 몇 가지의 특성을 더 검토해야 한다.

먼저 정책은 '권위 있는 정부기관'이 결정한 것이다. 여기서 권위(authority) 있는 정부기관은 정책을 결정할 권한을 지니고 있는 정부기관이다. 정책을 결정할 권한을 지닌 정부기관으로는 정치제도에 따라서 다르지만 삼권분립적 민주제도하에서는 원칙적으로 국회와 대통령 및 장관 등이다. 그러나 정당은 정책을 결정할 권위 있는 정부기관은 아니며 공식적인 정책결정권은 없다. 여당이 정책을 결정하는데 실질적으로 강력한 영향을 미치며 여당이 주장하는 것이 그대로 정책이 되는 수가 많지만, 직접 정책결정을 하는 기관은 아니다. 마찬가지로 언론기관이나 이익집단, 일반국민의 여론 등도 정부의 정책결정에 커다란 영향을 미치지만 역시 이들도 정책결정 기관은 아니다. 이에 관한 보다 자세한 내용은 제3장의 정책과정 참여자에서 다루게 될 것이다.

2) 기본방침

행정관료들은 실질적으로 정책의 내용을 결정하는 것은 물론이고, 공식적으로 정책결정에 관한 권한을 상층부로부터 위임받고 있는 경우가 많다. 또 국회도 실질적인 정책의 내용을 결정할 수 있는 상당한 권한을 행정부에 위임하고 있다. 이렇게 국회에서 행정부로, 행정부 내부에서는 상부에서 하부로 결정권의 위임이 일어나는 이유는 정책의 내용이 전문적·기술적인 것이 많기 때문이다. 정책의 자세한 내용은 극히 전문·기술적인 지식이나 상세한 정보를 요구하게 되므로 정책을 결정할 때 중요한 방침만 결정하는 것이 일반적이다. 그래서 정책은 위에서 본 바와 같이 정책목표와 정책수단 등의 내용에 대하여 '기본방침' 만을 공식적으로 결정한다. 정책은 이를 결정할 당시에는 기본방침만을 정하고 집행을 하면서 그 내용을 세밀하게 구체화한다. 그러므로 결정 당시의 정책은 기본방침만을 포함하므로 추상적인 성격을 지니는 경우가 많다. 그러나 정책에 따라서는 결정당시 자세하게 구체적인 내용을 확정하는 경우도 많기 때문에 〈기본방침〉이라는 용어는 상대적이다.

3) 정책을 추진·집행할 '정책의지'

정책목표를 수립하고 이를 달성하려는 정책수단을 결정하고 이를 적용할 정책대상집단을 규정하는 것은 있을 수 있는 반대나(정책대상집단 중에서 희생자 등의 반대) 희생을 무릅쓰고 이 정책을 추진해 나가려는 정부의 의지가 배후에 있는 것이다. 한편 정책 중에서는 이를 집행할 정책의지가 전혀 없는 것도 있다. 예컨대 공업화 초기단계에는 하루 14~15시간을 일하더라도 좋으니 취직을 하겠다는 실업자가 무수히 많았기 때문에 하루 8시간의 노동 등을 규정하고 있는 1960년대 초의 근로기준법과 같은 정책은 집행되기 어려웠다. 이러한 정책은 앞으로 우리가 도달하고 싶은 이상을 그린 것으로 상징적인 가치만 존재했던 것이다. 물론 현재에도 실현시키려는 정책의지가 없으면서 정치적인 지지를 확보하기 위해 마치 추진할 것처럼 발표하는 정책도 있다.

제4절 정책의 유형

1 실질적·기능별 분류

가장 상식적으로 알려진 정책의 분류는 정부조직이 담당하는 기능별 분류로서 국방·외교·교육·산업·농업·교통·보건·노동정책 등이다. 행정부에는 각각 이들을 담당하는 부처가 있고 국회의 상임위원회도 이러한 기능별로 조직이 되어 있다. 기능별 분류는 정부의 기능 또는 정책목표나 이를 달성하여 얻고자 하는 효과를 기준으로 분류한 것이기 때문에 정책목표 뿐만 아니라 이를 달성하기 위한 정책수단 면에서도 특히 실질적 정책수단에서 커다란 차이가 있다. 그래서 수질오염방지를 위한 최선의 수단을 알려면 이 분야의 전문지식이 필요하고 국방이라는 정책목표달성을 위한 최선의 실질적 정책수단을 알기 위해서는 군사학에서의 이론이나 논리가, 국민보건의 향상을 위해서는 의학이나 보건학의 이론이나 논리가 필요하다.6)

이러한 실질적 분류는 유용하지만 몇 가지 단점이 있다. 첫째, 정부조직이 담당하는 기능 중에는 이에 해당되지 않는 것이 있어서 정책의 실질적 내용과 정부 조직 기능이 일치하지 않는 경우가 있다. 예를 들면, 실행적・보조적 기능을 담당하는 조달청, 행정안전부 등과 같은 경우이다. 둘째, 수많은 정책은 그 실질적 내용이 서로 다르므로 이들 모두를 하나하나 연구하는 것은 그 나름대로 중요하고 여러 학문분야에서 이를 담당하고 있다. 그러나 여러 가지 정책들에 관한 보편적인 원리도 아주 중요한데, 이것이 바로 정책학에서 연구하는 것이다. 즉, 여러 가지 정책에 공통되는 원리나 법칙을 발견하는 것이 정책학의 목적인데, 개별정책 하나하나의 특성을 밝히는 것으로는 이 목적을 달성할 수 없다.

2 Lowi의 분류

많은 학자들이 정책분류를 하였는데 그 중에서 Lowi의 분류가 가장 중요하고 많은 영향을 미쳤으므로 이를 중심으로 보기로 한다. Lowi는 1960년대 초에 미국 정치학계의 대논쟁이 되었던 미국식 다원론자들의 주장과 엘리트주의자들의 주장을 통합하려는 의도에서 정책을 분류하였다. 그에 의하면 규제정책의 경우에는 다원론자의 주장이 옳고, 재분배정책의 경우에는 엘리트주의자들의 주장이 옳다는 것이었다. 이 부분은 제3장 3절에서 다시 자세히 검토될 것이다.

---

6) 앞에서 본 바와 같이 실질적 정책수단은 정책의 실질적 내용에 따라 달라진다. 반면에 실행적 정책수단의 면에서는 공통점이 흔히 있다. 예를 들면, 전시에 국민의 거주이전의 자유를 제한하는 것이나 전염병이 만연할 때 여행의 자유를 제한하는 것은 서로 비슷하다.

1) 배분정책(Distributive Policy)

배분정책은 국민들에게 권리나 이익, 또는 재화나 서비스를 배분(distribute)하는 내용을 지닌 정책이다. 이는 19세기 미국의 국유지 불하정책, 하천·항만사업, 연구개발 사업, 군수품 구매 등의 내용을 지닌 정책이다(Lowi, 1964; 1970). 우리나라의 경우 정부에 의한 고속도로, 비행장, 항만시설 등의 사회간접자본 구축, 기업에 대한 보조금·융자금 지원, 국공립학교를 통한 교육서비스 제공, 박물관이나 미술관 건립 등이 모두 여기에 포함된다. 이와 같이 배분정책은 정부가 적극적으로 국민들이 필요로 하는 재화와 서비스를 산출·제공하는 것을 그 내용으로 한다. 이러한 배분정책의 정책과정상의 특징을 보면 다음과 같다.

첫째, 배분정책은 정부가 가지고 있는 한정된 자원을 여러 대상들에게 배분하는 것이므로 그 결정과정이 '갈라먹기 다툼'(pork barrel politics)으로 특징 지워진다. 공항 건설에서 후보지역 간의 싸움이나 대학에 대한 정부지원금을 더 많이 받으려고 대학들이 경쟁을 벌이는 것처럼, 정부가 제공할 수 있는 자원은 한정되어 있는 반면 이의 배분을 원하는 대상은 다수인 것이 보통이다. 이 경우 정부는 배분을 원하는 대상들에게 재화나 서비스를 골고루 나눠주는 식의 결정을 내리는 경우가 많다. 여러 마리의 돼지새끼들이 하나의 밥통에서 머리를 내밀고 서로 다투면서도 비교적 큰 싸움 없이 나누어 먹는 것을 비유적으로 표현한 것과 같다.

둘째, 이러한 경쟁과 다툼이 있는데도 수혜자와 비용부담자가 정면대결을 벌일 필요가 없음을 Lowi는 강조하고 있다. 이는 정부가 제공하는 재화와 서비스의 수혜자는 지역, 기업 또는 대학 등 특정 대상으로 한정될 수 있지만, 이에 소요되는 비용은 정부가 일반국민들이 내는 조세로 충당하는 것이 일반적이기 때문에 비용부담자들은 자신이 누구를 위해 얼마나 비용부담을 하고 있는지를 전혀 인지하지 못한다. 결국 재화와 서비스를 받고자 하는 대상들만 배분 주체인 정부를 상대로 배분을 요구하고, 정작 비용을 부담하는 일반국민들은 정책과정에 개입하지 않는 것이 배분정책의 특징이다. 이 경우에는 예산담당 부서나 국회에서 조세납부자인 일반국민들을 대신하여 예산요구액을 삭감하는 역할을 한다.

2) 규제정책(Regulatory Policy)

규제정책은 개인이나 일부 집단에 대해 재산권 행사나 행동의 자유를 구속·억제하여 반사적으로 다른 사람들을 보호하려는 정책으로서 환경보호정책이나 기업 간의 불공정 경쟁 및 과대광고의 규제 등이 구체적인 예가 된다. Lowi는 정책의 특징을 정부에 의한 강제력의 행사에서 찾고 있는데 이 강제력이 직접적으로 이용되는 부분 중의 하나가 규제정책이다.

규제정책의 특징을 보면 첫째, 정책의 불응자에게 강제력을 행사한다. 둘째, 규제정책은 국민 개개인의 권리나 자유를 제한하기 때문에 반드시 국민의 대표기관인 의회의 의결을 얻도록 하고 있다. 즉, 법률의 형태를 취하도록 하는 것이 원칙이다. 세 번째 특징은 정책으로부터 혜택을 보는 자와 피해를 보는 자(피규제자)를 정책결정 시에 선택한다는 점이다. 그래서 양자 간의 갈등이 심각하게 된다. 근로기준 규정의 결정에서 근로자를 보호하기 위해서 기업주를 규제하는 것이 그 예이다.

Ripley와 Franklin(1980)은 이 규제정책을 보호적 규제정책과 경쟁적 규제정책이라는 두 종류로 나누었다. 보호적 규제정책(protective regulatory policy)은 "사적인 활동을 제약하는 조건을 설정함으로써 일반대중을 보호하려는 것"으로서, 대중에게 해로운 것(공해, 허위광고)을 금지하여 다수의 대중을 보호하려는 정책을 말한다. 즉, 소비자나 일반 대중을 보호하기 위하여 개인이나 집단의 권리행사, 또는 행동의 자유를 구속·통제하는 정책이다. 보호적 규제정책의 예는 소비자 보호를 위해서 기업을 규제하는 소비자보호법, 근로자들의 안전을 도모하기 위한 산업안전법, 시민들의 건강을 보호하기 위한 식품위생법 등 헤아릴 수 없을 정도로 많으며, 규제정책이라면 거의 대부분이 여기에 해당된다.

경쟁적 규제정책(competitive regulatory policy)은 "많은 수의 경쟁자들 중에서 몇몇 개인이나 집단에게 일정한 재화나 용역을 공급할 수 있도록 제한하려는 정책이나 사업"으로, 공개입찰과정에서 승리한 경쟁자에게 공급권을 부여하는 대신에 공공이익을 위해서 서비스 제공의 일정한 측면을 규제하는 것이다. 예를 들면, 여러 경쟁자 중 몇몇 기업에게 라디오나 TV 방송권을 부여하면서 대신에 방송윤리 규정을 준수하도록 하는 것이나, 항공사에 항공노선 취항을 허가하면서 서비스와 안전에 대한 여러 가지 규정을 지키도록 하는 것이다. 이러한 TV·라디오 방송권의 부여, 항공노선 취항권의 부여, 고속버스 노선 운행권의 부여(몇몇 고속버스회사에) 등에서 알 수 있듯이 이 정책은 배분정책적 성격과 규제정책적 성격을 동시에 지니고 있지만, 그 목표가 대중의 보호에 있고 수단이 규제적인 요소가 많기 때문에 규제정책으로 보는 것이 일반적이다.

규제정책은 정책결정 시에 수혜집단과 비용부담집단을 선택하므로 배분정책의 정책과정과는 다르다. 우선 보호적 규제정책은 다수를 보호하기 위해 소수를 규제하는 정책이므로 규제대상이 되는 소수의 비용부담집단과 혜택을 보는 다수의 수혜집단으로 구분된다. 이 경우 소수의 비용부담집단은 조직화가 용이하여 적극적으로 반대활동을 펼칠 수 있지만, 다수의 수혜집단은 서로 무임승차하려는 현상이 나타나 적극적인 지지활동을 벌이는데 한계가 있다. 이 결과 보호적 규제정책에서는 반대는 활발하고 지지는 상대적으로 미약한 상황이 발생하여 정부의 규제정책 결정에 어려움이 발생할 수 있다. 이에 따라 보호적 규제정책에서는 다수 시민들을 대신하여 환경단체나 소비자 보호단체와 같은 공익집단의 활동이 활발하게 전개되며, 이들의 지지활동이 정책에 영향을 미치는 경우가 많다.

다음으로 경쟁적 규제정책의 경우는 정부로부터 재화나 서비스의 독점적인 공급권을 획득하려는 소수의 집단들이 치열하게 경쟁하는 양상이 나타난다. 항공노선 취항권을 따기 위해 항공사들이 경쟁을 벌이는 것이 좋은 예이다. 이 집단들은 이러한 경쟁에서 승리하기 위하여 다양한 방법을 동원하여 영향력을 행사하려고 한다.

3) 재분배정책(Redistributive Policy)

재분배정책은 고소득층으로부터 저소득층으로의 소득이전을 목적으로 하는 정책으로, 누진세에 의하여 고소득층으로부터 보다 많은 조세를 징수하여 저소득층에게 사회보장지출을 하여 소득의 재분배를 도모하는 정책을 대표적인 예로 들 수 있다. 이러한 좁은 의미의 재분배정책에서 한 걸음 더 나아가 소득분배의 실질적인 변경을 주된 목적으로 하여 실시되는 정책들도 넓은 의미의 재분배정책이라고 볼 수 있다. 본질적으로 재분배정책은 수혜자에게 혜택을 부여하는 측면에서는 배분정책의 성격을 지니지만, 수혜작가 저소득층이고 비용부담자가 고

소득층이라는 점이 다르다.

재분배 정책은 첫째, 계급대립적 성격을 지니는 것이 가장 큰 특징이다. 가진 자와 못가진 자, 노동자계급과 자본가계급의 대립으로 이 정책의 결정은 계급정치의 전형적인 것이며, 따라서 계급정책(class policy)이라고 부를 수 있다(Lowi, 1970). 둘째, 이 정책은 규제정책에서나 배분정책과는 달리 재산권의 행사에 관련된 것이 아니라 재산 자체를, 그리고 평등한 대우가 문제가 아니라 평등한 소유를 문제로 삼고 있는 특징을 지닌다.

4) 구성정책(Constitutional Policy)

당초 Lowi의 정책유형 분류는 정책학의 학문적인 목적을 달성하기 위해 시도된 것이 아니라, 전술한 바와 같이 다원주의자와 엘리트주의자 간의 논쟁을 통합하기 위한 것이었다. 이 결과 일부 정책들은 Lowi가 분류한 배분, 규제, 재분배정책 어디에도 속하기 어려운 상황이 발생하였다. 정부운영과 관련한 정책이 대표적인 것이다. 그래서 Lowi는 후에 구성정책을 추가하여 선거구의 조정, 정부의 새로운 기구나 조직의 설립, 공직자 보수와 군인 퇴직 연금에 관한 정책 등을 모두 이에 포함시키고 있다. 이에 대해서는 Lowi 스스로 깊은 검토를 하지 않아 개념이 명확하지 않은데, 정치체제에서 투입을 조직화하고 체제의 구조와 운영에 관련된 정책이라고 볼 수 있다. Lowi는 이 정책은 정당이 그 결정에 중요한 영향을 미친다는 것만 지적하고 있다(Lowi, 1972).

5) Lowi 분류의 약점

정책을 분류하기 위한 여러 학자들의 노력 중에서도 Lowi의 분류가 가장 중요한데, 이 분류도 몇 가지 약점이 있다. Lowi의 분류는 일정한 논리에 의하여 연역적으로 도출된 것이 아니므로 정책 전체를 포함하지 못할 뿐만 아니라 분류된 정책들이 상호배타적이지 못한 약점을 지닌다.

첫째, 분류된 정책은 배타성이 있어야만 분류의 가치가 있는데, 재분배정책은 규제 및 배분정책과 서로 중복되는 측면이 있다. 이를테면 다 같이 국민들에게 서비스나 권리를 부여하는 내용을 지닌 정책일지라도 저소득층에게 혜택을 더 주기로 의도하는 것이면 재분배정책이 되고, 특정계층에 대한 언급이 없이 추상적으로 일반국민에게 혜택을 주는 경우는 배분정책이 되는데 이것이 분명치 않은 경우가 많다. 농업에 대한 보조금을 지급하면서 농업발전이라는 국민경제적 목적을 의도하는 것이면 배분적 성격의 것이 되고 보호대상자로서의 농민에 대한 보조로 생각하는 경우에는 재분배적 정책이 된다. 이러한 중복의 원인은 배분 및 규제정책이 정부활동이나 그 직접적인 결과를 기준으로 한 것인데 비해서, 재분배정책은 이러한 활동이나 결과가 사회계층에 어떻게 분배되느냐를 기준으로 한 것이므로 분류에 동일한 기준을 사용하지 않았기 때문이다.

둘째, 정부의 모든 정책은 Lowi의 세 가지(또는 구성정책까지의 네 가지) 유형 중 어느 것에 포함될 수가 있어야 하는데 이것이 불가능하다는 점이다. 예를 들면, Almond와 Powell(1980)이 들었던 추출정책(조세, 부담금 등)의 대부분은 (누진세 제도는 재분배정책에 포함되지만) Lowi의 정책유형 속에 포함되지 않는다.

제5절 정책학의 등장

1 Lasswell의 제안과 현대적 정책학의 등장

현대적 정책학은 1951년에 발표된 Lasswell의 '정책지향'이라는 논문에서 시작된다. 물론 정책에 대한 인간의 관심과 연구는 인류가 국가라는 기구를 형성하면서부터 시작되었다. 동양에서는 춘추전국시대의 법가 등의 사상이 두드러진 예가 되고, 근대에 들어와서는 서양에서 보다 체계적인 정책학의 내용을 볼 수 있는데, 예를 들면 경제정책학이나 사회정책학의 모체가 된 19세기 후반기 독일의 신역사학파(경제학)가 그것이다.[7] 그러나 이들의 연구는 현재 우리가 연구하고 논의하는 현대적 정책학과는 상당한 차이가 있다. Lasswell이 주창한 현대적 정책학은 1950년대 이후의 미국적 환경에서 정치학자와 행정학자들이 주도하고 개발시킨 것이기 때문에 다분히 정치적·행정적 시각에서 여러 사회과

7) 1860년대부터 1890년대에 걸쳐 Schmoller(슈몰러), Wagner(바그너), Brentano(브렌타노) 등 독일경제학의 주류를 이루었던 신역사학파 경제학자들에 의하여 주창된 사회정책론을 일컫는다.

학 및 자연과학의 이론과 방법을 원용하여 발전시킨 것이다.

Lasswell은 1951년의 '정책지향'이라는 논문에서 정책학적 경향이 당시 여러 분야에서 진전되고 있다고 하면서 크게 두 가지 방향을 지적하였다.(Lasswell, 1951) 첫째는 정책과정(policy process)에 관한 것이고, 둘째는 정책에 필요한 지식(intelligence needs of policy)에 대한 것이다. 전자는 정책형성이나 집행에 대한 과학적 연구, 즉 정책이 어떻게 결정되고 어떻게 집행되는가에 대한 체계적이고 경험적인 연구로서 사회과학과 심리학 등 과학적 연구방법을 적용한다. 후자는 정책결정자들이 이용하는 정보의 구체적인 내용과 해석을 개선시킴으로써 정책과정의 합리성을 향상시키는 것을 목적으로 한다. 여기에 대해서는 정책학의 연구대상과 방법에서 자세히 검토할 것이다.

Lasswell은 정책학이 사회 속의 인간이 부딪치는 근본적인 문제의 해결과 인간의 존엄성을 충분히 실현시키기 위한 지식의 개발에 중점을 둘 것으로 전망하였으며, 이를 민주주의의 정책학이라고 지적하였다. 그러나 이러한 Lasswell의 제언은 1950년대 당시 미국정치학계를 휩쓸었던 행태주의 혁명에 밀려나고 말았는데, 행태주의의 위세가 수그러진 1960년대 말에 와서야 비로소 정책학은 재출발하게 되었고(Brewer and deLeon, 1983), 비로소 Lasswell의 노력이 빛을 보게 된다.[8)]

2 행태주의와 과학적 방법

1) 내 용

1960년대 후반에 와서 미국의 정책학이 갑자기 맹렬한 기세로 발전하게 된 것은 당시 사회적·경제적·정치적 상황과 행태주의적 정치학·행정학이 지닌 약점이 결합한데서 비롯되었다. 이를 이해하기 위해서는 행태주의적 정치·행정학의 내용을 이해하여야 한다.

행태주의(Behavioralism)는 논리실증주의를 기반으로 하여 사회과학 전반에 걸쳐 새로운 연구대상과 연구방법을 주장한 사조이지만, 여기에서는 정책학의 발

8) 1950~70년대에 걸쳐 정책학 초기의 발전과정에서 활약한 중요한 학자들과 행정학, 정치학, 경제학 등 인접학문에서 정책학이 어떻게 수용되었는가에 대한 연구로는 이해영(2003) 참조.

달과 관련된 행태주의의 측면만 검토하기로 한다. 행태주의는 연구대상 측면에서의 특징과 연구방법론에서의 특징으로 구분하여 검토할 수 있다(Isaak, 1981).

행태주의의 핵심적 연구대상은 인간의 행태(behavior)이다. 여기에서 행태라 함은 동일한 행동이 반복되어 어떤 확립된 유형을 형성하고 있는 것(patterned action)으로 일시적인 행동이 아니라 예측가능성과 정형성이 높은 행동을 의미한다. 이러한 행태를 연구대상의 중심으로 하는 행태주의 연구는 종래 제도(institution)를 주 연구대상으로 하던 전통적 정치학 또는 행정학의 연구와 큰 차이를 보인다.9) 예를 들면 전통적 정치학과 행정학에서는 정치제도로서 민주제도, 독재제도, 영국식의 의회민주주의에 입각한 의원내각제도와 미국식의 엄격한 삼권분립에 입각한 대통령중심제, 그리고 삼권분립 정치제도 하에서의 대통령, 국회, 사법부의 권한과 그 한계 등이 연구대상이었다. 폭압적인 군주제도를 타도하고 민주제도를 만들 때 필요했던 연구로서, 민주주의가 어느 정도 정착이 되면서 그 필요성이 많이 줄어 들었고, 지금은 주로 법학적(헌법학, 행정법학)연구에서 제도주의가 살아 있다. 그에 반해 행태주의에서는 인간의 행태를 연구의 초점으로 하였는데, 법적으로 동일하게 부여된 권한이지만 대통령에 따라서 그 권한 행사가 엄청나게 다르게 나타나는 현상에 주목하여 권한 행사가 강력했던 Roosevelt(루즈벨트) 대통령의 행태와 권한 행사가 약했던 Eisenhower(아이젠하워) 대통령의 행태를 설명・이해하려고 하였다. 즉, 전통적 정치학에서는 제도, 공식적 역할 등이 중시된 데 비해서 행태주의에서는 제도의 움직임이나 제도 내의 인간의 행태, 그리고 실제의 활동을 중시한다.

인간의 행태 연구는 집단의 행동보다는 개인의 행동 연구에 중점을 둔다. 제도론자들이 구조, 정치권력, 권한과 책임 등을 연구하는데 비해서, 행태주의자들은 개인의 의견이나 태도, 개성, 물리적 행동 등을 주로 연구한다. 후술하듯이 행태주의적 정치학에서 가장 많이 연구된 것이 개개인들의 투표행태에 관한 것이었다.10)

행태론의 두 번째 특징은 그 연구방법에서 찾을 수 있다. 행태론은 과학적

9) 정치학에서의 행태주의는 흔히 Chicago대학의 Merriam이 창시자로 알려져 있는데, 행정학에서의 행태주의 창시자인 H. Simon, 그리고 정책학의 주창자인 Lasswell, Key, Truman 등의 거장들을 제자로 키워, 미국 정치학계에 Chicago 학파를 탄생시켰다.

10) 그러나 후기행태주의에서 맹렬한 비난을 받은 후 행태주의는 쉽게 연구될 수 있는 것뿐만 아니라 전반적으로 중요한 제도, 기관의 행태 등을 연구하게 되어(지금도 연구하고 있으며) 정책학에 필요한 여러 가지 정책과정상의 지식을 제공하고 있다.

방법을 강조한다. 과학적 방법은 경험적(empirical)·객관적 현상을 대상으로 법칙을 정립하는 논리에 따른다. 첫째, 경험적·객관적 현상을 취급하기 때문에 신이나 영감 등 경험하기 어렵거나 또는 특수한 사람들만이 경험한 현상은 연구대상에서 제외된다. 둘째, 법칙을 정립하기 위해서 가설을 세우고 경험적 자료를 수집하여 이를 검증하는 절차와 논리를 따른다. 가설의 검증은 계량적으로 표시된 수치에 크게 의존하고 있기 때문에 엄밀하고 정확한 계량화가 중요시된다.

이상과 같은 방법상의 특징은 결국 경험적·실증적(positive) 방법이라고 말할 수 있는데, 이는 정치철학 등이 취하는 관념적·규범적(normative) 방법과 대립된다. 정치철학에서의 규범적 접근은 도덕적·윤리적 가치판단에 의하여 정치가 어떻게 되어야 하는가(sollen-당위)를 밝히려고 하는데 반해, 행태주의에서의 실증적 접근은 경험적 사실판단에 의하여 정치가 실제 어떻게 되고 있는가(sein-존재)를 밝히려고 한다. 행태주의는 경험적·실증적 방법에 따르기 때문에 사실판단이 아닌 가치판단은 과학에서 피해야 할 작업으로 생각하므로 무엇이 옳고 무엇이 그른지에 대한 판단을 회피한다. 따라서 가치(value) 문제를 연구대상에서 중시하지 않는 결과를 가져왔다. 이 부분은 나중에 정책학의 연구방법에서 다시 한 번 논의될 것이다.

Behind Story 1-2 과학적 연구방법의 공헌과 한계

과학의 업적은, 신의 계시, 영감 등 우리의 머리 가운데에 존재하는 관념을 연구(신학이나 형이상학 등)하는 것이 아니라, 실제로 존재하는 태양, 지구, 행성들을 열심히 관찰하거나, 현미경으로 전염병의 병균을 발견함으로서 이룩되었다. 이리하여 하느님의 계시나 분노 등의 이름으로 교인들을 괴롭히던 타락한 종교지도자들의 횡포를 방지하는 인도주의적 종교의 논리적 밑받침이 되고, 하늘의 명령(천명)으로 왕권을 부여받았다는 명분으로 백성들의 목숨과 재산을 탈취하던 전제군주제도를 무너뜨리고 민주제도를 수립하는 사상적 기초를 확립하였다. 국민에게 주권이 있다는 민주주권론이나 루소의 민약론 등의 민주주의 이론은 모두 이러한 정신적 기초위에서 설득력을 지니게 된 것이다. 정치-사회 철학자들이 아니라 자연과학자들이 민주주의제도 확립의 핵심적인 공로자들인 것이다.

이러한 자연과학의 위대한 업적은 사회현상을 연구하는 정치-사회철학자들에게 엄청난 충격을 주었다. 당시까지는 잘못된 사회현상을 극복하기 위해서 과거 이름난 철학자들의 주장에서 그 해결책을 찾으려고 해 왔었고, 비슷하지만 약간씩 다른 해결책이나 논리를 둘러싸고 끊임없는 논쟁을 반복해 왔다. 플라톤 이후의 논쟁을 되풀이 하고 있었던 것이다. 그런데, 자연과학자들이 하고 있는 것처럼 과학적 방법을 사용하면, 병리적 사회현상의 원인도 정확히 밝혀낼 것이고(전염병의 원인을 밝혀내듯이), 이를 제거할 수 있는 방법을 찾아서 병리현상을 해결할 수가 있을 것이다. 그리하여 자연과학에서 이룩하는 성과만큼(지금은 토성에 탐사선을 착륙시킨다), 사회과학에서도 사회적 병리 현상들을 해결하여 인간사회가 지상낙원과 같아 질 것이라고 믿었다.

자연과학적 방법이 주는 교훈은 명백하다. 존재하는지가 확실치 않은 마음속의 관념(하나님의 섭리나 진노)보다는, 존재하는 것이 확실한 행성의 움직임이나 병균과 같은 원인을 밝혀냄으로서 위대한 업적을 이룩한 것이다. 존재가 확실한 대상은 우리가 관찰할 수 있을 것이고, 눈으로 관찰할 수도 없고 감각기관으로 인지할 수도 없는 것은 존재 자체가 의심된다. 그리고 머릿속의 상상만으로 만들어 낸 것을 존재한다고 믿고 행동하면, 타락하고 흉악한 권력자나 종교 지도자들이 쉽게 악용하게 된다. 관찰에 의하여 존재가 확실한 사실에 근거한 지식이야말로 인간생활에 도움을 준다. 과학적 업적의 가장 중요한 근거는 원인과 결과 모두가 실제로 존재하는 사실을 출발점으로 삼은데 있는 것이다. 그리고 무수한 관찰을 통해서 이들이 실제로 존재하는 사실임을 확인하고, 또 인과관계도 확인하는 것이 두 번째의 근거가 되었다.

이리하여 사회현상을 연구하는 학자들도 과학적 방법을 적용하기 위하여 관찰이 가능한 사회현상에서 원인과 결과를 찾으려고 노력하게 만들었다. 그래서 관찰이 불가능한 현상은 연구대상에서 제외시켰다. 그러나 실제로 존재하는 중요한 원인 중에는 연구자에 의한 관찰이 불가능한 사회현상이 많이 존재하기 때문에 과학적 방법은 본문에서 보듯이 중대한 부작용을 초래하게 된다.

2) 한 계

이상에서 본 특징, 즉 연구대상에서의 인간 행태의 강조, 연구방법에서의 과학적 방법과 계량화, 그리고 가치판단의 회피와 가치문제의 경시 등이 결합되어 다음과 같은 바람직하지 못한 결과를 초래하였다.[11)]

11) 행태주의 정치학에 대한 가장 훌륭한 비판은 McCoy and Playford(eds.)(1961)이다. 한편 행태

먼저 정치학의 연구를 비정치적인 요소인 인간의 심리현상이나 이를 좌우하는 요소 등의 연구에 치중함으로써 중요한 정치현상의 연구를 경시하였다. 물론 행태주의 정치학은 많은 업적을 가져왔고, 또 지금도 산출하고 있지만, 정책학과 관련시켜 볼 때 투표행태의 연구 등은 현실정치에서 보다 절실했던 정책문제의 해결이나 정치의 보다 본질적인 측면(정치권력이나 제도적 장치의 중요성 등)을 경시하게 하였다. 행태주의의 또 다른 문제점은 연구하기 쉬운 주제를 연구한 것이다. 과학적 방법을 지나치게 철저히 적용하면서 나타나는 문제이다.

Behind Story 1-3 행태론의 한계: 연구주제의 한정

행태론이 유행하면서 주제가 중요해서 연구하는 것이 아니라 연구하기(논문쓰기) 쉬운 주제를 선택하기 시작하였는데, 주로 투표행태 연구를 많이 하였다. 투표에서 정당을 선택하는 원인이 무엇인지에 대한 연구이다. 예를 들면, 미국에서 기독교인은 공화당을 지지하는 사람이 많을 것으로 생각하고(즉 종교가 정당지지를 결정한다는 가설을 세우고) 선거일에 투표장에서 나오는 사람들에게 작은 선물을 주고 기독교인인지, 누구에게 투표했는지를 물어서 400~500명 정도만 자료를 모으면, 통계처리를 해서 가설이 타당한지를 검증할 수 있다. 종교만이 아니라 교육수준, 인종, 연령 등을 물어서 어느 요인이 더 중요한지를 밝히면 박사학위논문이 될 수 있다. 행태론에서 강조하는 계량분석으로 가설검정을 하여 과학적인 논문이 되는 것이다.

그러나 미국이 베트남전에서 왜 고전하는지, 흑인들이 왜 폭동을 일으켰는지, 이런 문제를 해결하려면 어떻게 해야 하는지를 논문으로 쓸려면, 엄청난 시간을 들이고 자료를 수집하여도 과학적 방법으로 자신의 주장을 정당화하기 어렵다. 박사학위논문이 통과되기 무척 어려울 것이다. 그래서 손쉽게 연구할 수 있는 주제로서 정당지지에 영향을 미치는 무수한 요인들을 연구하였는데, 소득수준, 교육수준, 종교, 인종, 직업, 연령, 거주지역 등에 대한 연구를 한 것이다. 그러다가 아버지의 정당지지가 아들의 정당지지에 대하여 미치는 영향도 연구하였는데, 실제로 아버지의 영향이 있음이 밝혀지자, 어머니의 영향, 형제의 영향도 연구하였다. 그러다가 할아버지와 할머니가 손자를 데리고 시간을 많이 보내니 이들의 영향도 조사하게 되었다. 누군가가 친할아버지 친할머니 보다 외할머니 외할아버지의 영향이 더 클 것이라고 주장하여 이것도 연구하였다.

주의 정치학에 대한 내용을 알기 위해서는 Easton(ed.)(1966), Charlesworth(ed.)(1967) 등 참조.

이런 연구에 매달려 있는 상태였으니, 흑인폭동 문제나 베트남전에서의 진퇴양난 문제 등을 해결할 수 있는 전문지식을 어떻게 제공할 수 있었겠는가? 결과적으로 흑인들을 위한 수많은 지원 사업들이 탁상공론과 주먹구구식으로 결정되어 정책실패와 부작용 등 무수한 문제를 일으키게 되었다.

3 후기 행태주의와 정책학의 등장

1) 후기행태주의

1960년대 미국사회는 흑인폭동과 월남전으로 말미암아 엄청난 홍역을 치렀다. 백인의 지나친 차별대우로 흑인들이 미국의 주요 대도시에서 폭동을 일으켰으며, 이 폭동은 군대가 출동되어서야 겨우 진압될 정도의 큰 규모로 미국사회에 엄청난 충격을 남기게 되었다. 또한 월남전에 깊이 개입한 미국은 전쟁의 상황이 호전되지 않은 상태에서 세계적 여론의 비난을 받아 반전파의 데모와 항의 및 강제징병에 대한 젊은이들의 저항 등으로 혼란의 극에 달하게 되었다. 특히 젊은이들은 월남전에 투입되는 노력을 흑인 등 하류층의 복지향상에 돌릴 것을 주장하면서 흑인폭동과 월남전은 서로 얽혀 1960년대의 미국사회를 혼란 속으로 몰아넣었다.

연방정부는 흑인 폭동의 원인과 이를 극복하기 위한 대책 등을 탐색하게 되었고, 정치학자와 행정학자들의 도움을 요청하게 되었다. 그러나 1950년대부터 휩쓸기 시작한 행태주의의 선풍은 1960년대 전반까지도 정치학계를 압도하고 있었고, 투표행태 등의 행태주의적 연구는 당면한 문제해결을 위하여 아무런 도움이 되지 못했다. 현실문제 해결에 도움을 주지 못하는 이러한 결점은 흔히 '현실적합성(relevance)의 결여'라고 지적되는데 이는 행태주의가 지닌 최대 약점이었다(앞에 나온 <Behind Story 1-3>을 참고하기 바란다.).

또한 1960년대 중반부터 Johnson(존슨) 행정부가 '위대한 사회'의 건설이라는 기치를 내걸고 흑인을 비롯한 하류층의 복지향상을 위하여 사회복지정책을 대대적으로 추진하게 되면서 이를 위한 지적인 지원을 사회과학계에 요구하게 되었다. 하지만 지나친 행태주의적 접근에 빠져 있던 당시의 정치학을 비롯한 사회과학계는 이러한 사회적 필요성을 충족시키는데 한계가 있었다. 결국 이에 대한 비판이 젊은 정치학자들 사이에 고조되기 시작하였으며, 드디어 1960년대 말에 Easton(이스턴)은 '정치학의 새로운 혁명'으로서 후기행태주의(Post-Behavioralism)가 시작되었음을 선언하게 되었다(Easton, 1969).[12] Easton은 후기행태주의 혁명의 성격을 '적합성의 신조'(credo of relevance)라고 표현하고 이를 다음 세 가지로 정리하였다. 첫째, 정교한 과학적 방법을 적용할 수 있는 것을 연구대상으로 삼기보다는 현재 급박한 사회문제의 해결에 의미가 있고 적절한 연구가 있어야 한다. 둘째, 가치에 대한 연구와 새로운 가치의 개발도 정치학의 연구대상이 되어야 한다. 셋째, 인류의 가치를 보호하고 사회를 개혁하는데 관여하는 것이 정치학자의 임무이다. 바로 정책학에서 추구하는 내용이다.

이상에서 본 바와 같이 행태주의에 대한 비판으로 시작되는 후기행태주의, 즉 정책학은 과학적 방법을 포기하자는 주장이 아니다. 오히려 가능한 한 과학적 방법과 기법을 중요한 사회문제·정치문제 해결에 적용하려는 것이다. 다시 말하면 정책지향(policy orientation)을 도모하자는 것이었다.

2) 정책학의 등장

1960년대 후반에 들어와서 흑인들의 슬럼화한 주거환경을 개선하기 위한 주택정책 및 신도시 개발정책, 저소득층 어린이들에 대한 조기 무상교육의 실시, 저소득층의 주거지역 학교에 대한 지원, 편부모 가정의 어린이수당 지급, 실업수당제도의 실시 등 무수한 정책적 사업이 연구되기 시작하였다. 이와 함께 정책학 교육을 위한 대학원이 설립되거나 정책학 교과목이 강화되는 등 1960년대 후반기부터 정책학은 폭발적으로 성장하였다. 이후 1970년대에 접어들면서 도시문제, 환경문제, 빈부격차, 에너지문제 등의 사회문제가 불거지면서 정책학은 더욱 급속하게 발전하였다.

이러한 가운데 Lasswell은 자신의 획기적 논문이 발표된 지 20년만인 1971년에 발간한 책에서 사회과학자들이 종래의 입장으로부터 충분히 '선회하게'(turned around) 되었다고 술회하고 있다. 이 책에서 그는 정책학의 두 가지

12) 여기서 'Post-Behavioralism'의 의미에 유의해야 한다. 이를 보통 '후기행태주의'로 번역하고 있는데, 이는 행태주의 이론 내에서의 어떤 시대적 구분, 예컨대 전기에 대한 반대 의미로서의 후기라는 의미가 아니다. 오히려 그 정확한 의미는 행태주의에 대한 비판, 반성을 통해 행태주의를 극복하자는 것이다. 따라서 그 정확한 표현은 '행태주의 이후'라고 할 것이다.

목적을 되풀이하면서(정책과정에 대한 경험적 지식과 정책과정에서 필요한 지식의 제공), 정책학이 추구해야 할 세 가지 기본 속성을 제시하여 이들을 자세히 검토하고 있다. 세 가지 기본속성은 첫째, 의사결정이 보다 큰 사회적 과정의 부분에 해당됨을 뜻하는 맥락성(contextuality), 둘째, 문제지향성(problem orientation), 셋째, 이용되는 방법의 다양성(diversity) 등이다. Lasswell은 계속해서 정책과 관련된 다양한 부분을 검토하여 정책학의 틀을 제공하려고 노력했다. 1960년대 후반부터 정책연구가 갑자기 증가하였지만 정책학에 대한 공통적인 틀이 마련된 것은 아니었으므로 그 연구내용이 극히 다양했는데, 다양한 정책연구들 중에서 행정학의 독자적인 틀을 마련하기 위한 것이었다. 비슷한 노력이 여러 학자들에 의하여 추진되었는데, 그 중에서 Dror(드로)의 공헌을 빼놓을 수 없다.

Dror는 1968년도와 1971년도에 세 권의 중요한 책을 잇달아 발표하여[13] 정책학의 패러다임(paradigm)을 제시하려고 노력하였는데, 주된 내용은 정책학을 단순히 정부에서 정책을 결정하는데 그치지 않고, 국가가 사회전체를 관리하는 바람직한 방법을 연구하는 학문으로 발전시키려고 한 것이다.[14]

4 정책학의 연구대상

정책학은 정책을 연구하는 학문으로 생각할 수 있다. 정책은 전술한 바와 같이, "바람직한 사회 상태를 이룩하려는 정책목표와 이를 달성하기 위하여 필요한 정책수단에 대하여 권위 있는 정부기관이 공식적으로 결정한 기본방침"이라고 정의할 수 있는데, 여기서 바람직한 사회상태란 사회문제가 해결되거나 감소된 상태를 의미한다. 따라서 정책학은 사회문제의 해결을 정책목표로 하여 이를 달성하기 위한 정책수단을 그 내용으로 할 때가 많다. 즉, 정책학은 문제지향성을 띠고 있는 것이다.

그런데 정책학을 연구하는 목적을 정책과 직접 관련시켜 보면, 문제를 가장

13) Yehezkel Dror의 세 책은 다음과 같다. *Public Policymaking Re-examined* (Scrantion Chandler Pub. Co., 1968); *Ventures in Policy Sciences* (N. Y.: American Elsevier, 1971(a)); *Design for Policy Sciences* (N. Y.: American Elsevier, 1971(b)).

14) 패러다임은 연구목적, 연구대상 및 그에 적합한 방법론 등을 중심으로 하는 학문의 기본속성과 틀을 의미하는데 흔히 '원형'이라고 번역한다.

바람직스럽게 해결하는데 있고, 문제해결을 위한 최선의 수단을 선택하는 합리적 정책결정만이 아니라 그 이전에 문제의 올바른 파악에 입각한 정책목표의 올바른 설정을 위한 연구도 있어야 한다. 또 결정된 정책수단을 올바르게 집행하며, 그 결과로서 처음 해결하려고 시도했던 사회문제가 어느 정도 해결되었는지를 정확하게 판단하는 방법도 연구해야 한다. 결국 정책학은 Lasswell이 말한 정책과정(policy process)상의 여러 가지 활동들을 연구하게 되는데, 정책학은 정책을 그 핵심적 대상으로 하되 이와 직접 관련된 정책과정의 제 측면을 모두 연구대상으로 삼는다.

조금 더 구체적으로 보면, 정책학은 정책문제 해결을 위한 최선의 정책수단 선택과 실현에 초점이 있는데, 앞의 정책수단에서 자세히 본 바와 같이 정책수단은 서로 다른 두 가지가 있다. 그 중에서 실행적-보조적 수단은 모든 정책분야에서 공통적인 것이므로 정책학에서 연구하고, 실질적 정책수단에 관한 연구결과는 Lasswell이 말한 〈정책에 필요한(policy needs) 지식〉에 해당되는데, 이는 각 학문 분과에서 담당하고 있다. 예를 들면, 폐수오염을 방지하기 위하여 석유를 분해하는 미생물을 개발하는 연구는 환경공학 관련 분야의 전문가들이 담당한다. 그러나 미생물 개발을 위하여 정부에서 연구소를 설립하거나 전문가를 채용하고 연구비를 지원하는 방식에 대한 연구는 다른 정책분야에서도 마찬가지이므로 환경공학 전문가들이 아니라 정책학(정책수단론)에서 연구를 담당한다. 정책학은 이보다 더 중요한 정책과정에 대한 연구를 하는데, 정책의 결정이나 집행에서 합리적 방법이 무엇인지, 이들이 왜 활용되지 못하는지, 해결책이 무엇인지 등등 정책과정에서 벌어지는 현상을 주로 연구하는 것이다.

정책학의 연구대상을 파악하기 위하여 가장 간단한 틀로서 정책과정의 여러 측면을 나타내면 다음 <그림 1-6>과 같다. 이 그림에 대해서는 후술하는 정책과정에서 자세히 논의되므로 여기서는 간단히 요지만 검토하기로 한다.

우리 사회에는 해결해야 할 무수한 사회문제가 존재한다. 이들 중에서 일부는 정부에서 정책적 해결을 위하여 신중한 검토를 하게 되는데 이렇게 검토하기로 결정한 사회문제를 정책문제라고 한다. 이때 사회문제 중에서 일부를 정책문제로 채택하고 다른 것은 방치하기로 결정하는 활동을(즉, 사회문제를 검토하기로 결정하는 행위를) 정책의제설정이라고 부른다.

〈그림 1-6〉 정책과정

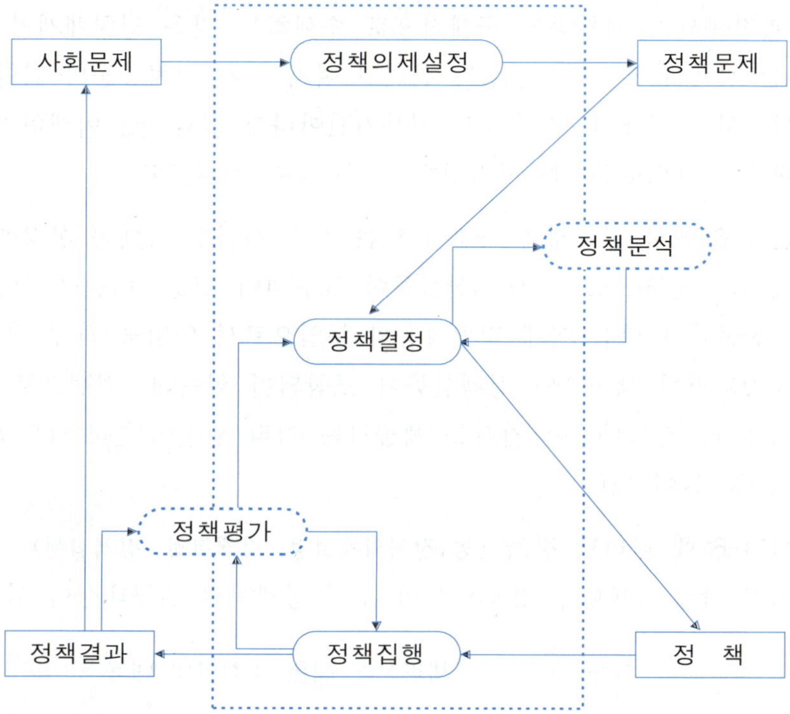

어떤 문제가 정책문제로서 거론되면 이를 해결하여 달성할 정책목표를 설정하고 이 목표를 달성할 수 있는 여러 가지 대안들을 고안·검토하여 하나의 정책대안을 채택하게 되는데, 이 모든 활동이 정책결정이며 그 결과로서 나오는 산출물이 정책이다. 이때 보다 바람직한 정책결정을 위하여 수행되는 지적 작업이 정책분석이며,15) 이는 정책결정에 필요한 지식을 제공한다.

결정된 정책은 보다 구체화되어 현실적으로 실현되어야 하는데 정책의 실현활동을 정책집행이라고 부르며, 그 결과 정책목표가 달성되는 등의 정책효과와 집행을 위해서 사용된 사회적 가치인 정책비용 등의 정책결과가 다시 정책환경으로 나가게 된다. 이때 정책집행과정의 제 측면을 검토하여 보다 바람직한 집행전략을 제공하려는 지적 작업이 정책평가의 일부이며, 집행 결과 정책효과의

15) 이것은 원래 의미의 정책분석인데 최근에는 정책평가까지 포함시켜 넓은 의미로 사용되는 경우가 많다.

발생여부를 검토하는 것이 정책평가의 또 다른 중요한 작업이다. 정책평가는 정책의 종결이나 수정 등을 위한 지식을 제공하여 정책결정에 기여한다.

정책과정에서 정책활동을 구체적으로 수행하는 것은 정치체제가 담당한다. 정치체제는 정책의 결정 및 집행과 관련된 여러 가지 정치활동의 집합체로 이야기되나 여기서는 뒤에서 보는 대로 정부기관이라고 생각하면 이해하기 쉽다. 앞의 그림에서 점선으로 된 큰 사각형으로 표시되어 있다.16)

<그림 1-6>에서 정치체제 바깥에 있는 작은 사각형 속에는 환경에 존재하거나 정치체제가 환경으로 내보낸 산출물이 표현되어 있고, 이들은 이전 단계 정책활동의 산물이자 다음 단계 정책활동의 투입으로서 역할을 하게 된다. 타원형 속에는 정책과정의 핵심적인 정책활동이 포함되어 있는데, 점선으로 나타낸 타원형 속에는 각 정책활동에 지식을 제공하는 지적 활동이(흔히 넓은 의미의 분석이라고 불린다) 들어 있다.

<그림 1-6>에 나타난 정책활동(정책의제설정, 정책결정, 정책집행), 정책활동에 필요한 지적 작업(정책분석, 정책평가)이 모두 정책학의 연구대상이 되는데, 이때

〈그림 1-7〉 정책과정에 대한 정책학의 내용

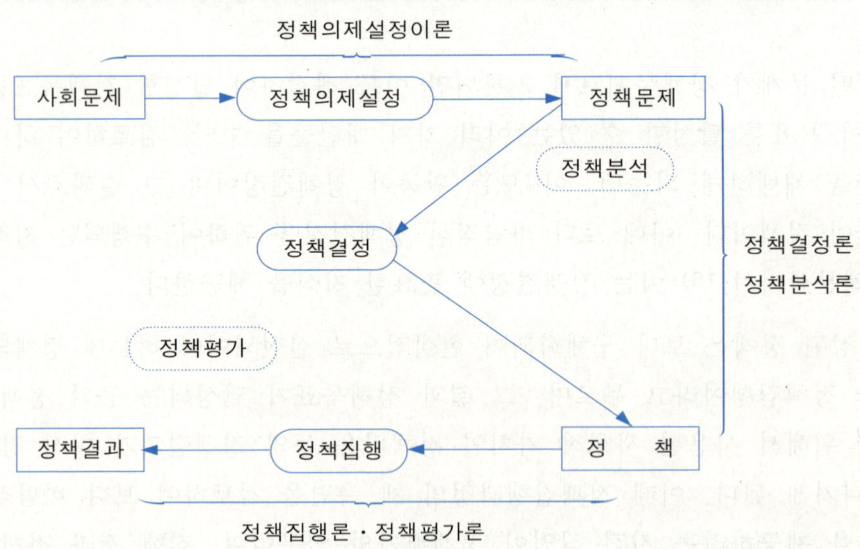

16) 접근방법은 학자에 따라 다양하게 사용되는 개념이지만, 여기서는 연구목적에 알맞게 연구대상의 특정 측면을 파악하도록 하는 연구방법이나 논리의 집합이라고 생각하기로 한다.

이러한 활동이나 작업 그 자체를 연구하기도 하고, 또는 과정을 연구하기도 한다. 뿐만 아니라 사각형 속에 들어 있는 투입(input)이나 산출(output), 즉 사회문제, 정책문제, 정책 및 정책결과도 연구대상이 된다. 이러한 정책과정상의 정책활동이나 투입·산출에 대한 정책학의 연구내용은 대강 <그림 1-7>과 같이 정리될 수 있으며, 이것은 또한 이 책의 범위가 될 것이다.

5 정책학의 연구방법

1) 다양한 연구방법과 접근방법

정책학의 연구방법은 극히 다양하므로 이들을 대강 파악하기 위해서 접근방법(approach)을 검토할 필요가 있다. 접근방법에 따라 구체적인 연구방법들이 달라지기 때문이다.[17] 정책학의 접근방법은 크게 두 가지로 나눌 수가 있는데, 첫째는 경험적·실증적 접근(empirical-positive approach)이고, 둘째는 규범적·처방적 접근(normative-prescriptive approach)이다.

2) 경험적·실증적 접근방법

경험적·실증적 방법은 경험한 사실을 연구대상으로 하기 때문에 존재(sein)에 대한 연구이다. 이러한 접근의 가장 초보적인 것은 사실의 기술이다. 예를 들면 정책문제의 내용이 무엇이며, 그 문제로 인하여 피해를 입은 사람의 수가 얼마만큼이고, 이 문제를 해결하기 위해서 누가 무슨 대안을 제시하였으며, 최종적으로 선택된 대안은 무엇이고, 이것이 집행되기 위해서 무엇을 했는가 등을 사실 그대로 나타내는 것이다. 정책활동 등을 중심으로 하는 정책과정에 대한 기술은 정책과정에서 무슨 일이 일어나고 있는지를 이해하기 위해서 필수적이다.[18]

경험적·실증적 접근방법이 보다 치밀하고 정교하게 되면 과학적인 방법을 채택하게 된다. 과학적 방법은 법칙의 정립을 그 목적으로 하게 되는데 이러한

17) 접근방법은 학자에 따라 다양하게 사용되는 개념이지만, 여기서는 연구목적에 알맞게 연구대상의 특정측면을 파악하도록 하는 연구방법이나 논리의 집합이라고 생각하기로 한다.

18) 기술적(記述的) 방법은 역사적 방법에도 적용되고 사례연구에도 많이 사용된다. 따라서 처방적 접근에서도 극히 중요하다.

법칙의 정립은, 먼저 가설을 설정하고 이를 관찰(observation)에 의하여 검증하여 타당성이 인정되면 법칙으로 받아들이고 그렇지 않으면 기각하는 식의 과정을 밟게 된다. 이러한 과정에서는 앞의 행태주의에서 보았듯이 원인과 결과가 되는 현상에 대한 정확한 측정이 중요해진다. 따라서 가능한 대로 현상들을 계량화해야 한다. 그러나 정책과정에 대한 과학적 방법의 적용은 커다란 제약을 받는다. 계량화할 수 있는 변수들이 한정되어 있기 때문에 경제사회적 변수들이 정책에 미치는 영향이나 예산상의 의사결정에 대한 연구 등을 제외하고는 엄격한 과학적 방법을 적용할 수 있는 대상이 정책과정에서는 거의 없기 때문이다.[19] 그나마 이 한정된 연구영역에서도 계량적 접근이 많은 문제를 일으킨다.

따라서 정책과정에 대한 경험적·실증적 접근은 엄격한 과학적 방법만을 고집하지는 않는다. 정책과정의 동태적 움직임과 정치권력적 작용은 관찰이 어려우므로 연구자의 직관이나 통찰력 등을 이용하여 파악하고, 다각적인 관찰을 행하여 계량화가 어려운 대상이라도 중요한 측면을 놓치지 않고 연구하는 것이 더욱 바람직하다. 다음에서 보듯이 이 엄밀한 과학적 방법은 처방적 접근에서의 모델의 검증을 위해서 요구되는 경우가 많다.

3) 규범적·처방적 접근방법

규범적 접근은 정치철학에서 흔히 보듯이 바람직한 가치가 무엇인지를 판단하는 가치판단적 접근이며 당위(sollen)에 관한 것이다. 현실에서 사실이 어떤 것인지가 아니라 무엇이 옳고 그른지, 즉 규범(norms)을 연구대상으로 하기 때문에 규범적 접근이라고 부르는 것이다. 사회문제 중에서 어떤 것을 정책문제로 채택하여 거론하는 것이 옳은지, 정책문제 중에서 어느 것을 해결해야 옳은지, 그래서 무엇을 정책목표로 해야 하는지(예를 들면, 인플레와 실업이 동시에 존재하고 양자가 상충관계에 있을 때)를 판단하는 것은 모두 가치판단에 해당된다. 왜냐하면 이들은 서로 다른 가치 중에서 무엇이 바람직한 것인지를 판단하는 것이기 때문이다.

처방적 접근방법은 일단 목표가 결정된 후에 이를 달성하기 위한 최선의 수

19) 이러한 연구들은 행태주의적 연구방법, 즉 엄밀한 과학적 방법을 적용하면서 행태주의가 한참 세력을 떨칠 때에 시작한 연구로서 정책학의 등장과는 별개로 추진된 것들이다.

단을 선택하는 방법을 의미하는데, 합리적·분석적 정책결정에서 대표적으로 나타나고 있다. 예를 들면, 갑자기 휘발유 가격이 상승될 때에 유가를 안정시키려는 목표를 정하고(이것은 규범적 접근에 따른다) 이를 달성하기 위한 수단을 광범하게 탐색한다고 하자. 이 경우 유류에 부과되는 세금을 낮추는 대안과 휘발유에 대한 수요를 줄이기 위해 차량 통행을 제한하는 대안 등이 탐색되었다면 이 중에서 어느 것이 더 바람직한 것인지를 판단하는 것이다.

처방적 접근을 하게 되면 반드시 경험적·실증적 접근방법에서 사용하는 과학적 방법을 도입해야 하는 경우가 많다. 따라서 실제에 있어서는 규범적 접근과 과학적 접근의 융합이 되는 경우가 많다. 정책목표를 달성하기 위한 최선의 정책수단을 선택하는 경우에 정책수단과 정책목표 사이에는 인과법칙이 정립되어 있어야 하기 때문이다. 예를 들면 '석유를 분해하는 미생물이 플라스틱도 분해하겠지'라고 어림짐작하여 플라스틱 쓰레기가 많은 저수지에 미생물을 집어넣으면 목표가 달성되지 못한다. 수단과 목표 사이에 인과관계가 존재하는지 과학적으로 검증하지 않은 경우이다. 현상과 현상 사이에 존재하는 인과관계를 밝히는 것은 과학적 방법에 의존해야 되므로 처방적 접근은 반드시 과학적 접근을 토대로 한다.[20]

---

20) 후기 행태주의에서는 행태주의(즉, 과학적 방법)를 폐기하는 것이 아니라 과학적 방법을 수용하면서 행태주의의 지나친 약점을 극복하려는 것이다.

요 약

01. 정부 정책은 한 개인이나 특정 집단에 영향을 미칠 뿐만 아니라, 국민 또는 인류 전체에도 영향을 미칠 수 있다. 따라서 잘못된 정책으로 인한 피해도 인류 전체로 확대될 수 있다. 정책학은 바로 이러한 정책을 바람직하게 결정하고 집행하기 위해서는 어떻게 해야 하는지를 논의하는 학문이다.

02. 정책은 '바람직한 사회상태를 이룩하려는 정책목표와 이를 달성하기 위해 필요한 정책수단에 대하여 권위 있는 정부기관이 공식적으로 결정한 기본방침'으로 정의할 수 있다. 이에 따라 정책의 구성요소는 정책목표, 정책수단, 정책대상집단 등으로 구분된다.

03. 정책목표는 미래에 도달하고자 하는 바람직한 상태로서 미래성과 방향성을 가지고 있다. 또한 정책목표는 무엇이 바람직한 상태인가를 판단하는 가치판단에 의존하기 때문에 주관적이며, 규범적인 성격을 지니고 있다. 정책수단은 문자 그대로 정책목표 달성을 위한 수단이다. 정책수단은 국민들에게 직접적인 영향을 미치기 때문에 이를 둘러싼 이해관계자의 갈등이 치열하다. 정책수단의 실현은 누군가가 부담해야 하는 사회적 희생을 동반하게 되는데 이것을 정책비용이라고 부른다. 정책대상집단 또는 정책대상자는 정책의 적용을 받는 집단이나 사람들을 의미한다. 이들은 정책의 혜택을 받는 수혜집단, 정책 때문에 희생을 당하는 비용부담집단 등 두 집단으로 구분된다.

04. 정책은 Lowi의 분류에 따라 배분정책, 규제정책, 재분배정책 등으로 유형화할 수 있다. 배분정책은 국민들에게 권리나 이익, 또는 재화나 서비스를 배분하는 내용을 지닌 정책이다. 규제정책은 개인이나 일부 집단에 대해 재산권 행사나 행동의 자유를 구속 억제하는 목적을 지닌 정책으로서, Ripley와 Franklin은 이를 다시 보호적 규제정책과 경쟁적 규제정책으로 구분하였다. 재분배정책은 고소득층으로부터 저소득층으로의 소득이전을 목적으로 하는 정책을 말한다. 한편 Lowi는 정치체제의 구조와 운영에 관련된 정책으로 구성정책을 추가하였다.

05. 현대적 정책학은 1951년에 발표된 Lasswell의 '정책지향'이라는 논문에서 시작되었다. Lasswell은 정책학이 사회 속의 인간이 부딪치는 근본적 문제에 초점을 두고 인간의 존엄성을 충분히 실현시키기 위한 지식의 개발에 중점이 놓여 질 것으로 전망하면서 이를 '민주주의의 정책학'이라고 지칭하였다.

06. 하지만 이러한 제언은 행태주의 혁명에 밀려나고 말았다. 행태주의는 가치판단을 배제하고 인간의 행태를 계량적 방법으로 연구하여 사회과학의 과학화에 기여하였으나, 1960년대 당시 혼란을 겪던 미국사회의 제문제를 해결하기 위한 처방적인 지식을 제공하는 데에 실패하였다. 이에 대한 반성으로 가치판단과 적실성을 강조하는 후기행태주의가 등장하게 되었으며, Lasswell이 주창했던 정책학이 Dror 등의 노력으로 새롭게 중요한 학문분야로 등장하게 되었다.

07. 정책학은 정책을 핵심적 대상으로 연구하는 학문이며, 이와 직접 관련된 정책과정의 제 측면, 즉 정책의제설정, 정책결정, 정책집행, 정책평가 등이 모두 연구대상이 된다. 정책학은 정책과정의 합리성을 제고하는데 목적이 있는 만큼, 규범적 접근과 실증적 접근을 융합한 처방적 접근을 시도한다.

|제 2 장| 정치체제와 정책환경

개 요

이 장에서는 정책에 영향을 미치는 요인이 무엇인가를 다룬다. 체제이론에 따르면, 정치체제는 환경으로부터 요구와 지지라는 투입을 받고, 이를 전환하여 정책이라는 산출을 환경에 내보낸다. 즉, 정책은 정치체제와 환경의 영향을 받아서 결정된다. 일부 경제학자들은 정책을 좌우하는 요인으로 정치체제 보다는 환경적 요인이 더 중요하다는 주장을 '정책결정요인론'이라는 이름으로 제기하였다. 하지만 정책은 환경적 요인과 정치체제 관련 요인 모두에 영향을 받아서 결정된다. 그래서 이 장에서는 환경적 요인이 정책에 미치는 요인을 주로 요구와 지지라는 투입 요소를 통해 설명하고 있다. 또한 정치체제가 정책에 미치는 영향은 정치체제의 담당자, 정치체제의 분위기와 이념, 정치체제의 구조 등으로 구분하여 설명한다. 결국 사회·환경적 요인은 정책의 변화를 이르키는 중심축으로서 정치체제의 선택을 제약하는 일종의 제약요인이며, 이 제약요인의 범위 내에서 어떠한 정책을 결정하느냐 하는 것은 정치체제의 특성에 따라 좌우된다고 할 수 있다.

제1절 정치체제와 정책

1 정치체제

Easton(이스톤) 이후 정책을 정치체제(political system)의 산출물(output)로 보는 견해가 일반적이다. 정책이 정치체제의 산출물이라면 정치체제의 속성에 따라 정책의 내용이 달라질 수 있음은 쉽게 짐작할 수 있는 일이다. 정치체제는 일종의 체제(system)이기 때문에 체제가 지닌 여러 가지 속성을, 특히 세 가지 특징을 지닌다. 첫째, 체제를 구성하는 요소(element), 둘째, 요소와 요소들 간의 상호관계(inter-relationships), 끝으로 체제와 외부를 구별 짓는 경계(boundary)이다. 생명체나 기계가 대표적인 체제인데, 특히 기계를 생각하면 이해하기 쉽다.

체제를 구성하는 요소들 하나하나는 다시 세부 요소들로 구성되어 있으므로 요소 그 자체를 하나의 체제라고 볼 수 있다. 그래서 이들은 체제를 구성하면서도 낮은 수준의 체제가 되므로 이를 부분체제 혹은 하위체제(sub-system)라고 부른다.[1] 부분체제는 하위체제나 체제의 구성요소가 활동을 통하여 전체체제를 위하여 도움이 되는 영향을 미치는데 이러한 활동을 기능(function)이라고 부른다.[2](이 부분은 제1절의 마지막에 있는 〈Behind Story 2-1〉를 참고할 것)

정치체제도 다른 체제와 마찬가지의 성격을 지니고 있다. Easton에 의하면, 정치체제의 구성요소는 정책의 결정과 집행에 관련된 여러 가지 정치활동(activities), 또는 행동(action) 등으로 보는데, 예를 들면 행정부가 수행하는

1) 이렇게 보면 하나의 국은 여러 과로 구성되어 있으므로 하위-하위체제라고 부를 수 있고 과는 과원으로 구성된 하위-하위체제라고 부를 수 있다. 또 교육부는 행정부 전체의 하위체제가 될 수 있고, 행정안전부도 행정부 전체의 하위체제라고 부를 수도 있다.

2) 이때 체제에 도움이 되는 영향만을 기능(또는 순기능 eufunction)이라고 부르고 해가 되는 것은 역기능(dysfunction)이라고 부른다. 그리고 하위체제나 구성요소가 이러한 기능을 통하여 체제를 생존하게 하고 유지시키는(system-maintenance) 역할에 초점을 둔 분석을 흔히 기능주의(functionalism)라고 부른다.

행정활동, 입법부가 수행하는 입법활동 등이 정치체제의 구성요소가 되는 것이다(Easton, 1953). 이러한 예에서 알 수 있듯이 활동은 반드시 이를 행하는 주체로서 개인이나 기관 또는 조직이 있다. 사실은 이러한 기관이나 조직을 정치체제라고 보는 학자들이 더 많다. 그리고 이렇게 보는 것이 이해하기 쉽다. 정치체제를 이렇게 정치활동을 담당하는 조직이나 기관으로 보게 되면 국회, 행정부, 대통령실 등이 모두 정치체제의 하위체제, 또는 구성요소가 될 수 있다. 그래서 아주 단순하게 정치체제는 정치활동을 담당하는 정부기관 등을 묶어서 추상적으로 정치체제라고 보아도 우리의 논의를 위해서는 별다른 문제가 없다.

2 정치체제와 환경의 일반적 관계

모든 체제는 환경과 상호작용을 한다. 이때 환경으로부터 받아들이는 것을 투입(input), 환경으로 내보내는 것을 산출(output)이라고 부르고 산출에 대한 환경의 반응을 점검하여 체제가 환경에 대응하는 것을 환류(feedback)라고 부른다.[3]

〈그림 2-1〉 체제이론(System Theory)

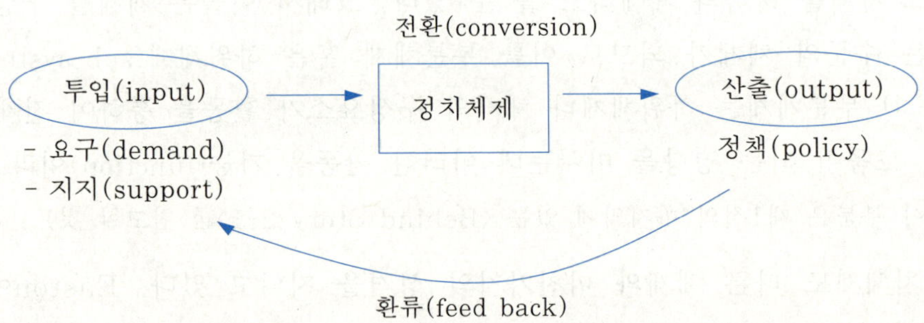

1) 투 입

정치체제는 요구(demand)와 지지(support)라는 두 가지 종류의 투입을 환

3) 체제와 환경과의 관계 또는 체제와 다른 체제의 관계는 투입에 상응하는 산출을 내보내는 교환관계(exchange)도 있고, 일방적으로 투입이나 산출이 일어나는 전달관계(transaction)도 있다.

경으로부터 받아들인다. 정치체제에 대한 환경의 요구는 사회문제의 해결이라는 형태를 취하게 되는데 이것이 바로 정책과정의 출발점이라고 할 수 있다. 교통혼잡 문제, 환경오염 문제, 보건 문제 등을 해결해 달라고 정부에 요구하는 것이 이러한 예이다.

환경으로부터의 정치체제에 투입되는 두 번째 것은 지지이다. 이는 정치체제가 환경이 요구하는 것을 실현하기 위해 필요한 것으로 첫째, 인적자원, 둘째, 물적 자원, 셋째, 정통성에 의거한 공권력 발동에 순응하는 것 등을 들 수 있다. 인적자원의 지지로서는 징병제도, 물적 자원의 지지는 조세의 납부, 공권력 발동에 대한 순응은 여러 가지 규제정책을 수용하고 처벌이나 규제를 감수하는 행위 등을 꼽을 수 있다.

2) 산 출

정치체제에 대하여 환경이 지지를 하는 것은 환경이 요구한 것을 정치체제가 수행해 주리라고 기대하기 때문이다. 정부에 대하여 국민이 조세를 납부하고 인력을 제공하며 정부의 결정에 따르는 것은 이들 지지를 자원으로 하여 정부가 국민이 요구하는 여러 가지 문제를 해결하리라고 기대하기 때문인 것이다. 이때 정치체제가 요구에 대응되는 결과를 환경에 내보내는 것을 산출(output)이라고 부른다. 환경에서 요구를 하는 주체는 국민이고 정치체제의 핵심적 담당자는 집권자와 정부기관이므로 환경의 요구에 응하여 산출을 내보내는 것은 민주주의 정치체제가 당연히 지녀야 할 속성이다.

정치체제가 환경의 요구에 대응하여 내보내는 산출을 Easton은 정책으로 보고 있다.[4] Easton은 정치가 사회에서 담당하는 역할이 가치를 정부의 권위를 이용하여 배분하는 것이며, 이 역할은 바로 정책을 통해서 달성된다고 본다. Easton의 표현을 빌리면, 정책의 핵심은 일정한 사람들에게는 가치를 부여하고 다른 사람들에게는 이를 부여하지 않는데 있다. 어떠한 정책이든지 그 정책으로 인하여 혜택을 보는 수혜자와 그 정책으로 인하여 희생을 부담하는 자가 있다. 이것은 제1장의 정책대상자에서 자세히 검토하였다.

---

4) Easton(1966)은 정치체제에 관하여 체계적인 논리를 처음으로 전개한 책에서 정치학은 정책에 대한 연구라고 밝히면서 이를 자세히 검토하고 있다.

3) 전 환

정치체제 안에서의 정치활동은 정치체제에 대한 투입을 산출물로 변화시키는 역할을 담당하는데, 이 역할 또는 정치활동을 전환(conversion)이라고 부르고 이러한 정치활동 또는 역할이 일어나는 과정을 전환과정(conversion process)이라고 한다. 그러므로 전환은 정치체제 내에서 일어나는 여러 활동(정책의제설정, 정책결정, 정책집행 등)의 핵심이 될 뿐만 아니라 정책학의 연구대상이 되는 정책과정의 가장 중요한 부분이므로 정책학은 이 전환과정에 대한 것이라고 해도 과언이 아니다.

Behind Story 2-1 기계체제와 정치체제의 공통점과 차이점

본문에서 설명한 체제를 기계에 비유해보면 그 내용을 정확하게 알 수 있다. 쿠키를 굽는 기계를 상상해보자. 쿠키를 만들려면 밀가루 설탕 물 등의 재료를 집어넣어야 하는데, 이것이 투입의 지지에 해당된다. 그리고 전기를 넣어서 기계를 가동시키는데 이때 전기도 지지의 일종이다. 가동시키는 보턴을 누루는 행동은 바로 기계에 쿠키를 만들어 달라는 요구를 하는 행위이다. 기계는 요구에 응하여 엔진을 가동하여 재료들을 휘저어서 반죽을 하고, 다음에 이를 옮겨서 쿠키의 크기로 칸을 지운 플레이트(여러 개의 쿠키 모양의 칸을 지닌) 속에 넣고, 이것을 화덕 속으로 옮겨 일정 시간 열을 가하면 쿠키가 구워진다. 이때 기계 속에서 하는 일들이 전환과정의 일들이다. 그리고 만들어진 쿠키가 바깥으로 나오는데 이것이 산출물이다.

그리고 반죽을 담당하는 부분, 쿠키의 크기로 칸을 지우는 플레이트, 열을 발생시키는 화덕 등이 모두 기계의 하위체제이다. 또 반죽을 하기 위해서 먼저 밀가루를 보관함에서 꺼내고, 설탕이나 물도 각각 다른 함에서 꺼내어 통속에 집어넣어 휘졌는다면, 각각의 함과 모두를 넣는 큰 통 등은 반죽담당 하위체제의 하위체제로서 기계 전체로 보면 하위-하위체제에 해당한다.

하위체제나 하위-하위체제는 각각 담당하는 역할이 있고, 이를 수행하는 활동이 기능(function)에 해당하고, 혹시 고장이 나서 잘못된 활동이 생기면 이것이 역기능(mal-function)이다.

그리고 혹시 고장이 나서 쿠키가 제대로 구워지지 않으면, 주인은 어디에 고장이 났는지를 조사하여 수리를 하게 된다. 이때 산출된 쿠키를 보고 잘못이 있는지는 알게 되는 활동이 환류(feedback)이다. 물론 쿠키가 잘 구워졌으면,

주인은 만족하고 기계를 계속 믿고 사용하게 되는데, 이것도 역시 환류에 의한 정보의 역할이다. 정치체제가 국민들이 요구하는 대로 정책을 산출하지 못했다고 판단하면, 정치체제의 내부에서 전환활동의 어느 부분이 잘못된 것으로 보고, 이를 수리하고, 산출물이 만족할 만한 수준이면 정치체제의 전환과정을 그대로 유지한다. 정치체제의 전환활동이 잘못되는 경우에는 전환활동을 담당하는 하위체제를 수리하거나, 하위체제를 담당하는 사람들(정치인이나 공직자들)을 바꾼다. 일자리 창출이 제대로 되지 못하면, 담당한 조직을 대폭 강화하고 대통령 직속으로 위치를 바꾸는 것은 하위체제 자체를 수리하는 경우이고, 조직의 장 등 사람을 바꾸는 경우도 있다.

기계체제의 경우 설계도면에 의해서 기계(구조)가 만들어지고 기계는 부품으로 구성된다. 이를 정치체제와 비유하면 사람이 담당하는 역할을 규정하는 직위(position)와 이들 직위들 간의 관계를 나타나는 조직도는 설계도면에, 조직도에 구성된 정부기관은 기계에, 그리고 역할을 수행하는 사람이 부품에 해당한다고 볼 수 있다. 행정부를 예로 들면, 대통령을 정점으로 각부 장관, 그리고 차관, 차관보, 국장, 과장과 과원들이 거대한 계층제를 구성하는데, 이 계층제가 설계도면에 해당한다. 그리고 담당자들이 부품에 해당한다. 그래서 사람을 바꾸는 경우는 기계의 부품을 바꾸는 것에 비유할 수 있다.

그러나 기계부품과 사람은 물론 다르다. 부품은 설계도에서 주어진 역할만 수행하는데 비해서, 사람이 역할을 수행할 때는 개인의 능력과 성향에 따라 역할수행의 내용이 달라진다. 세계대공항이라는 동일한 경제적 위기에서 동일한 대통령 자리를 담당하였지만, 후버 대통령은 경제에 개입하지 않은 소극적 행동으로 루즈벨트 대통령의 적극적 역할과 극명하게 대비되었다. 제1장에서 행태주의를 검토할 때 논의한 것과 같은 이야기이다. 정치체제에서 잘못된 전환 활동은 대부분 담당자의 능력과 태도에서 나온다. 그러므로 선거에 의하여 중요한 공직자를 선출하고 통제하는 대의제 민주주의가 중요한 것이다. 즉 제도(정치체제의 구성요소와 구조)는 함부로 바꾸지 않고, 담당자들에게 책임을 묻고, 담당자를 선거에 의하여 선출하는 대의제 민주주의가 전환과정의 합리성을 보장하도록 한다.

제2절 정책결정요인론(Policy Determinants Theory)

1 정책결정요인론의 주요 내용

1) 정치체제와 정책결정자의 영향력에 대한 문제제기

많은 사람들이 대통령이 누가 되어야 하는지에 신경을 쓴다. 대통령과 그의 보좌관들이 중심이 되어 정부를 운영하는 공직자들이 나의 생활에 직접 영향을 미치는 일들을 결정하기 때문이다. 정부가 하는 일들의 기본방침이 바로 정책이기 때문에 많은 국민들이 정부가 자신이 원하는 정책을 결정해 줄 것으로 믿는 후보자를 선출하기 위해 신경을 쓰는 것이다. 역사적으로 보면 전제군주와 그의 신하들이 국민들의 재산이나 생명을 함부로 빼앗는 횡포를 방지하기 위하여 무수한 사람들이 피흘리는 전쟁을 하면서 민주정부를 세우려고 노력하였다. 정부를 운영하는 집권자들을 선거에 의하여 선출하고, 여기에 더하여 정부를 장악한 집권자들이 횡포를 부릴 수 없게 법률의 규정에 따라 정부를 운영하도록 하는 법치주의를 확립하였다. 무수한 사람들의 피와 땀으로 정치체제의 운영방식(법치주의)이나 집권세력의 민주화를 위해 노력해 온 것이다. 이 모든 것이 정치체제의 특성이 정책의 내용(정부가 하는 일)을 결정한다고 믿었기 때문이다.

그런데, 이렇게 당연하다고 믿었던 사실에 대하여 정반대되는 연구결과가 나왔다. 1950년대에 미국의 재정학자들이 정책의 내용을 결정짓는 가장 핵심적인 요인은 정치체제의 특성이 아니라 정치체제의 외부에 있는 환경적 요소라는 연구결과를 발표하였던 것이다. 이 연구는 많은 정치학자들을 경악시켰는데, 정치학자들은 정책의 내용이 정치체제에 의해서 결정이 된다는 것을 당연한 진리로 믿고, 정치체제를 바람직한 상태(민주주의적 정부)로 만들기 위한 연구를 해왔기 때문이다. 정치학자만이 아니라, 행정학자는 물론이고 법학자(헌법과 행정법)들, 그리고 사회과학자들의 거의 전부가 정치체제가 가장 중요한 요인이라는 것을 믿고 정치체제의 다양한 측면에 대한 연구를 해왔다. 사실은 이들만이 아니라, 인류사회가 등장한 이후 지식인들은 누구나 종교적 문제와 더불어 정치적 문제를 가장 중요한 철학적 과제로 사색하고 연구해 왔다. 동양에서는 제가백가 중 법가, 유가 등의 사상, 서양에서는 플라톤 이후의 사회철학이 대부분 바람직한 정치를 위한 철학이었다. 그런데 재정학자들의 연구는 동서양의 사상가들이 당연한 것으로 믿어 온 진리를 무너뜨리는 것이었다. 과연 이들의 주장이 옳은 것인가?

2) 정책결정 요인으로서 사회 · 경제적 변수에 관한 연구

유럽에서는 재정학자인 Wagner(바그너)가 20세기 초에 사회복지비를 결정하는 요인으로서 산업화의 정도와 국민소득수준이 중요함을 주장하였는데, 이 주장을 과학적으로 연구하려는 재정학자들이 1950년대에 미국에서 등장하였다. 일단의 경제학자(재정학자)들이 사회 · 경제적 환경이 정책의 내용에 미치는 영향을 연구하기 시작했던 것이다.[5] 이들은 미국의 시와 주들 사이에 사회복지비 지출에서 상당한 차이가 나는 원인을 찾으려고 시도하였다. Fabricant(패브리칸트)는 주정부의 재정지출이 주에 따라 달라지는 원인을 탐색하였고, Brazer(브레이져)는 시정부 간의 사회복지비 지출 상의 차이를 연구하였다. 통계수치를 이용한 실증적 연구였기 때문에 연구 결론에 대하여 타당성을 의심하는 사람들은 없었고, 그만큼 연구가 가져온 충격이 컸다. 이들은 재정지출에 강력한 영향을 끼치는 것은 경제발전 수준과 소득수준, 도시화 같은 사회·경제적 변수라는 결론을 내렸다. 특히 사회복지비(social welfare expenditure)는 산업화 도시화 소득수준의 3가지가 절대적인 영향을 미친다는 결론이었다.

이들의 논리는 상당히 설득력이 있다. 생계가 어려운 저소득층이 많아질수록 복지비의 지출 요구가 많아질 것인데, 이것은 산업화와 도시화에 의하여 결정적인 영향을 받는다. 농토를 지니고 살아가던 농업경제 시절에는 흉년이 들거나 자연재해가 어느 때 있어도 다음 해에는 좋아지기도 하여 극도의 흉년이 몇 년

---

5) Fabricant(패브리컨트)는 1950년에 발표한 획기적인 저서에서 미국 주정부의 예산을 분석하여 주정부 예산의 규모를 좌우하는 사회 · 경제적 요인을 밝혔다. 1인당 소득, 인구밀도 및 도시화의 세 가지 변수로서 주정부의 총지출액의 차이를 72% 정도 설명할 수 있음을 발견하였다. 특히 1인당소득이 지출과 가장 강한 상관관계를 가지고 있음을 발견하였다. 이러한 발견은 그 후 많은 경제학자들에 의하여 계속 확인되었다(Dye, 1976). 또 다른 연구들은 인구밀도, 가구소득 등의 변수들이 사회 · 경제적 변수 중에서 지출면에 가장 강력한 영향력을 미치는 것으로 나타난다고 보고하였다(Brazer 1959).

동안 계속되지 않는 한 정부가 복지비를 지출할 필요가 거의 없지만, 산업화(공업화)가 진전되어 많은 농민들이 공장 노동자가 되면서 사정이 달라진다. 생계수단이 자신의 노동밖에 없으므로 노동에 고장이 생기면 생계수단이 없어져서 정부가 지원하지 않을 수가 없게 되는 것이다. 즉 공장 근무 중에 다쳐서 노동능력을 상실하거나, 큰 병으로 일을 할 수 없거나, 실직을 당하거나, 정년퇴직을 하고 나면 생계수단이 없어진다. 그래서 산재보험, 실업보험, 퇴직연금 등에 정부가 지원을 해야 하는 필요가 커지는 것이다. 공장에 근무하기 위해서는 농촌을 떠나서 공장 근처로 거주지를 옮겨야 하고, 이래서 도시가 팽창하면 친인척들이 모여 살던 농촌의 대가족사회와는 달리 부양가족 없는 노인, 고아 들도 모두 정부에서 부양해야 한다. 이런 식으로 산업화와 도시화는 서로 맞물려 정부가 지원해야 할 생계가 어려운 사람들을 대폭 증가시켜 사회복지비 지출수요를 팽창시킨다.

한편 아무리 수요(요구)가 많아도 정부가 이를 부담할 능력이 없으면, 사회복지비를 증가시킬 수 없다. 정부의 능력은 바로 재정 능력인데, 이것은 국민들이 부담하는 조세의 크기에 의하여 결정되고, 조세는 국민소득 수준이 향상되어야 증가할 수 있다. 그래서 국민소득 수준이 사회복지비 부담 능력을 좌우하는 것이다. 가난하면 복지비 지출을 할 수 없는 것이다.

종합해보면, 산업화가 진전되어 경제발전이 되면, 일면 도시화와 맞물려 사회복지비 수요를 증가시키고, 타면 국민소득 수준을 향상시켜 조세부담능력을 키워서 사회복지비를 부담하는 재정 능력을 키우는 것이다. 그래서 산업화 도시화 소득수준이 사회복지비를 결정한다는 결론이 나오는 것이다. 이렇게 보면, 재정학자들의 연구결과는 전혀 놀랄 일이 아니라, 정치-행정학자들이 잊고 있었던 중요한 정책결정 요인을 알려 준 것이다. 그럼에도 불구하고 정치적 요인이 중요치 않다는 연구결과는 처음 발표되었을 때 많은 정치학자들을 경악시켰다. 그래서 1960년대에 이 결론을 뒤집으려는 정치학자 행정학자들의 연구가 쏟아져 나왔다. 이를 간단하게 보기로 한다. 이들의 연구는 모두 정책결정의 요인을 연구한 것이므로 정책결정요인론(policy determinants theory)이라고 부른다.

3) 정치체제의 특성이 정책의 내용을 결정한다는 이론

미국식 다원론자인 Key(키, 1949)는 미국에서 실증적으로 추진된 재정학자들의 연구가 나오기 이전에 정당간의 경쟁이 사회복지비 지출의 크기에 영향을 미친다는 주장을 하였다. 정당간의 경쟁이 치열할수록 투표자의 다수를 차지하는 저소득층의 지지를 얻기 위하여 복지비증가의 공약을 하게 되고, 한쪽 정당이 압도적인 지지를 받으면 그럴 필요가 없기 때문에 복지비 지출 증가의 공약은 하지 않게 된다고 추론한 것이다. 당시의 상황으로 보면, Key가 연구대상으로 삼았던 대단위 농장이 많은 남부지역은 민주당이 지배하고 있었다. 자연적으로 정당간의 경쟁이 적었고, 사회복지비 지출도 적었다.

한편 Lockard(록카-드, 1959)는 경제가 복잡해질수록 경제적 이해관계가 다양해져서 양당 간의 경쟁이 심해지고, 이것이 저소득층의 지지획득을 위한 복지비 지출을 증가시킨다고 주장하였다.

비록 Key는 대단위 농장의 존재라는 사회경제적 변수가, 그리고 Lockard는 경제발전에 따른 경제의 복잡화가 정당간 경쟁에 영향을 미친다고 했지만, 여하튼 정당간 경쟁이라는 정치적 변수가 사회복지비 지출을 좌우한다는 것이었다. 이후 정치학자들은 이러한 Key-Lockard 모형이 타당하다고 생각하였다. 즉 정당간의 경쟁이 치열할수록 복지비 지출이 증가된다고 믿었던 것이다.

정치적 변수가 아니라 사회-경제적 변수가 사회복지비 지출규모를 좌우한다는 재정학자들의 연구가 잇달아 나오자, 정치학자들의 연구와 종합하여 어느 변수가 더욱 중요한가를 연구하는 시도가 나오게 되는데, 대표적인 연구가 Dawson(도-슨)과 Robinson(로빈슨, 1963)에 의하여 수행되었다. 이들은 사회경제적 변수가 정책의 내용을 결정한다는 경제(재정)학자들의 연구결과와, 정치체제의 특성이 정책에 영향을 미친다는 정치학자들의 연구결과를 종합하여 정치체제와 사회경제적 변수를 모두 포함하는 통합모형을 시도하였다. 이들의 연구결과는 정치학자들을 더욱 실망시켰다. 사회경제적 변수가 정치체제와 정책 모두에 대하여 동시에 영향을 미치고(관계 A, B) 이것이 표면상으로 정치체제와 정책이 서로 관계가 있는 것으로 착각하게 만들었다는 결론을 내린 것이다 (이를 경제적 자원모형이라고 부른다).

<그림 2-2>에서 보면 사회경제적 변수가 변화하면(즉 경제가 발전하여 소득수준이 올라가고 경제가 복잡해지면) 정당정치가 발달하고 정당간의 경쟁이 치열해진다(화살표 A), 그리고 정책의 변화(사회복지비의 증가)도 동시에 발생시킨다(화살표 B). 그래서 사회경제적 변수가 변화하는 것을 모르고 정치체제와 정책이 변화하

는 것 만을 보면, 양자가 같이 움직이기 때문에 마치 정치체제가 정책변화를 발생시킨 것으로 착각(정치체제에서 정책으로 가는 점선)하게 만든다는 것이다. 이러한 경우에 정치체제와 정책의 관계를 통계학에서는 허위상관(spurious correlation)이라고 부른다.

〈그림 2-2〉 경제적 자원모형(Dawson-Robinson 모형)

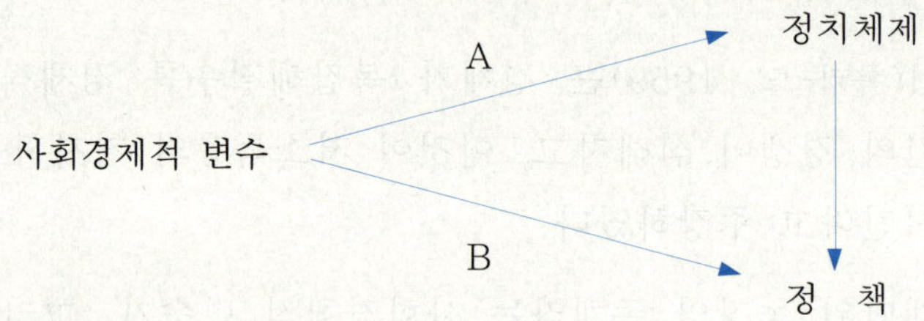

그러나 이 Dawson과 Robinson의 연구는 지나친 것으로 밝혀졌다. 사회경제적 변수가 정책에 직접 영향을 미치는 경우와 정치체제를 변화시켜서(정당간의 경쟁을 변화시켜서) 이 정치체제의 변화 때문에 발생하는 정책의 변화를 분명하게 경로를 밝힌 연구에서는 정치체제가 어느 정도 영향을 미치는 것으로 나타났다. 즉 <그림 2-3>에서 보듯이 정치체제와 정책 사이에 존재할 인과관계선을 분명히 그려서 통계분석을 한 결과에서는 그 영향이 있는 것(정치적 변수에서 정책으로 사는 실선)으로 밝혀진 것이다. 그럼에도 불구하고 정치적 변수인 정당간의 경쟁이나 투표율은 산업화와 소득수준이 정책에 미치는 영향에 비해서 아주 미미한 영향만을 미치는 것으로 결론이 나왔다.

〈그림 2-3〉 혼합모형

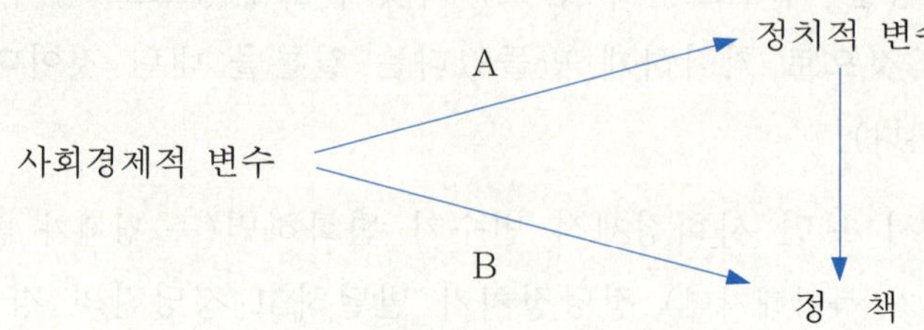

이후 Wilensky(윌렌스키, 1980) 등은 국가 간의 비교연구를 통하여 사회정책의 내용은 이념(ideology)의 영향을 크게 받지 않는다는 주장까지 하게 되었다. 원래 좌파적 정치이념(통치이념, 정책신념 등)을 지닌 정책참여자들이 많으면 사회복지비를 증가시키는 것으로 믿어 왔는데, 이것마저 부인하는 주장이 나온 것이다.

2 정책결정요인론의 한계와 비판

1) 정치적 변수의 역할제약에 대한 충격

정치적 이데올로기나 정치체제의 특성과 같은 정치적 변수가 정책의 차이를 크게 가져오지 못한다는 연구결과들은 정치학자들에게는 도저히 수긍할 수 없는 것이었다. 이러한 주장은 특히 미국적인 민주주의의 이론적 기초라고 불러도 좋을 정치적 다원론(정치권력이 여러 분야와 계층에 분산되어 있다는 논리)에 대해 타격을 주었다. 정당간의 경쟁, 투표율 등은 모두가 정치적 다원론에서 약자들의 정치참여를 위한 통로로서, 그리고 약자를 배려하여 정책을 결정하도록 만드는 장치로서 가장 중시하던 것들에 속하며, 다원론에서는 이와 같은 정치적 변수들이 정책을 결정할 뿐만 아니라 이러한 정치적 특성을 갖추고 있는 정치체제에서 결정하는 정책이 바람직한 정책이라고까지 암암리에 생각하였던 것이다.

정치학자와 행정학자들에게 준 두 번째 충격은 일종의 운명론적인 벽에 부닥치게 하였다는 점이다. 국민소득 수준에 따라서 사회복지비가 결정된다면, 복지비증가를 위해서 싸우고 타협하는 노력은 물론이고, 심지어는 합리적인 정책결정을 위해서 노력해 봐야 커다란 성과가 없을 것이다. 정책의 합리적인 결정을 가장 중요한 목표로 하는 정책학의 입장에서 볼 때에도 커다란 충격이 아닐 수 없다.

사회・경제적 변수들로서 중시되었던 소득수준, 산업화, 도시화의 정도, 인구밀도, 인구이동, 인종구성 등은 정치의 힘으로 변화시키기 힘들고, 미국과 같은 정치제도와 이데올로기에서는 더욱 불가능한 것으로 생각하기 쉽다.[6)]

---

6) 우리나라의 고도성장기에서 보았듯이 정부의 경제개발정책이 이러한 사회경제적 변수를 급격하게 변화시켰다. 정책결정요인에 관한 선진국들의 연구는 정부가 소극적으로 사회의 문

2) 사회·경제적 정책결정론에 대한 비판

그러나 재정학자들이 주도한 정책결정요인론을 자세히 검토해 보면 많은 한계점을 가지고 있다. 특히 연구방법에서 치명적인 약점들이 있다. 주로 미국적 정치환경에서 통계적 분석이 가능한 변수들을 중심으로 연구한 것이 핵심적 약점이다.

첫째, 경제사회적 변수로서 도시화, 산업화, 소득수준 등은 정책에 영향을 미치는 중요한 변수이지만, 정치적 변수로서 모델속에 포함시킨 변수들은 정책을 좌우하는 정치체제의 중요한 특성들이 아니라는 것이다. 재정학자들이 주로 고려한 세 가지 정치적 변수(정당간 경쟁, 투표율, 선거구 할당의 공평성) 외에 더 중요한 변수들이 무수히 있을 수 있고, 또 정책의 내용에 보다 크게 영향을 미치는 변수도 많이 있음을 짐작할 수 있다. 예를 들면, 행정부와 의회의 상대적 권한, 관료권의 확대 여부, 국가권력의 실질적 행사집단의 존재와 이 집단의 움직임 등은 후진국과 선진국의 차이를 나타내는 중요한 변수들이다. 무엇보다 통치이념은 복지비 지출에 결정적 영향을 미치는 변수인데 재정학자들의 정책결정요인론에서는 완전히 무시되었다.

이러한 중요한 정치적 변수가 무시된 것은 두 가지 이유 때문인데, 첫째는 미국의 주나 시들 사이에 이러한 정치적 변수가 별로 다르지 않기 때문이다. 특히 통치이념은 미국의 어느 곳이나 자본주의적 시장경제를 전제로 하는 우파적 이데올로기이기 때문에 주나 시에 따른 차이가 거의 없다. 그런데 복지비에서는 차이가 나므로 양자 사이에는 아무런 관계가 없는 것으로 보인다. 둘째는 실증적 연구를 통계분석으로 진행하였기 때문에 중요한 정치적 변수들이 계량화가 불가능하여 제외된 것이다. 정치체제 내에서 활동하는 정책결정자들의 통치이념을 계량화하기는 무척 어렵고, 위에서 지적한 행정부-의회-사법부 간의 권력관계나 관료권의 강약 여부 등이 모두 계량화가 거의 불가능하다.

특히 미국이라는 특수한 국가에서 연구하였기 때문에 통치이념의 영향을 무시한 것은 치명적 약점이라는 점이 아래에서 보듯이 비교정치학-비교정책학자들의 연구에서 밝혀졌다.

제가 발생하면 해결하는 역할을 주로 하는 경우를 전제로 연구된 것이다. 그러므로 정부주도로 발전을 하는 정치체제에서는 전혀 적용되지 않는 한계점이 있다.

3) 비교정책 관점에서 정치체제의 영향에 대한 반론

비교정책론을 전개한 Heidenheimer(하이덴하이머) 등은 교통정책, 교육정책이나 사회복지 사업이 어떻게 유럽국가들 사이에 차이가 나는지를 주로 정치적인 요인을 가지고 설명했다. 정책결정요인론자들이 계량화가 가능한 변수들을 연구대상으로 하였던 것과는 다르다. 즉 요인론자들은 산업화정도, 소득수준은 물론이고, 이들 변수가 영향을 미친 결과로서의 정책도 정책의 내용이 아니라 그 정책비용(재정지출)을 연구했던 것이다. 재정지출에 영향을 미친 요인을 보면, 당연히 조세부담의 크기가 되고, 조세부담은 국민소득 수준에 의하여 결정되게 되어 있으므로, 국민소득이 사회복지비지출의 크기를 좌우하는 것은 당연하다고 볼 수 있다. 특히 재정지출 총액은 국민소득 수준에 의하여 결정되는 것이 당연한 것이다. 그러나 비교정책론자들은 정책비용만이 아니라 정책의 구체적인 내용이 경우에 따라서는 국민생활에 더 중요한 영향을 끼친다고 보고, 정책내용을 연구한 것이다. 이들은 정치제도와 정당 및 관계집단의 정치적 힘의 차이 때문에 미국은 민간병원과 개인의사 중심의 의료체계를 지니고 있고, 영국은 국가의료체계를 갖추고 있음을 지적하였다. 또 미국의 교통정책이 고속도로 등 승용차 중심으로, 유럽국가는 대중교통수단 중심으로 되어 있음을 설명하고 있다(Heidenheimer, Heclo and Adams, 1975). 이뿐만 아니라 유럽 국가들을 대상으로 한 비교정치적 연구들은 정치적 변수가 중요한 영향을 끼치는 것을 보여주고 있다. 이와 같은 차이가 나타나는 이유를 살펴보면 미국에서 진행된 연구들은 미국이라는 국가 내부에서 주정부나 시정부를 비교했기 때문이다. 즉 연방제, 대통령제의 민주주의 정치체도, 정치이념 등의 차이가 나타나지 않았기 때문이다. 반면에 유럽의 국가들은 이러한 정치체제의 구조적 특징에서 다양한 차이를 보이면서 복지정책, 교육정책 등에서 커다란 차이가 발생한다.[7)]

특히 정치이념(통치이념 또는 정책신념)이 정책에 미치는 영향을 많은 비교정

7) 대표적으로 Esping-Andersen(에스핑-앤더슨)의 연구는 비슷한 사회·경제적 수준에 있는 유럽의 국가들이 상이한 복지체제를 가지고 있다는 점을 정치이념과 정치세력의 연합의 차이를 통해 설명하고 있다(Esping-Andersen 1990). 그는 유럽과 북미 대륙의 국가들을 세 개의 복지체제로 분류하고 있는데, 보수주의 영향이 큰 독일이나 프랑스는 사회적 계층을 유지하는데 초점을 맞춘 복지국가 체제가 형성되어 있는 반면, 스웨덴 등과 같은 북구의 국가들은 사회적 연대와 통합에 초점을 둔 사회정책을 강조하고 있다. 이와는 대조적으로 정치적 자유주의의 영향이 큰 미국과 같은 나라는 시민들이 가능하면 국가의 공공지출에 의존하여 생활하지 않기 위해 최소한의 복지체제를 유지하고 있다.

치학자들이 밝히고 있다. Cameron(카메론, 1978)은 사회민주당의 정부참여가 많을수록 재정규모가 커진다는 것을 보여주었다. 특히 Esping-Anderson(에스핑- 앤더슨, 1990)연구는 비슷한 사회경제적 수준에 있는 유럽의 여러 나라들이 상이한 복지체제를 지니고 있다는 점을 정치이념과 정치세력간의 연합의 차이로서 설명하고 있다. 이 연구에서는 유럽과 북미의 여러 국가들을 세 개의 복지체제로 분류하고 있다. 보수주의(우파 정치이념)의 영향이 큰 독일과 프랑스는 사회적 계층을 유지하는데 초점을 맞춘 복지체제를 형성하고 있고, 스웨덴 등의 북구의 국가들은 좌파적 정치이념을 기반으로 사회적 연대와 통합에 초점을 둔 사회정책(복지정책)을 강조하고 있다. 그리고 정치적 자유주의(우파 정치이념)의 영향이 큰 미국과 같은 나라는 시민들이 가능한 한 국가의 공공지출에 의존하여 생활하지 않기 위해 최소한의 복지체제를 유지하고 있다.

3 종합적 평가

이상과 같은 문제점에도 불구하고 정책결정요인론이 밝힌 사회·경제적 환경의 중요성은 누구나 인정하고 있다. 위에서 지적한 정책결정요인론의 문제점을 감안하여 분석·연구를 하면 정치적 변수가 보다 중요한 것으로 나타날 가능성이 크지만, 그렇다고 해서 환경적 변수가 정책에 미치는 영향이 약하다고는 할 수 없다. 정책에 대하여 환경이 얼마나 중요한 영향을 미치는가를 과학적 분석을 통하여 부각시킨 것은 정책결정요인론의 공로로서 높이 평가되어야 한다.

그렇다면 정책에 대한 환경과 정치체제의 영향을 둘러싼 논란을 어떻게 정리할 수 있을까? 정치체제와 환경 중에서 어느 것이 정책에 더 큰 영향을 미치는가? 이에 대해서는 다음과 같은 결론을 내릴 수 있을 것이다.[8)]

---

8) 정책결정요인론을 우리나라에 적용하여 분석한 연구를 보면, 우선 강윤호(2002)는 지방정부가 개발과 복지 중 어느 것을 강조하는 경향을 보이는가를 사회경제적 요인, 정치적 요인, 지역정책결정자들의 개인적 특성요인 등으로 구분하여 분석하였는데, 구체적으로 재정자립도가 높고(사회경제적 요인), 단체장의 학력이 높을수록(지역정책결정자들의 개인적 특성) 복지보다는 개발지향형을 보인다고 한다. 한편 김철회(2005)는 우리나라 중앙정부의 지출 결정요인을 사회경제적 변수와 정치적 변수로 구분하여 분석하였는데, 사회경제적 변수 중에서는 경제성장률이나 인구변동률 등에 비해 인구구조변동률, 조세부담률 등이 강조되고 있으며, 정치적 변수 중에서는 국회의 여·야간 의석비율(여소야대 여부)이 유의미한 영향을 미치는 것으로 제시하고 있다.

첫째, 사회·경제적 요인은 장기적이고 구조적인 측면에서 정책에 커다란 영향을 끼친다. 특히 정부의 재정적인 자원을 좌우하는 국민소득 등은 경제발전의 수준과 같은 경제적 변수에 기본적으로 영향을 받는다. 그러나 주어진 사회·경제적 발전 수준에서 정책을 결정하는 데 정치체제와 정책운영 방식 등의 정치적 요인이 작용하게 된다. 즉, 사회·경제적 요인은 정치체제의 선택을 제약하는 일종의 제약요인이며, 이 제약요인의 범위 내에서의 정책결정은 정치체제의 특성에 따라 좌우된다고 할 수 있다. 요컨대 환경적 변수의 제약 하에서 정치적 변수에 의해 구체적인 정책의 내용이 결정된다.

둘째, 경제가 고도로 발전할수록 요구가 다양해지며, 소득증대에 따라 재정수입도 증대하므로 재정적 제약에서 벗어나 정치적 영역의 폭이 넓어진다는 점이다. 따라서 이때에는 정치체제적 요인의 비중이 커지게 된다. 소득수준이 높아지면 재정규모가 증가하여 정치적으로 선택할 수 있는 정책대안의 폭이 더 넓어지기 때문이다. 이뿐만 아니라 산업화와 도시와, 인구 고령화, 핵가족화 등으로 국민의 정책수요도 커지게 된다. 이러한 정책수요에 대해 적극적으로 대응할 것인지, 아니면 최소한으로 대응할 것인지 하는 것은 정치이념과 정책결정자의 선택에 의해 결정된다.

이러한 내용을 표현한 것이 <그림 2-4>이다. 다음 그림은 작은 정부와 자유주의를 주장하는 사람들은 최소재정지출수요선을 따라서 재정지출이 최소치가 될 것을 요구하고 적극정부와 복지주의를 주장하는 사람들은 최대재정지출가능

〈 그림 2-4 〉 소득수준과 재정지출의 관계

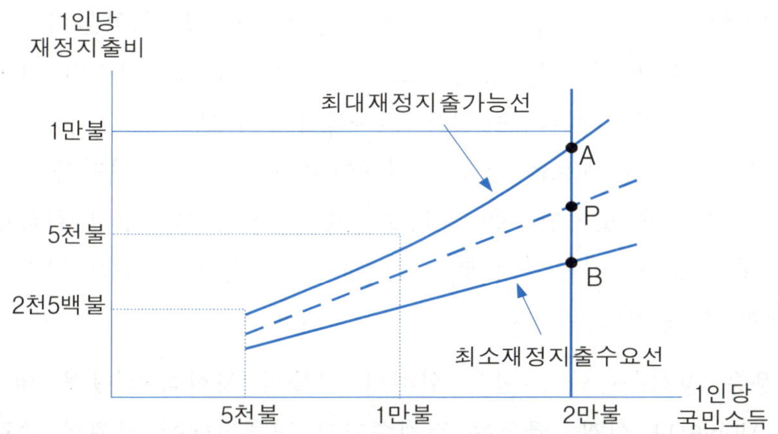

선을 따라서 최대치가 될 것을 주장한다고 가정한다. 그림에서 최소재정지출수요선 및 최대재정지출가능선 자체는 소득수준이 증가함에 따라서 같이 증가하는데 이것이 정책결정요인론이 주목하는 환경요인의 영향이다. 동시에 일정한 소득수준, 예를 들면 2만불의 시점에서 A와 B의 범위 사이에서 어느 정도의 재정지출이 실제로 이루어지는지는 자유주의 및 복지주의와 같은 통치이념과 다른 정치체제적인 변수에 의하여 결정된다. 국가 통치이념이 미국과 같은 자유주의라면 대강 B와 P범위 내에서 재정지출을 결정하고 스웨덴과 같은 복지주의 통치이념을 가진 나라들은 대강 A와 P 범위 내에서 결정하는 경향이 발생한다.

제3절 정책환경이 정책에 미치는 영향

환경과 정책의 관계는 크게 두 가지로 나눌 수가 있다. 환경이 정책에 영향을 미치는 경우와 정반대로 정책이 환경에 영향을 미치는 경우이다.

1 정책이 환경에 미치는 영향

정책이 환경에 미치는 영향은 정책효과와 정책비용으로 나눌 수가 있다. 정책효과는 의도된 효과와 부수효과가 있는데, 전자가 좁은 의미의 정책효과로서의 핵심적 내용이 된다. 정책효과는 정책이 집행되어 정책목표들이 달성됨으로써 나타나는 바람직한 것으로, 정책목표가 사회문제의 해결이라면 사회에 존재하던 문제가 어느 정도 해결되는 것으로 나타나게 되고, 새로운 상태를 창조하는 데 있다면 바람직한 새로운 상태가 이루어지는 것으로 나타난다. 예를 들면, 인플레이션이 심할 때 물가안정을 목표로 하는 경제정책의 추진 결과로 물가가 안정되는 것이나 소득증가를 목표로 하는 경제성장 정책의 추진 결과로 국민소득이 증가되는 것 등이다.

정책비용은 정책수단의 실현을 위해서 지불된 사회적 희생을 의미하는데, 정책비용의 내용이나 성질, 규모는 정책수단과 정책집행에 의해서 주로 결정된다. 정책이 환경에 미치는 영향은 정책학에서 연구해야 할 핵심적인 것으로 이 책의 곳곳에서 검토하는 정책 연구의 가장 중요한 내용이 된다.

2 환경이 정책에 미치는 영향

여기서 주로 논의하는 것은 앞의 정책결정요인론에서 보았던 바와 같이 정책환경이 정책에 미치는 영향이다. 정책환경이 정책에 미치는 영향도 크게 두 가지로 나눌 수가 있는데, <그림 3-4>에서 본 바와 같이 첫째, 환경이 정치체제를 변화시키고 다시 정책에 영향을 미침으로써 결국 환경이 간접적으로 정책에 영향을 미치는 것이며,[9] 둘째는 정치체제에는 영향을 미치지 않고 직접적으로 정책의 내용에 영향을 미치는 경우이다. 그러나 실제에 있어서는 정치체제에는 전혀 영향을 주지 않고 정책에만 영향을 미치는 투입은 거의 없다.[10] 정책환경이 정책에 영향을 미치는 것은 주로 정치체제에 대한 투입을 통해서이며, 이는 또 요구와 지지로 나누어서 생각할 수 있다.

1) 정책환경의 요구와 정책

국민들이 정치체제의 환경으로서 정부에 대하여 요구하는 것으로 정책학에서 많이 논의되는 것은 사회문제의 해결에 관한 것이다. 사회문제 해결에 대한 요구가 강해지면 이를 해결하기 위해 정책이 추진될 가능성이 커진다. 사회문제를 발생시키는 중요한 환경적 원인으로는 다음과 같은 것들을 들 수 있다.

첫째, 산업화는 공업화를 의미하는 것으로서 전체 산업 중에서 제2차 산업의 비중이 커지는 것을 의미한다. 제2차 산업에 종사하는 사람의 숫자가 증가하면 노동쟁의, 노사문제 등의 노동문제가 중요해지고 동시에 사회보장문제가 큰 문제로 등장하게 된다. 정부는 노동정책과 복지정책을 통하여 이러한 문제의 해

9) 정치체제의 제특성이 그 체제가 위치하고 있는 사회의 여러 가지 특성(즉 정치 환경의 제 특성)에 의하여 좌우된다는 것은 틀림없는 사실이다. 그러나 환경의 어떤 부분이 구체적으로 정치체제의 어떠한 특성을 초래하는지에 대한 체계적인 연구는 그렇게 많지 않다. 앞에서 본 정책결정요인론자에 의한 미국에서의 연구들 이외에 극히 초보적인 몇몇 연구가 있을 뿐이다. 그래서 여기서도 대강의 가설적인 논의만 하기로 한다.

10) 이외에도 정치체제의 구조나 운영방법 자체를 변경시키기 위한 투입도 있는데 Lowi가 말한 구성정책이 이것이다. 그렇지만 여기서는 정치환경이 정책에 영향을 미치는 경우만을 주로 검토한다.

결을 위한 노력을 기울이게 된다. 바로 앞에서 본 정책결정요인론의 연구에서 자세히 밝힌 것과 같다. 이외에도 산업화는 산업공해라는 또 다른 문제를 발생시키고 이 문제의 해결에 대한 요구를 크게 증가시킨다. 산업화와 함께 일반적으로 나타나는 도시화는 교통·화재·주택·범죄·보건위생 등의 문제를 심각하게 만들어서 이러한 문제의 해결을 정치체제에게 강하게 요구하게 된다.

둘째, 우리 정치체제에 중요한 투입으로 등장한 것은 다양한 측면을 지니고 있는 세계화이다.[11] WTO 및 OECD 등으로 상징되는 세계화의 조류 속에서 정부는 세계적 기준에 부합하는 방향으로 대부분의 정책을 수정하지 않으면 안 될 상황에 직면하였다. 예를 들면, 산업보호정책, 외환규제 등의 각종 정부규제가 더 이상 지속될 수 없는 반면, 환경이나 산업안전 및 노사관계 등은 보다 강화된 규제(선진국에서 요구되는)가 이루어지지 않으면 안 되게 된 것이다.

셋째, 정보화도 정치체제로 하여금 새로운 대책을 만들도록 요구하는 중요한 요인이다. 이러한 정책에는 정보화의 부작용 제거와 전략산업으로서 정보산업의 육성 등이 포함된다. 정보화를 바탕으로 등장한 지식기반사회에 맞는 정책과 제도를 만들어 내는 것이 국가발전의 핵심적인 사항이 되고 있다. 이러한 내용은 정치체제가 외부환경의 변화에 대하여 반응하는 것으로 볼 수 있다. 이밖에 인터넷을 통한 네티즌의 활동으로 사이버문화가 조성되고, 이것이 정치·경제·문화 등 사회의 여러 측면에서 과거에 경험해보지 못한 새로운 상황을 발생시킴으로써 이에 대한 정부의 적절한 대응을 요구하고 있다.

넷째, 과학기술 발전과 제4차 산업혁명으로 인한 사회변화도 새로운 정책의 필요성을 강화하는 중요한 요인이 되고 있다. 예를 들면, 제4차 산업혁명으로 인해 전반적인 산업구조의 개편 필요성이 등장함에 따라 정부는 기존 규제를 완화하고 인공지능과 빅데이터를 활용하는 등 새로운 산업분야를 지원해야 하는 책임을 지게 되었다. 또한 인공지능 기술의 발달, 공장자동화 등으로 노동시장의 구조가 크게 변화하고 이로 인해 일자리가 감소하는 등의 문제가 발생하고 정부는 이에 대응하기 위한 해결책을 마련해야 하는 상황이 발생한다.

---

11) 이 개념은 "개별 국민국가의 개념이 약화되면서 세계적인 기치기준, 협력의 관행이 확산된나"는 좁은 의미의 세계화와 "정치경제, 문화환경 등 모두가 하나의 지구적인 울타리 내로 동질화해 가는 현상으로 영토적인 분절화에 기반한 근대 국민국가의 경계가 허물어지고 세계가 하나의 단위체로 통합되어 가는 과정"을 의미하는 지구화를 포함한다(조명래, 1994).

Behind Story 2-2 영화 속 미래가 현실로 다가온다

세계경제포럼(World Economic Forum - 다보스 포럼)은 2016년 공식적으로 4차 산업혁명 보고서를 제시했다. 이에 의하면 1차 산업혁명은 1784년에 시작되었고 증기기관의 발명 등으로 인간노동이 기계로 대체되기 시작한 혁명이며, 2차 산업혁명은 1870년을 기점으로 전기 에너지 상용화와 함께 대량생산이 시작되는 변화를 의미한다. 1969년에 시작된 3차 산업혁명은 '정보화혁명'이라고도 부르며 컴퓨터와 인터넷의 출현으로 전자, IT산업의 발전과 자동화 등이 주요 특징이다. 4차 산업혁명은 시작점이 불명확하여 물음표로 표시했는데, 주요 특징으로 '가상 물리 시스템'(CPS : Cyber Physical System)이다. 이는 로봇이나 의료기기 등 물리적인 실제 시스템과 사이버 공간의 소프트웨어를 실시간으로 통합하고 연결하는 시스템인데, 인공지능, 사물인터넷, 빅데이터, 블록체인 등의 첨단기술들 덕분에 가능해 진다. 4차 산업혁명의 전도사라 불리는 다보스 포럼의 Klaus Schwab(클라우스 슈밥) 회장은 이러한 현상을 바이오, 물리, 디지털의 연결・융합이라고 설명했다. 미래사회의 모습을 좀 더 살펴보면 다음과 같다.

첫째, 미래사회의 가장 큰 변화는 일자리, 산업, 경제 등의 영역에서 이루어질 것이다. 4차 산업혁명의 핵심기술들로 인해 자동화, 지능화가 가속화되고, 인공지능, 빅데이터 등 4차 산업혁명과 관련된 일자리는 점점 늘어나지만, 반면 기계화, 자동화, 지능화로 인해 지금의 일자리 중 상당 부분이 사라지고 산업구조도 근본적으로 재편될 가능성도 있다.

둘째, 인공지능과 빅데이터, ICT 기술의 발달로 '초지능화'가 이루어질 것이다. 제품을 생산하는 공장들이 '스마트 팩토리'가 되면서 생산력이 급격히 증가하게 되고, 행정이나 교육 등 모든 분야들이 빅데이터, 인공지능 기술로 인해 지능화될 것이다. 정부조직의 운영과 관리에도 엄청난 변화가 예상된다.

셋째, 모든 것이 서로 연결되는 초연결사회가 되고, 최첨단 스마트 디바이스 덕분에 업무 및 커뮤니케이션은 더욱 편리해질 것이다. 재택업무, 원격교육, 원격진료 등이 일상화되면서, 집에 앉아서도 편리하게 쇼핑이나 거래를 하거나 진료를 받을 수도 있으며, 굳이 학교에 가지 않고도 온라인으로 원격학습을 할 수 있는 등 공간의 제약이 거의 사라질 것이다. 코로나19의 사태로 인하여 우리는 이미 이러한 추세는 경험하고 있다.

넷째, 접속과 공유를 기반으로 하는 공유경제, 공유사회가 될 것이다. '소유'라는 개념을 중심으로 하는 기존 사회경제의 기본질서는 점차 '접속'과 '공유'

라는 개념으로 대체되고 있다. 굳이 물건을 소유하지 않아도 필요할 때 언제나 편리하게 빌려서 사용할 수 있기 때문이다. 물건을 사지 않아도 온라인으로 접속해 빌려 쓸 수 있는 렌탈, 리스, 멤버십, 카셰어링 등이 그 사례이다.

참고자료: 최연구(2020)

다섯째, 일자리와 고용창출은 역대 정부에서 계속 해결되지 못한 상태에서 기술의 발전에 따라 문제의 내용이 새롭게 변화하고 있다. 일자리는 국민들의 일상적인 삶의 기본이므로 일자리문제는 정부가 해결해야 할 가장 시급한 국정과제가 되었다. 더욱이 인공지능(AI)과 로봇기술의 발전을 근간으로 한 4차산업혁명의 진행으로 양질의 일자리가 급속하게 감소하여 많은 국민들을 불안하게 하고 있다. 자칫 양극화의 사회갈등이 증폭할 수 있고, 무엇보다 국민들의 생존문제에 직결되기 때문에 정부의 대책이 절실한 상황이다.

여섯째, 저출산과 고령화문제는 우리가 사회가 안고 있는 심각한 현안과제의 하나로 정부의 적절한 대응이 요구되고 있다. 갈수록 낮아지는 출산율의 저하와 급속한 고령화는 경제활동인구의 변화, 복지수요 및 의료비용의 증대, 세대간의 갈등을 유발하여 공동체의 지속가능성에 큰 부담으로 작용하게 되기 때문에 이에 대한 정부의 적극적인 대응이 요청되는 것이다.

일곱째, 공정성 혹은 공정의 가치는 좀처럼 해결되지 않는 양극화와 사회적 격차의 문제로 인하여 점차 중요성이 증대하고 있다. 이와 관련된 것이 법치주의이다. 법을 준수하고 합법적인 것에 대한 기대가 높아지는 것이다. 원래 법치주의는 대통령을 중심으로 하는 행정권으로 과도한 권력집중을 견제하고 고질적인 행정부패와 부조리와 같은 행정의 횡포로부터 국민을 보호하기 위한 이념이었지만, 최근에는 정책에 대한 원칙과 공정성의 요구와 함께 법치주의도 중요해지고 있다.

여덟째, 지방자치 실시 이후 등장한 중요한 환경적 요소의 하나는 지방화이다. 우선 중앙정부의 권한을 지방으로 이전하라는 요구부터 시작하여 지역의 균형발전을 위해 지방정부의 행정적·재정적 능력을 증진시키기 위한 조세 및 예산제도의 개선, 인사제도의 변혁을 요구하는 목소리가 커져가고 있다. 또한 지방화는 필연적으로 주민자치의 강화로 이어져서 정책과정에 대한 주민참여의 확대 요구가 거세졌다.

앞에서 언급한 것 외에도 여성의 사회적 지위가 강화되고, 여성의 사회적 역할에 대한 새로운 인식이 확산되면서 등장한 여성화라는 정책환경의 변화도 여성의 경제적·사회적·정치적 지위를 향상시키기 위한 정부의 노력을 요구하는 중요한 요인이 되고 있다.

2) 정책환경의 지지와 정책

환경으로부터 문제해결에 대한 요구가 아무리 강하게 표명되어도 그 해결을 위한 능력이 없으면 정치체제는 이 요구에 상응하는 정책을 산출할 수가 없다. 근로자의 실업 문제가 심각해서 이 문제 해결에 대한 강한 요구가 있더라도 정부의 막대한 재정자금이 있어야만 실업수당을 지급할 수 있기 때문에 정부의 재정수입이 적으면 실업수당 정책은 채택할 수 없다. 이것도 재정학자들의 정책결정요인론에서 자세히 밝힌 것이다. 정치체제가 환경에 서비스나 정책을 산출물로 제공하려고 할 때 필요한 능력은 환경으로부터의 지지(support)에 의하여 획득해야 하고, 따라서 지지가 적으면 정책도 추진할 수 없기 때문에 지지의 크기를 좌우하는 환경적 요소가 정책을 크게 제약하게 된다. 그래서 환경의 지지를 좌우하는 요인을 흔히 '정책의 제약요소'(constraints)라 부른다.

환경의 정치체제에 대한 지지는 정책의 유형에서 언급되었듯이 다음의 세 가지로 구분할 수 있다. 첫째, 흔히 미국 등에서는 간과하기 쉬우면서 우리나라와 같은 경우에 극히 중요한 것이 '정치체제에 대한 정신적 지지'와 '순응'이다. 이것은 정부에 대한 신뢰와 직결된다. 둘째, '인적 자원의 공급'이다. 이는 정치체제가 서비스나 정책이라는 산출물을 생산하기 위해서는 정치체제를 운영하는 인력이 있어야 하기 때문이다. 여기에 투입되는 인력의 양과 질에 따라서 정책의 내용이 달라진다. 셋째, 물적 자원을 들 수 있다. 환경이 정치체제에 제공하는 물적 자원 중에 가장 중요한 것이 조세, 수수료 등 정부의 재정수입이다. 재정수입이 증가하면 정부는 여러 가지 사업이나 정책을 추진할 수 있지만, 반대로 적으면 여러 가지 사업을 포기해야 한다. 그리고 국민소득이 높은 수준에 도달하면 재정능력이 충분히 확보될 수 있기 때문에 소득이 정책에 미치는 영향은 약화되는 반면, 소득 이외의 다른 요소의 영향이 커지게 된다.

제4절 정치체제의 특성과 정책

1 정치체제와 정책의 일반적 관계

정책은 정치체제(political system)의 산출물이다. 뿐만 아니라 정치체제는 모든 정책활동의 주체이다. 정치체제는 사회문제가 환경으로부터 투입되면 이 중 일부를 정책문제로 전환시키고, 이 정책문제를 다시 정책으로 전환시키며, 정책을 집행하여 정책결과를 환경에 내보낸다. 이 과정에서 정치체제의 구조적 특성이나 운영면의 특징이 정책의 내용에 영향을 미침은 물론이다.

정책의 내용에 영향을 미치는 정치체제의 특성은 정치체제의 담당자, 정치체제의 분위기와 규범, 그리고 정치체제의 구조 등 세 가지로 요약할 수 있다. 이들과 정치환경 등과의 관계는 <그림 2-5>와 같다. 환경으로부터 지지와 요구를 투입 받아 체제의 담당자들이 정책을 산출할 때 담당자가 지닌 속성, 담당자가 활동하는 정치체제 내부의 분위기와 규범, 정치체제의 구조 등이 모두 정책의 내용에 영향을 미친다.

〈그림 2-5〉 정치체제의 특성과 정책

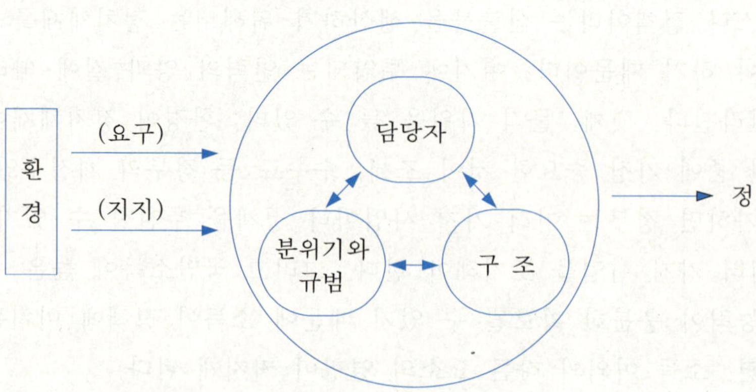

2 정책담당자의 특성

정치체제를 운영하고 있는 정책담당자의 두 가지 속성인 능력(ability)과 성향(disposition)이 정책에 큰 영향을 미친다.

1) 정책담당자의 능력

정책담당자의 능력은 두 가지 면에서 정책의 질이나 내용에 영향을 미치게 되는데, 첫째는 문제 해결을 위한 지식이나 경험 등의 전문적 능력 등이며, 둘째는 상호 충돌되는 이해관계를 조정할 수 있는 정치적 능력이다. 전자는 정책의 분석적 · 합리적 결정과 효율적 집행 및 정확한 정책평가를 위하여 필수적인 것으로 정책과정 전반에 걸쳐 정책학의 목표성취에 결정적인 역할을 한다. 후자는 선택할 수 있는 여러 가지 대안들이 추구하고자 하는 가치, 달성하고자 하는 목표, 또는 희생시켜야 할 가치 등이 다르고 이로부터 영향을 입는 집단이 서로 다를 때 불거지는 정치적 갈등을 해소시킬 수 있는 능력이다. 전자는 행정관료들에게 중요한 측면이고 후자는 정무직 등의 정치담당자들에게 중요한 요인이다.

2) 정책담당자의 성향

정책담당자의 성향은 흔히 신념, 가치관, 태도, 의식 등으로 표현되기도 하는데 정책의 특정 내용에 대한 정책담당자의 선호도, 또는 태도를 의미한다. 이러한 성향은 어떠한 내용을 지닌 정책을 결정하고 어떻게 이를 집행하며 무엇을 기준으로 정책을 평가하느냐에 커다란 영향을 미치게 된다. 예를 들면, 가난한 계층에 대한 깊은 이해와 동정심을 지닌 정책담당자는 사회복지적 성격을 보다 많이 지닌 정책을 결정하려고 할 것이며, 집행과정에서도 서민의 편의나 이익을 도모하는 집행방법을 채택하게 되며, 정책평가에서도 형평성을 보다 중요한 평가기준으로 적용할 것이다. 이러한 특성은 다음의 정책이념과 밀접한 관련이 있다.

3 정치체제의 분위기와 규범 (1) - 정치이념 -

정책과정에 영향을 미치는 정치체제의 규범과 분위기 중에서 가장 중요한 것은 정치이념(ideology)과 정치 및 행정문화이다. 정치이념도 다양한 뜻으로 쓰이지만 여기에서는 정부가 가장 우선적으로 달성해야 할 가치가 무엇이며, 정부가 무엇을 해야 하고, 국민과의 관계는 어떠해야 하는가 등의 정치적 가치에 대한 일관성 있는 사고체계를 의미한다. 그래서 정치이념은 정책목표, 정책수단, 정책대상집단 등의 정책내용에 대한 가치판단의 방향을 제시하는 역할을 하는 것으로 간주할 수 있다. 이와 같이 정치이념은 정책결정, 정책집행, 정책평가에서 적용할 여러 가지 가치기준들을 포괄하면서도 전체적인 일관성을 지니고 하나의 정책만이 아니라 여러 개의 정책, 심지어는 정부의 모든 정책에 적용될 수 있는 가치체계이다. 정치이념은 무엇이 옳고 좋으냐에 대한 가치판단의 기준이므로 언제나 그 반대 측면의 기준이 존재한다. 정책과정을 지배하는 정치이념으로 우리의 경우에 가장 중요한 것 몇 가지만 보면 다음과 같다.

첫째, 자유주의이다. 자유주의 정치이념은 경제적인 환경에서의 자본주의와 밀접히 관련되어 있다. 그래서 자본주의의 발전단계에 따라서 자유주의도 그 성격이 변하였다. 즉, 초기의 자유방임주의는 산업자본주의 당시의 정치적 상황과 결부되어 국가의 횡포로부터 시민의 생명, 재산 및 신체의 자유 등을 보호하기 위한 사상적 기반이 되어 국가는 시민생활에 간섭하지 않아야 하는 것으로 발전하였다.12) 이후 자본주의는 독점자본이 시장을 지배하는 독점자본주의를 거쳐서, 정부가 사회적 약자인 근로자 계층을 보호하고 인간다운 생활을 보장하기 위해서 각종 사회복지정책을 추진하는 복지국가(welfare state)개념이 등장하면서 수정자본주의로 접어들게 되었다. 수정자본주의 시대의 자유주의는 대폭 제약을 받게 되어 경제부문을 포함한 국민들의 생활에 국가가 개입·간섭하는 제한된 자유주의가 당연한 것으로 받아들여지게 되었다. 그러나 20세기 후반에는 신자유주의의 이념이 확산되었다. 신자유주의는 1990년대 영미를 중심으로 전

---

12) 이러한 자유주의와 같이 논의되는 것이 법치주의이다. 법치주의란 법률의 정신을 최대한 살리는 법치행정의 원리를 의미한다. 정책과정의 지배이념으로서 법치주의는 대통령을 중심으로 하는 행정권으로 과도한 권력의 집중을 견제하고 고질적인 행정부패와 부조리와 같은 행정의 횡포로부터 국민을 보호하기 위해서 필요한 이념이다.(관련된 내용으로 앞 제3절 2항 참조)

개된 신공공관리론과 결부되면서 작은 정부를 위한 공공부문 감축운동, 정부의 민간활동에 대한 개입의 축소, 민간경제의 활성화를 주장한다. 이와 같이 자유주의의 정치이념과 이해방식은 정책의 기본방향을 변화시키고 있음을 쉽게 알 수 있다. 경제에 대한 불간섭·불개입의 이념에서 복지국가 이념으로의 움직임은 위에서 언급한 바와 같이 사회정책과 규제정책의 등장을 정당화시킨 원동력이 되었다. 이어진 신자유주의 이념은 정부역할과 시장기능에 새로운 변화를 불러오고 있다.

둘째, 경제성장주의이다. 산업화와 경제성장은 우리나라 국가정책의 기본방향을 좌우한 통치이념(doctrine)이었다. 이것은 '경제제일주의'라고도 불리면서 1960년대와 1970년대에는 경제성장을 1980년대에는 경제안정과 경제성장의 조화를, 그리고 1990년대에는 경제성장과 사회발전의 연계를 정부의 가장 중요한 목표로서 추진하도록 하였다. 이러한 경제성장 제일주의는 급속한 경제성장을 이뤄냈지만 다른 한편으로는 빈부격차와 환경공해의 심화, 저소득층의 소외와 언론의 자유 등 기본권의 제약으로 인한 정치발전의 후퇴라는 희생을 가져왔다. 사회 각 분야별로 민주화가 진전된 1990년대에는 기존의 집중과 효율의 논리에 입각한 경제성장중심의 사고에서 벗어나 분권과 균형발전을 중시하면서 경제뿐만 아니라 복지, 여성, 환경, 교육, 문화, 예술, 지방화 등 사회 각 분야가 균형 있게 발전하는 선진국형 사회발전모델이 강조되었다.

셋째, 복지주의를 들 수 있다. 성장제일주의가 팽배한 시기에는 복지문제는 단순히 재분배 정책으로 인식되거나 복지는 성장의 결과물이라는 사고가 지배적이었다. 이 단계에서는 복지와 경제성장을 상호 대립적으로 이해한 것이다. 그러나 경제성장과 더불어 노동운동이 활성화되고 정치적 민주화가 촉진되면서 복지주의가 통치이념의 하나로 대두되게 되었는데, 크게 다음과 같은 요인이 작용하고 있다. 우선 1987년 6·29 선언 이후 국민들의 민주화 요구가 증대하면서 그동안 억눌렸던 노동자, 농민들이 대대적인 파업과 데모로 복지정책을 요구하였다. 또한 1997년 IMF 사태에 따른 기업들의 대량 도산과 실업사태가 발생하면서 서민들의 기본적인 생존을 보호하기 위한 사회보험 제도가 확대되었다.[13] 마지막으로 고령화 사회 및 청년실업의 증가와 같이 선진국형 인구구조와 고용구조로의 이행 현상이 나타나면서 기존 사회보장제도의 수정을 요구하고 있다.

---

13) 특히 당시의 김대중 정부는 민주주의와 시장경제의 균형발전을 표방하면서 '민주적 시장경제'를 보완하기 위하여 사회적 안전망의 구축과 같은 복지주의 이념을 강조하였다.

경제성장이 정부주도에 의해 추진되면서 몇 가지 문제를 야기하였는데, 우선 정책과정에서 공식적인 정부부문 참여자 외의 민간부문 참여자를 배제시켰다는 점이다. 이는 정책과정을 극히 폐쇄적으로 만들었으며, 정부 전체의 비민주화와 이를 악용하는 관료들이 모든 것을 마음대로 결정하는 횡포를 만연케 하였다. 또한 정부주도는 광범위한 정치·행정적인 부패의 구조화 문제를 야기시켰으며, 정치권력의 집중을 강화시켰다. 민간인을 정책과정에서 배제시키고 정치권력에 의한 특혜의 배분이 일어나게 되면 정치권력을 장악한 집단이 특혜의 배분을 자신들에게 유리하도록 정치적 지지의 확보와 정치적 반대 무마에 이용할 수 있게 된다.

이와 같이 정부주도주의의 부작용으로 인한 부패와 부조리를 방지하기 위해서는 법치주의에 입각한 정책활동이 필수적이다. 이러한 맥락에서 법치주의는 단순히 법에 의한 행정이라는 행정의 합법성 이념뿐만 아니라 정책결정의 민주화를 통한 합리화, 부패의 방지, 권력의 견제와 같은 민주성의 이념과도 관련된다.

한편, 전통적인 정치이념은 탈현대화되는 21세기의 사회문제를 설명하기가 점차 어려워지고 있는데 대표적인 것이 환경문제[14]이며 이에 따라 새로운 대안으로 생태주의(ecologism)가 부상하고 있다. 생태주의는 기존의 정치이데올로기가 주로 물질적 배분 문제[15]에 초점을 두고, 자연을 단지 지배하고 소비하는 대상으로 보는 인간중심주의의 오류를 범하고 있다고 본다. 생태주의는 인간은 자연과 서로 연결되어 있고, 자연을 지배하는 대신에 자연과 가까워지고 존중하면서 인간이 성장하고 행복해진다는 철학적 입장을 가지고 있다.

생태주의가 철학적 세계관 혹은 이데올로기적인 특징을 갖는 것에 비교해서, 환경주의(environmentalism)는 환경을 보호하고 특히 환경파괴를 예방하려

---

14) 미세먼지나 수질오염과 같은 공해문제, 지구온난화를 위시한 기후변화, 빈번해지는 자연재난, Covid 19와 같은 팬데믹의 발생, 후쿠시마 원전사고 등 21세기의 환경문제는 그 범위나 심각성에 있어서 기존과는 다른 차원으로 인류문명을 위협하고 있다. 이에 따라 탈화석 에너지사용, 기후변화협약 등을 통한 국제협약의 구속력이 커지고, 동시에 지속가능한 대체에너지 개발이나 친환경적인 새로운 교통수단 개발과 같은 산업구조의 개편이 가속화되고 있다. 환경가치가 단순한 규범적인 요청이 아니라 실제적으로 경제활동에 영향을 미치는 단계로 전환되었음을 시사한다.

15) 기존의 서구철학에서 사회정의(social justice)에 관한 논의의 중심적인 질문은 "누가 합당한 배분의 기준으로 정당한 자기의 몫을 차지할 것인가?" 하는 물질적인 배분(material distribution)에 관한 것이다.

는 정책지향의 성격을 갖는다(Heywood, 2012). 환경주의 입장에서 제기되는 지속가능성, 보존 등의 가치는 기존의 경제성장이나 물질적 배분과는 다른 정치이념이라고 할 수 있다.

4 정치체제의 분위기와 규범 (2) - 정치 · 행정 문화 -

정치 · 행정문화(또는 크게 보아 정치문화)는 정치체제가 '어떻게' 활동하느냐를 좌우하는 하나의 요인이다. 정치문화(political culture)를 넓은 의미로 정의하면,16) "정부가 무엇을 해야 하고 어떻게 운영되어야 하는가에 대한 것, 그리고 정부와 시민의 관계에 대한 가치, 신념 및 태도" 등을 의미한다(Anderson, 2005). 정치문화에서 가장 많이 논의되는 것이 정부의 운영이나 정치활동 그 자체의 양상이나 이에 대한 규범적 신념과 태도, 인식이다. 우리나라의 정치 · 행정 문화로서 특히 정책과 깊은 관련이 있는 중요한 몇 가지를 보면 다음과 같다.

첫째, 권위주의는 권위에 대한 복종, 권력에 무조건 의지하려는 성향을 그 핵심적인 내용으로 하고 있는데, 우리나라 정치행정 문화의 가장 큰 특징으로 꼽을 수 있다. 권위에도 여러 가지가 있지만, 공식적 지위에서 부여하는 공식적 권위를 중시하는 경향이 강하면 조직계층에서 상층부로 권력을 집중시키는 현상(흔히 말하는 계서주의)을 초래한다. 또한 정부의 공권력에 의존하는 성향은 관존민비의 사고방식으로 발현되어 정부주도 정치행정을 지지하는 사회심리적 배경을 형성한다. 또 카리스마 등에 의존하는 경향을 지닌 권위주의는 카리스마적 요소를 지닌 개인에게 권력을 집중시킨다. 1980년대 말에 시작된 정치권에서 시작된 민주화가 사회전체적으로 파급되면서 권위주의는 크게 약화되었다. 이제는 미국이나 일본과 같은 수준으로 평가하는 사람들이 많다.

둘째, 흑백논리와 극단주의이다. 흑백논리는 모든 사람을 흑 아니면 백, 또는 선 아니면 악의 양극단만을 인식하고 양극단을 이어주는 연속선상의 중간단

16) Verba(1955)에 의하면 "정치문화는 정치적 상호작용의 유형과 정치제도들에 대한 신념의 체계(system)이다. 이러한 사람들의 신념은 실제 정치활동에 대한 경험적 신념(실제 정치가 어떻게 되고 있다는데 대한 인지를 의미하는 것임)일 수도 있고 정치에서 추구되어야 할 가치나 목표에 대한 신념이(정부나 정치제도만이 아니라 개인 정치인들이 무엇을 해야 하는가에 대한 신념으로 우리가 앞에서 본 정치이념과 비슷하다) 될 수도 있다."

계를 인식하지 못하거나 인정하지 않으려고 한다(백완기, 1984). 흑백논리는 사고의 극단주의를 초래하여 정치활동에서 분파주의, 비타협적 정치풍토, 정치이념의 경직화를 초래한다. 흑백논리에 따른 극단주의는 타협을 용납하지 않는다. 대립집단이 어느 정도 동의하는 타협(compromise)적 결정이 아니라 강자가 약자를 힘으로 억누르는 지배(domination)적 결정을 가져온다. 정책의 내용에 대해서 수정이나 보완을 통한 합의의 형식보다는 전면채택 아니면 전면거부라는 극단적인 행동을 나타낼 수도 있다. 흑백논리와 극단주의는 민주화의 진전에 따라 많이 약화되는 듯하였는데, 여당-야당 간의 갈등과 대립이 격화되면서 다시 악화되었다. 정치적 민주화에 따라 정권교체가 일상화되면서 여당-야당 간의 갈등과 대립이 격화되어 조선조의 당파싸움과 비슷한 양상의 분파주의적인 요인이 영향을 미치는 것이다.

셋째, 상호불신이다. 여기에는 전통적 요인, 현대사회 문제의 특성, 정보화사회 특성 등이 작용한다. 역사적으로 보면 정부수립이후 좌우대립에 의한 극도의 혼란과 6.25내전에 의한 파괴, 이에 따른 궁핍 속에 선진국적인 정부신뢰 획득은 불가능한 상태였다. 경제개발을 대대적으로 추진하면서 불균형적 성장전략에 따른 개발독재는 저항하는 민주세력을 탄압하고 개발과정에서 흔히 발생하는 실패나 부패 등을 감추고 국민들의 지지획득을 위하여 거짓말을 계속하여 왔었다. 결과적으로 국민들의 정부에 대한 신뢰는 약화될 수밖에 없었는데, 민주화와 정권교체가 몇 차례 계속되면서 정부에 대한 불신문제는 어느 정도 해소되었고 볼 수 있다.

반면에, 최근에는 또 다른 요인에 의하여 정부불신이 악화되기 시작하고 국민들 간에도 상호불신이 커지고 있는데, 이는 현대사회의 발전 양상과 밀접하게 관련되어 있다. 먼저 신자유주의 및 세계화의 진전과 더불어 전세계가 하나의 시장, 하나의 경쟁무대가 되어 소수의 경쟁승리자를 제외한 많은 패배자를 만들어 소득 양극화와 자산 양극화 등 경제적 양극화가 심화되는 상황이 하나의 원인이다. 아울러 과학기술의 발전으로 컴퓨터와 로봇이 빠른 속도로 일자리를 대체하면서 중산층이 감소하여 상황을 더욱 악화시킨다. 그리고 이러한 문제를 해결하겠다고 공약하고 당선된 공직자들에 대한 불신과 불만도 늘어난다. 문제가 쉽게 해결될 수 있는 것이 아닌데도 이를 자신이 해결하겠다고 큰 소리 치기 때문이다. 이들이 움직이는 정부에 대하여도 당연히 불신이 쌓인다. 이러한 현상은 우리나라뿐만 아니라 모든 선진국에서 공통적으로 나타난다.

정보화는 또 다른 측면에서 사회적 불신을 증가시킨다. 인터넷은 무수한 정보를 빠를 시간에 전달함으로 정보홍수에 휩쓸리게 만든다. 자기 분야에서의 정보도 완전히 소화하기 어려울 때가 많아서 바쁜 생활을 하는 사람들은 다른 분야에 신경을 쓸 여유가 없어지고, 사회적 변화가 빠르면, 다른 분야에서의 일을 이해할 수가 없게 된다. 이로 인해서 어느 분야에서 사회적 문제가 발생하게 되면 다른 분야의 사람들은 이를 이해하지 못하기 때문에 공적인 문제가 발생하게 된 원인이나 해결책 등에 대해서 대립되는 주장 중에서 어느 것이 옳은지 판단할 능력이 없어진다. 갈등관계에 있는 사람들의 주장을 신뢰할 수가 없게 된다. 이리하여 상호불신은 사회전체적인 문제가 되어가고 있다.

이상에서 우리의 정책과정을 크게 좌우하는 정치·행정문화를 살펴보았다. 그러나 꼭 유의해야 할 사실이 있다. 정책과정에서 발생하는 여러 가지 문제의 원인으로서 정치·행정문화에 초점을 맞추었기 때문에 우리나라 정치·행정문화가 정책과정에 공헌을 하는 점은 소홀히 취급한 것이다. 바람직한 정책과정을 위해서 해결해야 할 정치·행정문화가 무엇인지를 중심으로 살펴보았기 때문이다.

5 정치체제의 구조 -권력구조-

1) 정치체제의 구조와 정책의 관계

정치체제의 구조(structure)는 정책과정의 활동방법이나 활동의 양상에 영향을 미침으로써 간접적이지만 정책내용이나 정책결과에 중대한 영향을 미친다. 권력이 상층부에 집중된 권력구조를 지닌 정치체제에서는 상층부에 접근이 용이한 집단이나 계층에 유리한 정책이 결정·집행되고, 권력이 모든 계층에 분산되고 시민들의 정치 참여가 활발하고, 지방분권이 이루어진 정치체제에서는 균형적인 정책이 추진되는 것과 같다.

2) 정치체제의 구조와 권력구조

정치체제의 구조는 정치체제를 구성하는 요소들 간의 '유형화된 상호관계'(patterned interrelationship)이다. 정치체제를 구성하는 요소는 하위체제들을 의미하는 경우가 많은데, 예컨대 국회, 행정부, 대통령실, 사법부 등의 정부기관을 하나의 하위체제로 볼 수가 있고 이들 간의 유형화 된 상호관계가 정치체제의 구조이다. 구성요소들 간의 관계는 상호협조·대립·갈등, 명령·복종 등의 여러 가지로 나타나는데 정책과정에 영향을 미치는 측면에서 가장 중요한 정치체제의 구조는 권력구조이다. 이는 정책의제설정, 정책결정, 정책집행, 정책평가 등 정책과정상의 여러 활동에서 정책의 내용, 정책결과에 결정적인 영향을 미친다.

3) 정부계층간 권력구조: 중앙집권과 지방분권

정치체제의 정부계층간 권력구조는 중앙정부와 지방정부간의 권력배분 관계를 의미한다. 즉, 중앙집권 구조냐 아니면 지방분권 구조를 가지고 있느냐를 의미하며, 어떤 구조냐에 따라 정책과정과 내용이 달라질 수 있다. 일반적으로 미국, 독일 등 연방체제(federal system)는 한국, 일본, 프랑스 등 단일체제(unitary system)에 비해서, 그리고 지방자치정부를 지니고 있는 경우가 그렇지 않은 경우에 비해서 지방정부의 권한이 강하다.

우리나라는 역사적으로 지방분권보다 중앙집권의 길을 걸어왔다. 해방 이후의 혼란, 전쟁으로 인한 극심한 피해의 복구와 안정의 필요성, 안보의 우선과 1960년대 이후 계속된 경제성장 제일주의, 그리고 이에 따른 정부주도에 의한 경제성장은 모두 중앙집권의 필요성을 크게 부각시키게 되었다. 그러나 여러 가지 비민주적 약점을 지니고 있는 중앙집권화는 경제가 발전하고 사회가 분화되자 점차 다음과 같은 심각한 문제들을 낳았다.

첫째, 정책과정에서의 참여 배제는 지방행정에서의 지역주민의 소외를 가져왔으며 이것은 민주화의 요구에 배치되는 것이다. 국민소득향상과 생활향상 및 여러 가지 정치적 사건으로 정책과정에 대한 참여요구가 증가했으며 이를 충족시키기 위해서 지방자치 및 분권화가 필요하게 되었다. 둘째, 복잡한 사회문제를 중앙정부가 주도하여 해결하기에 한계가 있는 반면 지방정부의 문제해결능력은 과거와 달리 크게 향상되었다. 셋째, 정책의 결정과정에서의 정보의 상향적 전달과정이 과도한 중앙집권 때문에 왜곡·지연이 발생한다. 특히 정책추진 과정에서는 정책내용이나 집행방법의 수정·보완이 불가피한데, 이를 위해서는 집행현장에서의 정보 수집·분석과 탄력성 있는 대응전략이 필요하다. 이것은 지방자치나 지방분권에 의하여 지방정부의 집행과정이 신축적일 때 가능한 일이다. 넷째, 대부분의 정책결정은 중앙정부가 담당하고 지방자치단체는 그 정책을 단순히 집행하는 데 그침으로써 지방자치단체가 각 지역의 특성에 맞는 새로운 정책을 개발하고 적용하는 것이 근본적으로 불가능했다. 중앙정부의 각종 정책은 전국을 대상으로 만들어지기 때문에 지역실정에 맞지 않는 경우가 많았고, 지방자치단체가 자율적으로 정책을 개발하고 집행하는 것에 비하여 비효과적이고 비효율적인 측면이 있다.

이러한 문제점의 해결을 위해 중앙집권의 길을 걷던 우리나라는 1995년 지방자치단체장의 선출을 통해 본격적으로 지방자치를 실시하였다. 요컨대, 지방분권이나 지방자치는 국민의 참여를 보장하는 정책과정 전체의 민주화, 정확한 정보에 의한 정책결정의 합리성, 지방의 이니셔티브에 의한 새로운 정책의 개발, 그리고 신축적인 정책집행을 위하여 필요한 것이다.

그러나 지방분권이나 지방자치가 언제나 좋은 것만은 아니다. 일반적으로 연방체제를 취하거나 지방자치를 실시하여 권력이 정부계층별로 분산된 경우에는 정치체제의 지배집단이 다원화되어, 혁신적이거나 기존 세력의 이익에 반하는 정책의 추진이 극히 어려워질 수 있다. 규제기관의 포획(capture)을 주장하는 이론들이 이러한 효과성 감소의 가능성을 지지하고 있다(Wilson, 1980).

4) 정부기관간 권력구조

(1) 입법부와 행정부

입법부와 행정부는 제도상으로 보면 각각 정책결정과 집행의 핵심기관으로 이들 간의 권력구조가 어떻게 되어 있느냐에 따라 정책과정이 크게 좌우된다.[17]

원래 자유민주주의는 의회중심의 의회민주주의로 불리는데, 현대에 접어들

17) 이에 대해서는 다음 제4장의 정책과정의 공식적 참여자에서 자세히 검토하게 된다. 꼭 참조하여야 할 것이므로 여기서는 결론만 간단히 살펴보기로 한다.

자 행정조직이 주요한 정책결정을 실질적으로 담당하게 되고 이에 따라 정치권력의 핵심이 되는 상태가 발생하였다. 이러한 행정국가화 현상을 초래한 근본적 원인은 산업화와 도시화에 따라 복잡하고 해결하기 어려운 많은 사회문제가 발생하면서 정부에 그 해결을 요구한 것에 있다. 행정부는 전문지식을 분야별로 갖춘 신분이 보장된 공무원을 충원하고 경험을 축적하면서 문제해결 능력이 선거에 따라 신분이 좌우되는 의회에 비해 높기 때문이다. 이로 인해 정책의 발안에서부터 실질적인 결정에 이르기까지 실질적으로 행정부가 권력을 장악하고, 의회는 입법부의 지위에서 '통법부'로 전락하였다는 비판을 받기도 하였다.

그러나 우리나라는 민주화가 진행되면서 의회권력이 강화되는 변화가 일어났다. 진보와 보수의 주기적인 정권교체는 기존에 추진해온 정책의 내용이나 추진방식을 변경시키고, 세로운 집권세력인 여당 및 정무직 정치인들의 영향력을 강화시키면서 의회권력이 강화되고 상대적으로 행정권이 약화되었다.

(2) 행정부 내부의 권력구조

행정부 내부의 기관들 간의 권력구조도 정책과정에 큰 영향을 미치는데, 특히 대통령실과 행정부처와의 관계, 행정부처 상호 간의 관계 등이 중요하다. 행정부 내 부처들 간의 권력관계는 공식적으로 담당하는 기능의 중요성과 행정수반과 부처장과의 개인적 친소관계, 접촉빈도 등에 의하여 좌우된다. 중요한 부처는 행정부 내에서의 영향력이 커지므로 이들이 담당하는 기능이나 정책이 정책결정이나 정책집행과정에서 보다 우선되는 경향을 나타내게 된다.

행정부 내부에서는 특히 대통령의 권한이 중요한데 우리나라의 경우 헌법 및 법률 등에서 대통령에게 부여하는 공식적 권한이 강력할 뿐만 아니라 실질적인 지배력 역시 크므로 행정각부가 대통령의 수족과 같이 움직이게 된다. 이러한 상황도 민주화 이후에는 상당한 변화가 일어나 대통령 권력이 상대적으로 약화되었다.

요 약

01. 정치체제는 체제(system)의 일종으로 세 가지 구성요소가 있다. 첫째, 체제를 구성하는 요소(element), 둘째, 요소와 요소들 간의 상호관계(interrelationship), 끝으로 체제와 외부를 구별 짓는 경계(boundary)이다.

02. 모든 체제는 환경과 상호작용을 하는데, 이때 환경으로부터 받아들이는 것을 투입(input), 환경으로 내보내는 것을 산출(output)이라 부르고, 산출에 대한 환경의 반응을 점검하여 체제를 환경에 적응시키는 것을 환류(feedback)라고 한다. 투입에는 사회문제의 해결을 요구하는 요구(demand)와 요구 실현에 필요한 지지(support) 등 두 가지가 있다. 그리고 산출은 바로 정책을 의미한다.

03. 정책결정요인론은 정책의 내용을 결정 또는 좌우하는 요인이 무엇인가를 밝히는 이론으로, 재정학자들에 의해서 재정지출의 결정요인을 밝히는 데서 출발하였다. 즉, Fabricant 등은 지방정부의 예산을 분석하여 1인당 소득, 인구밀도 및 도시화 등 사회경제적 변수가 예산규모를 좌우한다고 주장하였다.

04. 하지만 정책결정요인론에 대해서는 다음과 같은 비판이 제기되었다. 첫째, 변수선정상의 문제로서 정책결정요인론에서 취급한 정치적 변수는 정책을 좌우하는 정치체제의 중요한 특성들이 아니다. 둘째, 정책수준의 차이에 따른 문제로서 정책결정요인론에서는 예산의 총규모를 정책의 내용으로 보았기 때문에 당연히 소득이 정책의 내용을 가장 크게 좌우하는 것으로 나타났다. 셋째, 계량화가 힘든 정치적 변수를 무시했다는 비판으로 예산상의 지출을 수반하지 않으면서도 사회에 큰 영향을 미치고 있는 정책들이 많은데, 정책결정요인론자들은 이를 간과하고 있다. 넷째, 정치체제의 환경에 대한 영향과 정치체제의 중개경로적 역할을 무시했다는 점도 비판의 대상이 되고 있다. 즉, 정책결정요인론에서는 사회·경제적 환경이 '어떠한 경로'를 거쳐서 정책에 영향을 미치는지 명확히 하지 않았다는 것이다.

05. 결국 정치체제와 사회·경제적 변수 모두 정책에 영향을 미치는 것으로 정리할 수 있다. 첫째, 사회·경제적 요인은 정치체제의 선택을 제약하는 일종의 제약요인이며, 이 제약요인의 범위 내에서 어떠한 정책을 결정하느냐 하는 것은 정치체제의 특성에 따라 좌우된다. 둘째, 소득수준이 높아질수록 재정적 제약에서 벗어나 정치적 영역의 폭이 넓어진다.

06. 정책환경은 요구와 지지를 통해 정책에 영향을 미친다. 요구를 유발하는 사회문제를 발생시키는 중요한 환경적 요인으로는 산업화, 세계화, 정보화, 기술발전, 일자리 문제, 저출산·고령화, 공정성과 법치, 지방화 등을 들 수 있다. 이러한 사회적 변화는 새로운 사회문제를 야기하고 이를 해결하기 위한 정부의 노력을 요구하게 된다. 정책환경의 지지는 정책의 제약요소(constraints)라 부르는 것으로서 정치체제에 대한 정신적 지지와 순응, 인적·물적 자원의 공급 등이 포함된다.

07. 정책에 영향을 미치는 정치체제 요인들은 정치체제의 담당자, 분위기와 이념, 정치체제의 구조 등을 들 수 있다. 정치체제의 담당자와 관련된 요인으로는 정치체제 구성원들의 전문적, 정치적 능력과 신념, 가치관 등의 특성을 들 수 있다. 또한 분위기와 이념은 정치문화와 정치이념을 의미하는데, 전자는 정치제제가 운영되는 방식을, 후자는 정치체제가 지향하는 가치를 의미한다. 정책에 영향을 미치는 정치이념으로는 자유주의, 경제성장주의, 복지주의, 생태주의 등을 들 수 있으며, 정치문화로는 권위주의, 흑백논리, 상호불신 등을 들 수 있다. 마지막으로 정치체제의 구조는 권력구조를 의미하며, 중앙집권과 지방분권, 입법부와 행정부간 권력구조, 행정부 내부의 권력구조 등으로 구분할 수 있다.

|제 3 장| 정책과정의 참여자

개 요

정책과정에는 공식적 참여자와 비공식적 참여자가 있다. 제1절은 공식적 참여자로서 의회, 대통령, 행정부처, 사법부에 대해 살펴본다. 이들은 모두 정책과정에서 일정한 역할을 하도록 헌법에서 그 지위와 권한을 부여받고 있다. 제2절은 비공식적 참여자로서 정당, 이익집단, NGO, 언론, 정책공동체, 일반시민과 여론을 살펴본다. 이들은 정책과정에서 공식적인 결정권한은 없지만 정책갈등의 원인과 전개과정 그리고 정책이슈를 중심으로 만들어지는 각종 정책지지연합을 제대로 이해는데 중요한 연구대상이다.

제3절은 정책참여자의 관계를 설명하는 모형과 이론들을 다루고 있다. 권력모형은 정책결정에 있어 권력적·정치적 요소를 강조한다. 정책네트워크 모형은 참여자들간의 네트워크가 정책과정과 결과에 어떻게 작용하는가를 설명하는 모형이다. 거버넌스론은 계층제, 시장, 네트워크를 포괄하는 새로운 국정관리체계를 중심 주제로 삼고 있다.

제1절 공식적 참여자

1 개관: 공식적 참여자의 특성

대의제 민주주의(representative democracy)하에서는 선거에 의하여 선출되는 대통령이나 국회의원, 이들의 지휘·감독을 받는 행정관료, 그리고 사법부가 정책과정에 공식적으로 참여한다. 이와 같은 공식적 정책결정자 또는 참여자는 다음과 같이 크게 네 영역으로 나뉜다.

- 국회: 국민에 의하여 선출된 대표자들의 모임
- 대통령과 대통령실 보좌진: 국민이 선출한 행정수반과 그를 보좌하는 수석과 비서관 등으로 이루어진 막료들
- 행정기관: 신분보장을 받는 관료와 행정수반에 의하여 임명된 장·차관으로 구성된 행정 각 부처
- 사법부: 헌법재판소와 법원처럼 신분보장을 받는 법관들에 의하여 구성된 사법기관

공식적 정책참여자를 중심으로 우리나라의 정책결정의 절차를 살펴보면 <그림 3-1>과 같다. 이 그림에서 보듯이 행정부처의 최하계층에서 제안된 의견이나 안건이 화살표 방향을 따라서 보고·제시되어 행정부 내에서는 최종적으로 대통령에 의해 결정된다. 그리고 국회의 의결이 필요한 경우에는 국회로 이송되어 최종결정이 이루어진다. 이 과정에서 집권당의 경우 정부기관은 아니지만 비공식적인 참여자로 당정협의를 통해 행정부와 정책을 협의하여 국회에 제출할 정책을 조율한다.

먼저 행정부 내에서의 정책결정은 행정부처 내부의 정책결정절차, 국무회의와 같이 부처 간의 의견조정 및 행정부 내의 중요안건을 처리하는 회의기관의 의사결정, 그리고 대통령과 대통령 비서실의 정책참여로 이루어진다. 정부 내의

의사결정 중에서는 장관 선에서 최종적으로 결정되는 경우와 국장 이하에서 결정되는 경우가 많다. 물론 대통령이 최종 결정하는 경우도 있으며, 이것은 행정부 내의 의사결정으로 볼 수 있다.

〈그림 3-1〉 우리나라의 정책결정과정: 행정부를 중심으로

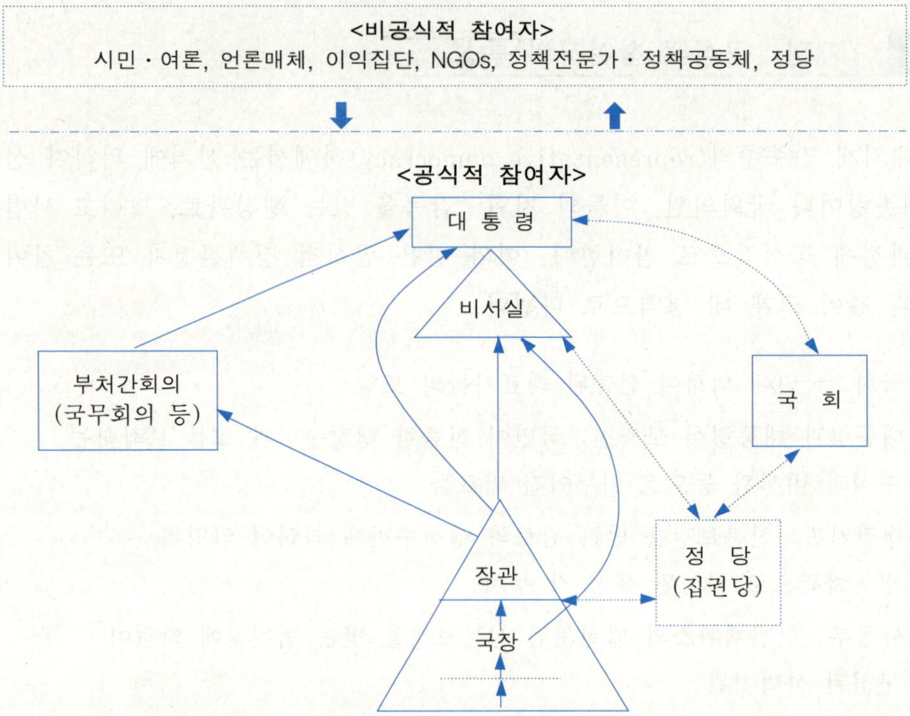

주: 실선 부분은 화살표 방향으로 안건이 제안 · 보고되고 그 반대방향으로 명령 · 지시가 이루어진다. 점선부분은 비공식적인 상호영향관계를 표시함

사법부: 헌법재판소, 법원

소송(訴訟)이 제기될 경우 위헌 · 위법 판결로 정책을 변화시킴

정책은 대통령이나 행정부를 거치지 않고도 만들어진다. 국회는 국회의원이나 정당에서 제시한 안건을 의결함으로써 정책을 결정할 수 있기 때문이다. 의원입법을 통한 정책결정이 전형적인 사례이다. 국회의 의사결정방식은 다수결원칙(majority rule)에 따라 중요한 정책을 결정한다.

사법부는 판결을 통해 정책과정에 참여한다. 헌법재판소나 법원은 국가의 정책결정과 관련하여 소송이 제기되면 법리에 따라 국민여론, 사회적 분위기 등을 참작하여 판결한다. 새로운 진보적 정책이나 보수적 정책이 사법부의 최종판결을 통해 만들어지는 경우가 있는데, 이는 사법부가 이 분야의 정책을 새롭게 결정하는 사법적극주의의 산물이다. 반면 법리에만 충실함으로써 적극적인 판결을 하지 않는 경우는 사법소극주의라고 볼 수 있다. 우리나라의 경우 지난 1988년 헌법재판소가 창설된 이후 문민정부를 거치면서 위헌판결을 통해 수많은 정책변동이 이루어졌다.

2 의 회

1) 의회의 지위와 권한

Behind Story 3-1 막강한 영국의회

〈영국 의회는 여자를 남자로 바꾸는 것을 제외하고는 못 하는 것이 없다〉. 미국의 독립운동이나 프랑스의 혁명이 인류 역사에서 민주주의를 쟁취하게 만든 획기적 사건인 것은 틀림없지만, 대의제 민주주의(의회민주주의)는 영국에서 국왕의 권력을 의회가 오랜 기간 동안 서서히 탈취하면서 구축된 것이다.

13세기 초의 Magna Carta(대헌장)에서 시작하여 20세기 중반에 2차 세계대전을 치르면서 의회는 국왕의 권력을 확고하게 장악하였는데, 위의 말은 의회의 권력이 과거 국왕이 지닌 권력을 능가할 정도라고 상징적으로 표현한 것이다.

물론 실질적 권력은 다수당의 간부들이 장악하고, 또 행정관료의 전문적 권력이 강화되면서 의회의 권력은 껍질만 남게 되는 현상이 심화되고 있지만, 공식적으로는 아직도 의회의 권한이 막강하다.

의회[1]는 국민의 직접 선거에 의해 선출된 의원들고 구성된 기관으로서 법

1) 의회는 나라에 따라 다양하게 부른다. 예를 들면, Parliament, National Assembly, Congress, Legislature, Diet 등이 있다. 이를 번역할 때 '국회'와 '의회'라는 용어로 나타낸다. 하지만 이들 용어가 갖는 개념상의 중요한 차이는 없다. 미국의 의회(Congress)에 대응하는 개념은 한국의 국회(National Assembly)이다.

률을 제정하며, 국가 예산을 심의하고 중요한 국가 정책을 결정하는 최고의 의사결정기관이다. 대통령과 더불어 중요한 국민의 대표기관 중 하나인 의회는 선거를 통한 민주적 정당성을 바탕으로 정책과정에 큰 영향을 미치고 있다.

의회의 지위는 대통령중심제와 의원내각제에 따라 크게 달라진다. 대통령중심제의 경우 의회와 내각이 분리되어 서로 견제하는 권력구조를 갖고 있다. 미국과 같은 대통령중심제의 경우 의원은 각료를 겸직하지 못한다. 하지만 우리나라의 경우 의원내각제처럼 겸직이 가능하다. 의원내각제의 경우 의회와 내각은 사실상 융합되어 다수당의 대표가 수상을 맡고 내각도 다수당 의원이 장관으로 입각하여 행정부의 정책과정에 깊숙이 개입한다. 의원내각제의 경우 의회는 내각을 불신임할 수 있고 내각은 의회를 해산할 수 있어 서로 견제가 가능하다.

의회의 권한은 국가별로 헌법에서 이를 어떻게 규정하는가에 따라 다른데 입법, 재정, 헌법기관 구성권, 행정부 통제 영역으로 나눌 수 있다.

첫째, 국회는 입법권을 가진다. 우리 헌법 40조는 "입법권은 국회에 속한다"고 규정하고 있다. 여기에는 법률 제정에 관한 권한, 헌법개정에 관한 권한, 조약의 체결·비준에 대한 동의권 등이 있다.

둘째, 국회는 국가재정에 관한 광범위한 권한을 가지고 있다. 미국 의회의 경우 예산편성권과 예산법률주의를 통해 예산과정에서 행정부를 강력하게 견제하고 있다. 우리나라의 국회는 예산안 심의, 기채(起債)동의권, 국가부담이 될 계약체결에 대한 동의권 등의 광범위한 권한을 가지고 있다.

셋째, 국회는 헌법기관 구성원에 대한 선임권과 대통령의 헌법기관 구성원 임명에 대한 동의권을 갖고 있다. 예를 들면 헌법재판소 재판관 선임권, 대법원장 임명동의권, 감사원장 임명동의권 등이 있다.

넷째, 국회는 행정부의 구성과 운영에 대해서도 통제권을 가진다. 예를 들면 국무총리임명 동의권, 국무총리·국무위원 해임 동의권, 국무총리·국무위원을 비롯한 주요 공직자에 대한 인사검증권(인사청문회), 탄핵소추권, 조약·선전포고·국군해외파견·외국군 주둔에 대한 동의권 등이 있다.

이 밖에도 국회는 다른 국가기관의 간섭을 받지 않고 자율적으로 헌법·법률·국회규칙에 따라 그 의사와 내부사항에 관하여 스스로 규제·결정할 수 있는 권한을 가진다.

이러한 의회의 권한 중에서 정책과정에 미치는 가장 강력한 영향력은 입법권에서 나온다. 법치행정이 확립된 현대 대의민주주의 국가에서 각종 주요 정책은 의회에서 제정하는 법률이라는 형식으로 표현되기 때문이다.

의회는 법률제정과 같은 입법권 행사과정에서 각종 사회문제에 대한 일반국민의 의견을 수렴하고, 각계 각층의 이해당사자들 간의 갈등조정과 타협을 통해 해결책을 만들어 간다. 갈등과 타협으로 인해 의회의 정책결정은 행정부보다 다소 시간이 지체되는 단점을 가지고 있다. 하지만 사회가 다원화될수록 정책의 절차적 정당성을 담보하는 수단으로서 의회입법은 그 의의가 크다.

2) 정책과정에서 의회의 역할

정책과정에 대한 의회의 역할은 국가에 따라 큰 차이가 있다. 선·후진국간의 차이도 크지만 내각책임제와 대통령중심제 사이에도 차이가 크다. 여기서는 정책과정의 단계별로 대통령제 하에서의 의회 역할에 관해 살펴보기로 한다.

정책과정의 첫 번째 단계인 정책의제설정 과정에서는 의회, 행정부, 대통령 등 정부기관의 역할이 가볍게 취급되어 왔었다. 미국과 같은 다원론적 사회에서는 정부기관보다 대중의 힘이 정책의제설정에 보다 강한 영향력을 행사한다고 인식하였기 때문이다. 그러나 최근의 연구는 공식적 참여자인 정치지도자들이 보다 중요한 역할을 한다고 밝히고 있다. 특히 선거에 의하여 당선된 대통령이나 의회지도자가 큰 영향을 미친다. 의원들이 유권자들의 지지를 통해 선거에서 당선되기 위해서는 지역구민 또는 국민들이 원하는 바가 무엇인가를 찾아내어 이를 이슈화시킴으로써 정책의제로 부각시킨다. 또한 의원입법 형태의 법안발의를 응해 의제설정에 관여한다.[2)]

정책결정의 단계에서 의회는 국민의 대표기관으로서 중요한 정책을 최종적으로 결정할 권한을 지닌다. 입법권이 바로 그것이다. 모든 정책이 법률의 형식으로 결정되는 것은 아니지만 중요한 정책일수록 그 기본은 법률의 형태를 취하는 경우가 일반적이다. 함부로 수정이나 개정을 하지 못하게 하려는 것이다. 그

2) 우리의 경우 의원들의 법안발의에 영향을 주는 요인으로 크게 세 가지를 들 수 있다(최준영, 2006). 첫째, 의원 개인 차원의 요소로서 당선횟수, 연령, 전직 배경을 들 수 있다. 둘째, 정당 차원의 요소로서, 소속정당, 의원의 당내 지위, 상임위원회 가입수, 상임위원장 여부 등을 들 수 있다. 셋째, 지역선거구 관련 요소로서, 선거 당시 경쟁정도와 도시화를 꼽을 수 있다.

러므로 입법권을 통하여 의회는 강력한 정책결정권을 행사할 수 있다.[3] 여러 가지 이유로 정책결정권이 실질적으로 제약을 받는 경우에는 예산심의를 무기로 하여 대통령이나 행정부에게 비공식적인 압력을 가하는 비입법적(nonstatutory) 방법을 사용하기도 한다. 특히 의회위원회는 삼두마차 중의 하나로 정책에 강력한 영향을 미친다는 연구도 있다.[4]

정책집행 및 정책평가의 단계와 관련하여, 먼저 정책집행은 3권분립의 정신에 따라 행정부, 특히 관료조직의 전속적인 기능이지만, 의회는 간접적으로 정책의 집행에 개입하고 간섭할 수가 있다. 여기에는 예산심의, 정책평가, 국정조사를 포함한 일반적 행정통제의 방법이 있다. 먼저 예산이 없으면 정책집행은 거의 불가능하고, 또 예산을 심의하는 과정에서 의회는 정책집행에 영향을 미친다. 또한 의회는 정책평가 활동을 수행하는데 미국의 경우 회계검사원(GAO; Government Accountability Office)이 의회에 소속되어 있으며, 공식적인 정책평가를 통해 정책집행 과정이나 내용을 통제할 수 있다. 국정조사나 의회에서의 질의 · 토론을 통하여 행정상의 낭비 · 부패 등을 조사하는 활동도 넓게 보면 정책평가의 일종이라고 볼 수 있다.

3) 정책과정에서 우리나라 국회의 특징

우리나라 국회는 입법권, 예산권, 행정통제권 등을 통해 정책과정에서 중요한 역할을 수행하고 있다. 여기에서는 국회의 의사결정에 영향을 미치는 요인과 행정부와의 관계를 중심으로 정책과정에서 국회의 특징을 살펴보기로 한다.

(1) 국회의 의사결정에 영향을 미치는 요인

우리나라 국회의 의사결정에 영향을 미치는 요인은 다음과 같이 여섯 가지로 구분할 수 있다.

첫째, 정당 변수이다. 정당은 의원 개인의 의견이나 특성에 비해 의사결정

3) 미국과 같은 나라에서는 중요한 결정은 법률의 형태를 취하는 경우가 일반적이기 때문에 많은 학자들은 정책결정은 국회에서 이루어지는 것으로 본다.

4) 삼두마차(troika)문제는 흔히 철의 삼각(iron-triangles) 또는 하위정부(sub-government)라고 부른다. 이는 이익집단을 중심으로, 계속해서 동일한 위원회에서 일하는 고참의원들이 주도하는 의회의 위원회가 한 쪽에 있으며, 또 다른 쪽에는 신분보장을 받고 동일한 업무를 계속 담당하고 있는 관료조직이 있어 이 삼자가 은밀히 결탁하여 실질적으로 정책을 좌우한다는 것이다. 대표적인 예로 미국에서 무기생산을 담당하는 기업이 무기를 팔기 위해서 국방성의 관료집단, 그리고 의회의 국방위원회와 결탁하는 것을 들 수 있다.

에 더 큰 영향을 미친다. 의원개인이 소속정당과 다른 의견을 가지고 있더라도 실제 표결에서는 정당의 당론을 따르는 것이 일반적이다. 실제 우리나라의 경우를 조사한 연구에 의하면, 국회의원들이 정당의 당론에 따라 표결하는 경향이 큰 것으로 나타났다(구본상 외, 2016). 관련하여, 집권당의 지배구조와 의석분포도 국회의 정책결정과정에 영향을 미친다. 즉 여당이 국회의 다수당을 점하는 경우(통합정부, unified government)에는 집권당이 대통령으로부터 어느 정도의 자율성을 부여받느냐에 따라 국회의 권한의 정도가 좌우된다. 반면에 국회의 의석분포에서 야당이 다수당을 점하는 경우(분점정부, divided government)에는 상대적으로 국회의 역할이 강화되는 경향이 있다.

둘째, 국회선진화법도 영향을 미치고 있다. 국회선진화법은 국회의장 직권상정과 다수당의 날치기를 통한 법안 처리를 금지하도록 한 법안이다.[5] 원래 이 선진화법안은 필리버스터 제도의 정신을 기초로 한 것인데, 다수주의보다는 합의주의를 중시하는 공동체주의적 전통에서 나온 것이다. 여야 정당 간의 극심한 대립을 해소하기 위해 도입된 국회선진화 법은 여야 간의 대화와 타협을 도모하는 효과도 있지만(윤창근·안진모, 2018), 여야 간의 대립이 극심해 질 경우 법안 상정 자체가 불가능하여 정책문제가 표류상태에 빠지는 결과를 초래하기도 한다.

셋째, 국회의 전문성이다. 우리나라의 국회의 경우 총 법률발의안 중 의원발의안이 차지하는 비중은 정부발의안에 비해 대체로 낮은 편이었다. 하지만 국회의 전문성을 향상시키기 위한 제도들이 도입되면서[6] 의원발의안이 정부발의안을 초과하게 되었다.[7] 그럼에도 불구하고 의원제출 법률안의 가결비율은 여

---

5) 국회선진화법이 담고 있는 내용은 다음과 같다. 첫째, 천재지변이나 전시·사변 등 국가비상사태의 경우나 교섭단체 대표와의 합의가 있을 때만 국회의장이 법률안을 본회의에 직권 상정할 수 있다. 둘째, 재적의원 3분의 1 이상의 찬성이 있으면 본회의에서 무제한의 토론(필리버스터)을 할 수 있다. 셋째, 재적의원 5분의 3 이상의 중단 결의가 없는 한 회기 종료 때까지 토론을 이어갈 수 있다. 국회선진화법으로 국회 내 다수당이라 하더라도 의석수가 180석에 미치지 못하면 예산안을 제외한 법안의 강행 처리는 불가능하다.

6) 이로 인해 국회의 미약한 정책결정 기능은 민주화 이후 가장 시급한 개혁과제였다. 정책개발능력과 전문성 향상을 위해 14대 국회 시절 법제예산실(법제실로 개편), 15대 국회 시절 법안실명제, 16대 국회 시절 국회예산정책처, 17대 국회 시절 입법조사처를 신설하였다.

7) 국회의안정보시스템(http://likms.assembly.go.kr)을 참조하여 역대 국회에 접수된 법률안에서 의원발의비율을 보면, 제헌국회 38.0%, 2대 국회 45.7%, 3대 국회 41.2%, 4대 국회 37.2%, 5대 국회 46.2%, 6대 국회 63.2%, 7대 국회 45.6%, 8대 국회 28.6%, 9대 국회 24.4%, 10대 국회 3.8%, 11대 국회 41.5%, 12대 국회 55.7%, 13대 국회 60.8%, 14대 국회 35.6%, 15대 국회 58.6%, 16대 국회 76.3%, 17대 국회 85.2%, 18대 국회 87.8%, 19대 국회 93.6%로 나타났다.

전히 낮아 의원들의 실질적인 정책능력은 아직 미약한 것으로 평가되고 있다.

넷째, 국회를 감시하는 시민단체의 활동과 의정평가제도이다. 국회의 의정활동을 감시하는 시민단체나 평가제도는 국회의 입법행태에 영향을 준다. 예를 들면 의정평가제도 도입 이후 국회의원의 의원발의 건수가 크게 증가하였다.

다섯째, 법안의 성격이다. 여야가 대립하는 정치적 법안의 경우 소속정당이 압도적 영향을 미친다. 반면 지역개발과 관련된 법안의 경우 지역구가 큰 영향을 준다. 그리고 헌법상의 기본권이나 재분배 정책을 다룬 법안의 경우 의원 개인의 이념이 영향을 미치는 경향이 있다(전진영, 2006).

여섯째, 의원 개인의 특성이다. 위에서 언급한 네 가지 특성이 의원 개인 특성과 상호작용을 하여 국회에서 의원의 의사결정행태에 영향을 준다고 볼 수 있다. 의원 개인 특성으로는 의원의 이념성향이나 사회·인구학적 배경, 정책활동과 관련된 의원 개인 차원의 네트워크, 출신 지역구의 성격 등이 의원의 입법활동에 영향을 줄 것으로 예상된다.

(2) 국회와 행정부의 관계

의회와 행정부는 사안과 이해관계에 따라 협력과 갈등으로 얽혀 있다. 양자의 관계는 크게 의회와 행정부의 협력, 행정부의 권한확대에 대한 의회의 견제, 의회에 대한 행정부의 저항 등으로 구분할 수 있다.

역사적으로 서구에서 자유민주주의 정치체제가 절대군주정체를 무너뜨리고 처음으로 등장했을 때에는 시민의 대표자로 구성된 의회가 정치의 핵심기관이었지만, 행정국가화 현상과 더불어 의회의 권한은 점차 약화되었다.

이처럼 행정국가화 현상이 나타나는 이유는 크게 세 가지로 나눌 수가 있다. 첫째, 위기관리를 위해 신속한 결정이 필요하거나 외교·국방상의 전략적 정책과 같이 비밀과 계속성 및 일관성이 요구되는 경우 많은 관련자들이 공개적으로 참여하여 토의하는 것은 문제를 더 복잡하게 만들 수 있다. 따라서 이해당사자 간에 타협과 합의가 중시되는 의회의 심의·의결은 적절하지 않은 방법이 될 수 있다.

둘째, 20세기가 되면서 산업화 도시화가 진전되고 경제가 복잡해짐에 따라 전문지식과 풍부한 정보가 있어야 해결할 수 있는 정책문제들이 대거 등장하게 되었는데, 문제해결에 필요한 전문지식과 경험을 갖춘 행정관료들이 의회의 정치인보다 신속하고 적절하게 이에 대처할 수 있기 때문에, 상대적으로 행정부의 기능은 급속히 팽창되었다. 행정부는 신분보장을 받으며 오랫동안 특정업무분야에만 전념해온 관료들로 구성되어 있으므로 선거에 의해 교체되는 정치인에 비하여 전문성의 축적이 용이한 것이다.

셋째, 의회는 삼두마차 등 이념적 문제를 안고 있다. 의회는 국민의 대표기관으로서 자부하며 출발하였지만 많은 경우 의원 개개인이 지역선거구만을 대표하여 전체국민의 공익보다는 출신구의 편협한 이익에만 얽매인다는 비난을 받는다. 의회는 국민의 대표기관으로서 전체 국민의 이익을 위해 일해야 함에도 불구하고, 실제로는 특수집단 또는 특정지역의 특수이익만을 대표하고 있다는 이념적 문제를 안고 있다.

이와 같은 행정국가화 현상을 설명하는 중요한 지표 중 하나는 의안발의률과 가결률이다. 즉 국회에서 심의하는 의안 대부분이 행정부에서 제출하는 것이며 이렇게 제출된 의안 대부분이 가결되는 등 과거에는 법률안의 경우 행정부 우위현상이 존재하였다. 의회권한의 약화는 입법방식과도 관련된다. 골격입법(skeleton legislation)만을 하거나 애매모호한 내용을 결정함으로써 구체적이고 정확한 내용은 집행과정에서 행정부가 결정하도록 하는 현상이다. 이러한 현상은 행정부의 재량권을 강화시켜서 행정국가화를 촉진해 왔다.[8)]

우리나라의 경우는 권위주의 시대에 국회가 행정부의 시녀라는 비난을 받았는데, 1987년 민주화 이후 국회와 행정부 사이의 권력관계에 상당한 변화가 일어나고 있다. 특히 여소야대 현상이 자주 발생하면서 행정부에 대한 의회의 영향력이 커지는 경우가 자주 나타나고 있다. 가령 지난 14대 국회 초반과 15대 국회에서 나타난 여소야대 시기에는 국회주도의 청문회가 열렸고, 추곡수매가의

---

8) 우리의 경우 몇 가지 특수한 사정으로 행정부와 대통령의 권한이 계속 강화되어 왔다. 예를 들면, 개발독재 시대에서는 ① 국토분단과 남북의 극단적인 대치상태로 인한 안보제일주의를 내세워 폐쇄적이고 신속한 결정, 강력한 리더십을 위한 권력집중 등의 정당성을 바탕으로 공개 토론과 다수의 참여를 통한 결정을 중시하는 의회의 기능을 위축시켰고, ② 급속한 경제성장을 위해 정책의 일관성과 지속성, 효율적인 자원배분이 요구되었지만, 이는 정치적 타협과 협상을 중시하는 의회정치와 충돌하게 되었고, ③ 안보와 경제성장을 위해서 정부주도주의가 강화되자 국가기능의 팽창으로 전문성이 부족한 의회의 행정부 견제기능을 더욱 약화시켰다. 뿐만 아니라 박대통령의 장기집권을 위한 '유신'(1972. 10.)과 같은 비민주적 정치제도가 의회의 공식적 권한을 축소시키고 대통령이 여당을 통하여 의회를 쉽게 장악할 수 있도록 하였다. 이 때문에 대통령→여당→국회의 방향으로 통제가 이루어지게 되었고, 행정부는 대통령의 이러한 지위를 이용하여 의회를 더욱 약화시켰다. 이리하여 유신이후 1970년대 말까지 행정부제출법안비율이 75%를 넘게 되고 통과비율도 96%에 육박하는 기록적인 현상을 보였다.

결정을 국회의 동의를 받도록 하는 등 정책결정에서 부문적으로 국회가 행정부보다 우위에 서는 현상이 발생하였다. 16대 국회도 여소야대로서 국무총리 임명동의권, 예산안 의결권 등을 통해 행정부의 정책활동을 상당히 견제하였다.

또한 여야 간 정권교체를 경험하면서 정권획득을 위한 정당 간 경쟁이 격화하고 있는 것도 국회와 행정부 권력관계 변화의 요인이 되고 있다. 즉 정권 경쟁과정에서 정책지지세력 간의 갈등이 심화되고 이는 국회에서 여야 간의 극심한 대립으로 나타난다. 여기에 전술한 국회선진화 법의 영향으로 여야 간의 타협이 이뤄지지 않으면 법안 상정 자체가 불가능하기 때문에 행정부가 제안한 정책의 국회 통과가 더욱 어려워지는 현상이 나타나고 있다.

3 대통령

1) 대통령의 지위와 권한

Behind Story 3-2 케네디 대통령의 꽃 가꾸기

국제적 위기가 발생하여 비서실 보좌관들을 포함한 정부 수뇌부들이 백악관에서 한참 대책 마련을 위해 분주하게 왔다 갔다 하는데 케네디 대통령이 보이지 않았다. 비서가 한참을 찾아 돌다가 드디어 백악관 뒤 뜰의 한구석에서 대통령을 발견하였다. 케네디 대통령은 한가하게 꽃을 손보고 있었다.

〈이렇게 바쁜 시간에 무엇을 하고 계십니까?〉

비서는 어이도 없고 화가 나서 비난조로 물었다.

비서의 기분을 눈치챈 대통령이 웃으면서 대답했다.

〈이보게. 대통령이 마음대로 할 수 있는 일이 없는데 무엇하겠나? 내가 할 수 있는 것은 꽃이라도 다듬는 것이지. 여기서도 저기 있는 나무를 손대면 정원사에게 혼이 나지.〉

미국의 대통령은 상대편이 동의할 수 있게 설득하는 힘 이외에는 아무 힘도 없다는 주장의 책(R. Neustadt, 『Presidential Power』, 1960)이 1960년대에 주목을 받았다. 그러나 미국 대통령이 그 정도로 허약하지는 않다는 주장도 있다. 이렇게 미국 대통령의 영향력에 대해서는 의견이 분분하다.

대통령제를 채택한 민주주의 국가에서 대통령은 정책과정 전반에 강력한 영향력을 행사하고 있다. Kingdon(2003)의 연구에 따르면 다원주의가 지배적인 미국에서 조차 대통령은 막강한 영향력을 갖고 있다. 특히 권위주의적 대통령의 경험과 제왕적 대통령이 문제시되고 있는 우리나라의 경우 대통령의 영향력은 매우 크다.

대통령중심제에서 대통령은 행정부의 수반으로서의 지위와 국가원수로서의 지위를 동시에 지니고 있다. 내각책임제에서 행정수반으로서의 지위는 수상에 속하고 국가원수로서의 지위가 대통령 또는 국왕(영국이나 일본과 같이 상징적인 국왕이 있는 경우)에 속하는 것과는 대조적인 특징이다.

정책과정에서 행사하는 대통령의 권한은 크게 정책결정에 관한 권한, 정책집행에 관한 권한, 국군통수권, 위기관리자로서의 책임과 권한으로 나눌 수 있다.

정책결정에 대한 권한은 두 가지로 나눌 수 있다. 첫째, 법률의 형태를 취하는 정책에서 국회의 의결을 거친 법률을 거부(veto)하거나 정책안을 국회에 제안하는 권한이다.[9] 둘째, 국회의 의결을 요하지 않는 정책을 결정하는 권한이다. 전자의 경우에는 대통령이 제안한 정책안도 의회에서 부결될 수가 있으므로 대통령의 공식적 권한은 의회에 의해 커다란 제약을 받는다. 그러나 후술하듯이 대통령의 실질적 권한은 이와 달라서 대통령이 직접 정책결정을 할 수 있는 영역은 상당히 넓은 편이다.

대통령은 행정수반으로서 행정기관을 지휘하고 모든 정책의 집행을 감독해야 하는 권한과 책임을 지고 있다. 이 정책집행권이야말로 대통령의 전속적 권한에 해당되며 실질적 정책결정을 할 수 있는 기반이 된다.

또한 대통령은 국군의 통수권을 장악하고 외교·국방정책의 결정 및 집행에서 의회의 견제를 받지 않는 상당한 특권(prerogatives)을 지니고 있으며, 국가위기(crisis) 관리를 담당할 책임과 이에 따르는 비상대권을 지니고 있다. 그러

---

9) 미국 대통령과 달리 한국 대통령은 법률안제안권을 가지고 있다. 국회만이 법률의 제정권을 지니고 있기 때문에 대통령은 행정수반으로서 법률안을 제안할 수 있다. 미국의 경우 대통령은 의회에 법률안을 제출하는 공식적 권한이 없다. 한국과 달리 법안제출은 의회 고유권한이기 때문이다. 미국의 행정 각 부처는 대통령의 국정아젠다에 맞추어 법안의 초고를 의회에 전달할 뿐이다. 따라서 대통령의 의지를 담은 행정부의 법안 초고는 대통령과 같은 소속 정당의 상임위원회 위원장이나 상임위 간사 의원을 통해 공식적으로 제출된다.

나 이러한 대통령 권한행사의 실상은 역사적 배경, 정치제도의 발달 정도 등에 따라 큰 차이를 보이고 있다.[10)]

2) 정책과정에서 대통령의 역할

정책과정의 첫 번째 단계인 정책의제설정에서 어떤 사회문제가 정책적 해결을 위해서 논의할 가치가 있는지 여부를 결정하는데 대통령의 역할은 중요하다. 대통령은 다른 정책주체보다 의제설정 과정에서 상당한 영향력을 가진다(Baumgartner and Jones, 1993; Cobb and Elder, 1983; Kingdon, 2003; Schattschneider, 1960). 예를 들면 선거 시의 공약이나 국회연설, 대국민연설 등을 통해 대통령은 정책의제를 제시하는데, 이러한 정책의제들이 받는 관심의 정도는 다른 어떤 정책행위자보다도 크며 이것이 정책적 해결로 이어지는 빈도 역시 높다.

정책과정의 두 번째 단계인 정책결정과정에서는 정책의 유형에 따라 대통령의 역할이 많이 달라진다. 미국과 같은 엄격한 권력분립적 정치체제에서도 외교·국방정책이나 위기시의 정책은 당연히 대통령이 결정적인 역할을 하게 된다. 그러나 국내정책(domestic policy)의 경우에는 대통령의 역할이 비교적 약한 편이다. Lowi에 의하면 소득재분배정책의 경우에는 상류층의 대표자들과 노동조합의 대표들에 의하여 구성되는 정상연합(peak association)에 의하여 그 실질적 내용이 결정되는데 이때 대통령의 역할이 상당히 중요하다. 반면에 국민 일부에게 서비스나 재화를 제공하는 배분정책의 경우에는 의회의 상임분과위원회나 행정 각 부처에서 결정되며 대통령은 별다른 영향을 미치지 못한다.

정책집행과정에서의 대통령의 역향력은 정책형성단계에 비해 상대적으로 약하지만 절대적인 측면에서는 대통령의 영향력이 여전히 크다. 집행에 대한 주된 책임과 필요한 전문지식들은 행정 관료들이 주로 가지고 있지만, 대통령은 행정

10) 미국은 대통령제 정치체제의 본가이면서도 권력이 대통령에게 집중되어 있지는 않다. 연방정부에 대해서 주·시정부가 자치권을 지니고 있고 연방정부 안에서도 의회와 사법부에 권력이 분산되어 있으며, 또 행정부 내에서도 행정관료 조직의 권한이 강하여 대통령을 견제하고 있다. 또한 무엇보다도 사회자체가 다원적이다. 이렇게 철저한 권력분립에 근거한 대통령중심제가 다른 나라, 특히 후진국에 적용되었을 때에는 거의 대부분이 대통령 1인 독재체제와 장기집권체제로 변신하게 되는 경우가 많았다. 흔히 이것을 신대통령제라는 식으로 부르고 있으며, 우리나라의 경우도 예외가 아니었다. 특히 1970년대 말까지는 대통령의 장기집권으로 인해 권력집중이 극도에 달하여 많은 문제를 일으켰다.

부처나 공공기관의 장·차관이나 정무직에 대한 인사권을 통하여 집행과정에서도 충분한 영향력을 발휘할 수 있다. 기본적으로 대통령이 보유하고 있는 제도적 권한(헌법기관 구성, 입법 권한, 행정 권한) 그리고 비공식적인 정치자원(정당의 지원, 국민의 지지 등)은 집행과정 상에서 발생하는 갈등을 해결하고 장애를 극복하는 원천이 된다.

정책평가과정에서 대통령은 국정의 최고책임자로서 국정에 참여하는 다수의 주체들을 평가하고 통제함으로써 정책평가 및 환류 과정에 영향을 미친다. 공식적인 정책평가는 국회, 국무총리실, 감사원 등의 기관에서 수행한다. 그러나 대통령은 대통령실, 정보기관, 기관장들과의 비공식적 접촉 등을 통해 항상 정책평가와 환류의 과정에 관심을 가지고 지속적으로 영향력을 행사하고 있다. 또한 최근에는 장관을 비롯한 정무직의 성과 평가를 통해 행정부처를 관리한다.[11)]

3) 정책과정에서 우리나라 대통령의 특징

(1) 대통령 권력의 변화

대통령은 정책의제설정에서부터 정책집행에 이르기까지 대통령은 강력한 영향력을 행사한다. 우리나라의 경우 민주화 이전 개발연대의 시기에는 대통령에게 지나친 권력집중이 일어났으며 대통령은 정책과정에서 과도한 영향력을 행사하였다. 시대적으로 경제제일주의, 정부주도주의, 안보우선주의 등의 정치이념과 권위주의, 흑백논리, 비타협적 정치풍토 등의 정치문화로 권력이 계속 집중된 데다가 정당 등 정치제도의 취약성 및 대통령의 연이은 장기집권으로 지나친 권력집중현상을 초래하여 대통령이 모든 정치세력이나 정부기관, 나아가서 사회전체를 압도하는 현상이 나타난 것이다.

하지만 정치적 민주화 이후에는 이러한 요인들에 상당한 변화가 발생하였다. 우선 정치이념에서 안보와 정부주도가 차지하는 비중이 대폭 감소하였으며, 지방자치로 인한 분권화의 추진으로 중앙집권의 정도도 감소하고 있다. 무엇보다 과거 대통령의 권한집중의 결정적인 요인이었던 장기집권 현상이 사라지고

---

11) 정무직에 대한 평가는 이들의 정책역량을 평가하는 것도 포함된다. 이명박 정부의 경우 장관이 '부처업무를 잘 알고 있는지', '대통령의 국정 철학을 이해하고 있는지', '언론과의 관계는 어떤지', '국회와의 관계나 의원들 사이에서 장관의 평판이 어떤지', 그리고 '장관이 책임지고 일을 적극적으로 하는지' 등을 주요 평가항목으로 조사하고 있다. 한편 노무현 정부의 장관평가는 ① 장관 본인의 자기 평가, ② 다른 부처 장관들의 상호 평가, ③ 부하 직원인 차관·실국장의 상향 평가, ④ 국무총리의 하향 평가로 이루어졌다.

〈그림 3-2〉 대통령으로 권력집중원인(민주화 이전)

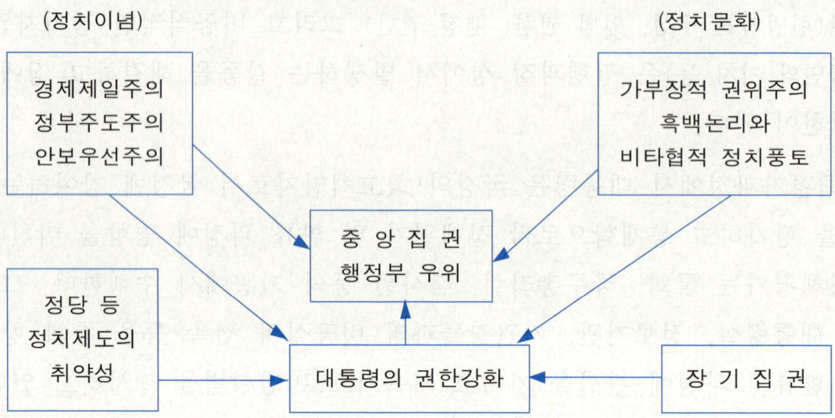

〈그림 3-3〉 대통령 권한 영향요인의 변화(민주화 이후)

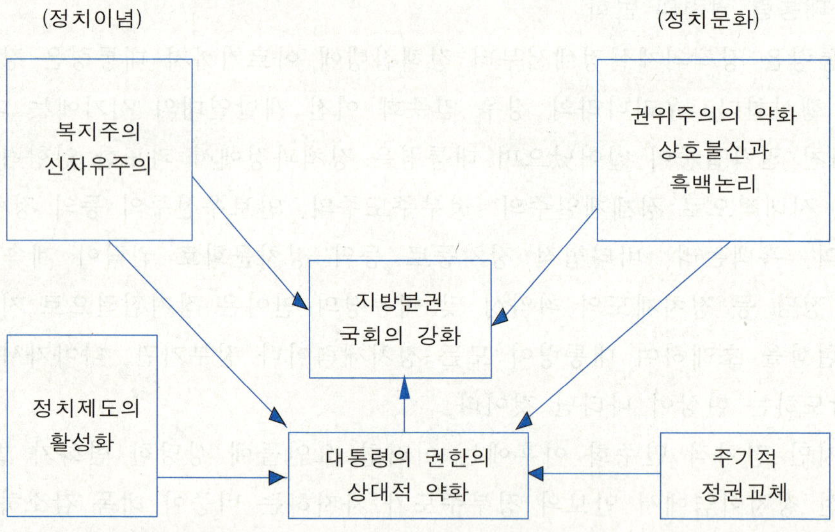

대통령 단임제에 따른 평화적 정권교체의 경험이 축적되면서 대통령의 권위주의적이고 비민주적인 권력행사는 크게 줄었다.

이처럼 민주화 이후에 대통령을 중심으로 한 집권화된 정책과정이 시간의 흐름에 따라 점차 약화됨에 따라 기업, 비정부조직(NGO), 전문가, 이익집단 등 다수의 행위자가 참여함에 따라 정책과정은 이전보다 훨씬 더 복잡해졌다. 민주주의에 대한 사회적 합의가 견고해지면서 과거의 권위적 모습의 대통령은 더 이상 국민의 지지를 받기 힘들어졌다. 이러한 환경변화는 대통령이 정책과정 전반에 행사할 수 있는 영향력을 상당한 정도로 축소시켰다. 특히 국회의 권한 강화, 시민참여의 활성화 등은 대통령의 영향력을 제한하는 중요한 요인이 되고 있다.

(2) 대통령의 의사결정 : 위임과 제약요인

대통령은 강력한 권한을 가지고 업무를 수행하지만 실질적으로 정책결정을 독점할 수는 없다. 정책방향을 제시하거나 문제해결책을 마련하라고 지시하는 경우가 대부분이다(안병철, 2016). 그래서 실질적인 결정을 위임하는 경우가 발생한다. 일반적으로 보면 두 가지의 요인에 의하여 대통령의 직접결정과 위임이 좌우된다.

첫째, 안건의 중요성이다. 안건이 중요치 않은 경우나 대통령이 관심이 없는 분야는 하위행정기관에 그 결정을 위임한다. 행정부처에서 일상적으로 내리는 결정, 해마다 지출되는 예산이나 정책집행을 위한 세부지침 등 이런 일들은 무수하게 많다. 이러한 경우는 최종결정이 국무회의에서 의결되거나 아니면 그 전 단계로서 부처 장관의 결정이 최종적인 결정이 되는 수가 많다.

둘째, 대통령의 전문성이다. 전문지식을 가지지 못한 분야의 결정권은 행정부처에 위임된다. 대통령은 행정부의 수장으로서 행정부처에서 제안하는 안건을 최종적으로 재가하는 공식적 지위를 지니고 있다. 즉 부처가 제안하고 대통령은 검토하는 형식을 취하는 것이다. 안건이 중요하면서도 대통령이 스스로 자신의 전문지식이 부족하다고 느끼는 경우에는 전문가에게 일을 맡긴다. 개입은 하되 결정은 전문가의 의견에 따르는 것이다.

대통령 개인적인 차원에서 결정능력을 제약하는 요인들로는 시간, 정보, 전문지식 부족 등을 들 수 있다. 대통령은 강력한 정치권력을 장악하고 정부의 모든 일에 관여하기 때문에 지나치게 바쁘고 시간이 부족하다. 또한 대통령은 다른 어떤 행정부처보다 상대적으로 가장 많은 다양한 정보를 가지고 있지만 실제로 정책결정에 필요한 정보를 모두 가질 수는 없다. 정책문제에 대하여 신뢰할 수 있는 자료(data)가 부족하거나, 행정기관에서 파악한 정보나 비서진에서 보고한 정보나 자료에 오류가 있을 수 있고, 파악된 자료가 대통령에게 전달되는 과정에서 정보의 왜곡과 조작이 일어날 수 있기 때문이다. 전문지식의 부족으로 인해서 대통령은 장·차관이나 대통령비서관들에게 실질적인 결정권을 위임하게 된다. 그러나 재직기간이 길어짐에 따라 업무파악을 하는 과정에서 스스로 많은 전문지식을 축적시켜 나가면서 자신의 판단에 의존하는 경우가 많아진다.

(3) 대통령비서실의 역할

대통령비서실의 비서들은 대통령 주변에서 대통령을 보좌하는 막료들이다. 그러나 우리나라의 대통령비서실은 1960년대 이후 그 규모가 팽창하여 일종의 관료조직화되었기 때문에 상당한 지위에 있는 비서들만이(비서실장이나 장·차관급인 분야별 보좌관 및 수석비서관들만이) 대통령을 쉽게 접할 수 있을 뿐이었다. 그러므로 대통령과 직접 접촉하여 정책결정에 영향을 미치는 사람들은 주로 이들이다. 이들이 대통령의 눈 귀 두뇌 역할을 하면서 대통령의 개인적 능력을 보완한다.

비서실의 구조는 비서실장의 총괄하에 수석비서관, 비서관, 행정관 등으로 구성된다. 수석비서관은 차관급이지만 실제로는 부처 장관보다 훨씬 강한 영향력을 행사한다. 장관들은 아주 중요한 부처의 경우 일주일에 한 두 번 정도 만나고, 나머지 장관들은 대통령을 개별적으로 만날 기회가 거의 없는데, 수석비서관들은 거의 매일 대통령과 만나 상의를 하기 때문이다. 비서관은 행정관의 보좌를 받으며 행정 각 부처를 담당한다. 비서관, 행정관 중의 대다수는 각 부처의 엘리트 관료들로 구성되고, 일부는 대통령의 임명한 비관료출신이 있다.

대통령은 수시로 관련 수석비서관이나 비서관들과 회의 그리고 개별면담을 통해서 필요한 보좌를 받게 된다. 대통령과 비서실의 관계는 대통령의 개인적 능력과 성격이 강하면 대통령이 큰 영향력을 발휘하고, 또한 비서실장, 수석비서관, 비서관을 보는 시각에 따라 비서실의 영향력이 결정된다. 일반적으로는 대통령비서실이 정부 내에서 가장 강력한 영향력을 행사하는 조직이라고 할 수 있다.

사례 3-1 대통령의 성공적인 국정관리: 미국 레이건 대통령 사례

대통령이 역사에 이름을 남길 수 있는 업적을 이룩하기에는 임기가 너무 짧다. 상당수 대통령들이 임기 초반 허둥거리다 국정운영의 실패를 경험한다. 성공한 대통령이 되기 위해서는 충분한 사전 준비가 필요하다. 다시 말해 임기 동안 무엇을 어떻게 할 것인지 명확한 비전과 전략을 가지고 있어야 하며, 취임 즉시 성공을 거둘 수 있도록 정권인수 기간부터 치밀하게 준비를 해야 한다. 또한 의회와 긴밀히 협력해야 하며, 뛰어난 소통능력도 가지고 있어야 한다. 이와 관련된 레이건 대통령의 사례를 보자.

첫째, 대통령 임기 동안 무슨 일을 어떻게 할 것인가에 대해 사안의 중요성과 시급성을 바탕으로 우선순위를 정하고 대통령과 보좌관은 이를 잘 숙지해야 한다. 레이건 대통령은 정권인수기간에 이미 각종 법안에 모든 우선순위를 정하였고, 특히 경제회복에 초점을 두었다. 레이건 대통령은 집권초기 경제적 성과를 일궈낸다는 목표아래 세율인하와 지출삭감 법안을 의회에 통과시키기 위해 온 힘을 집중했다. 린든 존슨(Lindon B. Johnson) 미국 대통령도 '첫해에 할 수 있는 모든 일을 다 하라, 그리고 빨리 움직이라'고 매일같이 역설했다고 한다. 그 이유는 의회에서 어떤 당이 다수당을 차지하고 있건 이들이 대통령을 대접해주는 기간은 임기 첫 해 뿐이기 때문이다.

둘째, 레이건은 첫 백일동안 49회의 미팅을 통해 467명의 의원을 만났다. 레이건 대통령은 의원을 언론처럼 존경과 품위로 극진히 대했다. 민주당 의원들은 공화당 대통령인 레이건대통령으로부터 민주당 카터대통령보다 더 좋은 대접을 받았다. 또한 레이건은 아이젠하워 대통령 이후 공화당 의원의 뛰어난 결속력을 만들어냈다. 공화당원은 주요 의회표결에서 거의 90%이상 찬성표를 대통령에게 던졌다. 민주당지도부는 공화당 의원을 레이건의 거수기(Reagan's Robot)라고 빈정거릴 정도였다.

셋째, 언론과 자주 빈번하게 정기적으로 접촉하는 것은 현대 대통령 리더십의 필수요소이다. 레이건은 미국의 역대 대통령들인 존슨, 닉슨, 포드, 카터, 클린턴, 부시 대통령과 달리 언론에 의해 공격당하거나 심한 홀대를 받지 않았다. 1984년 워싱턴포스트 편집총국장 Benjamin C. Bradlee는 "내가 입사한 이래로 어느 대통령보다 레이건에게 호의적 기사를 작성했다"고 회고했다. 레이건은 언론을 신뢰와 존경으로 대했다. 늘 언론과는 신뢰를 담보로 접촉했다.

넷째, 대통령 당선인의 인선작업은 빠를수록 좋다. 대부분의 미국 대통령 당선자들은 장관이나 차관급 인선을 선거가 끝난 후 또는 취임식이 끝난 후에야 시작한다. 하지만 레이건 대통령은 선거유세 중에 이미 인선작업을 시작했다. 이는 레이건 대통령의 철학을 잘 이해하는 인재, 그리고 뛰어난 역량과 도덕성을 겸비한 인재를 찾기 위한 것이었다. 그리하여 레이건 대통령은 정권인수기간에 다른 어떤 대통령 때보다 나은 인력을 보유하고 있었다고 한다.

다섯째, 레이건 대통령은 취임 후 7개월 동안 말보다 행동을 통해 국민에게 강력한 지도자의 이미지를 심었다. 국민에게 일관성과 강력한 리더십과 고아한 인품의 소유자라는 것을 증명해 보였다. 그의 말과 행동은 엄격한 원칙을 고수했고 이에 따라 그는 신념을 가진 지도자로 각인되었다. 예를 들면 레이건 대통령은 공공부문의 노동운동에 강력한 조치를 취했다. 그는 항공관제사들의 파업에 대해 "24시간 안에 업무에 복귀하지 않으면 모두 해고하겠다"고 발표했다. 이 발표와 동시에 레이건 대통령은 교통부 장관에게 대체인력을 준비하도록 지시했다. 대체인력들이 투입되어 항공기 일정은 거의 차질이 없었다. 이러한 사건처리 과정을 통해 국민들은 레이건을 용기 있는 대통령으로 생각하게 되었다.

참고자료: David Gergen, 「Eyewitness to Power: The Essence of Leadership Nixon to Clinton;」 서율택 옮김, 「CEO 대통령의 7가지 리더십」(2002)에서 발췌.

4 행정기관

1) 행정기관의 지위와 권한

행정기관의 공식적 권한은 의회가 법률의 형식으로 결정한 정책과 대통령이 결정한 주요 정책을 충실히 집행하는 것이다. 그러나 실제에서는 행정기관이 전문지식과 정보를 활용하여 주요 정책을 만들고 집행하며 의회와 대통령의 최종적인 정책결정에 영향을 미치게 된다. 정책집행 과정에서는 골격입법이나 결정내용이 애매모호한 경우에는 이를 구체화하면서 실질적 정책결정의 역할을 수행한다.

정책과정에서 행정기관이 영향력을 발휘할 수 있는 것은 크게 두 가지 경로이다. 하나는 행정부처의 수장인 장차관이 발휘하는 정치적 리더십이다. 각 행정부처의 장은 대통령과 의회를 설득하고 언론과 여론을 바탕으로 부처와 관련된 정책현안을 파악하고 정책의제화한 후 정책을 기획하고 집행한다. 또한 행정기관은 관료가 가진 지식과 경험에서 나오는 전문성(expertise)과 직업공무원이 가진 자율성(autonomy)을 가지고 정책과정에 영향력을 행사한다.

역사적으로 볼 때 절대군주정 하에서 관료조직은 절대군주 개인의 지배체제 확립을 위한 도구이기도 하면서 절대군주의 권력을 배경으로 특권적 지위를 누리기도 했었다. 그러나 서구에서 절대군주체제가 무너지고 자유민주주의가 확립되면서 3권분립 제도를 채택하게 되었고 이에 따라 행정부의 행정조직은 입법부에서 제정한 법률을 충실히 집행하는데 그 권한이 국한되었다. 하지만 행정국가화 현상과 더불어 행정기관을 통솔하는 대통령의 권한이 점차 커지면서 행정기관은 각 분야에 대한 전문적 지식과 정보를 통해 대통령의 정책결정에 상당히 영향을 미치게 되면서 대통령을 통하여 의회에도 간접적으로 큰 영향을 미치고 있다.

2) 정책과정에서 행정부처의 역할

행정조직의 공식적 권한은 정치기관인 대통령과 의회가 결정한 정책을 정치적 중립성과 전문성에 입각하여 충실히 집행하는 것이다. 그러나 오늘날 대부분의 국가가 당면하고 있는 사회문제는 복잡다기하여 그 해결에는 고도의 전문성과 기술성이 요구되고 있기 때문에 정책결정 전반에 걸쳐 이러한 능력을 구비하고 있는 행정조직의 역할이 더욱 커지고 있다. 정책과정에서 행정부처의 역할을 보면 다음과 같다.

먼저 정책의제설정에서 Kingdon(킹던, 2003)에 따르면 대통령과 의회는 정부의제(governmental agenda) 설정에 주도적인 영향을 행사하지만 관료는 결정의제(decision agenda)에 큰 영향을 준다.[12] 즉, 어떤 쟁점을 의제로 삼을 것인가에 대해서는 대통령을 비롯한 의회지도자들이 주도하게 되지만, 쟁점과 함께 실현가능한 대안을 검토하는 데는 행정조직의 관료와 전문가들이 영향력을 발휘한다고 본다. 이처럼 제도상으로 정책의 중립적 집행만을 담당하는 것으로 인식되어 왔던 행정조직이 정치성이 짙은 정책의제설정 과정에도 영향을 미칠 수 있는 이유는 관료들은 오랜 기간 업무를 수행하면서 전문성을 축적하게 되고, 행

---

12) 정부의제(governmental agenda)는 대통령과 의회의 의원 등 정부의 정치적 공무원과 이들 측근으로부터 신중한 주목을 끌고 있는 문제들을 가리키고, 결정의제(decision agenda)는 정부의제 중에서 구체적인 결정의 대상에 오른 문제들을 가리킨다(Kingdon, 2003).

정조직은 그들의 소관 사항에 관련된 이익집단과 의회의 위원회와 일정한 관계를 유지하고 있기 때문이다.

정책결정과 관련해서는 정부의제에 오른 쟁점(issue)을 해결하기 위한 정책결정의 공식적 권한은 대통령과 의회가 가지고 있지만 정책대안의 탐색과 분석에서는 관련 행정부처가 큰 역할을 한다. 정부가 해결해야 할 문제의 복잡성과 그 해결에 요구되는 전문성, 그리고 지속적 관여의 필요성 때문에 대통령과 의회가 행정조직의 도움없이 정책결정을 하기는 힘든 것이다. 더구나 정책결정은 이전에 전혀 경험하지 않았던 문제에 대응하기 위한 경우도 있지만 대부분의 경우는 이전의 정책을 수정·보완하는 경우가 많다. 특히 정책대안의 탐색은 정책을 집행하는 과정에서 얻은 경험과 정보에 의존하는 경우가 많다.

정책집행은 어느 나라를 막론하고 관련분야의 업무를 수행하고 있는 행정조직에 의해 집행된다. 근래에 들어 행정조직의 정책결정 관여 현상이 크게 부각되고 있지만 가장 고유한 권한은 결정된 정책을 집행하는 것이다. 특히 정책집행과정에서 행정조직이 행사하는 재량권은 광범위하다. 공식적 정책결정자들은 시간과 정보, 전문성 등이 부족하고 경우에 따라서는 원활한 집행의 필요성 때문에 행정조직에 광범한 권한을 위임하고 있는 사례가 많은 것이다(Rourke, 1976). 특히 법률의 형태를 띤 정책결정의 경우는 공식적 정책결정자들이 정책내용에 대한 윤곽만을 밝힌 골격입법(skeleton legislation)만을 하고 그 외의 정책에 대해서 애매모호한 내용을 결정을 하는 경우가 많다. 그래서 구체적인 정책내용의 결정과 상호 대립되는 이해관계의 보다 명확한 조정은 행정조직에 일임하는 경우가 많다. 이 때문에 행정조직은 정책집행과정에서 보다 세부적인 결정(이것을 행정적 결정이라고도 함)을 행하고 상호 대립되는 이해관계를 조정하는 역할을 수행한다(Anderson, 2005).

정책과정의 마지막 과정은 정책평가이다. 여기서 말하는 정책평가는 집행의 결과 나타난 효과를 체계적으로 파악하는 것으로 현존 정책의 지속·수정 또는 종결의 여부를 판단하는 기초가 된다. 행정조직은 대통령이나 의회의 지시에 따라, 또는 제도화된 기능이나 자발성에 의거하여 정책평가의 임무를 수행하게 된다. 그러나 정책을 집행한 행정조직이 스스로 그 결과를 평가하는 것은 평가의 객관성에 문제가 있기 때문에 미국에서는 대통령 직속의 정책관계위원회, 의회의 회계감사원, 대학 또는 전문연구기관에서 평가를 담당하는 경우가 많다. 이와 같이 평가의 객관성을 확보하기 위하여 행정조직이 아닌 다른 기관에서 평가를 하는 경우에도 행정조직은 영향을 미친다. 그것은 정보와 자료를 통한 영향력이다. 행정조직 이외의 기관이 평가를 하는 경우, 이에 필요한 정보와 자료는 직접 정책집행을 담당한 행정조직에 의존하는 경우가 많기 때문에 행정조직들은 정보와 자료의 선택적 제공을 통해 영향을 미칠 수 있는 것이다(Nakamura and Smallwood, 1980). 한편 정부의 행정조직 가운데 평가를 전문적으로 담당하는 조직도 많다. 우리나라의 경우를 예로 들면 헌법상의 기관인 감사원을 비롯하여 국무총리실, 중앙부처의 기획조정실 등을 들 수 있다.

3) 정책과정에서 우리나라 행정기관의 특징

정책이 입안되고 결정되는 과정에서 우리나라 행정부처의 역할은 크게 두 가지 과정을 통해서 살펴볼 수 있다. 첫째, 품의제 형식으로 내부 기안과정을 거치는 것이다. 이를 통해 부처내부에서 어떻게 정책이 만들어지는지 알 수 있다. 둘째, 법령제정 과정을 중심으로 정책결정 과정을 살펴볼 수 있다.

(1) 부처 내부의 의사결정: 품의제

우리나라 행정부의 각 부처들이나 기관들의 내부의사결정 절차에서 가장 기본이 되는 것이 품의제도이다. '품의'라는 말은 '상관의 재가를 받기 위하여 논의를 드린다'라는 뜻이며, 부하가 의견을 제시하고 상관이 그 의견을 검토하되 부하와 상의하여 최종결정을 내리는 제도인 것이다. 이러한 과정은 계층제의 아래 부분에서 시작하여 장관에게까지 이르게 된다. 과원들이 제안을 하고 과장, 국장, 차관보, 차관, 장관의 순서대로 결재를 받는 것이다. 그러므로 이 제도는 공식적으로 보면 계층제의 최하층부에서 제안을 하여 상층부로 움직이면서 하의상달 과정을 통하여 행정기관의 의사결정을 하는 극히 민주적인 제도이다.

공식적으로 품의제는 행정조직내의 최하급자가 제안을 하면 상층부로 올라가면서 결재를 하는 의사결정의 흐름을 갖지만, 실제에 있어서는 상층부의 의견을 반영시키는 여러 가지 공식·비공식장치가 마련되어 있어서 상층부의 의견이 압도적인 영향을 미치며 하향식 의사결정이 이루어진다.

품의제는 커다란 장점을 지니고 있다. 첫째, 품의제는 기안자로부터 계장, 과장, 국장, 차관, 장관에 이르기까지 행정조직의 말단에서부터 고위직까지 하나의 결정을 위하여 참여하기 때문에 누구나 소속감과 참여감을 느낄 수 있다. 둘째, 같이 참여하게 되므로 부하가 상관을 접촉할 수 있는 기회를 제공한다. 계장의 결재는 물론이고 과장이나 국장 정도의 결재까지는 기안자가 서류를 들고 직접 받고, 국장이나 차관의 결재는 과장이 직접 받으며 장관의 결재는 과장이나 국장이 받는다. 이런 식으로 부하가 상당히 높은 상관을 만날 수 있는 기회는 결재를 받는 경우 외에는 흔하지 않다. 셋째, 상관에게는 자기에게 소속된 하위조직에서 이루어지는 중요한 결정을 빼놓지 않고 파악할 수 있는 기회를 품의제가 제공한다. 그리하여 상관은 자기 소속의 부하를 통제할 수 있을 뿐만 아니라 모든 중요한 결정에 직접 개입할 수 있다.

그러나 품의제는 여러 가지 단점도 지니고 있다. 첫째, 실무담당자인 기안자에서부터 최종결정권자까지의 단계에 많은 사람들이 결재하게 되어 있기 때문에 시간이 많이 걸린다. 둘째, 권한의 상부집중과 품의제가 결합되면 행정조직의 상층부가 중요한 정책문제보다 일상적인 업무에 노력과 시간을 소모하게 된다. 비록 위임전결규정이 있어도 권한의 상부집중경향이 발생하고 최고결재자인 장관으로 하여금 세부적이고 일상적인 안건까지도 결재하도록 만든다.

(2) 행정부처의 입법화 과정

행정부에서 발의한 법안의 입법 절차를 통해서 행정부의 정책결정 과정을 살펴볼 수 있다. 일반적으로 행정부에 의해서 수행되는 입법절차는 입법계획에 따라 정보 수집 절차를 거쳐 법령안을 작성하는 입법 단계, 입법 사항이 타 부처와 관련된 사항일 경우에는 관계 부처와 합의하는 기관간 협의 단계, 입법할 내용을 국민에게 알리고, 규제개혁위원회에서 규제심사를 받으며, 이해관계자가 많고 중요한 법령일 경우 공청회를 개최하는 것과 같은 국민의견 수렴 단계, 법제처에 의해 수행되는 법령안 심의 단계, 차관회의와 국무회의에 상정하여 의결하고 최종적으로 대통령의 재가를 받아 이루어지는 법령안 상정 단계, 국회에서 의결된 법률안이 정부(법제처)에 이송되어 주관부처에 재의요구 여부가 검토된 후 이루어지는 법령한 공포단계 등 모두 6단계로 구성된다.

이와 같은 입법 과정에서 다른 부처와 협의가 필요한 경우가 있다. 예를 들어, 예산 및 결산, 공공기관, 회계에 관한 사항은 기획재정부와 협의가 필요하고, 벌칙에 관한 사항이라면 법무부와, 다른 부처의 고유 업무와 관련된 사항이라면 정부조직법상 소관업무 부처와 협의와 조정을 해야 한다.13) 이러한 경우에 공식적으로는 차관회의, 법제처의 법률 조정 또는 국무총리실에서 조정되나, 비공식적으로는 실무자들 간에 직접적인 접촉으로 해결되는 경우가 많다. 차관회의에서는 국무회의에 상정될 의안의 사전 심의 기능을 수행하는데 이때 주요 정책들의 조정이 이루어진다. 법제처는 심사가 의뢰된 법령안이 상위법체계와 맞도록 심사할 뿐만 아니라 타 부처와 갈등의 여지가 있을 수 있는 부분을 조정하게 된다.

(3) 정치적 민주화와 행정권의 약화

1980년대 후반까지 계속된 독재체제는 대통령이 행정부를 도구로 운영하였기 때문에 바로 행정부의 독재를 의미하였다. 의회는 통법부화하고, 사법부도 행정부의 시녀 역할을 하는 모양이 되었다. 선진국에서 나타난 행정국가화 현상은 현대사회에서 나타난 행정의 확대와 복잡화 때문에 정치인이 중심인 의회가 아니라 전문성을 지닌 행정부가 정책결정권을 실질적으로 장악한 경우이다. 그런데 1980년대 후반까지 한국정부에서의 권위주의 정권에서의 행정권 강화는 두 가지가 결합되어 더욱 심화된 것이다. 즉, 고도성장 과정에서 행정업무가 급속도로 팽창하고 복잡해지면서 고도의 전문성이 필요해지고 이것이 선진국에서의 행정권 강화와 같은 영향을 미쳤다. 여기에 더하여 독재권을 장악한 대통령이 행정부를 수족으로 운영하면서 행정부가 대통령의 정치적 권력을 추가적으로 이용하는 상태가 전개되어 그 실질적 정책결정권은 선진국에 비교할 수 없을 정도로 강력해진 것이다. 대통령의 이름을 빌어서 대통령의 독재권을 공유한 셈이다. 1980년대 후반에 시작된 정치적 민주화는 행정의 이러한 정치적 독재권을 크게 약화시켰다.

이 정치적 민주화는 대통령의 독재권한을 축소하는 개혁이 핵심이었는데, 대통령직선제와 의회권한의 강화로 표현되었다. 1970년대와 1980년대 후반까지 계속된 대통령의 독재권력이 5년 단임으로 선거에 의하여 국민들에게 정치적 책임을 지도록 함으로서 크게 약화되었다. 거기에 더하여 국회에 국정감사권을

---

13) 이 밖에도 정부의 조직과 지방자치에 관한 사항, 공무원의 임용 및 보수 등 인사 관계 법령, 지방자치단체 및 지방공무원의 인사·보수, 그 밖에 지방행정에 관한 사항과 관보에 게재할 것을 법령에 규정하고자 하는 경우에는 행정안전부(「관보규정」 §11)와 회계 관계 법령을 제·개정하는 경우(「감사원법」 §49)에는 감사원과 경쟁제한 사항(「독점규제 및 공정거래에 관한 법률」 §63)인 경우에는 공정거래위원회와 협의하여야 한다(이상희, 2008).

부여하는 등으로 행정을 통제하면서 행정권은 더욱 약화되었다. 1998년도에 김대중 야당후보가 당선되어 정권교체가 일어나고 다음 대통령선거에서 노무현대통령이 다시 당선됨으로서 과거의 우파독재의 정치체제가 크게 변화되었다. 이어서 우파의 이명박 박근혜 대통령과 다시 좌파의 문재인 대통령의 등장은 좌우파 간의 정권교체를 일상화시켜서 대통령의 그늘에서 권력을 행사하던 행정부에 커다란 변화를 가져왔다. 이 변화는 과거 한국 역사상 볼 수 없는 행정권의 약화로 나타났다.

특히 계속된 정권교체는 과거부터 추진해온 정책의 내용이나 그 추진 방식을 대폭 변경시켰다. 그리고 새로운 내용이나 방식은 새로운 정권담당자들이 주도하게 되었다. 특히 좌파와 우파의 연이은 교체는 통치이념의 차이를 정책의 변경에 그대로 적용하는 형태가 되었으므로 그 변화의 폭이 무척 커지게 되었다. 이러한 변화를 신분보장을 받으면서 장기간 근무한 관료가 아니라 새로운 집권세력이 주도하게 되자, 관료들은 전문성을 기반으로 정책결정권을 독점하던 상태에서 완전히 추종집단으로 전락하게 되었다. 그리하여 통치이념이나 정권교체와 관계없이 계속적으로 추진되어야 할 중요한 정책들도 무분별한 변경의 대상이 되고, 시행착오의 혼란도 심하게 되었다. 계속되어야 할 바람직한 정책들은 이를 담당하는 관료들이 새로운 집권세력을 설득하여 지켜내야 하지만, 자칫 새로운 정권에 적대적인 관료로 낙인찍혀 불이익을 받을 위험이 크기 때문에 수동적인 자세를 취하여 사태가 더욱 악화된다.

한편 새로운 집권세력의 정무직들(장관 차관, 대통령비서실의 비서관들)이 행정부 내부에서 관료를 압도하자 집권세력을 탄생시킨 정치권이 더욱 힘을 얻게 되었는데, 이들이 국회의원으로서 대거 포진하고 있는 국회가 행정관료에 대하여 상대적으로 더욱 큰 힘을 얻게 된다. 여기에 더하여 이미 강화된 국회권이 작동하여 행정관료들을 더욱 위축시킨다. 이리하여 2020년대 현재를 보면, 전문성을 무기로 한 행정관료들은 극도로 위축되고 정치권력이 지나치게 행정부를 장악하는 상태가 계속되고 있다. 결국 정치권이 행정권을 압도하는 상황이 된 것이다.

5 사법부

1) 사법부의 지위와 권한

사법부는 3권분립을 구성하는 하나의 축으로서 입법 및 행정권에 대한 통제의 기능을 담당한다. 법치국가에서 대부분의 중요한 정책들은 법령의 형태로 나타나거나 혹은 이에 근거한 집행행위를 통해 구현되고 있다. 사법부는 이러한 법령 및 집행행위에 통제를 가함으로써 정책과정 전반에 영향을 미친다.

사법부는 분쟁 발생 시 최후의 분쟁해결 수단으로서 중요한 역할을 한다. 하지만 사법부의 권한도 권력분립의 원리 하에 일정한 한계를 가진다. 나라마다 사법부의 역할과 지위는 다르다. 어떤 나라의 사법부는 판결을 통해 정책형성자로서의 적극적인 역할을 수행하는가 하면, 어떤 나라의 사법부는 정치적으로나 사회·경제적으로 민감한 사건들에서는 그들의 판단을 유보한 채 소극적인 역할을 수행한다. 미국은 전자에 가깝고 한국의 사법부는 후자에 가까웠다. 우리의 역사를 돌이켜 보면, 사법부는 소위 '권력의 시녀'라고 통칭될 만큼 수동적인 태도를 보여 주었다.

하지만 신행정수도이전 판결(2004), 노무현 대통령 탄핵심판 사례(2004), 통합진보당 해산결정 사례(2014), 박근혜 대통령 탄핵심판 사례(2017) 등에서 보는 것처럼 사법부의 역할변화는 충격적이다. 특히 사법부의 결정이 최종적인 결정으로서 그 누구에 의해서도 번복될 수 없다는 점은 정책과정 상에서 사법부가 가지는 강력한 영향력이다. 이러한 점이 바로 우리가 정책과정 상에서 사법부의 역할에 주목해야 하는 이유이다. 특히 지난 1988년에 헌법재판소가 출범하면서 적극적인 위헌판결을 통해 정책과정에서 사법적극주의가 확장되고 있다. 이로 인해 민주화 이후 한국사회의 제반 문제가 행정부와 국회를 넘어 법원과 헌법재판소의 사법적 판결로 해결되는 경향이 증가하고 있다. 이처럼 최근 사회갈등과 충돌이 대화와 타협에 의해 해결되지 못하고 헌법재판소로 넘어가 사법적 심사로 마무리되는 사례가 늘어나고 있다. 하지만 이와 같은 정치적 이슈와 사회적 갈등의 헌법 쟁송화 경향은 정치와 사법의 관계와 한계, 민주주의와 헌법재판의 정당성이라는 근본적 문제를 제기하고 있다.

한편 현행헌법에서는 사법부를 구성하는 기관이 법원과 헌법재판소로 이원화되어 있다. 법원은 소송절차에 따라 사법권을 행사하는 것을 본래의 직무로 하는 국가기관을 말하며, 헌법재판소는 사법권 중 위헌법률심판 등을 관할하고 있다(권영성, 1999).

2) 정책과정에서 사법부의 역할

사법부는 여타의 정책과정 참여자와는 다른 성격을 가지고 있다. 사법부의 결정은 그 제도적 특성상 사후적, 수동적 성격을 띠고 있다. 즉 해당문제가 발생하고 나서, 이해당사자의 소송이나 청구가 있을 때에만 이에 개입하는 것을 특징으로 한다.

사법부의 결정(특히 헌법재판소의 결정)은 기본적으로 정부정책에 대한 사법적 판단의 성격을 갖고 있으나, 헌법재판소의 위헌판결의 경우와 같이 그 자체가 정부 정책과정 전반에 영향을 주는 경우도 많다. 예를 들면 '군가산점 위헌판결'의 경우 군가산점제도가 평등권을 침해한다는 헌법적 판단이 내려짐에 따라(정책결정·정책평가에 영향), 군가산점 제도는 그 즉시 효력을 상실하게 되었고(정책집행에 영향), 따라서 이를 보완할 새로운 대책마련이 즉각적으로 논의되는 계기가 되었다(정책의제설정에 영향).[14] 이처럼 사법부의 결정은 정책의제, 결정, 집행, 평가를 망라하여 고루 영향을 미치게 된다. 구체적으로 보면 다음과 같다.

정책의제설정 단계와 관련해서 사법부의 판결은 정부가 기존에 심각하게 생각하지 않았던 문제를 재인식하고 대책을 마련하도록 촉구하는 계기가 된다. 예를 들면, 헌법재판소의 위헌법률심판과 헌법소원심판에서는 법령의 위헌 여부를 심판할 뿐만 아니라 정책적 판단의 영역에서 법령의 제·개정 방향을 제시하기도 한다. 아울러 첨예한 정치적 갈등상황에서 사법부는 최종적 판결을 통해 정책갈등을 정리하는 역할을 한다. 논란이 많은 정책에 대한 최종적 결정을 하거나 수정을 하는 것이다. 예를 들면 '신행정수도의 건설을 위한 특별조치법'에 대

---

14) 공식사건명은 '제대군인 지원에 관한 법률 제8조 제1항 등 위헌확인'이며, 선고날짜는 1999년 12월 23일이다(헌재판례집 11-2, 770면). 헌재 판결의 요지는 가산점제도는 능력주의와 무관한 불합리한 기준으로 여성과 장애인 등의 공직취임권을 지나치게 제약하는 것으로서 이로 인하여 여성들의 평등권과 공무담임권이 침해된다는 것이다. 이 결정으로 즉각 군가 산점제도는 효력을 상실하게 되었고 그 파급효과를 둘러싼 논란은 상당히 격렬하게 전개되었다.

한 헌법재판소의 위헌판결[15]이나 양심적 병역거부권을 인정하지 않는 병역법 합헌 결정은 종교적·정치적 이해관계가 첨예한 사건이었다. 특히 정치적 갈등이 심화되면서 한국의 헌법재판소에서 헌법적 원리에 근거하여 각종 다툼을 해결하려는 경향이 증가하고 있다. 하지만 이라크 파병문제나 수도이전과 같은 강한 정치성을 가진 정책이슈가 증가하고 있어 헌법재판소의 정책갈등의 해결자로서 역할이 증가할 것으로 예상된다.

정책결정의 맥락에서 사법부의 판단은 기본적으로 기존의 제도나 정책에 대한 사후적인 평가의 성격을 가지고 있지만, 그 자체가 새로운 정책결정을 의미하기도 한다. 여기에는 두 가지 경우가 있다. 첫째는 사법부가 위헌 또는 위법 여부만을 판단하는 것이 아니라 판결을 통해 구체적인 내용을 제시하는 경우로서 사법부의 판단 자체가 새로운 정책결정에 해당된다. 예를 들면, 시민단체의 선거활동과 관련한 2000년 총선시민연대 낙선운동 불허 결정을 들 수 있다. 둘째, 사법부는 위헌 여부만을 결정하고 구체적인 내용의 확정은 정부나 입법부에 맡기는 경우에는 정책의제설정 역할만 한 것으로 볼 수 있다. 하지만 이 경우에도 사법부가 새롭게 결정될 정책내용의 범위를 어느 정도 규정한다면 사법부가 정책결정에 실질적인 영향을 미치고 있는 것으로 보아야 할 것이다. 그 예로, 혼인의 상대방결정권을 광범위하게 제한하는 민법 제809조 제1항의 동성동본 금혼규정에 대한 헌법재판소의 헌법불합치결정이 있다.

정책집행 과정에서 사법부는 입법부와 마찬가지로 행정부의 정책집행을 통제할 수 있는 직접적인 정책수단을 보유하는 데에는 한계가 있다(Baum, 1980). 하지만 정책집행에 대한 권한이 대부분 관료집단에 속해있다 하더라도, 사법부는 정책집행과정 상에서의 위법성을 통제하거나 정책행위자 간의 갈등상황에서 중재자가 되기도 한다. 이미 많은 국가에서 사법부가 명령심사권과 행정재판권을 보유하고 있으므로, 행정부 내부에서의 정책집행과정에 사법부가 실질적으로 관여하고 있다(유훈, 2002; Tate, 1990). 우리나라도 명령심사권과 행정재판권을 사법부가 보유하고 있으므로, 특정 정책의 집행이 법률적인 쟁송이 되어 있는 경우 사법부는 정책집행의 지속과 중단 여부 또는 정책내용과 집행방법의 수

15) 여기서 헌법재판소는 서울이 수도라는 점은 관습헌법의 하나로서 성문헌법과 동일한 효력을 가지기 때문에 이는 헌법개정의 방법에 의하여만 개정될 수 있는 것인데 이를 단순법률의 형태로 실현하려 했다는 점은 헌법개정에 있어서 국민이 가지는 참정권적 기본권인 국민투표권의 행사를 배제한 것이므로 헌법에 위반된다고 판시하였다.

정 등에 대한 판단을 통해 정책과정에 개입할 수 있다. 예를 들면, 법원은 정부의 도로건설 정책의 집행과정에서 소음과 분진으로 인한 피해를 입고 있는 주민들이 공사의 중단을 요구하는 소송을 제기한 경우, 공사 중단 또는 소음방지책 마련 후 공사재개 등의 결정을 할 수 있으며, 이러한 결정은 도로건설의 집행에 상당한 영향을 준다.

정책평가 및 환류의 단계에서 사법부의 역할은 상대적으로 미약한 편이다. 오늘날의 정책평가가 주로 전문 기술적 영역에서 과학적인 분석(Scientific Analysis)에 의해 이루어지기 때문이다. 사법부에 의한 정책평가는 주로 정책의 내용과 집행과정의 합법성 여부에 초점을 두고 이루어진다. 헌법재판소의 헌법소원과 탄핵심판 그리고 법원에 의한 행정소송과 국가배상 등은 정책에 대한 사후적인 합법성 평가의 의미를 갖는다. 그리고 이러한 직접적 영향 이외에도 동일한 정책에 대한 사법적 결정이 축적되어 정책평가에 간접적인 영향을 미치기도 한다.

3) 사법부 역할의 특징과 한계

우리나라의 경우 민주화 이전에는 실질적 3권 분립이 제대로 이뤄지지 않아 사법부의 역할은 미약하였다. 그러나 민주화 이후 국민들의 권리의식이 제고됨에 따라 법적 절차에 호소하는 경향이 증대하고 있다. 특히 헌법상 보장된 권리를 제대로 누리지 못하고 있다고 판단될 때는 권리회복을 위해 헌법소원 등을 통한 적극적인 방법을 활용하고 있다. 사법부 역시 대통령을 비롯한, 행정부, 국회의 간섭을 벗어난 독자적인 판단을 내림으로써 그 위상을 제고시키고 있다. 이에 따라 정책과정에서의 사법부의 역할이 커지고 있다. 대통령 탄핵이 대표적인 사례이다.

앞에서 자세히 본 바와 같이 정책과정에서 수행되는 사법부는 여러 역할을 수행하지만 사법의 본질상 사법부의 개입범위는 상당한 한계를 가진다. 사법본질상 적극적 개입이 아닌 소(訴)제기에 따른 소극적 개입만 가능하기 때문이다. 또한 권력분립의 성격상 정책형성과 집행은 의회와 행정부의 주된 영역이므로 국민의 기본권 침해처럼 사법심사의 대상일 경우에 한해 개입이 이루어진다. 하지만 사법부의 판결은 정책변경을 초래하는 결정이 많기 때문에 국민의 대표성을 갖추지 못한 사법부의 정책영향력에 대해서는 논란이 있다. 논쟁이 있는 정책에 대한 최종적 결정을 신분보장을 받는 재판관이 선거에서 정치적 책임을 지는 대통령이나 국회가 결정한 것을 바꾸는 것이 비민주적이란 비판이다(Hirschl, 2008; 박종현, 2017).

사례 3-2 양심적 병역거부 판결을 이해하려면 정책을 알아야!!!

사법부는 구체적인 소송사건에 대한 판결을 통하여 정책과정에 영향을 미친다. 정책의제설정과정에 미친 대표적인 판결로는 동성동본금혼사건이 있다. 1997년 7월 헌법재판소는 "혼인의 상대방을 광범위하게 제한하는 민법 제809조 제1항의 동성동본금혼규정에 대하여 헌법상의 행복추구권으로부터 파생되는 성적 자기결정권을 침해한다"고 보아 헌법불합치 결정을 내리면서 입법자에게 입법개선명령을 부과하였다. 헌법재판소의 이러한 결정은 사법부의 판결에 의해 정책의제가 강제적으로 만들어지는 전형적 사례라 볼 수 있다.

정책결정에 영향을 미친 사례는 코로나19에 대한 백신패스 도입에 대한 가처분 인용결정이 있다. 2022년 1월 서울행정법원은 학원, 독서실, 스터디 카페 등 교육시설에 대한 방역패스 효력을 정지하였고, 또 다른 판결에서는 "대형마트·식당·카페 등 9개 업종에 적용되는 방역패스의 효력을 정지해달라"는 집행정지 신청을 일부 받아들였다. 이에 따라 정부의 방역패스 도입정책은 차질을 빚고 수정이 불가피 하게 되었다.

정책집행과정에 미친 대표적인 사례로는 2003년 7월 서울행정법원에 의한 새만금 간척사업에 대한 공사 일시중단 결정을 들 수 있다. 그 당시 사회적 논란이 되었던 주요 국책사업의 시행에 대해서 법원이 중단결정을 내린 경우는 전례가 없었기 때문에 이 판결은 사회에 큰 영향을 주었다. 또한, 이 결정은 정책과정에서 사법부의 역할이 크게 성장하였다는 것을 여실히 보여준 사례로 평가받게 된다. 한편, 새만금사업에 대한 법원의 판결은 사법부가 행정부의 사업추진에 어느 정도 관여할 수 있는가에 대한 논란을 불러 일으켰다. 즉 법치국가에서 정부의 각종 행정행위에 대한 사법적 통제는 불가결한 것이므로 그것이 국책사업이라 하더라도 법원의 개입이 정당하다는 주장과, 권력분립의 원칙을 침해하는 지나친 행정간섭이라는 주장이 대립한 것이다. 그리고 권력분립적인 관점에서, 행정부의 정책추진에 문제가 제기되는 경우 (의회만이 아니라) 사법부도 조정 역할을 수행할 수 있는 것으로 인식되었다.

그런데 이러한 사법부의 판결도 시대의 흐름에 따라서 변화하기도 한다. 대표적인 것인 양심적 병역거부에 관한 대법원 판결이다. 대법원은 2004년 7

월 판결에서는 "병역의무는 궁극적으로는 국민 전체의 인간으로서의 존엄과 가치를 보장하기 위한 것이라 할 것이고, 양심적 병역거부자의 양심의 자유가 위와 같은 헌법적 법익보다 우월한 가치라고는 할 수 없으니..."라고 판결하면서 양심적 병역거부를 인정하지 않았다. 그러나 14년 후인 2018년 11월 판결에서는 "우리나라의 경제력과 국방력, 국민의 높은 안보의식 등에 비추어 이러한 양심적 병역거부를 허용한다고 하여 국가안전보장과 국토방위를 달성하는 데 큰 어려움이 있을 것으로는 보이지 않는다"라고 판결하며 양심적 병역거부를 인정하고 있다. 이처럼 사법부의 판결이 변화하는 배경을 분석하기 위해서는 정책과정에 영향을 미치는 요인을 이해해야 한다.

제2절 비공식적 참여자

1 개관: 비공식적 참여자의 특성

민주주의 국가에서는 정책을 결정하거나 이에 참여할 수 있는 공식적 권한을 지니고 있는 참여자 외에도 누구나 정책과정에 참여하여 영향력을 행사하는 것이 당연한 것으로 되어 있다. 이들 비공식 정책참여자에 대한 연구는 정책과정에서 정책조정(policy coordination)과 정책네트워크(policy network)를 파악하는데 중요한 실마리를 제공한다. 정책갈등의 원인과 전개과정 그리고 정책이슈를 중심으로 만들어지는 각종 정책지지연합을 제대로 이해하기 위해서는 비공식 정책주체들에 대한 연구가 필수적이다. 지금까지 철의 삼각동맹, 하위정부와 이슈네트워크 같은 비공식 정책구성체의 운영에 있어 정당, 이익집단, NGOs, 정책공동체들이 구심적 역할을 해왔다. 이들은 국회를 중심으로 한 대의민주주의의 한계를 보완하고 있다. 본 장에서는 다음의 여섯 집단을 비공식 정책참여자로 검토할 것이다.

• 정　당……정권획득을 목적으로 결성되어 정책과정에 참여하며 집권여당은 당정협의회를 통해 정부의 정책결정에 참여한다. 특히, 의원내각제의 경우

집권당 의원들은 내각을 구성하고 행정부를 운영하기 때문에 의회와 정당, 행정부 사이의 정책일관성이 높다. 정당이 정책과정에 미치는 영향을 살펴보면 정치와 정책의 상호 연관성을 파악하는데 도움이 된다.

• 이익집단……공통의 이익을 위하여 결성된 집단이다. 왜 이익집단을 구성하고 어떻게 정책과정에 참여해서 얼마나 영향력을 발휘하는가에 대한 연구를 통해 정책과정에 대한 이해를 높일 수 있다.

• NGO……비정부기구로서 공익목적을 위해서 자발적으로 결성된 시민들의 결사체이다. 국내적인 이슈뿐만 아니라 최근에는 국제관계나 환경, 통상과 같은 글로벌 이슈에 대해서도 NGO의 개입과 영향력이 점점 커지고 있다.

• 언론매체……일반시민과 정책참여자들 간에 의사전달을 담당한다. 인터넷의 등장으로 웹에 기반한 의사소통이 실시간으로 이루어지면서 단시간에 정책관심과 갈등이 증폭되는 현상이 빈번해지고 있다. 이에 따라 언론매체의 파급효과는 더욱 커지고 있다.

• 정책전문가 · 정책공동체 · 싱크탱크……정책을 분석 · 평가하여 정책대안을 제시하고 있다. 정책의 불확실성과 정책전문성이 심화되면서 정책전문가에 대한 수요가 커지고 있다. 집단으로서 정책전문가 역할을 수행하는 정책공동체와 싱크탱크도 정책아이디어 제공을 통해 그 영역을 계속 확장해 가고 있다.

• 일반시민과 여론……개인이나 조직화되지 않은 대중으로서의 참여를 통해 정책기조와 정책흐름, 정책에 대한 관심과 찬반에 대한 신호역할을 한다. 최근에는 일반시민의 정책참여가 과학기술과 같은 전문적인 정책영역까지 확대되고 있고 즉흥적 여론이 아닌 숙의에 바탕을 둔 공론의 효용성이 커지고 있다. 참여적 정책분석이나 각종 정책갈등 기법 등이 일반시민의 정책참여 수준을 높이고 공론을 형성하는데 큰 역할을 하고 있다.

2 정 당

1) 정당의 지위와 권한

정당은 정권획득을 목적으로 구성된 결사체이다. 여러 사람들이 모여서 결성한 집단이라는 면에서 이익집단과 같지만, 이익집단은 구성원의 공동이익을 증진시키는데 목적을 두고 있는 반면 정당은 선거에서 다수 국민들의 지지 획득하여 정권을 장악하는데 목적을 두고 있다는 점에서 차이가 있다. 정당의 1차적 목표는 정권의 획득이나 중요한 정부직책을 장악하는데 있지만 2차적 목표에는 여러 가지가 있다. 이러한 목표 중에서 가장 중요하면서 정책학에서도 관심을 끄는 것이 정책에 관한 것이다. 정당은 다수 국민들이 지지할 정책을 공약으로 제시하거나 정부의 정책을 통제하기 위해 노력한다. 이러한 노력은 여러 가지 정당 활동을 통해 나타나고 있다.

자유민주주의체제는 다당제와 선거제도를 제도적 특징으로 하여 정당간 경쟁의 원칙에 의해 유지·발전된다. 이러한 정치과정에서 정당은 정책활동을 통해서 유권자에게 호소한다. 현대 정당정치에서 정당은 국가와 시민사회를 연결하는 교량과 같은 정치주체이면서 동시에 정책의제설정 과정에서도 큰 역할을 한다.

정당의 정책 기능은 여러 요소와 관련되어 있다. 대체로 정당정치의 제도화, 정당간 경쟁에 따른 정권교체, 이념정당의 분포와 같은 세 가지 요소를 들 수 있다. 먼저, 전국적 정당망이 존재하고 특정 정치지도자의 영향을 벗어나 당의 공식기구와 절차에 따라 당론이 정책으로 결정되면 대중정당으로서 정당이 정책에 미치는 영향은 제도화되어 있다고 할 수 있다. 그렇지 않으면 정당이 아닌 일개의 정치지도자에 의해 정당의 형식만 빌려서 정책이 만들어질 뿐이다. 둘째, 정당간 경쟁이 약하여 정권이 거의 교체되지 않을 경우 정부 정책에 큰 변화를 기대하기 어렵다. 하지만 정권이 교체되면 과거 정당과 다른 정책이 구현될 수 있기 때문에 정책변동에 있어 정당의 경쟁성은 매우 중요한 요소이다. 셋째, 우파정당과 좌파정당만 있고 중도정당이 없을 경우 정당간 정책거리가 멀 것이다. 하지만 온건좌파나 온건우파 정당이 존재하면 정당간 정책거리가 가까울 것이다. 일반적으로 중도정책 영역에 유권자가 많기 때문에 정당의 정책이 중도에 수렴되는 현상이 있다. 우리나라의 정당은 그동안 지역주의에 기반한 성향을 강하게 가지고 있었지만, 다양한 정치세력의 등장으로 이념지향적 정당[16]도 점차 자리를 잡아가고 있다.

16) 정당은 일반적으로 정권획득을 1차적 목적으로 한다. 그러나 이념정당은 자신들이 옳다고 믿는 정책신념을 실현하는데 1차적 목적을 둔다. 그래서 국회의석이나 국민들의 지지가 작아도 다수당에 합류하지 않고 독자적 존속을 계속한다.

2) 정책과정에서 정당의 역할

일반적으로 정책과정에서 정당은 정책의제형성 및 정책결정에서 중요한 역할을 한다. 여당(ruling party)의 경우 당정협의를 통해 대통령과 행정각부의 정책결정에 영향을 미치고, 야당(opposite party)의 경우는 대정부 및 대여 협상에서 중요한 정책대안을 제시하게 된다. 여야 간의 정치적 갈등과 그 해결을 위한 타협·협상과정을 통해 정책대안들 중 하나가 선택되거나 제3의 정책이 도출된다. 보다 구체적으로 정책과정별로 정당의 역할을 살펴보면 다음과 같다.

정책의제설정은 정치과정상으로 보면 이익표출과 이익결집의 두 가지 기능이 결합된 활동이다. 이 중에서 전자는 이익집단이, 후자는 정당이 주로 담당한다는 것이 일반적인 논의이다(Almond and Powell, 1980). 그러나 이익표출(interest articulation)에 있어서도 정당은 일정한 역할을 수행하고 있다. 이익표출은 이익집단이 자신의 이익을 위하여 정부에게 어떤 행동을 해줄 것을 요구하는 형태로 나타나는 것이 가장 일반적이다. 이러한 이익집단의 요구는 정책의제설정의 출발점이 되나 이익표출에서도 정당이 이익집단을 대신하거나 이익집단이 없는 국민 개개인을 대신하여 그들의 문제나 소망을 정부에 대하여 표명하는 경우가 많다. 우리나라에서는 야당이 소외된 집단을 위하여 정부의 행동을 촉구하거나 문제해결을 요구하는 사례가 여기에 해당한다.

Almond와 Powell(1980)은 이익결집(interest aggregation)이야 말로 다른 정치조직보다도 특히 정당이 담당하는 주된 기능으로 취급하고 이를 자세히 검토하였다. 정당에 의한 이익결집은 정당이 선거 시에 제시하는 공약사항 또는 정강정책 등으로 나타난다.

정책결정은 원칙적으로 보면 공식적인 정부기관인 국회, 대통령이나 행정부가 담당하는 역할이다. 그러나 실질적으로 보면 정당이 커다란 역할을 하고 있다. 정당이 선거 시에 제시한 정책대안은 그 정당이 집권당이 되는 경우에 그대로 정책이 되거나, 수정·보완되어 정책으로 결정되는 경우가 많다. 비단 선거에서 공약으로 제시한 것이 아니라 하더라도 집권당은 평소에 당에서 중요한 정책을 결정하여 국회에 제출하고 이를 법안으로 가결하거나 행정부에 제시하여 이를 받아들이도록 함으로써 실질적으로는 정책을 결정하는 경우가 많다.

정책집행은 원칙적으로 행정부의 책임이며 그중에서도 관료조직의 담당기능이다. 그러나 정당은 집행과정에도 개입할 수 있다. 먼저 집권정당은 정책의 집행이 자신들이 원하는 방향과 방법으로 추진되도록 행정부의 지도층인 장관, 차관 등에게 영향력을 행사한다. 특히 내각책임제 국가에서와 같이 장관, 차관 등이 집권당의 당원인 경우에는 그 영향력이 더욱 커지게 된다.

한편 야당은 주로 정책에 대한 비판적 평가나 집행과정에서의 실패, 실수, 행정부패 등을 날카롭게 파헤치고 이를 비판한다. 야당이 집권당이 되지 못하는 정당체제에서는 야당의 가장 중요한 기능이 국정감시 기능이다. 정책에 대한 정치적 평가는 정책집행과정의 수정만이 아니라 정책내용 자체의 수정·변경을 초래할 수 있는 중요한 기능이다.

3 정책과정에서 우리나라 정당의 역할

(1) 우리나라 정당의 영향경로

정당이 내부의 정책기구를 활용하여 당론을 결정하면, <그림 3-4>에서 보는 것과 같이 정당은 시민사회의 요구와 지지를 바탕으로 자신들의 정책대안을 실

〈그림 3-4〉 정책과정에서 정당의 영향경로

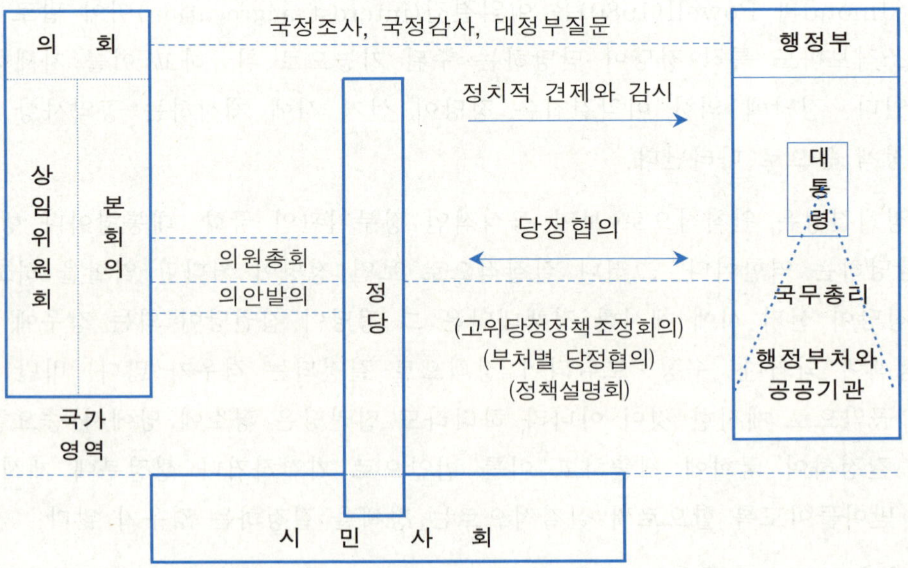

제 정부정책으로 연결시키기 위해 노력한다. 여당의 경우 정책대안을 가지고 청와대나 국무총리, 행정각부 장·차관 등과 당정협의를 거치면서 정책과정의 중요한 한 축을 형성한다.

야당의 경우는 여당에 비해 그 영향력이 떨어지지만 다음 선거에서의 집권을 위해서 정부정책에 대한 비판과 건설적인 대안을 제시하는 역할을 하고 있다. 주로 의회 내의 상임위원회나 본회의에서 소속의원들의 교섭단체 또는 개별의원의 의안제출과 의정활동을 통해 정책과정에 영향을 미친다. 그 외 언론이나 대중에의 직접 호소 등 비공식적인 통로를 통해 정부고위 관계자에 압력을 행사한다.

(2) 우리나라 여·야당의 역할

과거에 우리나라의 정당은 인물중심의 정당 성격이 강하여 정책기능은 취약하였다. 1990년대까지 소위 3김 시대에는 정치적 인물을 중심으로 정당의 이합집산이 이루어졌고, 아직도 정당의 응집성이 약하여 대통령선거 때에 정당이 재편되기도 한다. 그러나 점차 좌우 대립적 통치이념을 표방하는 이념정당의 강화 등으로 인물에 좌우되지 않는 정당화의 추세가 나타나고 있다.

여당은 원칙적으로 선거 시에 국민에게 공약한 정책대안을 정책으로 결정하고 집행한다. 또 평상시에 정책결정에서 주도적 역할을 하고 행정부의 집행과정을 감독하여 다음 선거에서 국민들의 보다 많은 지지를 얻도록 노력한다. 사회에서 발생하고 있는 심각한 문제에 대해 정책대안을 마련하고 이들 문제를 정책문제화하여 이에 대한 정책결정을 촉구하는 등 정책의제설정에도 중요한 역할을 하고 있다. 여당은 정책의제설정·정책결정에서 주도적 역할을 하는 한편, 정책집행에 대한 통제·감독 및 정책평가 기능까지도 수행한다.

그러나 우리나라의 집권여당은 이러한 기능을 충분히 수행하지 못하는 경우가 많았는데, 이러한 현상은 국회에서 여당이 주도하여 제출한 법률안의 비중이 높지 않거나 행정부와의 당정협조가 약화 등으로 나타난다. 그러나 이러한 현상은 2020년 현재의 관점에서 보면 많이 변화하여 정당의 권한이 강화되고 있는 추세이다.

한편, 야당은 정치적 의미의 정책평가기능(정책비판)을 수행해 왔다. 국회는 행정부의 부정·비리 등을 파헤치고 행정부의 실책을 비판하는 과정에서 정책의 내용, 정책집행과정, 정책결과의 소망성 여부 등에 대해서 평가를 해왔던 것이다. 정책의제설정에서도 야당이 큰 역할을 한 경우가 많았다. 행정부가 정책상 잘못을 범하거나 심각한 사회문제에 제대로 대처하지 못할 때 야당은 이런 문제를 공식적으로 검토하도록 여론을 환기시키고 여당에게 압력을 가하였다. 많은 사회문제들이 야당에 의하여 제기되어 국회에서 정책의제화되고 실제 정책결정으로 이어졌다.

2020년 현재를 보면, 한국의 야당은 과거와는 다른 상당한 영향력을 지니고 있다. 1980년대 후반의 정치적 민주화로 대통령권한의 상대적 약화와 국회권한의 상대적 강화가 가장 중요한 원인이 되지만, 이에 못지않게 좌우의 계속된 정권교체와 이에 따른 통치이념 차원에서의 정책대립이 국회의 활동에도 그대로 반영된 것이 더욱 큰 원인이다.

우리나라의 경우에 전통적으로 행정부에 비하여 정당의 역할이 상대적으로 약했으나 민주화 이후에 국회의 역할이 강화되면서 정당의 역할도 점차 중요해졌다. 특히, 국회의 입법활동 과정에서 여야가 충돌하여 교착상태에 직면할 경우에 여야간의 합의와 절충이 중요해졌다(장현주, 2017). 특히, 2012년 5월에 18대 국회를 마감하면서 국회의장의 직권상정과 여당의 날치기 법안통과로 인한 여야간의 충돌을 방지하기 위하여 국회선진화법이 통과되었는데 이후 정당의 정책중개자 기능은 한층 강화되었다. 왜냐하면 국회선진화법 이후에는 소수당의 협력 없이 다수당 단독으로 법안을 통과하는 것이 물리적으로 불가능해졌기 때문이다. 특히 다수당이 여당인 경우에, 국회선진화법 이전과 같이 단독으로 법안을 통과할 수 없기 때문에 야당을 상대로 적극적으로 협력을 구하고 여야간 절충안을 마련할 수밖에 없게 되었다. 이로 인하여 여야를 막론하고 입법중개자로서의 정당의 역할이 더욱 중요하게 되었다.

3 이익집단

1) 이익집단의 지위와 권한

(1) 이익집단의 목적과 기능

이익집단(interest group)은 집단구성원들의 공통의 이익 증진을 목적으로 한다. 예를 들면, 노동조합은 노동자들의 근로조건 개선이나 임금인상 등을 목적으로, 중소기업연합회는 중소기업의 이익증진을 목적으로, 의사회는 의사들의 의료행위상의 이익보호를 목적으로 한다. 특히 이익집단은 다원주의적 정책과정에서 자신에게 유리한 정책결정을 위해 활발한 정책 활동을 한다. 이러한 힘은 때로는 자신들에게 유리한 정책을 위해서 혹은 자신들에게 불리한 정책을 억제하기 위해 발휘된다. 구체적으로 보면, 인적·물적 자원을 가지고 정치권력의 담당자들을 설득하기도 하고 압력을 가하기도 한다. 의회와 행정부를 대상으로 한 로비(lobby)활동을 통해 유력한 정책결정자에게 접근하여 그들의 이익을 관철시키는 압력집단(pressure group)으로 활동하는 것이다.

이익집단의 정치적 기능과 관련하여 Truman(트루만)과 같은 집단 이론가들은 이익집단의 활동이야말로 정당한 정치적 요구를 정부에 전달하는 가장 민주적 방법이라고 주장한다. 정리해 보면 두 가지 측면에서 이익집단의 활동은 민주주의에서 필수적인 기능을 수행하고 있다.

첫째, 이익집단이 스스로의 이익을 위해서 정부에게 요구하는 것이야말로 그 이익집단이 원하는 진정한 요구가 된다. 기업주가 대신 주장하는 것이 아니라 노동조합이 직접 주장하는 것이야말로 노동자의 진실한 이익을 대변할 가능성이 커진다. 둘째, 국민들 개개인보다는 이들 개인들이 집단을 구성하여 공동으로 정부에 대하여 자신들의 이익을 위한 요구를 하는 것이 효과적이다. 개개인들은 자금·시간·능력 등이 모두 부족하여 자신들의 이익을 위해서 정부에 주장할 수 없는 경우가 대부분이기 때문이다. 따라서 많은 사람들이 조합을 구성하고 회비를 모아 전문요원을 고용하고 대표자를 뽑아서 활동을 하게 되면 조합원 개인의 입장에서는 적은 노력으로도 강력한 영향력을 행사할 수 있다.

이러한 이익집단의 영향력을 좌우하는 요인으로는 다음이 있다. 첫째, 이익집단의 경제력(재정력)이다. 이익집단의 자금이 풍부하면 정책권에 대한 로비나 정보수집, 정책대안 개발 등에서 유리하다. 둘째, 이익집단 자체나 이익집단 구성원의 사회적 명성(prestige)이 높아서 이들의 주장이 많은 사람들에게 쉽게 받아들여질 수 있으면 그 집단의 영향력은 강력하다. 셋째, 정책결정자와 친밀한 관계를 유지하고 있으면 정책결정에 많은 영향력을 행사한다. 이는 이익집단이 공식적·실질적 정책결정 및 집행권한을 가지고 있는 정책담당자들과 평소에 친밀한 관계를 유지하고 있는 경우를 의미한다. 넷째, 집단의 규모가 클수록 힘이 강하다. 노동조합은 보통 그 규모가 크기 때문에 선거에서 입후보자들의 당락에 큰 영향을 미칠 수 있다. 다섯째, 집단의 응집성(cohesion)이 강할수록 힘이 강하다. 아무리 숫자가 많아도 집단행동을 할 수 없으면 힘을 발휘할 수가 없다.

(2) 정치세력으로서의 이익집단의 문제점

이익집단이 자신들의 이익에 직결되는 문제에 대하여 견해를 표명하고 자신들의 이익을 위하여 정부에 대하여 요구하는 것은 진정한 민주주의를 위해서 꼭 필요한 일이다. 그러나 이익집단이 정책과정을 지배하는 것은 그 나름대로 문제점이 있는데, 이를 한 마디로 요약하면 국가 또는 전체 사회의 관점에서 우선되어야 할 이익들이 정치적 힘의 크기에 따라 우선순위가 결정된다는 점이다. 이로 인해 개별 특수이익(specific interest)이 사회 전체의 공공이익(public interest)을 침해하거나 강한 이익집단이 사회적 약자를 희생시키는 문제점이 발생한다.

이러한 강한 이익집단의 횡포가능성은 경제력(경제인 연합회 등), 조직규모(노동조합 등), 전문성의 정도(의사협회 등) 등과 같은 요인에 의하여 결정된다. 예를 들면, 미국의 의사회는 자신들의 이익을 위해서 국민전체의 이익을 희생시키는 경우가 많았고 독과점기업체의 담합으로 가격인상을 유발하여 소비자를 희생시키는 경우 등이다. 이러한 문제를 해결하기 위해서는 NGO와 같은 공익집단의 견제역할이 필요하다.

이러한 문제점에 대해서 이익집단론자들은 이익집단들이 주장・요구하는 이익들이야말로 국민 개개인들의 진정한 이익에 해당되며, 국가이익 또는 공익은 추상적인 것에 불과하므로 이익집단의 요구에 따라 정책을 결정・집행하는 것이 가장 민주적이라고 이익집단론자들은 한 때 강력하게 주장하였다. 아울러 이익집단론자들은 미국의 정치체제는 이러한 문제점을 스스로 해결할 수 있는 자기수정기제(self-correction mechanism)를 지니고 있다고 주장하였다. 이러한 자기수정기제로서 Truman은 잠재이익집단이론과 중복회원의 현상을 지적하고 있다(Truman, 1971). 구체적으로 보면 다음과 같다.

첫째, 정책결정자들이 잠재집단(potential group)을 염두에 두기 때문에 소수(minority)의 특수이익이 정책을 지나치게 좌우하지는 않는다고 이들은 주장한다. 힘이 강한 이익집단이 강한 요구를 하기 때문에 이들의 소수이익이 보다 많이 반영되는 것이 사실이기는 하지만 정책결정자는 잠재집단의 이익도 의식한다는 것이다. 잠재집단은 보통의 경우에는 집단화하지 않고 조용히 있다가 특수이익이 자신들의 이익을 저해한다고 느낄 때 집단화할 수 있는 상태에 있는 집단이다.

그러나 실제에 있어서는 이러한 잠재집단의 이익을 정책결정자들이 파악하기가 어렵다. 정치지도자들이 '조용한 다수'(silent majority)를 위한다는 명목으로 일정한 정책을 제안하거나 추진하는 경우가 많이 있는데 실제에 있어서는 정치지도자의 개인적 신념이나 의견에 불과한 경우도 흔히 있다. 또 정책결정자들은 물론이고 일반국민들도 강력한 이익집단이 제공하는 여러 가지 홍보·선전용 정보 때문에 정책결정에서 특수이익을 지지하는 경우도 많다.

둘째, 이익집단론자들은 중복회원(overlapping membership)이라는 개념을 발견하여 자신들의 주장을 뒷받침하고자 하였다. 집단의 구성원들은 하나의 집단에 소속되어 있지 않고 여러 집단에 소속되기 때문에 일정 집단의 특수이익 때문에 다른 집단의 이익을 크게 희생시키려 하지 않고, 이 때문에 다른 이익의 희생 하에 특수이익이 크게 보호받는 경우는 드물다고 한다. 그러나 이러한 주장은 다음과 같은 두 가지 약점이 있다. ① 중복회원 상태에 있는 구성원들과는 달리 집단의 지도자들은 하나의 집단에만 힘을 기울이는 경우가 많다. 따라서 중복회원들의 소극적인 태도에 구애되지 않고 특정 집단의 이익만을 추구하게 된다. ② 그리고 실제에는 서로 모순·충돌되는 이해관계에 있는 여러 집단에 가입하고 있는 사람들은 극히 적다. 또 가입되어 있어도 실제에 있어서는 어느 한쪽에 더욱 노력을 기울이기도 한다.

2) 정책과정에서 이익집단의 역할

이익집단은 위에서 본 바와 같이 집단성원의 공통이익을 증진시키려는 사적 목적을 가지고 움직이면서도 국민의 요구나 의사를 정부에 요구하는 정치적 기능을 수행함으로써 참여민주정치의 핵심적 주체역할을 담당한다. 이익집단은 이러한 기능을 수행하기 위해서 여러 가지 활동을 하고 있지만 여기서는 정책과정에서의 역할을 검토하기로 한다.

정책의제설정 단계에서 이익집단은 구성원의 이해관계와 관련된 문제를 정책의제화 한다. 이를 위해 정치적 지지를 동원하고 실현가능한 정책대안을 제시함으로써 정책의제설정에서 중요한 역할을 한다. 이익집단의 전형적인 정치적 역할은 이익의 표명(interest articulation)이다. 정책의제설정과정에서 이익집단은 직접적으로는 정부에 대한 건의사항을 전달하거나 진정서를 통해 공식적으로 참여를 한다. 간접적으로 정부에 압력을 행사하는 방법으로는 기자회견과 담화문, 성명서와 포스터 제작과 광고를 통해서 여론을 형성하여 영향을 끼친다.

정책결정에서의 영향력 행사의 방법은 크게 보아 두 가지로 나눌 수 있다. 첫째, 지적인 것으로서 시간과 능력이 부족한 국회의원이나 고위정책결정자들에게 문제해결에 필요한 전문지식, 문제상황 및 문제의 원인과 결과에 관한 정보와 자료의 수집·제공 등을 한다. 이러한 정보·자료·전문이론을 제공할 때에는 자신들에게 유리한 것을 골라서 제공할 뿐만 아니라 자신들에게 유리하도록 각색이나 조작도 하게 된다. 자신들의 입장을 지지하도록 설득시키는 것이다. 둘째, 정치적인 것으로서 정치적 지원을 미끼로 이용하여 정책결정자가 자신들에게 유리한 정책을 결정하도록 정치적 압력(선거지지, 시위 등)을 가한다.

이익집단은 정책집행에서 정책대상 집단으로서 정책의 적용을 받는 경우가 대부분이다. 정책집행과정에서 이익집단의 구체적인 참여방법으로는 정부와의 면담이나 회의 그리고 위원회 등에 참여하여 정책을 지연하거나 거부하는 방식을 이용한다. 비공식적인 방법으로는 집회나 시위 그리고 파업을 통해서 자신의 정책이해를 반영시키기 위한 극단적인 방법을 취하기도 한다.

배분정책에서는 정책의 내용이 되는 정부 서비스를 받아들이는 수혜자가 되며, 규제정책에서는 규제를 받는 피규제자가 되거나 이러한 규제로부터 반사적 혜택을 받는 자들이 이익집단이다. 그러므로 정책집행의 성공을 위해서는 이들의 행동이 중요하다. 특히 규제정책에서는 피규제자가 정책의 내용을 수용하고 순응해 주는 것이 성공적 정책집행의 관건이 된다.

한편 피규제자와 같이 정책의 집행으로부터 희생을 부담해야 하는 이익집단들은 정책의 집행을 유명무실하게 만들려고 노력하게 된다. 최대한으로 정책의 집행을 방해하려고 한다. 그 결과 결정된 정책의 내용을 집행하기 위해 구체화시키려고 할 때 정책의 실질적인 내용이 수정·변경되는 경우가 많다. 정책집행에 필요한 예산의 배정을 방해하는 경우도 있다. 그래서 정책의 결정에서부터 집행에 이르는 과정의 많은 의사결정점(decision points)에서 실질적인 거부권(veto power)을 행사하여 정책을 무력화 시킨다. 반면 수혜자집단의 경우는 정책의 성공적 집행이 자신들에게 혜택을 주기 때문에, 정책집행의 성공을 위해서

태만하기 쉬운 관료를 독려·자극하는 역할을 수행할 것이다.

정책평가에 대한 이익집단의 활동은 집행활동에서의 역할 및 정책결정에서의 역할과 관련되고 중복된다. 이익집단은 집행과정에서 자신들에게 유리한 집행이 이루어지도록 필요한 자료·정보를 계속 제공하여 공식적 평가자의 평가에 영향을 미치려고 한다. 또한 정책집행 후에 정책효과나 정책비용에 대한 추정에서도 자신들에게 유리한 효과·비용에 대한 여론을 환기시키고 정보를 제공하여 공식적 평가에 영향을 미치는 것이다.

3) 정책과정에서 우리나라 이익집단의 역할

우리나라에서도 정책과정에 영향력을 행사하는 이익집단의 숫자는 계속 증가하고 있다. 기업인이나 경제인들의 단체(전국경제인연합회, 무역협회 등), 전문직업인들의 모임(의사회, 약사회, 변호사회 등), 각종 노조 등이 영향력을 행사하는 대표적인 이익집단들이라고 할 수 있다.

과거 우리나라의 이익집단들은 재정력이 약하고, 응집성도 약한 것이 문제지만 무엇보다 큰 취약점은 이익집단의 자주성이 약하다는 점이었다. 설립 자체가 소속회원의 자발성·필요성보다는 정부의 필요에 따라 하향식으로 조직된 경우가 많았지만, 1987년 이른바 '6.29선언'을 기점으로 민주화가 대대적으로 진행되면서 우리나라의 이익집단은 본래의 기능을 수행하기 시작했다. 우리나라에서 이익집단의 역할에 영향을 주는 요인으로는 다음이 있다.

첫째, 이익집단의 설립에 있어서 자율성이 높아지고 있으며, 이에 따라 이익표출을 위한 참여의 방식도 과거 권위주의적 정치체제에서 국가에 의한 동원방식이나 상호협조적인 방식의 참여가 아니라 독자적인 이익투입 활동으로 변화하고 있다.[17] 자율성이 강한 비제도권 이익집단들은 건의, 청원, 면담 등의 온건한 이익표출방법 뿐만 아니라 집단시위 등 탈제도적인 참여방식도 빈번하게 사용하고 있다.

둘째, 특정 사업분야의 관련 민간기업이나 이들의 협의체가 산업정책의 결정에 참여할 수 있는 제도적 공간과 그 영향력도 커지고 있다. 이들의 정책참여

17) 이에 따라 공무원들도, 이익집단과 행정기관의 관계가 종래의 수직적 관계에서 수평적 관계로 점차 이동하고 있으며, 이익집단의 정책과정상의 영향력 확대 현상은 앞으로도 지속될 것으로 인식하고 있는 것으로 나타났다(박천오, 2002).

는 단순한 이익투입 차원을 넘어서 정부당국과 해당분야의 산업정책의 방향이나 내용을 조정할 정도이다. 환경규제나 독과점규제, 산업안전규제 등 규제정책에서도 기업활성화라는 경제논리로 맞서는 민간기업들의 방어적 정책활동으로 상당한 진통을 겪고 있다.

셋째, 노동조합과 직능집단들도 자신들의 이익을 투입하기 위하여 적극적으로 활동하고 있다. 노조는 주요 노동관계법 개정이나 노동정책 변경 시 노동자들의 이익을 대변하기 위해 강력한 활동을 전개하고 있으며 경우에 따라서는 공식적 정책담당기관과 거의 대등한 위치에서 정책을 논의할 정도로 영향력이 증대해 왔다. 또한 의사회, 변호사회 등 다양한 직능집단들도 자신들의 이해관계에 영향을 미치는 정책과정에 적극적으로 참여하고 있으며 정책에 미치는 영향 또한 급증하고 있다.

사례 3-3 의사협회의 영향력

〔기사 1〕 대한의사협회(의협)가 1일 정부의 의대 정원 확대 철회·비대면 진료 정책 중단 등을 촉구하며 오는 12일 낮 12시까지 요구사항이 받아들여지지 않을 경우 14일 전국의사총파업을 단행하겠다고 밝혔다. 의협은 이날 오후 8시30분 서울 용산구 의협임시회관 회의실에서 '4대악 의료정책 철폐 촉구 및 대정부 요구사항 발표' 긴급 기자회견을 갖고 이같이 밝혔다. 앞서 정부와 여당(더불어민주당)은 지난 23일 '의대정원 확대 및 공공의대 설립 추진방안'을 발표했다. (서울신문, 2020년 8월 1일)

〔기사 2〕 정부는 의대 증원과 공공의대 신설 등에 대한 추진을 중단하고 의료계는 파업을 중단하고 진료 현장으로 돌아가기로 합의했다. 대한의사협회와 보건복지부는 4일 오후 서울 정부청사에서 의대 정원 확대 및 공공의대 신설 추진 중단 등을 핵심으로 하는, 5개항으로 구성된 합의문에 서명했다. 합의문에 따르면 복지부는 의대정원 확대와 공공의대 신설 추진을 중단하고 코로나19 사태가 안정화된 이후에 의정협의체에서 모든 가능성을 열어놓고 관련 협의를 해나가기로 했다. (의사신문, 2020년 9월 4일)

4 NGO

1) NGO의 지위와 권한

NGO(Non-governmental organization: 비정부단체)는 시민사회의 자발적인 참여에 의해 조직되어 공익을 추구하는 민간기구이다. 정부기관도 아니고 영리를 추구하는 민간조직도 아닌 제3의 형태로 비영리단체, 제3섹터조직(Third-sector Organization), 시민단체 등 다양한 종류가 있고, 또 다양한 이름으로 불린다.

통상적으로 NGO는 다음과 같은 특성을 보유하고 있다(Salamon and Amheir, 1996). 우선 NGO는 ① 사익보다는 공익을 추구하며, ② 정부 및 시장부문과는 독립적으로 운영되고 있으며, ③ 비영리를 추구함과 동시에 잉여금의 배분금지 조항을 적용받으며, ④ 내부의 운영이 자치적이며, ⑤ 시민의 자발적인 참여를 전제로 하고 있다. 따라서 대중적 풀뿌리 조직, 지역공동체, 민중단체, 자조적 기관 등은 NGO의 유형에 포함되나(Salamon, 2002), 노동조합, 정당, 정부가 설립한 민·관 혼합단체, 회원들의 이익을 추구하는 이익단체, 회원가입이 강제적인 직능단체 등은 제외된다.

과거 경제 원조사업과 인권보호 등 대변적인 업무에 주력하였던 NGO부문의 활동영역은 이제 교육 및 연구, 보건복지, 환경 및 소비자 보호, 문화 및 예술 등의 분야로 확장되고 있다. 현대 사회에서 NGO의 역할이 이와 같이 증가하는 이유는 다양하다. NGO의 정책과정상의 역할을 좀 더 명확히 이해하기 위해서는 이들의 활동영역을 살펴볼 필요가 있다. NGO의 활동영역은 다음과 같이 구분할 수 있다.

첫째, NGO는 정부나 시장에 대한 견제의 역할을 수행한다. 특히 이들은 정부의 정책독점과 예산의 낭비 그리고 조직비대화를 견제하기 위하여 정부시책에 대한 비판과 대안제시를 시도하고 있다. NGO는 정부는 물론 영리기관과 다른 NGO의 중요정책 결정에 영향력 행사를 통하여 공익적인 목적을 추구하고 있다. 이러한 NGO의 역할은 민주주의적 참여와 밀접히 연관되는데, 민주국가에서 정책입안과정에 대한 시민의 참여는 '시민에 의한 국가통제'라는 중요한 역할을 담당하고 있다. NGO의 역할은 시민의 의견수렴에서 더 나아가 이를 정책화하는 데까지 미친다.

둘째, NGO는 비시장적 재화 및 서비스의 생산자이기도 하다. 종교적 서비스, 기초 과학연구, 예술 활동 등의 분야는 비시장적이며 비정부적인 특성이 존재하므로, 이들 서비스는 타 제도부문과 독립된 NGO부문이 생산해야 한다는 논리가 존재한다. 이처럼 NGO는 사회의 수요가 있으나 영리단체나 정부에 의하여 생산이 되지 않고 있는 공공적 서비스를 생산하는 역할을 수행한다. 시장실패와 정부실패에 의하여 이들 제도부문이 사회적 수요를 충족시키지 못하는 경우 NGO는 시장과 정부를 보완하는 역할을 수행하는 것이다.

셋째, NGO는 사회적, 정치적 융합을 위하여 중재자 역할을 수행하기도 한다. 특히 환경분쟁, 소비자-생산자분쟁, 인권보호 등의 분야에 있어 NGO는 제3자의 입장에서 중재자로서의 역할을 수행한다. 관련하여 NGO는 사회의 다양한 사상과 아이디어를 확산시키는 역할을 수행하기도 한다. 예컨대 인권단체에서 동성애자를 옹호하는 활동을 하는 것은 민주국가에서 다양한 가치가 중요함을 인식하게 하는 것으로서 사회전체의 공동이익과는 상반될 수 있으나, 다원화된 사회에서 필수 불가결한 부분이다.

2) 정책과정에서 NGO의 역할

NGO는 사회적 공익을 증진시키기 위해 특정 이슈에 대한 시민적 의사를 정부에 전달하여 정책에 입안시키려는 정치적 기능을 수행한다. NGO는 시민들의 정책과정상 참여를 가능하게 하며 개인의 분산된 정치적 의사표현을 하나로 묶음으로써 보다 효과적으로 정치적 의사표현이 가능하도록 한다. NGO의 정책참여는 정책의제설정단계부터 정책평가단계에 이르기까지 광범위하다.

정책의세설정 단계에서 NGO의 중요한 정치적 역할 가운데 하나는 다양한 시민들의 의견을 대표(opinion representation)하여 정책에 투영하는 대변적 활동이다. 다양한 분야에서 시민사회의 자발적인 참여에 기초한 NGO가 등장함에 따라 NGO가 각종 사회 이슈에 대한 의견을 청취하여 정책의제설정 과정에 시민의 의견을 대변하는 중요한 기능을 수행한다. 특히 NGO는 정부 또는 기존의 정책집단에서 고려하지 못한 특정 사회·정치·경제적 이슈에 대한 문제 제기를 통하여 공공정책에 다양한 가치를 투영하고, 정책에 대한 다양한 시민들의 참여를 확대시키는 중요한 역할을 하게 된다. NGO의 활동은 사회복지, 경제체제개혁, 정치개혁 등 다양한 분야로 확산되고 있다. 예를 들면, 정부의 부정·비리 등을 고발하거나 정부의 예산낭비 조직비대화 등을 비판하면서 정부에 대한 견제역할을 수행한다. 소비자보호단체, 환경보호단체 등은 기업활동의 문제점을 고발하면서 시장실패를 보완하기도 한다.

정책결정단계에서 NGO는 자신들이 추구하는 가치가 정책에 투영될 수 있도록 정부기관들에게 영향력을 행사한다. 정책결정과정에서 NGO는 고위정책결정자들에게 전문적인 지식제공, 정치적 압력의 행사, 이익갈등 당사자에 대한 중재적 역할 등을 통해서 영향력을 행사하게 된다. 우리나라에서 의약분업 파동시에 NGO의 활동으로 양 집단의 갈등을 조정하고 국민(환자)들의 이익을 대변한 경우가 있다.

NGO의 정책집행과정에서의 역할은 두 가지로 구분할 수 있다. 첫째는 공익적인 관점에서 정책집행에 대한 감시와 비판기능을 수행하는 것이다. 결정된 정책이 집행과정에서 상당한 문제를 야기하고 있는 것으로 판단되는 경우, NGO는 정책집행의 중단이나 정책내용의 변경을 요구하는 활동을 통해 집행에 영향을 미친다. 새만금간척사업의 중단을 요구하는 환경단체의 활동이 좋은 예이다. 둘째는 NGO가 정부와 상호의존적 또는 협조적 관계 속에서 정책집행의 파트너로서 직·간접적으로 공공서비스의 생산활동에 참여하는 것이다. 예를 들면, 고아원·양로원·유아원 등의 보육활동, 해외원조 프로그램에서 자원봉사단의 역할, 정부기관과 협동하여 각종 공공재를 공급하는 것이다. 이러한 역할은 거버넌스적인 관점에서 중요한 의미를 갖는다.

정책평가에 대한 NGO의 활동은 공식적인 방식과 비공식적인 방식으로 나누어 생각할 수 있다. 주로 공식적인 참여는 정부의 요청에 의하여 각종 평가위원회 등의 참여를 통한 방식으로 이뤄지는데, 이는 관료집단에 의한 포획으로 NGO의 명성에 부정적인 영향을 미치는 경우도 있다. 비공식적인 방식은 세미나, 포럼, 기자회견 등을 통한 정부정책에 대한 평가를 들 수 있다. 정책평가와 관련하여 염두에 두어야 할 점은 NGO의 정책평가는 다른 정책과정에서의 NGO의 역할과 연계가 된다는 것이다. 즉 NGO는 정책평가를 통하여 의제설정의 주도권을 확보하려 하고, 또한 집행과정에서 자신들에게 추구하는 가치가 반영될 수 있도록 평가에 영향을 미치려고 한다.

3) 정책과정에서 우리나라 NGO의 역할

정책과정에서 수행하는 NGO의 역할은 우리나라의 정치발전과 밀접히 관련되며 변화해 왔다. 역사적으로 NGO의 정책과정상 참여 범위와 방식은 크게 권위주의 시대와 1987년 대대적인 민주화 이후의 시대에 큰 차이를 보이고 있다. 과거 권위주의 정부 하에서 제도 및 정책에 대한 비판 및 대안제시 자체가 정권에 대한 도전으로 간주되었기 때문에 NGO의 정책과정상의 참여는 원천적으로 불가능하였다. 따라서 NGO의 활동은 제도화된 무대보다는 비제도화된 수단을 선호할 수밖에 없는 정치적 환경에 처해 있었다.

그러나 이러한 NGO의 비제도적인 정책참여 방식은 민주화 이후에 큰 변화를 가져오게 되었다. 우선 과거 억압되고 제한적인 활동을 할 수밖에 없던 시민단체 등이 시민의 관심과 지원으로 새로운 영역과 적극적인 방식으로 활동을 전개하기 시작했다. 또한 정부는 다원주의적 시각에서 보다 건설적이고 협력적인 관계를 모색하게 되고, 다양한 재정적 지원 및 정책참여의 기회를 NGO에게 부여하였다. 이렇듯 시민사회의 활동영역의 확대된 데는 새로운 세대의 정책선도자(policy entrepreneur)의 등장이라는 요인이 작용하였다.

또 하나의 참여방식의 변화는 NGO간의 연대이다. 권위주의 정권의 억압은 NGO들로 하여금 비제도적인 운동방식을 택하게 강제함과 동시에 NGO들간의 효율적인 연대를 물리적으로 불가능하도록 억압하였다. 그러나 민주적인 정권의 출범은 NGO간의 자원교환을 가능하게 하였으며 유사한 이슈에 대한 정책 및 이슈네트워크 또는 연대를 가능하게 하였다. 이러한 NGO간의 연대는 큰 조직들보다는 작은 조직들에게 보다 중요한 방법이라고 할 수 있는데, 그들의 자원을 다른 조직의 자원들에 연결함으로써 정치적 영향력을 확대할 수 있었다.

앞으로 우리나라의 NGO의 기능은 더욱 활성화될 것으로 보이며 정책과정에서 그들의 영향력은 지속적으로 증가할 것이다. 하지만 NGO들의 정책과정상의 참여는 긍정적인 효과에 못지않게 부정적인 측면도 있다. 따라서 앞으로 NGO의 활동은 다음과 같은 사항을 보완할 필요가 있다.

첫째, 정부의 재정적 지원을 받는 경우에는 정부 견제기능의 약화 가능성이 있다. NGO 스스로 중·장기적 재원의 확보를 위한 노력을 강화하고 정부와의 관계정립에 있어서도 핵심역량을 강화하기 위한 가시적인 조치를 취해야 한다. 둘째, 조직 및 인력의 전문성 확보를 위한 내부 교육을 강화하고 전문직 자원봉사자의 참여를 증진시켜야 한다. 셋째, 일반시민의 참여를 통한 대표성을 확보할 수 있도록 노력해야 한다. 넷째, 외부적으로는 다른 NGO와의 연대 및 기존의 정책결정네트워크에의 참여를 통하여 정책결정자와의 교류를 확대하는 작업이 선행되어야 한다. 다섯째, 공익추구에 집중하고 정치활동을 자제함으로써 본래의 기능을 수행하여 국민들의 신뢰를 획득하도록 하여야 한다. 정치개혁이나 행정개혁을 주장하면서 정치적으로 편향되면서 정치화할 가능성을 조심할 필요가 있다.

5 언론매체

1) 언론의 지위와 권한

언론은 대중매체(mass media)를 통하여 사회구성원들 간의 의사전달을 돕고 사회에서 발생하는 주요 사건들을 구성원들에게 알려준다. 이러한 역할 때문에 언론은 정책과정에서도 중요한 역할을 한다. 언론은 민주주의를 유지하는 혈액과 같은 존재이다. 일반국민과 의회, 대통령과 행정부, 사법부 등 헌법기관에게 각종 정보와 지식을 전달하여 원활한 정치와 정책과정이 이루어지도록 윤활유 역할을 하기 때문이다. 또한 어떤 정책의제를 어떻게 다루고 해석할 것인가를 두고 언론매체는 주도적 역할을 수행한다. 이슈의 형성과 발전에 있어서 강력한 프레임(framing) 기능을 수행하는 것이다. 나아가 각종 권력기관이나 권력을 행사하는 인물에 대한 비판과 감시자(watchdog) 역할을 통해 올바른 정책이 만들어져 집행될 수 있도록 한다. 언론매체는 이러한 중요한 역할 때문에 입법부, 행정부, 사법부와 같은 헌법 기관과 더불어 제4부로 자리매김하고 있다. 이러한 언론의 정책과정에서의 긍정적 기능은 언론의 자유가 보장되고 언론이 본래의 기능을 효과적으로 수행하고 있는 선진국들에 잘 나타난다.

한편 후진국에서는 집권자나 정부가 언론의 중요성 때문에 언론기관을 통제하려고 노력한다. 그러나 일단 언론에 보도된 것은 여론의 악화를 막기 위해서 대책을 세우려고 노력한다. 그래서 집행상의 부패·부정·비리를 보도기관이 폭로하는 것은 정부에 대한 강력한 통제기능으로 작용한다. 특히 후진국에서는 관료조직에 의한 하의상달이 커다란 제약을 받고 있을 뿐만 아니라 언론기관이나 여러 가지 의사전달매체가 제 기능을 수행하지 못하기 때문에 고위정책결정자는 정책과정에서 일어나는 여러 가지 사건에 대하여 정확한 정보가 없는 경우가 대부분이다. 그러므로 언론기관에 의하여 공개되는 사실들은 커다란 주목을 받게 되고 이 때문에 언론은 정책과정에서 간접적이긴 하지만 중요한 영향을 미친다.

2) 정책과정에서 언론매체의 역할

언론매체는 사회에서 발생하는 다양한 사건들과 새로운 사실을 사회구성원에게 전달한다. 언론매체의 범위를 한정하는 것은 쉽지 않지만, 신문·잡지·텔레비전·라디오 등의 매체를 활용하여 정보를 제공하는 정책참여자를 언론이라고 볼 수 있다. 정책과정에서 언론매체는 의제설정, 집행, 평가 등 정책과정 전반에 영향을 준다고 볼 수 있다. 특히 학자들은 언론매체가 의제설정과정에서 수행하는 역할에 대해 많은 관심을 기울여 왔다(박기묵, 2015; 이태준, 2017).

정책의제설정 단계에서 언론은 여론의 형성을 통하여 결정적인 역할을 한다. 그들의 관심을 끌도록 하는 것이 여론형성의 출발이 되는데, 언론이 이를 담당하는 것이다. 즉, 사회의 일부에서 발생한 문제를 일반대중에게 알려서 문제가 확산되어 공중의제화(public agenda)하는데 언론이 결정적 역할을 수행하는 것이다.

언론의 의제설정과정은 두 단계로 구분할 수 있다. 첫 단계는 언론에서 중요하게 다루어진 이슈가 미디어 수용자에 의해서도 중요하게 인식되는 과정이다. 의제설정의 중요도에 초점을 둔 것이다. 나아가 두 번째 단계는 언론에서 특정 이슈에 대한 이미지나 프레임을 만들어 수용자에게 영향을 주는 과정을 말한다. 2단계 의제설정은 이슈에 각종 이미지와 생기를 불어넣는 과정이다(McCombs and Estrada, 1997). 특히, 이슈의 프레임화 과정에서 언론은 절대적인 객관성, 중립성을 갖기 어렵기 때문에 언론은 프레임 설정을 통해서 의제설정의 방향과 강도에 영향을 줄 수 있다. 흔히 보수언론과 진보언론으로 구분하는 것은 이러한 맥락에서 발생한다. 이 과정에서 언론은 중립적인 전달자가 아니라 스스로의 이해관계를 갖는 정책과정의 참여자로 변형되는 경우가 발생한다.

의제설정과정과 비교할 때 정책결정과정에 대한 언론의 영향력은 상대적으로 약하다. 특정한 분야의 전문지식이 있어야만 문제해결을 위한 정책대안의 지시와 대안들 간의 비교평가를 할 수 있는데 언론은 이런 역할을 해내기 어렵기 때문이다. 그러나 정책공동체에서 전문가들 사이에 논의되고 주목받고 있는 중요한 대안들을 소개하고 일반 대중이나 중요 정책결정자에게 알려서 정책결정에 간접적인 영향을 미칠 수 있다.

언론과 정책결정자의 관계는 양면적인 모습이 존재한다. 첫째, 언론은 민주주의 수호자로 정부를 감시하고 시민에게 알권리를 충족시키는 기능을 통해 정부의 정책결정을 모니터링한다. 이는 언론매체의 공중옹호(Public Advocacy)나 선형동원모형(Linear Mobilization Model)으로 불린다. 반면 언론과 정부결정자가 서로 결탁하여 시민이 아니라 정책결정자에게 유리한 의제만을 통제하는 결탁모형(Coalition Model)이 있다(Moltoch, Protess and Gordon, 1987; Protess et al., 1991). 이러한 결탁을 통해 Bachrach와 Baratz의 무의사결정론(나중에 자세히 검토한다)이 시사하는 것처럼 권력집단과 언론은 서로 연합하여 특정 공중의제를 억제하고 이것이 부각되지 않도록 조정할 수 있다.

정책집행과정상의 문제를 언론기관이 보도하게 되면 여론을 불러일으키거나, 여론화되지는 않더라도 묻히기 쉬운 문제점이 노출될 수 있다. 이것은 정책집행과정에서 발생하는 부정·부패·비리를 파헤치는 경우도 마찬가지이다. 이 역할은 행정통제의 한 측면으로 후진국에서 특히 중요하다. 예를 들면, 사회서비스 전달과정에서 나타나는 문제점을 부각시킴으로써 현존하는 정책의 수단을 바꾸거나 전달과정의 문제점을 개선하는 역할을 할 수 있다. 나아가 기존 정책의 종결을 가져올 수도 있다.

정책평가단계에서는 앞에서 본 여론의 역할과 마찬가지로 언론이 중요한 역할을 한다. 언론은 항상 비판적인 관점을 유지하면서 정부의 정책을 평가한다. 언론의 평가는 스스로의 평가이기도 하나 여론을 반영하는 것으로도 생각되어 정책평가 시 정책효과에 대한 긍정적 혹은 부정적 이미지를 형성하는데 상당한 영향을 줄 수 있다. 그렇기 때문에 일부 독재국가에서는 언론의 자유로운 보도를 금지하고 있으며, 우리나라도 과거 유신정권 시절에 언론검열이 실시되기도 하였다. 소극적으로 정보제공을 금하는 것뿐만 아니라 적극적으로 특정 정책에 우호적인 정보를 제공하도록 강요받기도 한다. 이는 동원형 정책의제설정으로 불린다.

3) 정책과정에서 우리나라 언론매체의 역할

우리나라 언론들이 정책과정에서 영향을 미치는 대상과 참여의 통로를 정리하면 <표 3-1>과 같다. 무엇보다도 보도내용을 작성하는 기자의 활동을 통해서 정책참여가 이루어진다. 즉, 보도내용 그 자체가 다양한 정책과정 참여자들에게 직접 정보를 제공하는 역할을 할 뿐만 아니라, 보도내용을 작성하는 기자가 대통령, 국회의원, 공무원 등과 같은 정책과정 참여자와 직접적으로 접촉하면서 언론의 참여가 이루어진다.

〔표 3-1〕 언론의 정책과정 참여유형

<table>
<tr><th>구 분</th><th colspan="2">직접 참여</th><th>간접 참여</th></tr>
<tr><td>청와대</td><td>기자간담회, 브리핑(춘추관)</td><td rowspan="3">매체의
보도내용</td><td rowspan="3">여 론</td></tr>
<tr><td>의 회</td><td>각 기관 홍보실과 접촉</td></tr>
<tr><td>행정부
(중앙부처, 지방단체)</td><td>출입기자와 간담회, 브리핑</td></tr>
</table>

종합하면, 언론은 사회문제, 국민들의 요구, 정부의 활동 등을 전달하면서 민주주의에서 혈액과 같은 역할을 수행한다. 비판과 감시자 역할은 언론의 가장 중요한 역할로서 언론의 본연적인 기능이면서 한국의 정치민주화 과정에서 큰 역할을 수행하였다. 그리고 이러한 언론의 역할은 정책과정 중에서 특히 정책의제설정에서 결정적 영향을 미친다. 한편, 기존 언론 매체의 역할은 인터넷의 발달로 인하여 영향력이 감소하고 있으며 사회와 정치의 양극화로 언론 매체 자체의 편향성이 심화되는 문제가 발생하고 있다.

6 정책전문가

정책결정에 필요한 전문적인 지식이나 정보를 제공하는 비공식적인 행위자로 정책전문가, 싱크탱크, 정책공동체 등이 있다. 개인 차원에서 정책전문가들은 지적·분석적 작업을 통해 정책의제화, 정책대안제시, 정책평가 등에 관여한다. 싱크탱크는 전문적 연구를 통하여 정책과정에 아이디어와 지식을 제공하는데 미국의 여러 싱크탱크들은 정권교체시 정책아이디어의 산실역할을 수행하며 집권 이후에는 행정부에 직접 진출함으로써 정책전문가 풀(pool)로서 기능하고 있다.

한편, 특정 정책분야별로 해당 이슈에 대해 관심을 공유하는 전문가들의 관계망을 정책공동체라고 하는데 이들의 활동은 정책내용의 합리성을 제고하고 다양한 요구들을 정책에 반영할 수 있다는 장점이 있다.

1) 정책전문가와 싱크탱크

(1) 정책전문가와 싱크탱크의 역할과 쟁점

정책문제가 더욱 복잡하고 동태적으로 변화하면서 관련 분야 전문가에 대한 정책수요가 증가하고 있다. 또한 정책효과에 대한 전통적인 비용편익분석 뿐만 아니라 정책대상 유관집단에 미치는 위험평가(risk assessment)와 관련한 고도의 전문지식이 요구되고 있다.

정책전문가는 정책분석가로서 정책문제에 작용하는 복잡한 사실관계를 객관적인 입장에서 분석하는 역할뿐만 아니라 대안선택과 관련된 다양한 가치들을 밝힘으로써 규형적 시각을 제공하기도 한다. 정책전문가는 특정 영역의 제한된 정보에서 벗어나 다양한 영역의 정보와 지식을 종합하고 이들 자료를 정책과정에 현명하게 사용할 수 있도록 도움을 주게 된다. 합리적·분석적 결정을 위한 지적인 지원자가 되는 것이다.

더 나아가 정책전문가는 자신이 선호하는 가치를 소신껏 주장하면서 특정한 정책선호를 가진 정책참여자로 정책과정에서 목소리를 낼 수도 있다. 그러나 객관적인 입장을 벗어나는 전문가들의 행위에 관해서는 윤리문제가 발생한다. 그러므로 전문가와 일반시민 사이의 소통문제나 전문가 중심의 폐쇄적 정책과정의 문제와 함께 전문가의 정책윤리 문제에 대해서도 관심을 가져야 한다는 목소리도 높다(Benveniste, 1984).

싱크탱크(Think Tank)는 정부기관과는 독립된 지위에서 정책에 필요한 전문지식을 제공하기 위하여 설립된 기관이다. 한국의 대표적인 싱크탱크로 현재

한국개발연구원(KDI), 산업연구원, 한국농촌경제연구원, 국토연구원 등의 국책연구기관과 삼성경제연구소, 현대경제연구원, LG경제연구원 등의 민간연구기관이 존재한다. 이러한 정부나 민간기업의 정치적 입장을 대변하는 전문연구기관과는 달리, 시민의 입장에서 전문지식을 생산하고 정책과정에 참여하고자 하는 희망제작소 등의 민간기관도 설립되고 있다. 싱크탱크의 활동이 활발한 미국의 경우 부루킹스 연구소, 헤리티지 재단, 랜드연구소와 같은 다양한 싱크탱크들이 있다.

싱크탱크는 시대적 상황에 따라 크게 네 가지 유형으로 나누어진다. 첫째, 비당파적 입장에서 정책과정에 아이디어, 지식, 정책대안을 제공함으로써 분석적 결정에 기여하고, 간접적으로 의제형성과 정책평가에 기여하는 전형적인 연구소 역할모형이다. 둘째, 정부와 계약을 통하여 연구를 수행하는 정부계약형 연구소모형이다. 셋째, 특정 정파적 이해를 가진 집단의 지원으로 설립된 정치적 옹호가형의 연구소모형이다. 넷째, 정치지도자들을 중심으로 만들어진 일종의 장식용 연구소모형이다(정광호, 2006).

2) 정책과정에서 정책전문가와 싱크탱크의 역할

정책전문가와 지식인은 전문적 지식을 바탕으로 정책에 대해서 논의하고 정보와 지식을 제공한다. 이들이 정책과정상에서 수행하는 역할들을 각 과정별로 간단히 살펴보면 다음과 같다.

첫째, 정책의제설정과정에서 간접적인 역할을 한다. 학자들은 흔히 많은 사람들이 잊어버리고 있는 사회문제를 분석·검토하여 그 심각성을 경고하는데, 이것이 그 사회문제가 정책의제화하는 과정에서 점화역할을 하는 수도 있다.

둘째, 정책결정에서 전문가들은 문제의 해결책이나 정책대안을 제시하고 또 이들을 비교·평가하는 등 중요한 지적·분석적 작업을 수행한다. 정책의 결정은 지적·분석적 작업과 정치적 갈등의 조정 등 양자에 의하여 이루어지는데, 이 중에서 전문가나 지식인은 전자와 관련하여 가장 중요한 영향을 미친다. 정책대안을 고찰하거나 찾아내려면 그 방면에 대한 풍부한 전문지식과 정보가 있어야 하는데, 전문가들은 지식제공자(think-tank)로서의 역할을 수행한다.

셋째, 정책집행에서는 거의 영향을 미치지 못할지라도 정책평가에서는 전문가와 지식인은 커다란 영향을 미칠 수 있다. 정책집행과정에서 일어나는 문제는 지엽적·기술적이며 복잡하여 집행담당자나 직접 관련된 자 이외의 사람들은 내용을 이해하지 못하거나 정보가 부족하기 때문에 전문가의 영향력이 미약하다. 그러나 정책의 효과가 발생했는지의 여부를 판단하거나 정책내용의 잘잘못을 비판적으로 평가하는 것은 여전히 중요한 전문가의 역할로 남아 있다.

정책전문가와는 달리 기관이나 조직적인 단위에서 활동하는 싱크탱크는 다양한 경로를 통하여 정책과정에 영향을 미친다(정광호, 2006). 첫째, 정책연구소가 공적 영향의 통로로 활용되는 사례로 공공포럼이나 학술대회를 개최하여 주요 정책쟁점을 토의하고 공중에 알림으로써 영향을 미친다. 싱크탱크의 연구원들은 대학이나 각종 클럽을 대상으로 강연을 하거나 의회 청문회에 적극적으로 출석하여 증언한다. 각종 미디어에 연구소의 연구 성과물이나 정책아이디어를 제공하는 것도 중요한 연구소의 공적 마케팅 기능에 포함된다. 이러한 활동과정에서 연구소의 보고서나 논평, 연구소에서 출판된 서적, 학술지, 정책메모가 적극적으로 이용된다. 둘째, 싱크탱크 인력이 정부기구에 진출하여 영향력을 발휘할 수 있다. 예를 들면, 대통령 선거의 참모조직이나 정권인수팀에 들어감으로써 연구소의 정책아이디어를 정책에 구현할 수 있다. 또한 연구원이 각료나 고위 관료로 활동할 수 있다. 헤리티지 재단의 경우 의회에 연락사무소를 두고 연구소와 항상 긴밀한 교류를 유지한다. 셋째, 정책연구소는 다양한 사적 통로를 이용해 정책과정에 영향을 미친다. 주요 정책결정자에게 각종 보고서를 작성하여 제공하고 정책결정자들과 연구소 사이에 교신통로를 가지고 있다. 그리고 각종 정책토론회에 의회나 행정부의 정책결정자들을 연구소 포럼이나 회의에 초청한다. 이러한 교류는 비공식적으로 이루어지지만 정책과정에 큰 영향을 줄 수 있다.

3) 우리나라 정책전문가와 싱크탱크의 역할

현재 우리의 정책과정에서 정책전문가가 어떤 역할을 하는가에 대한 생생한 사례연구가 부족하여 이를 정확히 파악하는데 한계가 있다. 그러나 최근에 여러나라의 정책스타일(Policy Style)을 비교·연구하는 국제공동연구에서 우리나라에서만 나타나는 독특한 정책스타일로 학자들의 적극적인 정책참여 현상(scholarofficial policy nexus)이 분석되었다. 특히 장·차관 그리고 청와대의 핵심참모

등 행정부뿐만 아니라 국회에서 활동하는 학자가 다른 나라에 비해 월등히 많은 것으로 나타나는데 이는 선비와 관리를 구분하지 않고 유학자들의 적극적인 사회적 역할을 강조했던 유교전통에 기인하는 바가 크다(Moon and Hwang, 2018).

싱크탱크의 경우에 우리나라는 미국처럼 정책이념이나 비당파적 입장에서 정책을 분석하고 정책대안을 제시하는 싱크탱크는 여전히 적다(황윤원 외, 2003; 정광호, 2006). 먼저 정부 산하 싱크탱크의 경우 정부가 제공하는 용역과제를 수행한다. 그러나 이들은 자체적인 재원조달 능력이 제한되어 있어서 자율성과 독립성을 확보하는데 한계가 있다. 한편 민간기업의 연구소도 주요 정책과제에 대한 체계적인 연구를 수행하기보다는 컨설팅 수준의 연구과제 수행에 그 역할이 치우쳐 있다. 결국 한국의 싱크탱크는 미국처럼 정책아이디어를 통해 언론의 조명을 받고 정책이념에 따라 정권과 밀접하게 연결되어 정책과정의 한 축을 형성하는 단계에는 이르지 못하고 있다. 최근 한국의 주요 정당이 중심이 되어 정당 산하에 싱크탱크를 설립하여 운영하고 있지만, 여론조사 등에 매달리고 정파적 이익만을 추구하고 있어 전통적 의미에서의 중립적, 전문적 싱크탱크의 역할을 제대로 수행하지 못하고 있다.

싱크탱크가 자율성을 가지고 객관적·과학적 연구를 수행하기 위해서는 연구와 재정에 있어서 독립성이 필수적이다. 아울러 국책연구소 중심의 싱크탱크의 편향성을 해소하기 위해서는 민간의 기부에 의한 자발적인 싱크탱크 설립이 활성화되어야 한다.

4) 정책공동체

(1) 정책공동체의 역할과 쟁점

전문가나 지식인이 문제해결을 위한 정책대안을 제시하고 정책대안이 추진되었을 경우에 나타날 결과를 예측하는 것은 전문지식을 근거로 한다. 이러한 전문지식은 전문가들, 학자들, 행정관료들의 상호접촉과 의견교환에 의하여 획득된다. 분야별로 이러한 사람들의 접촉은 공식적인 학회를 통해서나 자문회를 통해서 이루어지기도 하고 비공식적인 의견교환을 통해서 이루어지기도 한다. 이러한 접촉·의견교환과정에서 기존정책에 대한 평가나 새로운 문제의 해결책에 대한 논의와 가장 바람직한 정책대안에 대한 잠정적인 합의 등이 이루어지기도 한다. 자문위원회를 통하는 것과 같은 공식적인 의견교환에 못지않게 비공식적인 접촉과 의견교환도 중요하다. 이러한 공식·비공식적 접촉과 의견교환이 이루어지는 추상적인 집합체를 정책공동체라고 부른다. 그래서 특정 정책분야별로 일종의 정책공동체(policy community)가 형성된다. 즉 정책공동체는 각 분야별로 정책을 둘러싼 정책문제, 정책대안, 추진되는 정책의 내용, 정책의 결과 등에 대하여 관심을 가지고 있는 사람들로 구성되어 눈에 보이지는 않지만 계속적인 활동을 하는 일종의 공동체라고 할 수 있다. 예를 들면, 주택정책공동체는 주택문제를 연구하고 취급하는 대학교수, 연구소 연구원, 공무원, 국회의원, 국회의원 보좌관, 신문기자들 등으로 구성된다. 이들은 서로 개인적으로 전혀 알지 못해도 주택문제나 정책에 대한 세미나, 토론회, TV대담 등에 참여하거나 방청하면서 나름대로의 의견을 제시하고 비판·평가한다.

정책공동체의 한 가지 유형으로 전문가들로 구성된 인지공동체(epistemic community)가 있다. Haas(하스, 1992)는 인지공동체를 “특정분야의 전문성과 지적 능력을 지니고, 그 분야의 정책과 관련된 권위 있는 지식을 지닌 것으로 인정되는 전문직업가들의 연계망”이라고 정의하고 있다. 이태리와 그리스 터-키 근해를 중심으로 지중해가 심각하게 썩어가는 것을 방지하기 위하여 지중해 연안국가들의 전문가들이 Haas를 중심으로 연합하여 대책을 만들고, 자신들의 정부를 설득하여 성공적으로 지중해를 지키도록 한 예가 대표적이다. 수질오염문제 전문가들이 국적을 초월하여 활동한 연계망을 하나의 공동체로 파악한 것이다. 이러한 예는 여러 지방정부를 가로 지르는 교통문제, 환경문제 등에서 전문가들이 형성하고 있는 연계망에도 그대로 적용된다(Frederickson, 1997). 인지공동체 내의 직업전문가들은 주로 다음과 같은 것에 대하여 유사한 생각(like-mind)을 한다. 이들은 직업전문가로서의 윤리규범을 지니고 외부의 간섭 없이 소속 구성원들의 잘못된 점을 자율적으로 규제하면서, 과학적이고 객관적이며 중립적인 지식을 지니고 있다고 자부한다. 최근의 경향을 보면 직업전문가들 뿐만 아니라 어느 정도 전문성과 정보를 갖춘 NGO가 국내적·국제적으로 연계하여 인지공동체 역할을 수행하고 있다. 이렇게 보면 인지공동체는 정책공동체의 한 유형에 해당한다고 볼 수 있다.

넓은 의미의 정책공동체 속에는 약간 식 서로 다른 여러 가지 개념들이 있다. 이들은 공동체라는 용어 외에 네트워크(network-연계망)라고 불리기도 한다. 이중에서 정책네트워크는 좁은 의미의 정책공동체와 유사하고, 이슈네트워크는 약간 다르다.

좁은 의미의 정책공동체는 철의 삼각이나 이슈네트워크(issue network)와 대비하여 그 특성을 명확히 파악할 수 있다. 공통적인 강한 이해관계를 중심으로 결속된 철의 삼각에 비해 상대적으로 정책공동체는 해당 이슈에 관심을 공유하는 느슨하게 연결된 집단이다(최종원, 1998). 하지만 멤버십을 요구하지 않는 느슨한 이슈네트워크와 비교할 때 정책공동체는 상대적으로 해당 정책영역에 나름대로 전문성과 경험을 인정받아야 멤버로 인정을 받을 수 있는 제도화된 진입장벽을 가지고 있다(Bache, 2000).[18]

정책공동체는 정책결정에 대한 공식적인 책임을 지지 않기 때문에 정책과정에서 합의나 정책성과에 대한 열정이 상대적으로 떨어질 수 있다. 정책공동체(넓은 의미)는 다양한 이해관계와 여러 시각에서 전문성을 가지고 논의할 수 있다는 점에서 긍정적이지만 이 자체가 다수가 좋아하는 정책을 만든다는 보장은 없다. 따라서 정책공동체의 의향이나 역할을 효과적으로 조율할 수 있는 정책조정기제와 정책리더십이 필요하다.

(2) 정책과정에서 정책공동체의 역할

전문가들이 중심이 된 정책공동체가 정책대안의 창출이나 정책대안의 비교·평가 그리고 정책집행 후의 정책평가를 담당하게 되면 여러 가지 장점이 나타날 수 있다. 첫째, 무엇보다도 정책분야별로 전문가들의 지혜나 전문지식을 정책결정과정에서 최대한 활용할 수 있으므로 정책내용의 합리성이 제고될 수 있다. 정책문제, 해결책 등등에 대한 계속적인 의견교환으로 실현 가능한 해결책들을 제시할 수 있다. 둘째, 어떤 문제에 정책적인 해결을 해야 할 경우 많은 상반되는 주장과 정책대안들이 제시되고 이에 대한 토론이 전개되므로 다양한 요구들이 정책에 반영될 수 있다. 셋째, 정책공동체 내에서 정책대안의 범위나 내용에 대한 상당한 토론이 이루어지기 때문에 최고정책결정자들의 편향된 사고에 의한 정책의 무분별한 변경이나 폐기 혹은 정책표류 등을 예방할 수 있다. 넷째, 정책공동체가 형성되어 오랜 시간이 흐르면서 토론과 자기주장을 되풀이

18) 원래 정책공동체의 개념이 처음 사용될 때는 철의 삼각과 같이 개인적 이해관계를 중심으로 구축되는 연계망을 제외하고, 전문가 중심의 이슈네트워크나 진입장벽이 약간 강한 것 등을 모두 포함했는데, 응집성이 강한 것만을 좁은 의미로 정책공동체로 부르는 로-즈(Rhodes)와 같은 학자들이 많아지고 있다.

하다 보면 그 분야에서 활동하는 사람들에 대한 객관적인 평가가 이루어진다. 그러므로 각 분야별 정책공동체 내에서 정부의 정책기조와 조화를 이루고 훌륭하다고 인정받는 인재의 발탁이 가능해 진다.

미국이나 일본과 같은 나라에서는 국민들의 암묵적인 합의를 도출하거나, 반대집단의 저항이나 불복종을 최소화시키면서 여론변화에 따라 정책이 표류하는 현상을 극소화시키는데 이 정책공동체가 커다란 기여를 하고 있는 것으로 밝혀졌다.특히 새로운 정권이 인재를 찾아내고 일관성 있는 정책을 추진하는 데는 정책공동체가 중요한 역할을 한다. 예를 들면 경제에 문외한이었던 미국의 레이건 대통령이 경제 각 분야를 망라하는 일관된 정책기조로서 '레이거노믹스'(Reaganomics)를 내세울 수 있었던 것은 바로 광범위한 정책공동체가 존재하고 각 분야의 정책공동체 내에서 제시된 의견들 중에서 레이건의 보수주의적 정치철학에 알맞은 것들을 선택하여 종합할 수 있었기 때문이다.

Behind Story 3-3 **Back to the Future 와 레이건 대통령**

과학공상영화로서 과학 문외한들에게도 대단한 인기를 누린 〈Back to The Future〉라는 오락영화에 1984년의 소년 주인공이 1950년대로 가서 주고 받는 재미있는 대화가 있다. time machine을 만들어서 자신을 과거로 보내준 과학자에게 자신이 미래에서 그 기계를 타고 왔다는 사실을 설득하는 장면이다. 1984년대에 자신이 만들어준 기계를 타고 1950년대의 자기를 찾아왔다는 사실을 도저히 믿지 못하고, 1950년대에는 부모들이 결혼도 하지 않은 소년이므로 얼굴도 모르는 상황이라, 과학자는 소년이 황당한 거짓말을 하는 것이라고 생각하여 1980년대의 미래상황에 대하여 여러 가지를 물어서 신뢰할 만한 답변을 하는지를 보려고 하였다.

〈--- 그래, 1984년도에 미국의 대통령은 누구냐 ?〉

〈로날드 레이건입니다〉

〈뭐라고 ???〉

〈로날드 레이건입니다〉

〈아니, 아니 !!! (--그 멍청이가 대통령이라면--), 틀림없이 제리 루이스가 부통령이겠구나 !!!〉

1950년대 당시 레이건은 몸매는 뛰어나게 훌륭하지만 머리는 멍청해 보이는 배우로 알려졌고, 제리 루이스는 저능아 같은 코메디를 하는 젊은 배우로서 유명했었다. 우리나라로 보면, 루이스는 옛날의 이주일이나 맹구와 같은 존재였던 것이다. 레이건이 대통령으로 당선되었을 때 〈미국의 수치요 국민들의 망신〉이라고 분개한 지식인들이 너무나 많았다. 위의 대화도 이런 배경에서 나온 것이다.

이러한 레이건이 대통령이 된지 불과 반년이 안 되어, 경제정책만이 아니라 거의 모든 정책분야에서 신자유주의적 일관성을 지닌 정책들을 만들어 대대적으로 추진하여 많은 지식인들을 놀라게 하였다. 그것이 정책공동체를 활용한 결과라는 것이 밝혀져서 정책공동체가 커다란 주목을 받게 된 것이다.

(3) 우리나라에서 정책공동체의 역할

우리나라의 경우, 각 정부부처나 기관에 설치되어 있는 각종 위원회가 관련 정책문제를 둘러싸고 전문가들, 학자들 행정관료들이 상호 접촉하는 정책공동체로서 역할을 수행하고 있다. 최근에는 관련 학회의 세미나나 토론회 등을 통해 비교적 활발하게 관련 학자들이나 이해관계 당사자들이 접촉하고 있는 편이다. 특히 학자, 전문가들이 정책공동체 또는 인지공동체의 일원으로서 각종 공식·비공식 접촉기회를 통해 관료와 국회의원들과 의견을 교환함으로써 의식적·무의식적으로 이들의 사고에 영향을 미침으로써 결과적으로 정책에 영향을 미치고 있다.

그러나 우리나라 정부부처나 지방정부에 설치되어 있는 각종 위원회는 일종의 정책공동체로서 역할을 하고 있지만, 그 역할이 충실하게 수행되고 있다고 보기는 힘들다. 정부에 설치되어 있는 각종 위원회는 정책결정과정에서 부처의 정책결정을 정당화 시켜주는 들러리라는 비판도 적지 않다. 정책결정이 공정하고 합리적으로 이루어질 수 있도록 정책공동체로서의 위원회 활동이 원활하게 이루어지기 위해서는 정보의 공유가 필수적이나 일부 위원회의 경우 정보가 충실하게 제공되지 않아 참여자들의 참여의지를 저하시키기도 한다. 따라서 정부부처나 지방정부에 설치되어 있는 각종 위원회가 정책공동체로서 역할이 원활하게 이루어지기 위해서는 전문성과 대표성을 고려한 참여자의 선정과 정기적인 회의의 개최, 충분한 정보의 제공 등 위원회의 운영에 보다 내실을 기해야 할 것이다.

최근 우리나라는 민주화로 인하여 정책네트워크(정책공동체의 한 형태)의 참여자가 증가하는 현상이 발생하고 있는데, 이로 인하여 정책네트워크가 복잡해지면서 정책목표와 현장 행위자 인식 간의 부조화 현상이 발생하는 경우가 많다. 문화예술교육 정책네트워크에 대한 연구에서는 이러한 참여자의 증가와 복잡성의 증가에도 불구하고 의사소통은 여전히 수직적 구조를 가지고 있어서 의사소통의 긴밀성이 떨어지고 있는 사실을 지적한다(임채홍, 홍성만, 박소연 2013).

7 일반시민과 여론

1) 일반시민과 여론의 쟁점

민주주의 국가에서 일반시민 또는 국민의 정책참여는 당연히 보장된다. 그럼에도 불구하고 정책과정에서 일반국민의 영향력은 미미한 편이다. 그러나 전체로서 시민은 여론을 형성하여 영향력 행사하게 된다. 과거에는 개인으로서 일반시민이 정책과정에 영향을 미치는 데 많은 한계가 있었지만 최근에는 인터넷을 통한 쌍방향 의사소통이 증가하면서 일반시민이 정책과정에 참여할 수 있는 공간과 영향력이 확대되었다.

이처럼 인터넷을 통한 일반 시민의 정치참여는 전자민주주의와 참여민주주의가 확대될 것이라는 긍정적 기대도 있지만, 동시에 이성적 토론이 자리 잡기 어렵기 때문에 부작용이 발생할 수 있다는 우려도 있다. 일반 국민은 또한 여론을 통해서 정책과정에 영향을 미치기도 하는데 여론은 맹목성, 즉흥성, 조작가능성과 같은 한계가 있기 때문에 최근에는 숙의과정(deliberation)을 거친 공론조사를 정책결정에 활용하기도 한다.

2) 정책과정에서 일반시민과 여론의 역할

일반시민이나 여론이 정책과정에 미치는 영향은 정책의제설정과 정책평가단계에서는 비교적 크지만 정책결정이나 집행 단계에서는 상대적으로 적다.

정책의제설정과정에서는 여론이 아주 중요한 역할을 한다. 시민에게 피해를 주는 사회문제를 정책의제화하기 위해서는 피해를 입고 있지만 이를 인식하지 못하는 다른 사람들을 깨우치거나 이해관계가 없는 일반대중에게 호소하여 이들의 지지를 얻어야 한다. 일반시민이나 대중의 여론이 자신들에게 유리하도록 유도하는 것이다. 어떤 문제를 정책문제화 하는 것이 옳다는 여론이 형성되면 정책의제로 채택될 가능성이 높아지기 때문이다. 이것이 외부주도형 정책의제설정이다.

정책평가 측면에서 보면 일반시민들이 상식적이고 주먹구구식으로 정책의 내용이나 집행결과를 평가할지라도 여론은 그 정책평가에 커다란 영향을 미친다. 시민들은 자신들의 일상생활에 영향을 미치고 있는 정책의 내용이나 정책집행의 결과는 쉽게 알 수 있는 경우가 많기 때문이다. 그래서 정책의 수정이나 중단 등을 주장하는 의견이 쉽게 여론화된다.

이에 비하여 정책결정이나 집행상의 결정에 대해서는 여론이 형성되지 못하는 경우가 많다. 정책문제의 어느 측면을 우선적인 정책목표로 결정해야 하고, 어떠한 정책대안이 있으며, 그 대안들의 결과가 어떻게 될 것인지 등에 대한 의견제시는 전문지식을 필요로 한다. 일반대중이나 시민들은 이러한 전문지식이 없는 경우가 많으므로 여론을 형성하는데 한계가 있다. 정책집행과정에서 일어나는 의사결정에 대해서도 마찬가지이다. 다수의 전문가들이 의견의 일치를 보는 경우나 특별히 반대의견이 없는 경우, 일반대중은 전문가가 합의하는 정책목표나 정책대안을 지지하는 방식으로 여론을 형성할 수도 있다. 이런 경우에도 여론자체 때문이 아니라, 전문가들의 의견일치나 반대의견이 없다는 사실 때문에 그러한 정책목표나 정책대안이 채택되는 경우가 많다.

3) 정책과정에서 우리나라에서 일반시민과 여론의 특징

(1) 인터넷과 시민참여

앞에서 언급한 바와 같이 개인으로서의 일반시민이 정책과정에 영향을 미치는 데는 많은 한계가 있다. 그러나 인터넷의 발달은 일반시민과 정부와의 의사소통에 큰 변화를 가져와 정치참여뿐만 아니라 정책과정에서도 새로운 기회의 문을 열어주고 있다. 지금까지 소극적이고 수동적인 일반시민들의 참여공간과 영향력에 변화가 일어나고 있는 것이다.

전통적 미디어 매체는 일반시민과 여론을 수동적 존재로 만드는 속성을 가진다. 반면 쌍방향의 인터넷 매체는 여론의 주체로서 일반시민이 정책과정에서 다양한 아이디어를 제안하고 참여할 수 있는 통로를 만들어 준다. 방송과 통신의 융합에 따른 이용자의 선택권이 강화되고 여론형성 과정에서 시민참여가 활발해지고 있다.

먼저, 인터넷 공간은 새로운 공공성을 창조하는 사이버 공간을 제공한다. 시간과 공간의 제약 없이 내용과 형식에 구애 받지 않고 누구나 참여할 수 있고 누구나 볼 수 있는 정책공간을 만들 수 있다. 이러한 상호작용적 공공성으로 인해 전통적인 정책정보의 중심지와 주변부의 관계가 수평적 관계로 변하고 있으며 정책과정에서 평등화와 탈권위화가 촉진되고 있다.

둘째, 과거 특정한 미디어 매체의 프레임에 맞춘 수동적 여론형성이 아닌 시민의 자발적 참여에 의한 풀뿌리 여론형성이 가능하다. 이러한 각종 온라인 매체들은 정책의제 형성에 시민의 창의성과 다양성을 잘 반영한 환경을 만들어 준다. 예를 들면, 위키피디아(Wikipedia)처럼 웹을 활용한 협업을 통해 정책과정에 있어 정부와 시민사회 사이에 소통을 하고 더 나은 정책을 만드는데 기여할 수 있다. 일반시민들이 시공간을 초월하여 '언제, 어디서나' 항상 정부의 온라인 정책과정에 탄력적으로 참여할 수 있는 제도적 장치를 활용할 수 있기 때문이다. 반면 인터넷 참여의 편향성 문제가 제기되기도 한다. 일반시민의 자기규율과 공적 책임성도 그만큼 높아져야 할 것이다.

셋째, 인터넷을 통해 정치와 정책에 대한 참여가 더욱 촉진될 것이다. 특히 인터넷은 정치에 무관심했던 20대나 30대의 정치참여를 촉진하였다. 인터넷을 이용하여 정치나 정책에 즐겁게 참여하고 다양한 의견을 교환하고 있다. 거대 신문사와 방송사에서 주도했던 의제설정 기능이 인터넷 공간으로 분산되면서 일반 네티즌의 의견도 영향을 주고 있다.

이러한 인터넷에 의한 시민참여 방식의 변화에 대해서는 긍정적인 시각과 부정적인 시각이 공존하고 있다. 긍정적 시각에 따르면 인터넷이 정치 참여에 수반되는 각종 비용을 획기적으로 감소시켜 준다. Grossman(그로스만, 1995)에 따르면, 인터넷의 발전으로 대의제민주주의 시대가 전자민주주의와 참여민주주의로 거듭난다고 한다. 여기서 인터넷은 Habermas(하버마스)가 강조하는 소통적 합리성(communicative rationality)이 구현되는 이상적 공론장을 만들어 낸다. 즉, 일반시민은 정보유통과 소비 제약에서 벗어나 다양한 정책현안에 대해 의견을 피력하고 토론을 통한 건전한 숙의를 할 수 있는 것이다. 이 경우 의사소통의 특성은 상호작용을 기반으로 한 개방화와 분권화이다.

반면에 부정적 시각은 인터넷이 가진 익명성과 이용자의 편향성으로 오히려 숙의를 제한하게 된다. 인터넷 공간에서 이성적 소통이 이루어지지 않고 편향된 의견만이 서로 난무할 경우 상호이해와 조정 그리고 이성적 토론이 자리잡기 어렵다. 선진 각국에서 제기되고 있는 가짜뉴스(fake news)에 대한 규제논쟁은 이러한 문제점을 보여주는 사례라고 할 것이다. 또한 인터넷이 사회적 파편화나 고립화를 초래할 수 있다. 온라인 정책참여가 사회계층에 따라 균등한 것이 아니라 차별화되어 있기 때문이다. 인터넷 공간에서도 미디어 리터러시(media literacy)[19]와 같은 시민역량과 시민정신을 고양시킬 필요가 있다(Mossberger et al., 2008).

Behind Story 3-4 SNS 시대에 개인은 얼마나 자유로울까?

YouTube, Facebook 등 SNS 매체를 통해서 전파되는 가짜뉴스는 현대 민주주의를 심각하게 위협하고 있다. 그런데 또 다른 위협은 거대 기술기업들이 인간의 심리를 조작하며 우리가 행동하는 방식에 영향을 미칠 수 있다는 사실이다.

Netflix의 다큐멘터리 The Social Dilemma(2020)는 SNS 기술로 인해 인간의 행동과 습관이 어떻게 변할 수 있는지 고발한다. 우리는 Facebook을 통해 전 세계의 친구 및 가족과 계속 연락할 수 있고 Twitter를 통해 특정 주제에 대해 대중이 느끼는 감정을 파악할 수 있다. 그러나 Facebook의 '좋아요' 버튼, 알림 또는 Instagram의 뉴스 피드와 같은 서비스는 새로 고침을 할 때마다 새로운 것을 가져오기 때문에 사용자가 이러한 플랫폼에 오래 머무르도록 설계되어 있다. 알림이 표시될 때마다 사용자가 다시 앱을 열고 시간을 보내도록 하는 것이다. 또한 AI 알고리즘을 통해 사용자에게 흥미로울 것으로 판단되는 콘텐츠를 추천한다.

개인들은 Facebook, Twitter, Instagram 등을 모두 무료로 사용할 수 있지만 그렇다고 해서 우리가 비용을 지불하지 않는 것은 아니다. 이들에게 앱 사용시간은 돈과 수익이고 개인들은 정신 건강에서 개인 정보까지 보이지 않는 비용을 지불하고 있다. 자신들에게 노출된 정보를 소비하며 다른 성향의 정보는

19) 매체를 통한 정보를 객관적으로 판단·평가하고 이를 활용하는 능력

공유하지 않는 필터 버블(filter bubble)을 만들고 정치적 양극화를 초래하기도 한다.

중독과 가짜 뉴스에 시달리는 현대사회. Netflix의 The Social Dilemma는 구글, 페이스북, 핀터레스트 등 테크 기업에 종사했던 사람들이 인터뷰를 통해 자신들의 창조물인 소셜 미디어에 주의하라는 경고를 담고 있다.

(2) 정책과정에서 공론의 역할

여론(mass opinion)은 해당 이슈에 대해 관심과 지식이 부족한 일반시민의 단순한 의견을 바탕으로 한 것이다. 국민 개개인들이 조직화 없이 공동의 의견으로 많은 숫자의 공감이 있으면 여론이 되는 것이다. 정권교체가 빈번하고 경쟁이 치열하면 여론의 영향력은 높아진다. 반면 공론(public judgment)은 해당 이슈에 대해 충분하고도 균형된 정보제공과 숙의(deliberation)를 거쳐 도출된다. 이런 점에서 공론은 어떤 문제나 이슈에 대해 숙의 없이 선입견이나 순간적 판단에 근거하여 나온 여론과는 다르다. 예를 들면, 일반적인 설문을 통해 응답한 의견은 여론이라 볼 수 있다. 응답하는 과정에서 해당 질문을 충분히 숙의하지 않고 이미 가지고 있거나 순간적인 생각을 의견으로 표현하기 때문이다.

공론조사는 이러한 여론조사의 한계를 극복하기 위한 대안의 하나이다. 공론조사는 여론조사(opinion survey)에서 빠진 숙의과정을 보완하는 여러 절차를 거친 후 나온 공론(public judgement)을 다시 확인하여 이전의 여론과 비교한다. 공론조사의 큰 장점은 공공이슈에 관한 다양한 관점과 주장에 대해 균형 잡힌 정보를 제공받은 상태에서 상호토론을 통해 의견을 형성할 수 있다는 것이다.

그러나 공론조사는 조사 대상자들을 한 곳에 모아 일정기간 동안 토론을 하는 공론화 과정을 거쳐야 하므로 많은 비용과 시간이 든다. 그리고 조사 대상자가 중간에 탈락하는 경우가 많기 때문에 여론 조사에 비해 대표성 측면에서 취약하다. 또한 대상자의 선택에서 편향성이 개입되는 경우 균형 잡힌 결론을 보장하기 어렵다.

사례 3-4 신고리 5 · 6호기 공론조사

세계 각국에서 공공정책 결정과정에 공론조사를 활용하고 있는 사례가 늘어나고 있다. 영국에서는 EU 가입여부에 관해 1995년 공론조사를 실시하였다. 이 공론조사에서는 EU에 가입하는 것이 가입하지 않는 것이 가입하지 않는 것 보다 국익에 훨씬 도움이 된다는 의견이 1차 조사에서는 45%였으나 토론을 거친 후인 2차 조사에서는 60%로 증가하는 결과가 나타났다.

한편 미국 네브래스카 주에서는 대체에너지 도입여부를 두고 2003년 공론조사를 실시하였다. 대체에너지에 대해 갖고 있던 기존의 의견에 대한 전화 설문조사를 실시한 후, 이들 참가자 후보들은 8시간의 토론회에 참석하고 무작위로 13-15명씩 8그룹으로 나눠 소그룹 토론을 하고 에너지 전문가와 이해관계자들과 질의응답을 갖는 등 숙의과정을 거쳤다. 그 결과 1차 조사와 2차 조사간의 응답결과에 차이가 발하였다. 1차 조사에 비해 2차 조사에서는 메탄, 석탄 등에 대한 선호가 증가한 반면 태양력, 천연가스 등에 대한 선호는 줄어들었다.

우리나라에서도 여러 차례 공론조사가 있었는데, 그 가운데 2017년 7월부터 10월까지 약 3개월 간 실시된 신고리 5·6호기 건설 중단 여부에 대한 공론조사가 사회적 관심과 파장이 컸다. 문재인 대통령은 대선에서 신고리 5·6호기 공사 중단을 공약으로 내세웠으나, 2017년 5월 기준으로 종합공정률이 28.8%에 이르고, 공사가 지역경제에 미치는 영향이 매우 큰 점을 고려해 사회적 합의를 도출하여 그 결정에 따르겠다고 입장을 선회하였다. 이에 따라 정부는 2017년 7월 신고리 5·6호기 공사 중단 여부를 다룰 공론화 위원회를 구성하였고, 공론화 위원회는 3개월간에 걸쳐 공론조사활동을 벌였다. 전 국민을 모집단으로 하여 20,006명의 표본을 층화표본추출 방법을 통해 선정하고, 이들을 대상으로 의견조사를 실시하였다. 그 결과 건설재개 36.6%, 건설중단 27.6%, 판단유보가 35.5%였다. 9월에는 처음 조사에 응한 표본 가운데 최종적으로 478명을 선정하여 이들을 대상으로 신고리 원전 공사에 관련된 찬반 발표 및 질의 · 응답을 실시하였고, 관련된 자료집을 추가로 배포하여 참고하도록 하였다. 이렇게 정보를 제공한 후 10월에는 종합토론회를 개최하였다. 결국 최종적으로 시민참여단은 건설재개 59.5%, 건설중단 40.5%의 비율로 선호를 다르게 보였으며, 건설재개와 중단을 선호한 사람들 사이의 입장변화는 거의 없었고, 판단유보를 하였던 사람들이 건설재개와 건설중단으로 입장을 바꾼 것으로 나타났다.

이 같은 결과를 기초로 공론조사위원회는 정부에 건설재개를 권고함과 동시에 장기적으로 원전의 축소가 바람직하다는 의견도 함께 피력하였다. 문재인 정부는 그 결과를 받아들여 신고리 5·6호기의 건설을 재개하였다. 한편 장기적인 관점에서 정부의 원전축소의 방침은 그대로 유지하기로 결정하였다.

신고리 5 · 6호기 공론화위원회 (2017)

제3절 참여자들 간의 관계(1) - 권력모형

1 비합리적 정책결정모형으로서 권력모형

정책결정을 보는 관점은 크게 두 가지로 구분할 수 있다. 하나는 정책목표를 달성할 수 있는 여러 정책수단 중에서 가장 최선의 것을 선택하는 기술적 결정(technical decision)으로 보는 것이다. 다른 하나는 서로 대립하는 다양한 이해관계와 선호를 가진 사람들에 의하여 이루어지는 정치적 결정(political decision)으로 보는 것이다.

정책학의 목적은 바람직한 정책을 결정하고 집행하는데 필요한 지식을 제공하는 것으로 합리모형의 논리에 따라 정책결정을 설명하고 있다. 그러나 실제 정책과정의 양상은 합리모형에서 제시하는 논리와 일치하지 않는 부분이 많다. 두 가지 이유가 있는데, (1) 인간의 지적능력(인지능력)의 부족과 (2) 정책과 관련한 이해관계와 신념의 대립 때문이다. 전자에 대한 것은 합리적-분석적 결정의 한계와 실제의 의사결정이론(5장)에서 검토하고,여기서는 후자의 경우를 보기로 한다. 정책은 반드시 수혜자와 비용부담자가 있는데, 이들 간의 이해대립과 이를 조정하는 방향에 대한 신념(통치이념 등등)을 둘러싸고 갈등이 필연적이다. 이 갈등을 처리하면서 결정되는 과정은 합리성보다 참여자의 권력작용에 의하여 좌우되는 경향이 크다. 즉 강자 쪽이 권력으로 약자를 억누르거나,상호타협을 하여 결정하게 된다. 민주주의에서는 상호타협을 전제하지만, 현실에서는 반드시 그러한 것이 아니고 상황에 따라 그 양태가 다양하다.

여기에서는 정책결정이 정책과정에 참여하는 참여자들 간 상호권력작용에 의해 이루어지는 몇 가지 정책결정모형을 '권력모형'이라고 통칭하여 소개하고자 한다. 합리적-분석적 모형이 지적능력의 부족을 보완하여 기술적 결정을 합리적으로 만드는 것이라면, 권력모형은 정치권력이나 정치적 자원을 중심으로 이루어지는 정책결정모형이다.

권력모형에 해당하는 기존의 정책결정모형들을 살펴보면 엘리트론, 이익집단론 및 다원주의론, 신다원주의론, 하위정부론, 정책네트워크(또는 이슈네트워크), 조합주의론, 국가론, 신마르크스(neo-Marxism) 이론 등을 들 수 있다. 이들 기존의 모형들은 다음과 같은 두 가지 특성에 따라 분류해 볼 수 있다.

첫째는 정책과정에 참여하여 주도적인 정책결정권을 행사하는 세력이 공식적인 권한을 가진 정부에 있는가, 아니면 민간부문에 있는가에 따라서 분류가 가능하다. 정책결정의 주도권이 공식적인 권한을 가진 정부에 있다고 보는 대표적인 정책결정모형은 조합주의론 가운데 국가조합주의 모형과 신중상주의이론이 그에 해당한다. 정책결정의 주도권이 민간부문에 있다고 보는 모형으로는 정부 내지 국가의 소극적인 역할을 상정하고 있는 신마르크스 이론, 그리고 이익집단론 내지는 다원주의론을 들 수 있다. 한편 신다원주의론, 하위정부론, 정책네트워크(또한 이슈네트워크)모형은 공식적인 권한을 가진 정부부문과 민간부문이 비교적 동등하게 정책결정권한을 공유하는 모형으로 볼 수 있다.

두 번째 분류방식은 정책과정의 참여범위가 소수에 의해 이루어지는 소수지배인가에 따른 것이다. 소수지배를 상정하는 전형적인 모형은 엘리트론이다. 그리고 조합주의론 가운데 국가조합주의모형도 비교적 소수의 참여자를 상정하고 있으며, 사회조합주의 모형, 하위정부모형들은 정책과정에 참여하는 세력이 매우 다양하고 광범위한 것으로 보고 있는 모형으로 볼 수 있다.

2 엘리트론과 다원주의

엘리트론은 정책과정에 참여하는 세력들이 특정 소수에 국한되고, 이들에 의해 국가의 정책이 좌우되는 것으로 본다. 엘리트론은 다원주의 등 다른 이론적인 시각들로부터 비판을 받았다. 또한 그에 대한 대응을 거치면서 각기 논점을 약간 달리하는 이론으로 발전되어 왔다.

1) 고전적 엘리트론

18세기 이래 고전적 자유민주주의 정치철학이 널리 확산되고 이에 따른 정치제도의 확립, 즉 삼권분립의 확립이 이루어졌다. 그러나 19세기 말부터는 소위 엘리트 이론가들에 의해 이러한 고전적 자유민주주의론에 대한 회의가 제기되었다. 고전적 엘리트론은 어느 조직체나 어떠한 사회에서도 집단이 구성되면 거기에는 소수의 엘리트에 의한 지배체제, 즉 과두지배체제가 필연적으로 대두될 수밖에 없다는 소위 '과두지배의 철칙론'으로 특징 지워진다. 고전적 엘리트론자들의 주장을 보다 자세히 간추려 보면 다음과 같은 세 가지로 정리될 수 있다(Putnam, 1976).

첫째, 한 사회는 사회를 지배하는 지배계급, 즉 엘리트 계급과 피지배계급, 다시 말하면 대중으로 구분된다. 즉, 고전적 엘리트론자들은 소수의 엘리트가 한 사회를 지배하고 다수 대중들은 이들 엘리트의 의사에 따르게 된다고 주장한다.

둘째, 엘리트들은 동질적이고 폐쇄적이다. 엘리트들은 비슷한 사회적 배경, 가치관, 이해관계를 가지고 있으며 서로를 잘 알고 있어서 엘리트로서의 집단의식과 응집성이 강하고 단결되어 있다는 것이다.

셋째, 엘리트들은 자율적이며 다른 계층에 대해 책임을 지지 않는다. 중요한 정치적 문제는 대중들의 이익이나 사회전체의 이익과는 상관없이 자신들의 이해관계를 고려하여 해결하게 된다.

2) 1950년대 미국의 엘리트론

19세기말 유럽의 학자를 중심으로 전개된 지배엘리트에 의한 사회의 지배권 장악에 대한 논의는 1950년대의 미국사회를 실증적으로 입증하려는 일단의 미국학자들에 의해 계승되었다.

C. Mills(밀스)는 미국사회 전체를 지배하는 권력엘리트는 정치적으로 중요한 기관이나 조직(즉 정부, 군, 기업체)의 지도자들이라고 주장하고 있다(Mills, 1956). 특히 최고정책결정 수준에서는 이들 권력엘리트들이 모든 것을 결정한다. Mills에 따르면, 미국사회의 권력엘리트는 거대기업체의 간부, 군의 장성, 정치집단의 정치가 등 세 영역에서 최고정상에 있는 인사들로 구성되어 있다는 것이다. Mills는 특히 군-산(기업) 복합체(military-industry complex)가 중요한

역할을 담당하고 있음을 강조하고 있다. 자본가가 국가를 지배한다는 마르크스(Marx)이론을 현대적으로 수정한 신 마르크스 이론의 일종으로 자본가만이 지배집단은 아니지만, 자본가가 가장 큰 영향을 미친다는 주장이다. 미국사회에서는 핵심적이고 역사적으로 중요한 결정을 내릴 수 있는 고위직이 거의 대부분 권력엘리트에 의하여 독점되어 극히 사소한 국내외의 문제만이 의회나 주의회 의원들에 의하여 국민의 관심을 받으면서 논의될 뿐이라고 주장한다.

Behind Story 3-5 **Mills의 군-산 복합체**

Mills는 불경기가 심해지면 자본가들이 군대지도자들과 연합하여 정부지도자를 설득하여 전쟁을 일으킨다고 주장하였다. 전쟁에 필요한 군수품을 대대적으로 생산하면 군수산업분야의 고용이 확대되고 파급효과를 일으켜서 불경기가 극복된다는 주장이었다.

그러나 1차 대전이나 2차 대전에서 미국이 개입한 과정이 자세히 밝혀지면서, 미국정부의 전쟁개입은 어쩔수 없는 상황에 밀려서 이루어진 불가피한 결정임이 알려지고, 이 주장은 설득력을 잃게 되었다. 전쟁의 개입결과는 불경기 극복에 도움이 된 것이 틀림없지만, 불경기 극복을 위해서 전쟁 개입을 결정한 것은 아니라는 이야기이다.

F. Hunter(헌터)는 Mills가 주장한 미국 전국 차원의 엘리트론이 아니라 지역사회의 엘리트 지배구조를 분석하였다(Hunter, 1963). Hunter는 인구 약 50만인 조지아주의 애틀란타 시를 대상으로 애틀란타에서 가장 영향력 있는 것으로 명성이 나있는 40명을 뽑아내어 이들의 성분을 조사하였다.[20] 애틀란타 지역사회를 지배하고 있는 40명의 엘리트들은 자신들의 지위를 명백히 의식하고 있으며, 여러 선전매체를 통하여 자신들이 결정한 정책을 유지하려고 노력한다. 일반대중들은 이들이 결정한 정책을 그대로 받아들인다. 즉, 지역사회의 엘리트들이 강한 응집성을 가지고 '담배연기 자욱한 방'(smoke-filled rooms)에서 정책을 결정하고, 정치에 무관심한 일반대중들은 비판 없이 이를 수용한다는 것

20) 이들을 직업별로 보면 상업, 금융계, 제조업분야의 기업가 및 최고경영자가 23명으로 가장 많고 노동지도자 2명, 변호사 5명 그리고 시정부의 고위공직자가 4명으로 밝혀졌다. 이들 중 18명이 아버지로부터의 유산이나 지위를 상속받았으며 순수하게 자수성가한 사람은 15명으로 조사되었다.

이다.

그러나 이들의 접근방법도 뒤에서 자세히 살펴볼 다원론자들에 의해 비판을 받게 된다. 첫째, 과연 한 사회에 안정적인 권력구조(지배계급과 피지배계급)가 존재하는지의 여부는 실증적 연구의 대상이지 가정의 대상은 아니라는 주장이다. 둘째, 지위나 명성은 중요한 권력의 기반(base, source)이기는 하나, 권력 그 자체는 아니라는 입장이다.

3) 다원론자의 주장 - Dahl의 다수지배론(Polyarchy)

다원주의론은 소수의 지배집단인 엘리트가 정부의 모든 정책영역에서 지배적인 영향력을 행사한다고 주장하는 엘리트론을 반대한다. 다원주의론은 정책결정에 대한 경험적인 연구를 강조한 Dahl(다-알)에 의하여 체계적인 종합이 이루어졌다. Dahl은 미국이 다원론적 사회라는 것을 밝히는 두 가지 중요한 책을 발표하였는데, 하나는 지역사회를 연구하여 Hunter의 연구가 피상적인 현상만을 보고 주장한 잘 못된 것이라는 것이고, 다른 하나는 1950년대 말까지의 연구들을 집대성하여 미국은 다원론적 사회라는 것을 체계적인 틀로 종합한 것이다.

Hunter가 아틀란타 시의 지배엘리트를 연구한 데 대하여, Dahl(1961)은 New Haeven(뉴 헤이븐)시의 1950년대까지 170년간 역사를 조사하여 이 도시가 다원론적으로 운영되고 있다는 주장을 하였다. 이 도시는 Yale(예일)대학교가 위치한 작은 대학도시인데, 초기에는 소수의 대지주 가문들이 모든 분야를 지배한 것이 틀림없지만, 1950년대 현재로 보면 정치와 시정부의 인사는 폴란드 이태리 계통의 이민자들이 지배하는 등 지주가문의 후손들이 강력한 힘을 미친 경우는 도시계획수립 때 밖에 없었다는 결론이었다. 치밀하게 조사를 진행하여 실증적인 자료로서 결론을 내렸기 때문에 압도적인 설득력이 있었다. 그러나 얼마 지나지 않아 이 결론이 치명적인 잘못이었다는 것이 밝혀지면서 의제설정론이 정책학에서 등장하게 되는데 이는 다음 장에서 자세히 검토할 것이다.

Dahl의 위의 연구가 치명적인 결함이 있음이 밝혀졌음에도 불구하고 그가 종합정리한 다원론은 큰 잘못이 없다는 평을 받아 지금도 미국 다원론의 이론적 기초가 되어있다. 다음에서는 다원론의 주장을 Dahl의 논리를 중심으로 검토한다.

먼저, 엘리트집단이 응집성을 지니고 피지배계층을 배제하면서 자신들의 이익을 위하여 움직인다는 전통적인 엘리트주의자들의 주장에 대하여 반대한다. 즉 엘리트 집단은 응집성이 강한 하나의 집단이 아니라 서로 다른 견해를 지니고 소집단으로 분리되어 주도권을 장악하기 위하여 경쟁한다고 주장한다. 이들은 대중의 이익에 반하여 행동하지 못하는데 이것은 조용하게 있는 대중들도 자신들의 이익이 침해된다고 느끼면 현재 이용되고 있지 않은 정치적 자원을 활용하여 지도자들에게 저항할 수 있기 때문이다(Dahl, 1961). 바로 이익집단론에 말하는 잠재집단의 논리이다. 더 중요한 것은 엘리트들 간에 정치적 경쟁(선거와 정당간 경쟁 등)으로 엘리트의 이익이 아니라 대중의 선호가 최대한 정책에 반영된다. 즉, 선거에서 당선되기 위하여 대중들의 지지를 받을 수 있는 공약을 경쟁적으로 제시하여 많은 정책을 결정하고 있음을 강조한다. 대중민주주의가 현실화되고 있다고 보는 것이다. 그리하여 엘리트 집단전체가 대중의 요구에 민감하게 움직인다는 것이다(Crenson, 1971).

둘째, 더 중요한 것은, 엘리트가 존재하긴 하지만 동일한 엘리트가 모든 정책영역에서 지배적인 영향력을 행사하는 것은 아니다. 다시 말하면 각 정책 영역별로 영향력을 행사하는 엘리트들이 각기 다르다는 것이다.[21] 무역정책결정분야, 주택정책결정분야, 의료정책결정분야 등등 분야별로 영향력을 행사하는 엘리트들이 존재하기 때문에 정치적 영향력과 이를 위한 정치권력이 여러분야, 여러 계층에 다원적으로 분산되어 잇다는 주장이다. 이 주장이 다원론의 핵심이다. 그리고 그 후의 경험적 연구(Jordan, 1990)에서 서구의 민주주주의 국가들에서도 권력이 다양한 세력에 분산되어 있음이 밝혀졌다.

이 주장은 이익집단론의 논리들을 정리한 것인데, 분야별 엘리트들은 결국 분야별 조직화된 이익집단의 간부들과 국회의원, 정부관료 등이 중심이 된다. 이 중에서도 다원론에서는 이익집단을 가장 중요하게 생각한다. 즉 개개인으로서는 힘이 없는 국민들이 이해관계가 같은 사람끼리 조직을 만들어 공동의 힘으로 정부에 영향을 미치는 것이 현실적으로 가능한 민주정부의 실현방법이라

21) Dahl의 조사에서는 50명 Leader 중에서 2개 이상 분야에서 대안을 제시하거나 다른 사람이 제안한 대안을 거부했던 지도자는 3명뿐인데 이들은 모두 공직자들이었다. 17명이 단 한 개 분야에서 2~3개의 안건에 영향력을 행사했고, 27명은 단 한 개 분야에서 단 1개의 안건에만 영향력을 행사한 것으로 보고되어 있다(Dahl, 1961).

고 보는 것이다.

물론 이익집단들의 영향력은 차이가 있다. 그럼에도 불구하고 모든 중요한 이익집단은 정부기구나 정책과정에 의사전달을 하거나 참여할 수 있는 채널은 최소한으로 보유하고 있다. 더욱이 강한 이익집단이 횡포를 부릴 수 없도록 하는 두 가지 메카니즘에 의해 소수의 이익, 즉 특수이익에 좌우되지 않고 다양한 이익집단의 주장과 요구에 부응할 수 있다고 한다. 첫째는 잠재이익집단론이다. 정책결정자들은 잠재집단(potential group)을 염두에 두기 때문에 소수의 특수이익이 정책을 지나치게 좌우하지는 못한다는 것이다. 둘째는 중복회원(multiple membership)에 의한 것이다. 즉, 이익집단의 구성원은 하나의 집단에만 소속되는 것이 아니라 여러 집단에 소속되므로(즉, 중복성원) 일정 집단의 특수이익을 극대화하기 위하여 다른 집단의 이익을 크게 손상시키지는 못한다는 것이다. 이 두 가지는 앞의 이익집단에서 자세히 검토한 바와 같이 타당성이 조금 약하기는(특히 중복회원의 경우) 하지만, 어쨌든 현실적으로 보면 이익집단들 간에 전체적인 균형이 어느 정도 지켜지고 있다는 후속 연구가 있다(Jordan 1990).

한편, 정책과정의 주도자는 경쟁하는 이익집단들이며 정부는 대립되는 이익들을 조정하는 중개인, 혹은 게임규칙의 준수를 독려하는 심판자의 역할을 수행한다. 즉 정부는 소극적으로 대립되는 세력의 중재자 역할만 한다는 주장이다. 이 주장이 미국적 다원론의 가장 큰 특색인데, 신다원주의에서는 수정된다.

4) 신엘리트론: 무의사결정론(Non-decision Making)

New Heaven이 다원론적으로 운영되고 있다는 Dahl의 1961년도 책은 출판당시 광범위한 관심과 지지를 받았는데, 출판 직후에 이 도시에서 흑인 폭동이 발발하여 많은 사람들을 당혹스럽게 만들었다. 미국시민은 누구나 자신의 문제를정부에 호소할 수 있는 채널을 지니고 있다는 주장을 정면으로 부정하는 사태가 벌어진 것이다. 자신의 문제를 정부에서 해결해달라는 요구를 표시하는 마지막 수단인 폭동을 흑인들이 채택한 것이다. Dahl과 같은 대학자가 중요한 논쟁이 있었던 문제들에 대해서 치밀하기 짝이 없는 분석을 하였는데, 불과 2-3년 후에 벌이질 흑인폭동사태를 왜 미리 알지 못했을까? 많은 이유들이 제기되었는데 무의사결정론이 가장 설득력 있는 대답이었다. 이것은 정책의제설정(4장)에서 자세히 검토하는데, 여기서는 간단하게 보기로 한다.

Bachrach(바흐라흐)와 Baratz(바라츠)의 공동연구에 의하면(1970년), 정책결정에 영향을 미치는 정치권력은 두 가지 얼굴(two faces of power)이 있는데, 다원론자는 이 가운데 밝은 얼굴만 고려하고 있다는 것이다. 권력의 밝은 측면은 정책문제를 해결하기 위한 정책결정과정에서 공개적으로 영향력을 행사한다. 밝은 곳에서 공개적으로 논쟁을 벌이기 때문에 정당한 명분이 있어야 하고, 지나치게 반대편을 억누르면 여론의 비난을 받으므로 비민주적인 영향력 행사는 최소한으로 억제된다. 그런데 어두운 얼굴의 권력은 전혀 다르다. 남이 알지 못하게 은밀하게 행사되면서 반대편을 억압하고 폭력을 행사하기도 한다. 얼굴을 가리고 밤에 흑인들에게 폭력을 가하던 kkk단과 같은 집단의 권력행사이다. 어두운 얼굴의 권력은 공개적으로 논쟁을 벌이면 자신들에게 불리할 이슈는 처음부터 거론이 되지 못하게 작동하기도 한다. 즉 엘리트들에게 안전한 이슈만을 논의하고 불리한 문제는 거론조차 못하게 봉쇄하기도 하는데, 이것을 무의사결정(Non-decision Making)이라고 부른다. 정책문제의 채택과정에서 엘리트가 권력을 비밀리에 행사하는 것을 의미하기 때문에 이를 '신엘리트론'이라고 부를 수도 있다.

Bachrach와 Baratz에 따르면, 무의사결정을 "의사결정자의 가치나 이익에 대한 잠재적이거나 현재적인 도전을 억압하거나 방해하는 결과를 초래하는 결정"이라고 정의한다(Bachrach and Baratz, 1970). 무의사결정은 엘리트 집단에 유리한 이슈만을 논의하도록 의제설정을 주도하고 자신들에게 불리한 문제는 거론조차 못하게 봉쇄함으로써 기존 엘리트세력의 이익을 옹호하거나 보호하는데 목적이 있다.

이러한 무의사결정은 정책과정의 곳곳에서 일어난다. 첫째, 정책문제 채택과정에서 기존세력에 도전하는 요구는 정책문제화하지 않고 억압을 당한다. 둘째, 정책결정과 집행과정에서도 무의사결정이 일어난다. 정책결정과정에서 고려되는 정책대안의 범위나 내용을 한정 · 수정시키려고 노력하며, 만약 여기에서도 실패할 경우에는 집행과정에서 집행을 저지하기 위해 배정되는 예산이나 인력을 최소화하려고 노력한다.

5) 신다원주의론(Neopluralism)

어두운 얼굴의 권력이 작동하는 현상이 논의되면서 밝은 측면만을 강조한

다원주의의 문제점들이 부각되었다. 첫째, 다원주의는 무의사결정과 같은 어두운 얼굴의 권력작용을 무시했기 때문에 모든 시민은 정부에 호소할 채널을 지니고 있다는 주장을 하였다. 이런 착각을 하게 된 데에는 연구방법상의 문제가 가장 큰 원인이 되었다. 다원론은 행태주의가 한참 유행하던 1950년대에 Dahl이 주도하여 종합적 틀을 갖추게 되었는데, 행태주의는 과학적 방법을 채택해야 현실을 정확하게 파악하는 타당한 연구가 된다고 믿었다. 과학적 방법은 감각기관으로 관찰이 가능한 것만이 실제로 존재하는 것이므로 관찰이 불가능한 것은 연구대상에서 제외하였음을 1장에서 보았다. 흑인들이 비인간적인 대우에 대하여 평소에 아무런 불평도 않고(불평하면 kkk단에 폭행을 당하므로) 있었기 때문에 관찰이 불가능하여 Dahl의 연구에서 빠져버린 것이다.

둘째, 마찬가지의 이유로 다원주의자들은 정책과정에서 이데올로기의 영향력을 무시한다. 통치이념은 감각기관으로 관찰이 불가능하기 때문이다. 미국에서는 정당간에 통치이념의 차이가 거의 없기 때문이기도 하다. 비슷한 이유로 다원주의자들은 정부에 가해지는 외적인 환경이나 구조적인 제약이 정책에 영향을 미치는 요인을 고려하지 못한다.

셋째, 다원주의는 집단의 중요성을 지나치게 강조하고 있다. 이익집단의 행태에 대한 연구에 초점을 맞추고 있기 때문에 관료와 정부의 이해관계와 영향력을 무시하고 있다(Nordlinger, 1981; Skocpol, 1985). 그리고 잠재적 집단이나 정부 내 부처 간의 견제와 균형으로 특수이익이 지배하지 못할 것으로 보는 다원주의의 견해도 의문의 여지가 있다.

다원주의가 가진 문제점 때문에 신다원주의(Neopluralism)가 등장한다. 신다원주의는 자본주의 국가에서는 기업집단에 특권을 부여할 수밖에 없는 특성이 있음을 인정한다(Dunleavy and O'Leary, 1987). 1960년대를 기점으로 서구자본주의 국가들이 경제침체와 실업에 허덕이고 1970년대부터 시작하여 1980년대에 일본 한국을 비롯한 새로운 경제세력이 세계시장에 크게 진출하여 미국의 기업 등이 어려움을 겪게 되자 정부의 대책을 요구하면서 시작된 경향이다. 신다원주의는 고전적 다원주의가 기업가의 특권적 지위를 제대로 고려하지 못했음을 비판하고 여러 이익집단 중 기업가 집단이 가진 특권적 지위가 현실의 정책과정에서 나타나고 있음을 인정하는 것이다(Lindblom, 1977). 또한 신다원주의는 정부가 중립적 조정자가 아닐 수 있음을 인정한다. 고전적 다원주의론과는 달리 전문화된 체제를 갖추고 능동적으로 기능하는 정부관을 보인다.

6) 하위정부모형(Sub-government Model)

미국적 다원주의에서는 정책분야별로 실질적 정책결정권을 공유하는 네트워크(network)가 있다. 하위정부모형은 비공식 참여자로 분류되는 이익집단과 공식적인 참여자인 관료조직 그리고 의회의 위원회간의 연계적인 활동을 통한 정책의 결정과 집행에 주목하고 있다(Pross, 1986). 이익집단, 의회의 상임위원회, 해당 관료조직의 3자 연합이 각 정책영역별로 정책의 내용 결정과 집행에 절대적인 영향을 미친다고 본다. 그리고 이들 3자 간의 연계는 외부(대통령이나 장관 등)로부터의 개입을 배제하고 상당히 독립적인 역할을 수행하고 있다는 것이다.

하위정부모형은 철의 삼각(iron-triangles) 또는 하위체계(sub-system)라고 불리기도 한다. 다만 '철의 삼각'이라는 개념이 부정적인 의미를 담고 있는 것에 반해, 하위정부는 보다 중립적인 의미를 가지고 있다. 하위정부는 동일한 정책으로부터 영향을 크게 받는 참여자들이 상호간의 이해관계를 보호하기 위하여 각 정책영역별로 상당히 독립적인 정치체제를 형성하고 있는 것을 지칭한다. 다양한 정책분야별로 결정권을 장악한 자들이 다르기 때문에 정책결정권이 다양한 집단에 분산되어 있다.

가장 중요한 역할을 하는 이익집단은 정책으로부터 영향을 받는 정책대상집단으로서 당연히 자신들에게 도움이 되게끔 정책의 내용을 결정하려고 한다. 그러기 위해서 결정권을 장악하고 있는 국회 상임위원회의 해당분과 의원들을 설득해야 한다. 미국은 한 의원이 특정분과에 평생 소속되는 것이 일반적이다. 뿐만 아니라 정책의 내용을 준비하거나 집행을 담당할 해당부서의 관료들도 평생 같은 부서에서 근무하는 것이 일반적이다. 우리와 달리 인사 원칙으로 직위분류제를 채택하고 있기 때문이다. 그러므로 이익집단은 담당 행정부서의 관료들과 상임위원회 분과의원들을 우호세력으로 확보하는 것이 무엇보다 중요하다. 당연히 모든 방법을 다 동원하여 이들과 친밀한 관계를 유지하려고 노력한다. 한편 의원들은 선거에서 이익집단의 도움이 필요하고, 또 관료들의 협조도 필요하다. 관료들은 승진이나 집행과정에서 의원들이나 이익집단의 협조가 필요하다. 그러면서도 의원들과 관료들은 특정 이익집단만을 고려하지 않게끔 신경을 쓴다. 지나치게 특정 이익집단에 포획되는 것으로 풍문이 돌면 경력에 치명적인 손상을 입기 때문에, 특정 이익집단의 일방적인 로비에 휘둘리지 않아야 한다. 자신들을 도와주는 이익집단에게 도움을 주면서도 공익을 훼손하지 않는 어려운 판단을 해야 한다. 그러기 위해서는 정책문제의 내용, 정책대안의 성격, 정책결과의 영향(특히 다른 집단이나 공익에 대한) 등에 대해서 상세하면서도 중립적인 지식을 지니고 있어야 한다. 자연히 관료들은 열심히 전문적 지식과 정보를 축적하고, 의원들도 여러 가지 방법으로 전문성을 축적한다. 한마디로 결정권을 공유하고 있는 관료들과 의원들은 철의 삼각 속에서 횡포를 부리는(과거에는 그런 경우가 많았다) 것이 아니라, 특정 이익집단의 특수이익을 도와주되 공익의 범위를 벗어나지 않도록 노력하는 것이다. 그래서 〈철의 삼각〉이라는 과거의 부정적 이름을 버리고, 최근에는 〈하위정부〉라는 중립적인 이름으로 부르는 것이다.

미국의 경우 하위정부 모형을 적용하여 연구한 대표적인 사례는 항공교통 정책결정의 사례이다(Redford, 1969). 항공교통 정책결정에서 항공사, 항공기 제조회사, 조종사협회 등의 이익집단들이 상원의 항공소위원회, 하원의 교통·통신소위원회 소속의 핵심적인 의원, 그리고 연방정부의 해당 관료조직인 연방항공국과 밀접한 연계를 유지하면서 항공교통 정책결정에 관여하고 있다는 것이다. 즉, 이들 3자간의 관계가 항공교통정책에 하위정부를 형성하고 있는 것이다.

하위정부모형은 정책과정 참여자들 간의 상호작용과 영향력이 실제로 어떻게 행사되는지를 생생하게 묘사하여 정책결정의 실제를 잘 밝히고 있다. 그러나 이 모형은 정책과정에 있어서 이익집단의 역할이나 활동을 지나치게 강조하고 있다. 따라서 분야별 이익집단이 활성화되어 있지 못한 정치체제 하에서의 정책과정을 설명하기에는 한계가 있는 것이다. 또한 분야별 이익집단이 활성화되어 있는 정치체제의 경우에도 정책문제가 많은 사람들의 관심을 끌고 있고 논쟁적인 성격을 지닐 때 이익집단이 자기들의 이익을 관철하기 위하여 주도적인 역할을 수행하는 것이 여의치 않을 것이라는 점을 간과하고 있다. 정책의 내용을 둘러싸고 논쟁이 심한 규제정책이나 재분배 정책은 전혀 다르게 결정될 수 있다. 이를 다음에서 보기로 한다.

3 다원주의와 엘리트이론의 상황론적 통합: Lowi의 정책분류

엘리트론과 다원론의 논쟁을 상황론적 입장에서 통합하려는 시도가 이루어졌는데, 바로 제1장 제4절에서 살펴본 Lowi의 정책유형 분류이다. Bauer 등의 저서에 따르면 미국의 통상정책결정이 엘리트이론이나 다원주의이론으로 설명될 수 없다. 이들은 이론적으로 엘리트이론과 다원주의이론의 이분법으로 유지되었던 기존 권력이론에 중대한 흠결을 지적하고 있다.

이러한 연구결과를 토대로 Lowi는 제3의 새로운 권력모형(power theory)을 제시하였으며, 기존의 엘리트이론과 다원주의이론을 포함한 세 가지의 정책유형을 고안하게 된 것이다. 엘리트주의나 다원주의는 비록 구체적인 양태는 각기 다르나, 정책결정이 특정 집단(엘리트주의의 경우) 또는 사회 대다수 이익집단(다원주의의 경우)의 참여에 의해 이루어진다고 주장한다. 그러나 정책유형에 따라서는 이러한 '참여와 관심'보다는 '무관심'이 더 중요한 특징이 되며, 특히 이해관계가 서로 상충되지 않는 영역에 대해서는 서로 상관하지 않는 정책유형이 다수 존재한다는 것이다. 바로 통상정책과 같이 보호, 후원, 장려의 성격이 강한 정책이 그러하다.

즉 정책의 내용이 수혜자에게 연구자금, 수출보조금, 농업보조금 등을 나누어 주는 경우거나, 특정 지역에 다리, 도로 건설 등을 하는 경우는 Lowi가 배분정책이라고 명명한 것인데, 이런 정책의 결정에서는 비용부담자가 일반 국민이므로 거의 반대가 없다. 물론 재정총액과 과다한 세금에 대해서는 반대가 있어도, 특정 분야에 수출보조금, 연구비를 지원하거나 낙도에 다리를 건설하는 등에 반대하지는 않는다. 그래서 수혜자들은 좀 더 많은 지원을 원하고 예산당국에서는 이를 삭감하려는 식의 대립은 있으나, 적당한 수준에서 조용하게 결정이 이루어진다. 전체적인 예산을 놓고 이를 배분하는 과정은 흔히 돼지밥통(pork-barrel)식 결정이라고 부른다. 여러 마리의 돼지들이 하나의 구유에서 서로 많이 먹으려고 머리를 박고 경쟁하지만, 별다른 싸움없이 나누어 먹는 식이라는 비유이다. Lowi는 통상정책과 같이 보호, 후원, 장려의 성격이 강한 정책은 위에서와 같이 엘리트주의나 다원주의가 상정하는 정책결정행태와 상이한 유형이 발생한다고 주장하였다. Lowi는 이러한 정책결정 행태가 나타나는 정책유형을 '배분정책'이라고 명명하였다.

한편, 다원주의적인 정책결정 행태가 나타나는 정책유형을 '규제정책'이라고 불렀는데, 이 경우에는 대립되는 주장 간에 상당한 논쟁을 공개적으로 벌이면서 타협에 의하여 결정되는 경우가 대부분이다. 예를 들면, 환경보호주의자들은 수혜자인 일반 대중을 위하여 보다 엄격한 환경오염규제를 주장하고, 정화시설을 갖추는 비용을 부담해야 하는 규제대상자인 기업은 지나치게 엄격한 규제는 많은 기업을 도산시킬 것이라고 주장하여 논란을 벌이다가 적절한 수준으로 결정하게 된다.

또한 엘리트주의적인 정책결정 행태가 나타나는 정책유형을 '재분배정책'이라고 불렀다. 대표적인 경우가 근로조건에 대한 정책결정이다. 최저임금, 근로시간 등에 대하여는 노동조합의 대표들과 기업연합회의 대표들이 모이고 정부책임자가 참여하여 결정하는 것이 일반적이다. 흔히 말하는 정상연합에서 결정하는 전형적인 엘리트이론식 결정이다.

이런 식으로 Lowi는 엘리트이론과 다원주의의 상황론적 통합을 이루고자 하였다. 즉, 규제정책에서는 규제로 인하여 이익을 받는 집단과 손해를 받는 집단 간의 갈등과 타협의 결과로서 정책이 결정되고, 분야별로 다양한 참여자들이 결정하므로 다원주의적 결정이라고 본다. 재분배정책의 경우에는 가진 자와 못가진 자, 그리고 유산계급과 노동자계층(bourgeoisie vs. proletariat) 사이의 정책갈등과 조정이 동일집단의 엘리트들에 의해 집권적으로 이루어지므로 엘리트이론이 타당하다. 한편, 배분정책의 경우에는 수혜자와 비용부담자의 대립이 없이 비교적 조용하게 결정이 되므로 두 이론의 어느 것에도 해당되지 않는다.

제4절 참여자들 간의 관계(2) – 연계모형

1 정책네트워크(Policy Network)모형

1) 정책네트워크 논의의 등장배경

현실의 정책과정은 행정부, 의회 등 공식적인 참여자들만이 아니라 다양한 비공식집단들도 영향을 미치고 있다. 특히 1980년대 들어 조직화된 이익집단뿐만 아니라 다양한 비정부조직(NGO)들이 정책과정에 참여함에 따라 이들을 포괄하는 정책과정의 동태성을 설명하기 위한 새로운 모형이 필요하였다. 이러한 다양한 참여자들간의 상호작용을 중시하는 모형으로 등장한 것이 정책네트워크모형(policy network model)이다. 정책네트워크는 정책과정에 참여하는 공식, 비공식 참여자들이 상호작용하는 연계망이다. 비록 정책주도자들이 있지만, 정책결정과 집행은 거미줄 같이 얽힌 연계망 속의 참여자들이 상호작용하여 이루어지게 된다.

정책네트워크모형은 대체로 다원주의 및 엘리트주의에 대한 대안으로 인식되고 있는데 기본적으로는 행위자들 간의 관계를 중시한다.[22] 엘리트이론이나 다원론은 거시적으로 사회를 지배하는 자들에 대한 논란인데, 구체적인 정책의 결정이나 집행에서 실제로 작동하는 사람들은 이익집단이나 이해관련자, 국회의원이나 보좌관들, 담당부서 행정관료들, 그리고 분야의 전문가들이 상호작용하면서 영향력을 미친다. 이때 이들의 상호작용 관계를 자세히 검토하면 누가 더 욱 큰 영향력을 행사하는지 등을 잘 알 수 있다. 물론 비합리적인 부분이 있으면 개선을 위해서 논의를 할 수도 있다. 이때 이들의 정책을 둘러싼 상호작용 관계가 정책네트워크(policy network)이다. 사회학이나 문화인류학에서의 네트워크 분석은 사회적 행위자들간의 관계를 관계의 밀도(density)와 중심성(centrality) 등의 개념을 통해 분석한다. 정책네트워크의 세부 유형으로는 하위정부모형, 이슈네트워크, 정책공동체 등이 있다.

하위정부모형은 각 정책영역별로 하위체계를 형성하면서 정책과정에 참여하는 행위자들간의 상호작용 유형으로 정의하는데, 이는 폐쇄적이고 안정적인 네트워크이다. 반면 1970년대 후반 Heclo(헤클로)는 하위정부모형을 비판적으로 검토하면서 주창한 이슈네트워크모형은 정책이슈를 중심으로 유동적이며 개방적인 참여자들간의 상호작용 현상으로 묘사한다.[23]

---

22) 네트워크를 통한 분석은 사회학이나 문화인류학 분야의 연구에서 널리 활용되고 있을 뿐만 아니라 복잡한 자연현상의 신비성을 해부하는 분석도구로서도 널리 활용되고 있다. 미생물학이나 분자생물학 등에서는 생명체의 현상을 세포들간의 신호 및 정보네트워크로 묘사하고 이들 세포들간의 신호전달체계 등을 규명하는 것이 최근의 주요 연구경향이다.

23) Heclo는 보다 참여적인 정치형태로의 변화, 이익집단의 폭발현상, 의회의 파편화 현상이 나타남으로써 안정적인 하위체계가 깨지고 있다고 주장하면서 정책이슈에 따라 유동적이고 개방

한편, 1990년대 Rhodes(로즈)를 중심으로 한 영국의 학자들은 정책네트워크를 정책공동체와 이슈네트워크로 유형화하였다.24) 정책공동체는 공통의 이해관계를 지닌 폐쇄적인 것으로 의회 상임위원회, 행정부 소관부서, 이익집단으로 구성되는 하위정부 모형이 이에 해당한다. 이런 식의 정책공동체는 앞에서 본대로 좁은 의미의 정책공동체를 의미한다. 이에 비해 이슈네트워크는 동일한 정책문제에 대하여 관심이 있는, 심지어는 이해관계가 정반대인 사람들이 참여하는 개방적인 연결망이다. 그래서 좁은 의미의 정책공동체나 이슈네트워크는 정반대의 두가지를 극단적으로 유형화한 것인데, 현실에서는 양자의 성격이 혼합된 형태가 많다. 학회나 공론장에서 정치이념이 좌우로 다른 전문가들이 모여 토론하고, 평소에도 서로 연락하면서 의견을 교환하면서 정책에 영향을 미치는 경우 등이다. 그리고 이 혼합된 형태가 넓은 의미(처음 논의할 때의 것)의 정책공동체이다.

2) 정책네트워크모형의 주요 구성요소

(1) 정책행위자

정책행위자는 정책결정 및 집행 등 정책과정에 참여하여 정책산출과 결과에 영향을 미치는 개인 또는 사회집단을 말한다. 이러한 정책행위자를 개인으로 볼 것인지 집단 내지 조직으로 볼 것인지는 학자에 따라 견해가 다르다. 일반적으로는 양자를 모두 포함하여 논의한다.

정책네트워크모형의 행위자 수 및 주도적 행위자는 정책네트워크의 하위유형에 따라 특성이 다르다. 정책공동체는 행위자의 범위가 정부부처, 의회의 상임위원회, 그리고 특정 이익집단과 전문가집단으로 한정된다(Smith, 1993). 이들 정책공동체 내에서 행위자로 인정되기 정책에 대한 기본적인 이해를 공유해야 하고 서로 주고 받을 수 있는 자원을 지니고 있어야 한다. 이익집단이 국회의원의 선거를 지원하고 관료의 승진을 도우는 것이나, 의원이나 관료는 반대로 이익집단의 이해관계를 정책에 반영시켜 주는 식이다. 한편 이슈네트워크의 경

적인 참여자들간의 상호작용관계를 설명하기 위한 대안적 모형으로 이슈네트워크모형을 제시하였다(Heclo, 1978).

24) Rhodes는 정책네트워크를 5가지로 유형화(정책공동체, 전문가네트워크, 정부간네트워크, 생산자네트워크, 이슈네트워크), Wilks과 Wright는 정책세계(Policy Universe), 정책공동체(Policy Community), 정책네트워크(Policy Network)로, Rhodes와 Marsh는 정책공동체와 이슈네트워크로 구분한다(Rhodes, 1997).

우는 다양한 행위자들이 정책과정에 참여하며 개방적이다. 따라서 이슈네트워크에 포함되는 행위자는 정책공동체와는 달리 매우 유동적이고 불안정하다. 상황에 따라 중요시되는 자원의 종류가 달라지며, 그에 따라 주도적 행위자도 변하는 것이다.

정책네트워크모형에서는 정책과정의 참여자로서 국가(정부)는 여러 행위자들 가운데 하나에 불과하며, 국가의 역할은 네트워크의 유형에 따라 상이하다. 하지만 정책네트워크모형은 국가가 다른 참여자에 비해 보다 중요한 행위자임을 인정하고 있다.

(2) 정책행위자간의 관계구조

행위자들간의 관계가 지속되고 반복되면 일련의 패턴화된 구조를 갖게 된다. 정책네트워크모형은 행위자들간의 관계가 형성되는 동기를 행위자들이 가지고 있는 자원들의 상호의존성에 기인하는 것으로 본다. 하위정부론에서 보았듯이, 국가기구의 공식적인 지위를 점하고 있는 사람들을 포함한 행위자들은 상호교환을 통하여 자기가 필요한 부분을 상대편으로부터 얻을 수 있기 때문에 연계망에 참여하는 것이다.

이슈네트워크의 경우는 폐쇄적이고 안정적인 관계를 형성하지 않지만, 하위정부에서와 같이 지속적으로 참여하고 다른 행위자들로부터 반응을 이끌어내려면 행위자들이 어떠한 형태든 다른 행위자들이 필요로 하는 자원을 보유하고 있어야 한다(Smith, 1993).

행위자들간 관계의 기본 성격을 보면, 정책공동체의 경우는 행위자들 간에 상호협력적인 관계를 가정하는데 비해, 이슈네트워크는 경쟁적 관계를 가정한다. 먼저 정책공동체의 경우 참여자들 간에 비교적 균등한 권력을 보유하고 관계의 속성도 포지티브 섬(positive sum) 게임적인 속성이 강하다. 반면에 이슈네트워크에서는 행위자들간에 권력배분의 편차가 심하며, 관계도 네거티브 섬(negative sum) 게임의 속성이 강하다.

정책네트워크 가운데 정책공동체는 주로 국가기구 중에서 정부부처와 의회 상임위원회, 이익집단 가운데 기업 관련 이익집단과 전문적인 이익집단을 중심으로 밀접한 관계망을 형성한다. 이들은 어느 정도 경계를 가지면서 상호의존하고 있는데, 이러한 상호의존은 앞에서 언급한 바와 같이 자원의 상호의존성에 기인하는 것이다. 이슈네트워크의 경우는 국가와 이익집단을 포함한 다양한 행위자들이 각기 개별적인 행위주체로서 자신의 이익을 극대화하기 위해 행동한다고 본다. 따라서 국가와 이익집단간에는 특별한 구조적 관계가 형성되지 않으며 다양한 행위관계의 하나에 불과하다고 본다.

(3) 행위자간 상호작용 방식

정책공동체의 경우 행위자간 관계가 안정적이고 폐쇄적인 측면이 강조되지만, 제도화된 관계를 강조하는 것은 아니다. 한편 이슈네트워크는 행위자들 간의 상호작용이 일정한 유형이 있거나 안정적인 것으로 가정하지는 않는다. 행위자들 간 상호작용의 빈도 역시 상황에 따라서 가변적이다. 행위자마다 자신의 능력과 특성에 부합하는 이익투입방식을 상황에 따라 전략적으로 선택하는 것이다.

(4) 정책산출

행위자들간의 상호작용의 결과인 정책산출도 정책공동체와 이슈네트워크에 따라 특성을 달리한다. 정책공동체의 경우 정책산출이 처음 의도한 정책내용과 크게 다르지 않으며, 정책산출을 예측하기도 용이하다(Grant, 1985). 또한 정책공동체 내 성원들간의 권력관계가 어느 정도 균등하기 때문에 정책산출도 대체로 모두가 만족할 만한 것이 된다.

한편 이슈네트워크의 경우는 행위자가 유동적이며 행위자들간 이해의 공유정도도 매우 낮다. 따라서 정책결정 과정에서 정책내용이 변동하는 경우가 많으며, 이 과정에서 누구의 이해가 주로 반영될 것인지도 예측하기 어렵다(Jordan and Schubert, 1992). 대체로 자원과 권력을 많이 보유한 행위자의 이해가 많이 반영된다. 그리고 개별 행위자들은 자신의 취약점을 보충하기 위해 연합형성전략을 많이 동원하는데, 이러한 연합이 정책산출에 미치는 영향은 매우 크다.

2 거버넌스(Governance)이론

1) 거버넌스의 등장 배경

지난 1980년대와 1990년대에 여러 학문 분야에서 거버넌스에 대한 관심이 점차 증가하였다(Kjaer, 2004). 정책학이나 행정학의 경우 정책과정에서 NGO

나 비영리조직의 비중이 확대되고 신공공관리론이 등장하면서 거버넌스에 대한 논의가 본격화되었다. 정책과정에서 NGO들의 역할 확대는 아래에서 다룰 거너번스에 대한 논의의 배경이 되며, 신공공관리론은 정책관리로서의 거버넌스에 대한 논의의 배경이 된다. 각 학문 영역에서 다루어진 거버넌스 논의의 등장배경 및 주요 내용을 정리해 보면 다음과 같다.

첫째, 정책과정에서 시민사회의 발전으로 국가의 독점력이 크게 감소하고 글로벌화로 인하여 국가의 통제력이 감소함에 따라 시민사회와의 협력을 강조하는 거버넌스 논의가 주목을 받기 시작하였다. 즉, 국가 독점방식의 정책형성과 집행이 아니라 시민사회와의 적절한 협력을 통한 정책설계와 관리가 중요한 정책 이슈로 등장한 것이다.

둘째, 지방정부들도 중앙정부의 이해관계를 벗어나 국제 분야로 확대되면서 전통적인 중앙과 지방의 경계를 넘어 세계화된 네트워크가 형성되고 있다. 국가와 시민사회의 경계가 허물어지고 글로벌화된 시장환경 속에서 다양한 형태의 네트워크들이 등장하고 있으며, 이를 조정하고 관리하기 위한 제도의 설계와 집행을 의미하는 글로벌 거버넌스가 주목을 받고 있다.

셋째, 거버넌스 논의는 신공공관리론의 등장과도 밀접한 관련이 있다. 신보수주의가 등장하면서 국가의 과도한 시장개입이나 직접 생산방식에 따른 비효율성에 대한 대안으로 시장친화적 거버넌스가 강조되었다. 하지만 한편으로는 이러한 신자유주의 개혁성과에 대한 비판과 함께 시장주의의 폐해를 보완할 수 있는 거버넌스가 주목을 받기 시작했다. 특히 친시장주의나 신보수주의의 지나친 경쟁과 효율성 추구의 폐해를 보완하기 위해 공동체를 강조하는 주장에 주목할 필요가 있다(Etzioni, 1997).

넷째, EU와 같은 국가연합체의 출현에 따라 거버넌스 논의가 본격화되었다(Kjaer, 2004). 여기에는 두 가지 유형의 거버넌스가 존재한다. 첫 번째 유형은 다층적 거버넌스(multilevel governance)로 정의된다. 이는 초국가, 국가, 국가하위(지방정부 또는 지역)라는 다층적 국가행위자와 시민사회가 상호작용하여 공동의 목표를 추구하는 협상구조나 네트워크를 의미한다. 두 번째 유형은 게임의 규칙을 조종(steer)하고 조정(coordination)하는 전통적 개념의 거버넌스이다. 여기에서는 개별 국가가 여전히 자신의 정책에 대한 통제력(자율성)은 유지하면서도 다층적 네트워크의 영향도 받는다는 것이다.

마지막으로, 거버넌스를 민주적이고 합리적인 통치구조와 운영방식이라고 보고, 후진국의 정치체제를 이렇게 개혁하려는 논의가 비교정치학에서 등장하였는데, 이것은 1950년대 발전행정론에서 논의하던 내용이 다시 부활한 것으로 정책학과는 관련이 약해서 생략한다.

2) 거버넌스의 실례 : 서울시 버스노선 결정 사례

여기서 검토할 거버넌스의 내용은 앞의 첫 번째의 것을 중심으로 하면서, 셋째의 것을 약간 보완하는 정도로, 첫 번째의 것이 핵심이다. 가장 전형적인 예가 대도시 교통문제 해결방식이다. 서울시에서 어느 지역에 지하철이 새로 개통되면서 이와 연계될 버스노선을 신설하는 경우를 상상해보자. 옛날에는 서울시 교통담당부서에서 모든 것을 고려하여 노선을 일방적으로 결정하고 버스회사도 결정했을 것이다. 즉 중요한 모든 결정을 국가(정부)에서 담당하는 것이다.

그러나 지금은 전혀 상황이 다르다. 서울시에는 이미 거미줄같이 버스 노선이 있고, 버스회사도 십여 개 이상이 있다. 버스노선 중에는 손님이 많아 수익이 좋은 황금노선도 있고 손님이 적어 적자를 보는 곳도 있다. 기존의 버스회사들은 황금노선과 적자노선을 적당히 배정받아 적절한 이익을 얻도록 노선을 담당하고 있다. 새로운 노선이 황금노선인지 적자노선 인지에 따라 담담할 회사가 달라질 것이 당연하고, 또 연계되는 지하철역이 어떻게 되느냐도 수익에 영향을 미친다. 그리고 버스정류소와 지하철역에 대기하는 택시들이나 연계되는 마을버스들도 영향을 받는다. 당연히 새로운 버스 노선을 이용할 주민들도 관심을 가질 수밖에 없다.

이리하여 버스가 운행될 구체적인 노선, 버스정류소의 구체적 위치, 연계될 지하철역과 마을버스역 등을 결정하거나 버스회사를 결정하는 것은 다양한 이해관계자들의 이해관계가 복잡하게 얽혀서 쉽게 최선의 객관적 방법을 찾아낼 수 없다. 뿐만 아니라 버스회사들, 마을버스 회사들, 주민들이 모두 수용할 수 있는 방안을 찾아야 한다. 서울시의 담당부서에서 일방적으로 결정하기에는 너무나 복잡하고, 약간의 잘못이라도 있으면 불공정하게 피해를 본다고 생각하는 버스회사들이 수용하지 않을 것이다. 수용하지 않는다고 하여 회사들을 처벌할 수도 없다. 다른 노선들을 맡아서 기여하고 있기 때문이다. 무엇보다도 결정이 불합리하다고 생각되면, 새 노선에서 혜택을 볼 회사를 제외한 모든 회사들이 반발할 것이다. 사실은 이런 반발이 있으면, 아무도 새 노선을 담당하지 않으려고 할 것이다. 버스회사들, 마을버스 회사들의 주인이나 경영진들은 오랫동안 같은 계통의 일을 하면서 끈끈한 인간관계도 형성되기 때문이다. 사실은 같은 노선에서 경쟁을 하지 않고 노선을 분담하고 있기 때문에 적대관계가 되기를 원치 않는다. 이들은 동업자로서 연합회를 구성하여 공동의 이해관계(버스요금, 세금, 노사문제 등등)를 위하여 평소에 서로 협력을 하는 경우가 많으므로 서로 해치지 않고 협조한다는 신뢰관계가 형성되어 있다. 순환보직으로 2-3년마다 바뀌는 서울시의 담당자와는 전혀 다르다.

그리고 오랫동안 버스회사나 마을버스를 운영하고 있는 경영자들은 다른 회사의 경영수지 상태, 담당 노선의 승객수의 변화, 운전사 고용문제와 노사문제 등등에 대해서, 그리고 새로 생길 정류장의 위치에 따른 승객수의 차이 등등을 더 잘 알고 있다. 노선이 확정할 때는 특별히 어느 회사가 많은 돈을 벌고 어느 회사는 적자에 허덕이게 하지 않는다. 대강 비슷한 수익상태를 보장해야 탈퇴 등이 없이 운영된다. 그러나 십수 년이 지나면 노선의 승객수가 달라지고, 회사의 내부상태가 변화하여 이러한 균형이 겨우 유지되는 아슬아슬한 상태가 되기 쉽다. 이런 상태에서 새로운 노선의 담당회사 문제를 결정하려면, 자칫하면 균형을 크게 파괴하여 커다란 혼란이 온다. 버스회사의 대표들은 이러한 제반 상황을 비교적 자세히 알고 있다. 서울시의 담당부서와는 차원이 다른 정보를 지니고 있다. 이러한 정보에 입각하여 버스회사들이 서로 수용할 만한 내용을 의논하여 만들어 내는 것이 가장 합리적이고 가능한 방법이다. 경우에 따라 하나의 노선을 여러 회사들이 분담할 수도 있다. 여하튼 자기들이 의논하여 결정해야만 집행 가능한 결정이 된다. 이런 상태에서 서울시에서 일방적으로 결정을 하면 반드시 대혼란이 올 것임은 누구나 알 수 있다. 아무리 합리적으로 담당해야 할 회사를 결정해도 뇌물을 받고 결정을 한 것으로 오해받기 십상이다. 의논과정에 온갖 측면들이 다 고려되고 있다는 사실을 결정의 참가자들이 결정과정에 직접 참여하여 잘 알고 있어야, 오해가 없고 결정결과를 회사들이 수용하게 된다.

물론 서울시 담당자들도 의논의 과정에 참여하여 공익적 관점에서 주변지역 시민들의 입장이나 서울시의 다른 업무와의 관련된 일 등에 대해서 의견을 제시하고, 버스회사 대표들이 일방적으로 결정하는 것은 막을 것이다. 새 노선을 담당할 회사의 결정은 회사들의 의견을 존중하지만, 노선의 구체적인 위치와 정류장의 결정은 수요자의 편의를 고려해야 하는데, 관련 시민들의 참여는 충분하지 못할 수가 있으므로, 정부에서 공익을 위한 조치를 해야 하는 것이다. 물론 이 경우에도 노선과 정류장의 대강의 위치 등은 정부의 판단에 의존하지만. 구체적인 위치를 정하여 계획대로 추진하는 것은 결정참여자들의 공동의 역할이다. 흔히 정부는 방향을 잡고(steer), 민간부문에서 집행을 한다(row)는 말이 여기에 해당된다.

정부의 역할은 참여자들의 의견을 조율하는 것만이 아니다. 새로운 노선은 서울시를 가로지르는 것만이 아니라 주변의 경기도 지역과도 연계가 되어, 여기에 관련된 경기도의 담당부서나 경기도의 버스회사들도 영향을 받으므로 이들도 간접적이지만 의견을 제시한다. 이들과의 의견조율, 특히 인근 다른 지방정부와의 조율은 정부가 담당해주어야 한다.

전체적인 상황을 보면, 과거와 같이 정부의 일방적인 결정이 아니라 공식적 권한이 전혀 없는 많은 민간인이 참여하여 대등한 위치에서 협의하여 정책을 결정하게 되는데, 경우에 따라 소비자보호단체 환경보호 단체 등의 NGO도 중요한 역할을 많이 한다. 이렇게 정부가 단독으로 결정하여 명령하지 않고 민간과 협력하여 결정하므로 흔히들 이를 협치(co-governance-協治)라고 부르고, 공공재인 교통서비스를 정부와 민간의 공동으로 생산(co-production)했다고 표현하기도 한다. 최근에는 이렇게 정부권력을 민간과 같이 소유한다고 하여 공유(共有)정부라고 부르기도 하는데, 여하튼 거버넌스(new governance)의 다양한 측면을 지적하는 용어들이다.

3) 거버넌스의 내용

앞에서 본 바와 같이 거버넌스는 여러 학문분야에서 매우 다양한 의미로 사용되어 왔다. 그리고 학자에 따라 중시하는 측면이 다르기 때문에 혼란스럽다. 이러한 개념들을 종합하면 거버넌스는 '통치행위 또는 통치방식'(the act or manner of governing)을 의미한다고 볼 수 있다. 여기서 말하는 통치(to govern)란 '권위를 통해 규율 및 통제하는 것', '집권하는 것'(to be in government)을 의미한다. 이것이 전통적 의미의 거버넌스이다.

새로운 방식을 처음에는 New Governance(신 국정관리, 신 통치방식, 신 거버넌스 등으로 번역)라고 부르면서 전통적인 통치방식과 구분하려고 하였다. 그런데 시간이 지나면서 차츰 New라는 단어를 삭제하고 그냥 거버넌스라고 부르게 되었다. 지금은 거버넌스라고 하면 과거의 전통적인 통치를 의미하지 않는다.

새로운 통치방식이라고 하더라도 학자에 따라 중시하는 구체적인 내용은 다양하다. 아래의 두 가지 예만 보아도 너무도 강조점이 다르다. Pierre는 기존의 거버넌스 연구들을 토대로 다음과 같이 거버넌스에 관한 개념정의를 정리하였다(Pierre, 2000). 거버넌스는 20세기 후반 들어 본격화된 외부환경의 변화에 대한 국가의 적응방식이며, 국가가 제반 사회적 행위자들을 어떻게 조종할 것인가에 초점을 두고 있다. 따라서 국가가 시장이나 시민사회를 조정할 수 있는 능력을 얼마나 보유하고 있는지, 그리고 국가가 다른 행위자들과 어떻게 연결되는가 논의의 중심이 된다. 따라서 협력과 자치(self-governance)의 관점에서 다양한 종류의 네트워크와 파트너십에 관심을 가진다.

한편 Kjaer는 다음과 같은 세 가지 세 가지 관점에서 거버넌스에 대한 개념정의를 하였다(Kjaer, 2004). 첫째, 정책·행정학적 관점에서 거버넌스는 정부가 정책을 결정·집행할 수 있는 능력이다. 둘째, 정치·사회학적 관점에서 거버넌스는 시민 또는 그들의 대표자가 요구하는 공공재나 기타 재화를 제한된 자원으로 효율적이고 투명하며 공정한 방식으로 제공하는 공공조직의 제도적 능력으로 정의된다. 셋째, 제도주의적인 관점에서 보면 거버넌스는 규칙의 제정·적용·집행을 의미한다.25)

지금까지의 학자들 연구를 종합하면, 거버넌스(new)는 다음과 같은 세 가지 특징을 지닌다. 첫째와 둘째의 것은 공공서비스 공급을 담당하는 여러 참여자가 형성한 네트워크의 특성에 관한 것이고 셋째는 이 네트워크를 관리하는 정부의 역할에 관한 것이다.

첫째, 공공서비스를 공급하는 네트워크는 상하관계가 없는 다양한 형태의 정부 및 비정부 조직으로 구성된다는 점이다. 즉, 과거와 같이 정부가 일방적으

25) 한편 Fukuyama는 거버넌스에 대한 개념이 아직도 통일되고 있지 않다는 지적을 하고 정부에 초점을 두고 거버넌스를 검토하고 있다. 그는 좋은 거버넌스를 정부 관료의 역량(capacity)과 자율성(autonomy) 양자에 의하여 결정되는 것으로 보아 '좋은 거버넌스'가 결국 '좋은 정부'임을 강조하고 있다(Fukuyama, 2016). 그런데 이러한 견해는 다양한 민간부문과 NGOs 등이 참여하여 진행되는 협치와는 다른 정부 주도 시대로 회귀한 주장이라 볼 수 있다.

로 결정하고 민간업체들은 정부의 결정대로 움직이는 것이 아니라, 정부와 민간, 비정부 NGO 들이 거의 대등한 관계에서 의견을 제시하고 자신들의 이해관계를 고려한 결정을 하려고 한다. 그리고 이러한 결정은 많은 영역에 광범위한 영향을 미치는 정책의 상위수준에서의 결정이 아니라 정책집행단계에서 필요한 결정들이다. 즉 서울 시내 전체 버스노선을 재조정하거나, 새로운 지하철 노선 건설과 새로운 버스 노선의 신설여부를 전체적 관점에서 결정하는 일과 새로운 버스노선이 통과하여야 할 대가의 위치 등은 모두 상위수준의 결정으로 이론적으로 보면 정책결정에 해당된다. 이것은 정부에서 주도하여 결정한다. 그 다음에 이미 결정된 새로운 버스 노선을 구체화시켜(버스 정류장의 위치나 구체적인 노선, 그리고 담당할 회사 등) 버스운행을 시작하는 것은 집행단계에서 관련자들이 참여하여 결정하는 것이다. 즉, 집행을 통하여 공공서비스의 공급을 실현시키는 단계에서 일어나는 일들을 주로 거버넌스에서 취급하는 것이다. 이때 국가로부터 상당한 정도의 자율성을 갖는 네트워크 구성원들(행위자들)이 관여하여 공동의 노력으로 서비스를 제공하는 것이다. 거버넌스에서의 참여자들 간의 연계(네트워크)는 위계적(계층제적)인 상하의 명령복종 관계가 아닌 비교적 수평적인 관계의 조직이나 개인들이 상호작용하면서 형성되기 때문에 다중심적(polycentric) 무중심적(center-less)인 성격이 강하다. 과거에 정부가 집행단계에서 확고한 중심이던 것과 큰 차이가 있다.

둘째, 구성원들 간의 상호의존과 신뢰(trust)가 네트워크의 필수적인 성공요소이다. 앞의 버스회사들은 동일업종에서 본질적으로는 경쟁관계에 있는 참여자이다. 하나의 노선에서 여러 회사가 분담하여 운행을 하면 경쟁관계가 뚜렷이 나타나므로 지나친 경쟁을 막기 위하여 특정 노선에는 특정의 버스회사만 운행하도록 협약을 맺어서 경쟁을 피하는 경우가 대부분이지만, 새로운 신설 노선의 담당을 결정할 때는 황금노선이면 치열한 경쟁을 하게 되고, 적자노선이면 떠넘기기 경쟁을 할 것이다. 또 기존의 인접 노선 승객이 줄어들 수도 있어서 영향받는 기업이 손실보상을 요구할 수도 있고, 자신들의 이익을 위해 적극 참여하여 의견을 제시할 것이다. 여하튼 동일업종의 기업들 간의 협력은 무척 어렵다. 그런데도 서로 합의하여 결정을 할 수 있는 것은 평소에 공통의 문제(세금, 버스요금, 노사문제 등)를 해결하기 위하여 협조를 해야 하고, 서로 도움을 주고 받는(이것을 자원의 교환이라고 부른다) 식으로 약점을 서로 보완하면서 상부상조를 해야 하기 때문이다. 돌출행동으로 단기적인 이익을 얻을 수 있으나, 장기적으로 큰 손실이 올 수 있기 때문에 상대편에게 피해를 끼치는 일은 하지 않게 된다. 그리하여 내가 상대편에게 피해를 끼치지 않으면, 상대편도 나에게 피해를 주지 않을 것이며, 가능하면 어려울 때 서로 도울 수 있으리라는 믿음이 형성된다. 더욱이 단기적인 이익을 위한 행동과 상대편의 보복적 행동으로 네트워크가 붕괴되면(신뢰관계와 상호의존관계가 붕괴되면), 장기적으로 손실이 훨씬 크다는 점을 인식하고, 이를 막기 위해서 서로에게 이득(mutual benefit)이 되도록 전략을 구사하는 것이 바람직하다는 것을 직·간접적인 학습을 통해 공유하게 된다.

이리하여 서로 돕고 의존하는 관계가 네트워크의 구성원들(연합회의 회원들) 사이에 형성되고, 시간이 갈수록 상호의존관계는 안정되어 강해진다. 물론 신뢰도 같이 강해지게 된다. 이러한 이유 때문에 단기적으로 남들보다 나에게 약간 불리한 결정이라도 수용하게 된다. 그래서 복잡하기 짝이 없는 이해관계 속에서도 비교적 자율적으로 결정이 이루어지는 것이다. 즉, 정부에 의한 명령이나 외적인 강압이 없더라도 이기적이고 자율적인 구성원들 사이에 자발적인 조정이나 협조가 발생할 수 있다.

거버넌스에서의 네트워크의 특징을 위계(계층제)와 비교하면 다음 표로 요약될수 있다. 정부가 공공서비스를 제공하기 위하여 다양한 행위자를 조정할 수 있는 방식으로 시장, 위계, 네트워크라는 세 가지의 기제(mechanism)가 있다.

시장의 경우를 먼저 보면, 과거에는 시정부의 청소과에서 청소를 담당하였고, 청소를 담당한 사람들은 시청 공무원이었다. 청소과장이 책임을 지고 부하직원들이 청소를 하였다. 상하복종 관계의 계층제를 활용하는 방식이다. 2000년대에 접어들어 신공공관리적 방식을 곳곳에서 도입하여, 용역회사들끼리 경쟁하여 조건이 좋은 회사가 계약을 하여 청소를 담당하도록 하고 있는데, 이것이 시장을 이용하는 방식이다. 그런데 도로, 다리, 상하수도 등등을 건설할 때는 옛날부터 건설회사들에게 경쟁 입찰을 시켜 업체를 선정하여 담당시켰다. 즉 새로운 방식이 아닌 것이다. 그래서 거버넌스의 이론적 연구대상이 아니다. 거버넌스에서 논의하는 것은 새로운 형태의 기제이다.

즉, 앞에서 보았듯이 버스회사들이 중심이 되지만, 마을버스 회사들과 시민대표들이 참여하고 시 담당부서에서 조정을 하면서 버스노선의 구체적인 위치와 정류장, 담당 버스회사 등을 결정하는 방법은 시장에 의한 것도 아니고, 시정부에서 일방적으로 결정하는 것도 아니다. 평소에 구축된 버스회사들이 중심이 된 연계망(네트워크)에서 결정하는 것이다. <표 3-2>에 요약되어 있는 바와 같이 시장(market)은 가격을 교환의 매개로 하여 경쟁을 통해 작동하고, 위계(hierarchy-계층제)는 권력을 매개로 하여 명령과 통제의 계통(chain)에 의존한다. 그렇지만, 거버넌스는 특수한 네트워크에서 담당하는데, 이 네트워크는 상호성(reciprocity)과 신뢰(trust)에 근거한다. 즉 도움을 주고받으며(자원의 교환) 상부상조하여 상호의존성이 강하고, 이러한 의존은 앞에서 본 대로 장기적인 관점에서 서로에게 피해를 주지 않고 도움이 되도록 피차간에 노력한다는 믿음(신뢰)이 그 밑바탕이 되어주는 것이다. 그러므로 정부가 네트워크를 통하여 공공서비스를 제공할 때는 이 상호의존과 신뢰관계를 손상시켜서는 안된다.

〔표 3-2〕 시장, 위계, 네트워크 비교

	시 장	위 계	네트워크
관계의 기반	계약과 사유재산권	고용관계	자원의 교환
의존 정도	독자적	의존적	상호의존적
교환의 매개	가격	권위	신뢰
갈등해소 및 조정수단	흥정과 사법부	규칙과 명령	외교
문 화	경쟁	복종	상호의존

출처: Rhodes(1999).

4) 정부의 역할과 거버넌스

이러한 특징을 지닌 네트워크를 활용하여 공공서비스를 공급하는 관리방식을 거버넌스(new governance)라고 부르는데, 이때 정부가 하는 역할은 무엇인가? 즉 거버넌스의 내용은 무엇인가? 이 역할이 거버넌스의 세 번째 특징이다. 정부는 네트워크 내에서 세 가지의 중요한 역할을 해야 하는데, 이해관계와 갈등의 조정, 공익의 보호, 네트워크의 관리이다.

(1) 먼저, 이해관계와 갈등의 조정이다. 구성원들 사이의 신뢰와 상호의존의 관계가 언제나 확고한 것이 아니다. 이해관계의 균형을 잡아서 출발한 네트워크가 시간이 흐르면서 긍정적으로 진화(Rhodes(1997)가 말하는 거버넌스의 자기조직화이다.)하여 신뢰와 상호의존이 강화되더라도, 일정한 시간이 더 경과하면 노선

별 승객수의 변화가 일어나는 등으로 과거에 균형을 잡았던 이해관계가 서서히 무너지게 된다. 새 노선을 결정하는 시점에서 이미 이해관계의 불균형이 심각해져서 자율적으로 노선의 구체적인 내용을 결정할 수 없게 될 가능성이 있다. 뿐만 아니라 신뢰나 상호의존관계가 튼튼하더라도, 새 노선을 담당할 회사를 결정하는 문제같이 이해관계가 큰 결정은 자율적으로 되지 않을 가능성이 크다. 서너 회사가 양보 없이 대립하거나 버스정류장의 위치도 몇 가지 대안을 놓고 자율적 결정을 못 할 수도 있다. 이런 경우는 당연히 공식적인 결정권자인 정부가 결정을 해야 한다. 이때 몇몇 회사가 이익을 많이 얻고, 다른 몇 회사는 손실을 보는 식이 아니라 형평성이 있게끔 조심스럽게 이해관계의 균형을 새로 잡도록 해서 갈등을 잘 해소해야 한다. 물론 이를 위해서 경영이 어려운 회사에게 인센티브를 주는 경우도 있을 것이다. 그러나 이보다는 장기적으로 정부를 포함한 참여자들 간에 신뢰가 유지도록 신경을 쓰는 것이 무엇보다 중요하다. 한번 신뢰가 깨어지고 상호의존관계가 무너지면, 네트워크가 깨어져서 대혼란이 발생하고 수습이 어렵기 때문이다. 이 때문에 거버넌스에서 정부의 가장 큰 역할이 이해관계와 갈등의 조정이라고 한다.

(2) 정책의 기본방향과 공익에 어긋나는 식의 결정이 이루어지지 않도록 해야 한다. 시민들의 참여가 약한 경우에는 승객에 대한 고려가 경시될 수 있으므로 이를 막아야 한다. 조금 차원이 높은 경우에는 공익(또는 공공선)향상에 도움이 되는 식의 결정을 하도록 유도해야 한다(Purdy, 2012; 정태석, 2016).

(3) 그러면서도 네트워크가 계속하여 순조롭게 작동되도록 네트워크 자체를 평소에 잘 관리해야 한다. Rhodes(1999)는 거버넌스 개념을 네트워크 관리와 동일시하여 정의하였고 이는 Hyden(1999)과도 비슷하다. Ostrom(1990)은 자율규제 네트워크를 지원하는 역할이 국가의 중요한 업무의 하나로 보고 있다. 네트워크 속에 형성된 상호의존과 신뢰를 보강하고, 최소한 손상시키는 일은 없도록 해야 한다. 참여한 이해관계자들을 화합시키며, 이들 간의 힘의 불균형을 적절히 관리하는 것이 중요하다(Purdy, 2012).

이를 위해서 필요한 구체적인 내용은 크게 두 가지이다. 첫째 구성원들이 지켜야 할 규칙이나 규정을 잘 준수하도록 하는 것이고, 둘째 규칙이나 규정의 내용 자체를 상황에 맞게 조정하는 일이다. 첫째를 '게임 관리'(game management)로, 둘째를 '네트워크 구성'(network structuring)으로 부르기도 한다

(Kickert et al., 1997). 게임 관리는 네트워크 자체는 유지한 채 네트워크내 행위자들의 합의와 조정을 촉진하기 위한 일련의 활동을 말한다. 반면에 네트워크 구성은 네트워크의 속성을 변화시키는 것으로 규칙과 정책조종 기제를 관리하는 것을 의미한다. 이것이 바로 Jessop이 말하는 '메타 거버넌스'(metagovernance)이다. 좀 더 구체적으로 보기로 한다.

(3-1) 현존하는 규칙에서 금지하는 행동을 하거나 규칙을 교묘하게 우회하는 행동을 하는 경우, 이를 방지하는 역할을 정부가 해야 한다. 게임의 규칙을 지키도록 파수꾼 역할을 하는 것이다. 그리하여 상호의존과 신뢰관계를 유지 강화시켜야 한다.

(3-2) 네트워크 내부의 구성원들이 행동할 때 지켜야 할 규칙을 합리적으로 수정 보완 유지 하는 일이다. 앞에서도 지적했듯이, 상황변화에 따라 구성원들 간에 형성된 이해관계의 균형이 깨어지면서 회복이 불가능하게 될 경우도 생긴다. 이때는 규칙 자체를 수정해야 하는 경우도 생긴다, 한편, 불합리하게 규칙이 변경되면, 내부 신뢰와 상호의존관계가 깨어질 가능성이 크다. 예를 들어, 버스 노선 하나에 두 개 이상의 회사가 들어가서 경쟁을 해야 한다는 규정을 만들었다고 상상해보라.

5) 거버넌스의 한계와 정부역할의 재강조

근대국가가 성립된 이래 국가공동체의 관리양식은 공공부문을 대변하는 정부와 민간부분을 대변하는 시장의 역할에 따라 시대적으로 변화해 왔다. 물론 이는 선진국들의 경우이다. 근대국가가 성립된 19세기 초의 자유주의 국가 시대에는 자원을 배분하고 사회문제를 해결하는 핵심적인 기제를 시장에 두고, 정부의 역할을 최소화하는 관리양식이 지배적이었다. 그러나 20세기 들어 시장의 결함과 병폐가 드러나면서 정부의 개입이 강화되었고, 거대한 복지정부가 시장을 압도하는 거버넌스가 등장했다. 그러나 20세기 후반에 들어 다시 과도한 정부개입에 따른 정부실패론이 지지를 받으면서 '작은 정부' 논의가 활성화되었다. 또한 지방정부와 같은 다른 수준의 정부, 그리고 기업과 NGO와 같은 다른 행위자들의 활동공간이 확대되면서 중앙정부의 역할은 축소되기 시작했다. 이 과정에서 공사부문의 다양한 행위자들이 협력적 체계를 구축하여 사회문제를 해결하는 네트워크형 국정관리양식이 새롭게 부상한 것이다.

그렇다면 앞으로 네트워크형 국정관리 양식을 지향하는 거버넌스는 전통적 국정관리 방식을 완전히 대체하는 새로운 형태의 국정관리 방식으로 발전할 수 있을 것인가? 정부는 실제 시장과 민간부문의 행위자들과 수평적 관계로 네트워크를 맺고 있는가? 최근 세계적으로 정부실패를 극복하기 위한 행정개혁들은 거버넌스적인 방식을 지향하고 있다는 주장이 많다. 하지만 실제로 계층적 정부조직이나 관리체계가 사라진 경우는 찾아보기 어렵다. 또한 몇몇 분야에 있어 네트워크식 국정관리 사례가 발견되지만, 전통적인 정부행정을 근본적으로 전환시켰다는 증거도 없다. 여전히 정부는 재정력, 정보력 등에 있어서 민간부문을 압도하고 있다.

최근 민간기업이나 시민단체 등 공익단체가 포함된 NGO는 네트워크형 국정관리의 주요 참여자로 등장하여 공공서비스 공급자의 역할을 담당하고 있지만, 한편으로 NGO는 정부의 재정적 지원을 받기 위해 정부의 눈치를 보면서 정부에 대한 자원의존성이 오히려 커지고 있다. 정책집행에 있어서 정부의 역할이 감소했다고 보기 어렵다. 한편 지난 2008년 발생한 금융위기는 시장에 대한 정부의 적절한 규제의 필요성뿐만 아니라 경기침체와 일자리 창출에 있어서 정부의 강력한 역할을 요구하고 있다. 특히 각 정책 주체들의 역할과 책임성을 명확히 할 수 있는 거버넌스의 설계와 운용방식이 필요하다.

요 약

01. 정책과정의 공식적 참여자로 의회, 대통령, 행정기관, 사법부가 있다. 정책과정에서 가장 핵심적 역할을 하는 정책주체로서 이들의 역할을 면밀히 분석하는 작업은 정책과정의 내용을 파악하는데 필수적이다.

02. 의회는 국민의 직접 선거에 의해 선출된 기관으로서 법률을 제정하며 국가예산을 심의하고 중요한 국가 정책을 결정하는 최고의 의사결정기관이다. 의회는 입법권을 바탕으로 정책의제설정에 가장 큰 영향을 미치고, 정책결정을 주도한다. 또한 행정부에 대한 견제권을 바탕으로 정책집행과정을 감시하며 정책평가에도 영향을 미친다. 그러나 현대에는 행정국가화 현상이 강화되면서 의회의 영향력이 많이 약화되었다.

03. 대통령은 국정 최고 책임자로서 정책의제설정, 정책결정, 정책집행 및 정책평가 등 전체 정책과정에서 막강한 영향력을 행사한다. 대통령의 자원으로서 제도적 권한과 같은 공식적 자원과 시간·정보·전문지식·정당 및 국민의 지지와 같은 내외적 비공식 자원이 있으며 이러한 대통령의 자원은 정책결정 능력을 좌우한다.

04. 정책과정에서 행정부처의 공식적 권한은 정치기관인 대통령과 의회가 결정한 정책을 정치적 중립성과 전문성에 입각하여 충실히 집행하는 것이다. 대통령과 의회는 정부의제(governmental agenda) 설정에 주도적인 영향을 행사하지만 관료들은 결정의제(decision agenda)에 큰 영향을 준다. 또한 현대의 행정국가에서는 행정부가 전문성과 재량권을 가지고 정책집행을 주도한다. 최근에는 정치적 민주화의 진전과 더불어 의회권력이 강화되면서 행정권이 상대적으로 약화되고 있다.

05. 사법부는 판결을 통해 사후적으로 정책과정에 참여한다. 우리나라의 경우 헌법재판소가 설치된 이후 각종 위헌판결이 증가하면서 정책과정에서 사법부의 역할이 주목받고 있다. 특히 주요 국책사업을 둘러싼 정책갈등이 최종적으로 사법부 판결을 통해 변경되는 사례가 증가하면서 사법부의 중요성은

더욱 커지고 있다. 그러나 사법부는 소(訴) 제기가 있어야 비로소 정책과정에 개입할 수 있다는 점에서 수동적 특성을 가진다는 한계가 있다.

06. 비공식적 참여자는 정책과정에 시민사회의 참여가 활발해지고 인터넷과 대중매체의 영향력이 커지면서 그 역할이 점차 증가하고 있다. 특히 공식 참여자와 비공식 참여자 사이의 복잡한 상호관계가 이슈네트워크, 정책공동체, 정책네트워크의 형태로 다양해지면서 비공식 참여자의 정책활동 영역도 확대되고 있다.

07. 정당은 정권획득을 목적으로 구성된 결사체로서 유권자의 의지를 반영한 정책을 만들기 위해 다양한 정책활동을 펼치면서 정책과정 전반에 큰 영향을 미친다. 특히 정당은 각종 요구들을 정책대안으로 전환시키는 이익결집(interest aggregation) 기능을 통해 정책의제설정 단계에 관여하며 의회의 입법과정을 실질적으로 주도하면서 정책결정에도 큰 영향을 미친다. 우리나라는 최근 정책전문성을 제고하기 위해 정당 산하 정책연구소를 신설하는 등 다양한 노력을 기울이고 있으며 이러한 활동에 힘입어 정당의 정책역할이 더욱 커지고 있다.

08. 이익집단은 집단성원의 공통이익을 증진하려는 사적 목적을 가지면서 동시에 국민의 요구나 의사를 정부에 요구하는 정치적 기능을 수행함으로써 참여민주정치의 핵심적 역할을 담당한다. 이익집단은 구성원의 이해관계와 관련된 문제를 의제화하고 실현가능한 정책대안을 제시하는 방식으로 정책의제설정에 관여하며 정책결정과정에서 자신들에게 유리한 정책이 결정되도록 다양한 제도적·비제도적 방법을 통해서 참여한다. 또한 이익집단은 철의 삼각동맹이나 이슈네트워크 형성에 깊이 관련되어 정책과정에서 영향력을 행사한다. 그러나 이익집단이 정책과정을 지배하게 될 경우 이익집단의 정치적 힘의 크기에 따라 공공이익이 침해될 가능성이 크다.

09. NGO는 시민사회의 자발적인 행동을 기초로 하여 공익을 추구하는 민간기구이다. NGO는 사회적 공익을 증진하기 위해 특정 이슈에 대한 시민적 의견을 대변하여 정부에 전달하고, 나아가 전문적·정치적·중재적 수단을 활용하여 정책결정에도 개입한다. 최근에는 정책집행조직으로서 NGO의 역할(제3자 정부 역할)이 커지면서 특히 사회복지분야의 공공서비스를 위탁

받아 대행하는 NGO도 증가하고 있다. 또한 글로벌 이슈에 대한 NGO의 활동이 많아지면서 NGO는 현대 거버넌스에 있어 핵심정책주체로 자리매김하고 있다.

10. 언론매체는 사회문제를 쟁점화하고 확산시킴으로써 정책의제를 만들어낼 뿐만 아니라 정책결정, 정책집행, 정책평가에 여론을 형성하고 전달하는 기능을 통해 정책의 성공을 좌우하는데 큰 영향력을 행사하고 있다. 언론매체는 행정부, 의회, 이익집단 등 각종 정책주체들의 다양한 목소리를 모아서 전달하고 소통시키는 과정에서 언론매체 고유의 프레임(frame)을 만들어 의제설정에 영향을 미친다.

11. 정책이 점차 전문화되고 복잡해지면서 정책과정에서 정책전문가, 싱크탱크, 그리고 정책공동체의 역할이 커지고 있다. 정책전문가들은 지적·분석적 작업을 통해 정책의제화, 정책대안제시, 정책평가 등에 관여한다. 또한 특정 정책분야별로 해당 이슈에 대해 관심을 공유하는 전문가들의 연결망을 정책공동체라고 하는데 이들의 활동은 정책내용의 합리성을 제고하고 다양한 요구들을 정책에 반영할 수 있다는 장점이 있다. 싱크탱크는 전문적 연구를 통하여 정책과정에 아이디어와 지식을 제공하는데 미국의 여러 싱크탱크들은 정권교체시 정책아이디어의 산실역할을 수행하며 집권 이후에는 행정부에 직접 진출함으로써 정책전문가 풀(pool)로서 기능하고 있다.

12. 과거에는 개인으로서 일반시민이 정책과정에 영향을 미치는 데 많은 한계가 있었지만 최근에는 인터넷을 통한 쌍방향 의사소통이 증가하면서 일반시민과 여론이 정책과정에 참여할 수 있는 공간과 영향력이 확대되었다. 그러나 인터넷을 통한 일반 시민의 정치참여는 전자민주주의와 참여민주주의가 확대될 것이라는 긍정적인 기대도 있지만, 동시에 이성적 토론이 자리 잡기 어렵기 때문에 부작용이 발생할 수 있다는 우려도 있다. 일반 국민은 또한 여론을 통해서 정책과정에 영향을 미치기도 하는데 여론은 맹목성, 즉흥성, 조작가능성과 같은 한계가 있기 때문에 최근에는 숙의과정(deliberation)을 거친 공론조사를 정책결정에 활용하기도 한다.

13. 이론적으로 정책참여자의 관계나 상호작용은 여러 각도에서 분석이 가능하다. 이를 권력모형, 네트워크모형, 그리고 거버넌스론을 중심으로 살펴보았

다. 이들 각각은 정책과정에 참여하는 참여자들 간의 영향력과 상호작용관계를 규명하는데 유용한 논의를 제공한다.

14. 권력모형은 정책과정 참여자들 간의 정치적 영향력을 바탕으로 한 상호작용관계를 설명하는 모형이다. 정책결정이 정책과정에 참여하는 참여자들 간에 그들이 가진 정치적 자원을 바탕으로 한 상호작용에 의해 이루어진다고 보는 몇 가지 정책결정모형을 권력모형으로 통칭하여 살펴보았다. 구체적인 권력모형으로는 엘리트론, 이익집단론 및 다원주의론, 신다원주의론, 하위정부론 등이 있다.

15. 현실의 정책과정은 행정부, 의회 등 공식적인 참여자들만이 아니라 다양한 집단들 간의 상호작용과정이 전개되는 비공식적 장에서의 논의가 정책과정과 산출에 영향을 미치고 있다. 이러한 다양한 참여자들 간의 관계를 포괄하는 정책과정의 동태성을 설명하기 위한 새로운 모형으로 등장한 것이 정책네트워크모형(policy network model)이다.

16. "정부로부터 거버넌스"(from government to governance)라는 말을 통해서 짐작할 수 있듯이 '거버넌스'는 종래의 일방적·계층적 통치를 의미하는 '정부'와 대비되는 개념으로 등장하였다. '정부'와 대비되는 개념으로서의 거버넌스는 국가를 운용하는 방식으로 종래의 계층제(관료제나 전통적 형태의 정부조직) 뿐만 아니라 시장과 시민사회 등으로 확장된 여러 행위자 사이에 존재하는 새로운 관계양식에 토대하는 국가운용방식이다. 다양한 주체들의 참여와 조정을 특징으로 하는 거버넌스의 개념과 등장배경, 그리고 정책관리체계로서의 거버넌스가 어떤 의미를 갖는지 살펴보았다.

|제 4 장| 정책의제설정론

개 요

정책과정이 정책학의 핵심적인 연구대상임은 제1장에서 이미 살펴본 바 있다. 정책의제설정은 정책과정의 첫 단계로서 사회문제가 정책의제(정책문제)로 전환되는 과정이다. 먼저 정책의제설정의 정의와 다양한 의제설정경로를 이해한 다음, 정책의제설정의 주도집단에 따른 의제설정방법의 차이를 살펴보게 될 것이다. 다음으로 정책의제설정 현상을 설명할 수 있는 이론들을 소개한다. 또한 사회문제가 정책의제로 설정되는 데에는 여러 가지 요인들이 작용하게 되는데 여러 학자들의 논의를 종합하여 의제설정을 좌우하는 요인들을 정리할 것이다. 끝으로 중요하고 시급한 문제들이 우선적인 정책의제가 되어야 한다는 것을 전제로 적극적 문제탐색의 중요성과 한계를 살펴본다.

제1절 정책의제설정의 의의

1 정책의제설정의 의미와 과정

정책의제설정(agenda setting)이란 정부가 사회문제를 공식적으로 해결하기 위해 이를 정책문제로 전환하는 행위이다. 정부의 단순한 견해표명이 아니라 사회문제를 정책문제로 바꾸는 정부의 공식적 의사결정활동이다. 다르게 표현하면, 정부가 사회문제를 정책적으로 해결하기 위해서 심각하게 검토하기로 결정하는 행위 또는 과정을 의미하는 것이다.

1) 정책문제의 의제설정과정

모든 사회문제가 정책문제로 채택되지는 않는다. 사회문제는 자연스럽게 정책문제로 전환되는 것이 아니라 사회문제에 대한 해석과 이해관계를 달리하는 여러 관련 집단들 간의 갈등과 협력을 거치면서 정책문제로 전환된다. Cobb(콥)과 Elder(엘더)는 정책의제설정의 과정을 <그림 4-1>과 같이 4가지 단계로 제시하였다.

(1) 사회문제(social problem)

한 사회 내에 존재하는 모든 문제가 사회문제는 아니다. 문제의 출발이 오직 한 사람에게서 비롯되더라도 관련 당사자가 많고 동일한 문제로 고통받는 사람이 많다면 이는 개인 차원을 넘어 사회차원의 문제로 탈바꿈 된다. 잠재된 문제를 표면으로 끌어올리거나 다수의 관심사로 만드는 사건을 점화장치 또는 촉발장치(trigger)라고 한다. 촉발장치는 사회문제의 확산과 정책의제설정에 있어 중요한 의미를 갖는다. 물론, 사회문제가 모든 일반대중에게 중요한 것은 아니다. 사회문제의 정책의제화는 정부 당국의 의도적인 활동이다. 또한 모두가 공

감하는 사회문제라도 해결가능성이 없는 문제는 정책의제화되기 어렵다.[1)]

〈그림 4-1〉 콥과 엘더의 의제설정과정

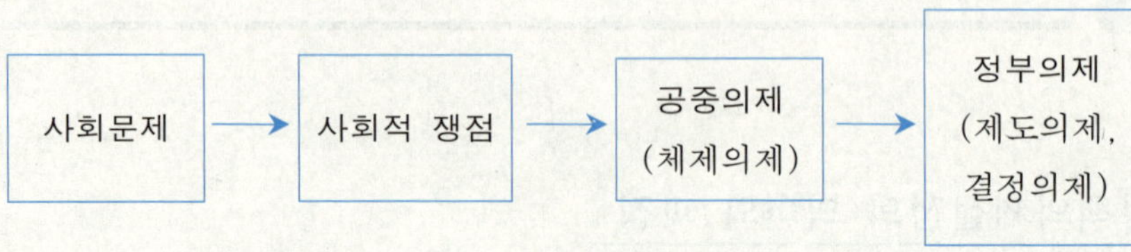

〈그림 4-2〉 의제수준에 따른 의제설정과정

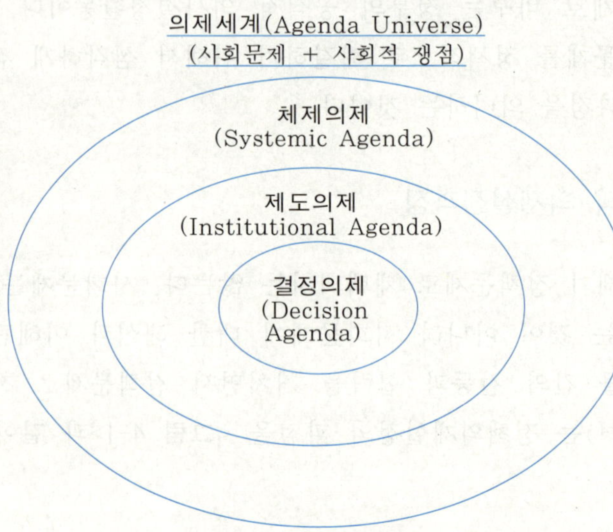

출처: Birkland(2001)

(2) 사회적 쟁점(social issue)

일반대중에게 관심을 끌지만, 문제해결에 대한 합의가 어려워 논쟁의 대상이 되는 문제를 사회적 쟁점이라고 한다. 일원적 가치가 지배하는 권위주의 시대보다는 다양한 가치관을 수용하는 다원주의 사회에서 더욱 다양한 사회적 쟁점이 등장하는 것이 일반적이다.

1) 정책적인 해결가능성은 기술적인 문제라기보다는 예산상의 제약이 심한 정부활동의 특성상 재정적인 문제인 경우가 많다.

사회문제가 사회적 쟁점으로 넘어가기 위해서는 잠재된 갈등세력이 공론의 장으로 출현하도록 만드는 점화장치 또는 촉발장치가 필요하다.[2] Cobb과 Elder(1983)에 의하면, 촉발장치는 크게 내적인 촉발장치와 외적인 촉발장치로 구분된다. 한편 촉발장치가 아닌 극적인 사건의 발생도 일반대중의 관심과 주의를 환기시켜 사회문제를 사회적 쟁점으로 전환시켜 준다.

(3) 공중의제(public agenda)

Cobb과 Elder는 사회적 쟁점이 일반대중에게 확산되어 정치적 논란의 대상이 되는 정치적 의제를 두 가지로 나누었다. 체제의제(systematic agenda, 또는 공중의제)와 정부의제(government agenda, 또는 제도의제(institutional agenda))가 그것이다. 체제의제는 거시적 시각에서 다루어지는 의제이다. 한편 정부의제는 이러한 체제의제를 미시차원에서 구체적으로 정부가 의제화한 것을 말한다.

이처럼 공중의제 또는 체제의제는 일반대중의 관심과 주의를 받을 만한 가치를 지니고 있으며 정부가 개입하여 문제를 해결하는 것이 정당하다고 인정되는 사회문제를 말한다. 사회적 쟁점이 공중의제로 전환되기 위해서는 다음과 같은 조건이 필요하다. 첫째, 많은 사람들이 관심을 가지고 있거나 알고 있어야 한다. 둘째, 어떤 방식이든 정부의 조치가 필요하다고 다수의 사람들이 생각해야 한다. 셋째, 문제가 정부의 개입이 필요한 영역 내의 것이며, 이것이 정부의 권한 범위 내에 있다고 많은 사람들이 믿어야 한다.

(4) 정부의제(governmental agenda

정부의제(또는 제도의제)는 정부의 공식적인 의사결정에서 문제해결을 위해 심각하게 고려하기로 명백히 밝힌 문제를 의미한다. 학자에 따라서는 제도의제라고 부르기도 한다. 모든 의제가 정부의제로 채택되는 것은 아니다. 어떤 의제가 정부의제로 채택되도록 유관집단은 다양한 전략을 사용한다. 특히 대중의 관심을 불러일으키기 위한 전략을 사용한다. 왜냐하면 대중의 관심이 고조되면 대개 정부는 정치적 부담을 의식하여 사회적 쟁점을 정부의제로 채택하는 경우가 많기 때문이다. 한편 아무리 사회적인 관심을 끈 문제라도 경우에 따라서는 정

---

2) 최근 사회적 쟁점에 대한 이성적 숙의 형태의 합의기제가 다양하게 활용되고 있다. 특히 대의민주주의에 따른 일반시민의 직접 참여의 제약이나 여론조사에 근거한 다수결 원리에 대한 타당성에 의문이 제기되면서 제임스 피쉬킨(James Fishkin)이 1988년 개발한 공론조사(deliberative polling)와 같은 직접 민주주의 원리와 숙의(deliberation)에 근거한 합의도출 방식이 각종 사회적 쟁점의 해결수단으로 주목을 받고 있다.

부의제로의 채택 자체가 봉쇄된 경우도 있다. 이에 대해서는 후술하는 무의사결정에서 논의하게 될 것이다.

공중의제가 정부의제로 변환하기 위해서는 이슈확산전략이 필요하다. <그림 4-3>에서 보는 것처럼 이슈확산전략으로 상징의 활용과 매스미디어의 주목을 들 수 있다(Cobb and Elder, 1983; Parsons, 1995). 상징의 활용은 인간의 이성보다는 감성에 호소하는 전략으로 애국심, 국익, 인권 등의 가치를 실어서 정부가 나서도록 하는 방식이다. 그리고 구체적으로 이러한 제도의제를 정책현장에서 실행하기 위해 공식적으로 채택된 정책안을 개발하는데 이를 정부의 결정의제(decision agenda)라고 한다.

〈그림 4-3〉 이슈확산을 통한 의제설정

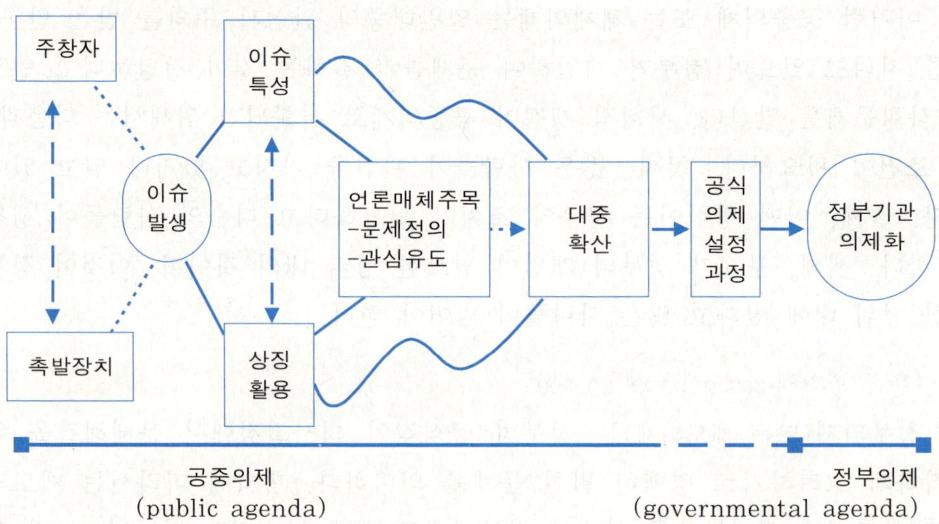

출처: Parsons(1995)

2) 정책의제설정의 경로

다원적 민주주의체제하에서 정책의제설정 경로는 <그림 4-1>이 보여주는 바와 같이 “사회문제 → 사회적 쟁점 → 공중의제 → 정부의제”의 이념형 경로를 거친다. 하지만 실제 정책의제설정 과정은 그와 같은 경로를 거치지 않고, <그림 4-4>처럼 많은 예외가 있다. 정책의제로 채택되는 과정은 다음의 네 가지 유형으

로 구분할 수 있다.

〈그림 4-4〉 정책의제화의 다양한 과정

제1유형 : 사회문제	→			→ 정부의제
제2유형 : 사회문제	→ 사회적 쟁점			→ 정부의제
제3유형 : 사회문제		→ 공중의제		→ 정부의제
제4유형 : 사회문제	→ 사회적 쟁점	→ 공중의제		→ 정부의제

첫째, "사회문제 → 정부의제"로 전환되는 경우이다. 이 유형은 사회문제가 정책결정자에게 인지되어 바로 정부의제가 되고, 정책결정이 따르게 되는 경우이다. 대통령이나 최고정책결정자가 문제의식을 가지고 관심을 갖는 경우에 나타나는 유형이다.

둘째, "사회문제 → 사회적 쟁점 → 정부의제"로 전환되는 경우이다. 사회문제가 사회적 쟁점으로 부각되어 많은 사람들에 의하여 해결방법을 둘러싸고 논란이 되고 있기는 하지만, 정부가 이를 해결하는 것이 옳으며 또 해결해야 한다고 많은 사람들 간에 합의가 있기 전에(즉, 공중의제가 되기 전에) 정책결정자들이 먼저 이를 정부의제로 채택하여 심각하게 검토하는 것이다.

셋째, "사회문제 → 공중의제 → 정부의제"를 거치는 의제설정유형이다. 이 유형은 사회문제가 갑자기 공중(public)에게 알려지게 되고, 문제해결을 위해서 정부의 조치가 필요하다는 의견이 광범위하게 확산되어 정부의제로서 성립되는 경우로서 극적인 사건이 발생하여 문제의 심각성에 대한 인식이 급속하고 광범위하게 확산되었을 때 나타난다.

넷째는 네 가지 단계를 모두 거치는 것이다.

위와 같은 일반적 절차와 달리 예외적 유형으로 반복적(recurrent) 또는 습관적(habitual)으로 나타나는 의제설정과정이 있다. 이들은 정책의제로서 정부에서 공식적으로 검토하는 안건으로서 정기적 혹은 간헐적으로 반복되는 것들이다. 반복적·습관적 의제는 일차적으로 보면 정부에서 반드시 처리해야 하는 안건이기 때문에 필수적(necessary) 의제라고도 부를 수 있다. Walker(워커)는 반복적 의제에 대립되는 성격의 것으로서 선택적 의제를 들고 이것은 재량적 의제의 성격이 강함을 지적하고 있다(Walker, 1977).

2 정책의제 설정의 주도집단

의제설정의 주도집단이 정부주도인지 외부주도인지에 따라 의제설정과정만이 아니라 정책과정 전반이 달라진다. Cobb과 그의 동료들은 의제설정모형을 미국과 같이 다원화된 정치체제에서 주로 나타나는 외부주도형, 후진국에서 정부주도로 흔히 나타나는 동원형, 그리고 양자의 성격이 혼합된 내부접근형으로 유형화했다(Cobb, Ross and Ross, 1976).

1) 외부주도형(Outside Initiative Model)

외부주도형이란 정부 바깥에 있는 집단이 자신들에게 피해를 주고 있는 사회문제를 정부가 해결해 줄 것을 요구하여 이를 사회쟁점화하고 공중의제로 전환시켜 결국 정부의제로 채택하도록 하는 의제설정과정이다. 외부집단이 주도하여 정책의제 채택을 정부에게 강요하는 경우로서 Hirschman(허쉬만)이 말하는 '강요된 정책문제'에 해당된다(Hirschman, 1975).

사회문제에 의하여 피해를 입고 있는 집단은 정부에게 충분한 압력을 가하기 위해 사회문제의 심각성에 대해서 대중의 관심을 환기시키고 여론을 유도하려고 노력한다. 이렇게 하여 그 문제를 정부가 해결해야 한다고 일반대중이 많이 믿게 되면 이는 공중의제가 되고, 여러 전략을 이용하여 정부가 정책의제로 채택하도록 노력한다.

2) 동원형(Mobilization Model)

동원형은 외부주도형과 정반대로 정부 내의 정책결정자가 주도하여 정부의제를 만드는 경우이다. 주로 정치지도자들의 지시에 의하여 사회문제가 바로 정부의제로 채택되고, 일반대중의 지지를 얻기 위해 정부의 PR 활동을 통해 공중의제가 된다. 이 경우 집행에 필요한 대중의 지지와 순응(compliance)을 확보하기 위해 정부에 의해 사전적으로 정부의제가 된 것이 거꾸로 공중의제로 만들어진다.[3] 일반적으로 동원형은 정부의 힘이 강하고 민간부문의 이익집단이 취약

3) 이때 정부의제가 된 후에 정책결정이 진행되면서 공중의제화하는 경우와 완전한 정책결정이

한 후진국에서 많이 나타나는 모형이다.

동원형에서는 비록 정치지도자의 결단에 의해 정부의제로 채택되고 정책의 기본방침이 결정되기는 하지만, 구체적인 정책의 내용을 결정하기 위해서는 공중의제화 과정에서 등장하는 여론을 반영하는 것이 바람직하기 때문에 정책결정과 공중의제화가 동시에 진행되는 것이 바람직하다.

3) 내부접근형(Inside Access Model)

정부기관 내의 관료집단이나 정책결정자에게 쉽게 접근할 수 있는 외부집단에 의하여 주도되어 최고정책결정자에게 접근하여 문제를 정부의제화하는 경우가 내부접근형이다. 후진국의 경우에도 관료들이 주도하는 경제개발계획에서 흔히 나타난다. 내부접근형은 동원형과 비교할 때 쉽게 정부의제화한다는 점에서는 유사하지만 다음과 같은 두 가지 면에서 차이가 있다. 첫째, 동원형의 경우 최고 통치자나 고위정책결정자가 의제형성을 주도하지만, 내부접근형의 경우 이들보다 낮은 지위의 고위 관료가 의제형성을 주도한다. 둘째, 동원형에서는 이미 만들어진 정부의제를 정부 PR 활동을 통해서 공중의제화 하는데 비해서, 내부접근형에서는 정부가 공중의제화 하는 것을 꺼린다.

〈그림 4-5〉 정책의제 설정과정의 세 가지 모형

외부주도형 : 사회문제 ——→ 공중의제 ——→ 정부의제
동 원 형 : 사회문제 ——→ 정부의제 ——→ 공중의제
내부접근형 : 사회문제 ——→ 정부의제

자료 : Cobb, Ross and Ross(1976)에서 발췌작성.

있은 후에 공중의제화하는 경우로 구분할 수 있다. 전자가 일반적인 동원형 사례로 꼽힌다. 경부고속철도 건설의 경우 정부의제로 결정된 후에 구체적인 노선의 선정작업을 진행하면서(즉, 정책결정을 진행하면서) 일반국민이나 시민에게 건설의 필요성을 홍보하여 공중의제로 만들어 갔던 것이다. 특히 동원형 정책의제의 경우 정책집행의 성공을 위해서 일반대중의 광범위하고 자발적인 순응뿐만 아니라 공무원 등 정부기관 구성원의 협조와 헌신적 노력이 필요하다. 가족계획사업, 새마을 운동 등도 전자의 예로 볼 수 있다. 후자는 공직사회의 부패방지가 더욱 필요한 사회정화운동에서 나타난다.

제2절 정책의제설정 이론

1 정책의제설정 이론의 등장: 다원론과 엘리트론

1) 정책의제설정 이론의 등장

Behind Story 4-1 대학자 Robert Dahl의 치명적 실수

1961연도에 출간된 Dahl(다알)교수의 〈Who Governs? -누가 국가를 통치하는가?〉는 미국 다원론을 경험적 자료에 근거하여 실증적으로 연구한 획기적인 저서로 주목을 끌었다. 앞의 다원론에 대한 논의에서 조금 자세히 밝혔지만, Hunter(헌터)와 같은 엘리트주의자들이 미국사회가 엘리트에 의하여 지배되고 있다는 주장에 대해 이를 설득력 있게 반박하고, 미국의 민주주의가 비록 완전하지는 못 하지만, 각 분야별로 각기 다른 엘리트들이 분산되어 통치하는 다수지배체제라고 주장한 것이다. 그는 Yale(예일) 대학이 위치한 인구 10여만 정도의 자그마한 대학도시인 New Heaven(뉴 헤이븐)의 170년간 역사를 검토하여, 과거에는 초기 정착민인 소수의 지주가문들이 지배했지만, 1950년대에는 다양한 출신의 다수 지배로 바뀌었음을 밝힌 것이다.

그런데 불행하게도 이 연구가 끝 난지 불과 2-3년 후에 이 도시에서 흑인 폭동이 터졌다. 미국국민은 누구나 사회문제로 괴롭힘을 당하면 정부에 이를 호소할 채널을 지니고 있다는 Dahl의 주장이 무색하게 되어 많은 학자들을 당혹스럽게 만들었다. Dahl은 당시의 미국 정치학계를 대표하는 학자로 미국의 다원론을 이론적으로 정립한 대학자였다. 이러한 대학자가 많은 자료들을 치밀하게 분석하면서, 어떻게 그런 폭동의 기미조차 파악하지 못하였는지 도저히 이해를 할 수가 없었던 것이다. 이리하여 많은 학자들이 Dahl이 이러한 실수를 하게 된 원인을 탐색하기 시작하였다. 그러나 설득력 있는 연구들을 찾아보기 힘들었는데, 드디어 실수의 원인을 정확하게 밝힌 연구가 나왔다. 바로 신엘리트주의자인 Bachrach(바흐라흐)와 Baratz(바라츠)가 〈권력의 두 얼굴〉을 주장한 연구이다.

B&B에 의하면, 권력은 밝은 얼굴의 측면과 어두운 얼굴의 측면 즉, 양면성이 있다는 것이다. 밝은 얼굴의 권력은 정정당당하게 행사되는 것으로 자연이 명분에 맞지 않게 약자를 희생시키는 권력행사를 하지 못한다. 그래서 정책결정에서 상반되는 세력 간의 대립에서도 공개적으로 논쟁을 벌려 중립적인 다수 대중의 지지를 얻으려고 한다. 그러나 어두운 얼굴의 권력은 숨어서 남이 알지 못하게 조용하게 작동하여 약자를 괴롭히는 결정을 한다. 그리고 공개적인 논쟁을 피하기 위하여 특정문제가 거론조차 되지 못하도록 작동한다. 이를 B&B는 무의사결정이라고 불렀다. 바로 흑인들이 비인간적인 대우를 받고 있어도 누구하나 흑인문제를 정치적으로 거론하지 못하도록 막은 것이다.

Dahl은 행태주의자로서 과학적 방법을 가능한 철저하게 적용하였는데, 원래 과학적 방법에서는 감각기관으로 관찰이 가능한 현상만을 연구하여야 한다. 밝은 얼굴의 권력이 작동할 때는 공개적으로 논쟁을 벌이기 때문에 관찰이 되고 자료도 풍부하여 이를 토대로 연구할 경우, 다원론이 옳다는 결론에 이르게 되는 것이다. 그러나 어두운 얼굴의 권력이 작동할 때는 이를 관찰할 수가 없다. 더욱이 흑인들의 비인간적인 삶은 흑백 모두가 오랫동안 당연한 것으로 인식하여 거론조차 하지 않았던 것이다.

이러한 B&B의 연구는 두 가지 획기적인 영향을 정치학계에 미쳤다. 첫째는 행태주의적 연구방법(과학적 방법)이 정치현상의 연구에는 치명적인 결함이 있다는 것을 밝혀서 행태주의와 과학적방법의 위세가 크게 꺾이는데 한 몫을 하였다. 둘째, 정책결정만이 아니라 그 이전의 단계인 정책문제거론(채택)이 극히 중요하고, 이를 좌우하는 요인들에 대한 연구가 필요함을 경고하여 정책의제설정론이 정책학의 한 분과로서 등장하게 만들었다. 정책의제설정론은 권력의 두 얼굴 연구에서 출발한 셈이다.

정책의제설정 또는 정책문제채택에 대한 이론이 학자들의 관심을 끌게 된 것은 1960년대 미국 정치상황에서 비롯되었다. 1960년대 초반 흑인폭동은 미국 정치뿐만 아니라 미국 정치학계에 커다란 충격을 주었다. 흑인들이 폭동이라는 가장 극렬한 방법으로 자기들의 생각을 표출하게 되자 흑인들이 정상적인 경로를 통해 요구를 투입하지 못한 것에 대한 분석과 연구가 본격적으로 시작되었다. 이후 흑인들이 폭동을 일으키게 된 배경을 연구하기 시작한 학자들은 정부가 흑인차별 문제를 정부의제로서 아예 검토조차 하지 않았음을 알게 되었다. 왜 어떤 문제는 정부에서 해결하려고 노력하는데 다른 문제는 공식적인 거론도 없이 방치되는가? 여기에 대한 해답을 찾는 과정에서 정책의제설정이론이 나오기 시작했다.

Simon은 정책결정자가 모든 문제에 주의를 기울일 수 없다는 사실과 이 때문에 일부 문제만 검토할 수밖에 없음을 강조하고 있다. 하지만 Simon은 왜 특정문제만 거론되고 다른 문제는 방치되는지는 논의하지 않았다. 체제이론에서도 체제가 지닌 능력의 한계 때문에 일부문제만 거론될 수밖에 없다는 것과 체제의 문지기(gate-keeper)가 허용하는 문제만이 거론될 수 있음을 지적하고 있다.

엘리트이론에서는 사회의 지배 엘리트가 허용하는 문제만이 의제로서 거론되고 자신들의 이익을 해치는 문제는 정치체제에 침투하지 못하게 막는다고 주장한다. 이에 대하여 다원론에서는 반대 입장을 보이고 있다.

2) 다원론(Pluralism)

다원론을 한 마디로 요약하면 '정치적 영향력 및 권력은 사회 각 계층에 널리 분산되어 있다'는 것이다. 즉, 정치권력의 실질적 소재가 다원화되어 있다는 것이다. 정치제도상 중요 지위를 점하고 있는 사람이 공식적으로 정책문제 채택 및 정책결정에서 권한을 행사하는 것은 사실이지만, 정책분야별로 다른 엘리트들이 서로 분리되어 영향력을 행사하고 사회전체적으로는 많은 분야에 널리 분산되어 있다는 주장이다. 또 이들은 계속 정치적 지위를 유지하기 위하여 자기들을 지지해 주는 정치제도 바깥의 일부 시민들의 요구에 따라서 민감하게 반응하면서 권한을 행사한다. 그들 내부에서의 경쟁(여당과 야당의 경쟁 등) 때문에 일반시민들의 요구에 민감하게 움직일 수밖에 없다는 것이다. 대표적인 다원론자인 Dahl은 이러한 현상을 비록 완전한 민주정치는 아니지만, 〈다수에 의한 정치〉(polyarchy)라고 불렀다.

이러한 논리를 정책문제 채택에 적용하면 다음과 같은 주장이 나오게 된다. 권력자들은 일반시민들의 요구에 민감하게 움직이므로 시민 중의 일부가 어떤 사회문제로 인하여 고통을 받고 있다면 이들의 지지를 얻기 위하여 노력하는 누군가에 의하여 그 사회문제는 정책문제로 채택되게 된다.

엘리트론자들은 이러한 주장에 강력하게 반대한다. 정치체제도 한계가 있기 때문에 모든 문제를 다 처리할 수가 없으며 주의집중력에도 한계가 있어 어쩔 수 없이 소수의 사회문제만을 정책문제화시키고 있다. 그러나 다원론자들은 현실적으로 일부 사회문제만이 정책문제로 채택되지만, 어떠한 사회문제든지 정책문제화될 수 있는 가능성이 열려있다고 주장한다. 그렇다면 어떤 문제가 정책문제화 되는가? 여기에 대해서 다원론자들의 명백한 답변은 없지만 암묵적으로는 다음을 가정하고 있다고 볼수 있다. 즉, 정책문제로서 추출되는 과정은 본질적으로 무작위적인 것이다(Crenson, 1971). 그리고 구체적으로는 다양한 방식이 있는데, 이것은 의제설정모형에서 검토할 것이다.

3) 무의사결정론(Non-decision Making Theory): 다원주의의 반대 견해

정책문제가 무수한 사회문제 중에서 무작위로 선택된다는 다원론자들의 생각에 대해서 엘리트론자들은 동의하지 않는다. Bachrach(바흐라흐)와 Baratz(바랏츠)의 표현을 빌리자면, "엘리트의 권력은 의사결정단계에만 머물지 않으며 자신들에게 유리한 문제들만 정치체제가 고려하도록 권력을 행사한다"(Bachrach and Baratz, 1962). 무의사결정론은 의제설정과정은 다원적이지 않고 특정 엘리트나 정치집단에 의해 조정되고 통제된다고 주장한다.

(1) 무의사결정론의 등장배경

Bachrach와 Baratz에 따르면 정치권력은 두 가지 얼굴(two faces of power)을 가진다. 하나의 얼굴은 ① 정책결정에서 영향력을 공개적으로 행사하는 권력(밝은 측면의 권력)이고, 다른 하나의 얼굴은 ② 정책결정에 앞서 정책문제의 채택과정에서 보이지 않게 영향을 주는 권력(어두운 측면의 권력)이다. 전자는 관찰가능한 현상이므로 과학적 방법을 적용하여 Dahl 등의 다원론에서 분석하고 있는 것인데, 정책의제설정과정에서 엘리트가 행사하는 어두운 측면의 권력을 무시하고 있다. 후자의 영향력은 엘리트들에게 불리한 문제가 처음부터 제기조차 되지 못하도록 은밀하고 비밀리에 행사된다. 이렇게 엘리트들에게 안전한 이슈만을 논의하고 불리한 문제는 거론조차 못하게 봉쇄하는 것을 이들은 무의사결정(Nondecision Making)이라고 한다. 무의사결정론은 다원론이 정책의제설정과정에서 나타나는 권력의 두 번째 얼굴을 고려하지 못하고 있다고 주장한다. 나아가 엘리트들이 자신들의 이익을 위해서 정치적 자원이 없는 일반대중이나 약자의 이익과 의견을 무시한다고 주장한다. 이를 신엘리트주의라고 부른다(Merelman, 1968).

무의사결정론은 1960년대에 Schattschneider(샷슈나이더)의 연구에서도 그 싹을 볼 수 있다. 그는 정치에서 갈등의 관리가 중요함을 강조하면서 갈등관리를 위한 무수한 장치가 정치체제 내에 존재한다고 지적하고 있다. 정치조직이 편견을 동원(mobilization of bias)하고 있기 때문에 어떤 이슈는 정치권 내부로 진입하여 정책문제가 되고 어떤 것은 제외된다는 것이다(Schattschneider, 1975).

(2) 무의사결정의 개념과 방법

Bachrach와 Baratz에 의하면 무의사결정은, "의사결정자의 가치나 이익에 대한 잠재적인 도전을 억압하거나 방해하는 결과를 초래하는 결정"이라고 정의되고 있다. 무의사결정을 추진하는 수단이나 방법으로 크게 네 가지가 있다.

첫째, 폭력을 이용하는 방법이다. 흑인들의 처지를 동정하는 사람들에게 캄캄한 밤에 얼굴 숨기는 모자를 쓰고 폭력을 행사하던 KKK단의 폭력이 대표적이다. 어두운 얼굴의 권력이 발동된 대표적인 사례이다. 둘째, 폭력보다 온건한 방법으로 변화의 주장자에 대해서 현재 부여되고 있는 혜택을 박탈하거나, 새로운 이익으로서 매수하는 것이다. 셋째, 정치체제 내의 지배적 규범이나 절차를 강조하여 변화를 위한 주장을 꺾는 간접적 방법이다. 넷째, 가장 간접적·우회적 방법으로서 정치체계의 규범, 규칙, 절차자체를 수정·보완하여 정책의 요구를 봉쇄하는 방법이다.

무의사결정은 정책과정의 곳곳에서 일어난다고 Bachrach와 Baratz는 주장하고 있다. 첫째, 정책문제 채택과정(즉, 정책의제설정 과정)에서 기존세력에 도전하는 요구는 정책문제화하지 않고 이를 억압한다. 둘째, 정책결정과정에서서도 무의사결정이 일어난다. 정책결정과정에서 고려되는 정책대안의 범위나 내용을 한정·수정시켜 상징(symbol)에 그치는 정책대안으로 무력화시킨다. 셋째, 여기에서도 실패하면 정책집행단계에 가서 싸움을 또 시작한다. 집행에 필요한 예산을 삭감하거나 집행자를 매수하여(규제정책의 경우에 규제를 담당하는 관료를 매수하는 것과 같이) 집행을 실질적으로 막아 버리는 방법을 쓴다.[4)]

---

4) 무의사결정의 방법론에 대한 비판도 있다. 특히 Merelman(메렐만)이나 Wolfinger(월핑거) 등의 다원론자들은 이를 맹렬하게 비판하였는데 근거는 다음과 같다. 정책문제화하지 않은 문제나 표면화되지 않은 갈등을 어떻게 파악하고 분석하는가? 막연한 짐작이나 편견으로 무의사결정이 많이 존재한다고 믿고 미국사회가 기성 엘리트에 의해 음성적으로 지배당하고 있다고 주장해서는 안 된다는 것이다. 이러한 비난에 대하여 Bachrach와 Baratz, Crenson, Cobb, Elder 등은 정책문제화하지 않은 사회문제나 갈등을 조사하면 무의사결정의 존재를 파악할 수 있다고 주장한다.

Behind Story 4-2 **링컨 대통령의 두 얼굴**

권력의 두 얼굴은 로버트 루이스 스티븐슨이 쓴 소설 〈지킬박사와 하이드〉의 내용과 흡사하다. 존경받는 지킬박사가 자신의 심리내부에 도사리고 있는 악마와 같은 심성을 끌어내어 자신의 분신으로 만들어서, 평소에 하지 못한 나쁜 일들을 숨어서 하면서 악마와 같은 쾌감을 즐기는 이야기다.

그런데, 이런 나쁜 의미가 아니라 재미있고 품위 있는 두 얼굴 이야기가 있다. 링컨에 대한 joke이다. 링컨 대통령은 버쩍 마른 몸매에, 키도 엄청 커서 볼 품 없는 외모를 지녔다. 더욱이 얼굴은 수염을 키워서 나아졌지만, 원숭이를 닮은 못난이의 표본이라고 정적들에게 조롱을 받았다. 대통령이 되기 전 의원출마를 해서 합동연설을 하는데 상대편 후보가 사실도 아닌 말을 만들어 인신공격을 하였다.

〈링컨 당신은 두 얼굴을 지닌 이중 인격자야〉
물론 전혀 근거도 없는 흑색 인신공격이다.
이어서 연단에 올라 선 링컨이 응수를 하였다
〈여보시오. 그런 말 마시오.
만약 내가 두 얼굴을 가졌다면.
오늘과 같은 중요한 분들이 모인 자리에
이렇게 못 난 얼굴을 들고 오겠소?〉

청중들은 폭소를 터뜨리고, 링컨의 팬이 되었다는 이야기 인데, 아마도 만들어 낸 것일 거다. 하지만 잠간 머리를 식히는데 도움이 되는 재미있는 이야기이다.

그런데.... 권력이 지닌 어두운 얼굴의 무서움을 이제 본문에서 알았으니 밝은 얼굴의 무서움도 잠간 생각해보시라! 마치 잘난 얼굴보다 링컨의 못난 얼굴이 생각하기에 따라 더 좋은 경우가 있듯이, 권력의 밝은 얼굴이 어두운 얼굴보다 더 무서울 경우도 있는 것이다. 로베스피엘에 의한 혁명동지들의 무자비한 처형, 킬링필드의 비극, 히틀러에 의한 유태인의 대학살은 모두 국가권력이 밝은 대낮에 국민들을 선동하면서 벌인 일이다.

2 의제설정(Agenda Setting) 모형

어두운 얼굴이 작동하는 의제설정이론은 현재 미국식 다원사회에서는 중요성이 많이 약화되었다. 물론 위에서 본 정책결정과정, 집행과정, 평가과정 등에서 은밀하게 작동하는 권력의 존재에 대한 무의사결정론의 주장은 타당성이 있다. 그러나 정치와 행정의 투명성이 강화되면서 은밀하게 작동하는 것도 거의 사라지고 있고, 더욱이 폭력 등이 행사되는 어두운 얼굴의 권력행사는 거의 없어졌다. 물론 의제설정단계에서의 작동가능성도 거의 없다. 그만큼 투명하고 민주적인 정책과정이 된 것이다. 이를 조금 더 구체적으로 보기로 한다.

흑인차별문제는 무의사결정론이 적용되는 가장 전형적인 경우이다. 이 문제는 미국의 국가성립이후 부터 계속 존재한 문제로서 어두운 얼굴의 권력이 무자비하게 작동되어 왔던 경우이다. 그러나 이런 식의 무자비한 권력이 발동되는 다른 사회문제는 거의 없다. 환경오염문제만이 이러한 성격을 약간 지니고 있다. 그러나 이 경우에도 초기에 공장주들이 문제제기자에게 폭력적인 협박을 하는 경우가 있었지만, 보통은 문제제기를 하면 공장을 다른 곳으로 이전하겠다는 식의 협박을 하였다. 공장 중심으로 형성된 작은 도시는 일자리가 사라지기 때문에 이런 식의 협박으로 충분하였음을 Crenson(크렌슨, 1971)의 연구에서 알 수 있다.

흑인차별문제와 비슷한 처지에 있던 여성차별문제, 동물학대문제, 아동학대문제 등등은 모두 인류역사 시작부터 계속되었지만, 무의식적으로 당연한 것으로 생각해 오던 문제들이다. 그러다가 이런 문제들을 방치할 수 없다는 선각자들의 주장이 제기되고, 이들의 주장을 받아드려서 정책의제로 채택이 되었는데, 어느 경우에나 우리가 받아드린 규범, 윤리, 관습 등등이 의제설정을 방해하여 온 것이지, 폭력적인 억압은 거의 없었다. 물론 기존의 도덕이나 규범에 대한 도전이므로 선각자들에게 도덕적-윤리적 비난을 했지만, 이것도 공개적인 경우였지 은밀하게 숨어서 작동하는 어두운 얼굴의 권력을 작동시킨 것은 아니다.

그리고 이러한 윤리적-도덕적 규범 속에 내재된 타부가 깨어지면서 의제설정이 되는 경우는 장기간에 걸쳐서 발생하는 흔치 않은 문제들이므로, 현재 선진국에서의 의제설정론에서는 중요성이 약하다. 그래서 다음부터 보는 의제설정 모형들은 현재 다원론적 사회에서 자주 볼 수 있는 경우들이다.

1) 정책흐름모형(Policy Stream Model)

Kingdon(킹던)의 정책흐름모형은 문제들이 어떻게 이슈화되고, 어떻게 정책결정자들의 주목을 받게 되며, 어떻게 의제가 설정되는지를 연구함으로써 왜 특정 정책아이디어가 '그들의 시간'을 갖게 되는지에 관심을 갖는다(Kingdon, 2003). 이 모형의 기본구조는 별개의 독립된 흐름들—문제의 흐름(problem stream), 정책의 흐름(policy stream), 정치의 흐름(political stream)—이 어떤 계기에 의해 서로 결합되어 새로운 정책의제로 형성된다는 것이다.

Kingdon에 의하면 이들 세 가지 흐름들은 상호 독립적인 경로를 따라 진행되다가 어떤 특정한 시점에 '정책의 창'(policy window)이 열릴 때 서로 결합하게 된다. 기본적으로 '정책의 창'은 세 가지 흐름 중에서 정치 흐름의 변화가 발생하여 열리는 경우가 많다(Kingdon, 2003). 그러나 정책의 창은 우연한 극적 사건에 의해서 열리기도 한다. 우연한 극적 사건은 특정 정책문제의 심각성을 더하게 하고, 결정적으로 정책선도자들에게는 정책대안을 해결책으로 제안할 수 있는 기회를 제공한다.5)

정책의 창은 몇 가지 이유에서 닫히게 된다. 첫째, 참여자들이 그들의 관심대상인 특정 정책문제가 어떠한 정책결정이나 입법에 의해서 충분히 다루어졌다고 느낄 때이다. 둘째, 참여자들이 어떤 형태로든지 정부의 행동을 유도하지 못했을 경우이다. 셋째, 정책의 창을 열리게 했던 사건이 정책의 장에서 사라지는 경우이다. 넷째, 만일 어떤 인사변동이 정책의 창을 열리게 한 계기였다면 다른 인사변동이 이를 닫히게 하는 원인이 된다. 다섯째, 문제에 관한 대안이 존재하지 않기 때문에 닫힐 수도 있다. Kingdon의 정책흐름모형은 정책의제설정 과정뿐만 아니라 제9장에서 살펴보게 될 정책변동 과정을 설명하는 중요한 이론이기도 하다.

---

5) 이와 유사한 논리를 제시하는 모형으로 포자모형이 있다. 포자모형은 포자가 적당한 환경이 조성되어야 비로소 균사체로 성장할 수 있듯이, 평상시에는 그렇게 영향력이 크지 않은 이해관계집단의 경우라도 촉발장치(triggering device)가 마련되고 이슈 창도자의 적극적인 역할 전개로 유리한 환경이 조성되면 그 집단의 잠재적 영향력은 크게 발휘되어 그들의 이슈가 공식적인 정책의제화 된다는 것이다.

2) 이슈관심주기(Issue Attention Cycle) 이론

Downs(다운스)는 중요한 국내문제에 대해 일반대중은 오랫동안 관심을 가지려 하지 않는 경향이 있다고 주장하면서, 국민들의 사회적 이슈에 대한 관심을 중심으로 '이슈관심주기'(Issue Attention Cycle)를 개발하였다. Downs는 자신의 주장을 보다 더 구체화하여 한 이슈가 탄생하여 소멸될 때까지 5개의 단계를 통과한다는 이슈관심주기모형을 개발하였다.

이슈관심주기의 첫 번째 단계는 '이슈의 잠복'(pre-problem) 단계로 매우 바람직스럽지 못한 사회상태가 존재하지만 이것이 일반대중의 관심을 끌지 못하는 단계이다. 두 번째 단계는 '이슈의 발견과 표면화'(alarmed discovery and euphoric enthusiasm) 단계이다. 이 단계에서는 문제와 관련된 일련의 극적인 사건들로 일반대중이 갑자기 문제의 해악을 깨닫고 놀라는 일이 일어나면서도 문제가 해결될 것이라는 희망적인 노력이 동반된다. 세 번째 단계는 '관심의 현저한 증가와 비용인식'(realizing the cost of significant progress) 단계이다. 이 단계에서 정책결정자 및 일반국민들은 문제해결에 많은 비용이 든다는 사실과 문제해결로 사람

〈그림 4-6〉 다운스의 이슈관심주기모형

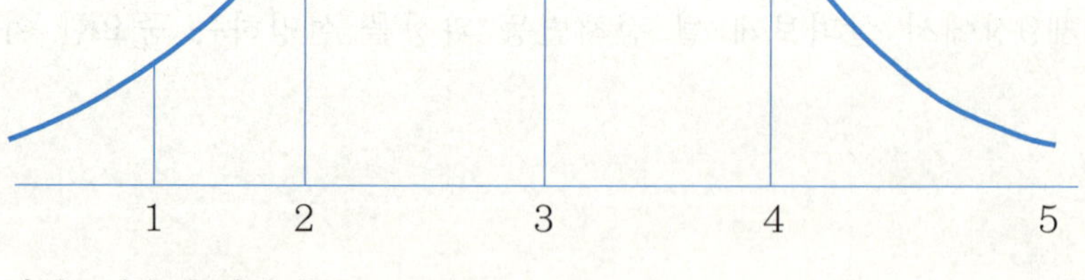

1 단계: 이슈의 잠복기(pre-problem stage)
2 단계: 이슈의 발견과 표면화(alarmed discovery and euphoric enthusiasm)
3 단계: 관심의 현저한 증가와 비용인식(realizing costs of significant progress)
4 단계: 대중관심의 점진적 감소(gradual decline of intense public interest)
5 단계: 관심의 쇠퇴기(post-problem stage)

들에게 혜택을 가져다주는 반면에 많은 부작용도 나타나게 된다는 것을 인식하게 되는 단계이다. 네 번째 단계는 '대중관심의 점진적 감소'(gradual decline of intensive public interest) 단계이다. 점점 더 많은 사람들이 그 문제의 해결이 얼마나 어려운지, 그리고 그 비용이 얼마나 소요되는지 인식하는 단계이다. 또한 이 단계에서는 상당수의 사람들이 그 문제에 대하여 식상함을 느끼기 시작한다. 마지막 단계는 '관심의 쇠퇴'(post-problem) 단계로서 문제에 대한 공공의 관심이 멀어져서 공공의제에서 제외되는 단계이다.

3) 기타모형

첫째, 혁신확산이론은 조직이나 개인이 신제품이나 신기술을 얼마나 빨리 수용하는가를 분석하는 과정에서 등장하였다. 혁신확산이론은 시간이 경과함에 따라 새로운 아이디어와 사물이 확산되는 방식을 알려주기 때문에(Brancheau and Wetherbe, 1990) 새로운 정책아이디어가 때로는 빠르게 확산되지만 때로는 전파되지 않고 사라지거나 국지적으로 머무는 이유를 분석하는데 유용하게 활용된다.

정책의제설정에 있어서 이슈의 확산도 정책선도자들이 전달매체를 통해 혁신을 전파하여 이슈화하면 시간의 경과에 따라 귀속집단(identification group), 주의집단(attention group) 등으로 확산되면서 마침내 정부의제로 채택될 수 있는 것이다.[6)]

둘째, 동형화(isomorphism)이론으로서, 동형화란 생태학에서 비롯된 용어로 개체군 내의 한 개체로 하여금 그와 유사한 환경적 조건에 처한 다른 개체를 닮아가도록 강제하는 힘을 말한다. DiMaggio(디마지오)와 Powell(파웰)에 따르면 어떠한 조직이든 생성 시에는 다양한 형태의 조직유형으로 출발하지만, 시간이 지나 어느 정도 안정화 단계에 들어서면 동질화의 압력이 나타나게 되어 동형화가 이루어진다. 의제설정과정도 이러한 동형화의 압력을 받는다. 이러한 동형화

---

6) 혁신확산이론이 정책학분야에서 어떻게 응용되어 정책현상을 설명하는 분석틀로 사용되는지는 Berry와 Berry(1990)의 연구가 대표적이다. 그들에 의하면, 지방(州)정부가 새로운 정책프로그램 도입하는 것을 설명하는 모형은 지방정부가 다른 지방정부의 행위를 경쟁적으로 모방하는 '확산모형'과 다른 지방정부의 영향이나 압력이 아닌 지방정부 내부의 특성에 의해 결정된다는 '내부결정요인모형' 두 가지가 있다. 최근에는 두 모형에 대한 통합모형을 개발하려는 노력이 이루어지고 있다.

기제에 따라 유사한 사회문제를 겪었거나 겪고 있는 정부(국가 또는 지방정부)의 정책의제를 그대로 모방하려는 동기가 작동한다.

제3절 정책의제설정을 좌우하는 요인

Cobb과 Elder는 앞서 본 이론들을 검토한 후에 특정문제가 정부의제로 설정되는지 여부를 좌우하는 요소를 크게 두 가지로 정리하고 있다(Cobb and Elder, 1983). 첫째는 문제의 성격이고, 둘째는 주도집단에 대한 것이다. 한편 Kingdon은 세 가지 요소를 들고 있는데, 정책문제와 주도집단, 그리고 정치적 상황이다.

1 주도집단과 참여자

1) 대통령 등 공식참여자의 중요성

특정 문제를 해결하기 위해서 노력하는 주도집단이 정치적으로 강력하면 그 문제는 쉽게 정부의제로 설정될 수 있다. 이 때문에 첫째, 정부내부주도인가 아니면 외부주도인지 여부에 따라서 크게 영향을 받고, 둘째, 어느 경우이든 주도집단의 정치적인 힘에 의하여 커다란 영향을 받는다.

정책문제를 해결하기 위해서 주도하는 집단이 정부 내의 정책결정자인 경우는 그 문제의 정부의제화는 자동적으로 달성된다. 체제이론에서 말하는 문지기(gatekeeper)가 스스로 원하는 것이기 때문이다. 그러므로 Cobb, Ross와 Ross가 말하는 동원형 또는 내부접근형에서는 정부의제화가 쉽게 달성된다. 한편 외부주도형에서는 흔히 정부지도자는 수동적인 역할을 하는 것으로 알려져 왔다.

Kingdon의 세밀하고 체계적인 분석에 의하면 다원적인 미국에서도 정부의제설정에서는 의회지도자들이 가장 중요한 역할을 한다(Kingdon, 2003). 장관이나 차관, 대통령비서실도 중요하지만 무엇보다도 대통령이 중요하며, 의제설정에 관한 한 미국에서도 놀라우리만큼 하향식 모형(top-down model)이 타당하다고 주장한다.

2) 외부주도집단

사회문제로 인하여 피해를 입는 사람들이 그 문제의 정책적 해결을 정부에 요구하게 되는 경우가 외부주도형이다. 외부주도집단은 정부의 공식 정책결정자에게 영향력을 행사하여 그 문제를 정부의제로 채택하여 거론하도록 노력한다. 그러나 이미 지적하였듯이 문제해결 그 자체가 타집단에게 피해를 줄 수 있기 때문에 타집단은 이러한 문제가 정부의 공식적인 의제로서 거론되는 것을 방해하려고 한다. 이런 경우에 외부주도집단이 반대집단을 누르고 정부의 정책결정자를 움직일 만큼 정치적 힘이 있는지에 달려있다. 정치적 자원이 풍부한 집단은 비록 그 규모가 작더라도 쉽게 그들의 문제를 정책문제화할 수 있다. 그리고 다른 조건이 모두 같다면 피해를 입는 사람의 숫자가 많을수록 사회문제는 쉽게 정책문제로 고려된다. 이와 같은 의제를 강요된 의제(pressed problem)라고 부르기도 한다(Hirschman, 1975).

3) 정책선도자(Policy Entrepreneur)

정책선도자란 정책주체로서 정책아이디어를 개발하여 정책의제로 만들고 이것이 효과적으로 집행되도록 열정을 쏟고 자원을 투입하는 사람을 의미한다. Roberts와 King(1991)은 정책선도자를 정부의 공식적인 정책주체가 아닌 정부 바깥에서 정책과정에 주도적 리더십을 발휘하여 정책의제를 만들어내고 집행하는 사람으로 본다. 그러나 학자에 따라서는 정부 외부뿐 아니라 정부 내부에 있는 정책주체를 정책선도자의 범주에 포함시키기도 한다(유훈, 2001).

일반적으로 정책과정에서 정책선도자가 수행하는 역할을 보면 다음과 같다(Kingdon, 2003). 첫째, 새로운 정책아이디어의 제안과 정책제안서 개발, 둘째, 문제에 대한 정의와 인식틀의 설계, 셋째, 정책대안의 구체화, 넷째, 여러 정책유관집단들 사이에서 나온 정책아이디어의 중개와 조정, 다섯째, 여론의 동원 등을 들 수 있다. 이처럼 정책선도자는 문제를 인지하고 해결책을 찾는데(identifying problems and finding solutions) 탁월한 능력을 발휘한다. 보다 구체적으로는 정책아이디어와 이슈, 정책대안의 해결을 돕는 각종 기술적 자문을 제공하며, 여기에서 배양된 정책의제가 정책현장에서 구현되도록 노력하며, 필요한 정치적 지원을 끌어내기 위해 활동을 수행한다. Kingdon에 따르면, 정책의 창이 열리는 것은 적절한 시기에 이를 결합하는(coupling) 적절한 정책선도자의 역할에 크게 좌우된다고 한다.

사례 4-1 Ralf Nader(네이더)와 자동차 안전띠

이제는 누구나 자동차에 탑승하면 안전띠를 착용한다. 교통안전에 관한 규제에 따라 안전띠 착용은 승객의 의무이기도 하다. 그렇다면 안전띠 착용의 규제는 어떻게 시작되었을까? 안전띠 규제가 소비자 시민운동의 시발점이 된 연유는 무엇일까? 이것은 전적으로 1960년대부터 미국의 소비자운동 기수로서 주목을 받게 된 Ralf Nader(랄프 네이더)의 주도적인 활동 때문이었다고 볼 수 있다.

1950년대 고속도로가 미국 전역에 건설되고 이와 함께 승용차가 대량으로 생산·판매되었다. General Motors는 자동차 생산을 통해 미국 경제를 이끌어가는 성장동력으로 자부하고 있었다. 이렇게 승용차가 널리 보급되면서 자동차 사고도 잇달아 발생하고 이로 인한 부상과 사망도 많이 증가했다. 이에 대해 미국 자동차 회사와 정부는 시민들에게 안전운전을 당부하는 방식으로 대응했다. 1958년 Harvard Law School 학생이던 Nader는 이러한 정부의 대응이 적절하지 않다고 주장하는 글을 Harvard Law Record에 기고했다. 이글에서 그는 자동차 사고로 사람들이 부상하거나 사망하는 이유는 사고 시 승객들이 차 안에서 충돌 때문이라고 지적하면서 자동차 회사들이 안전띠를 부착하는 등 안전을 위해 자동차 설계를 바꾸어야 한다고 주장했다. 후에 변호사가 된 Nader는 이러한 시각을 기초로 Unsafe at Any Speed라는 제하의 책을 1965년 출판했다. 처음 출판 당시에 이 책은 크게 주목을 받지 못했지만, General Motors가 사설탐정을 동원하여 Nader를 감시했다는 사실이 알려지면서 시민들의 주목을 크게 받았다. 이를 계기로 1966년 자동차와 고속도로 안전에 관한 법률이 제정되게 되었다.

이후에 Nader는 소비자 시민운동을 활성화하는 주역이 되었으며, 그를 따라 변호사, 엔지니어 등 전문지식을 가진 많은 젊은이가 시민운동에 참여하였다. 1996년부터 네 번에 걸쳐 미국 대통령 선거에 출마하기도 했다.

4) 언론매체

전술한 바와 같이 언론은 대중매체(mass media)를 통하여 사회구성원들 간의 의사전달을 돕고 사회에서 발생하는 주요 사건들을 구성원들에게 알려준다. 이러한 역할 때문에 언론은 정책의제 설정과정에서도 중요한 역할을 한다. 즉 어떤 정책의제를 어떻게 다루고 해석할 것인가를 두고 언론매체는 주도적 역할을 수행한다. 이슈의 형성과 발전에 있어서 강력한 프레임(framing) 기능을 수행하는 것이다. 이것은 사회문제가 쟁점이 되고, 또 공중의제가 되어 정부의제로 채택되기까지에 언론매체의 역할이 중요함을 잘 보여준다.

하지만 언론 때문에 국민이 원하는 의제와 실제 정책과정에 채택된 의제가 일치하지 않는 이른바 정책단절(policy disconnect) 현상이 나타나는 경우가 있다. 이것이 바로 언론의 한계인데, 언론이 지나치게 관행에 의존하여 보도하거나 특정 정치세력이나 이익집단에 유리한 편파보도를 하는 경우 더욱 심화된다.

2 정치적 요소

1) 정치체제의 구조와 운영방식

후진국에서는 정부의 공식 정책결정자가 정책의제설정에서 미치는 영향이 선진국에 비해 압도적이다. 이에 따라 정책의제설정은 동원형, 내부접근형 중심이 되어 주로 정부지도자의 인식 여하에 따라 정부의제가 결정되게 된다. 또 미국과 같은 다원적 사회에서는 영국과 같은 정당중심체제와 달리 이익집단의 영향력이 상대적으로 강하다. 따라서 이익집단에 의한 무의사결정이 많아질 가능성이 커지는 것이다.

2) 정치적 분위기와 이념

미국과 같은 보수주의적 자본주의 국가에서도 정치적 분위기(mood)의 변화는 정책의제설정에 커다란 영향을 미친다. 예를 들면, 9·11 테러 이후 미국에서 일어난 반테러 분위기가 국가안보나 국익보호 우선을 위한 문제들을 정부의제로서 채택하게 하였다. 우리나라의 경우 1960년대 이후 1980년대까지 정치계를 지배하고 있는 경제성장 제일주의로 인해 수출문제, 외자도입문제, 저축문제 등이 정부의제의 주를 이루었다. 그리고 1990년대 말 부터는 복지, 분배, 인권 등의 문제가 정부가 관심을 두어야 할 주요 정책의제가 되었다.

3) 정치적 사건

정치체제의 문지기인 대통령 등 정책결정자가 외부주도형에서도 중요하다는 것은 이미 지적하였다. 따라서 이들의 변동과 이러한 변동을 일으키는 정치적 사건이 정책의제설정에 큰 영향을 미친다. Kingdon은 미국에서 중요한 정책결정자의 변동을 일으키는 선거를 대표적인 정치적 사건으로 지적하고 있다.

Kingdon의 조사에 의하면 선거에 의해서 행정부의 정권이 바뀌고 동시에 정치적 분위기 · 이념이 바뀌게 되면 정부의제설정에 커다란 변화가 온다. 정치적 사건은 하나의 문제가 정책의제화 하는데 점화장치 역할을 한다. Kingdon은 정치적 사건을 문제를 극적으로 부각시키는 사건과 더불어 두 개의 점화장치라고 보고 있다.

3 문제의 특성과 사건

1) 문제의 중요성

사회문제가 중대하면 정부의제로 채택될 가능성이 크다. 그 문제로 인한 피해자의 숫자가 많거나 피해의 강도가 크거나, 피해의 사회적 의미가 중대한 것이면 그 문제는 중대한 문제 또는 심각한 문제로 볼 수 있다. 또 다른 측면으로서 Cobb과 Elder는 문제의 시간성(temporal relevance)을 지적하고 있다. 더욱 근본적이고 장기간 지속될 것으로 예상되는 문제는 일시적으로 나타나는 문제보다 정부의제로 채택되기 쉽다. 그러나 여기에는 주의할 예외가 있는데 비록 근본적인 문제이지만 이를 해결할 대책이 없으면 정부의제로 채택될 가능성은 오히려 작아진다는 것이다.

2) 문제의 외형적 특성

문제가 단순하여 쉽게 이해될 수 있으면 복잡한 것보다 정부의제가 될 가능성이 커진다. 그래서 문제를 기술적으로 까다롭게 정의하면 이를 이해하기 어려우므로 정부의제화를 위한 지지를 얻기 어렵다. 일부 학자들은 문제가 구체적일수록 정부의제화가 쉽다고 주장한다. 그러나 정책목표나 수단의 내용이 추상적이고 불분명할수록 지지세력이 많아져서 정책으로서 채택이 쉬워진다는 점에서 보면 정책문제의 구체성이 오히려 지지세력을 감소시켜 정부의제화의 가능성이 낮아질 수도 있다.

3) 문제의 내용상 특성

사회문제의 내용이 어떠한지에 따라서 정책문제로 채택되는 가능성과 채택과정이 달라질 수 있다. 보다 더 근본적으로 정책문제의 내용은 이를 해결하기 위한 정책내용을 결정하게 되고, 정책내용은 또 그것이 결정되는 과정을 좌우한다. Lowi는 정책을 배분, 규제, 그리고 재분배정책으로 나누고 정책의 종류에 따라 정책결정의 유형 등이 달라진다는 점을 지적하고 있다.

배분정책에는 특정 부문의 국민들이 정책문제채택에서 적극적인 역할을 하는데 문제를 담당하는 문지기(gate-keeper)와 바로 관계를 맺어서 정책문제로 채택하도록 하기 때문이다. 즉, 내부접근형과 비슷하게 조용하게 의제화된다. 문제가 해결되면 전체적 이익을 가져오고 해결비용을 일부집단이 부담하는 규제정책의 경우(보다 구체적으로 보호적 규제정책에 해당한다) 정부의제화가 어렵다는 주장도 있다. 전체적 문제는 그 문제가 해결될 때 혜택을 보는 전체국민은 이를 과소평가하기 쉽지만 이 때문에 비용을 부담해야 하는 일부시민의 강력한 반대에 부딪히기 때문이다(반대자들은 모든 힘을 기울여서 이러한 문제가 공식거론되는 것을 막으려고 한다).

4) 선례와 유행성

선례가 있는 문제는 상례화된(routinized) 절차에 따라 쉽게 의제로 채택되고 해결책이 강구된다. 외국이나 타정부의 것도 이러한 선례가 될 수 있다. 이것은 앞에서 본 반복적 의제와 같이 정책결정자가 재량권 없이 필수적으로 의제로 채택하도록 제도화되어 있는 경우가 많다. 한편 일종의 유행이 되어 있는 문제들도 쉽게 정부의제화 될 수 있다.

5) 극적 사건(event)과 위기(crisis)

문제를 극적으로 부각시키는 사건, 위기 또는 재난(disaster)은 앞에서 본 정치적 사건과 더불어 문제를 정부의제화 시키는 양대 점화장치(triggering device)이다.[7] 예를 들면, 낙동강 상류지역에서 수질오염물질인 페놀의 방류사건이 신문에 대서특필되자 환경관련 주요 문제가 정부의제로 채택되었다.

사례 4-2 극적 사건의 발생과 정부의 정책대응

<사례 1> 어린이보호구역(스쿨존) 교통안전 강화

2019년 9월 충남아산의 한 어린이가 어린이보호구역(스쿨존)에서 과속차량에 치어 숨지는 사건이 발생하였다. 이 사건이 메스콤에 보도되면서 전국적으로 이슈화되었고, 사고로 숨진 학생의 이름을 딴 일명 '민식이 법'이 통과되어 어린이보호구역(스쿨존)내의 교통안전조치가 대폭 강화되었다. 사고가 난 3개월 후인 2019년 12월10일 통과되어 2020년 3월 25일부터 시행되고 있는 일명 '민식이 법'은 어린이 보호구역내 신호등과 과속단속카메라 설치의무화 등을 담고 있는 '도로교통법 개정안'과 어린이보호구역내 안전운전 의무부주의로 사망이나 상해사고를 일으킨 가해자를 가중처벌하는 내용의 '특정범죄 가중처벌 등에 관한 법률 개정안'으로 이루어저 있다. 특히 전국 어린이보호구역(스쿨존)내 모든 도로의 자동차 통행속도가 30km이하로 조정되어 운전자들의 주의의무가 강화되었다.

<사례 2> 중대재해에 대한 사업주와 경영책임자의 처벌강화

2018. 12. 11. 03:23경 충남 태안에 소재한 화력발전소의 석탄 이송용 벨트컨베이어 밀폐함내에서 한 노동자가 야간근무중 주검으로 발견되었다. 주검

7) 이와 같이 위기의 발생은 정책참여자들의 관심을 제고하여 해당 문제의 정책의제화에 결정적인 영향을 미친다. 그리고 사건과 위기의 발생 후에는 이를 해소하기 위한 정부의 강력한 정책대응이 이어지고, 그 결과 위기의 재발가능성이 현저히 감소하거나 위기원인의 완전제거가 이루어질 것으로 기대하는 것이 일반적이다. 그러나 사회적 위기의 발생이 신속한 정부의제화를 가능하게 하여 정부의 정책대응을 유발하는 것은 사실이지만, 실제로 그 원인을 제거하는 정책결과를 당연히 가져오는 것은 아니다. 문제를 제거하는 것은 의제화 이후 정책결정 및 집행활동이 어떻게 이뤄지느냐에 달려 있을 것이다(정준금, 1995).

으로 발견된 그의 이름은 김용균으로 화력발전소 하도급업체에 소속된 24세의 청년노동자였다.

이 사고는 노동자의 산업재해문제와 하도급업체 종사자의 열악한 근로조건 등이 동시에 노출됨으로서 지역에서는 시민대책위원회가 구성되고 정부에서도 국무총리를 중심으로 범 정부적으로 대응하였다. 국무총리 훈령으로『고 김용균 사망사고 진상규명과 재발방지를 위한 석탄화력발전소 특별노동안전조사위원회』를 구성하였으며, 이 위원회를 통해 이루어진 진상조사결과 종합보고서가 공식적으로 채택되었다. 이 보고서에서는 진상조사결과와 함께 다 방면의 개선 방안을 제시하였는데, 그 중의 하나로 중대재해처벌법의 제정을 촉구하였다. 중대재해처벌법은 안전관리가 제대로 이루어지지 않은 기업에서 산업재해가 일어날 경우 사업주와 경영책임자를 형법에 따라 처벌(사망의 경우 1년 이상의 징역 또는 10억원 이하의 벌금)하고, 민법상 손해액의 최대 5배의 범위내에서 징벌적 손해배상 책임을 부담하도록 하는 것이다. 이러한 내용을 골자로 한 중대재해처벌법이 2021년 1월 제정되었고 2022년 1월부터 시행되어 종사자들의 중대산업재해를 예방하는 토대가 마련되었다.

제4절 정책문제의 탐색으로서 의제설정

1 정책의제 설정의 중요성

정책의제설정은 정책과정의 시작으로서 다음과 같은 여러 가지 중요성을 지닌다.

1) 문제해결과 정치 갈등의 첫 단계

정책의제설정은 공식적인 정책과정에서 볼 때 사회문제 해결의 시작인 동시에 정책과정의 첫 번째 단계이다. 일단 사회문제가 정책의제로 채택되면 문제의 해결가능성은 높아지게 된다. 왜냐하면 첫째, 해당 문제에 대한 정부의 강한 해결 의지가 공식화되고, 둘째, 이와 관련된 집단의 정치 활동이 활성화되며(Eyestone, 1978), 셋째, 음성적 영향력을 가진 반대집단의 힘은 약화되기 때문이다.

2) 정책대안과 정책수단의 범위에 대한 영향

정책결정단계에서 고려해야 할 정책대안들이 사실상 의제설정과정에서 제시되는 경우가 많다. 정책의제채택을 원하는 집단은 언제나 문제해결방법을 생각하기 마련이다. 결국 정책문제화를 둘러싼 싸움은 본질적으로 그 문제의 해결방법과 관련되어 있다. 다만, 이 해결방안에 대한 공식적 검토가 정책결정단계에 가서야 이루어지는 것이다. 정책의제 설정과정에서 정책대안의 범위나 선정은 정치적 실현가능성에 의해 크게 좌우된다.

3) 정책과정 전반에 대한 영향

정책의제화의 양상이 어떠한가에 따라 나머지 정책과정도 달라진다. 앞에서 살펴본 바와 같이, 정책의제화의 주도자가 정치체제의 내부 혹은 외부에 있는지 여부에 따라 의제설정방식은 동원형과 외부주도형으로 나뉜다. 동원형의 경우 정부가 정책과정을 주도하기 때문에 정책결정과 집행이 비정치적이며 분석적으로 진행될 가능성이 크다. 즉 동원형 정책의제설정의 경우 정책수단의 탐색과 결과예측 등에서 정치적 이해나 관점을 고려하지 않는 경우가 많다. 분석적·합리적 계획을 먼저 세운 후에 반대자에 대한 설득을 시도하기 때문이다. 반면 외부주도형의 경우 정책과정은 점진적 적응(muddling through) 형태를 띤다. 정책의제화 단계부터 존재하는 의제화 찬반 세력 간의 싸움과 타협이 집행 및 평가 단계까지 계속되는 경향이 있다. 이 결과 상호모순·충돌하는 정책내용이 만들어지고 집행과 평가과정에서도 계속해서 마찰과 타협이 이루어진다.

2 적극적 문제탐색과 분석적 의제설정의 필요성

정책의제설정은 위에서 본 바와 같이 정책과정 전반에 중요한 영향을 미친다. 그럼에도 불구하고, 앞에서 자세히 검토했듯이 정부가 신중하게 분석적으로 설정을 하지 못하고 정책의제는 정치적 이익이나 다양한 정책과정의 흐름 속에서 정치적으로 결정되는 경우가 많다. 특히 다원적 민주주의 하에서 정책의제는 특정 정파의 이익이나 이익집단의 논리나 정치적 상호작용 속에서 설정되기 때문에 사회적으로 바람직한 의제가 정부의제로 채택되기를 기대하기 어렵다. 더욱이 문제로 고통 받는 피해 집단이 해결을 강력히 요구해야 정부의제를 향한 활동이 본격화된다. 그런데 이 정도의 시간이 흐르면, 문제는 너무 악화되어 해결을 어렵게 하는 경우가 많다. 또한 의제설정 자체가 정책과정에 미치는 영향이 크기 때문에 정부가 수동적으로 기다리지 말고 적극적으로 의제설정을 추진해야 하는 경우가 많다. 즉, 국가에 큰 영향을 줄 수 있는 중대한 문제, 미래의 충격적 문제를 적극적으로 미리 탐색하여 정책의제화하는 분석적 접근이 필요하다. 이러한 분석적 의제설정이 필요한 이유를 간단히 살펴보면 다음과 같다.

1) 중대한 문제를 우선시해야 할 필요성

정책문제로 설정이 되지 않는 문제는 방치된다. 그러므로 중대한 문제는 반드시 우선적으로 정책의제로 채택되어야 한다. 여기에 더하여 문제의 정치적 중요성도 감안되어야 하는데, 이는 피해를 입는 사람들의 지역적, 사회계층적 분포와 이들의 정치적 권력에 의하여 좌우된다.

2) 적시에 해결해야 할 문제를 우선시해야 할 필요성

문제 해결은 적시에 이루어져야 문제로 인하여 사회전체가 입게 되는 피해의 총계와 문제해결을 위해서 지불되는 희생의 총계를 검토할 때에 최선의 결과를 기대할 수 있다. 문제가 정부의제화될 때쯤이면 이미 때가 늦는 경우가 많다(Hogwood and Gunn, 1991).

그 이유는 첫째, 피해를 입는 계층이 이 문제를 사회쟁점화하고 다시 언론기관에서 크게 취급하여 일반대중들이 그 문제의 해결 필요성을 인식하여(공중의제화하기까지) 많은 시간이 소요되는데, 이를 다시 정부의제화 하려면 또 다시 상당한 시간이 소요되기 때문이다. 둘째, 의제가 설정된 후에도 정책결정을 위해서는 정보 및 자료를 수집·분석하고 정치적 타협 등이 필요한데 여기에서도 많은 시간이 소요된다. 셋째, 정책결정이 이루어지더라도 그 해결을 위해서는 담당조직의 정비, 예산의 확보 등이 선행되어야 하는데 이 문제 역시 시간을 요한다. 이 때문에 문제해결의 시기(timing)를 놓치는 경우가 많다.

따라서 정부는 사회의 여러 문제를 수시로 모니터링하여 문제의 발생가능성을 면밀하게 예측할 수 있어야 한다. 정부는 사회문제의 조기해결을 위한 적극적 문제탐색을 해야 하며, 이와 같은 정부주도의 동원형 정책의제설정에 대한 수요가 증가하고 있다.

3) 실제 의제설정상 문제점

중대한 문제와 시급한 문제는 정책의제로 우선 설정되어 검토가 이루어져야 함에도 불구하고 실제의 정부는 이렇게 움직이지 않는다. 여기에는 크게 네 가지의 이유가 있다.

첫째, 정책결정자의 문제인지 또는 파악이 잘못되었기 때문이다. 정책결정자들은 문제의 중대함이나 시급함을 통계지표로 판단하는 경우가 많다(Kingdon, 2003). 그런데 이러한 지표가 문제의 존재를 정확하게 나타내지 못한다는 데서 오류가 발생한다(Sharkansky and Edwards Ⅲ, 1978). 둘째, 정책결정자들이 눈앞에 닥친 문제에 대해서만 관심을 기울이기 때문에 장래에 심각해질 문제를 등한시하는 경우가 많아 문제해결의 적시성을 저해하는 제도적인 장애요소가 발생한다. 셋째, 가장 중요한 이유는 정책의제설정의 정치적 성격이다. 정치적 자원이 많은 집단이 반대하는 문제는 그것이 아무리 중대한 문제라 하더라도 정책의제가 되기 어렵고, 정책의제로 성립되려면 일반대중의 강력한 여론이 형성될 때까지 기다려야 하기 때문에 오랜 시간이 걸려 시기를 놓치는 경우가 대부분이다. 넷째, 이러한 정치적 요소 외에도 앞서 본 바와 같이 여러 가지 요인이 결합되어 정책의제가 설정되므로 중대하거나 시급한 문제도 정책의제화가 되지 않거나 적기를 놓치게 된다. 이러한 이유 때문에 현실에서의 정책의제설정은 중대하거나 시급한 문제를 즉각 정책의제화하지 못하는 경우가 허다하다.

3 적극적 문제탐색의 한계

적극적인 문제탐색과 의제설정은 문제탐색이 없었더라면 방치되었을 문제를 파헤쳐 공개적으로 검토하기 때문에, 경우에 따라서는 바람직스럽지 못한 결과를 초래할 수도 있다. 이것은 다음과 같은 두 가지 측면에서 그러하다(Hogwood and Gunn, 1991).

첫째, 분석의 부담과중(analytical overload)의 문제이다. 현실적으로 볼 때 이미 의제화된 문제와 이의 해결을 위한 대안들의 비교·평가업무도 과중한데, 새로이 문제를 파헤쳐서 이를 위한 대안의 분석까지 하게 되면 부담은 더욱 가중된다. 이러한 약점은 우선순위를 정함으로써 어느 정도 해결할 수 있다.

둘째, 정치적 부담과중(political overload)의 문제이다. 정치체제가 사용할 수 있는 자원은 한정되어 있는데 새로운 문제를 파헤쳐서 이것까지 부담하면 정부는 자원부족 상태에 빠진다. 또한 방치해 두어도 큰 피해가 없을 문제의 경우에는 해결을 원하는 계층을 자극·충동시키고 반대집단과의 심각한 갈등관계를 조성할 수도 있다. 이러한 약점은 문제탐색을 가급적 은밀하게 진행하고 발표내용과 시기를 조정함으로써 어느 정도 감소시킬 수 있을 것이다.

요 약

01. 정책의제설정은 정책과정의 첫 단계로서 정책과정 전반을 좌우하는 프레임을 결정한다. 정책문제의 정의, 정책목표의 설정과 정책수단의 선택을 좌우하는 기본 틀을 결정하는 단계이기 때문이다. 특히 정책문제의 본질과 원인 파악, 정책문제 해결을 위한 정책수단의 이용가능성, 정책의제를 둘러싼 정치흐름 등이 정책의제를 구성하는 핵심 요소이다.

02. 정책의제화 과정은 논리상 사회문제 발생, 사회적 쟁점화, 공중의제화, 정부의제 순으로 이루어진다. 하지만 정책의제설정 경로는 정치체제, 정치흐름, 이슈흐름에 따라 다양하다. 그리고 주도집단의 특성, 즉 외부주도형, 동원형, 내부접근형에 따라 이들 의제화 과정이 서로 다르다.

03. 정책의제설정 모형에는 다원론, 엘리트론, 무의사결정론, Kingdon의 정책흐름모형, Downs의 이슈관심주기모형, 혁신확산이론, 동형화이론 등이 있다.

04. 정책의제설정을 좌우하는 요인에는 대통령과 같은 핵심 정책참여자의 정책리더십과 의지, 외부주도 집단의 영향력이 있다. 또한 정책의제에 대한 정치적 요소를 꼽을 수 있다. 그리고 정책문제의 성격도 정책의제설정을 좌우할 수 있다. 정책의제에 대한 사회적·국가적 관심이 높거나 또는 정책문제가 매우 선명하게 표출될 경우 정책의제화될 가능성이 높다. 그 밖에 해당 정책의제와 관련된 선례나 관행이 있을 경우 쉽게 정부의제로 선정될 수 있다. 해당 정책의제와 관련된 극적인 사건이나 국가 위기가 발생할 경우 쉽게 정부의제로 채택이 된다.

05. 사회적으로 중대하고 시급한 정책문제를 사전에 탐색하여 이에 미리 대비하기 위해서는 적극적 문제탐색활동이 필요하다. 하지만 현실적으로 이를 제약하는 요인들이 있다. 첫째, 해당 정책의제가 사회적으로 부정적인 이미지를 가지고 있거나 대상집단(policy target group)이 사회적 약자일 경우 정책문제로 고려될 가능성은 줄어든다. 둘째, 과학적으로 정책문제를

분석할 수 있는 인프라나 정책역량이 부족하기 때문이다. 셋째, 정책당국자의 경우 시급한 현안을 중심으로 다루므로 장기적으로 파급효과가 큰 정책은 적극적으로 고려하지 않는다. 넷째, 수반되는 업무과부하와 정치적 갈등 때문에 의도적으로 회피하는 경향이 있다. 또한 어떤 사회문제를 정부의제로 채택할 경우 유관집단 사이에 격렬한 갈등이 발생할 가능성이 있다면 정부는 이를 의도적으로 회피한다. 정치적 부담이 큰 정책의제의 경우 '비난회피'(blame avoid) 성향에 따라 정부가 이를 의도적으로 무시하려는 유인을 가진다.

|제 5 장| 정책결정론(1)-합리적 · 분석적 정책결정

개 요

정책의제가 설정되고 나면 정책문제의 본질을 파악해서 문제의 해결이나 완화를 위한 정책수단을 마련하는 활동에 들어가게 된다. 정책문제의 파악을 통한 목표의 설정과 수단을 마련하는 활동을 정책결정이라고 한다. 정책결정은 정책학의 발전과정에서 학자들에 의해 가장 먼저 주목을 받아, 탐구되어 온 활동이다. 정책결정은 본질적으로 정치적인 요소와 분석적인 요소가 결합된 활동이라고 볼 수 있다. 그러나 정책결정이 합리적으로 이루어지기 위해서는 분석적인 요소가 강조되어야 한다. 정치적인 이해관계를 떠나 문제의 본질을 체계적으로 분석하고 문제해결을 위한 가장 최적의 대안을 선택할 수 있는 논리와 방법을 활용해야 하는 것이다. 이것이 정책분석의 핵심이다.

이 장에서는 정책분석이 왜 필요한지, 그리고 정책분석의 논리적 절차와 구체적인 방법은 무엇인지를 살펴보게 될 것이다. 정책문제의 정의와 정책목표의 설정, 정책대안의 탐색방법, 정책대안의 예측방법, 그리고 정책대안을 선택하는데 적용되는 기준 등이 합리적 정책결정을 위한 정책분석에서 다루어지는 구체적인 내용들이다. 이와 함께 분석적 정책결정의 논리와 방법이 가지고 있는 한계에 대해서도 살펴보게 될 것이다.

제1절 분석적 결정의 의의

1 분석적 결정의 의미와 대상

현대적 정책학이 미국에서 처음 시작될 때 가장 중요한 관심사는 "어떻게 하면 보다 합리적으로 정책을 결정할 것인가"였다. 정책의 내용은 주로 정책목표와 정책수단으로 구성되어 있으므로 합리적으로 정책을 결정한다는 것은 정책목표와 정책수단을 합리적으로 결정한다는 것을 의미하며, 이것을 흔히 합리적 정책결정(rational policy making) 또는 분석적 정책결정(analytic policy making)이라고 부른다. 그러나 현실의 정책결정은 결정과정에 참여하는 사람들의 이해관계나 정치적 영향력 등 정치적 요소의 작용에 의해 합리적이고 분석적인 요소의 고려가 소홀히 되는 경우가 많다. 분석적 결정론은 주먹구구식 결정이나 지나친 정치적 이해관계의 작용에 의한 정치적 결정이 아니라 과학적이고 체계적인 근거로 문제해결에 초점을 둔 정책결정을 할 수 있도록 지적인 정보를 제공하는데 의미가 있다.

그런데 초기의 의사결정론자나 정책분석론자들은 합리적·분석적 정책결정이 최선의 정책수단의 선택을 지칭하는 것으로 보고 바람직스러운 정책목표를 결정하는 것은 합리적·분석적 결정 활동에 포함되지 않는 것으로 생각하였다. 즉, 목표는 이미 결정되어 있기 때문에 여기에 대해서는 비판적 검토를 하지 않으며, 주어진 목표를 극대화하는 최선의 수단을 탐색·선택하는 작업이 합리적·분석적 결정이라는 주장이다. 그래서 이들은 합리적·분석적 결정이란 이미 주어진 정책목표를 명확화하는 것에서 출발한다고 보았다. 이 때문에 정책분석이 목표에 대한 비판적 검토를 소홀히 한다고 비판받아 왔던 것이다.

그러나 최근에 와서는 정책문제의 올바른 정의와 정책목표 자체의 타당성도 연구의 주요 대상이 되고 있다. 다만 정책목표의 합리적 결정자체보다는 목표결정에서 가장 핵심적 작업인 정책문제 정의의 올바른 수행을 위해서 정책문제의 분석에 초점을 두고 있는 것이다(MacRae and Wilde, 1985; Hogwood and Gunn, 1991; Dunn, 2009). 이와 같이 근래에 와서는 해결책에 대한 분석, 다시 말해 최선의 정책수단의 선택과 관련된 분석뿐만 아니라 정책문제의 분석도 정책분석의 중요한 대상이 되고 있다. 요컨대 분석적 결정은 정책문제의 분석과 해결책 즉, 수단의 분석을 핵심적인 대상으로 삼고 있다.

2 분석적 결정의 절차

정책분석을 수행하는데 있어 가장 보편적인 접근방법은 문제의 분석에서 해결책의 선택에 이르기 까지 일련의 단계로 나누어서 파악하는 것이다. 이러한 일련의 단계는 곧 합리적인 의사결정모형에서 제시되고 있는 것과 같다. 합리적 의사결정모형에 따르면, 합리적으로 정책문제를 해결하기 위해서는 다음과 같은 단계를 밟아야 한다.

첫째, 해결할 정책문제 또는 달성할 정책목표를 명확히 하고
둘째, 정책대안을 광범위하게 탐색 또는 개발하고
셋째, 정책대안이 가져올 결과를 예측하고
넷째, 정책대안의 결과를 비교·평가하고
다섯째, 최선의 정책대안을 선택하는 것이다.

이상의 다섯 가지 단계는 합리적·분석적 의사결정이 밟아야 할 단계로 널리 알려져 있는 것 그대로이다. 다만 '의사결정'에 대한 것이 '정책결정'에 대한 것으로 바뀐 것 외에는 본질적으로 아무런 차이가 없다. 합리적 의사결정모형에 제시한 다섯 가지 단계는 의사결정의 합리적·종합적 접근방법으로 불리는데, 현실의 의사결정에서는 이와 같은 접근방법을 그대로 따르는 것이 용이하지 않다. 이 때문에 점증적 접근방법을 사용하는 것이 현실적이라는 주장이 설득력을 얻고 있다. 그러나 점증적 접근방법이라고 해서 합리적 의사결정모형에서 제시하고 있는 일련의 단계적 분석이 완전히 무시된다고 볼 수는 없다. 차이가 있다면 점증적 접근방법은 합리적 종합적 접근방법에 비해서 다소 느슨한 형태의 단계적 분석을 요구하고 있다는 점일 것이다.

3 정책수단과 정책대안

앞에서 본 최선의 정책수단을 선택하기 위한 다섯 가지의 단계적 작업에서는 정책수단 대신에 정책대안이라는 용어가 사용되고 있다. 여기서 우리는 정책수단과 정책대안의 의미를 보다 정확히 이해할 필요가 있다.

정책수단은 논리적으로나 내용적으로 정책목표를 달성하는데 인과관계에 있다고 판단되는 제 수단을 말한다. 즉 정책목표가 결과가 되고 정책수단이 원인이 되는 관계이다. 정책수단은 정책목표와 인과관계에 있다고 판단되기 때문에 이들 간에는 목표-수단의 계층제를 이루게 된다. 다시 말해 최상위목표(궁극목표)를 제외한 목표들은 그 자신이 목표이기도 하면서 수단의 위치에 있게 되는 것이다. 이에 대한 자세한 예는 앞의 1장 3절에서 살펴본바 있다.[1)]

정책대안(policy alternative)은 채택가능한 여러 가지 정책들 하나하나를 지칭하는 용어이다. 이를 좀 더 구체적으로 보면 일정한 정책목표를 달성하기 위해서 여러 가지 정책수단을 채택할 수 있을 때, 정책목표와 이를 달성하기 위한 일정한 정책수단들의 배합 하나 하나가 정책대안이다. 예를 들면, 대도시의 교통문제를 해결하는 것을 정책목표로 하여 이를 달성하기 위한 정책수단으로 대중교통수단의 확대를 채택할 수 있을 때 이것이 하나의 정책대안이 되고, 동일한 정책목표달성을 위해서 도로의 신설・확대・포장을 정책수단으로 채택할 수 있을 때 이 목표와 수단의 조합(combination)이 또 하나의 정책대안이 된다. 이런 식으로 하나의 정책목표를 위해서 여러 가지 정책수단이 이용될 수 있다.

위의 예에서 보듯이 여러 정책대안 간의 근본적인 차이는 정책수단의 차이에 있는 것이 대부분이다. 그러나 엄밀하게 관찰하여 보면 서로 이질적인 정책수단이 채택되면 달성되는 목표의 내용이 조금씩 달라진다. 대중교통수단의 확대라는 정책수단을 채택하게 되면 교통문제 중에서 서민에게 가장 피해를 많이 주는 '만원버스의 고통'이라는 측면을 보다 중시하게 되고, 도로 신설・확장・포장이라는 정책수단은 승용차를 이용하는 시민들이 고통스러워하는 교통체증의 완화라는 정책목표에 보다 큰 영향을 미친다.

---

1) 정책집행수단 또는 실행적 정책수단을 말한다.

요약하면 일정한 정책목표달성을 위하여 하나의 정책수단만을 채택하는 것이 아니라 여러 가지 수단을 채택한다. 그리고 정책대안 하나하나가 지니고 있는 각각 다른 여러 가지 정책수단들이 정책목표의 여러 가지 서로 다른 측면들을(심지어는 서로 다른 정책목표들을) 내포하고 있다. 이러한 두 가지 사실을 종합적으로 보면 정책대안은 <표 5-1>과 같이 표현될 수 있다.

〔표 5-1〕 정책대안의 예

정책대안	정책목표의 측면	정책수단
A	1. 서민 출퇴근시 만원버스로부터의 고통 완화 2. 출퇴근시 교통체증완화	지하철 건설 버스 증차 도로 확장
B	1. 서민 출퇴근시 만원버스로부터의 고통 완화 2. 출퇴근시 교통체증완화	버스 증차 지하철 건설 도로 확장, 도로 건설
C	1. 출퇴근시 교통체증완화	도로 확장, 도로 신설 도로 포장, 다리 건설

위의 예에서 알 수 있듯이 정책수단의 종류와 실현수준의 차이에 따라서 달성되는 정책목표의 측면과 그 달성수준도 다르게 되며 이렇게 다른 정책수단과 정책목표의 배합 하나 하나도 정책대안이 된다.

또한 위의 예를 정책수단의 차이에 초점을 두고 파악하면 정책대안들 간의 차이를 알 수 있음을 쉽게 짐작할 수 있다. 이러한 이유 때문에 정책대안들을 검토할 때 보통 정책수단을 중심으로 검토하게 된다. 우리도 앞으로 정책대안들을 논의할 때 정책수단을 중심으로 검토하게 될 것이다. 그러나 정책수단의 내용 및 실현수준의 차이에 따라 정책목표의 내용 및 달성수준이 달라짐을 기억하고 있어야 한다.

제2절 정책문제의 분석 및 목표설정

1 정책문제 파악 및 분석의 의미

정책문제의 내용을 정확하게 분석하여 파악하는 것은 정책의 바람직한 결정을 위해서 필수적이다. 합리적인 정책결정의 첫 단계인 정책목표를 바람직하게 설정하기 위해서는 정책문제의 정확한 파악이 반드시 선행되어야 하기 때문이다. 정책목표에는 정책문제 해결을 내용으로 하는 소극적·치유적 목표와 새로운 것을 창조하려는 적극적·창조적 목표가 있다. 이들 두 가지 목표 중에서 앞의 것이 정책학에서 많이 논의되고 있으므로 우리도 이 치유적 목표의 바람직한 설정을 보기로 한다.

치유적(remedial) 정책목표는 정책문제의 해결을 목표로 설정한 경우를 말한다. 그러므로 어떠한 목표를 치유적인 정책목표로 설정하는 것이 바람직스러운가라는 질문은 어떠한 정책문제를 해결하는 것이 바람직스러운가라는 질문과 표리일체의 관계에 있다. 어떠한 정책문제를 해결하는 것이 바람직스러운지는 정책문제의 정확한 파악이 있은 후에야 판단할 수 있다. 정책문제의 정확한 파악은 정책목표의 바람직한 설정을 위해서 필수적일 뿐만 아니라 정책대안의 개발과 정책대안의 결과예측을 위해서도 불가결한 작업이다. 정책대안의 개발과 대안의 결과예측을 위해서는 모형(Model)을 작성하게 되는데 모형의 작성은 후에 보듯이 문제의 정확한 파악 없이는 불가능하다(Hogwood and Gunn, 1991).

정책문제는 문제 그 자체뿐만 아니라 문제의 원인, 그 문제가 미치는 결과 등 복잡한 양상을 지니고 있는 것이 일반적이다. 정책문제의 파악 및 분석은 여러 가지 복잡하게 얽혀 있는 문제를 요소별로 분해하여 체계적으로 식별하는 것을 말한다. 이렇게 정책문제를 요소별로 분해하여 체계적으로 식별함으로써 문제 해결책을 찾는 유용한 정보로서 활용할 수 있는 것이다.

2 정책문제 파악의 여러 측면

정책문제의 파악은 정책문제의 내용, 정책문제의 원인, 결과 그리고 이들 간의 인과관계를 규명하는 것을 의미한다. 이를 위해서 대략 네 가지 작업을 한다. 첫째는 문제내의 여러 측면을 개략적으로 파악하는 것이다. 둘째는 문제의 결과로서 문제의 범위, 크기, 강도를 통해서 문제의 심각성을 파악하고, 피해계층이나 집단을 파악하는 것이다. 셋째, 문제발생의 원인을 파악하고 문제의 원인과 결과간의 인과구조를 파악한다. 그리고 넷째로 이들의 문제가 미래에 어떻게 될 것인지도 파악하여야 한다. 이 네 가지 중에서 세 번째의 것은 정책수단의 선택에 특히 필요한 작업이며 나머지는 정책목표 결정에 필요한 작업이다.

정책문제의 파악을 위해서 문제의 내용을 분석하고 재정리하는 등의 과학적·체계적 작업을 흔히 정책문제의 분석이라 부른다. 이러한 분석은 문제의 올바른 파악을 위해서 필요하고 가능한 모든 방법을 동원하게 된다. 문제의 정확한 파악을 위해서 여러 영역으로 광범위하게 시야를 넓혀야 하고 문제의 결과를 파악하기 위해서도 여러 가지 분야에 미치는 중요한 피해를 빠뜨리지 않아야 한다. 또 문제가 변천해온 과정을 과거까지 거슬러서 파악해야 하며 이러한 역사적 분석이 있어야만 현재의 상황을 정확히 이해하게 되고 미래의 예측도 가능하게 된다. 문제의 분석을 통해서 문제의 내용이 정확하게 파악되면 이를 근거로 하여 '무엇이 문제인가'를 규정하는 문제정의가 있게 된다.

1) 정책문제의 개괄적 파악

정책문제는 여러 가지 요소, 즉, 문제의 원인, 문제 자체, 문제의 결과 등의 복합체로 구성되어 있다. 이러한 요소들 중에서 어느 것을 문제의 핵심으로 보는가는 사람에 따라서 달라질 수 있다. 예를 들면, 출퇴근시의 교통 혼잡 속에서 시간을 낭비한 결과로 해야 할 일을 못하게 된다든가, 만원 버스에 시달려서 생산성이 저하되고 신체적인 무리가 온다든가 하는 것은 문제의 결과로서 나타나는 것인데, 이것들을 문제의 핵심으로 생각하는 사람들이 많다. 한편 교통 혼잡의 원인으로서 도로폭이나 도로길이가 통행차량에 비해서 부족하다든가, 만원

버스의 원인이 승용차 등의 소형차량에 비해서 대중교통수단의 부족에 있다는 등의 원인파악도 문제파악에 매우 중요한 것으로서 이들을 문제의 핵심으로 생각하는 사람들도 있다.

이런 경우에 위의 두 가지 측면 중에서 어느 측면을 보다 심각한 문제로 인식하느냐는 사람에 따라 달라진다. 그러므로 문제의 파악에서 제일 먼저 수행하여야 할 작업은 정책문제들을 구성하고 있는 여러 가지 요소들을(또는 측면들을) 개략적으로 파악하는 것이다.

2) 정책문제의 결과파악

(1) 정책문제 피해집단의 파악

정책문제는 그것 때문에 피해를 보는 사람이 반드시 있다. 앞의 장에서 정책문제채택과정이 왜 정치성을 띠는가를 볼 때 자세히 살펴보았듯이 사회문제 때문에 피해를 보는 계층이 중심이 되어 사회문제를 정책문제로 전환시킨 것이 강요된 정책문제(pressed policy problem)인데, 정책문제로 인하여 피해를 보는 집단이나 개인은 정책문제의 측면에 따라 다르다. 예를 들면, 의료서비스상의 정책문제를 요소별로 보면 서비스의 낮은 질이 문제의 한 측면이고, 서비스의 비용(즉, 치료비)이 비싸다는 것이 문제의 또 다른 측면이다. 보통의 경우 고소득층에게는 질이 심각한 문제로 인식되고 저소득층에게는 비용이 더 심각한 문제로 인식된다. 이것은 각 측면이 발생시키는 피해가 다른 계층에게 서로 상이한 영향을 미치기 때문이다.

정책문제의 방치로 인하여 피해를 입는 집단을 파악하여 보면 지역별로 특정지역에 집중되는 수도 있고 사회계층별로 특정계층에 집중되는 수도 있다. 정책문제로부터 피해를 입는 집단은 보통 정책문제의 해결을 위해서 정부의 노력을 요구하게 되는데, 이들의 노력은 정책의제설정 때부터 시작된다.

(2) 정책문제의 심각성 파악

정책문제의 규모·정책문제의 범위·피해의 강도, 이 세 가지가 정책문제의 심각성 또는 중요성을 좌우하는 요인이 된다. 여기서 정책문제의 규모는 그 문제로 인하여 피해를 보는 사람들의 수를 의미한다. 정책문제의 범위(scope)는 정책문제가 피해를 입히는 사회분야의 수를 의미한다. 그 정책문제로 인하여 피해 입은 분야가 많으면 정책문제의 범위가 크다고 말할 수 있다. 일반적으로 경제에 관련되는 정책문제가 중시되는 이유는 그 정책문제로 인해 영향을 받는 사회분야의 수가 광범위하기 때문이다. 불경기가 심각한 경제문제는 기업도산과 실업을 유발하고, 이들은 가정파탄, 청소년범죄, 각종 복지비 증가로 인한 재정적 어려움 등등의 문제들을 파생시킨다.

정책문제의 심각성을 좌우하는 세 번째 요인은 정책문제가 가져오는 피해의 강도이다. 아마 이것이 가장 중요한 요인이 될 것이다. 이 요인은 두 가지 서로 다른 요소로 분해될 수 있다. 하나는 정책문제로부터 발생되는 피해의 강약에 관한 것이고 다른 하나는 피해 영역의 중요성에 관한 것이다. 정책문제로부터 발생되는 피해의 강약은 가치파괴의 정도를 의미하고, 피해 영역의 중요성은 파괴되는 가치의 중요성을 의미한다고 볼 수 있다. 그런데 파괴되는 가치의 중요성 판단은 극히 주관적인 것이어서 이를 파악하는 사람의 가치관에 따라 달라질 수 있다.

3) 정책문제의 원인파악

정책문제는 여러 가지 요소, 즉, 문제의 원인, 문제 자체, 문제의 결과 등의 복합체로 구성되어 있음을 앞에서 언급하였다. 우리가 문제의 원인을 정확하게 규명할 수 있다면 그 원인을 제거하거나 완화하면 문제가 해결되거나 완화될 것으로 예측할 수 있다. 그렇기 때문에 정책문제의 해결이나 완화를 위해서는 문제의 원인을 정확하게 규명하는 것이 매우 중요하다. 그러나 정부가 해결해야 할 정책문제의 경우, 문제를 유발한 원인이 매우 복잡다양하고 또 상황의 변화에 따라 유동적이기 때문에 그 원인을 정확하게 규명하기가 쉽지 않다.

정책문제를 유발한 원인은 크게 3가지로 구분될 수 있다. 가능성 있는 원인(possible causes)과 개연성 있는 원인(plausible causes), 그리고 행동가능한 원인(actionable causes)이 그것이다. 가능성 있는 원인은 직접적이건 간접적이건 문제상황의 발생에 기여하는 가능한 모든 사건이나 행위를 말한다. 개연성 있는 원인은 과학적 연구나 직접적인 경험에 근거해서 문제라고 판단되는 상황의 발생에 중요한 영향을 끼쳤다고 믿어지는 원인이다. 한편 행동가능한 원인은 정책결정자가 통제 또는 조작가능한 대상으로 삼을 수 있는 원인으로 정책문제 해결에 직결되는 원인으로 확인된 것을 말한다.

앞에서 언급한 개연성 있는 원인이나 행동가능한 원인을 중심으로 정책문제를 문제상황과 관련된 원인과 결과의 측면에서 이들 간의 인과관계를 식별할 수 있다. 이러한 인과관계의 식별을 위해 정책문제의 구조(structure of policy problems)를 간단히 살펴 볼 필요가 있다. 이것은 본질적으로 사업구조(program structure)나 정책목표와 수단의 계층구조와 동일한 성격을 지니는 것으로 다음과 같은 예를 생각할 수 있다.

〈그림 5-1〉 정책문제의 인과구조

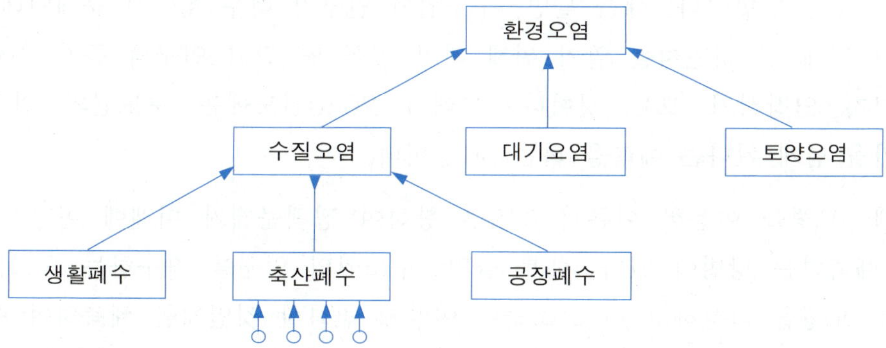

<그림 5-1>의 예에서 볼 수 있듯이 정책문제의 인과구조는 정책수단의 탐색이나 정책대안의 결과예측을 위해서 가장 핵심적인 도구로서의 역할을 하게 된다. 즉 정책문제의 원인을 파악하는 것은 정책수단의 합리적 결정을 위해서, 그리고 정책문제의 결과를 파악하는 것은 정책목표의 바람직한 설정을 위해서 필수적인 작업이다.

4) 정책문제의 미래예측

정책은 원래 미래지향적이다. 지금 결정된 정책이라도 그것이 집행되기 위해서는 시간이 필요하므로 결국 정책의 효과는 미래에 나타나게 된다. 그러므로 정책이 달성하고자 하는 정책목표도 미래에 그 달성이 필요한 것이어야 의미가 있다. 치유적 정책목표의 경우에는 정책문제의 해결이 그 내용이 되므로 어떠한 특정 정책문제가 미래에도 해결되어야 할 필요성이 있어야만 그것의 해결을 목표로 삼을 필요가 있게 된다.

한 마디로 말하여, 내버려두면 곧 자동적으로 해결될 수 있는 정책문제를 대상으로 정책을 결정할 필요는 없는 것이다. 그러므로 어떤 정책문제가 앞으로 어느 정도 심각할 것인지(피해규모, 범위 및 강도)를 예측하는 것은 정책문제파악의 중요한 일부분이다. 정책문제가 미래에 어느 정도 심각할 것인지를 예측하는 방법은 일반적인 미래예측방법과 다를 바 없다. 일반적으로 사용하는 3가지 예측 방법을 간단히 언급하면 다음과 같다.

첫째, 과거 추세를 연장(extrapolation)하는 방법이다. 이것은 과거 몇십 년간의 상태가 미래에도 계속될 것이라는 가정 하에서 과거의 변화추세를 미래에 연장시켜 보는 방법이다. 예를 들면, 수도권의 인구가 너무 많아서 문제인데 미래에는 어떻게 될 것인지를 알기 위해 과거 몇십 년 간의 인구의 증가 추세를 미래에까지 연장시켜 보는 것이다. 그래서 2030년도에는 수도권의 인구가 2,500만을 넘게 된다는 예측을 하는 것 등이다.

둘째, 모형을 이용한 이론적 추정을 통하여 정책문제가 미래에 어떻게 될 것인지 예측하는 방법이 있다. 예를 들면, 수도권의 인구를 좌우하는 요소들을 내용으로 모형을 작성하고 이 요소들이 어떻게 변화할 것인지를 예측하여 수도권의 인구를 예측하는 것이다. 모형에 대해서는 제4절 "정책대안의 결과예측"에서 자세히 검토할 것이다.

정책문제의 미래예측을 하는 세 번째 방법은 전문가의 주관적 판단에 의존하는 것이다. 즉, 어떤 분야의 전문가들에게 그 분야의 정책문제가 미래에 어느 정도 심각해질 것인지 질문하여 이들의 판단을 이용하는 것이다. 이런 경우에는 흔히 전문가들의 의견을 종합하는 델파이 방법(delphi method)을 이용한다.

3 정책문제의 여과

1) 문제여과의 필요성

정책문제의 파악은 앞에서 보았듯이 많은 노력과 시간 및 경비가 소모된다. 그러므로 모든 문제에 대해서 이러한 정밀분석을 할 수는 없고, 할 필요도 없다. 뿐만 아니라 일단 문제분석이 끝난 후에도 그 문제 해결을 위한 최선의 정책대안을 선택하기 위해서 분석은 진행되어야 하고 여기에도 노력 · 시간 · 경비가 소모된다. 그러므로 중요한 문제만을 골라서 문제의 분석, 대안의 분석을 진행시키는 것이 바람직하다.

일상적인 문제는 프로그램화된 결정절차에 따라서 비교적 비분석적으로 결정하고, 새롭고 중대한 문제는 분석적 결정이 바람직하다는 것은 Simon(싸이몬)이후 널리 인정되고 있다. 점증주의자의 대표자인 Lindblom(린드블롬)마저도 초기의 입장을 바꾸어 후기에는 중대한 문제는 전략적 분석으로 해결하고 그렇지 않은 것들은 점증주의적 방법에 의해서 해결할 것을 주장했다. Etzioni(에치오니)는 이보다 일찍이 혼합적 방법(mixed scanning)을 주장하여 기본적인 문제와 그렇지 않은 문제를 다르게 취급할 것을 강조하였다.

2) 문제여과의 기준

여러 가지 문제를 검토하여 보다 정밀하게 분석할 문제와 그렇지 않은 문제를 분류하여 전자만을 골라내는 작업을 문제여과(issue filtering)라고 부른다. 그러면 어떠한 문제를 골라내어야 하는가? 문제여과 또는 분류의 기준은 크게 세 가지로 나눌 수 있다.

(1) 문제의 중요성과 분석적 결정의 이점

가장 중요한 기준은 분석적 문제파악과 분석적 정책결정이 그렇지 않은 경우에 비해서 장점이 있느냐, 또는 바람직 하느냐이다. 이것은 문제의 특성에 따라 달라진다. 문제가 중대하고, 복잡하며, 불확실할수록 분석적 결정의 이점과 필요성이 크다고 볼 수 있다.

먼저 문제가 중대하면 정밀하게 파악하고 분석적인 결정을 해야 한다. 무엇이 중대한 문제인가를 판단하기 위해서는 세 가지를 검토해야 된다. 첫째는 문제의 심각성(앞에서 보았듯이 피해자의 수, 피해 가치의 광범위성, 피해의 강도 등)이 큰 것이 중대한 문제이다. 둘째는 대규모의 사업이 필요한 문제와 같이 정책비용의 규모가 큰 경우이다. 이런 경우는 문제자체가 심각한 경우가 많지만 그렇지 않은 경우도 있다. 셋째는 문제해결 자체가 가져올 다음 결정에 대한 영향의 크기이다. 많은 정책과 관련되거나, 중요한 선례 또는 지침이 될 수 있는 결정을 초래하는 문제는 정책결정 주체의 입장에서 중요한 문제라고 볼 수 있다.

다음으로 복잡한 문제를 비분석적으로 파악하고 주먹구구식으로 해결책을 마련하면 커다란 피해가 있을 수 있기 때문에 정밀한 분석과 분석적 대안비교가 필요하다고 할 수 있다. 한편 자료가 부족하거나 지식이 부족하여 문제의 성격이나 결과가 불확실한 경우도 마찬가지이다.

(2) 분석의 활용가능성

분석적으로 문제를 파악하고 정책대안을 비교·평가해도 분석결과를 정책결정에 활용하지 못한다면 분석에 소요된 노력·경비·시간은 낭비가 될 뿐이다. 분석이 활용되느냐는 정치풍토와 권력구조 등에 크게 영향을 받고 분석의 질에도 영향을 받게 된다. 그러나 이러한 조건이 좋아도 서로 연관된 다음과 같은 요소가 또한 분석의 활용가능성을 제약한다.

선택의 여지가 없다면 분석은 소용없게 된다. 많은 정책대안들이 있고 이 중에서 어느 것을 선택해야 좋을지 모를 때 문제를 정밀하게 파악하고 최선의 대안을 찾아내는 분석적 노력이 환영받게 되는 것이다. 만약 정책결정자에게 정책문제 자체의 성격에 대해서 이미 확고한 인식이 있거나, 최선의 정책대안에 대해서 참여자들 간에 사전적인 합의가 있으면 분석적 문제파악과 대안선택은 쓸모없게 된다.

(3) 분석의 실시가능성

현실적으로 분석이 실시되기 어려운 경우에는 분석적·체계적 문제파악이나 합리적 대안선택도 불가능하다. 크게 두 가지 원인 즉, 기술적 제약과 정치적 민감성 때문에 분석이 실시되기 어렵다고 여겨진다. 먼저, 기술적 제약은 시간·경비·능력이 부족한 경우를 말한다. 이 중에서 경비와 능력은 노력 여하에 따라 해결될 수 있으나 시간은 특히 문제가 된다. 시급하게 결정을 내려야 할 경우에는 분석적인 문제파악·대안선택이 어렵게 된다. 그러나 이때에도 중대한 문제는 일단 잠정적인 결정을 한 후에 시간적 여유를 가지고 분석적인 해결을 위해서 노력하여야 한다.

다음으로 정치적 민감성은 정치적으로 쟁점화하기 쉽고 강력한 정치세력들 간에 갈등을 일으키고 있거나 정책결정 집단에게 피해를 주기 때문에 현실적으로 문제데 대한 객관적·체계적 분석자체가 불가능한 경우를 말한다. 이런 문제는 아무리 중대한 문제라도 분석적 문제파악이나 분석적 대안검토·비교가 불가능하고 비록 그것이 가능하다 하더라도 분석결과가 현실의 정책결정에 활용되지 못할 가능성이 크다.

정치적으로 민감한 문제는 보통의 경우 중대한 문제이기 때문에 이들을 분석적 결정의 대상에서 제외하게 되면 모순에 빠진다. 중대한 문제는 합리적·분석적 노력에서 외면당하고 보잘 것 없는 문제를 위해서 시간·노력·경비를 소모하게 되는 결과가 되는 것이다. 그러므로 중대한 문제에 대해서는 정치적 저항이나 반대를 무릅쓰고 분석적 해결을 위해서 노력하여야 하는 것이다.

4 정책문제의 정의

1) 정책문제 정의의 의미

정책문제의 분석을 통하여 그 내용이 파악되면 정책문제의 정의가 있게 된다. 정책문제정의(definition of policy problem)는 정책문제의 내용을 규정하는 행위, 활동 또는 과정(행위나 활동의 종합으로서의)을 의미한다. 즉 정책문제의 구성요소(components), 원인(causes), 결과(consequences)등의 내용을 규정하여 '무엇이 문제인지'를 밝히는 것이다.[2)]

정책문제정의는 첫째, 정책목표, 정책수단 등 정책 내용의 테두리를 일차적으로 결정하기 때문에 극히 중요하고, 둘째, 앞의 첫 번째 이유 때문에 정치적 갈등·타협의 대상이 되며, 셋째, 이러한 이유와 더불어 문제인지(problem recognition) 자체의 주관적 성격 때문에 현실의 정책문제정의는 극히 다양하고 개인에 따라 다르게 된다. 넷째, 그러므로 바람직스럽게 문제를 정의하는 것은 소망스러우면서도 어렵기 때문에 가능한 모든 방법을 동원하여야 한다.

2) 학자에 따라서 문제정의의 의미를 전혀 다르게 보는 경우도 있고, 강조점이 달라지기도 한다. 그리고 많은 경우에는 문제분석·파악·정의를 거의 같은 뜻으로 사용하고 있다. 그래서 이하의 논의는 여러 학자들의 견해가 종합된 것이다(MacRae and Wilde, 1985; Hogwood and Gunn, 1991; Dunn, 2009). 한편 문제의 구성요소, 원인, 결과는 그렇게 명백히 구분되는 것이 아니다. 원인·결과 모두가 문제의 구성요소라고 볼 수도 있다. 이것은 앞에서 본 문제의 구조에서 보아도 알 수 있는 것이고 앞으로 모형에서도 보게 될 것이다. 그러나 여기서는 일단 다음과 같이 인위적으로 생각할 수 있다. 즉, 교통문제의 구성요소는 만원버스, 교통혼잡 등이고 원인은 인구증가, 대중교통수단의 부족, 도로폭의 협소, 교량의 부족 등이며, 결과는 피로, 시간낭비 등이다.

2) 정책문제 정의의 중요성과 정치성

정책문제의 정의는 다음 세 가지 점에서 보듯이 정책의 내용을 어느 정도 규정하기 때문에 극히 중요하다.

첫째, 정책문제의 해결을 목표로 삼는 치유적 정책목표의 경우에는 해결할 정책문제를 확정하는 것이 바로 정책목표를 결정하는 것과 동일하다. 즉 정책문제를 정의한다는 것은 치유적 정책목표를 결정하는 것이나 마찬가지의 이야기가 된다. 정책문제의 본질적 요소나 문제의 결과에 대한 정의가 정책목표와 직결된다.

둘째로 정책문제의 정의는 그 자체 속에 정책수단을 내포하고 있다. Lineberry(라인베리)의 주장대로 일정한 문제정의는 스스로의 정의 속에 자신의 해결책을 내포하고 있다(Lineberry, 2000). 정책문제의 원인이 무엇으로 규정되는가에 따라 채택될 정책수단의 테두리가 결정되기 때문이다.

셋째로 위의 두 가지 이유 때문에 정책문제의 정의가 어떻게 되느냐에 따라 갈등관계나 경쟁관계에 있는 제 목표와 정책수단의 우선순위를 암암리에 표시한다. 즉 정책문제가 어떻게 정의되는가는 정책우선순위를 알 수 있는 첫 번째 신호가 되는 것이다.

위의 세 가지 성격을 보면 정책문제의 정의가 정책내용을 1차적으로 규정하는 것임을 쉽게 알 수 있다. 이러한 성격 때문에 문제정의 자체는 정책결정의 가장 중요한 측면의 하나가 된다.[3] 이와 같이 정책문제의 정의, 원인이나 결과의 규정은 정책의 내용을 일차적으로 결정하므로 많은 사람들의 이해와 관련이 되고 따라서 합의를 보기가 힘들며 정치적 활동의 대상이 된다. 정책문제의 심각성에 대해서는 표면상의 합의가 가능한 경우라 할지라도 문제의 범위, 원인, 해결책에 대해서는 의견의 일치를 보기 힘든 경우가 많다.

3) 정책문제의 객관적 실체와 주관적 정의

정책문제의 정의는 주관적 성격이 강하기 때문에 사람에 따라 다르다. 앞의

3) Lindblom은 그래서 정책결정자가 정책문제를 형성하여야 하며, 이는 분석으로서 결정할 수 없는 작업이라고 하고 있다(Lindblom and Woodhouse, 1992). 관련자의 정치적 활동이나 투쟁의 대상이 되기 때문에 분석으로서 결정할 수 없는 작업이라는 것이다.

예에서 보듯이 정책문제의 핵심적 내용을 정의할 때는 사람에 따라 정책문제의 서로 다른 측면 중에서 하나 또는 몇 개를 동시에 지적하는 경우가 대부분이다. 사람에 따라 정의하는 정책문제의 내용이 달라지는 현상은 보다 일반적인 현상인 문제의 주관성 또는 문제정의의 주관성 때문에 발생하는 것이다. 정책문제의 정의가 지닌 주관성은 <그림 5-2>에 요약되어 있다.

객관적 문제상태는 현존하거나 앞으로 발생하리라고 예상되는 상태를 표시하는 것으로 흔히 문제상황(problem situation)이라고 부른다. 교통이 혼잡하다거나 강물이 오염되어 있는 상태들이 그 예이다. 이렇게 객관적으로 존재하는 문제상태는 여러 가지 원인에 의해서 끊임없이 변화하고 시간이 오래되면 크게 변동한다.

〈그림 5-2〉 정책문제의 객관성과 문제정의의 주관성

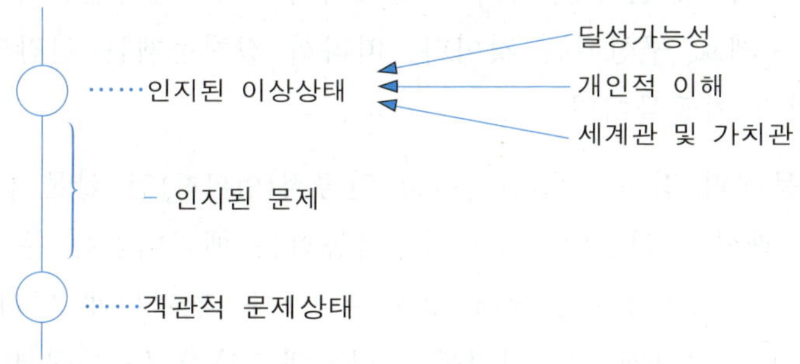

인지된 이상상태와 객관적 문제상태의 차이가 사람들에게 인지된 문제이다.[4] 이때 어느 개인에게 인지된 문제가 그 개인에 의하여 문제의 내용으로 규정되는 것이다. 그래서 정책문제의 정의는 결국 인지된 정책문제가 무엇인가를 밝히는 활동인 것이다.

인지된 이상상태는 사람에 따라서 다르다. 사람에 따라서 인지되는 이상상태가 다르고 이 때문에 정책문제의 정의가 달라지는 것이다. 정책문제정의의 주관적 성격은 주로 인지된 이상상태의 차이 때문에 발생하게 된다. <그림 5-2>에

4) 흔히 바람직스러운 상태와 현상의 차이라고 한다(MacRae and Wilde, 1985; Dunn, 2009). 그러나 객관적 문제상태는 현존하는 상태만이 아니라 미래에 나타나리라고 예상되는 상태도 의미함은 이미 보았다.

서는 인지된 이상상태의 수준을 좌우하는 요인으로 세 가지를 표시하였는데 이 중에서 달성가능성을 제외한 나머지 두 가지 요인이 사람에 따라 커다란 차이를 나타낸다. 그래서 인지된 이상상태가 사람에 따라서 달라지는 이유는 크게 두 가지 요인, 즉 개인적 이해관계와 개인의 선입견, 편견, 가치관 또는 신념 등으로 볼 수 있다.

이처럼 문제의 정의는 극히 주관적이므로 우리가 인지하고 있는 문제자체도 극히 주관적이다. 이것을 정책문제의 주관성(subjectivity of policy problem)이라고 부르기도 하고 또한 다른 각도에서 파악하면 문제라는 것은 개인적 판단의 산출물이라고 볼 수 있기 때문에 정책문제의 인공성(artificiality of policy problem)이라고 부르기도 한다(Dunn, 2009). <그림 5-2>에서 보듯이 실존하는 객관적 문제상태 자체가 아니라 이것을 한쪽 끝으로 하고 이상상태를 다른 쪽 끝으로 하여, 그 양끝 사이의 차이를 문제로 인지하기 때문에, 전자의 객관적 상태에 대한 인간의 사실판단과 후자의 이상상태에 대한 가치판단이 복합하여 우리의 머리 속에 문제로 구성되는 것이다. 따라서 정책문제는 인간의 판단에 의하여 구성된 인위적 가공물이다.

앞에서 정책문제의 정의는 주관적이고 인공적(인위적)인 산물이라고 하였다. 그러면 이러한 주관성과 인공성(인위성)이 작동하는 메카니즘은 무엇인가? 이에 대한 설명을 우리는 프레임 이론에서 찾을 수 있다. 간단하게 말하면 프레임은 세상을 보는 틀이다. 일반적으로 사람들은 나름대로의 틀을 통해서 현실을 인식하게 된다. 프레임은 우리가 현실을 이해하고 판단하는데 작동하는 가이드라인으로 프레임에 따라 받아들인 정보를 토대로 현실을 재구성한다. 따라서 구체적인 문제해결과정에서 프레임이 무엇인가에 따라 문제의 성격이 각각 다르게 정의되고 이를 입증하기 위한 각기 다른 차원의 자료가 동원된다. 결과적으로 프레임은 특정문제에 대한 접근방식을 규정함으로서 첫째, 그에 따른 문제의 진단과 정의가 달라지고 둘째, 문제해결 대안이 달라지며 셋째, 이러한 대안을 실현하기 위한 동기부여방식까지도 결정하게 되는 것이다. 이와 같이 프레임이 달라짐에 따라 판단이나 선택이 변하는 것을 '프레이밍 효과(framing effect)'라고 부른다. 프레이밍효과를 우리말로 '틀짜기 효과'라고 부르기도 한다.

Behind Story 5-1 **Framing 효과 (Framing Effect 또는 Bias)**

A 날씨가 포근해 졌네요
B 아마 20도 쯤 될 걸

A 꽃도 무척 예쁘네요
B 완전한 봄이 왔구만

A 달이 아주 밝네요
B 보름이겠지

A는 문과지망생이고 B는 이과지망생이라 생각할 수도 있고, A는 다정다감한 학생이고 B는 무뚝뚝한 학생이라고 볼 수도 있다. 어쨌든 동일한 현상을 보면서 전혀 다른 생각을 하는 것이다.

삼국지에 조조가 동탁의 폭정에 반대하다가 도망을 치면서 벌어진 사건 이야기가 나온다. 도중에 아버지의 친구 집에 들어가서 잠시 쉬는데, 너무나 황급하고 힘들게 도피를 하였기 때문에 초저녁에 저녁도 먹지 않은 채 잠이 깜빡 들었다. 그런데 바깥에서 이상한 소리가 나서 같이 도피하던 동료가 조조를 깨웠다. 칼을 가는 소리도 들리고, 〈밧줄로 단단히 묶어야 한다〉는 등의 소리였다. 놀란 조조는 동료와 같이 뛰어나와서 어둠속에서 바깥의 사람들을 마구 쳐 죽였다. 한참 후에 불을 켜 보니 옆에 돼지 한 마리가 앞다리만 묶인 채 뒹굴고 있고, 돼지 잡기 위한 칼이 놓여져 있었다. 자기들을 대접하기 위하여 저녁 술상 준비를 하고 있었음이 틀림없었다.

조조 일생에서 가장 치명적인 실수를 한 사건이다. 정사 삼국지에 보면, 조조가 하늘을 쳐다보면서 처절하게 부르짖는 장면이 나온다. 〈내가 남을 버리드라도 남은 나를 버리지 못하게 하겠다〉라면서... 자신의 비인간적인 실수를 자책하는 조조의 절망적인 심정이 표출 된 말이다. 소설 삼국지에서는 조조가 자신의 잘못을 억지로 정당화하고 자신에게 은혜를 베픈 사람들도 무자비하게 살해하는 모습으로 그려내고 있지만, 이것은 사실과 다를 것이다. 더욱이 소설에서는 바깥에 나가 술을 사오던 은인까지 후환을 없애기 위하여 죽인다고 쓰고 있지만, 이것은 전혀 사실이 아니다. 소설에서는 한 나라의 부활을 위하여 약한 힘으로 강자인 조조에게 굴복하지 않는 유비와 제갈량 등을 미화하기 위하여 반대편인 조조를 악인으로 그려내고 있지만, 전체적인 상황을 보면, 지나치게 조조를 폄하한 것이다.

객관적인 실체를 보지 못하고 자신이 지닌 편향된 시각으로 현상을 일정한 틀 속에 집어넣어 인식하는 경향을 프레이밍 효과, 또는 프레이밍 편기(bias)

라고 한다. 그리고 인간은 누구나 이러한 틀을 가지고 현상을 파악한다. 다만 좀 더 객관성을 지니고 전체를 파악하는 틀을 지닌 사람이 있는가 하면, 자신의 편견에 사로잡힌 틀을 지닌 사람들도 있다. 달구경하는 이야기와 같은 편향된 인식은 문제를 일으키지 않지만, 조조와 같은 편견을 지닌 행동은 엄청난 비극을 만들 수도 있다. 국가의 정책을 결정할 때는 정책주도자들의 정책신념이나 통치이념이 틀 속에 집어 넣는 내용을 결정하는 요인인데, 사실을 편향된 시각으로 판단하여 정책실패를 초래하는 경우가 흔히 있다.

4) 바람직한 정책문제의 정의

정책문제가 주관적 · 인공적이면 사람에 따라서 정의한 문제의 내용이 다양하게 된다. 이해관계를 가진 정책대상집단, 일반대중, 전문가, 정책결정자의 주장이 각각 다를 수 있다. 이러한 경우에 누가 인지한 내용을 정책문제의 핵심으로 보아야 하는가? 이 질문에 대한 일반적인 답변은 없다. 상황에 따라서 다르기 때문이다. 그러나 두 가지 명백한 사실에 대해서는 주의할 필요가 있다.

첫째, 정책분석을 통하여 정책결정에 도움을 주려고 하거나 정책평가를 하는 경우에 정책분석가나 전문가가 독자적으로 정책문제의 내용을 정의해서는 안 된다는 것이다. 정책문제정의는 주관적인 가치판단에 의해서 결정적인 영향을 받게 되므로 분석가의 편견이나 가치관 · 세계관이 규정되는 문제의 내용을 지배하게 되기 때문이다.[5)]

둘째, 문제정의는 국가 · 사회전체, 또는 국민전체의 입장에서 이루어져야 한다. 이것은 위의 첫 번째 논의에서도 알 수 있듯이, 문제정의의 주관성에서 당연히 나오는 결론이다. 이러한 기준에서 보면 정책결정자의 문제정의도 바람직스럽지 못한 경우가 있다.

국민전체 또는 국가 · 사회전체의 입장에서 바람직한 정책문제를 정의하려면 무엇을 어떻게 해야 하는가? 이를 위해서는 전술한 분석적 목표설정의 논리를 적용해야 할 것이다. 즉, 정책문제에 대해 정확한 파악을 한 후에, 가장 중요한 문제의 구성요소들을 확인하고 이들의 원인이 명백하게 규정되면 바람직하게 문

5) 이것이 많은 정책분석학자들이 공통적으로 지적하고 있는 점인데, 진보적 · 급진적 학자들에 의해서 최근 비난받고 있는 부분이다. 여하튼 정책분석론자들은 실제 정책문제나 다른 사람들이 정의한 정책문제 그리고 분석가의 문제를 구분하면서 논의하고 있다.

제가 정의되었다고 볼 수 있다.

그러나 실제에서는 문제의 파악에 필요한 정보가 부족하고 중요성 판단에서 편견이나 선입견이 작용하기 때문에 문제를 잘못 정의하는 경우가 많다. 이것을 흔히 'Ⅲ종 과오'(Type Ⅲ Error)라고 부른다. 이 오류는 문제의 구성요소 중에서 해결하고자 하는 것을 잘못 선택한 것을 의미한다.[6] 예를 들면, 사회전체의 입장에서 보면 수도권 지역의 주택공급문제가 더욱 심각하고 중요한데도 불구하고 주택투기억제 문제를 가장 중요한 핵심으로 보고 이를 해결하려고 하는 경우와 같다. 이처럼 Ⅲ종 과오는 잘못된 문제정의가 잘못된 정책목표 결정으로 연결되는 현상을 잘 나타내 준다. 아래에서 보겠지만, 이런 경우에 정책목표가 적합성을 잃었다고 한다.

5 정책목표의 설정

1) 정책목표의 설정과 평가기준

정책을 통하여 해결해야 할 정책문제를 정의하는 것은 바로 정책이 달성하고자 하는 정책목표(물론 치유적 목표이다)를 일차적으로 규정하는 것과 동일한 것이다. 정책목표는 정책을 통해서 달성하고자 하는 바람직한 상태를 의미한다. 정책목표는 정책을 통해서 실현하고자 하는 이상적인 상태로서 정책의 존재이유가 된다. 어떤 정책을 왜 추진하고 있는가를 살펴보면 결국 그 정책이 달성하리라고 믿고 있는 정책목표가 1차적 이유가 된다. 그러므로 어떠한 정책목표를 달성하고자 하는가에 따라서 정책의 내용(즉, 정책수단을 포함한 모든 것)이 달라진다.

정책목표를 결정하는 것은 우리가 정책을 통해서 무엇을 달성할 것인가를 결정하는 것이므로 여행을 떠날 때 목적지를 결정하는 것이나 마찬가지이다. 말하자면 정책목표는 정책의 길잡이가 되는 것이다. 그러므로 바람직한 정책의 결정을 위해서 바람직한 정책목표를 결정하는 것이 가장 중요한 단계라고 생각할 수 있다. 바람직한 정책목표는 그 실질적 내용면에서 두 가지의 속성을 지녀야

---

6) Dunn은 Raiffa의 지적을 그대로 소개하고 있는데 '잘못 선택된 문제를 해결하는 것'(solving the wrong problem)이 Ⅲ종 과오라고 하고 있다(Dunn, 2009).

한다. 그래서 이 두 가지 속성은 정책목표의 소망성(desirability)을 평가하는 기준이 된다. 이들은 바로 적합성과 적절성이다.

정책목표의 적합성(appropriateness)은 달성할 가치가 있는 여러 가지 목표들 중에서 가장 바람직한 것들을 목표로 채택했는지의 여부를 의미한다. 문제해결을 내용으로 하는 치유적 목표의 경우에는 해결될 가치가 있는 여러 가지 문제요소들 중에서 가장 중요한 문제요소를 해결할 것으로 결정했는지의 여부를 뜻하는 것이다. 그러므로 이 적합성은 문제정의와 표리일체의 관계에 있다. 인플레의 해결이 보다 시급한데 고용증가를 우선목표로 결정하게 되면 이 경제정책의 목표는 적합성이 없는 것이며 경제문제의 핵심을 실업문제로 정의하면 III종 과오를 범하는 것이다.

정책목표의 적절성(adequacy)은 정책목표의 달성수준이 지나치게 높거나 낮지 않고 적당한 수준인지의 여부를 의미한다. 먼저 정책목표는 지나치게 낮은 수준이 아니라 원래 의도하는 효과(또는 문제 때문에 발생하는 피해의 제거)를 얻을 수 있도록 충분한 수준이어야 한다. 그리고 다음으로 목표달성을 위해서 지나치게 많은 비용이나 희생이 지불되어서는 안 된다. 예컨대, 1년의 물가상승이 20% 정도인 인플레를 연 18% 수준으로 억제하겠다는 목표는 충분한 수준이 아니므로 적절한 것이 못되고 연 5% 이내로 억제하겠다는 것은 과도한 수준이기 때문에 적절성을 잃게 된다.

정책목표의 적절성은 목표달성 수준에 관한 것으로 문제정의에서는 뚜렷이 부각되는 것이 아니다. 그러나 목표의 적합성은 바로 올바른 문제정의가 있어야 보장되는 것으로 목표설정과 문제정의의 공통적인 속성이 되는 것이다.

2) 바람직한 정책목표의 설정방법

다수의 정책목표들이 한정된 자원으로부터 보다 많은 양을 획득하기 위해서 경쟁하게 될 때는 동일한 자원으로써 보다 많은 효과를 얻을 수 있는 목표를 우선시해야 함은 당연하다고 볼 수 있다. 환언하면, 일정한 자원의 투입으로부터 보다 많은 효과를 얻을 수 있는 목표를 우선적으로 설정하는 것이 바람직스럽다고 볼 수 있다. 이것은 능률성을 기준으로 목표들의 우선순위를 결정함을 의미한다. 그러나 목표들 간의 우선순위를 결정하는 데에는 이외에 다른 기준들도 적용되어야 한다.

일반적으로 말하자면 정책목표의 우선순위나 달성수준을 바람직하게 결정하기 위해서 고려해야 할 요소는 크게 네 가지로 나눌 수 있다.7)

첫째, 정책목표달성이나 정책문제의 해결로써 얻게 되는 효과

둘째, 정책목표달성이나 정책문제 해결을 위한 비용

셋째, 정책효과와 정책비용의 배분

넷째, 정책목표의 달성가능성이나 정책문제의 해결가능성이다.

정책목표의 우선순위와 각 목표의 달성수준을 결정하는 이상적인 방법은 위에서 본 네 가지 요소를 고려하여 다음과 같이 목표를 설정하는 것이다.

첫째, 정책문제 중에서 해결 불가능한 것, 즉, 정책목표에서 달성불가능한 것은 제외시킨다.

둘째, 실현가능한 정책목표 중에서 능률성(동일한 비용으로서 많은 효과를 내도록)과 공평성(비용과 효과의 배분이 사회적 정의에 합치하도록) 및 다른 기준을 고려하여 여러 가지 목표들의 달성수준을 결정한다.

이상의 두 가지는 최선의 정책수단선택방식과 동일한 논리를 따르는 것이다.

추가적으로 바람직한 정책목표는 무엇보다도 앞에서 본 바와 같이 실질적 내용면에서 바람직스러워야 할 뿐만 아니라 형식적인 측면에서 구체적이며 명확하고 가능한 한 그 달성여부를 측정할 수 있도록 표현되는 것 또한 바람직하다.

제3절 정책대안의 탐색

1 정책대안의 광범위한 탐색과 제약

7) Hogwood와 Gunn(1991)은 우선순위 결정을 위한 기준으로서 크게 ① 내재적 기준(intrinsic criteria), ② 수요(demand), ③ 필요(need), ④ 사회경제적 순편익(net social or economic benefit)의 네 가지로 나누고, 다시 필요를 파악하는 기준으로 ⅰ) 다양한 상황·문제들이 널리 퍼져 있는 정도, ⅱ) 각 문제들의 영향의 강도, ⅲ) 영향받는 집단, ⅳ) 그 문제에 대한 정치적 관심도를 들고 있다. 이들은 또한 위에서 지적한 기준 중 실제로 어떤 것을 선택하느냐 하는 것도 대단히 고차원적인 분석적 결정이지만, 보통 자동적으로 결정된다는 것을 지적하고 있다.

최선의 정책대안을 선택하기 위해서는 우선 정책대안들을 광범위하게 탐색하고 개발해야 한다. 여러 가지 대안들을 비교·평가한 후에라야 어떠한 대안이 최선인지 알 수 있고 그렇게 하기 위해서는 우선 중요한 모든 대안들을 찾아내어 비교·평가의 대상으로 삼아야 한다. 그러므로 최선의 정책대안을 선택하기 위해서는 우선 중요한 대안들을 찾아내고 개발하여 비교·평가의 대상에서 제외되지 않도록 할 필요가 있다. 이 작업이 정책대안의 개발·탐색작업이다.

그러나 정책대안의 개발이나 탐색은 여러 가지 요인에 의하여 제약을 받고 있다. 이 때문에 비교·평가에서 실제로 고려되는 정책대안은 소수에 불과하다. 정책결정자나 관련인(정책결정자의 보조기관 또는 막료)의 능력이 부족하여 광범위한 정책대안을 구상하지 못하는 경우가 많다. 또한 정책의제설정론에서 보았듯이 조직이나 강력한 집단의 이해관계와 충돌하거나 정치체제의 이념에 반하는 정책대안들은 고려대상에서 처음부터 제외되게 된다. 정책대안이 광범위하게 탐색되지 못하는 원인 중에서 정책결정자의 능력부족으로 인한 것은 노력을 통해 보완될 수 있는 것이므로 정책학이나 정책분석에서 중시하는 부분이다. 이하에서는 정책결정자의 부족한 능력을 보완하여 보다 광범위한 정책대안의 개발과 탐색을 도모하기 위하여 알아야 할 것들을 중점적으로 검토하기로 한다.

2 정책대안 탐색의 원천

정책결정자가 의식적으로 또는 무의식적으로 고려하는 정책대안은 몇 가지의 원천(source)에서 나오는 것이다.[8] 첫째로 들 수 있는 것이 과거에 채택해 봤던 정책이나 현존의 정책, 그리고 다른 정부(예컨대 지방정부)나 다른 국가의 정책을 경험으로 삼아 이를 학습하여 대안을 탐색하는 방법이다. 둘째는 이론이나 모형으로부터 새로이 대안을 창안하여 탐색하는 방법이다. 셋째는 주관적 내지 직관적 방법으로 정책문제 해결에 필요한 정책대안들을 창의적으로 탐색해 내는 방법이다. 마지막으로 정책의 영향을 받는 집단들이나 해당 정책문제에 관심을 가지

8) Hogwood와 Gunn은 대안의 출처로서 i) 독창적 사고, ii) Brain Storming 같은 적절한 절차, iii) 사기업체 혹은 지방정부의 경험, iv) 과학기술의 발달을 제시하고 있다(Hogwood and Gunn, 1991). MacRae와 Wilde는 i) 비슷한 문제에 대한 과거의 연구, ii) 이용가능한 과학적 일반화와 조사, iii) 새로운 정보탐색, iv) 시장의 운영 등 네 가지로 구분하고 있다(MacRae and Wilde, 1985).

고 있는 집단들이 제안한 문제해결 방안을 정책대안 탐색의 원천으로 고려하는 것이다.9)

1) 경험과 학습

정책대안의 탐색원천으로 가장 손쉬운 방법은 과거 또는 현존의 정책을 참고로 하거나 다른 나라 혹은 다른 지역에서 유사한 문제가 발생했을 때 대응했던 정책을 참고로 삼는 것이다. 이것을 다른 말로 하면 학습론적 정책대안의 탐색이라고 한다. 즉, 이전의 정책이나 현존의 정책, 그리고 다른 나라나 다른 지역의 정책을 경험으로 삼아 이를 학습하여 정책대안으로 고려하는 것이다.

첫째, 과거 또는 현존의 정책은 정책결정자들이 현실적으로 고려하는 정책대안을 제공해 주는 가장 중요한 원천이 된다(시간적 학습). 정부가 대응해야 할 정책문제가운데는 반복적으로 등장하는 경우가 적지 않다. 이런 경우에는 과거 유사한 정책문제에 대응하여 활용하였던 정책이 가장 먼저 생각할 수 있는 정책대안이 된다. 정부의 조직들이나 개인들은 문제의 해결을 위하여 이전에 사용했던 정책들 중 비교적 만족할 만한 결과를 가져온 정책들을 기억장치 속에 보관하게 되는데 이렇게 보관된 것이 정책목록(program repertory)이다. 정책목록은 동일한 문제 또는 유사한 문제에 대하여 과거에 채택하여 보았던 정책들의 집합이다. 이 정책목록 속에 포함된 정책들 하나하나가 동일한 문제 또는 유사한 정책문제가 등장했을 때 사용할 수 있는 정책대안들이 되는 것이다. 과거의 정책이나 현존의 정책을 경험으로 하여 정책대안을 탐색하는 것을 학습론적인 관점에서 보면 시간적 학습이라고 할 수 있다.

정책대안의 출처가 되는 두 번째의 것은 다른 정부의 경험이다(공간적 학습). 즉, 다른 정부의 정책목록들이다. 이 때의 다른 정부는 다른 지방정부인 경우도 있고 또 다른 국가의 정부인 경우도 있다. 부산시에서 출퇴근 시의 교통체증문제를 해결하기 위해서 서울시의 교통정책을 하나의 정책대안으로 고려하는 경우가 전자에 해당되고, 우리가 주택문제해결을 위하여 싱가포르 정부의 주택정책을 하나의 정책대안으로 고려하는 경우가 후자에 해당된다. 앞에서 설명한 과거

9) Mood는 대안의 원천으로서 (정책에 의하여) '영향 받는 집단'을 제시하고 있다(Mood, 1994). 한편 Gray와 Lowery는 의원들이 정책아이디어를 얻는데 있어서 개인의 경험과 선거구민들에 의해 상대적으로 크게 영향을 받는다고 한다(Gray and Lowery, 2000).

의 정책이나 현존의 정책을 정책대안의 탐색원천으로 삼는 것을 시간적 학습이라고 하면 다른 나라의 정부나 다른 지역의 정책을 정책대안의 탐색원천으로 삼는 것은 공간적 학습이라고 할 수 있다.

한편 정책결정과정에서 다른 나라(또는 정부)의 정책을 중요한 정책대안의 하나로 고려하고 이를 도입하는 과정을 정책이전(policy transfer)의 관점에서 접근할 수 있다(정준금, 2006). 정책이전이란 다른 정부 또는 국제기구 등에서 시행하고 있는 정책이 특정한 정부에 이전되어 채택되는 것을 의미한다(Dolowitz and Marsh, 2000). 정책이전은 일정한 이전주도자(agent)에 의해서 자발적으로 진행되는 자발적 이전(voluntary transfer)과 국제기구나 상대방 정부의 압력에 따라 할 수 없이 정책대안을 수용하는 강제적 이전(coercive transfer)으로 구분된다. 자발적 이전은 앞에서 설명한 바와 같이 다른 정부의 정책을 정책대안으로 고려하는 경우이다. 물론 단순히 다른 국가의 정책을 그대로 이전하는데 그치는 것이 아니라 자기 나라 상황에 맞게 더 적절한 정책으로 수정하고 개선하는 경우도 있다.[10] 비자발적 이전은 선택의 여지없이 다른 정부나 국제기구의 요구를 수용하지 않을 수 없는 경우를 말한다. 우리의 경우 외환위기시 IMF의 권고와 요구를 수용하지 않을 수 없었던 상황을 생각하면 쉽게 이해할 수 있다.

과거의 경험이나 다른 정부의 경험을 활용하는 이상의 두 가지 경우에서 주의해야 할 점이 있다. 즉 시간과 공간이 다르면, 정책문제의 상황 또는 맥락이 달라져서 문제의 성격이 달라짐으로 이를 정책대안의 설계에서 고려해야 한다.

2) 과학, 기술, 이론적 모형

정책대안의 두 번째 원천은 우리가 알고 있는 과학(science)과 기술(technology)이다. 이것은 흔히 이론(theory)이라고 불리기도 하며 모형설정(model building)과 직접 관련된다.

불소가 충치를 예방한다는 자연과학적 지식을 갖게 되자 시민의 충치예방을 위해서 수돗물에 불소를 섞어 넣는 정책대안을 고려하게 되었다. 수요에 비해서 공급이 과잉되면 가격이 하락한다는 이론에서 추수기에 공급과잉이 되어 쌀 가

10) 한국, 일본, 대만의 의료보험 정책이전이 이에 해당한다(Kwon 2009).

격이 하락될 때 정부의 수매를 통해서 수요를 증가시킴으로써 쌀 가격을 폭락시키지 않고 유지시키는 정책대안을 만들어 낼 수 있게 된다.

과학적 지식이나 이론으로부터 정책대안을 도출할 수 있는 이유는 과학적 지식이나 이론이 정책목표와 정책수단 간의 인과관계를 내포하고 있기 때문이다. 다시 말해 이론이나 과학적 지식에서 우리가 정책대안을 위하여 얻게 되는 내용은 정책목표와 이의 달성을 위한 정책수단, 그리고 이 양자의 인과관계에 관한 것이다. 이런 시각에서 보면, 앞에서 살펴본 경험과 학습을 통한 대안탐색의 논리도 과거에 채택했던 것이든 다른 정부에서 채택했던 것이든 이들 정책대안을 통해 의도했던 정책목표가 달성되었는지에 대한 지식을 전제로 하여 이들을 정책대안으로 고려하기 때문에 결국 그 논리에 있어서는 양자가 본질적으로 동일하다고 볼 수 있다.

3) 주관적 · 직관적 방법

다양한 정책대안을 탐색하기 위해서는 앞에서 소개한 경험과 학습, 그리고 과학적 지식이나 이론, 모형의 개발뿐만 아니라 주관적이고 직관적인 방법의 동원이 필요하다. 다시 말해 여러 사람들로부터 많은 의견을 들어서 검토 가능한 여러 가지 정책대안을 탐색하는 것이 바람직하다. 주관적 · 직관적(intuitive) 판단을 이용하는 방법으로서 흔히 논의되는 것으로 집단토의(brainstorming)와 델파이(delphi) 방법이 있는데 양자 모두가 정책대안의 개발 · 창출뿐만 아니라 정책대안의 결과를 예측하는데 사용되고 있다.11)

집단토의는 즉흥적이고 자유분방하게 여러 가지 기발한 아이디어를 창안하는 활동이다. 집단토의는 가능한대로 많은 아이디어(즉, 정책대안)를 얻기 위하여 등장한 방법이기 때문에 여러 사람을 모아서 집단적 토의를 하게 된다. 여러 사람들이 머리에 떠오르는 대로 아이디어를 제시하게 하는 것이다. 보다 많은 창

---

11) 이것을 사람들은 직관적 판단(intuitive judgement)이라고 부르는데 대안의 개발에서도 이용하지만 대안의 결과예측에 주로 많이 논의한다(Hogwood and Gunn, 1991; Dunn, 2009). 그런데 이러한 주관적 방법도 여러 가지가 있어서 Dunn은 직관적 예측방법으로서 정책 델파이, 교차영향분석(cross-impact analysis), 실현가능성 검토(feasibility assessment) 등을 들고, 정책대안의 개발에는 직접 언급하지 않고 문제상황의 파악과 Model화에 대한 여러 가지 기법을 소개하면서 그 속에 집단토의(brainstorming)도 포함시키고 있다. 한편 Hogwood와 Gunn도 역시 직관적 예측기법 속에 델파이, 집단토의(brainstorming), 교차영향분석, 시나리오작성 등을 들고 있다.

조적인 아이디어를 얻기 위해서는 집단토의의 첫 번째 단계에서 아이디어에 대한 평가를 하지 않아야 한다. 전혀 바람직하지 못하거나, 실현가능성이 없거나 또는 실현가능성이 희박한 정책대안들이 자유스럽게 제시될 수 있도록 정책대안에 대한 평가는 하지 않아야 한다. 뚱딴지같은 해결책도 그 비현실성을 적절히 수정 · 보완하면 훌륭한 정책대안이 될 수 있다. 모든 아이디어들 즉 정책대안들이 제안되고 나면, 두 번째 단계로 이들 대안들의 평가와 종합을 하게 되는데 비슷한 아이디어들의 취합, 전혀 실현가능성 없는 대안 등의 제거들을 통해서 몇 가지 대안들을 제시하는 것으로 집단토의 작업은 끝난다.

정책 델파이(Policy Delphi)는 전문가들의 의견을 종합하여 보다 합리적인 아이디어를 만들려는 시도에서 개발된 방법이다. 전문가들이 집단토의를 하게 되면 집단토의의 여러 가지 약점 때문에 좋은 아이디어를 얻기 어려운 경우가 많다. 외향적이고 공격적인 성격을 지닌 몇몇 사람이 발언을 독점하거나, 공개적으로 다른 사람의 의견에 반대하기가 어렵다거나, 한번 공개적으로 제시한 의견을 바꾸기 싫어한다거나 하는 등의 약점들이 있게 되어 진실로 합리적인 아이디어를 얻기가 힘들어진다. 이러한 약점을 극복하기 위해서 델파이는 다음과 같은 독특한 의견 취합 방법을 사용한다. 첫째, 누가 어떤 의견을 제시했는지 모르도록 한다. 그래서 의견의 제시는 면대면의 토의가 아니라 서면을 통해서 이루어진다(익명성). 둘째, 제시된 의견들은 다른 모든 사람들에게 제공된다. 다른 사람들의 의견을 검토하고 각자는 다시 자신의 의견을 제시한다. 의견들을 회람시키는 것을 몇 차례(rounds) 되풀이 한다(반복성과 환류). 셋째, 몇 차례의 회람 후에 결국은 전문가들이 합의하는 아이디어를 만들어 내도록 유도한다(합의).

정책 델파이는 이러한 델파이의 기본 논리를 적용하여 정책문제 해결을 위해 정책대안을 개발하고 정책대안의 결과를 예측하기 위해서 만들어낸 방법이다.

4) 정책문제 관련 이해관계집단

정부가 해결해야 할 정책문제 가운데는 전 국민이 대상이 되는 문제도 있으며 특정 집단이나 계층에 주로 관련되는 문제들도 있다. 어떤 문제든 간에 해당 정책문제에 직접적인 이해관계 당사자와 함께 직접적인 이해관계는 없지만 공익적 차원에서 관심을 가지고 있는 세력들이 있는 것이다. 이익집단들이 해당 정책문제와 직접적인 이해관계를 가진 집단이라면 NGO로 대변되는 공익집단이나 언론매체 등은 직접적인 이해관계에 상관없이 공익적인 차원에서 여러 가지 정책문제에 관심을 가지고 나름대로의 입장이나 견해를 표명하는 세력들이다.

특정 이익집단들은 나름대로 그들과 관련되는 문제해결을 요구하기 위해 문제의 표출과 함께 관련되는 정책대안도 제시하는 것이 일반적이다. 특히 기업가 집단들을 포함한 영향력 있는 이익집단들은 그들이 활용할 수 있는 자원을 기반으로 별도의 연구기관을 설립하여 활발한 정책연구를 수행하는 경우도 있다. 이들이 정책연구를 통해 개발하여 제안하는 정책대안들이 객관성이나 공익적인 차원에서는 적지 않은 문제가 있을 수 있지만 당면한 문제해결을 위한 대안탐색의 원천으로서 배제할 필요는 없는 것이다. 그리고 NGO와 언론매체 등도 관련 전문가 집단들을 통해 정책대안을 제시하는 경우를 흔히 볼 수 있다.

따라서 관련되는 정책문제를 정의하고 그에 대한 해결대안을 모색하는 과정에서 이해관계를 가진 개인이나 집단의 대표자들과 공익집단, 그리고 언론기관 종사자들을 참여시켜 그들이 의견을 개진하는 기회를 주게 되면 문제해결에 고려할 수 있는 여러 정책대안들이 자연스럽게 표출될 수 있는 것이다. 이와 같이 특정 정책문제에 직접적인 이해관계를 가진 개인이나 집단 또는 직접적인 이해관계는 없지만 공익적 차원에서 관심을 표명하고 있는 NGO, 언론매체, 전문가 집단 등이 여러 가지 통로를 통해 제안한 해결방법을 정책대안의 탐색원천으로 삼는다면 보다 풍부한 대안의 탐색이 이루어 질 수 있을 것이다.

3 정책대안 탐색의 순서

외국의 경우나 과거의 경험으로부터 정책대안을 탐색하든지 또는 이를 과학적 지식 또는 모형 등으로부터 새롭게 창조해 내든지 간에 정책대안을 탐색하거나 개발할 때는 세 가지 단계를 거치는 것이 합리적이다.

첫째, 정의된 정책문제를 정확하게 인지하고 정책목표를 명확히 한다. 정책문제의 파악에서나 정책목표의 구체화에서도 이미 자세히 언급했지만 무엇을 달성할 것인지 또는 무엇을 해결할 것인지(달성수준이나 해결수준은 밝히지 않더라도)가 먼저 명백히 되어야만 다음으로 이를 위한 해결책, 즉 정책수단을 고려할 수 있게 되고 이에 따라 여러 가지 정책대안을 만들 수 있게 되는 것이다.

정책대안의 개발이나 탐색을 위한 두 번째 작업은 여러 가지 종류의 정책수단을 광범위하게 파악하는 것이다. 이 작업은 과학적 지식이나 이론뿐만 아니라 과거의 정책목록이나 외국의 정책 등을 통해서도 수행될 수 있다. 또 이 단계에서 각 이해집단이 주장하는 정책대안을 수집하고 집단토의의 방법을 이용하여 여러 가지 정책수단을 개발한다.

정책대안의 탐색을 위한 세 번째의 단계는 두 번째 단계에서 개발·발견된 여러 가지 정책수단을 배합하고 여기에 대응하는 정책목표와 결합시켜 구체적인 정책대안을 만드는 과정이다. 여러 가지 정책수단을 배합시킬 때는 정책수단의 현실 수준을 다르게 하여 또 다른 무수한 정책대안을 만들 수도 있다.

4 정책대안의 예비분석과 스크린

이상과 같이 정책대안을 탐색한 후에는 원칙적으로 이 대안들의 분석(즉, 다음에서 검토하게 될 대안의 결과예측과 평가)을 행하고 이에 따라서 최선의 정책대안을 선택하여야 한다. 그러나 정책대안은 무수히 많이 탐색될 수 있는데 이들 하나하나를 모두 분석할 수는 없다. 너무 많은 시간과 노력이 들게 되므로 무수한 대안을 모두 분석하는 것은 기술적으로 어려울 뿐만 아니라 바람직스러운 것도 아니다. 그러므로 무수한 대안 중에서 중요한 정책대안을 골라내어 이들 만을 본격적으로 분석할 필요가 있다. 이때 본격적 분석작업 이전에 행하는 예비분석(prelimin- ary analysis)을 통하여 본격적으로 검토될 대안을 골라내는 작업을 흔히 정책대안의 스크린(screen: 예비검토)이라고 부른다.

정책대안의 스크린은 무수한 정책대안 중에서 본격적 분석의 대상이 될 몇 개의 대안만을 골라내는 작업이다. 이를 위해서는 일반적으로 두 가지 기준이 이용되고 있는데, 첫째는 정책대안의 실현가능성(feasibility)이고, 둘째는 소망성(desirability) 측면에서의 타 정책대안에 대한 지배 또는 지배가능성(dominance)이다(Mood, 1994).

첫 번째의 기준은 정책대안이 정책으로 채택될 가능성(acceptability)과 정책으로서 집행될 가능성(implementability)을 모두 포함하는 개념이다.[12] 어느 경우이거나 명백히 실현가능성이 없는 정책대안들은 본격적인 분석의 대상으로 삼을 필요가 없다. 그러므로 각 대안들의 실현가능성을 검토하여 채택이 가능하고 집행이 될 수 있는 대안만을 본격적인 분석의 대상으로 삼아야 한다(물론 여기에는 다음에서 자세히 보듯이 여러 가지 미묘한 문제가 있다). 실현가능성은 정치적, 행정적, 경제적(또는 재정적), 기술적인 측면에서 모두 검토되어야 하는데 이에 대한 자세한 고찰은 설명의 편의상 다음의 정책대안의 비교·평가기준에서 취급하기로 한다.

정책대안을 스크린하는 두 번째 기준은 지배의 원리이다. 하나의 정책대안이 다른 대안에 비해서 대안이 가져올 결과 측면에서 우월(superior)할 때 전자가 후자를 지배하는 것이다. 따라서 다른 대안에게 지배당하는 대안들을 본격적인 분석(즉, 대안이 가져올 결과를 예측하고 이 결과들을 평가하여 대안을 서로 비평하는 작업)에서 제외하는 것이 시간과 노력을 절약시켜 준다.

제4절 정책대안의 결과예측

1 정책대안 결과예측의 의미

정책대안이 집행 또는 실현(실시)되었을 경우에 나타날 결과들(consequences)을 정책대안의 실현 이전에 미리 예상하는 것을 정책대안의 결과예측(prediction)이라고 부른다. 정책대안의 결과를 미리 예측하는 것은 합리적·분석적 정책결정에서 가장 어려운 단계 중의 하나이면서 능력과 시간이 부족한 정책결정자에게 정책분석이 도움을 줄 수 있는 가장 중요한 단계이다.[13] 그러므로 이

12) Hogwood 와 Gunn은 실현가능성(feasibility)는 순전히 기술적 문제로 한정하고 그에 대응되는 개념으로 implementability를 사용하고 있다. 따라서 기술적·경제적인 측면에서 실현가능성(feasibility)이 있더라도 예컨대 정치적 측면에서 보아 집행가능성(implementability)이 없을 수도 있다고 한다(Hogwood and Gunn, 1991).

13) Hogwood와 Gunn은 예측이 어려운 점을 다음의 8가지로 들고 있다. i) 과학에서의 prediction과 정책결정자를 위한 forecasting의 차이, ii) 현재와 최근의 예측, iii) 자료의 부족, iv)

단계를 위해서 많은 분석기법이 개발되어 왔고 또한 계속 개발되고 있다. 흔히 체제분석·관리과학·정책분석 등의 분야에서 이용되고 있는 각종의 기법들이나 모형들은 정책대안의 결과예측을 위해서 개발된 것 들이다.

2 정책대안의 결과예측 방법

1) 결과예측의 제 방법

정책대안의 결과를 예측하는 것은 지극히 어렵기 때문에 고도의 능력과 시간 및 경비가 요구된다. 그러므로 많은 정책결정자들이 실제로 정책을 결정할 때는 '주먹구구식'이거나 막연한 짐작, 또는 직관(intuition 또는 insights)적인 판단 등의 비분석적 방법에 의존한다. 물론, 바람직하게 최선의 정책대안을 선택하기 위해서는 각 대안의 결과를 보다 정확하게 예측해야 한다.

정책대안이 가져올 결과를 예측하는 방법은 여러 가지가 있다. 우선 주먹구구식의 직관적 판단, 과거의 정책이나 외국의 정책결과에 의존하는 방법 등이 있다. 그러나 이들 비분석적 방법은 많은 약점이 있다. 비교적 합리적이고 바람직한 방법은 크게 두 가지가 있다. 그것은 모형(model)을 이용하는 방법과 정책실험(policy experiment)을 하는 경우이며 어느 방법이나 통계적 기법(statistical technique)을 활용한다. 이 두 가지가 어려운 경우이거나 또는 약점이 있을 경우에 흔히 전문가에 의한 델파이 방법(delphi method)을 보완적으로 사용한다.[14]

통합의 적정수준, v) 진행과정에 대한 이해부족, vi) 예측비용, vii) 시간제약, viii) 예측의 소비 등이 그것들이다(Hogwood and Gunn 1991).

14) Hogwood와 Gunn은 예측기법을 크게 i) 추세연장(extrapolation), ii) 주관적 판단(judgemental technique), iii) 모형의 작성(modelling technique), iv) 행태학적 분석으로 구분하고, 다시 judgemental technique을 ㄱ) 델파이, ㄴ) 브레인스토밍(brainstorming), ㄷ) 교차영향매트릭스, ㄹ) 시나리오작성으로, modelling technique을 ㄱ) 계량경제학적 접근, ㄴ) 체제동학적 접근으로 세분하고 있다. 이것은 Dunn의 것을 몇 가지 수정하여 그대로 받아들이고 있는 것인데, Dunn의 것을 보면 다음과 같이 i) 추세연장, ii) 이론이용(모형 이용), iii) 주관적 판단으로 나누고 있다. Dunn과 Hogwood 그리고 Gunn은 모두 추세연장(extrapolation)을 예측방법으로 포함시키고 있으나 이것은 과거와 현재의 상태를 근거로 미래를 예측하는 기법으로서, 새로운 정책대안이 아니라 과거와 현재의 정책이 그대로 계속되는 경우를 정책대안으로 생각하는 경우의 결과예측에서만 도움을 준다. 그러므로 정통적인 결과예측의 방법으로 보기는 어렵다. 더욱이 우리는 이미 문제의 예측에서 이것을 보았는데 그 논리가 여기서도 적용되므로 생략한다.

2) 과거의 정책 및 외국의 정책에 의한 예측

정책대안이 집행되었을 때 어떤 결과가 나올 것인지를 예측하는 가장 쉽고 힘들지 않은 방법은 예측자의 짐작(guess)이나 느낌에 따라 예측하는 것이다. 이 방법은 착각이나 오해 등에 의하여 엉뚱한 예측을 하게 될 가능성이 크다.

과거에 추진했던 정책이나 이와 유사한 것을 정책대안으로 고려하는 경우가 있음은 앞에서 논의하였다. 이 때에는 과거의 정책추진 결과가 앞으로도 나타날 것이라고 예측할 수 있다. 그러나 이 방법은 정책대안의 결과가 상황에 따라서 달라질 수 있기 때문에 주의를 요한다. 즉, 과거의 상황과 달라진 상황을 인식하지 못하고 과거 대안이 가져왔던 결과를 현재도 그럴 것이라고 착각하는 수가 있는 것이다. 그러므로 이 경우에는 상황 변화를 면밀히 검토해야 한다.

외국에서 추진하고 있는 정책을 대안으로 고려하는 경우에도 외국에서 나타난 정책추진결과가 우리나라에서도 나타날 것으로 예측하는 경우가 많다. 이 때에도 외국과 우리나라의 상황의 차이 때문에 동일한 정책대안이 다른 결과를 만들어 낼 수 있다는 점을 특히 주의해야 한다. 미국이나 유럽 국가에서 추진한 정책이 후진국에서 전혀 효과를 내지 못했다는 것 등이 이러한 이유 때문이다. 이러한 현상은 그동안 발전행정론에서 많이 논의되어 왔다. 여하튼 이러한 이유 때문에 외국의 정책을 모방하는 경우에는 우리나라와 상황이 비슷한 나라의 정책을 모방하는 것이 좋다.

이하에서는 두 가지 바람직한 정책대안의 결과예측 방법으로서 모형에 의하는 방법, 정책평가・정책실험에 의하는 방법, 직관・주관을 이용하는 방법, 그리고 불확실성하의 결과예측을 순서대로 논의하기로 한다.

3) 모형의 작성을 통한 결과예측

모형은 여러 가지 의미로 쓰이고 있으나 현실의 추상적인 표현(abstract representation of reality)이라고 이해하면 된다. 현실을 있는 그대로 완전히 나타내는 것이 아니라 필요하고 중요한 측면만을 뽑아서 이것들을 표현한다.

<그림 5-3>은 쌀 가격의 급격한 상승이 정책문제가 되어 이를 해결할 것을 정책목표로 하는 쌀 가격안정화정책을 위하여 만들어지는 모형을 극단적으로 단순화시킨 것이다. 이 모형에서는 쌀의 수요가 증가하면 쌀 가격이 상승하고 쌀

의 공급이 증가하면 쌀의 가격이 하락한다는 경제논리(수요 · 공급의 법칙)를 그대로 단순화하여 표시한 것이다. 특히 쌀의 수요에서는 식량용만이 아니라 막걸리용, 떡이나 과자 만들기용 등의 수요가 있지만 제외시켰으며, 쌀의 공급으로서는 정부보유의 쌀 공급만이 아니라 중간상인들의 재고량 방출이나 농가보유의 쌀 방출 등이 제외되어 있다. 즉, 현실적으로 쌀의 가격을 좌우하는 요인들이 많이 있는데 그 중에서 몇 가지만을 모형 속에 포함시키고 있다. 그래서 모형은 현실을 그대로 반영(reflect)하는 것이 아니라 현실을 단순화시킨 것이다.[15)]

〈그림 5-3〉 쌀 가격의 변동을 좌우하는 요인에 관한 모형

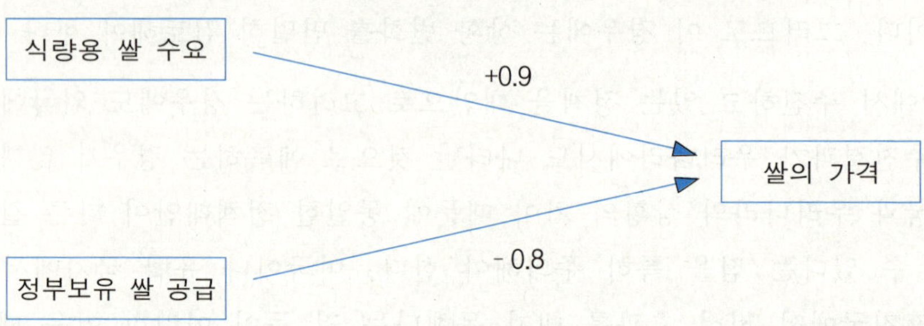

정책분석적 목적을 위해서 모형을 작성할 때는 첫째, 해결할 정책문제를 명백히 하고 정책문제 발생의 원인 및 정책대안이 추진되었을 때 영향을 받는 결과들을 탐색해야 한다. 둘째로 각 원인 또는 결과변수 및 요소들 간의 상호관계의 방향 및 강도를 파악하면 모형 작성은 완료된다.

정책분석에서 모형이 가장 중요한 역할은 바로 정책대안의 결과예측에 있다. 흔히 이것을 모형의 역할 또는 기능이라고 부르고 있다. 이를 좀 더 구체적으로 가상적인 예를 통해서 보기로 한다. 쌀값이 갑자기 폭등하여 쌀 가격의 안정을 정책목표로 하여 정부보유미를 방출하는 정책대안으로 고려하고 정부가 보유한 쌀을 하루에 1만 톤씩 전국 대도시에 방출한다고 가상해 보자. 이 때 1만 톤의 쌀을 방출하는 정책대안이 가져올 결과는 여러 가지가 있겠지만 쌀 가격이

15) <그림 8-4>에서 화살표의 방향도 현실에서는 일방적이 아니라 쌍방적이다. 즉, 가격이 올라가면 쌀의 수요에도 영향을 미치고 쌀의 공급에도 영향을 미친다. 그러나 이런 점도 생략되어 있다.

어떻게 변화하는지를 가장 중요한 결과로서(정책목표의 달성이므로) 예측하려고 한다. 이 경우에 <그림 5-3>에 있는 모형을 이용할 수 있다.

<그림 5-3>에 나와 있는 파라미터인 -0.8이 쌀 공급 1% 증가에 쌀 가격이 0.8% 하락하는 것을 의미한다고 가정해보자. 그렇다면 쌀 1만 톤을 전국 대도시에 추가 공급하는 것이 공급량을 몇 % 증가시키는지를 파악하면 쌀 1만 톤의 추가공급이 쌀 가격을 몇 % 하락시킬 것인지 쉽게 계산할 수 있다. 예를 들어서 1만 톤을 대도시에 공급하는 것이 현재의 공급량의 10%를 증가시키는 것이라면 쌀 가격은 8% 하락될 것으로 예측할 수 있다.

이렇게 정책대안은 모형에 나타난 원인변수를 조작하는 것이고 예측되는 결과는 모형에 나타난 결과변수의 상태라면 원인변수의 수준과 정책대안이 이를 변화시키는 정도를 알고 모형 속의 파라미터(그림속의 숫자들)가 알려져 있으면 정책대안의 결과예측을 할 수 있는 것이다. 그러나 정책대안의 결과를 모형을 이용하여 정밀하게 예측하는 것은 무척 어려운 작업임을 알 수 있다. 결과예측의 정밀도(precision)는 여러 가지 요인에 의하여 제약을 받는데 이 가운데 가장 중요한 요인은 모형 자체(변수, 인과관계의 방향과 숫자로 나타난 강도)의 정확성과 모형 속의 변수의 상태에 대한 자료(data)의 정확성이다. 따라서 모형에 의한 대안의 예측력을 높이기 위해서 분석가들은 모형 자체의 정확성을 확보하기 위한 변수의 선정과 인과관계의 방향등에 세심한 주의를 기우려야 하고, 모형 속에 포함된 변수들의 상태에 관한 타당하고 신뢰성 있는 자료를 수집하는데 최선의 노력을 다해야 한다.

Behind Story 5-2 인형과 패션 모델, 그리고 학문에서의 모델

영어의 모델(model)은 우리말에서 모델이라고 부르기도 하고 모형이라고 번역해서 부르기도 한다. 그런데 묘하게도 모형은 중립적인 용어로 사용하고, 모델은 약간 바람직한 느낌을 전달한다. 여자애들이 좋아하는 인형(人形)은 모형이고, 새로운 옷을 디자인 하여 소개할 때 등장한 사람은 모델이라고 부른다. 새로운 아파트를 선전하기 위하여 만든 것은 모델하우스라고 부르고, 대표적 사례는 모델 케이스나 혹은 모범사례라고 부르지 모형사례라고 하지는 않는다. 그러나 애들이 좋아하는 모형자동차는 모델자동차라고 부르지 않는다. 이와 같이 모델과 모형은 어감상의 차이를 지니고 있지만, 본질적으로 똑 같은 것을 나타낸다. 모두가 존재하는 사실을 사진 찍듯이 다 나타내는 것이 아니라 필요한 부분만을 나타내는 가공물이다. 인형은 어린애들이 좋아하는 부분만을 만든다. 나이 들면서 좋아하는 부분이 달라지기 때문에 유아용 인형과 소녀용 인형은 다르다. 유아용 자동차모형과 소년용 자동차모형이 다른 것과 같다. 패션 모델은 특정한 옷을 가장 돋보이게 할 수 있는 사람을 골라 낸 것이다. 그래서 한복을 위한 모델과 양장을 위한 모델의 몸매가 다르다.

시회현상을 모형으로 표현할 때도 마찬가지다. 필요한 것, 즉 알아야 할 내용만을 그려내는 것이다. 에를 들어 갑자기 쌀값이 올라갔을 때 정부미를 얼마나 공급해야 적절한가를 결정하려면 쌀값이 변동하는 현상의 원인들에 대한 모델을 작성하는데, 정부미방출이라는 정책이 가져올 영향을 나타내는 부분을 중심으로 다른 부분들은 많이 생략하고 꼭 필요한 부분만 남긴다. 즉 쌀의 수요에 대하여는 하나의 변수로, 쌀의 공급도 정부미방출만을 모델 속에 그려 넣는다. 원래 쌀의 공급에는 생산농가에서 보유한 쌀이 중심이지만, 이를 생략하고 정부미 방출에 의한 공급과 그 영향을 모델 속에 나타낸다. 만약 정부미가 없어서 수요(소비)를 억제시켜 쌀값폭등을 막으려면, 다양한 수요의 종류 중에서 정부에서 통제 가능한 수요를 모델 속에 부각시킨다. 예를 들면, 쌀의 수요는 군대수요, 민간 식량용, 제조용(쌀과자 등), 명절에 갑자기 증가하는 소비(떡, 술 등) 등이 있는데, 옛날 가난하던 시절에는 뒤의 두 가지 수요를 억제하였다.

자연과학이나 사회과학의 학계에서 사용하는 모델(model)이라는 용어는 이론(theory)이라는 용어와 대비하여 특별한 의미를 지닌다. 두 현상(변수)의 인과관계가 정확한 것이면 법칙(law)이라고 부르는데, 에를 들면, 가격이 변하면 수요가 변하는 것은 수요의 법칙이다. 두 가지 이상의 법칙이 변수들 간의 관계로 엮어지면 이론(theory)이라고 부르는데, 수요와 공급이 가격을 매개로 연결된 것이 가격이론(price theory)이다. 가격이론은 공급이나 수요 한쪽이 독점인지, 다양한 주체가 있는지에 따라 다양한 내용이 만들어지지만, 그 기본은 수요법칙과 공급법칙이 묶어진 것이다. 그런데, 두 현상간의 관계가 있을 것으로 짐작은 하지만, 무수한 관찰과 검증을 통하여 법칙으로 입증하기 전의 상태에 있으면, 가설(hypothesis)이라고 부르고, 중요변수를 중심으로 엮어진 가설의 묶음을 모델(model)이라고 부른다. 법칙이나 이론은 100% 확실한 인과관계를 나타내고, 가설이나 모델은 확실할 것으로 믿는 상태를 나타내는 것이다. 다음 장에서 보게 되는 현실의 정책결정의 모습을 설명하는 만족모형을 보면, 인간들이 현실적으로 의사결정을 할 때 나타나는 현상을 정확하게 기술하고 있는 측면이 많지만, 구체적인 내용에서 정확하지 못한 측면도 있다. 예를 들면, 중요한 안건은 만족모형 식으로 결정하지 않는 측면이다. 그래서 〈만족이론〉으로 부르지 않고, 〈만족모형〉이라고 부른다. 나머지 회사모형, 쓰레기통모형, 점증모형 등등도 마찬가지다.

우리가 정책수단의 결과예측을 위하여 사용하는 인과관계의 묶음을 모델이라고 부르는데, 비록 이론상으로 변수간의 관계가 확실하다고 되어 있지만, 정책결정을 하는 구체적인 상황에서 정확하게 사실을 나타내지 못할 수도 있기 때문에 모델이라고 부르는 것이다. 본문에서 공급이 가격에 미치는 영향이 0.8로 되어있지만, 이것은 평균적인 관계이고, 구체적으로 특정한 시점과 장소에서는 이 숫자보다 크거나 작을 수가 있다. 그러므로 이런 경우에 모델로 부르지 않고 이론이라고 부르는 것은 잘 못이다. 이론에 근거한 정책(theory-based policy)이라는 말은 정책목표와 확실히 인과관계를 가진 정책수단을 지닌 정책이 되어야 바람직하다는 이야기이고, 실제로 현장에 적용할 때는 언제나 모델상태에 있음을 전제하는 이야기이다.

4) 정책실험을 통한 결과예측

정책실험(policy experiment) 또는 사회실험(social experiment)은 원래 정책평가(policy evaluation)의 한 방법으로서 사업(program)이나 정책이 일정한 효과를 발생시키는지 알아보기 위한 방법이다. 즉, 대대적인 사업집행이나 전면적인 정책추진을 하기 전에 소규모로 일정 정책대상집단에게 시험적으로 실시해 보는 일종의 시험적 · 시범적 · 실험적인 사업집행 또는 정책집행이다.

사회실험이나 정책실험은 또한 동일한 정책목표를 위하여 정책수단을 약간씩 달리하여 어느 방법이 보다 좋은 결과를 내는지 알아 볼 수 있도록 추진할 수도 있는데 이때 약간씩 다른 정책수단은 정책대안에 해당된다. 따라서 여러 가지 정책대안의 결과가 어떻게 될 것이며 어떻게 서로 다른지 한꺼번에 알아보기 위해 정책실험을 실시할 수 있는 것이다.

정책실험이나 사회실험은 이론(theory)이나 모형에 의한 정책대안의 결과예측이 극히 불확실할 때 사용되는 방법이다. 모형에 의한 결과예측은 모형 자체의 오류나 변수에 대한 정보의 부족 등으로 불확실한 경우가 많다. 따라서 특정 정책대안을 추진하여 나타날 결과를 모형에 의하여 정확하게 예측할 수 없을 경우에 실험이라는 방법을 사용하게 되는 것이다.

이처럼 과학적으로 검증된 객관적인 이론이나 모형을 통해 정책결정을 하는 방법의 하나로 증거기반 정책(Evidence-based policy)이 있다. 증거기반 정책결정은 정책결정과 집행에서 실증적인 조사연구를 통해 얻을 수 있는 최선의 정보와 지식을 활용하여 의사결정을 하는 것을 의미한다. 이는 정치적 고려, 관행적 판단, 이데올로기적 시각과 같은 검증되지 않은 주관적, 이념적 요인에 바탕을 둔 의견에 근거한 정책(Opinion-based policy)에 대비되는 것으로 증거기반 정책에서는 과학적이고 객관적인 연구에 의한 증거를 강조하게 된다(윤영근, 2012).[16] 증거기반 정책결정은 정책을 실증적인 조사연구를 통해서 확보된 정보와 지식을 통해 분석함으로써 정책결정의 합리성을 높이려는데 의의가 있다. 근래에 들어 빅데이터와 공공데이터를 여러 사회문제의 추세와 정책대안의 결과 예측에 활용하고 있는 것은 증거기반 정책의 활성화를 위한 일련의 노력이라고 볼 수 있을 것이다.

5) 직관적·주관적 방법을 통한 결과예측

정책대안의 결과예측방법으로서 주관적·직관적 방법들이 있다. 앞에서 살펴본 경험, 모형, 정책실험을 통한 결과예측의 활용이 여의치 않을 경우, 정책결정자나 전문가, 이해관계집단들의 주관적이고 직관적인 판단을 활용할 수 밖에 없을 것이다. 이 경우에도 우리는 정책에 관여하는 몇 몇 특정인의 주관적인 판단에 근거하기 보다는 여러 사람들의 참여를 통한 집단적인 논의에 근거를 두는 것이 합리적이다. 이러한 집단적인 논의를 통한 주관적 결과예측의 방법으로는 앞의 대안탐색과정에서 살펴본 집단토의, 정책 델파이가 있다.

첫째, 집단토의는 주로 정책대안의 창출을 위해서 사용하는 방법이므로 결과예측을 하기 위해서는 크게 활용되지 않겠지만, 이용된다면 대안의 결과들이 어떻게 될 것인지에 대한 단서를 찾는데 도움이 된다.

둘째, 정책 델파이는 정책대안 뿐만 아니라 대안의 결과예측을 위해서도 사용되는데, 연관되는 정책분야에 식견을 가진 전문가나 이해관계자를 대상으로

16) 의견과 유사한 맥락에서 증거 이외에 정책결정에 개입되는 다양한 요인으로는 경험·전문지식·판단력(experience, expertise and judgement), 가용자원(resources), 가치관(values), 관습과 전통(habit and tradition), 로비스트-압력단체-컨설턴트(lobbyists, pressure groups and consultants), 정치적 언어와 우발적 상황(pragmatics and contingencies) 등을 들 수 있다.(Davis, 2004/ 윤영근, 2012 재인용)

일련의 설문조사를 실시하고 이를 통계적인 방법을 활용하여 분석하기 때문에 결과예측의 타당성이나 신뢰성이 높다고 볼 수 있다. 그러나 절차나 비용의 측면에서 상당한 부담이 있고 해당 분야의 전문가들을 대상으로 한 것일지라도 주관적 판단에 근거를 하고 있기 때문에 결과예측의 보완적인 방법으로 활용하는 것이 일반적이다.

3 불확실성과 결과예측

1) 정책분석에서의 불확실성

불확실성은 올바른 의사결정을 위하여 알아야 할 것과 실제로 알고 있는 것과의 차이라고 정의할 수 있다. 또는 정책대안의 성공에 영향을 미치는 요소들에 대한 예측불가능성이라고 정의하기도 한다(Quade, 1989). 정책의 올바른 결정을 위해서 알아야 할 요소들은 여러 가지가 있으나 합리적·분석적 정책결정의 단계에서 밝힌 바에 따라서 대강 다음과 같이 나눌 수 있다. 즉, 우리가 정책결정에서 불확실하게 느끼는 대상을 기준으로 불확실성을 분류하면 대강 다음과 같이 되는 것이다.

ⓐ 정책목표로서 바람직한 것이 무엇인지 모르는 경우, ⓑ 정책문제의 내용이나 원인을 확실히 모르는 경우, ⓒ 정책대안의 종류가 어떠한 것이 있는지 모르는 경우, ⓓ 어떠한 정책대안이 가져올 결과가 어떻게 될 것인지 모르는 경우, ⓔ 정책대안의 비교·평가기준으로서 바람직한 것이 무엇인지 모르는 경우 등이다. 결국 이들 다섯 가지는 합리적·분석적 정책결정에서 밟아야 할 단계 하나하나에서 우리가 알고자 하는 것에 대한 것이며 이것을 모른다는 사실을 불확실성으로 표현한 것이다.

이상의 것 중에서 ⓐ와 ⓔ는 바람직한 가치(values)에 대하여 확실히 알 수 없는 것을 의미한다. 그러나 일반적으로는 무엇이 바람직한 것인지 무엇이 옳고 그른지를 잘 모르는 경우는 불확실성에 포함시키지 않고 사실(fact)에 대해서 잘 모르는 것을 불확실성이라고 본다.[17] 따라서 위에서 보는 것 중에서 ⓑ, ⓒ, ⓓ

17) Steinbrunner(스타인브루너)는 불확실성을 "실제상태(actual state of the world)와 의사 결정자가 이용할 수 있는 정보의 격차"라고 정의하고, 이때의 실제상태는 우리가 원하는 바람직한 것에 대한 것이 아니라 객관적으로 존재하고 있는 사실에 대한 것이라고 하고 있다(Ste-

의 경우가 주된 논의의 대상이 된다.

2) 불확실성의 발생요인

불확실성의 발생원인은 여러 가지로 분류할 수 있다. 불확실성의 발생원인에 따라 불확실성의 정도와 그에 대한 대책도 달라질 수 있으므로 이를 간단히 고찰할 필요가 있다.18) 의사결정에서의 불확실성을 발생시키는 1차적 원인은 문제 상황에 대한 모형의 불확실성과 모형 속에 포함된 변수에 대한 자료의 부족으로 생각할 수 있다. 다음으로 이러한 모형의 불확실성과 자료의 부족을 발생시킨 원인은 또 두 가지로 나눌 수가 있는데 모형의 대상이 되는 문제 상황의 특성과 모형을 작성 · 이용하는 사람의 특성이 바로 그것이다. 이들에 대한 자세한 검토를 위하여 이들을 도식화하면 다음의 <그림 5-4>와 같다.

모형을 작성하고 이용하는 사람의 지식 · 시간 · 경비가 모형의 정확성과 자료의 정확성을 크게 좌우하는데, 경비나 시간이 부족하면 자료수집이 어려워지지

〈 그림 5-4 〉 불확실성의 원인

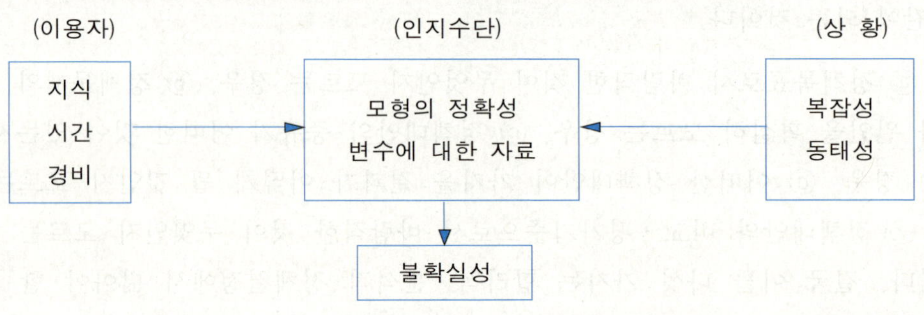

inbrunner, 1974).

18) Quade(퀘이드)는 불확실성의 발생원인과 정도를 혼합하여 몇 가지 종류로 나누고 이를 불확실성의 유형이라고 불렀다. Quade는 불확실성을 ① 무작위적인 사건에 의한 것(여기에는 다시 i. 대안의 결과는 알고 있으나 그 발생확률은 모르는 경우, 즉 uncertainty, ii. 발생확률은 알고 있으나 어떤 특정 결과가 나올지 정확히 알 수 없는 경우, 즉 risk가 포함된다), ② 어떤 개념 자체는 알려져 있으나 그것의 결과나 확률을 알 수 없는 경우, ③ 인간의 의도적인 행동이나 또는 선호 · 행동의 가변성으로 인해 생기는 경우로 구분하고 ①을 확률적(stochastic) 불확실성, ②와 ③을 실질적(real) 불확실성으로 표현하고 있다(Quade, 1989). Quade는 실질적 불확실성이 발생하는 근본적 원인을 우리가 알고자 하는 대상의 성질에서 찾고 있다. 그래서 그는 환경 특히 자연 환경에 대한 우리의 무지가 불확실성의 원인이며, 또한 다른 인간들의 행동에 대한 무지가 불확실성의 원인이 된다고 지적하였다.

고 모형의 내용에 대한 치밀한 검토와 작성을 할 수가 없다. 모형을 작성·이용하는 자가 지닌 지식으로서 모형의 작성에 영향을 미치는 요인은 문제 상황에 대한 이론, 과거의 정책, 외국의 정책에 대한 전문지식과 이를 모형화할 수 있는 능력을 의미한다. 물론 이들은 그 분야에 대한 전문적 교육과 오랫동안의 경험에 의하여 축적되는 것이다.

모형과 자료의 정확성을 좌우하는 요인으로서 가장 많이 논의되고 검토된 것이 정책문제 상황의 복잡성과 동태성의 정도이다. 이 양자는 모형의 정확성 또는 예측력을 좌우하기도 하고 동시에 관련 변수에 대한 자료수집의 난이도를 좌우한다.

먼저 정책문제 상황(problem situation)의 복잡성(complexity)은 문제발생의 원인이 다수일수록, 또 이들 간의 관계 및 이들과 문제와의 관계가 복잡할수록 그 정도가 커진다. 예컨대 가뭄으로 인한 쌀의 감산에 비해서 청소년 범죄는 그 원인도 다양하고 원인들 간의 관계도 복잡하며, 또한 그 원인들과 청소년 범죄와의 관계도 복잡하다. 문제 상황이 복잡해지면 정책문제발생의 원인들 간의 관계 및 원인들과 문제와의 관계 등에 대한 모형의 작성이 극히 어렵게 된다. 그리하여 변수간의 인과관계의 강도만이 아니라, 심지어는 방향에 대해서까지도 잘못된 내용을 모형 속에 포함시킬 수 있다. 뿐만 아니라 무수한 변수들에 대하여 현재 어떤 상태에 있고 장래에 어떤 상태가 될 것인지 알아야 하므로 정보수집도 매우 어려워진다.

다음으로 정책문제 상황의 동태성(dynamics)은 문제발생의 원인과 이에 관련된 조건들이 시간이 흐름에 따라 변화하는 정도를 의미한다. 국제적인 위기와 같은 경우에 상황이 수시로 변하게 되는데 이때 문제 상황은 극히 동태적이라고 할 수 있다. 정책문제 상황이 동태적이 되면 문제발생의 원인이나 관련 변수들의 값이 수시로 변화하게 된다. 특히 정책대안을 집행할 미래에는 이러한 변수들의 값이 어떻게 변해버릴지 모르기 때문에 미래에서의 관련변수나 원인변수의 값을 파악·예측하는 것이 극히 어렵다. 때에 따라서는 모형에서의 파라미터(숫자로 표시되는 원인의 결과에 대한 영향력이나 관련변수의 영향력 등)가 바뀌기도 하는데 그 결과 모형의 주요 기능인 예측능력은 크게 제약받게 되는 것이다.

정책문제 상황이 복잡하면서도 동태적이 되면 위의 어려움이 모두 가중된다. 이렇게 되면 정책문제 상황은 극도의 불확실성하에 놓이게 된다.

3) 불확실성의 대처방안

불확실성에 대처하는 방안은 논리적으로 보아 두 가지가 있다.[19] 불확실한 것을 적극적으로 확실하게 하려는 불확실성의 적극적 극복방안과 불확실성을 주어진 것으로 전제하고 이 불확실성을 감안하여 정책을 결정하는 소극적 극복방법인데 현실적으로는 이들 두 가지 종류의 방안들을 동시에 사용하게 된다.

먼저 불확실한 것을 확실하게 하려는 적극적인 불확실성 극복방안은 상황에 대한 정보 획득을 통해 예측가능성을 높이거나 상황자체를 통제하는 것이다. 상황이 지나치게 복잡하거나 동태적인 경우, 정책대안의 결과를 즉시 예측하려고 하지 말고 가능한 한 시간을 늦추어(따라서 의사결정이나 정책대안을 늦추어서) 보다 많은 정보를 얻고 예측가능성을 높여서 예측하게 되면 불확실한 상황이 보다 확실해질 수 있다. 즉, 최선의 방법은 아니지만 시간을 벌면서 정보를 획득하는 방법이다. 이러한 시간을 끄는 방법의 극단적인 경우가 바로 시행착오를 인정하는 점증주의(incrementalism)의 주장이다. 한편 불확실성을 발생시키는 상황자체를 통제하는 방법으로는 경쟁자들 간에 담합이나 협력을 통해 환경의 불확실성을 제거하는 경우를 들 수 있다.

다음으로 불확실성을 주어진 것으로 보고, 불확실한 상태 하에서 정책대안의 결과예측이나 정책결정을 진행하여 불확실성에 대처하는 소극적인 방법이다. 이것은 앞에서 본 적극적 방법에 보완적으로 사용되거나 또는 적극적 방법들이 적용될 수 없을 경우에 사용되는 방법이다. 이 소극적 방법의 대표적인 것으로는 첫째, 보수적인 접근방법으로 불확실성하에서 발생될 최악의 경우가 실제로 나타나리라고 전제하고 이 전제하에서 정책대안의 결과를 예측하여 최선의 대안을 선택하는 방법이 있다. 둘째, 중복성(redundancy)의 확보방안으로 정책대안의 결과가 어떻게 될지 불확실할 때, 이 정책대안의 추진을 위해서 일종의 중복적 수단을 보유하도록 하고 이 중복적 보유수단을 추진하는데 소요될 비용을 이 정책대안의 비용으로 계상하여 타 대안들과 비교하도록 하는 것이다. 셋째, 민감도(sensitivity)분석으로 정책대안의 결과들이 여러 가지 파라미터 혹은 내외적

19) Quade는 첫째로 불확실성을 해소(resolve)하는 방법과 둘째로 불확실성이 크게 문제가 되지 않도록 하는 민감도분석(sensitivity analysis)·상황조건분석(contingency analysis) 등을 수행하는 방안을 들고 있으나 그 내용이 명확치 않다(Quade, 1989). Hogwood와 Gunn은 불확실성에 대처하는 전략으로 ① 점증주의, ② 단일안 채택, ③ 신축성, ④ 다단계의사결정을 지적하고 각각의 경우를 설명하고 있다(Hogwood and Gunn, 1991).

인 상황의 변화에 얼마나 민감한지를 파악하는 것을 말한다. 넷째, 악조건가중분석(a fortiori analysis)이 있다. 이는 예비분석이나 현재까지의 분석결과로 보아서 가장 우수하다고 판단되는 정책대안에 대하여 그 결과를 다시 예측하되, 결과를 좌우하는 요인에 불확실성이 있을 때, 우수한 정책대안에 대해서는 최악의 상태가 발생하리라고 가정하고, 나머지 대안들은 최선의 상태가 발생하리라는 가정 하에서 각 대안들의 결과를 다시 예측하는 방법이다. 이런 방식으로 예측하였음에도 불구하고 애초에 우수한 것으로 판단된 대안이 여전히 우수하다면 우리는 자신 있게 그 대안을 채택할 수 있는 것이다.

제5절 정책대안의 비교 · 평가 및 선택

1 비교평가를 위한 기준

중요한 정책대안들이 각각 어떠한 결과를 가져올 것인지를 예측하고 난 후에 이러한 결과들이 얼마만큼 바람직스러운지를 평가하고 정책대안을 비교 · 평가할 수 있는 기준을 적용하여 최선의 대안을 선정하여야 한다. 이 부분이 합리적 · 분석적 정책결정 작업의 마지막 단계이다.

대안들의 우선순위를 정하여 최선의 정책대안을 찾으려면 우선순위를 정하는 기준이 있어야 한다. 이렇게 정책대안들 간의 우선순위를 나타내는 기준(criteria)을 정책대안의 비교 · 평가기준이라고 부른다. 이들은 또 정책의 평가기준으로 불리기도 한다. 정책대안이 정책으로 선택되었을 경우에는 정책대안의 평가가 바로 정책의 평가가 되기 때문이다. 정책대안의 비교 · 평가기준은 크게 두 가지로 나누어진다. 첫째는 소망성의 기준이고, 둘째는 실현가능성이다.

2 소망성 평가기준

소망성(desirability)이라는 것은 '바람직스러움'을 의미하는 것으로 정책대안의 평가기준으로서의 소망성은 정책대안(정책수단 또는 정책자체)이 과연 얼마나 바람직스러운가를 나타내는 것이다. 소망성을 판단하는 기준은 여러 가지가 있으나 효과성, 능률성, 공평성이 가장 중요하다.

1) 효과성

(1) 효과성의 의미

효과성(effectiveness)은 일반적으로 목표달성(goal achievement)의 정도를 의미한다(Quade, 1989). 원래 정책의 효과(effect)는 정책목표달성의 결과로서 나타나는 것도 있고 부수적으로 나타나는 부수효과(side effect)도 있다.[20]

여기서 말하는 목표는 그 개념이 상당히 애매한 경우도 있다. 목표-수단의 계층상에서 어느 수준의 것을 의미하는지 구체적인 정책의 경우에 따라서 달라질 수 있는 것이다. 다만 효과를 목표달성의 결과로서 나타난 상태라고 보게 되면 이때 사용되는 개념으로서의 목표는 산출물보다는 한 단계 다음에 있는 수준을 의미한다. 예를 들면, <그림 5-5>와 같이 저수지 건설에 있어서는 증산된 쌀이, 또 도로포장에 있어서는 안전하고 신속한 차량통행이 목표가 된다.

효과성을 측정할 때는 두 가지 서로 다른 측정치를 사용할 수 있는데 첫째는 절대치로 달성된 목표를 나타내는 수치이다. 예를 들면, 저수지 건설에서 연평균 1,000석의 쌀 증산이 있을 때 '1,000석의 쌀'로서 나타내는 것이다. 이 개념은 효과성의 개념이라기보다는 '효과'라는 개념과 일치된다. 둘째는 달성된 목표를 계획된 목표와 대비하여(즉, 달성된 목표/계획된 목표) 나타내는 방법이다.

---

20) 정책효과 중에는 정책활동의 산출물로부터 나오되, 정책목표와는 전혀 관계없는 것도 있으며 (예를 들면, 정책활동의 산출물인 저수지에서 어린이들이 여름에 수영을 하는 효과와 겨울에 스케이트를 타는 효과), 정책활동 자체로부터 나오는 부수효과도 있다. 예를 들면, 저수지건설 활동은 일종의 정책활동(activities)인데, 겨울과 같은 농한기에 농촌의 유휴노동력을 이용하여 이 저수지를 건설하게 되면 농촌의 소득증대라는 효과가 나타난다.

〈그림 5-5〉 투입 · 산출 · 효과의 예

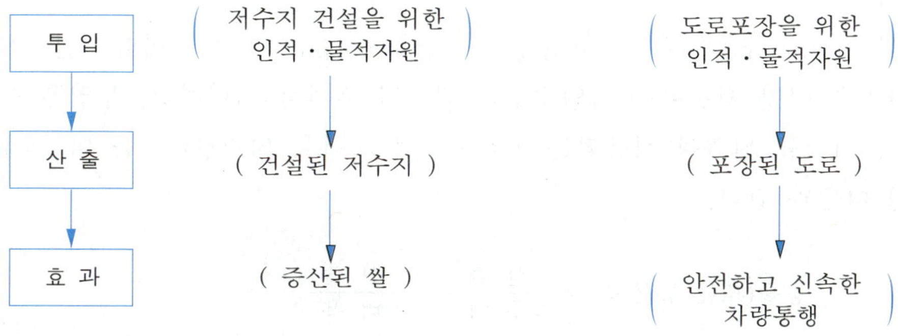

(2) 정책대안의 비교 · 평가기준으로서의 효과성

효과성이 정책대안의 비교 · 평가기준으로서 사용되는 경우는 다음과 같다. 앞에서 보았듯이 정책대안은 정책수단이 그 핵심적 내용이 된다. 그러므로 정책대안을 비교하여 찾아내려는 최선의 정책대안은 근본적으로 최선의 정책수단을 의미한다. 정책목표를 가장 잘 달성할 수 있는 정책수단이 최선의 정책수단이라고 볼 수 있다. 그러므로 정책대안의 소망성은 그 정책대안들의 효과성을 기준으로 판단할 수 있다. 효과성이 큰 정책대안일수록 보다 훌륭하고 바람직스러운 것으로 보는 것이다. 힘들게 정책을 결정하는 이유가 정책문제를 해결하여 정책목표를 달성하려는 것이므로, 효과성은 가장 중요한 정책대안의 비교 · 평가기준으로 볼 수 있다.

반면에 이 기준은 목표를 달성하기 위하여 희생하여야 할 정책비용을 고려하지 않는 단점이 있다. 어떠한 대안이 아무리 목표달성을 최대화시키는 것이라도 정책비용이 다른 정책대안에 비해서 지나치게 많으면 최선의 대안이라고 보기는 힘든 경우가 많은 것이다. 그러므로 목표달성이 극히 중요하여 비용을 아무리 들이더라도 목표달성의 극대화를 도모하여야 하는 경우에만 효과성이 가장 중요한 정책대안의 비교 · 평가기준이 될 수 있다. 국가의 운명을 걸고 싸우는 전쟁이나 외교정책 등과 같은 경우이다.

그러나 일반적으로는 정책목표달성의 극대화만이 최선이 아니라 정책비용도 고려해야 하므로 효과성만을 정책대안의 비교 · 평가기준으로 삼는 것은 한계가 있다. 그래서 능률성이라는 기준이 중요한 것이다.

2) 능률성

(1) 능률성의 개념

능률성(efficiency)은 투입(input)과 산출(output)의 비율이다. 일반적으로 보면 산출은 어떤 활동이나 작업수행의 직접적 결과를 의미하고, 투입은 이러한 활동(activity)을 위하여 사용되는 인적 · 물적 자원을 의미한다. 좀 더 구체적으로 보면 다음과 같다.

$$\text{능률(또는 능률성)} = \frac{\text{산 출}}{\text{투 입}} = \frac{\text{산 출}}{\text{비 용}}$$

예를 들면, 1,000만원을 들여서 이차선 도로 100m를 포장하였다면, 능률성은 다음과 같이 표시할 수 있다.

$$\frac{100\text{m}}{1000\ \text{만원}} = \frac{1\text{m}}{10\ \text{만원}}$$

위에서는 투입(input)을 정부예산지출로 표현하였지만, 원칙적으로는 산출물 생산을 위해서 지불되는 사회적 희생의 결과이므로 위의 공식 중 분모에 해당하는 비용은 사회적 총비용에 해당한다. 그러므로 정책수단(또는 특정한 정책대안)을 실현하기 위하여 정책관련자가 직접 지불하는 비용만이 아니라, 직접적으로나 간접적으로 발생하게 되는 사회적 희생(이것을 부의 정책효과로 취급하는 경우도 있다)도 포함하게 된다.

(2) 좁은 의미의 능률성과 넓은 의미의 능률성

산출의 경우에도 같은 논리가 적용된다. 그러나 능률 측정에서 산출의 경우에는 몇 가지 더 복잡한 개념상의 문제점이 개재되어 있다. 보통의 경우에는 학자들이 산출과 효과를 구별하여 산출이 능률성 공식의 분자일 경우에는 이를 좁은 의미의 능률성이라고 부르고 정책효과가 능률성 공식의 분자일 경우에는 넓은 의미의 능률성이라고 부른다. 산출을 효과와 구분하는 구체적인 예가 <그림 5-5>에 나와 있다. 저수지 건설공사에서의 산출물은 '건설된 저수지'가 되는데 효과는 '증산된 쌀'인 것과 같다.

산출과 효과의 구별은 정책개념에서도 언급되었지만 언제나 명백한 것이 아니고 다분히 인위적이다. 그러나 보통의 경우에는 목표-수단의 계층상에서 효과가 산출보다 한 차원 더 높은 수준의 것으로 취급되어 왔다.21) 어느 수준에서 구분하느냐에 따라서 목표달성의 결과인 효과의 추상적 정도도 결정된다. 이러한 논리의 적용결과로서 효과가 목표-수단의 계층에서 상위개념이므로 산출보다는 추상적이고 관찰가능성이 적은 현상이 흔히 나타날 수 있다. 넓은 의미의 능률성 즉, 산출이 아니라 효과를 대상으로 하는 능률성은 흔히 비용편익분석에 의해 측정된다.

(3) 정책비용

정책을 추진(또는 집행, 실시, 실현)할 때 희생되는 가치를 정책비용이라고 부른다.22) 이러한 정책비용도 좁은 뜻으로 쓰이는 경우와 넓은 뜻으로 쓰이는 경우가 다르다. 또 이것은 여러 가지 기준에 따라 분류될 수 있으나, 여기서는 먼저 비용부담자를 기준으로 다음과 같이 크게 두 가지로 나누어 검토한다. 첫째는 정책담당자가 사용하는 비용이고, 둘째는 다른 사람들이 부담하는 비용이다.

첫째, 정책부담자가 부담하는 비용은 정책추진을 위해 정책활동에 투입하는 인적 · 물적 자원을 의미하는 것으로 좁은 의미의 정책비용이 여기에 해당된다. 투입으로 표시되는 개념이다. 예를 들면, 도로공사를 위하여 토지를 매입하고, 각종 건설장비를 이용하며, 인부를 고용하는 등 인적 · 물적 자원을 투입하게 되면 이들이 정책비용이 되는 것이다. 보통의 경우 이들은 화폐가치로 표현된다. 이들은 일정한 정책의 추진을 위하여 사용되기 때문에 직접비용에 해당된다.

그러나 정책활동 중에 투입은 되지만 하나의 정책만을 위하여 또는 하나의 사업만을 위하여 투입되지 않고 여러 정책이나 여러 사업에 동시에 공통적으로 투입되는 간접비용(indirect cost 또는 overhead cost)도 있다. 예를 들면, 도로

---

21) 학자들 중에서 산출은 정부활동의 결과로서 비교적 가시적이고 물리적인데 비해서 효과는 관찰이 어렵고 유상적인 것으로 보는 사람들이 많다. 예를 들면, 청소년의 선도를 위해서 상담자(counselor)가 선도활동을 하고 있을 때 산출은 선도를 받은 청소년들(그 측정치는 1개월에 몇 명이 될 것이다)이 되고 효과는 이들이 과연 얼마만큼 '선량해졌는지'(그 관측치는 선량해진 정도가 될 것이다)가 될 것이다. 그러나 산출에 비해서 효과가 언제나 관찰이 어렵고 추상적인 것은 아니다. 흔히 말하는 연성사업(soft program)으로서 사회정책적 사업들(위의 예를 포함하여)의 경우나 높은 수준의 정책의 경우에는 그렇겠지만 경성사업(hard program)이나 하위수준의 정책에서는 효과도 가시적이며, 물질적인 경우도 있다. 위에서 본 저수지 건설사업의 경우에서 보는 '증산된 쌀'과 같은 것이다.

22) Quade는 비용을 ① 경제적 비용(economic cost), 즉 기회비용(opportunity cost)과 ② 사회적 비용(social cost)으로 구분하고 있다. 또한 이 비용이라는 개념은 투입(input) 뿐 아니라 산출(output)에도 관계되어 있기 때문에 우리가 보통 투입된 자원을 곧 비용과 동일시하는 것은 정확하지 못한 것이다(Quade, 1989).

건설의 책임을 지고 있는 공무원들이 도로건설을 위해서 위치선정과 설계에서부터 시작하여 완공될 때까지 여러 가지 활동을 하면서 동시에 다른 정책의 추진 업무도 병행하는 경우와 같다.

직접비용은 앞의 예에서 알 수 있는 바와 같이 특정업무의 추진을 위해서 투입된 내용으로 비교적 계산이 용이하다. 그러나 간접비용의 경우에는 특정한 정책을 위해서 투입된 비용을 정확히 알기가 어렵고 또 측량상의 문제도 많다. 예를 들어서 한 명의 공무원이 2개의 정책추진에 책임을 지고 있는 경우에 각각의 정책을 위해서 투입하는 노력의 양과 강도를 알기는 심히 어렵다.

정책비용의 두 번째 측면은 정책담당자가 아닌 다른 사람들이 부담하는 비용이다. 이것은 정책의 추진에서 희생되는 가치로서 정부가 아닌 민간부문에서 부담하는 희생이다. 이 희생도 두 가지로 대분할 수 있다. 첫째는 정책대상자(policy target group)가 부담하는 비용으로 정책내용에서 규정하고 있는 것이며, 둘째는 정책내용에서 의도하지 않았던 것이나 사회의 누군가에 의하여 부담되는 희생으로서 정책의 부작용에 해당되는 것이다. 어느 것이나 좁은 의미의 정책비용에서는 제외되고 있는 개념들이다.

먼저, 정책대상자가 부담하는 정책비용은 화폐가치로 표시할 수 있는 유형의 것도 있고 그렇지 않은 것도 있다. 전자의 예를 들면, 저수지의 건설이나 경지정리사업 등에서(정부에서 일부 비용을 부담하고) 수혜자(beneficiary group)인 농민이 부담하는 비용을 들 수 있다. 이렇게 누군가에 의하여 부담되는 유형의 경비는 정책결정자가 쉽게 간과하지 않는다. 그러나 정책대상자가 부담하는 무형의 경비는 흔히 잊어버리게 된다. 무형의 경비는 규제정책 등에서 피규제자가 자유나 재산권 등의 권리행사에서 받게 되는 제약과 같은 것이다. 예를 들면, 교통난 완화를 위해 자동차 10부제를 실시하여 자동차운행을 금지시키는 것은 대상집단의 재산권 행사를 제한하여 이들의 자유와 권리를 침해하는 것과 같은 것이다.

정책을 결정할 때 의도하지 않았던 부작용도 정책추진 때문에 지불되는 사회적 희생으로 넓은 의미의 정책비용에 포함될 수 있다. 정책에서 나오는 부작용은 사회적 비용의 일부로 볼 수도 있고, 부의 정책효과(negative effect)로 취급할 수도 있기 때문에 흔히 정책분석(비용-편익분석 등)에서는 비용에 계상되기도 하고 효과분석에서 부(minus)의 항목으로 계상되기도 한다.

이상에서 보듯이 정부가 부담하지 않거나 정책담당기관이 부담하지 않는다고 해도 정책추진에서 발생하는 사회적 희생은 원칙적으로 정책비용에 계상되어야 한다. 국가나 사회전체의 입장에서 정책비용이나 정책효과를 고려해야 하기 때문이다. 따라서 기업체의 경영전략을 수립할 때 계상하는 비용이나 효과가 내부적(internal)인 것에 한정됨에 비해서 정부가 정책을 결정할 때 고려해야 할 정책비용과 정책효과는 외부적(external-즉, 담당기관 외적)인 것도 고려해야 한다.

(4) 정책대안의 평가기준으로서의 능률성

좁은 의미의 능률성을 기준으로 최선의 정책대안을 찾을 때는 동일한 비용으로 최대의 산출을 내거나 또는 동일한 산출을 위해서 비용을 최소로 하는 정책대안이 가장 능률적인 정책대안이 될 것이다. 그러나 넓은 의미의 능률성을 기준으로 하면 동일한 비용으로 최대의 정책효과를 내거나, 동일한 정책효과를 위해서 최소의 정책비용을 지불하는 정책대안이 가장 능률적인 대안이 될 것이다. 어느 경우거나 비용-효과(편익)분석(cost-benefit analysis)을 하고, 능률성 판단기준으로 B/C비율(B/C Ratio)를 계산한다. 이 비율이 바로 능률성의 지표이고, 따라서 이 비율이 크면 능률성이 높은 대안인 것이다.

정책비용은 정책의 추진으로 인하여 희생되는 사회적 가치로서 경제적인 관점에서 보면 자원에 해당된다. 그러므로 일정한 정책비용으로서 정책효과를 최대화하는 대안을 채택하여 추진하게 되면 사회적 자원을 최대한 능률적으로 사용하는 것이다. 능률성을 기준으로 정책대안을 선택하면 자원의 최적배분을 도모할 수 있는 것이다. 그러나 능율성은 어떤 정책이 가져오는 정책효과나 비용의 배분상태는 고려하지 않는다. 그래서 능률성은 배분의 평등성을 고려하지 못하는 약점이 있다.

요약하면, 능률성을 기준으로 하면 효과성을 기준으로 할 때에 비해서 정책효과만이 아니라 정책비용도 고려하여 최선의 대안을 선택할 수 있다는 장점이 있다. 그러나 이 양자 모두가 평등성 또는 공평성 문제를 고려할 수 없다는 약점이 있다.

사례 5-1 예비타당성조사제도

예비타당성조사는 대규모 국가예산이 투입되는 사업에 대해 사업의 타당성을 객관적, 중립적 기준에 따라 사전에 검증하는 제도이다. 대규모 재정투입 사업의 타당성에 대한 객관적이고 중립적인 조사를 통해 재정사업의 신규 투자를 우선순위에 따라 공정하게 결정하도록 함으로써 예산낭비를 방지하고 재정운영의 효율성을 높이기 위해 도입한 제도이다. 따라서 대안평가의 비교기준에 따른다면 예비타당성조사제도는 능률성의 측면에서 사업의 우선순위나 타당성을 규명하기 위한 것이다. 국가재정법 38조 및 동법 시행령 제13조의 규정에 따라 시행되는 예비타당성조사 제도는 총사업비 규모가 500억원 이상이고 국가의 재정지원이 300억원 이상인 신규사업들을 대상으로 하고 있다. 여기서 신규사업은 건설공사가 포함된 사업, 정보화사업 및 국가연구개발사업 등을 말한다.

1999년 도입된 이래 예비타당성조사 제도는 예산운영의 투명성과 효과성을 제고하는데 기여하였으나, 20년이 경과하면서 지역간 균형발전과 다양한 사회적 가치실현, 경제·사회적 여건 변화를 적극적으로 반영할 필요성이 꾸준히 제기되어 왔다. 그동안 예비타당성조사제도를 시행하는 과정에서 균형발전과 다양한 사회적 가치에 대한 실현요구가 증대하고 있음에도 여전히 경제성이 예비타당성 통과의 결정적인 요소로 작용하였다. 특히 수도권보다 경제성이 떨어질 수 밖에 없는 비수도권사업의 경우, 예비타당성 통과가 상대적으로 어려웠던 것이다. 이에 따라 최근의 예비타당성조사는 경제성 기준 외에 정책적인 고려와 지역균형발전 요소를 반영한 종합평가 방식을 활용하고 있다. 또한 공공시설, 문화재, 국가안보, 남북경제협력, 재난예방, 지역균형발전 등 10가지 사업들은 대통령령으로 정하는 절차에 따라 사업대상에서 제외할 수 있는 여지를 두고 운영하고 있다. 이것은 대규모 국가재정이 투입되어야 할 사업가운데서도 경제적 능률성만을 기준으로 삼기 어려운 사업이나 지역간 균형발전을 위한 인프라투자(SOC) 사업에 있어 형평성을 고려해야 할 필요성 때문이라고 볼 수 있다. 정부가 2019년 전국 권역을 연결하는 광역교통 및 물류망구축의 일환으로 남부내륙철도(김천-거제)건설등 5개 사업을 예비타당성조사 사업대상에서 제외한 결정이 대표적인 예에 해당한다.

3) 형평성

(1) 수평적 · 수직적 형평성

형평성은 학자에 따라서 여러 가지로 정의되고 있다. 일반적으로는 공정성

(fairness) 또는 정의(justice)의 뜻으로 쓰이고 있다.[23] 그러나 공정하다, 또는 사회적 정의에 일치한다는 등의 의미도 그 자체가 여러 가지 의미를 지니고 있다. 정책대안의 평가기준으로 논의할 때는 대략 다음과 같은 좁은 의미로 사용된다.

정책대안의 평가기준에서는 주로 형평성이라는 개념이 사용되는데, 형평성은 '동일한 경우는 동일하게 취급하고, 서로 다른 경우는 서로 다르게 취급하는 것'을 의미한다. 약간 차원이 다른 두 가지가 포함되어 있는데, 전자를 수평적 형평성, 후자를 수직적 형평성이라고 부른다.[24]

수평적 형평성(horizontal equity)은 '동일한 것을 동일하게 취급하는 것'으로 정의할 수 있다. 예를 들면, 모든 선거권자가 한 표의 투표권을 행사하고 동일한 노동에 대해 동일한 임금을 받으며 똑같은 고속도로를 이용하는 모든 승용차에게 동일한 요금을 부과하는 것과 같은 것이다. 수평적 형평성은 어떤 의미에서 보면 기계적 형평성이다. 즉, 일정 기준에서 보아 동일하다면 기계적으로 동일하게 취급하는 것이다. 정책비용의 부담에서 흔히 이용되는 수혜자 부담의 원칙에 따라 혜택을 본 만큼 대가를 지불하도록 하는 것에서 보듯이 상식적으로 우리가 말하는 '공평하다'는 뜻에 가깝다.

수직적 형평성(vertical equity)은 '서로 다른 상황에 있는 사람들을 서로 다르게 취급하는 것'을 의미한다. 수평적 형평성은 모든 인간이 존엄과 인격의 면에서 동등하기 때문에 정부의 정책에서 기계적으로 동등하게 취급되어야만 한다는데 반해서 수직적 공평성은 인간의 존엄과 인격 면에서는 동일하지만 다른 측면에서는 차이가 있으므로 차이가 있는 경우에는 차이 있는 취급이 있어야 한다는 것이다. 이때 차이 있는 취급(unequal treatment)은 보통의 경우에는 '서로 차이 있는 상황에 있는 사람들을 보다 평등하게 만들기 위하여' 행해지는 것이다. 나쁜 환경과 가난한 상황 속에 있는 사회적 약자를, 인간다운 생활의 측면에서 사회적 강자와 거의 동등하게 만들기 위하여 사회적 약자에게 보다 많은 혜택을 주고 정책비용을 보다 적게 부담시키는 것이 수직적 형평성의 핵심적인 내용이다.

---

23) Rawls에 의하면 justice, fairness 등이 거의 같은 뜻으로 쓰이고 있다.

24) 평등성(equality)에서도 이와 똑같은 두 가지 성격의 내용이 있으므로 이것은 평등성과 공평성을 거의 같은 뜻으로 쓰는 경우이다.

이렇게 일반적으로 보면 수직적 형평성은 배분적 정의(distributive justice)를 의미하게 된다. 형평성 가운데 수직적 형평성을 정책대안의 비교·평가기준으로 삼는 경우가 많은데, 이 때는 다음을 의미하게 된다. 즉, '정책효과와 정책비용의 배분이 사회정의로서의 배분적 정의에 합치되는 정도'를 의미하는 것으로 규정할 수 있다. 그러나 이렇게 규정하더라도 보다 구체적인 내용에서 무엇이 배분적 정의에 합치되는 지에 대해서는 의견이 분분할 수 있다. 여기서는 가난하고 약한 자에게 많은 정책효과를 향유하도록 하고 정책비용의 부담을 가볍게 하는 것이 배분적 정의에 보다 합치되는 것으로 막연하게 정의하기로 한다. 즉, 소득재분배에서 나타나는 기본적 사고방식이 배분적 정의의 내용이 된다고 정의하는 것이다.

(2) 정책대안의 비교 · 평가기준으로서의 형평성(수직적 형평성의 경우)

개념이 명확하지 않다고 하더라도 수직적 형평성(공정성)이 정책대안의 비교·평가기준으로 지니는 역할은 비교적 명백하다. 특히 이 기준이 앞서 살펴본 효과성이나 능률성과 모순·충돌될 가능성이 있다는 점은 더욱 명백하다. 즉, 가장 효과적이거나 능률적인 정책대안이 가장 평등한 대안이 못되는 경우가 많은 것이다. 예를 들면, A후보지에 저수지를 건설하면 B/C비가 1.2이고 B후보지에 저수지를 건설하면 B/C비가 1.0이라면, 능률성의 기준으로 볼 때는 A후보지가 우수하다. 그러나 극단적으로 가상하여 A저수지에서 증산되는 쌀은 모두 1인의 대지주의 토지에서 증산되고 B저수지는 100명의 소농에게 혜택이 돌아가는 경우이라면 형평성 기준으로 할 때 B저수지가 우수한 것이다.

일반적으로 능률성이나 효과성에서는 정책효과가 사회 전체적으로 얼마만큼 발생하고 정책비용이 사회 전체적으로 얼마만큼 지불될 것인지를 측정하여 계산된다. 정책효과나 정책비용이 누구에게 돌아가느냐는 효과성이나 능률성의 계산에서는 제외된 문제이다. 이 제외된 문제를 고려하는 것이 형평성(공정성)의 기준이다.

형평성은 경제적 측면에서 보면 중요치 않겠지만 정치적 측면에서는 중요한 가치의 하나에 해당된다. 정책의 효과가 보다 많은 사람에 의하여 향유되고 또 가난하고 약한 자에게 보다 많은 혜택이 주어지며, 반면에 이들 능력이 없는 사람들에게 정책비용을 가볍게 부담시키고, 대신에 능력이 있는 사람들이 보다 많은 정책비용을 부담하게 하는 것, 즉 형평성을 향상시키면 그 자체로서 바람직스럽다고 판단될 수 있다. 나아가 가난하고 약한 사람들이 국가와 사회에 대한 저항이나 반감이 줄어들고 사회 또는 소득 계층 간에 화합과 단결을 가져와, 결과적으로 사회적 융화, 국민적 단합을 도울 것이다. 그리고 정치체제에 대한 지지도를 향상시켜 정치적 안정과 체제의 정치적 능력을 향상시키는 등의 여러 가지 효과를 가져올 것이다. 그러므로 형평성(공정성)은 그 자체가 중요한 정치적 가치를 지닐 뿐만 아니라 그로 인하여 여러 가지 정치적으로 바람직한 효과를 가져온다.

4) 소망성 평가기준 간의 모순충돌

앞에서 살펴본 3가지 소망성 기준은 서로 모순·대립적인 관계에 있는 경우가 많다. 능률성과 평등성의 대립, 효과성과 타 기준과의 대립 등이 많은 경우에 나타난다.

이런 경우에 어떤 기준을 적용해야 하는가? 첫째, 가장 바람직한 기준을 먼저 적용하여 정책대안의 우선순위를 정하는 방법이다. 둘째, 모든 기준을 통합하여 단일종합기준을 만드는 방법을 생각할 수 있다. 두 번째의 방법은 이질적인 정책효과를 통합하는 것과 마찬가지로 실제적으로 불가능하다. 첫 번째 방법이 현실적으로 가능한 방법이지만 무슨 기준을 우선하여야 할지에 대해서는 사람마다 다른 주장을 하게 될 것이다. 즉, 이것은 가치판단의 문제이며 따라서 사람들마다 다르게 될 것이다. 그러므로 결국 민주주의적인 원리에 따라서 국민의 의사를 정확히 반영하여 우선적으로 적용될 기준을 정하는 것이 차선책으로 바람직하다고 생각할 수 있다.

3 실현가능성 평가기준

1) 실현가능성의 의미

정책대안의 실현가능성은 그것이 정책으로 채택되고 그 내용이 충실히 집행될 가능성을 뜻한다. 그래서 정책으로서의 채택가능성과 채택된 후의 집행가능성이 그 내용이 된다. 정책대안의 실현가능성의 두 부분 중에서 정책의 집행가능성이 보다 많이 거론된다. 아무리 전술한 소망성의 측면에서 가장 바람직스러운 대안이더라도 이것이 정책으로 채택되었을 때 집행이 불가능한 것이면 최선의 대안으로 볼 수는 없다.

정책의 집행가능성, 또는 보다 넓은 개념으로 정책의 실현가능성은 흔히 정책의 제약조건과 표리의 관계에 있다. 정책의 제약조건(constraints), 또는 제약요인은 정책의 실현을 제약하는 요인이나 조건들을 말하기 때문에 정책의 실현가능성이 있으려면 제약조건상의 가능한 영역에 포함되어야 한다. 예를 들면, 어떤 대안이 소망성 기준에서 최선의 것이라고 하더라도 경비가 예산의 범위를 넘어서는 것이라면 예산상의 제약 때문에 실현불가능(즉, 집행불가능)한 대안이 된다.

위에서는 주로 정책대안이 정책으로 채택된 후의 집행가능성을 논의하였으나, 정책대안이 정책으로 채택될 가능성도 정책대안의 실현가능성에서는 중요하다. 이런 경우에는 정책의 실현가능성이라는 표현은 물론 부적합하다. 특히 문제가 되는 것이 소망성 기준으로 보아서 우수한 정책대안이 정치적으로 큰 반대에 부딪쳐서 정책으로 채택될 가능성이 없을 때, 즉 정치적 실현가능성이 없는 경우이다. 정책대안의 정치적 실현가능성은 정책으로 채택된 후의 집행과정에서 정치적 반대로 인한 집행가능성이 문제될 수도 있으나, 이보다는 정책으로서 채택되는 때에 정치적 반대로 인한 채택불가능성이 문제의 핵심이 된다. 반면에 행정적 · 재정적 · 기술적 실현가능성은 정책의 집행가능성에서 논의의 초점이 된다.

정책대안의 실현가능성이 없다고 판단되면 정책으로 채택할 수 없기 때문에 소망성의 판단을 위한 여러 가지 어려운 분석이나 작업을 할 필요가 없는 것으로 생각하기 쉽다. 그러나 비록 실현가능성에서 약간의 문제가 있는 대안이라도 그것이 결과예측과 평가에서 훌륭한 대안임이 밝혀지면 이를 실현시키기 위해서 우리가 노력할 수 있다. 예를 들면, 아주 훌륭한 대안이 예산의 부족 때문에 집행되기 어렵다고 판단되면 예산을 보다 많이 획득하도록 노력할 수가 있다. 그러므로 예비분석에서 실현가능성을 검토하여 실현가능성이 없는 대안은 아예 결과예측이나 평가를 통한 소망성 분석도 하지 않겠다는 태도는 잘못된 것이다. 오히려 소망성 판단 후에 나쁜 대안을 버리고 훌륭한 대안을 놓고 이들의 실현가능성을 정확히 검토하여 실현가능성을 제약하는 요인들을 극복 · 제거하도록 노력하는 것이 올바른 자세이다.

2) 실현가능성의 종류

정책 또는 정책대안의 실현가능성은 흔히 다음과 같은 다섯 가지로 나눈다.25)

(1) 기술적 실현가능성(technical feasibility)

기술적 실현가능성은 정책이나 정책대안(정확하게 표현하면 이들의 주 내용이 되는 정책수단)이 현재 이용 가능한 기술로서 그 실현이 가능한 정도를 의미한다. 기술적 실현가능성은 기술의 개발 또는 기술의 획득으로 이용 가능한 기술수준이 향상되면 이에 따라 향상이 된다. 원자력기술의 개발에 따라서 석유대체에너지로서 원자력 발전이 추진되는 것과 같다. 불소가 충치예방에 도움이 된다는 사실을 연구하게 되자, 불소를 수돗물에 넣는 정책수단을 채택하는 것도 마찬가지이다.

기술적 실현가능성은 위와 같이 정책수단의 기술적 실현가능성을 의미하는 것이 중요하고 일반적이지만 다음과 같은 두 가지 다른 경우도 포함하는 넓은 의미로 쓰여지기도 한다.

첫째는 정책목표달성과 정책대안(정확하게는 정책수단) 사이에 인과관계가 존재하는지의 여부를 의미하는 경우이다. 즉, 정책수단이 실현되었을 때 정책목표가 달성되지 않으면 그 정책수단(또는 이것을 포함한 정책대안)의 기술적 실현가능성이 없다고 하는 것이다. 이것은 수단의 합목적성, 즉 수단의 효과성(effectiveness)을 의미하는 경우인데 흔히 정책의 기술적 합리성(technical rationality)이라고 부르는 것으로, 이는 정책수단 자체의 기술적 실현가능성과는 구별된다.

둘째는 다음에 볼 행정적 실현가능성의 일부를 의미하는 경우이다. 특히 정책수단의 실현을 위해서 필요한 전문가나 경험 있는 집행자가 없는 경우에 정책대안이 기술적으로 실현불가능하다고 하는 것이다. 이 경우는 행정적 실현가능성에서 '행정'을 '기술'의 일부로 보는 사고방식이 배후에 도사리고 있는 경우이다. 그러나 이 경우는 행정적 실현가능성이라는 용어가 있으므로 기술적 실현가능성이라는 용어와 구분하는 것이 바람직하다.

---

25) 그런데 Barker, Michaels와 Preston(1975) 등도 이와 유사하게 다음과 같은 다섯 가지로 구분하고 있다. ① 기술적 실현가능성, ② 사회적 실현가능성, ③ 경제적 실현가능성, ④ 정치적 실현가능성, ⑤ 시간적 실현가능성.

(2) 재정적 또는 경제적 실현가능성(financial or economic feasibility)

정책 또는 정책대안의 재정적 실현가능성은 이용 가능한 재원으로서 정책 또는 정책대안(정확하게 정책수단)이 실현가능한지의 여부를 의미한다.

가장 문제가 되는 것이 예산상의 제약 때문에 정책대안이 실현불가능한 경우인데, 예를 들면, A지구의 저수지 건설이 B지구의 저수지 건설보다 B/C비가 높고 정치적 효과 등이 좋다고 하더라도 A저수지는 5억원이 들고 B저수지는 4억원의 건설비가 드는데 정부에서 투입할 수 있는 예산이 4억원 밖에 없으면 재정의 제약으로 A저수지는 실현불가능한 대안이 된다.

이러한 재정적인 제약을 좀 더 넓게 보면 정부와 정책담당기관의 예산이 아니라 사회 전체적으로 이용 가능한 자원의 제약까지도 포함할 수 있다. 예를 들면, 농업용수를 공급하기 위해서 시멘트로 만든 수로를 이용하는 것이 저수지의 건설보다 B/C비(ratio)가 높다고 하더라도 수로건설에는 막대한 시멘트가 소요되는데 이 시멘트가 부족하다면 수로건설은 자원의 제약으로 실현 불가능한 대안이 된다. 이렇게 사회전체의 경제적인 능력 면에서 판단하는 것이 경제적 실현가능성이다.

(3) 행정적 실현가능성(administrative feasibility)

행정적 실현가능성은 정책의 집행을 위하여 필요한 집행조직, 집행요원 및 전문인력 등의 이용가능성을 의미한다. 정책대안을 추진하기 위해서 기존의 행정기구로서 집행이 불가능하거나, 기존의 행정인력으로 집행이 어려우면 행정능력상 제약이 있는 것이다.

위의 예산의 확보나 재정적 실현가능성도 그렇지만 특히 행정적 실현가능성은 정치적 지지가 있으면 그 가능성이 크게 향상된다.

(4) 법적 · 윤리적 실현가능성(legal feasibility)

이것은 정책대안이나 정책의 내용이 타 법률의 내용과 모순되지 않을 가능성을 의미한다. 이것은 정책대안의 실현과정에서(주로 집행과정에서) 법적 제약(legal constraints)을 받지 않을 가능성을 의미한다.

법률은 정책의 한 형태인 경우가 많은데 이런 경우에 타 법률의 내용과 모순 · 충돌되지 않아야 한다는 조건은 넓게는 타 정책과 모순 · 충돌함이 없는 상태, 즉 타 정책과 일관성이 있어야 한다는 것이다. 이런 의미로 법률적 실현가능성을 넓게 보면 반드시 법률의 제약에 국한되지 않고 타 정책과의 일관성도 중요하다.

또 법률의 내용은 규범적인 성격 때문에 윤리성 · 도덕성을 띠는 것이 일반적이며, 이 때문에 법적 실현가능성은 윤리적 실현가능성을 포함하기도 한다. 윤리적 실현가능성은 정책의 실현이 도덕적 · 윤리적 제약을 받지 않을 가능성을 의미한다.26)

(5) 정치적 실현가능성(political feasibility)

정치적 실현가능성은 정치체제에 의하여 정책대안이 정책결정 국면에서 정책으로 채택되고 이것이 집행될 가능성을 의미한다. 즉, 정책대안의 채택과 집행에 있어 정치적 측면에서 지원을 받을 가능성을 정치적 실현가능성이라고 부른다. 이 정치적 실현가능성은 정치학자들로부터 가장 큰 주목을 받았으며 또한 위에서 본 재정적 · 행정적 실현가능성을 좌우하고 이들을 통해서 기술적 실현가능성을 좌우하는 등의 이유 때문에 아주 중요한 것이다. 즉, 무엇보다 중요한 것은 정책결정이란 정치적 결정이며 따라서 정치적 실현가능성이 가장 큰 대안이 결국 정책으로 채택되기 때문에 정치적 실현가능성은 곧 그 정책대안이 정책으로 선택되느냐를 가늠하는 가장 중요한 기준이라고 볼 수 있다.

정치적 실현가능성은 정책결정과정에서나 집행과정에서 강력한 정치세력의 지지에 따라 달라지게 된다. 정책은 대부분의 경우 일부의 집단에게는 피해를 주고 다른 일부에게는 혜택을 주게 되므로 이 두 집단의 대립 · 갈등은 불가피하다. 특히 규제정책의 경우에 이러한 경향이 두드러지게 되는 데 이 때문에 대립되는 집단은 정책의 내용이 자신들에게 유리하게 결정되도록 영향력을 행사하려고 하며 정책의 집행과정에도 계속 개입하려고 한다. 이때 어떤 정책대안이 이들 중 어느 누구의 강력한 반대에 부딪쳐 결정과정에서 채택되기 어려우면 정치적 실현가능성이 없는 것이다.

정치적 실현가능성은 현존하는 정치세력(그것이 정책기관 내부의 것이든 외부의

26) MacRae와 Wilde(1985)는 정책대안선택을 위한 논리적 기준을 두 가지로 나누어서, 하나는 목적적(teleological) 다른 하나는 비목적적(non-teleological) 기준이라고 불렀다. 전자는 정책이 추구하는 목적 달성과 관련된 기준(그래서 정책효과와 직결된다)이고, 후자는 목적과 관련 없이 정책자체의 좋고 나쁨을 따지는 기준이다. 그래서 이 후자는 우리가 여기서 말하는 윤리적 실현가능성 또는 윤리적 제약에 가까운 개념인데, MacRae와 Wilde는 법적인 것까지 포함하고 있다.

것이든)의 지지에 의존하게 되므로 현존하는 정치권력의 분포가 바람직스럽게 되어 있지 못하면 정치적 강자에 의하여 정치적 약자가 희생되는 경우가 흔히 발생한다. 이런 경우에 정치적 실현가능성은 비도덕적이고 비합리적인 성격을 띠게 된다.

4 최선의 정책대안 선택

중요한 정책대안들이 빠짐없이 탐색 · 검토되어 이들이 추진되었을 때 발생할 것으로 예상되는 결과들이 예측되고, 이들을 비교 · 평가할 기준까지 검토되고 나면 최선의 정책대안선택은 비교적 단순한 논리에 따라 진행된다. 먼저 정책대안들의 실현가능성을 검토하여 실현 불가능한 대안을 제외시킨다. 다음 단계로 실현가능한 대안 중에서 가장 소망스러운 대안을 선택하게 된다. 이 때 가장 소망스러움을 평가하기 위한 기준은 효과성, 능률성, 공평성 등이 있는데 어느 것을 적용하느냐는 가치판단의 문제이다.

제6절 분석적 결정의 한계

현실에서의 정책결정은 합리적 · 분석적 결정방법이나 논리를 그대로 따르지는 않는다. 왜 그럴까? 그 이유는 뒤에서 보게 될 합리적 정책결정의 대안적 모형을 설명하는 과정에서 논의되고(제6장 3절 이하 참조) 또 앞에서 보았던 정책결정과정의 여러 가지 정치적인 측면에서 거시적으로 논의되었다. 그러나 여기서 그 대강의 이유를 정리해 볼 필요가 있다.[27)]

합리적 · 분석적 결정의 제약요인은 크게 5가지로 생각해 볼 수 있다. 첫째, 분석적 결정 자체가 지니고 있는 논리, 기법 또는 방법상의 약점이 있다는 점이

27) Hogwood와 Gunn은 Simon과 Lindblom의 견해를 종합하여 실제의 정책결정에서 합리성을 제약하는 요인을 다음의 다섯 가지 범주로 나누고 있다. ① 심리적 제약, ② 다양한 가치로부터의 제약, ③ 조직의 제약, ④ 비용제약, ⑤ 상황제약(Hogwood and Gunn, 1991).

다. 둘째, 합리적·분석적 결정은 많은 비용이 수반된다. 많은 비용을 들이면서도 분석적 결정의 효과가 있는지를 따져볼 필요가 있는 것이다. 셋째, 합리적·분석적 결정은 정책결정자가 고도의 분석적 능력을 소유하고 충분한 시간과 노력을 들일 것을 요구하지만 현실적으로 정책결정자는 그것이 개인이든 조직이든 시간, 노력, 능력 모두가 부족한 경우가 많다. 넷째, 정책결정이 조직이나 집단 내에서 이루어지기 때문에 나타나는 제약이 있으며, 다섯째, 현실적으로는 정책결정에 관여하는 정치세력이 자신들의 이익을 위하여 합리적·분석적 결정을 방해하고 있다는 점이다.

1 분석논리와 기법상의 약점

분석적 결정은 분석논리와 기법 상에 여러 가지 약점이 있어서 현실적으로 적용이 불가능한 경우가 많다. 이를 요약하면 다음과 같다.

첫째, 현실의 정책결정에서는 능률성과 형평성을 동시에 고려해야 하는 경우가 많은데 이미 지적하였듯이 이들 기준들 간에 모순이 있을 때 어떻게 해야 할지 객관적인 해결책이 없다. 예를 들면, A대안이 가장 능률적인데 비해서 B대안이 가장 공평한 대안인 경우에 어느 것이 최선인지 객관적인 논리로 따져서는 판단할 수 없는 것이다. 이 판단은 개인적인 가치기준에 따라 달라지는 극히 주관적인 것이다. 또 과거에는 정책의 효과 중에서 목표달성의 효과만을 분석에 고려하고 비용 등도 화폐로 계산되는 것만 분석해왔기 때문에 목표달성에만 초점을 맞춘 도구적 합리성(기술합리성)이라는 비판이 제기되었다.

둘째, 분석이 객관적이고 중립적 관점에서 합리적이기 위해서는 각 수단들이 가져오는 효과와 비용을 동일한 사회후생(또는 사회복지) 척도로서 측정할 수 있어야 하는데 이것이 극히 어렵다. 여기에는 크게 두 가지 문제가 포함되어 있다. ① 효과나 비용의 양적 측정이 어려운 문제이다. 정책추진에서 얻게 되는 효과나 소모되는 비용은 극히 다양하다. 이들 중에는 쌀 증산효과나 저수지 건설비용과 같이 화폐로 표현할 수 있는 가치도 있으나 화폐뿐만 아니라 어떠한 방법의 양적 표현도 불가능한 가치들도 많이 있다. 불행하게도 정책대안의 효과나 비용 중에는 이러한 가치가 대부분이다. 새만금 간척지 조성으로 개펄에 날아오는 철새의 숫자가 감소하는 것, 지하철의 진동으로 남대문이 입는 피해 등

문화적 가치나 자연환경의 가치의 크기를 양적으로 측정하는 것은 거의 불가능에 가까운 것이다. ② 비록 양적 측정이 가능한 경우에도 이를 동일한 척도인 사회후생효과로 객관적인 측정을 하기가 어렵고, 측정하더라도 개인의 가치기준에 따라 달라지므로 극히 주관적이다. 신무기 구입의 효과로 군사력이 증대되는 효과와 초등학교 교실을 더 건설하여 초등학생들이 넓은 교실에서 공부함으로서 얻게 되는 효과를 동일한 사회복지 효과로서 나타내기가 어려운 것이다. 화폐가치가 아닌 것으로 측정을 한다고 하더라도 그 크기는 사람에 따라서 달라지는 극히 주관적인 것이 된다. 예를 들면, 교육과학기술부는 교육효과를 더욱 가치있는 것으로(즉, 사회후생을 더욱 증진시키는 것으로) 판단하는 반면에 국방부는 신무기 구입이 더욱 큰 사회후생 효과를 가져 온다고 판단할 수도 있다.

셋째, 이러한 약점 때문에 분석적 결정은 도구적 합리성만을 추구한다는 비판을 받고 있다. 2세대 비판이론(Habermas 등)에서 관료조직이 사용하는 계량적 분석기법이 정책목표에 대한 비판적 검토 없이 효율적 수단선택에만 집중하여 도구적 합리성만을 추구한다고 비판하는 것이 대표적이다. 이들은 난해한 계량분석 등으로 가치판단 없는 분석 자체를 신비화시켜서, 기술관료주의를 정당화하고 결과적으로 자본주의 체제유지에 이용된다고 비판한다. 난해한 분석기법으로 신비주의적 기술합리성을 명분으로 체제유지를 추구한다는 두 번째 주장은 과장이 심한 것이지만, 첫 번째에서 도구적 합리성의 문제점을 지적한 것은 상당히 타당하다. 정책목표를 달성하기 위한 수단 선택에서 수단이 발생시킬 부작용이나 부수효과들 중에서 계량화가 어려운 것들을 제외시키고 정책목표에만 집중하게 되므로 결과적으로 목표를 위한 수단의 도구적 역할만이 고려된 분석이 되고 마는 것이다. 이러한 분석의 약점을 이제는 누구나 잘 이해하고 이를 극복하기 위한 다양한 방법을 고려하는 등 주의를 기울이기 때문에 이 약점의 피해는 상당히 감소되고 있다. 그러나 아직도 그 피해가 크기 때문에 세심한 고려가 필요하다.

넷째, 위의 세 가지 문제는 모두 사람의 가치기준에 따라 달라지는 가치판단문제를 보여주는데 이때 누구의 가치판단을 따라야 하는지를 쉽게 알 수 없고, 알 수 있더라도 실제 그들의 가치판단을 적용하기가 어렵다. 분석적 결정은 다양한 이해관계를 조정할 있는 논리적 근거를 가지고 있지 못하기 때문이다. 그것은 근본적으로 다양한 이해관계와 가치를 하나로 통합하는 단일 기준을 마련하는 것이 불가능하기 때문이다. 그러므로 정책으로부터 영향을 받을 수 있는 모든 국민들이 직접 판단을 할 수 있도록 하는 것이 최선이라고 생각할 수 있다. 다양한 이해관계와 가치관을 가지 사람들이 상호배려와 담론을 통해 정책을 결정하는 것이 중요하며, 이를 담론과 설득의 정책결정이라고 할 수 있다(Goodin, Rein & Moran 2006) 이것이 바로 민주주의적 원리에 합치되는 방법이다.

국민들이 원하는 것을 가치판단 기준으로 하는 구체적 방법은 크게 두 가지가 있다. ① 국민들의 의사를 직접 파악하는 방법으로 국민투표(referendum), 여론조사 또는 사회욕구조사(need survey) 등이 있다. 그러나 이 방법에는 다음과 같은 세 가지 약점이 있다. 첫째, 국민들은 정책결정에 관련되어 있는 제 측면들을 이해할 수 없거나 이해할 시간적 여유도 없다. 둘째, 일반적으로 국민들은 현재시점을 기준으로 평가해야 되는지 아니면 미래의 특정 시점을 기준으로 평가해야 되는지 모르는 경우가 많다. 셋째, 국민들의 의사를 직접 파악하는 데는 많은 시간과 경비가 소요되기 때문에 특수한 경우가 아니면 실시할 수가 없다는 결점이 있다. ② 정책결정자들로 하여금 국민들을 충실히 대신하여 가치판단을 하도록 하는 간접민주주의의 제도적 장치를 마련하는 것이다. 대의제적 민주주의 제도가 이러한 목적을 위하여 설립되어 오래 동안 운영되어 오고 있다. 즉 국민들의 대표기관으로 의회를 국민의 선거에 의해서 선출하고 이들로 하여금 정치적 책임을 지워 국민들의 의사를 대변하도록 한다. 그러나 이러한 제도적 장치는 여러 가지 측면에서 제약을 받고 있기 때문에 국민의 뜻을 제대로 반영하지 못하는 약점이 있는 것이다.

이와 같이 국민의 의사를 반영하기 위한 제도적 장치에도 많은 약점이 있으며 이에 더하여 정책목표의 명확화에서부터 정책대안의 창출, 대안의 결과예측에 이르기까지 무수한 분석기술상의 모순점들이 있다. 그러나 이상과 같은 한계와 모순에도 불구하고 분석적·합리적 결정은 인간이 고안할 수 있는 가장 합리적인 방법이기 때문에 권장되는 것이다. 환언하면 비록 위에서 논의한 바와 같은 정교한 절차를 밟지 못하지만 위와 같은 대강의 논리(기본정신)에 따라서 결정을 하는 것이 무엇보다 합리적이기 때문에 권장되는 것이다.

2 분석적 결정의 비용과 효과 문제

합리적·분석적 결정방법이 바람직스러운 것은 합리적·분석적 결정방법을 채택하여 얻게 되는 효과가 그 방법을 위해서 지불해야 하는 비용보다 큰 경우에 한정된다. 즉, 분석적 결정의 효과 ≥ 분석적 결정의 비용의 경우에만 분석적 방법이 바람직스러운 것이다.

먼저 합리적·분석적 결정은 비용이 많이 소요된다. 앞에서 보았듯이 정책목표나 정책문제를 명확히 하는 작업, 대안을 광범위하게 탐색하는 작업, 대안의 결과를 예측하는 작업, 이들 결과를 평가하고 기준을 적용하여 대안을 비교·평가하는 작업의 모든 과정에서 상황에 대한 정보를 수집하고 분석해야 한다. 이 정보비용(information cost)이야말로 합리적·분석적 결정을 할 때 지불해야 하는 가장 큰 비용이다.[28)]

그러나 비용이라는 개념을 넓게 보면 실제의 화폐로 지불되는 것만이 아니라 우리가 치러야 하는 희생을 모두 포함하는 개념이다. 분석에 소요되는 시간 자체도 중대한 비용이 되는 수가 있다. 문제상황이 급속하게 문제해결을 요구하고 시간의 흐름에 따라 문제가 급속도로 악화되는 경우이다. 예를 들면, 노·사의 극단적인 대립상황에서 정부가 중재적 결정을 내리는 때는 시간을 끌수록 이러한 대립이 파업이나 시위 등 건잡을 수 없는 혼란에 빠질 수도 있다. 이런 경우에는 분석적 결정에 소모되는 시간이 치명적인 비용이 된다.

한편 합리적·분석적 결정의 효과는 다른 방법으로 정책결정을 하는 경우에 비해서 합리적·분석적 결정방법을 사용하여 정책결정을 함으로써 더 많이 얻게 되는 효과이며 구체적으로 보면 결정된 정책의 질적 수준의 향상으로 나타난다.

합리적·분석적 결정이 관습이나 직관에 의한 결정보다 얼마나 바람직한 결정을 내리느냐는 상황과 결정자의 능력에 따라 달라진다. 먼저 노련한 관료가 상황을 정확하게 파악하고 있으면서 결정의 필요가 있을 때 순간적인 판단에 의

---

28) 한편 최근의 정보기술의 발달은 이러한 정보비용의 감소를 가져오고, 또한 정보의 체계적 분석과 종합적 해석을 통해 행정의 정책결정능력을 고양시켜 주는 주요한 수단이 된다. 정보기술이 정책목표설정과 대안탐색 활동에 미치는 영향에 대해서는 주요 광역자치단체를 대상으로 정보기술이 정책결정과정에 미치는 방식을 연구한 최영훈·목진휴·명승환(1998) 참조.

하여 결정을 하는 직관적인 결정은 합리적·분석적 결정보다 크게 나쁘지 않은 결정이 될 수 있다. 반면에 문제상황도 잘 파악하지 못하고 전문지식이나 경험도 부족한 햇병아리 관료가 직관적으로 내리는 결정은 합리적·분석적 결정에 비해서 아주 나쁜 결정이 될 것이다.

결정자의 능력보다 중요한 것은 결정의 상황자체이다. 상황자체가 동태적이고 복잡하면 과거의 선례나 외국의 예를 적용하는 식의 관습적 결정은 합리적·분석적 결정에 비해서 아주 나쁜 정책을 만들어 낼 가능성이 크다. 다만 앞에서 언급했듯이 신속한 결정의 필요성이 있을 때는 합리적·분석적 결정보다 관습이나 직관적 결정이 바람직한 결과를 가져 올 것이다.

한편 이렇게 우수한 결정이 내려진 경우에 그 우수성으로 인하여 얻게 되는 효과의 크기는 문제나 정책의 중요성에 의하여 결정된다. 문제나 정책이 중요할수록 합리적·분석적 결정의 효과가 커지는 것이다. 문제나 정책이 중대하면 분석적 결정은 보다 값어치가 있게 되고 문제나 정책이 대수롭지 않은 것(trivial)이면 분석적 결정의 효과도 보잘 것 없는 것이 된다.

이제 위에서 논의한 합리적·분석적 결정의 비용과 효과를 종합하면 다음과 같은 결론을 얻을 수 있다.

첫째, 합리적·분석적 결정의 비용보다 효과가 커야 합리적·분석적 방법에 의한 정책결정이 바람직하다.

둘째, 합리적·분석적 결정의 비용이 많이 들어가는 경우, 특히 다음과 같은 경우는 이 방법에 의한 정책결정은 바람직하지 못하다.

ⓐ 정보비용이 과다하게 드는 경우

ⓑ 문제상황이 급박하여 신속한 결정이 필요한 경우

셋째, 합리적·분석적 결정의 효과가 크리라고 예상되는 경우, 특히 다음과 같은 경우는 이 방법에 의한 정책결정이 바람직하다.

ⓐ 문제나 정책이 극히 중대할 경우

ⓑ 문제상황이 아주 복잡하고 동태적인 경우

3 정책결정자의 능력 및 시간부족(제약된 합리성)

한편 합리적 · 분석적 결정은 많은 시간과 고도의 분석능력을 요구한다. 그런데 정책결정자는 보통의 경우에 시간 및 전문기술적 지식과 분석적 기법이나 논리에 대한 이해가 부족하다. 그리하여 합리적 · 분석적 결정이 어려워진다. 이를 Simon(싸이먼)은 제한된 합리성(limited rationality 혹은 bounded rationality)이라고 불렀다.

먼저, 정책결정자의 시간부족은 합리적 · 분석적 결정을 어렵게 한다. 일반적으로 정책결정자는 많은 결정을 내려야 하는 입장에 있으며 부처의 장 · 차관만 되어도 여러 가지 행사에 참석해야 하는 의전적인 역할도 수행해야 한다. 그리하여 많은 경우에 순간적인 판단에 따라서 직관적인 결정을 하게 되고 분석적인 결정은 할 수가 없다.

또한 정책결정자의 부족한 능력도 합리적 · 분석적 결정을 제약한다. 합리적 · 분석적 결정은 전술했듯이 고도의 전문지식과 분석적 능력을 요구하며 정책결정자가 이를 갖추는 것은 오히려 예외적인 현상이 될 것이다.

그러나 이처럼 인간의 인지능력의 제약 때문에, 즉 Simon식으로 표현하면 제약된 합리성 때문에 합리적 · 분석적 결정이 이루어지지 못하는 문제점은 정책결정자의 부족한 시간이나 능력을 보완하기 위한 장치를 마련하여 어느 정도 해결할 수 있다. 고위 공직자에 대한 교육 훈련을 통하여 개인적 전문성을 강화시키고, 국회의원의 정책결정능력을 보완하기 위하여 전문위원제도를 강화하거나 국회에 정책분석기구를 설치하며, 각 행정부처에서도 산하에 전문연구기관을 설치하여 전문지식과 분석적 능력을 활용할 수 있는 것이다. 또한 외부의 전문가에게 분석을 의뢰하는 방법 등을 사용할 수가 있으며 이는 정보관리체제의 확립에도 크게 도움이 될 것이다.

4 조직 및 집단의 제약과 실현가능성(정치적 반대)

정책결정은 본질적으로 집단적 현상이다. 이 때문에 여러 관련자의 영향은 불가피하다. 이러한 다수의 관련자는 여러 가지 측면에서 합리적·분석적 결정을 제약하여 이를 어렵게 한다. 의회와 같이 구성원들 간에 응집성이 극히 약한 집단이 합리적·분석적 정책결정을 하지 못하는 이유는, 응집성이 약한 개개인들이 시간·능력 등에서 지니는 약점, 그리고 무엇보다도 서로 다른 이해관계와 선호(preference)를 지닌 개개인들이 분석적 결정을 거부하고 정치적 결정을 통해서 자신들이나 특정집단 또는 선거구민의 이익을 보호하려고 하는 성향이 강하기 때문이다. 행정부의 관료조직과 같이 계층제적 구조를 지니고 응집성이 어느 정도 강한 조직의 결정이 비합리적·비분석적으로 되는 이유는 첫째, 조직 자체의 분석적 결정을 위한 능력의 제약과 둘째, 관료조직의 구조적 특성 때문이다. 이에 관한 보다 자세한 사항은 합리적 정책결정모형에 대한 대안적 정책결정모형을 다루고 있는 제6장에서 설명이 이루어 질 것이다.

한편 앞에서 살펴보았던 정책대안의 비교·평가기준으로서의 실현가능성은 다른 각도에서 살펴보면 모두 합리적·분석적 결정을 저해하는 요인이 된다. 이러한 실현가능성의 문제 중에서 정치적인 것이 가장 심각하다. 현실적으로 정책결정이 비합리적·비분석적으로 수행되는 이유 중에서 가장 큰 것이 합리적·분석적 결정에 의하여 자기들의 이익이 침해될 것으로 예상하는 정치세력들이 정치적인 압력과 반대를 하는 일일 것이다. 아무리 바람직스러운 정책대안이라도 현존하는 강력한 정치세력의 반대가 있게 되면 정책으로 채택할 수가 없게 된다. 환경오염규제가 필요한 데도 불구하고 공장주와 이들의 경제적 지원을 받는 정치인들이 강력하게 반대하기 때문에 환경오염문제가 전혀 거론되지 않았던 경우와 같은 것이다.

요 약

01. 정책결정은 정치적인 요소와 분석적인 요소가 결합된 활동이다. 합리적인 정책결정을 위해서는 분석적인 요소가 강조될 필요가 있다. 분석적인 요소는 정치적 이해관계를 가능한 배제한 상태에서 문제의 본질을 정확하게 파악해서 그 문제를 해결하기 위한 최선의 대안을 찾는데 초점이 있다. 따라서 정책분석은 정책결정과정에서 문제의 본질과 그 해결책에 대한 체계적이고 지적인 정보를 제공하는데 그 목적이 있는 것이다.

02. 정책분석의 절차는 합리적인 의사결정의 논리에 따른다. 즉, ① 정책문제의 분석과 정의, ② 정책대안의 광범위한 탐색, ③ 정책대안의 결과예측, ④ 비교기준을 통한 정책대안의 비교평가, ⑤ 최선의 정책대안 선택이 정책분석에서 따라야 할 일반적인 절차이다.

03. 정책문제의 정의는 정책문제를 파악하여 무엇이 정책문제의 본질이고 핵심적인 구성요소인지를 규명하는 활동이다. 정책문제의 정의에 따라 문제해결방식이 달라지기 때문에 정책문제의 정의는 매우 중요하다. 그러나 정책문제 정의는 정치성과 주관성이 개입될 가능성이 크다. 따라서 정책분석가는 가능한 한 국민전체의 입장에서 정책문제를 정의하는 노력을 기울여야 한다.

04. 정책목표의 설정은 정책문제의 정의와 표리관계에 있다. 정책목표는 정책수단의 선택과 정책집행과정에서 길잡이 역할을 한다. 바람직한 정책목표 설정의 기준은 적실성과 적정성을 들 수 있다.

05. 정책대안의 탐색은 가능한 광범하게 이루어져야 한다. 이렇게 정책대안을 광범위하게 탐색하기 위한 원천은 ① 과거의 경험과 다른 지역의 경험을 통한 학습, ② 과학(이론)과 기술, ③ 집단토의와 델파이 방법 등을 통한 창의성의 발휘, ④ 이해관계집단들이 제안한 해결책 등을 들 수 있다.

06. 정책대안이 탐색되고 나면 정책대안들이 가져올 결과에 대한 예측이 필요하다. 정책대안의 결과예측 방법으로는 ① 과거의 정책 및 외국의 정책에

의한 예측, ② 모형의 작성을 통한 결과예측, ③ 정책실험을 통한 결과예측, ④ 직관적 · 주관적 방법을 통한 결과예측 등이 있다.

07. 정책대안의 결과를 예측하는 데는 여러 가지 제약과 불확실성이 작용하기 때문에 정확히 결과를 예측하는 것은 쉽지 않다. 우선 결과예측에 필요한 분석자의 지식, 시간, 경비 등의 제약이 있으며 문제 상황의 복잡성과 동태성으로 불확실성을 피하기 힘들다. 그럼에도 불구하고 불확실성에 대처하는 몇 가지 방법을 활용하여 결과예측의 적실성을 높이는 노력을 기울일 필요가 있다.

08. 예측된 정책대안들을 비교 · 평가하기 위한 기준으로는 소망성 차원의 기준과 실현가능성 차원의 기준이 있다. 소망성 차원의 구체적인 기준으로는 효과성, 능률성, 공평성, 경제적 합리성 · 정치적 합리성 등이 있으며 실현가능성 차원의 구체적인 기준으로는 기술적 · 재정적 · 행정적 · 법적 · 정치적 실현가능성 등이 있다. 실현가능성 차원의 기준은 정책대안을 선택하는데 작용하는 일종의 제약조건이라고 볼 수 있다.

09. 소망성 차원의 기준과 실현가능성 차원이 기준을 적용하여 대안이 비교 · 평가되면 마지막으로 최적대안의 선정이 있게 된다. 그러나 비교 · 평가의 기준이 망라적으로 적용되거나 획일적으로 적용되는 것이 아니라 정책문제의 특성과 상황에 따라 적용되는 기준이나 기준들 간의 비중은 달라질 수 있다.

10. 현실의 정책결정은 합리적 · 분석적 결정방법이나 논리를 그대로 따르지는 않는다. 그것은 합리적 분석적 결정을 제약하는 요인이 있기 때문이다. 이러한 제약요인으로는 분석적 결정의 논리와 기법 그리고 방법상의 제약, 비용과 효과의 문제, 정책결정자의 능력 및 시간부족, 조직 및 집단의 제약, 실현가능성과 정치적 반대 등이 있다.

|제 6 장| 정책결정론(2)-정책결정모형

개 요

이번 장에서는 정책결정의 합리성을 중심으로 정책결정현상을 설명하기 위한 이론적 모형을 논의하고자 한다. 앞 장에서 살펴본 바와 같이 합리적·분석적 의사결정방식에 의한 정책결정은 현실적으로 많은 제약이 있다. 하지만 정책결정자는 이러한 제약에 적응하며 나름대로 합리적인 정책결정을 하려고 노력한다. 특히 Simon은 인간의 인지적 한계에서 비롯되는 제약에 대해 연구한 대표적인 학자로서, 인간이면 누구나 피할 수 없는 정보처리 능력의 한계를 전제하고 의사결정을 연구하였다. 그는 만족모형이라는 새로운 정책결정 이론모형을 제시하였는데, 많은 학자들이 그 모형의 '제한된 합리성'(bounded rationality) 가정을 수용하여 다양한 정책결정모형을 제시하였다.

이번 장에서 다루고자 하는 주요 내용들은 먼저 정책결정현상을 설명하기 위한 이론적 모형의 필요성, 구체적인 이론적 모형으로서 합리적 정책결정모형의 내용과 한계를 살펴본다. 다음으로 이러한 합리적 정책결정의 모형의 대안적 모형으로 제시되어 왔던 만족모형, 점증모형, 회사모형, 쓰레기통모형, Allison 모형, 전망이론 등을 소개하고자 한다.

제1절 정책결정모형의 필요성과 합리모형

1 정책결정모형의 필요성

우리는 일상생활을 하면서 정책에 관한 많은 이야기를 읽거나 듣게 된다. 정책은 우리 생활과 밀접하게 연결되어 있고 큰 영향을 주기 때문이다. 신문과 방송에서 나오는 정책 이야기 중에 많은 부분은 정책결정에 관한 것이다. 그때마다 우리는 다음과 같은 의문을 품게 된다. 특정한 정책은 왜 그런 방향으로 결정되었을까? 어떻게, 어떤 과정을 거쳐서 정책이 결정되었을까? 누가 실제로 정책을 결정하였을까? 앞으로 또 어떤 정책이 나타나게 될까? 이와 같은 우리의 의문은 의미있는 질문일 뿐만 아니라 자연스러운 호기심이기도 하다.

이러한 의문에 답하기 위해서 어떻게 하여야 할까? 정책이 실제로 결정되는 과정을 자세히 주의 깊게 관찰하여야 한다는 대답이 가장 자연스러운 반응일 것이다. 그런데 그것이 말처럼 쉬운 일일까? 알렉산드르 솔제니친의 '이반 데니소비치의 하루'는 소련의 강제수용소에 수감된 주인공에게 일어난 하루의 일을 서술한 소설이다. 한 사람에게 하루에 일어난 일을 자세히 기술하는 데에도 소설책 한 권 분량의 서술 노력이 필요하다. 그런데 하나의 정책이 논의되기 시작하여서 실제로 정책이 결정되기까지에는 수많은 사람이 참여하게 되고, 때로는 아주 오랜 세월이 걸리게 된다. 그러한 전 과정을 맨눈으로 관찰하여서 정책결정과정을 이해할 수 있을 것이라고 기대하는 것은 지나치게 낙관적이다.

그러면 어떻게 하여야 할까? 사물이 잘 보이지 않을 때 안경을 쓰듯이, 복잡한 정책결정과정을 개괄적으로 이해하기 위하여 우리는 정책결정모형을 이용하게 된다. 사회과학에서 모형은 복잡한 사회현상을 단순하고 쉽게 이해할 수 있도록 추상적으로 개념화하는 작업이다(정철현, 2001). 정책결정모형에는 어떤 것들이 있고, 각각의 모형의 주요 내용과 한계가 무엇인지가 이번 장에서 다루게 되는 중요한 내용이다.

가장 대표적인 정책결정모형은 합리적 정책결정모형이다. 일반적으로 정책결정의 합리모형이라고 부르는 것이다. 합리모형, 또는 그 모형의 기반이 되는 합리적 선택이론(rational choice theory)은 우리에게 가장 익숙한 이론모형이다. 비유하자면 새 컴퓨터를 샀을 때 그 컴퓨터에 미리 저장되어 있는 프로그램이나 미리 지정되어 있는 설정치인 디폴트(default)와 같다. 우리가 달리 바꾸거나 지정하지 않으면 그 컴퓨터는 초기에 탑재된 프로그램과 설정치가 지속적으로 활용된다. 합리모형은 17, 18세기부터 우리의 사고를 지배하고 있는 계몽주의의 영향으로 적어도 사회과학의 영역에서는 이론(theory)의 차원을 넘어 때로는 종교적 믿음(faith)과 같은 비중을 차지하고 있다.

2 합리모형의 내용과 한계

복잡한 정책결정현상을 개괄적으로 이해하기 위해서 우리는 모형이 필요하다는 점을 강조하였다(제5장의 <Behind Story 5-2> 참조). 이러한 모형으로 제일 먼저 등장한 것이 합리모형이다. 합리모형은 고전경제학의 합리적 선택이론을 근거로 한 것이다. 합리적인 의사결정자라면 자신의 효용이나 선호를 가장 최적으로 충족할 수 있는 선택행위를 할 것이라고 전제한다. 합리모형이 제시하는 정부의 정책결정과정은 합리적 의사결정자가 (개인적 차원에서) 선택하는 과정과 거의 동일하다. 첫째, 해결할 정책문제 또는 달성할 정책목표를 명확히 하고, 둘째, 정책대안을 광범위하게 탐색 또는 개발하고, 셋째, 정책대안이 가져올 결과를 예측하고, 넷째, 정책대안의 결과를 비교·평가하고, 다섯째, 최선의 정책대안을 선택한다. 이상의 다섯 가지 단계는 합리적, 분석적 의사결정자가 합리적 선택을 할 때 밟아야 할 단계로 널리 알려져 있다. 다만 '의사결정'이 '정책결정'으로 바뀐 것 외에는 본질적으로 아무런 차이가 없다. 이에 대해서는 앞의 제5장에서 구체적인 내용을 검토한 바와 같다.

합리적 정책결정모형(합리모형)의 기반이 되는 합리적 선택이론(rational choice theory)은 개인적 의사결정모형이다. 개인(유기체)만이 선호와 목표를 가질 수 있으며, 개인만이 대안을 탐색하고, 대안의 결과를 예측하는 사고작용을 할 수 있기 때문이다. 합리적 정책결정모형은 개인적 차원의 합리적 선택이론을 집단 차원으로 확대한 것이다. 즉 정책결정의 주체인 정부를 하나의 유기체로 가정(의인화)하고 논의를 전개한다. 신문이나 방송에서 자주 등장하는 "정부는 다음과 같은 정책을 결정하였다"라는 표현은 매우 자연스러운 문장 같으나 곰곰이 생각해보면 매우 큰 가정을 전제하고 있다. 정부가 유기체와 같이 탐색하고, 사고하고, 결정하는 행위주체라는 가정이 있어야 한다.

합리모형이 본래 개인적 의사결정 모형인데, 이를 무리하게 집단(조직이나 정부)의 정책결정에 적용하였다는 근본적인 문제와 더불어 합리모형은 의사결정자에게 매우 과도한 (불가능한) 요구를 한다. 첫째, 의사결정자는 불확실하고 복잡한 선택상황에서도 선택가능한 모든 대안을 알고 있어야 하고, 둘째, 개별 대안의 결과를 정확하게 예측하는데 필요한 지식과 계산능력을 가지고 있어야 하고, 셋째, 의사결정자는 일관되고, 체계적이고 안정된 선호 또는 목표를 가지고 있어야 한다.

그러나 이는 지켜지기 매우 어려운 요구사항이다. 복잡하고 불확실한 의사결정상황에서 선택가능한 모든 대안을 미리 알 수 없고, 모든 대안의 결과를 정확히 예측하기란 더욱 어려운 일이다. 더구나 선택은 지금 하더라도 선택의 결과는 미래에 나타나는데, 현재의 선호나 목표가 미래에도 똑같을 것이라는 가정은 매우 비현실적이다. 미래에 우리가 무엇을 원하게 될지를 예측하기는 매우 어렵다. 현재의 선호가 미래에도 똑같을 것이라는 합리모형의 가정은 지나치게 비현실적이다. 합리모형의 가정이 지나치게 비현실적이기 때문에 현실 정책결정 현상에 대한 설명력이 떨어진다는 점을 부인하기 어렵지만, 한편으로는 정책결정이 보다 합리적이고 분석적으로 이루어지도록 일정한 절차와 논리를 제공하는 규범적 측면의 가치도 적지 않다. 합리모형의 한계에도 불구하고 앞의 제5장에서 다룬 합리적·분석적 정책결정론은 전적으로 합리모형의 논리와 절차에 기반을 두고 있다는 점을 상기할 필요가 있다.

현실의 정책결정과정과 관련된 질문들에 대하여 합리적 정책결정모형(합리모형)으로 만족스럽게 대답할 수 있다면 정책결정이론은 합리모형에 대한 논의로 족할 것이다. 그러나 앞에서 살펴본 바와 같이 합리모형은 여러 장점에도 불구하고 많은 한계를 갖고 있다. 따라서 우리는 대안적 정책결정모형(alternative policy making models)에 대한 논의가 필요하다. 합리모형의 한계를 지적하면서 대안적 정책결정모형으로 다양한 모형이 제시되어 왔는데 이들 가운데 주요한 몇 가지모형을 검토하기로 한다.

제2절 Simon의 만족모형

1 만족모형의 내용

인간은 인지능력, 시간, 경비의 부족으로 모든 선택 가능한 대안을 탐색할 수도 없고, 대안의 결과를 정확히 예측할 수도 없다. 따라서 우리는 최선 또는 최적의 대안을 선택할 수 없으며, 만족할 만한(satisficing=satisfying+sufficing) 대안을 선택하게 된다는 것이 Simon의 만족모형의 기초이다. Simon은 심리적인 면, 특히 의사결정의 인지과정(cognitive process)을 연구대상으로 하여 합리모형에서 가정하는 의사결정자를 경제인(economic man)이라고 부르고, 자신이 제시하는 합리성의 제약을 받는 의사결정자를 행정인(administrative man)이라고 부르면서 다음과 같은 주장을 하고 있다(Simon, 1997; March and Simon, 1958).

첫째, 경제인은 목표달성의 극대화를 도모한다. 즉, 모든 가능한 대안 중에서 최선의 대안을 선택한다. 그러나 행정인은 만족하는 것으로 그친다. 즉, 만족할 만한(satisfactory) 또는 그 정도면 괜찮은(good enough) 대안을 선택한다. 그러므로 행정인은 모든 대안을 검토하지 않고 만족할 만한 대안만 찾으면 선택을 종료한다.

둘째, 실제의 의사결정자는 모든 대안을 탐색하지 않고 몇 개의 대안만을 탐색하는데, 대안의 탐색은 무작위적(random)이고 순차적(sequential)으로 이루어진다. 즉, 어떤 대안이 머리에 떠오르면 이 대안이 가져올 결과를 예측한 다음 다른 대안과 그 결과를 예측하는 식이다. 이런 식의 대안 탐색은 만족할 만한 결과를 가져오는 대안을 찾을 때까지 계속된다.

셋째, 경제인은 복잡하고 동태적인 상황을 있는 그대로 모두 고려하여 대안의 결과예측을 시도하지만 행정인은 불확실성이나 불충분한 정보・자료 때문에 대안의 결과를 정확하게 예측할 수 없음을 알고 있다. 그래서 복잡한 상황을 단순화시키고(simplify), 가장 적절하고 중요하다고 생각하는 요소들만을 고려하여 대안의 결과를 예측한다. 이러한 단순화는 인간이 정보처리과정(information processing)상 지니는 인지능력의 제약 때문에 어쩔 수 없는 일이다. 또한 몇 가지 대안에서 중요한 결과만을 예측하는 것도 사유 능력의 제약 때문에 어쩔 수 없는 일이다.

Behind Story 6-1 똑똑한 Simon과 멍청한 행정인?

경제인은 이해관계 계산이 번개같고, 상황을 면밀하게 검토하여 빈틈없이 대처하는 똑똑함의 상징인데, Simon이 말하는 행정인은 무엇이 이익인지도 잘 판단 못하고, 주변 상황이 어떻게 돌아가는지도 잘 몰라서, 나쁜 머리 괴롭히지 않고 대충 결정하는, 멍청한 인간의 대명사같이 보인다. Simon이 말하는 행정인은 과연 멍청한 사람일까? 독자들도 본문을 읽고 난 다음에 한번 판단해 보시라. 그런데, 왜 하필 이름이 행정인인가? (행정관료들 기분 나쁘게 스리...) 궁금한 독자들이 많을 것이다. 필자들도 처음에는 그랬으니까. Simon은 원래 행정학을 공부하여 박사학위를 받았는데, 박사학위 논문제목이 Administrative Behavior(행정행태)이었던 것이다. 행정관료들이 합리적으로 의사결정을 하고 행동하는 것으로 많은 사람들이 무의식적으로 생각하고 있었는데, 실제 행동(behavior)은 그렇지 않다는 것을 설명하기 위해서 지어 낸 이름이다.

전통적인 경제이론은 영리한 사람(경제인)들이 물건을 생산하여 서로 교환할 때 합리적으로 행동한다면 벌어질 경제현상들(수요의 변동, 공급의 변동, 물가의 변동 등)을 논리적으로 설명한 것인데, 경제인이 아닌 보통 인간이 능력의 부족으로 합리적인 결정을 하지 못할 때 문제해결을 위하여 사용하는 의사결정 방식을 설명하려고 한 것이다. 그렇다면, 행정인이 아니라 경제인(economic man = homo economicus)과 대비하여 보통인(homo sapiens)이라고 부르는 것이 더 좋았을 것 같은데 .... 사실은 보통인보다 훨씬 우수한 사람들이라도 합리적 능력이 모자람을 표현한 것이다.(행정관료들이 기분 나빠할 일이 아니다!)

Simon이 이런 생각을 하게 된 것은 합리적-분석적 결정을 해보려는 다양한 시도 끝에 내린 결론이다. 즉, 인간의 능력을 보완하기 위하여 개발한 여러 가지 분석기법을 적용하여도 행정현상은 원인과 결과들이 다양하고 인과관계가 복잡하게 얽히어서 합리적인 결정을 하기가 무척 어렵다는 것을 알게 된 것이다. Simon은 젊었을 때 당시에 개발된 관리기법들(management science)을 행정문제분석에 다양하게 적용해 보았다고 한다. 그리고 이러한 분석기법들이 지닌 한계점을 정확하게 포착하고 이를 개선해 보려고 시도하기도 하였다. 예를 들면, 통계학에서 가장 필요하면서도 난해하여 기초이론들을 모두 터득한 다음에야 공부하는 인과관계분석(Causal Analysis)은 Simon이 처음으로 창작한 것인데, 지금도 한 학기의 절반 가까이를 Simon의 Model을 배우는데 소비한다. 나머지 시간에는 그 이후에 개발된 보완적인 이론들을 배우는데, Simon이 마지막 부분에서 제기한 근본적이며 어려운 과제는 아직도 명쾌하게 풀지 못하고 있다. 걸핏하면 수학 못한다고 구박받는 행정학도 중의 한 사람이 위대한 응용수학자였던 것이다!

그런데도 행태론적 혁명을 주도한 Simon의 획기적 저서들에는 계량분석이나 수리적 모델의 흔적 하나 보이지 않는다. 과학주의의 경험적 방법을 사용하면서도 중요한 사회현상에는 계량적 분석이 어렵다는 것을 정확하게 알았기 때문일 것이다. (Simon은 정말 똑똑했던 것이다!) 이렇게 합리적 분석의 상징인 계량분석기법을 정확하게 알고 이를 적용하였던 학자가 이 기법이 지닌 한계점, 더 근본적으로 인간 행동의 합리성을 전제로 한 사회과학 이론들의 본질적 한계점을 밝히고, 그 대안적 논리를 제시하였기 때문에 사회과학 전반에 걸쳐 학문적 충격이 컸다. 특히 전통 경제학이 잃어버린 인간적 측면을 부각시키어 경제학의 새로운 영역(행동경제학 등)을 열었기 때문에 노벨 경제학상을 받은 것이다. 아마도 Simon은 20세기의 가장 위대한 사회과학자일 것이다.

2 만족모형의 평가

합리모형에 대한 심각한 도전으로서 Simon의 주장은 인간의 인지능력이라는 가장 기본적인 요소에서 출발했기 때문에 그 영향이 컸다. 의사결정이 실제로 이루어질 때 일어나는 현상을 정확하게 설명하여 의사결정론에 대한 실증적 연구를 이끈 공적은 엄청난 것이다.

Simon의 이론이 지닌 장점과 약점을 간단히 살펴보기로 한다. 장점으로는 첫째, 실제의 의사결정을 설명하고 기술하는 경험적·실증적 연구로서는 획기적인 것이라는 점이다. 둘째, 이 이론은 규범적·처방적인 측면에서도 커다란 장점이 있는데, 바로 의사결정은 비용이 들어가는 작업임을 명백히 한 점이다. 즉, 대안을 찾아내고 결과를 예측하기 위해서 정보를 수집하고 모형을 작성하는 데 많은 시간과 경비가 소모되고 또 의사결정자의 지적 능력이 필요하다. 이 모두가 대안 하나를 더 탐색하는 데 들어가는 비용(탐색비용: search cost)이 된다. 논리적으로는 탐색비용보다 대안을 하나 더 탐색하여 얻게 되는 추가적 효과(현재 탐색되어 있는 대안의 결과에 비해서 더 좋아진 효과)가 커야만 대안의 추가적 탐색이 바람직하게 된다.

Simon의 만족모형이 지니는 약점은 첫째, 처방적·규범적 측면에서 볼 수 있다. 최선의 대안이 아니라 만족할 만한 대안을 찾은 후에 대안 탐색을 중단하게 되면 검토되지 않은 대안 중에 훨씬 더 중요한 대안이 포기될 수 있다. 이러한 위험은 책임회피와 보수적 사고방식에 젖기 쉬운 공무원의 경우에 더욱 심해질 수가 있으므로 중요한 정책결정에서 만족모형을 적용하라고 권하기 어려워진다.

둘째, 만족여부는 기대수준에 달려 있는데 이 기대수준 자체가 극히 유동적이므로 어느 것이 만족할 만한 대안인지를 객관적으로 판단하기 어려운 때가 많다. 특히 만족할 만한 대안이 아주 쉽게 발견되면 심리적으로 기대수준을 높여 좀 더 욕심을 갖게 될 것이다. 그렇게 되면 이미 탐색되어 처음에 만족스럽다고 생각했던 대안에 더 이상 만족하지 못하고 다른 대안을 다시 탐색하게 된다. 또한 기대수준이 높은 사람은 여러 가지 대안을 검토한 후 어느 대안이 만족할 만한 것인지를 판단하기 어려워져서 규범적·처방적·실천적으로는 크게 유용한 이론이 되지 못한다(Zeckhauser and Schaefer, 1968).

셋째, 일반적이고 가벼운 의사결정에서는 무작위적으로 대안을 고려하고 만족할 만한 대안이 있으면 대안의 탐색이 중단된다는 Simon의 주장이 옳지만, 중대한 의사결정에는 이런 식의 의사결정이 아니라 보다 분석적 결정이 이루어질 가능성이 크다. 손쉬운 예로서 결혼 상대를 고르는 경우를 생각해 볼 수 있다. 만족할 만한 상대가 있어도 '좀 더 나은 상대가 없을까' 하고 새로운 후보를 탐색할 것이기 때문이다.

제3절 점증모형

1 점증모형의 의의

합리모형의 완전분석적 의사결정방식은 현실의 정책결정에 적용하기 어렵다. Lindblom(린드블롬)은 현실에서의 정책이 실제로 점증적으로 결정될 뿐만 아니라 한 걸음 더 나아가서 점증적으로 결정되는 것이 바람직하다고 주장함으로써, 기술적(descriptive)·실증적(positive)모형으로서만이 아니라 처방적(prescriptive)·규범적(normative) 모형으로서의 점증주의를 주장하였다(Lindblom, 1968; Braybrooke and Lindblom, 1970). 점증주의가 합리모형의 비판에서부터 출발한다는 점에서 보면 Simon의 만족모형과 유사하다. 그러나 Simon이 인간의 인지과정(cognitive process)의 제약에 관심을 쏟아 개인적 의사결정의 기초를 쌓은 데 비해서, 점증주의는 이 기초 위에서 정치적 결정에 내재된 가치판단·사실판단의 상호작용, 정책결정상황의 복잡성, 정책결정의 정치적 의미와 그로 인한 제약 등에 커다란 관심을 기울임으로써 정책결정과정 자체에 초점을 두었다.

2 점증모형의 내용

Lindblom은 정책결정자의 분석능력, 시간, 정보가 제약되어 있고, 대안비교의 기준으로 이용할 가치기준마저 불분명한 상태에서는 현재의 정책에서 소폭적인 변화만을 대안으로 고려하여 정책을 결정하고, 시간이 흐름에 따라 환류되는 정보를 분석하여 잘못된 점이 있으면 수정·보완하는 식으로 연속적인 정책결정을 하는 것이 가능하면서도 바람직한 정책결정방법이라고 주장한다.[1)]

1) 이것은 마치 사람이 진흙 속을 비비적거리며 간신히 헤쳐 나가는 것과 같다고 하여 Lindblom 스스로 'Muddling Through'라고 불렀다(Lindblom, 1959).

Lindblom 은 합리모형과 대비하여 점증주의의 성격을 명백히 하고 있는데, 이를 그대로 소개하면 <표 6-1>과 같다.

1) 현존정책 ± α

점증주의는 '현존의 정책에서 소폭적인 변화만을 가감한 것을 정책대안으로 하여 정책을 결정하는 방법'을 말한다.

$$정책 = 현존정책 \pm \alpha$$

원래 합리모형(합리적 · 분석적 정책결정)에서는 현존의 정책만이 아니라 이와 전혀 다른 정책을 광범위하게 대안으로 탐색할 것을 요구하는데, 점증주의에서는 현존의 정책에서 약간 수정 · 보완된 것만을 정책대안으로 고려한다. 비유하자면, 합리모형은 나무의 뿌리부터 재검토하는 방법이므로 근본적 방법(root method = 뿌리 방법), 점증주의는 나무의 뿌리는 건드리지 않고 가지들만 건드리는 방법이라고 해서 지엽적 방법(branch method)이라고 할 수 있다.

점증주의(점증모형)는 현존하는 정책에서 소폭적인 변화만을 가감한 것을 정책대안으로 고려하기 때문에 당연한 결과로서 여러 가지 중요한 정책대안들을 고려하지 않게 되는 경우도 있다(<표 6-1> 4b②). 아무리 중요하고 훌륭한 것이라도 현존의 정책과 전혀 다른 정책대안은 고려하지 않게 된다.

〔표 6-1〕 합리모형과 점증모형

근본적 방법: 합리모형	지엽적 방법: 점증모형
1a 가치와 정책목표를 명확히 하는 것은 정책대안의 경험적 분석과는 명확히 구분되고 이 분석에 선행된다.	1b 가치(목표)를 선택하는 것과 필요한 행동대안을 선택하는 것은 별개의 것으로 구분되는 것이 아니라 서로 밀접하게 얽혀 있다.
2a 그러므로 정책은 목표-수단 분석을 통해서 작성된다. 먼저 목표가 분리된 후 이를 달성할 수단을 탐색한다.	2b 수단과 목표는 명백히 구분되지 않으므로 흔히 목표-수단의 분석이 부적절하거나 제한적으로 이용되는 경우가 있다.
3a '좋은' 정책인지의 여부는 목표를 달성하는 가장 적절한 수단인지의 여부에 달려 있다.	3b '좋은' 정책인지의 여부는 다양한 분석가들이 그 정책에 얼마만큼 동의하느냐에 달려 있다.

4a 분석은 포괄적이다. 모든 관련요소가 고려된다.	4b 분석은 대폭 제한된다. ① 발생가능한 중요한 결과가 무시된다. ② 중요한 정책대안이 무시된다. ③ 정책에 의하여 영향 받는 중요한 가치가 무시된다.
5a 이론에 크게 의존한다.	5b 비교의 연속이기 때문에 이론에 의존할 필요성이 크게 약화되거나 거의 없다.

2) 분석의 대폭적 제한

점증주의에서는 고려하는 정책대안이 가져올 결과를 모두 분석하지 않는다. 이로 인해 자질구레한 것은 물론 중요한 결과마저도 예측하지 않게 된다. 정책대안이 가져올 결과라는 것은 정책대안이 추진되었을 때 나타나는 효과와 비용을 의미하게 되므로 중요한 결과가 무시된다는 것은 정책으로 인하여 영향을 입게 되는 중요한 가치가 무시됨을 의미한다(<표 6-1> 4b③). 합리모형에서는 비록 분석이 불완전하더라도 정책대안이 가져올 중요한 결과는 반드시 예측하고 이를 근거로 하여 각 대안들을 비교·평가하여 최선의 대안을 찾아야 한다고 강조하고 있는데, 점증주의에서는 중요한 결과라도 흔히 예측에서 누락될 수 있다. 그래서 합리모형에서는 대안의 모든 중요한 결과를 포괄적으로 비교·분석(comprehensive analysis)하는데 비해서 점증주의에서는 결과 중에서 일부만을 제한적으로 비교·분석(limited comparison)하게 되는 것이다.

3) 계속적 정책결정(successive comparisons)

합리모형의 약점에서 보았듯이 정책결정자는 하나의 정책결정을 위하여 투입할 수 있는 시간이 부족하고, 정책대안을 탐색하고 그 결과를 예측할 수 있는 능력이 부족하며, 어느 대안을 추진했을 때 어떤 결과가 나타날 것인지를 알려주는 모형이나 이론 및 정보나 자료가 없는 경우도 많다.

이러한 능력·시간·정보의 부족을 극복하는 전략으로서 한꺼번에 획기적인 정책을 결정하지 않고 조금씩 서서히 정책을 수정·보완하는 방법을 채택할 수 있는데, Lindblom은 이것이야말로 점증주의의 핵심이라고 하고 있다. 즉, 정책을 결정할 때 현존의 정책에서 약간만 변화시킨 대안만을 고려하면 그 대안이 추진되었을 때 나타날 결과도 현재의 상태와 크게 다르지 않을 것이므로 예측이용이해진다. 그리고 예측이 어렵다면 일단 불완전한 예측을 전제로 정책대안을 실시하여 보고 그 때 나타나는 결과를 보아서 잘못된 점이 있으면 그 부분만 다시 수정·보완하는 식으로 계속적인 정책결정을 추진한다. 즉, 시행착오를 거치면서 환류되는 정보를 수집·분석하여 불충분했던 사전예측을 보충하는 것이다.

이렇게 되면 일정시점에서의 정책결정에서 예상하지 못하고 빠뜨렸던 중요한 결과도 정책추진과정에서 쉽게 파악될 수 있고 이것은 다시 다음의 정책결정에 반영될 수 있다고 가정하는 것이다. 이러한 현상을 Lindblom은 계속적 비교 또는 연속적 평가와 분석(serial evaluation and analysis) 또는 연속적·순차적 정책결정(serial and sequential policymaking)이라고 부르고 있다. 원래 분석적·합리적 정책결정에서는 어떠한 결과를 가져올지 사전에 정확하게 예측해야 하고 이를 위해서 정책대안과 정책결과를 연결하는 인과관계에 대한 전문분야의 이론을 이용한 모형을 작성해야 한다. 그러나 앞에서 본대로 시행착오를 거치면서 환류되는 정보를 이용하는 식으로 결정을 한다면 이론이나 모형에 의존할 필요가 적어진다(<표 6-1> 5a와 5b).

4) 분할적 점증주의(Disjointed Incrementalism) 혹은 부분적·분산적 정책결정(Piecemeal-Disjointed Policymaking)

대안의 분석·평가 측면에서 합리모형은 여러 분석가들이 각각 다른 문제를 분석·평가하거나 또는 동일한 문제일지라도 성질이나 관점에 따라 분해하여 분석·평가하되, 나중에 이러한 분석·평가를 통합하고 조정하는 것을 이상적인 것으로 여긴다. 그러나 점증주의에서는 이러한 통합·조정이 존재하지 않은 채 수많은 분석가들이 대안을 분석·평가한다. 분석가들 사이에 문제가 합리적으로 분화되어 있지 않기 때문에 때로는 중복적인 것도 있고 때로는 서로 모순·충돌되는 분석도 있다. 이러한 통합·조정된 노력이 없는 산발적인 분석과 평가를 '분석과 평가의 사회적 분산'이라고 지적하고, 이 특징을 강조하기 위해서 Braybrooke와 Lindblom은 '분할적(disjointed)' 점증주의라고 불렀다.[2)]

분할적 점증주의는 정책대안의 분석·평가가 사회적으로 분산된다는 것 이상의 중대한 정치적 의미도 지니고 있는데, 즉 정책결정 자체가 부분적·분산적

---

2) 'disjointed'는 원래 뼈와 뼈 사이를 연결하는 관절이 빠져 버린 것을 뜻하고 '분열된, 상호조정·연결이 안 되는, 지리멸렬한'의 뜻이다.

(piecemeal and fragmented)으로 이루어짐을 의미한다. 이것이야말로 정책결정에서 한정된 대안만을 고려함으로써 중요한 대안이 무시되는 점증주의가 오히려 바람직한 전략이 될 수 있는 정치적 근거가 되는 것이다(Braybrooke and Lindblom, 1970). 정책결정이 부분적·분산적으로 이루어진다는 것을 수평적으로 보면 각각 다른 정책분야에서는 각각 다른 참여자들이 결정하고, 수직적으로는 동일한 정책의 구체적인 내용에서도 비슷한 결정권의 분산이 이루어짐을 의미한다. 예컨대 특정 정책이 여러 구성부분 내지 하위정책들로 나누어져 있을 때 이들 부분들이 각각 상이한 결정기관의 주장을 반영하는 경우가 그러하다(즉, A부분은 대통령, B부분은 행정관료, C부분은 국회의원의 입장이 반영된 경우). 정책결정권이 집중되지 않고 분산되는 미국식 다원주의적 사회에서 나타나는 현상이다.

이렇게 여러 의사결정기관(decision centers or decision points)에서 상호 반독립적으로, 혹은 통합·조정 없이 분석·평가를 하고 의사결정을 하여 정책의 부분 부분이 결정되면, 하나의 기관에서 정책결정을 할 때 무시되었던 중요한 정책결과(가치를 포함하여)를 다른 기관에서 고려할 가능성이 커진다. 그러므로 Lindblom은 하나의 정책결정에서 정책대안이 가져올 모든 중요한 결과를 고려할 필요가 없다고 한다. 하지만 이렇게 특정한 결정에서 무시된 결과가 다음 결정에서 고려될 수 있는 것은 여러 중요한 가치를 대변할 수 있는 다양한 이익집단이 존재하고 있으며, 이들이 어느 정도 강력한 힘을 가지고 정치체제에 접근할 수 있는 다원적 사회에서나 가능한 이야기이다. 그래서 우리는 흔히 점증주의를 '정치적 다원론을 전제로 한 처방적 전략'이라고 한다.

5) 목표와 수단의 상호의존성

합리모형에서는 정책목표와 목표의 달성을 통해서 획득하려는 가치가 먼저 결정된 후 이를 실현할 수 있는 수단들을 정책대안으로 탐색하고 이 중에서 최선의 대안을 선택하는 순서로 정책결정이 이루어질 것을 요구한다. 그러나 현실적인 정책결정에서는 다음과 같은 이유 때문에 정책목표(가치)와 수단이 동시에 결정된다(<표 6-1> 1a, 1b 및 2a, 2b).

첫째, 정책으로 달성하고자 하는 목표 또는 가치에 대해서 합의하기 어렵다. 둘째, 상충하는 가치나 목표를 통합·조정할 수 있는 지표의 작성이 불가능하다. 셋째, 목표의 결정은 채택가능한 수단이 존재하는지 여부에 의해서도 좌우된다.[3] 그래서 합리모형이 제시하는 순서대로 먼저 정책목표가 명백히 결정된 후에 정책대안을 비교·평가하여 정책수단을 선택하는 방법이 현실의 정책결정에서는 채택되지 않기도 한다.

이렇게 뚜렷한 목표의식 없이 정책을 결정할 때에 정책의 소망성은 어떻게 판단할 수 있는가? 즉, 달성할 목표가 명백하지 않을 때 이를 위한 수단 중에서 어느 것이 최선인지를 어떻게 판단하는가? 원래 합리모형에서는 정책목표달성을 최대화하는 대안을 1차적으로 최선의 정책으로 보고 있다(<표 6-1> 3a). 물론 효과성 이외에 능율성이나 형평성도 중요하지만, 목표달성이 정책결정의 1차적 목표가 됨을 강조하는 지적이다. 그래서 정책목표가 분명하지 않으면 합리모형에서는 무엇이 최선의 정책인지 모르게 된다. 그러나 점증주의에서는 이와 달리 정책에 대한 동의(agreement on policy)가 그 기준이 된다(<표 6-1> 3b). 정책결정자를 포함한 보다 많은 정책관련자들이 합의하게 되면 보다 훌륭한 정책이라고 볼 수 있다는 것이다.

관련자의 동의를 정책평가의 기준으로 삼는 것은 중요한 정치적 의미를 지니고 있다. 상호 갈등하는 이해관계를 지닌 세력들이 어느 일방에 의한 지배(domi- nation)가 아니라 타협(compromise)에 의하여 정책을 결정하는 것이 바람직하다는 가치상대주의와 민주주의적 이념이 배후에 숨어 있으며, 이것은 앞에서 본 '정책결정의 사회적 분산'이라는 분권적 사고방식과 더불어 미국식 다원론의 중요한 내용이 된다.

3 점증모형의 평가

점증주의의 공과를 논의하려면 기술적 모형으로서의 점증주의와 처방적 모형으로서의 점증주의로 구분해서 설명할 필요가 있다.

1) 기술적·경험적·실증적 모형(descriptive·empirical·positive model)으로서 점증주의

점증주의의 가장 큰 공헌은 현실에서 이루어지는 정책결정의 실상을 그 당

3) 이 두 가지에 대해서는 합리적·분석적 정책결정을 참조할 것.

시로서는 가장 정확하게 기술하여 많은 사람에게 알렸다는 점이다. 특히 합리모형의 가정이 현실의 정책결정과 동떨어진 이상에 불과한 것임을 설득력 있게 지적한 점은 누구나 높이 평가하고 있다(Dror, 1964). 이러한 공헌은 물론 Lindblom이나 Wildavsky의 것만은 아니다. 이들의 아이디어가 기초하고 있는 인간능력의 제약은 Simon, March, Cyert 등의 공헌이며, 점증주의의 정치적 정당성은 Dahl 등의 다원론적 정치학자들의 사상에서 빌려 온 것이다. 그러나 서로 다른 두 개의 기본사상을 성공적으로 결합하여 정교한 논리를 전개하여 합리적·분석적 정책결정의 논리가 지닌 약점을 가장 빈틈없이 지적한 것이 점증주의의 공이다.

한편 기술적·경험적·실증적 모형으로서의 점증주의의 약점은 주로 상술한 결정과정상의 특징에 대한 것이 아니라 결과로서 정책변화가 과연 소폭의 변화이냐에 대한 것이다. 첫째, 현존정책에서 소폭의 변화만을 고려한다고 할 때 얼마만큼의 변화를 소폭의 변화(increment)로 볼 것이냐의 문제이다. 이 문제가 가장 심각하게 나타나는 것은 예산결정단계로 Wildavsky와 Fenno는 예산에서 10% 이내의 증감을 소폭이라고 보았는데, 구체적으로 왜 10%가 소폭의 판단기준이 되어야 하는지 뚜렷한 근거가 있는 것은 아니다. 두 번째 약점은 정책이 실제로 점증적으로 결정되지 않는 경우도 많다는 점이다. 한국전쟁에 대한 미군 파병이나 Kennedy 대통령의 급속한 우주개발, Roosevelt 대통령의 뉴딜(New Deal) 정책은 모두 비점증적인 결정이다.

점증주의가 가장 뚜렷하게 나타나리라고 기대했었던 예산부문에서도 사실은 비점증적인 결정이 있다는 실증 분석이 나오고 있다. 또한 점증주의는 주로 안정적 사회를 염두에 두고 나온 이론인데 비록 안정된 사회라 하더라도 반드시 점증적으로만 정책이 결정되는 것도 아니라는 점이다.

2) 처방적·규범적(prescriptive·normative) 모형으로서 점증주의

점증주의는 처방적·규범적 측면에서도 상당한 공헌을 하였으나, 과실도 적지 않다고 판단된다.

(1) 지적 측면

지적(intellectual) 측면에서 보았을 때 처방적·규범적 모형으로서의 점증주의는 세 가지 상호 연관된 장점을 지니고 있다.

첫째, 의사결정을 위한 분석이나 협력은 비용이 든다는 사실을 명백히 하여 투입되는 의사결정비용보다 그 결과로 얻게 되는 결정의 효과가 크도록 의사결정을 진행해야 한다는 점을 명백히 하였다. 합리적·분석적 정책결정은 정책결정자의 시간, 노력, 능력, 정보수집 및 분석비용 등을 많이 소모하기 때문에 언제나 바람직한 것은 아니다. 점증주의는 몇 개의 대안을 두고 몇 개의 결과만을 고려하여 결정하므로 의사결정비용이 적게 든다. 그러나 이것은 점증주의의 장점인 동시에 약점도 된다. 정책문제가 중대하여 많은 분석경비가 들어도 올바르게 문제를 해결하는 것이 바람직한 경우에는 분석적으로 정책을 결정해야 하기 때문이다.

둘째, 상황이 복잡하여 정책대안의 결과가 극히 불확실할 때, 소폭의 변화로 정책을 수정·결정하고, 이를 시행하면서 발생하는 결과로부터 정보를 수집하여 잘못이 있으면 조정·보완하는 식의 정책결정을 하는 것은 커다란 잘못을 저지르지 않고 불확실성을 극복하는 훌륭한 전략이다. 그러나 이러한 장점에 비해서 반대 측면의 단점도 많다. 무엇보다도 ① 처음의 결정이 잘못되면 점증주의에서는 이를 근본적으로 고칠 수가 없다. 한 번 방향이 잘못 잡힌 것은 점증적인 변화로 되돌릴 수가 없기 때문이다(Etzioni, 1967). ② 정책의 부분 부분을 사회의 곳곳에서 분산적으로 결정하게 되어(부분적·분산적 정책결정) 결정에 필요한 정보가 적어도 되고 지적 작업도 쉽게 진행되는 장점이 있으나, 그 대신에 상호 모순·충돌되는 정책들이 하나의 상위정책에 포함되어 정책의 일관성을 잃게 된다. 분야가 다른 경우이지만, 보건부서에서는 담배의 해악을 선전하고, 농업부서에서는 담배재배농가에게 보조금을 지불하는 예가 많이 인용된다. ③ 시행착오 과정에서 환류되는 정보를 보면서 정책을 수정·보완하여 불확실성을 극복하는 전략은 훌륭한 것 같지만 실제로 이러한 학습이 일어나지 않은 채 잘못된 정책이 계속 반복되는 경우가 많다. 이러한 점은 점증주의를 열심히 옹호했던 Wildavsky 스스로도 인정한 것이다(Wildavsky, 1980).

셋째, 점증주의자들은 점증주의를 과신한 나머지 이를 규범적·처방적 모형으로까지 주장함으로써 합리적·분석적 결정을 너무 소홀히 하게 되었다. 극단적으로 표현하면 관료들이 타협과 흥정을 하면서 통용하는 타성적이고 주먹구구식인 정책결정방법을 마치 지성적인 측면에서 합리적이고, 정치적인 측면에서 민주적인 것으로 미화했던 것이다. 결과적으로 보면 Dror의 지적대로, 그렇지 않아도 타성과 반지성적인 의사결정행태에 젖어 있는 관료들이 합리적·분석적 결정에 대한 노력을 등한시하게 하는 이론적 무기가 된 것이다.

(2) 정치적 측면

정치적 측면에서 처방적·규범적 모형으로서의 점증주의는 정책대안의 정치적 실현가능성과 정책의 안정성을 중시하는 장점을 지니고 있는 반면에, 정치적 현상유지(status quo)를 지나치게 옹호하는 반혁신적 보수주의에 가깝다는 약점이 있다.

첫째, 점증주의가 정책대안의 정치적 실현가능성을 중시하는 것은 쉽게 알 수 있다. 정책대안의 '선·악'을 판단하는 기준으로서 동의를 중시하여 관련자의 동의를 얻은 정책을 제안하면 정치적으로 쉽게 채택이 되고 집행도 쉽게 될 것이기 때문이다.

둘째, 점증주의는 현존의 정책을 근본적으로 개혁하지 않을 것을 주장하기 때문에 정책의 안정성을 도모하는 장점이 있다. 즉, 점진적인 변화를 하게 되므로 정책의 계속성·지속성을 얻을 수 있다. 과거 우리나라의 경우처럼 조령모개식의 정책변동이 있게 되면 국민들은 큰 혼란을 겪게 되는데 점증주의는 이와는 달리 안정성을 가져다 준다.

셋째, 기존의 정책을 존중하고 근본적인 변혁을 하지 않음으로써 정치적 갈등을 줄일 수 있다. Wildavsky는 예산의 결정에서 기본(base)에 대해서는 논란을 제기하지 않고, 소폭의 변화분에 대해서만 논의를 함으로써 기본 결정에 필요했던 정치적 합의를 존중한다고 한다. 만약 영기준예산제도(zero base budgeting)처럼 이 기본까지도 근본적으로 새로 검토하면 기본 결정에 합의한 많은 정치적 세력들 간의 정치적 투쟁을 다시 불러일으키게 될 것이며, 이로 인해 정치적 갈등은 증가할 것이다.

넷째, 점증주의는 반혁신적 보수주의를 옹호한다는 치명적 결함이 있다. 관련자간 타협과 흥정에 의한 합의를 중시하고 기존의 결정에서 큰 변화를 추구하지 않는 것은, 결국 정치적 현실의 옹호라는 결론에 도달하게 되며 현재상태에서 정치적으로 강한 자가 계속 지배하게 된다는 것을 의미한다. 따라서 점증주의가 정치적으로 타당하려면 모든 이해관련자의 정치적 자원이 비슷하게 배분되어 있어야 한다는 조건이 충족되어야 한다. 이 조건은 정치적으로 다원적인 사회에서 어느 정도 충족이 될 수 있는데, Lindblom과 Wildavsky 등은 미국이 그러한 사회라고 주장하고 있다. 물론 미국도 분야에 따라 정도의 차이는 있다. 만약 다원적인 사회가 아니라면 정치적 강자에 의한 약자의 희생이 있게 되고, 기존정책을 계속 옹호하는 점증주의는 사회적 약자를 억압하는 이념적 무기로 악용될 수도 있는 것이다. 이때 정책의 이해관계자들간의 합의란 Dror가 지적했듯이 실제로는 '오도된 합의'(deceived consensus)에 불과한 것이다. 한편 다원적 사회에서는 정치권력의 사회적 분산으로 의사결정점이 곳곳에 있고, 여러 분야에 관계되는 혁신적인 정책의 경우 이 점들을 모두 거쳐야 하기 때문에 어느 한 곳에서만 반대가 있어도 중단되어 버린다. 즉, 의사결정점들이 다원적 사회에서는 거부점(veto point)이 되는 것이다. 여기에 점증주의적 정책결정방법이 적용되게 되면 현존의 정책에서 벗어나기가 더욱 힘들어진다.

4 점증주의의 수정

Lindblom은 1970년대 말에 와서 자신의 과거 주장에 대한 해명과 어느 정도 수정한 내용을 발표하였는데 이를 간단히 검토하기로 한다.

먼저 그는 점증주의를 정치(politics)와 분석(analysis)의 두 가지 관점으로 파악한다. 점증주의 정치(incremental politics)란 소폭적인 정치변동을 특성으로 하는 하나의 정치패턴이며, 점증주의 분석(incremental analysis)이란 대안이나 정보를 점증적으로 고려하는 분석방법이다. 그러므로 양자는 구별되어야 하며 대안을 점증적으로 분석한다고 하여 점증적인 정치가 나오는 것은 아니라고 한다.

점증주의 정치가 많은 문제점이 있는 것으로 보일지도 모르지만 그것은 점증주의 정치 자체에서 기인한다기보다는 다른 요인들(예컨대, 미국의 정치체제의 속성 등) 때문에 나타난 것이라고 하면서 이론적으로나 실제 적용면에서 점증주의 정치 자체는 매우 효용이 높은 것이라고 옹호하고 있다. 하지만 점증주의 정치가 전제로 하고 있는 다원주의에 대해 Lindblom은 다소 회의적인 입장으로 변모하였다(Ham and Hill, 1984). 초기에는 열렬한 다원론자였던 Lindblom도 점증주의 정치의 중요한 속성인 '당파간의 상호조정'이라는 메카니즘이 실제로는 특정한 참여집단(특히 기업 등)에 편향적이라는 사실을 인지하게 되었고, 또 특정한 참여집단에 유리하도록 정립된 가치 · 이념체계가 고도로 고착되어 있을 때에는 '당파간의 상호조정'이 기능을 발휘하지 못한다는 것을 인정하게 되었다.

한편 Lindblom은 점증주의 분석을 다음과 같이 세 가지로 구분하고 '전략적 분석'이라는 독특한 개념을 제시하고 있다. ① '단순한 점증주의'적 분석은 현 상태로부터 약간만 다른 정책대안만을 고려하는 분석을 의미한다. ② '분할된(disjointed) 점증주의'에는 앞에서 다섯 가지의 내용으로 살펴 본 여러 가지 특성들이 포함된다. 위의 단순한 점증주의적 분석도 분할된 점증주의의 한 요소에 해당된다. ③ '전략적 분석'(strategic analysis)은 과거의 주장에서는 볼 수 없었던 내용인데, 복잡한 문제를 단순화하기 위해 신중히 선택된 대안만을 분석한다는 것인데 합리모형에 대한 대안으로 제시된 것이다. 두 번째의 분할된 점증주의도 전략적 분석의 한 요소이다. 전략적 분석이라는 개념은 시행착오를 요령있게 계속해 보는 것, 대안 중 몇 가지만을 분석하는 것, 애로점을 해소하는 것, 결정을 정형화하는 것, 위기상황에서의 결정을 중시하는 것 등이 포함된다. 합리모형은 실현할 수 없는 것이므로 그에 대한 대안으로 제시된 것이 이 전략적 분석인데, 이것은 결국 Lindblom이 과거의 점증주의로부터 합리모형 쪽으로 크게 이동한 것이며, '이론 및 혁신적 정책분석을 수용할 근거를 마련한 것이 아닌가' 하는 점도 지적되고 있다(Hogwood and Gunn, 1991).

종합하여 보면 Lindblom은 당초의 점증주의에서 크게 후퇴하였다. 초기에 점증주의에 대해 가지고 있던 낙관적 어조는 후기에 와서 보다 비관적으로 바뀌게 되었다. 전략적 분석을 주장하게 된 것도 사회 내의 권력의 분포가 균등하지 못하다는 사실을 인식한 데에서 나온 것으로 해석할 수 있다(Ham and Hill, 1984).

5 비점증적 정책결정모형

위에서 자세히 살펴본 점증주의적 정책결정모형이 적용되는 정책의 유형은 점증적인 정책대안 선택이 가능한 가분적인 정책(divisible policies)이다. 즉, 특정 부처의 예산 및 인원의 배정 결정, 새로운 행정수도의 크기 결정 등이 이에 해당한다. 또한 하나의 커다란 정책도 여러 개의 세부 정책프로그램들로 구성되어 있어 정책결정자들이 그들 중 일부를 취사선택할 수 있어야 점증적인 정책선택이 가능하다.

그러나 점증적인 정책선택이 불가능한 비가분적(非可分的) 정책(indivisible policies)을 상정할 수 있다. 예를 들어, 한강에 새로운 교량을 건설할 것인지를 결정하는 정책의 선택에는 교량건설을 추진하든지 아니면 그만 두든지 두 가지의 선택이 있을 뿐이며, 교량의 일부만(다리를 반쯤)을 건설하는 정책선택은 큰 의미가 없다. 또는 화성탐사를 정책목표로 한다면 그 정책의 선택에는 화성탐사를 시도하든지 아니면 포기하든지 두 가지의 정책선택이 있을 뿐이다.4) 청계천 복원공사의 정책결정에서도 전면적인 복원을 할 것인지 말 것인지를 결정하는 것이 현실적인 선택대안이었으며, 일부 복원과 같은 점증적인 선택대안은 심각한 고려의 대상이 되지 않았다. 이러한 비가분적인 정책유형에 해당하는 정책은 매우 다양하다. 고속전철의 건설, 경인운하의 건설 등도 기본적으로 이에 해당된다.

이러한 비가분적인 정책의 결정에서는 점증주의적인 정책결정모형을 적용하기가 어렵다. Schulman은 기존의 정책결정모형들이 점증적인 정책선택이 가능한 영역에 대해서만 관심을 가졌다고 비판하면서 비점증적 정책결정모형을 제시하였다. 구체적으로 그는 미국의 유인 우주탐사선의 달 착륙과 관련된 정책결정과정을 심층적으로 분석함으로써 비점증적 정책결정의 특징을 도출하고자 하였다. 그의 논의는 Lindblom 등이 제시하는 점증주의적 정책결정모형에 비하여 이론적으로 완결성 측면에서 많은 문제점이 있기는 하나, 새로운 시각을 제시하고자 한 의의는 크다고 판단된다. Schulman이 제시하는 비점증적 정책결정의 특징은 다음과 같이 두 가지로 요약된다.

첫째, 비점증적 정책결정에서는 초기의 정책결정단계에서 많은 어려움이 있다. 그 이유는 비가분적 정책의 경우 높은 착수비용(start-up cost)이 필요하기 때문이다. 비가분적 비점증적 정책은 대개 많은 예산이 드는 대규모 사업이며 때로는 높은 실패위험이 수반되는 경우가 많다.5) 이러한 어려움을 극복하기 위

4) 물론 화성탐사와 같은 대규모 정책에는 다양한 세부 정책프로그램들이 있을 것이다. 그러나 기본적인 정책결정은 화성탐사를 시도할 것인지 시도하지 않을 것인지를 결정하는 것이므로 이를 점증적인 정책선택이 가능한 정책유형으로 보기는 어렵다.

5) 예산과 인원이 많이 소요될 뿐만 아니라 대규모 사업인 관계로 여러 부처와 기관의 업무협조가 필요하고, 새로운 정책시도일 경우 학제적인(interdisciplinary) 정책연구가 반드시 필요한 경우도 많다. 이러한 여러 요인들이 정책의 착수비용을 증대시킨다.

해서는 여론의 높은 지지가 필수적이다. 그리고 여론의 높은 지지를 도출하기 위하여 정책주창자들은 정책의 편익을 과대 포장하여야 할 경우가 많다. 때로는 특정 정책의 추진을 국가적 위신 또는 국제적 지위 등과 연계시키기도 한다(Schulman, 1975).

둘째, 비가분적 비점증적 정책의 경우 시간이 지남에 따라 매우 불안정한(unstable) 정책과정을 겪게 된다. 그 이유는 여론의 속성과 깊은 관련이 있다. 초기에 여론의 높은 지지에 힘입어 정책결정이 이루어졌다 하더라도 여론은 곧 새로운 이슈를 찾아 떠나게 된다.6) 따라서 정작 높은 착수비용을 치르고 정책이 본 궤도에 오를 때쯤에는 여론이 그 정책의 추진에 대하여 더 이상 높은 지지를 보이지 않게 되어 정책이 표류하기 쉽다. 높은 국민적 기대 속에서 착수된 여러 대규모 국책사업들이 시간이 지남에 따라 지지부진한 성과를 보이고 예정된 정책추진 일정을 지키지 못하는 경우를 우리는 여러 번 경험하였으며, 그러한 정책현상도 이러한 측면에서 원인을 찾을 수 있을 것이다.

제4절 회사모형

1 개관

회사모형은 Cyert와 March(1963)가 공저한 *A Behavioral Theory of the Firm*에서 제시된 정책결정모형이다. Simon은 이 보다 앞서 March와 더불어 조직이론을 집필하였는데(March & Simon , Organization, 1958), 개인적인 측면이 많았다. 회사모형이 보다 집단적 측면의 의사결정을 많이 취급하고 있으므로 이를 소개한다. Cyert와 March는 신고전파 경제학이 제시하고 있는 기업이론이 실제의 기업행태와는 큰 괴리가 있으므로 현실의 기업행태를 더 잘 설명할 수 있는 새로운 이론모형을 제시하고자 하였다.

6) 시간의 경과에 따라 단계적인 변화양상을 보이는 여론의 특성을 Downs는 Issue-Attention Cycle로 명명하고 있다(Downs, 1972).

신고전파 경제학에서는 기업이 합리모형에 따라 의사결정을 하는 것으로 전제하는데, 이에 대한 비판에서 논의를 출발한다. 합리모형의 전제는 첫째, 기업은 '이윤극대화'의 목표를 지니고 있고, 둘째, 이러한 목표달성에 필요한 수단의 탐색과 관련된 모든 것들에 대한 '완전한 지식'을 지니고 있다는 것이다. 이에 대해서 Cyert와 March는 기업은 아주 복잡한 조직으로 첫째, 기업의 목표는 이윤만이 아니라 다른 목표들도 있고, Simon의 말대로 어느 것이 목표이든 극대화가 아니라 만족할 만한 수준의 달성만 있으면 충분하며, 둘째, 완전한 지식이 아니라 제한된 합리성 때문에 최선의 대안을 선택할 수 없으므로 실제 회사의 결정은 신고전파 경제학자의 가정과는 다르다고 보았다.

Cyert와 March는 가격과 산출량 등 회사조직이 실제로 당면한 가장 중요한 사항에 대한 의사결정과정을 다루고 있다. 그러나 이 모형의 적용영역이 민간기업에만 국한되는 것은 아니다. 오히려 회사, 정부 등 대규모 조직에서 일반적으로 나타나는 정책결정과정을 다루고 있다고 보아야 한다. 따라서 민간기업에서의 의사결정모형으로 출발하였으나, 정부의 정책결정에도 적용이 가능하다고 보아야 한다. 실제로 뒤에서 자세히 살펴볼 Allison모형은 정부의 정책결정과정을 대상으로 하는데, 그중 Model II(조직과정모형)의 핵심내용이 바로 Cyert와 March의 회사모형인 것이다.

Cyert와 March의 회사모형의 주요내용은 크게 보아 두 가지로 나눌 수 있는데, 조직의 목표(goals), 조직의 기대(expectations), 그리고 조직선택(choice) 등 세 가지 중요한 변수에 관한 논의와 그들을 연계시키는 네 가지 연결개념(relational concepts)에 관한 논의가 그것이다. 이하에서는 이에 대해서 각각 살펴보고, 추가적으로 최근 많은 이론적 관심을 모으고 있는 조직의 표준운영절차에 대해서 간략히 살펴보도록 한다.

2 세 가지 중요 변수[7)]

Cyert와 March는 세 가지 중요한 조직변수를 강조하였다. 그 첫 번째가 조직의 목표이다. 그들은 회사조직을 기본적으로 정치적 연합(political coalit-

7) 최종원(2014) p.137.

ion)으로 보았다. 이때, 정치적이라는 말은 회사가 정치조직이라는 의미가 아니라 조직구성원들이 각기 상이한 목표와 이해관계를 갖고 있으며 잠재적, 실제적으로 갈등관계에 있다는 것을 의미한다. 신고전파 경제학에서는 회사조직의 목표는 이윤극대화라고 가정하는데, 회사조직에 있는 수많은 구성원이 모두 이윤극대화라는 단일 목표를 공유한다는 가정은 매우 비현실적이다. 그들은 각자의 이해관계에 따라 각기 상이한 목표를 갖는다. 조직의 목표는 개인 간 소집단 간 구체적인 타협과 절충과정을 거쳐 몇 가지로 집약되며, 그 결과 잠재적으로 갈등관계에 있는 복수의 목표가 조직 내에 존재하게 된다. 또한 개별 목표는 기대수준의 형태를 갖게 된다. 즉 결과가 일정 수준보다 높으면 만족한 수준으로 본다는 의미이다.

두 번째 주요 변수는 조직의 기대(expectations)이다. 이는 조직이 의사결정과정에서 어떻게 정보를 수집하고 정보를 해석하는지에 관한 논의이다. 회사조직은 탐색과 환류의 과정을 거쳐 정보를 수집하며, 수집된 정보의 해석에는 체계적인 오류가 있을 수 있다.

세 번째 변수는 조직의 선택(choice)으로서 조직이 문제상황에서 구체적으로 어떻게 행동하는가에 관한 논의이다. 조직이 새로운 문제에 직면하면(결과가 만족할만한 기대수준에 이르지 못하면) 새로운 대안을 찾고자 탐색(search)을 시작한다. 탐색 결과 채택된 새로운 대안의 결과를 기대수준과 비교하여 기대수준 보다 높으면 그 대안을 채택하나, 미흡하다고 평가되면 또 다른 대안을 찾게 된다. 이러한 조직의 행동은 조직 내에 존재하는 표준운영절차에 의하여 나타나게 된다. 이에 대해서는 뒤에서 좀 더 자세히 살펴보게 될 것이다.

3 네 가지 핵심 연결개념

1) 갈등의 준해결(Quasi-Resolution of Conflict)

앞서 논의하였듯이, 회사모형에서는 회사조직이 서로 다른 목표들을 지닌 구성원들의 연합체(coalition)라고 가정한다. 예를 들면 생산부, 판매부, 자재부 등은 생산목표, 판매목표, 시장점유목표, 재고목표 등 각각 서로 상이한 하위목표를 지니고 있는 것으로 가정한다. 이들 목표들 간에는 갈등이 일어날 수 있는데 갈등·모순되는 목표들을 하나의 차원이나 기준으로 통합하는 방법이 없다. 갈등의 완전한 해결은 불가능하며 '준해결'에 머물고 만다. 조직론에서는 March와 Simon이 하위목표들 간에 차이가 있어도 상위목표만 합의되면 설득에 의해서 갈등이 해소되는 것으로 생각한데 비해서, 여기에서는 상위목표의 이러한 역할에 대해서 부정적인 태도를 보인다.

다음과 같은 예를 생각하면 쉽게 이해할 수 있다. 판매부에서 커다란 시장을 새로이 개척하여 현재 판매량보다 50% 정도의 생산증가를 요구했으나, 생산부에서는 빠른 시일 안에 20% 정도의 증산은 가능하지만 그 이상을 증산하려면 현재보다 품질도 훨씬 떨어지고 생산비용도 증가하게 된다고 하자. 조직의 상위목표가 이윤이라고 하더라도 판매량을 당장 50% 증가시키면서 품질하락과 비용 상승을 감수하는 것은 지금 당장의 이윤극대화에 도움이 되겠지만 장래에도 그렇게 되는 것인지, 아니면 판매량을 30% 또는 20% 증가시키는 것이 이윤극대화가 되는지 알 수 없다. 판매목표와 생산목표를 통합할 수 있는 상위목표로서의 이윤목표가 하위목표간의 갈등을 해소할 수는 없다. 이런 경우에 타협에 의해서 30% 증산으로 결정이 된다면 판매부나 생산부 어느 쪽도 완전히 만족을 주는 것이 되지 못하므로 갈등의 불씨는 여전히 남아 있게 된다. 이것이 '갈등의 준해결'이다.

2) 불확실성의 회피(Uncertainty Avoidance)

조직을 둘러싸고 있는 외부 환경은 매우 복잡하고 가변적이어서 항상 불확실하기 때문에 조직이 이러한 불확실한 환경에 어떻게 대응하는가가 의사결정론에서는 중요한 쟁점이다. 합리모형에서는 대안의 결과를 예측하여 기대치를 계산하거나 환경과 조직이 서로 균형을 이룰 수 있는 상태를 찾음으로써 조직이 불확실성을 해결한다고 본다. 그러나 회사모형에서는 주로 단기적인 환류(feedback)를 이용한 단기적인 대응책을 강조하여, 어떤 문제가 발생하면 해결책을 강구하고 그것이 해결되면 다음 문제가 등장할 때까지 기다리는 의사결정방식을 택한다. 그렇지 않으면 환경과 협상함으로써 불확실한 환경을 관리 가능한 상황으로 만들어서 불확실성을 회피해버리는 방식을 택한다. 예컨대, 경쟁기업의 예측 불가능한 행태를 통제하기 위해 거래관행을 수립하거나 장기계약을 맺어 안정된 거래를 지속하려고 한다거나 극단적으로는 기업들끼리 카르텔을 형성하여 가격이나 생산량을 미리 정하는 경우를 들 수 있다.

3) 문제 중심의 탐색(Problemistic Search)

합리모형에서는 의사결정이 순차적으로 이루어지므로 목표나 해결할 문제를 확인한 다음에 대안탐색이 이루어진다고 가정한다. 그러나 회사모형에서는 조직목표가 만족스럽게 달성되지 않으면 문제로 인식하고, 문제가 해결되지 않는 한 탐색은 계속된다. 대안의 탐색은 문제 징후의 근처에서나 현존 대안의 근처에서 이루어진다. 예를 들어, 판매목표 달성에 문제가 있다고 판단되면 판매부의 판매프로그램에서 탐색이 시작된다. 이러한 단순한 탐색이 실패하면 조직은, 문제나 현존 대안에서 '멀리 떨어진'(distant) 부분도 탐색하게 되고, 조직에서 취약한(vulnerable) 부분으로까지 탐색이 확장된다. 또한 하위조직마다 경험, 훈련 등의 정도가 다르기 때문에 동일한 문제라도 해결책을 다른 식으로 탐색하며, 각 하위조직마다 그들의 희망, 기대가 다르기 때문에 역시 다른 식으로 탐색을 한다. 결국 조직 내부의 갈등은 해결되지 못한 채 의사소통과정에 그대로 반영됨으로써 편견이 남게 된다.

4) 조직의 학습(Organizational Learning)

인간이 경험을 통하여 학습하는 것과는 동일하지 않지만, 조직도 구성원의 학습을 통하여 조직 전체가 학습을 할 수 있다. 구체적으로 조직은 경험에 의하여 그들의 목표를 변화시키며 관심의 대상을 변화시키고 탐색을 위한 절차도 수정한다. 그래서 시간이 흐름에 따라 적응적인 행태를 보이게 된다.

4 표준운영절차(Standard Operating Procedure)

Behind Story 6-2 **소방차의 출동절차와 SOP**

갑자기 큰 공장에서 화재가 났을 때 소방차가 출동하여 불을 끄기 시작하는데 얼마나 시간이 걸릴까? 국가에서 처음으로 소방서를 설치하여 누구도 어떻게 해야 하는지를 모른다고 상상해보라. 그리고 막 입사한 초년병 말단직원이 화재를 처음 발견했다고 가정해보자. 위계질서가 분명한 소방서라면, 말단직원은 자기 직속상사에게 어떻게 해야 하는지를 질문하고, 상사는 소방서장에게 지시를 받으려고 할 것이다. 소방서장은 간부회의를 소집하여 어떻게 해야 하는지를 상의하고, 결론적으로 화재진압팀장에게 소방차를 출동시키라고 지시할 것이다. 그러나 현장으로 진입하는 차도에 차량들이 주차되어 있다면 어떨까? 부랴부랴 경찰서에 연락하고 구청과 동사무소에 연락하여 주차차량을 제거하도록 할 것이다. 이리하여 현장에 도착해보니 수돗물이 나오지 않는다고 생각해 보자. 수도국에 연락하여 물이 나올 때 쯤이면 공장은 다 타버릴 것이다. 이렇게 어리석은 소방서는 지구상에 존재하지 않는다.

무수한 시행착오를 통하여 세계 각국의 소방서들은 모두 다음과 같은 신속한 절차를 마련하고 있다. 경험과 모방으로 서로 배운 것이다. 화재발생을 본 사람은 누구든지 소방서내의 화재경보기를 울리고, 보고-지시나 간부회의 등은 전혀 없이 화재진압팀은 소방차출동을 준비하고, 동시에 대외협력팀에서는 관할 경찰서와 구청 동사무소 수도국 등에 연락하여 소방차의 진입차도 확보와 수돗물 공급을 부탁한다. 그리고 이 일을 각 부서에서 분담하고 부서 내의 개인에게 세분하여 담당시킨다. 그리고 혹시 누가 자리에 없게 되면, 대신할 사람도 정해둔다. 전체적으로 해야 할 일을 분담하여 각자의 역할을 분명히 하고 이 일들의 시간적 순서와 절차를 만들어 둔 것이 SOP(또는 프로그램)이다. 이것을 실무에서는 매뉴얼 또는 과업지침이라고 부른다. 여하튼 화재경보가 울리면 이 SOP에 따라, 무엇을 해야 할까 생각할 필요도 없이 각자가 자기 할 일을 즉각적으로 시작하여 소방차는 불과 5분 이내에 출동하고, 싸이렌을 울리면서 질주하여 가능한 가장 빠른 시간 내에 화재진압을 시작한다.

표준운영절차는 조직이 과거의 의사결정과정에서 활용하여 비교적 좋은 결과를 얻었다고 판단하여 기억 속에 저장해둔 업무수행의 방식이나 절차를 의미한다. 표준운영절차는 March와 Simon(1958)이 공저한 *Organization*에서 제시된 '프로그램'의 개념을 보다 확장한 것인데, Cyert와 March의 회사모형 이후에 Nelson과 Winter(1982)에 의해 루틴(routines)이라는 개념으로 발전되었다. 표준운영절차와 조직루틴의 개념이 같은 것인지 다른 것인지에 대해서 논란이 있을 수 있다. 대체로 양자를 유사한 개념으로 보나, 양자의 차이를 강조할 경우에 표준운영절차는 조직내 특정한 업무 처리에 관하여 명시적(explicit)으로 존재하는 매뉴얼, 편람 등을 의미한다고 보고, 조직루틴은 보다 묵시적

(tacit)으로 조직구성원들 사이에 공유하는 업무처리절차를 의미한다고 본다.

표준운영절차는 환류를 통한 학습과정의 성격이나 일반성에 따라 수준이 다양하다. 단기적으로는 주어진 것으로 보지만 장기적인 환류에 의해 서서히 변하면서 장기적 합리성(long-run rationality)을 도모하는 일반적 선택절차(general choice procedure)와 일반적 선택절차가 구체적 상황에 적용된 구체적 표준운영절차(specific standard operating procedure)로 나눌 수 있다. 일반적 선택절차에는 3가지 형태가 있는데 불확실한 상황에 대해 예측할 필요성을 최소화함으로써 회피하기, 어쩔 수 없는 상황이 아닌 한 가능하면 규칙을 준수하기, 규칙을 적용할 때 개인이 판단할 수 있도록 융통성의 여지를 두는 단순한 규칙 사용하기가 그것이다. 구체적인 SOP는 다음과 같다(Cyert and March, 1963).

① 과업수행규칙(task performance rules)　조직 내 개인이나 하위조직에 부과된 업무를 수행하는 방법을 세밀하게 밝혀둔 규칙이다. 어렵게 표현해서 규칙(rules)이지만 쉽게 말하면 일하는 방법으로 아무리 복잡한 문제일지라도 이에 관한 과업수행규칙이 자세히 구비되어 있다면 이것을 따름으로써 문제를 단순한 형태로 분해할 수 있다.

② 기록과 보고(records and reports)　업무수행결과로서의 성과에 관한 기록이나 예산서 등을 모두 포함한다. Cyert와 March에 의하면 기록이나 보고는 통제기능과 예측기능이라는 두 가지 주된 기능을 담당한다. 기록과 보고를 통해서 조직구성원들을 통제할 수 있으며, 또 미래의 상태를 예측할 수도 있다.

③ 정보처리규칙(information-handling rules)　필요한 정보가 필요한 장소에서 적절한 시기에 이용될 수 있도록 하는 기능을 한다. 정보처리규칙에는 정보의 내용(어떤 정보를)과 흐름(어떤 경로를 거쳐서)에 대한 것이 포함되며 경로규칙(routing rules)과 여과규칙(filtering rules)의 두 유형이 있다.

④ 계획과 기획에 관한 규칙(plans and planning rules)　앞에서 밝혔듯이 기업은 장기계획을 회피한다. 하지만 실제의 기업활동 속에는 장기적인 계획에 관한 활동도 있는 것이 현실이다. 그러한 계획은 목표, 지침서, 이론, 선례 등으로 나타나는데 이들은 어느 경우에나 복잡한 상황을 단순하게 하는 SOP의 역할을 한다.

5 회사모형에 대한 평가

Cyert와 March의 회사모형은 Simon이 선도한 카네기(Carnegie)학파의 조직의사결정에 대한 핵심적 내용으로 지금까지도 행정부와 같은 관료조직의 의사결정에 대한 경험적·기술적 연구의 초석이 되고 있다. 회사모형이 조직적 의사결정현상을 설명하고 이해하는 데 계속적으로 기여하고 있는 내용은 다음과 같다.

첫째, 조직은 유기체와는 달리 서로 다른 하위목표를 지닌 여러 하위집단으로 구성되며 선호뿐만 아니라 현실에 대한 인지에서도 많은 차이가 있다. 따라서 갈등과 의사전달상의 왜곡이 불가피하다. 둘째, 인간의 제약된 능력으로도 어느 정도 만족스러운 의사결정을 할 수 있도록 조직은 여러 가지 장치를 학습하거나 개발한다. 조직구조도 단순화를 위하여 복잡한 문제를 요소분해하고 조직목표도 하위목표로의 분화를 통해 분업화되어 있다. 여러 가지 프로그램과 SOP의 개발 및 이에 의한 의사결정이 그러한 예이다. 셋째, 불확실한 장기적 전망보다 단기적 환류에 의존하는 의사결정 방법을 택하고, 문제파악과 대안탐색 등도 관련된 소관 업무에 한정시킨다.

회사모형의 약점이라기보다는 회사모형이 발표된 이후 계속적으로 진행되고 있는 조직내의 의사결정에 관한 여러 연구 중에서 이 모형이 비교적 소홀히 다룬 두 가지 측면만을 지적하고자 한다.

먼저 조직내의 의사결정 중에는 비합리적인 경우가 있는데, 이것은 다음에 보는 쓰레기통모형에서 검토하게 될 것이다. 또한 조직의 인지적 한계에 초점을 두고 수평적 하위조직간의 관계를 주로 다루었기 때문에 조직내의 상하관계 등에서 나타나는 권력적 측면이 의사결정에 미치는 영향을 소홀히 취급하였다. 이는 Allison 모형에서 보완될 것이다.

제5절 쓰레기통모형(Garbage Can Model)

1 의 의

쓰레기통모형(Garbage Can Model)은 조직의 구성단위나 구성원 사이의 응집성이 아주 약한 혼란 상태에서 이루어지는 의사결정의 특징을 강조하는 모형이다(Cohen, March and Olsen, 1972). Cohen, March 그리고 Olsen 등은 이러한 혼란 상태를 '조직화된 무정부상태'(organized anarchies)라고 지적하고 있다. 이러한 혼란 상태에서는 합리모형은 물론이고 회사모형보다도 훨씬 더 합리성이 제약되는 의사결정이 일어나게 되는데 이러한 혼란상황을 강조하기 위해 마치 쓰레기통에 마구 던져 넣은 쓰레기들이 뒤죽박죽으로 엉켜 있는 것과 같다고 하여 붙인 이름이다. 극도로 불안정한 집단적 의사결정에 관한 대표적인 모형이다.

관료조직에서와 같이 계층제적 권위를 중심으로 하위조직이 연계되어 있는 상태가 아니라 상하관계가 분명하지 않은 대학조직과 같은 곳에서 흔히 볼 수 있는 의사결정과정을 주된 대상으로 모형을 수립하였다. 쓰레기통모형은 상·하위 계층제적 관계를 지니지 않은 참여자들에 의하여 의사결정이 이루어지는 경우에도 적용할 수 있다. 다당제인 의회에서 이루어지는 결정이나 의회·사법부·행정부가 모두 관련되는 결정 또는 행정부 내의 여러 부처가 관련되는 정책결정 등에 쉽게 적용된다. 쓰레기통모형은 합리성을 극도로 제약하는 세 가지 전제조건 하에서 의사결정의 네 가지 요소가 우연히 결합되어 의사결정이 이루어진다고 한다.

2 세 가지 전제조건

1) 문제성 있는 선호(problematic preferences)

쓰레기통 모형에서 말하는 세 가지 전제 중 첫째는, 의사결정에 참여하는 사람들의 선호에 문제가 있다는 것이다. 문제성 있는 선호(problematic preferences)라는 것은, 첫째, 의사결정에 참여하는 자들 간에 무엇을 선택하는 것이 바람직한지에 대해서 합의가 없고, 둘째, 참여자 한 개인을 놓고 볼 때 스스로 자신이 무엇을 좋아하는지조차 모르면서 의사결정에 참여하는 경우가 있음을 말하는 것이다. 첫 번째 경우는 회사모형만이 아니라 점증주의적 의사결정론이나 다른 실증주의적 결정론에서 이미 알려져 있는 것이며, 개인 간의 이해관계가 충돌되는 경우의 의사결정 상황을 전제하는 것이므로 새로울 것이 없다.

그러나 후자, 즉 의사결정에 참여하는 개인이 자신의 선호를 모르고 참여하는 경우가 있음을 명백하게 전제조건으로 내세운 것은 비교적 새로운 일이다. 공과대학의 학장이 행정학과의 교과목 개편을 검토하는 학장회의에 참석한 경우에 무엇이 바람직한 것인지 알 수 없는 것과 같다. 이런 경우에는 결정이 진행되는 과정에서, 즉 학장회의가 진행되는 과정에서 무엇이 좋은지, 즉 자기의 선호가 무엇인지를 발견하게 된다는 것이다. 물론 끝까지 무엇이 좋은지 판단하지 못하는 경우도 있다.

2) 불명확한 기술(unclear technology)

쓰레기통모형의 두 번째 전제조건은 불명확한 기술이다. 의사결정에서 달성하려는 목표와 이를 달성하기 위한 수단 사이에 존재하는 인과관계를 여기에서는 '기술'이라고 부른다.[8] 쉽게 말하면 어떤 목표를 달성하기 위해서 무엇을 수단으로 선택해야 하는지 잘 모르는 경우를 목표와 수단 간의 인과관계가 불분명하다고 표현한 것이다. 이것은 목표가 명확하더라도 나타날 수 있는 것으로 여러 가지 모형에서 밝히고 있듯이 의사결정의 합리성이 제약되고 있다는 주장은 결국 최선의 수단을 모른다는 것을 의미한다.

3) 수시적 참여자(part-time participants)

쓰레기통모형의 세 번째 전제조건은 수시적 참여자이다. 집단에 속한 개인이라도 문제의 성질에 따라서 의사결정과정에 참여하기도 하고 참여하지 않기도 하

8) 이것은 흔히 모형법칙 또는 이론(theory)이라고 부른다.

며, 동일한 문제해결을 위한 의사결정이라 하더라도 어느 때는 참여하고 다른 때는 불참할 수 있음을 지적한 것이다.

위에서 본 바와 같이 쓰레기통모형의 세 가지 전제조건을 모두 종합해 보면 다음과 같이 아주 극단적으로 합리성이 제약되는 의사결정 상황이 나타날 수 있다. 쓰레기통모형에서는(첫 번째 조건에서) 자기 스스로가 무슨 목표가 좋은지 무슨 대안이 좋은지도 모르는 자가, (두 번째 조건에서) 어떤 목표달성을 위해서 어떤 수단을 선택해야 하는지도 모르면서, (세 번째 조건에서) 회의에 참석하기도 하고 빠지기도 한다. 이런 상태에서 의사결정을 해야 하는 경우가 많음을 지적하고 있다.

3 의사결정의 네 가지 요소

1) 네 가지 요소

어떠한 경우든지 의사결정이 이루어지려면 네 가지의 요소가 모두 구비되어야 한다. 해결할 문제, 문제의 해결책, 의사결정의 참여자, 의사결정의 기회가 그것이다. 해결해야 할 문제(problem)란, 앞서 본 정책문제에 해당된다. 문제의 해결책(solution)이란 문제를 해결하기 위한 정책수단을 의미한다. 참여자(participants)란 의사결정을 할 수 있는 지위에 있거나 회의 등에 참여하기로 되어 있는 사람들이다. 이들이 없으면 의사결정이 이루어지지 못한다. 그런데 앞에서 본 바와 같이 이 모형에서는 이들이 계속적으로 참여하지 않는 경우를 강조하고 있다. 의사결정의 기회(opportunity)란 개인적 의사결정의 경우 그 결정의 순간을 의미하고 집단적 의사결정의 경우에는 회의 등을 의미한다.

2) 상호관계

(1) 네 가지 요소의 상호추적

과거의 모형들, 특히 합리모형은 다음과 같은 관계를 암묵적으로 가정하고 있다. 첫째, 해결해야 할 문제가 있으면 그 해결책을 탐색 · 개발한다. 즉, 문제가 해결책을 추적(chase)한다. 둘째, 문제가 있거나 문제의 해결책이 있으면 단독적으로 또는 회의를 소집하여 의사결정을 한다. 즉, 문제 또는 해결책이 의사결정의 기회를 추적한다. 그러나 실제로는 다음과 같은 경우도 있음을 쓰레기통모형은 지적한다. 첫째, 해결책이 있으면 그것으로 해결할 수 있는 문제를 탐색한다. 즉, 해결책이 문제를 추적한다. 둘째, 결정기회가 있으면 해결해야 할 문제를 탐색한다. 기왕에 회의가 소집되었으면 주된 안건처리 후에 다른 문제도 논의 · 결정하려는 경향이 있는 것이다. 즉, 의사결정의 기회가 문제를 추적한다.

(2) 네 가지 요소의 독자적 움직임

쓰레기통모형의 가장 큰 공헌 중 하나는 의사결정의 네 요소가 서로 아무런 관계없이 독자적으로 움직일 수 있음을 분명히 밝힌 것이다. 마치 네 줄기의 강물이 따로 흘러가듯이 네 가지의 독자적인 흐름(stream)이 있다는 것이다. 정책의제설정에 쓰레기통 모형을 적용한 Kingdon의 연구내용을 중심으로 검토하기로 한다.

① 문제의 흐름　　사회문제가 등장했다고 해서 즉시 그 문제를 해결하기 위한 의사결정 기회를 만들어 정책결정을 하는 것은 아니다. 의사결정 기회와는 별개로 문제는 자체적으로 등장 · 변화하면서 존재한다. 의사결정 기회를 만나려면 첫째, 정책의제화되어야 하고, 둘째, 해결책이 준비되어 있어야 한다. 그런데 앞에서 보았듯이 정책의제화는 여러 가지 요인에 의해 영향을 받으므로 정부의제로 성립되는 것이 매우 어렵고, 무엇보다도 상당한 시간이 소모되므로 사회문제는 결정기회를 만나지 못하고 혼자서 흘러가는 것이다.

② 해결책의 흐름　　사회문제가 심각해지면 정책의제화 되기 전에 정책공동체(policy community)에서 여러 가지 정책대안이 마련되고 이에 대한 비교 · 평가가 이루어진다(Kingdon, 2003). 즉, 전문가들은 문제에 대비한 해결책을 준비한 후 문제가 정책의제화 되어 정책결정의 기회가 올 때까지 기다리는데 그 동안 해결책은 혼자 흘러간다.

③ 참여자의 흐름　　문제가 제기되어 정책결정의 기회가 오면 참여할 정책결정자들은 정책의제화 되기 전까지는 문제에 대해서 모르고 있거나 정책결정의 순간까지 해결책을 모르고 있는 경우가 많다. 참여자, 문제 및 해결책이 각각 독자적으로 움직이는 것이다.

④ 의사결정 기회의 흐름　　정부의 정책을 결정하는 기회는 무수히 많은데 대통령이나 장관이 결재를 하거나 국무회의를 개최하는 것 등이 이에 해당한

다. 그러나 기회가 있어도 사회문제가 정책의제화되지 않았거나 또는 해결책으로서 정책대안이 마련되어 있지 않으면 문제해결을 위한 결정을 하지 못한다.

4 의사결정의 방식

1) 조직화된 무정부상태에서 의사결정이 이루어지는 경우

의사결정이 이루어지려면 위에서 본 네 가지 흐름이 합쳐져야 한다. 즉, 네 가지 요소가 모두 있어야만 의사결정은 이루어진다. 쓰레기통모형이 전제하는 조직화된 무정부상태에서는 다음과 같이 우연히 발생하는 두 가지 계기가 있을 때 위의 네 가지 요소가 결합되는데, 이 계기를 '점화계기'(triggering event)라 한다. 첫째, 문제를 크게 부각시키는 극적 사건이다. 둘째, 정치적 사건으로 정권변동이 국가적 분위기·정치이념의 변화를 가져오는 경우가 있다.[9)]

극적 사건이나 정치적 사건의 발생은 어떤 정책결정자의 의지나 희망과는 별개로 발생하는 사건들이다. 그러나 합리모형은 네 가지 요소가 등장하는 즉시 사건의 발생을 기다리지 않고 정책결정이 이루어진다는 점을 간접적으로 가정하고 있다. 더욱 극단적으로 보면, 문제가 있고 해결책이 있으면 정책결정자는 즉시 결정기회를 만들고 참여자를 소집하여 결정을 할 것이다. 즉, 문제와 해결책이라는 두 가지 흐름만 있으면 결정이 이루어질 수 있다. 이런 경우는 최고 의사결정자가 집단 전체를 완전히 통제할 수 있는 경우(앞으로 보게 될 Allison의 모형 I의 경우)에나 볼 수 있는 것이다. 그러나 응집성이 약한 조직화된 무정부상태에서는 네 가지 흐름이 나타나 있어도 점화계기가 있어야만 결정이 이루어진다.

2) 의사결정의 방식

합리모형은 문제의 해결(resolution)이 의사결정을 통해서 이루어지는 것으로 가정하고, 회사모형은 하위집단의 연합에 의한 갈등의 준해결(quasiresolution)을 대표적인 의사결정방식으로 지적하고 있다. 쓰레기통모형에서는 조직화

9) 미국내 보수주의와 더불어 Reagan정권이 등장하자 조세문제가 정책의제화되고 조세삭감 결정이 있게 된 경우가 이에 해당한다.

된 무정부상태에서 대표적으로 다음 두 가지 의사결정방식이 나타난다.

첫째, 진빼기 결정(choice by flight)이다. 해결해야 할 주된 문제와 함께 이와 관련된 다른 문제들이 있어서 결정이 이루어지지 않을 때, 관련된 문제들이 스스로 다른 의사결정기회를 찾아서 떠날(flight) 때까지 기다리는 것이다. 예를 들어, 교육과학기술부 예산을 심의하면서 초등학교 교과서에 통일에 관한 내용이 부족하다는 이유로 예산통과를 반대하는 국회의원이 있을 때, 통일부의 예산심의에서 이 문제를 거론하기로 하고 교육과학기술부 예산을 통과시키는 경우가 이에 해당한다. 관련된 문제의 주장자들이 자신의 주장을 되풀이하다가 힘이 빠져 다른 기회를 찾을 때에 의사결정을 하는 것이다. 둘째, 날치기 통과(choice by oversight)이다. 관련된 다른 문제들이 제기되기 전에 재빨리 의사결정을 하는 것을 말한다. 예를 들면, 다른 문제의 해결도 동시에 주장할 것이라고 예상되는 참여자가 있을 경우 이 사람이 참여하지 않을 때(출장을 가는 등) 결정을 해 버리는 것이다.

이상과 같은 두 가지 유형의 결정은 쓰레기통과 같은 조직화된 무정부상태에서 일어난다. 앞의 전제조건에서 보았던 내용 중에서 극단적인 경우를 생각하면 쉽게 이해할 수 있다. 문제가 있고 그 문제의 해결책을 가지고 있는 참여자가 있는가 하면, 무엇이 좋은 해결책인지 모르는 참여자도 있는 상태에서 참여자간에 상하관계가 없이 대등한 입장에서 회의를 하는 경우이다. 위의 두 가지 유형의 의사결정을 두드러지게 언급하고 있는 쓰레기통모형은 사회 내의 신념체계・가치체계가 바뀌거나 정치체제가 바뀌는 등의 혼란상태 또는 변동 상황에서의 의사결정 행태를 설명하는 데 큰 도움을 준다.

제6절 Allison 모형

1 의 의

집단적 의사결정을 성질별로 분류하여 국가의 정책결정에 적용한 모형 중 가장 널리 알려진 것이 Allison 모형이다(Allison, 1969; 1971). 그는 이 모형을 이용하여 1960년대 초 쿠바에 소련 미사일을 도입하려고 했을 때 미사일이 운반되지 못하도록 미국이 해상봉쇄라는 대안을 채택한 이유를 설명하였다. Allison은 정부의 정책결정과정을 설명하기 위해 세 가지 상호배타적인 모형으로서 합리적 행위자모형(Model Ⅰ), 조직과정모형(Model Ⅱ), 관료정치모형(Model Ⅲ)을 제시하였다. 과거부터 논의되었던 집단적 의사결정에 관한 의사결정이론이나 모형들을 크게 합리모형과 조직모형으로 양분하고, 비교적 소홀하게 취급되던 정치적 결정을 세 번째 모형으로 보완하였다.

이들을 구별하는 중요한 기준의 하나가 정책결정에 참여 또는 관여하는 자들의 응집성이다. 좀 더 구체적으로 보면 국가의 정책을 결정하는 정부에 대한 가정을 각각 달리 하고 있는데, Model Ⅰ은 정부를 잘 조정된 유기체로 간주하고, Model Ⅱ는 정부를 준독립적인 하위조직들이 느슨하게 연결되어 있는 집합체로 간주하며, Model Ⅲ는 서로 독립적인 정치적 참여자들의 집합체로 간주한다. 이처럼 정부에 대한 가정과 기타 요인이 결합되어 세 가지 모형은 서로 다른 속성을 갖게 된다. 즉, 정부의 정책결정이 지닌 서로 다른 측면을 설명하는 것이다.

Allison 모형의 개별 모델의 주요내용을 살펴보기 전에, 본 절에서 논의되고 있는 집단적 의사결정모형에 대해서 종합적으로 살펴보도록 하겠다. 앞서 살펴본 회사모형, 쓰레기통 모형, 그리고 여기서 논의하고 있는 Model Ⅰ, Ⅱ, Ⅲ은 모두 대표적인 집단적 의사결정모형이다. 집단적 의사결정은 여러 개인이 참여하여 이루어지는 의사결정을 말한다. 회의에서 결정하는 경우와 같이 참여자 개개인들이 각각 대등한 결정권을 가지는 경우도 있고, 행정조직에서의 결정과 같이 최하급자가 기안하여 사무관·과장·국장들이 각각 승인한 후 장관이 최종 결재하는 경우처럼 참여자들이 서로 다른 권한을 지니고 참여하는 경우도 있다. 일반적으로 정책결정이나 정책집행에서 이루어지는 의사결정은 이러한 집단적 의사결정의 형태를 취한다. 그런데 이러한 집단적인 의사결정을 대상으로 하는 여러 모형들이 가정하고 있는 집단의 특성은 같은 것이 아니라 모형별로 다소 차이가 난다. 즉 모형들은 집단의 각각 다른 측면의 경우를 설명하고자 하는 것이다.

집단의 여러 특성 중에서도 여기에서는 주로 집단의 구조와 응집성을 기준으로 집단적 의사결정론을 검토하기로 한다. 논의의 초점은 이들 특성이 의사결정의 합리성에 어떠한 영향력을 미치는지에 있다. 집단의 구조와 응집성에 따라 집단적 의사결정론을 개략적으로 구분하면 다음의 <그림 6-1>과 같다.

〈그림 6-1〉 집단특성과 의사결정모형

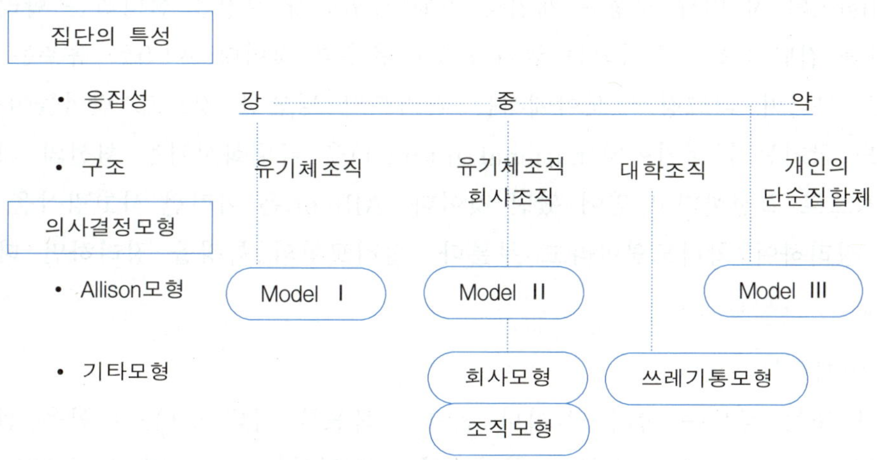

집단을 응집성에 따라 구분하면 응집성이 아주 강한 경우와 전혀 없는 경우의 양극단과 그 중간에 속하는 경우를 생각할 수 있다. 극단적으로 응집성이 강한 경우는 의사결정에 참여하는 모든 개인들이 일심동체가 되는 경우이다.[10] 극단적으로 응집성이 약한 경우는 의사결정에 참여하는 개개인들이 모래알과 같이 독자적으로 움직이는 경우이다. Allison의 Model I(합리모형)은 극단적으로 응집성이 강한 경우이고, 쓰레기통 모형이나 Allison의 Model Ⅲ(관료정치모형)은 극단적으로 응집성이 약한 경우에 가깝다. 한편 Allison의 Model Ⅱ(조직과정모형)와 회사모형(Firm Model)은 그 중간에 해당된다.

10) 이를 달리 표현하면 모든 조직구성원들이 동일한 선호함수를 가졌다고 가정한다고 할 수도 있고, 아니면 조직을 하나의 유기체로 가정한다고 할 수도 있다.

2 주요내용 및 비교

1) 합리모형(Model Ⅰ)

Allison의 첫 번째 모형은 개인적 차원의 합리적 결정을 설명하는 합리모형의 논리를 집단적으로 결정되는 국가정책에 유추한 것이다. 이러한 유추는 새로운 것은 아니며 외교정책 분야에서는 과거부터 당연한 것으로 받아들여졌다. 즉, 어느 국가든지 국가이익(national interest)을 극대화시키는 최선의 대안을 외교정책으로 결정한다고 믿어 왔던 것이다. Allison은 이러한 사고방식을 체계적으로 정리하여 합리모형이라고 부른다. 합리모형의 특징을 정리하면 다음과 같다.

(1) 정책결정의 주체

국가 또는 정부는 국가목적이나 전략적 목표를 극대화하는 대안을 선택한다. 그러므로 국가 또는 정부는 합리적이고 단일적(unitary)인 유기체와 같은 결정자이며, 일관된 선호와 목표, 그리고 평가기준을 지니고 있다. 이러한 상황에서 정책을 결정한다면 국가전체의 이익을 위하여 개인의 이익을 전혀 고려하지 않을 것이다. 정책결정에서 극대화해야 할 목표는 오로지 국가목표이고, 이 목표를 모든 참여자가 공유하게 될 것이다. 그러므로 개개인의 이해관계가 충돌되는 일도 없다.

(2) 합리적 결정

합리적이고 단일적인 유기체와 같은 정부는 정책을 합리적으로 결정하기 위해서 최선을 다해 노력하며, 정부의 능력 또한 합리적인 결정을 하기에 충분하다고 가정한다. 이러한 가정 하에서 정책이 합리적으로 결정되면 국가 전체적으로 상호 모순되거나 충돌하는 정책들도 있을 수 없으며 장기적으로 보아도 정책의 일관성이 유지된다.

(3) 적용가능 분야

이상과 같은 의사결정이나 정책결정은 현실적으로 존재하기 어렵다. 즉, 집단적 의사결정이 합리적으로 이루어지는 경우는 드물다. 그러나 외교정책이나 국방정책에 대해서는 합리모형에 의한 설명이 보다 설득력이 있을 때가 많다. 국가전체의 운명에 관계되는 치명적인 문제에 대해서는 정부 전체가 위에서 말한 것과 같이 움직여 합리적인 정책결정에 보다 더 가까울 때가 많기 때문이다. 그렇지만 전체적으로 보아 이 모형이 널리 적용된다고 보기는 힘들다.

2) 조직과정모형(Model II)

Simon, March, Cyert 등의 조직모형과 회사모형의 논리와 개념들을 그대로 이용하여 모형을 구성하였으므로 앞에서 본 회사모형에서 자세히 취급한 것은 생략하기로 한다.

(1) 정책결정의 주체

국가 또는 정부는 Model I 에서와 같은 단일적 결정주체가 아니라 준독립적인 하위조직들이 느슨하게 연결된 집합체이다. 정부지도자는 이러한 집합체의 정점에 자리잡고 있지만 정책은 하위조직들의 내부절차에 의하여 결정되는 조직의 산물이다. 예컨대, 수평적으로 보면 행정부는 여러 부처로 나누어져 있으며 각 부처는 서로 독립적이다. 각 부처의 업무가 서로 달라 관여하지 않기 때문이다. 한편 수직적으로 보면 하위조직이라도 대통령, 수상과 같은 상급자에 완전히 종속되는 것이 아니라 준독립성을 갖고 있다. 하위조직이 그 분야에 관해서 지식·정보를 가짐으로써 전문적 권위(또는 기능적 권위, functional authority)를 가지기 때문이다.

(2) 합리성의 제약

정부가 준독립적인 하위조직들로 구성되어 있기 때문에 하위조직들은 각각 상이한 목표들을 지니고 정책결정에 임하게 된다. 외교적 분쟁이 발생했을 때 외교부는 문제의 평화적 해결을 목표로 생각하고, 국방부는 힘에 의한 해결을 목표로 생각하여 정책문제에 대처하려고 하는 것과 같다. 정책결정에 참여하는 하위조직의 구성원들은 국가적 목표보다 하위조직의 목표를 달성하려고 한다. 자신들의 부서에서 추구하는 하위목표가 전체목표를 가장 잘 달성한다고 믿기 때문이다.

서로 다른 목표들을 지닌 하위조직들이 참여하여 정책을 결정하면 이들 간의 갈등은 불가피하다. 많은 경우에는 주관 하위조직의 주장대로 정책이 결정되고 다른 하위조직들은 관할권을 존중하려고 노력한다. 그러나 이해관계가 크게 영향을 받는 경우에는 상호타협이 불가피하다. 타협에 의해 표면상으로는 갈등이 해결된 듯 보이지만 어느 하위조직의 입장에서 보더라도 완전한 해결은 아니며 준해결(quasi-resolution)의 상태에 머물러 있다.

(3) 표준운영절차(SOP: Standard Operating Procedures)에 의한 의사결정

조직전체의 의사결정은 하위조직들의 목표에 의해서 크게 영향을 받는 동시에 그들의 의사결정 방법에 의해서도 크게 영향을 받는다. 하위조직은 전체 조직과 마찬가지로 불확실성을 회피하려고 노력하며 의사결정에 적용될 규칙들을 습득한다. 이미 자세히 보았듯이 조직은 학습을 통하여 각 종 SOP와 프로그램(정책대안들)을 만들어 프로그램목록(program repertory)에 저장하여 보관한다. 극단적으로 보면 정부 전체의 결정은 하위조직체의 상례화(routinized)된 절차(SOP)에 따라서 이루어진다. 이 때 하위조직들은 정해진 절차(SOP)에 따라 프로그램목록에서 문제에 상응하는 정책대안을 찾아내는데, 이것이 의사결정인 것이다.

3) 관료정치모형(Model Ⅲ)

정부의 정책결정을 참여자들 간의 타협과 흥정에 의하여 이루어지는 정치적 활동으로 보는 것이 관료정치모형이다.

(1) 정책결정의 주체

국가정책을 결정하는 주체는 단일주체로서의 정부(합리모형)나 하위조직으로서의 부처들의 연합체(조직모형)가 아니라 참여자들 개개인이라고 본다. 그러므로 정책은 단일주체로서의 정부 혹은 하위조직들의 연합체인 전체가 채택한 해결책이라기보다는 개개 참여자들 간의 타협과 흥정에 의한 정치적 결과(political resultant)이다. 쿠바 미사일 사건도 대통령을 포함한 각료들과 고위정책결정자들이 상이한 목표를 지니고 서로 정치적 게임(political game)을 한 결과로서 정책이 결정되었다고 본다. 여기에서는 대통령도 하나의 참여자에 불과하다.

(2) 정치적 결정

구성원들 사이에 응집성이 약한 집단이 하나의 문제를 놓고 의사결정을 할 때는 구성원들 각자가 달성하고자 하는 목표가 각각 다르게 된다. 집단의 목표, 자신이 속한 하위집단의 목표, 개인의 목표가 혼재된 상태에 있기 때문에 의사결정에 참여하는 구성원들 간 목표의 공유도는 현저히 낮다. 그러므로 개개인은 자신이 지닌 정치적 자원을 이용하여 정치적 게임규칙에 따라 목표달성을 위해서 노력하게 된다.

이상에서 논의된 세 가지 모형을 중요한 요소별로 종합하여 비교하면 <표 6-2>와 같다.

〔표 6-2〕 Allison의 세 가지 모형의 종합・비교

	합리모형(Ⅰ)	조직과정모형(Ⅱ)	관료정치모형(Ⅲ)
조직관	조정과 통제가 잘된 유기체	느슨하게 연결된 하위조직들의 연합체	독립적인 개인적 행위자들의 집합체
권력의 소재	조직의 두뇌와 같은 최고지도자가 보유	준독립적인 하위조직들이 분산소유	개인적 행위자들의 정치적 자원에 의존
행위자의 목표	조직 전체의 목표	조직전체의 목표 +하위조직들의 목표	조직전체의 목표 +하위조직들의 목표 +개별 행위자들의 목표
목표의 공유도	매우 강함.	약함.	매우 약함.
정책결정의 양태	최고지도자가 명령, 지시	SOP에 대한 프로그램 목록에서 대안 추출	정치적 게임의 규칙에 따라 타협, 흥정, 지배
정책결정의 일관성	매우 강함. (항상 일관성 유지)	약함. (자주 바뀜)	매우 약함. (거의 일치하지 않음)

3 실제의 결정과 모형의 적용

Behind Story 6-3 쿠바 핵미사일 도입사건의 경과

카스트로가 체 게바라의 도움을 받아 바티스타 정권을 타도하고 쿠바혁명을 성공시킨 것이 1959년도인데, 혁명정부는 농민에 대한 농지의 무상배분, 미국계 기업의 자산 국유화 등으로 미국과의 갈등이 심해졌다. 더욱이 1961년도 4월에 사회주의 국가임을 공식 선언하면서 소련과 급속도로 가까워지자, 미국

의 CIA가 주도하고 쿠바 망명자 1500명이 중심이 되어 카스트로정권을 축출하기 위한 침공을 하였다. 그러나 이 침공은 Pig만에서 상륙하다가 실패하고, 미국과 쿠바의 관계가 극도로 악화되었다.

이에 심한 불안을 느낀 카스트로는 소련과 손을 잡고 쿠바에 핵미사일 기지를 만들고 핵미사일을 도입하려고 하였다. 1962년 10월에 이 사실이 알려지면서 미국 정부는 초긴장 상태에 빠졌다. 쿠바는 지리적으로 미국의 심장부인 워싱톤 뉴욕 필라델피아 등의 바로 코밑에 위치하고 있으므로, 만약 소련의 핵미사일이 도입되면, 미국은 소련의 손아귀에 완전히 잡히는 상태가 된다. 미국역사 이래 이렇게 심각한 국방상의 위기는 없었다. 그러므로 케네디 행정부는 극도의 위기감과 긴장 속에 해결책을 찾아야 했다.

더욱이 최대한 빨리 결정을 해야 했다. 결국 2 주 만에 결정을 하였는데, 미사일을 적재한 소련의 함정이 쿠바에 입항하지 못하게 쿠바 전체의 해안을 공해 상에서 봉쇄하는 해결책을 채택하였다

원래 해결책으로서 세 가지를 심각하게 검토하였다. 외교를 담당한 국무성에서는 미국과 소련의 긴급 정상회담 등 외교적 해결책을 주장하였는데 비슷한 상황에서 과거에 채택하던 해결책을 프로그램 목록에서 끌어 낸 것이다. 그러나 이 해결책은 케네디 대통령이 반대하여 폐기되었다. 외교적 해결은 소련을 설득하여 자진하여 미사일 도입을 포기시키는 방법인데, 소련은 잃을 것이 없는 게임이라, 결국 미국 대통령이 소련의 수상에게 애걸하면서 매달리는 해결책이었던 것이다. 더구나 이 사건은 당시 소련의 수상인 60대의 노련한 후르시쵸프가 대통령이 된지 얼마 안 된 40대 중반의 햇병아리 국제정치지도자인 케네디에게 골탕을 먹여서 선처를 빌도록 만들고, 앞으로 동서냉전에서 주도권을 장악하려는 의도가 있다고 판단했기 때문이다. 이러한 측면 때문에 케네디 대통령의 입장에서 보면, 자신의 국제적 위상은 물론이고 미국과 미국민의 자존심이 걸리게 되어 국내정치에서의 리더십에도 엄청난 타격을 입힐 수 있는 외교적 수단은 채택할 수가 없었던 것이다.

또 다른 해결책은 공군이 제시한 폭격으로 미사일이 도입된 후에 미사일 기지를 파괴하는 방법이었다. 물론 공군에서는 족집게식 타격(surgical airstrike)으로 미사일 기지만 정확하게 파괴할 수 있다고 주장하였다. 과거에도 흔히 해 보았던 해결책이기 때문이다. 이 방법은 쿠바에게 엄청난 타격을 주어 앞으로 이런 일을 벌이지 못하게 하는 예방책도 될 수 있고, 소련의 후르시초프에게 케네디 대통령은 필요하면 핵전쟁을 각오할 정도로 과단성이 있다는 점을 보여, 절대로 만만한 상대가 아님을 확실히 알려주고, 미국 국민들에게도

대통령이 중대한 국가위기에서는 과감하고 용기가 있음을 보일 수 있는 장점이 있다. 그러나 이 방법은 핵미사일이 폭파되면서 엄청난 피해가 발생할 것이 틀림없고, 자칫 화가 난 소련이 반격을 시도하면 핵전쟁과 3차 대전으로 갈 가능성이 컸기 때문에 폐기되었다. 사실 이때 핵전쟁의 가능성 때문에 세계 모든 나라가 극도의 불안 속에서 워싱턴의 결정에 신경을 곤두세우며 지켜보고 있었다. 그래서 소련의 핵미사일을 실은 함정이 쿠바에 들어오지 못하도록 해안봉쇄를 하는 결정을 한 것이다.

위의 Behind Story에서 보듯이 쿠바가 미국의 핵심부를 쉽게 공격할 수 있는 핵미사일을 소련으로부터 도입하려고 하였고, 케네디를 비롯한 미국의 최고정책결정자들이 모여서 여러 가지 대안을 논의한 끝에 미사일을 실은 배가 쿠바로 들어오지 못하도록 해안봉쇄(blockade)를 결정한 것이다. Allison은 미국이 해안봉쇄를 하기로 결정한 것이 세 가지 모형의 어느 것에 해당되는지를 설명하려고 시도했다. 세 가지 모형은 기존의 집단적 의사결정에 대한 이론과 모형들을 종합·정리하였기 때문에 모두를 사례에 맞추어 설명하는 것은 너무나 방대하므로, 각 모형이 두드러지게 적용되는 부분을 중심으로 중요한 포인트만 간단하게 보기로 한다.

첫째, 어느 한 모형이 전체적인 측면을 다 설명하기 보다는 세 가지 모형이 다 적용되어야 결정과정을 보다 정확하게 설명할 수 있었다. 현실의 국가정책의 결정은 세 가지 측면이 모두 섞여있는 복잡한 결정인데, 이것이 바로 Allison이 강조하고자 했던 것이다.

원래 정책대안으로 세 가지가 뚜렷하게 제안되었는데, 첫째는 미소 정상 간의 긴급회담을 포함한 외교적 해결책이다. 이는 당연히 외교담당인 국무성이 주장한 것인데, 자기들의 프로그램목록에서 꺼내 온 것이다. 둘째, 미사일이 도입된 후에 공군에서 주장한 족집게식 폭격으로 파괴하자는 안이다. 물론 이것도 공군들이 옛날부터 사용해 오던 방식 중의 하나이다. 그리고 셋째는 해군성에서 주장한 해안봉쇄였다. 여기서 알 수 있듯이 국가적 차원의 해결책도 결국 국무성, 공군성, 해군성 등의 하위조직의 프로그램목록에서 찾아낸다. 바로 조직과정모형의 주장 대로이다.

외교적 해결책은 <Behind Story 6-3>에서 보듯이 후르시초프의 처분에 케네디 대통령이 애걸복걸하면서 선처를 호소해야 하는 해결책이다. 그래서 케네디 대통령의 국제적 위상과 국내에서의 리더십에 심각한 타격을 주기 때문에 폐기된 것이다. 물론 케네디 대통령의 동생인 로버트 케네디 법무장관의 주도로 결정된 것인데, 대통령의 개인적 입장을 고려하여 세 번째 정치모형의 특징이 두드러지게 나타난다.

그런데, 공군성에서 주장한 족집게식 폭격이 채택되지 않고 해안봉쇄를 채택한 것은 비교적 합리모형적 성격이 강한 것으로 Allison은 판단하였다. 족집게식 폭격은 <Behind Story 6-3>에서 언급한 바와 같이 소련과 쿠바에게 미국과 미국의 젊은 대통령을 만만히 보지 못하게 하고, 미국 국민들에게도 든든한 지도자라는 이미지를 줄 수 있는 장점이 있는 대안이기는 하지만, 자칫하면 핵전쟁을 유발하여 엄청난 재난을 초래할 수 있기 때문에 포기 한 것이다. 그리고 해안봉쇄는 미사일 설치를 못하게 하는 군사적 해결책이면서도 핵전쟁의 위험이 없는 비교적 합리적인 결정인 것이었다. 해안봉쇄결정을 하면서 소련의 요구를 받아드려 터-키에 설치했던 미국 핵미사일(소련을 겨냥한)을 철수시켜서 외교적 해결책도 병행하였는데, 이것 역시 합리적인 측면이었다.

이상과 같이 중요한 정책의 결정에는 합리모형으로 설명되는 합리적인 요소, 조직모형으로 설명되는 요소, 정치모형으로 설명되는 요소들이 혼재되어 있다. Allison은 먼저 합리모형으로 설명해 보고, 합리모형으로 설명할 수 없는 상당한 부분을 조직과정모형으로 설명할 수 있었으며, 조직과정모형으로도 설명이 되지 않는 부분은 정치모형으로 설명했던 것이다.

둘째, 조직계층의 측면에서 보면 Allison 모형의 세 가지는 각각 적용 계층이 다르다. <그림 6-2>에서 보듯이 조직체에는 의사결정권의 중심적 내용이 되는 공식적 권위(formal authority)와 기능적 권위(functional authority) 또는 전문적 권위가 있는데, 공식적 권위는 상위계층으로 올라갈수록 강하고 의사결정상의 적용범위도 넓어진다. 이에 반하여 전문적 지식과 경험에 의한 기능적 권위는 위로 올라갈수록 약해지고 의사결정에서의 적용범위도 좁아진다.

그래서 Allison의 세 가지 모형 중에서 관료정치모형은 공식적 권위가 강하게 적용되는 조직의 상위계층에 적용가능성이 높고(케네디 대통령의 개인적 입장이 고려되고), 기능적 권위와 SOP가 특징인 조직과정모형은 조직의 하위계층에 적용 가능성이 높다(과거의 경험으로 축적한 전문적인 지식과 정보를 프로그램과

SOP로 보관하여 사용). 그리고 합리모형은 <그림 6-2>에서 빗금 친 부분에 적용 가능하다. 다시 말해, 조직계층에 따라 큰 차이가 없다.

〈그림 6-2〉 Allison 모형의 적용 계층

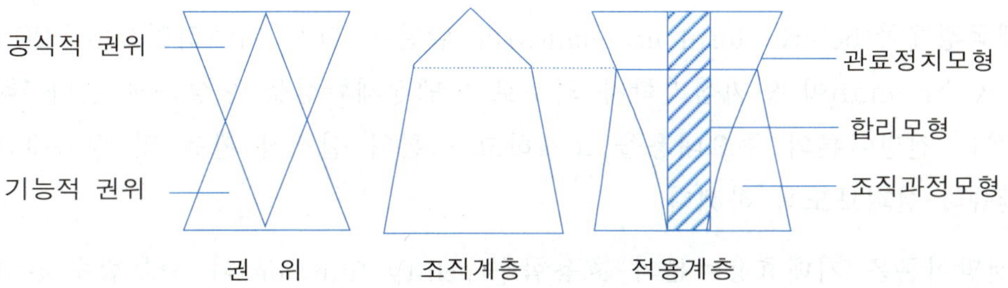

셋째, Allison의 모형은 원래 쿠바 미사일 사건과 같은 국제정치적 사건과 위기적 사건에 대응하는 정책결정을 설명하기 위한 모형으로 고안되었으나, 일반정책의 경우에도 적용가능하고 또 한국의 경우에도 적용가능하다. 우리나라의 정책결정은 1980년대 중반까지 대통령의 영향력이 지나치게 압도적이어서 미국에서는 쉽게 적용되는 Allison 모형의 설명력이 상당히 약했으나, 1980년대 중반 이후부터 진행된 민주화의 결과 그 적용가능성은 점차 높아지고 있다.

제 7 절 전망이론

1 전망이론의 주요내용

불확실한 상황에서 의사결정에 관한 기존의 일반이론은 합리모형을 토대로 하는 기대효용이론(expected utility theory)이다. 합리적인 사람이라면 여러 대안들 중에서 기대효용이 가장 큰 대안을 선택하여야 하며, 대부분의 경우에 실제로 그렇게 행동할 것이라고 간주되어 왔다. 예를 들면 효과성이나 능률성이 가장 큰 대안을 선택할 것이라고 생각하는 것이다. 그런데 불확실한 상황에서 일반인들의 선택행위를 살펴보면, 기대효용이론(합리모형)이 예측하거나 기대하는 결과와 상이한 행태를 보일 경우가 많다. 이러한 현상에 착안하여 Kahneman(카네만)과 Tversky(터브스키)는 불확실성 하에서의 인간의 의사결정과정을 설명하는 전망이론(Prospect Theory)을 주창하였다.[11] 그들의 이러한 노력은 행동경제학(behav- ioral economics)의 발전에 크게 기여하였으며, 2002년도에 Kahneman이 인지심리학자 최초로 노벨경제학상을 수상하게 된다.[12] 이하에서는 전망이론의 주요내용을 소개하고 이론의 실제적 활용 및 평가에 대해서 간략히 살펴보도록 하겠다.

전망이론은 기대효용이론의 효용함수(utility function)와 확률함수(p) 대신 가치함수(value function)와 결정가중치함수(π: weighting function)를 중심으로 논의를 전개한다. 기본적으로 전망이론은 기대효용 이론과 달리 불확실성 상황에서 사람들의 합리적 선택을 기대하기 어렵다고 주장한다. <그림 6-3>은 전망이론의 가치함수를 나타내는데, 가치함수에 대해서는 다음과 같은 네 가지 점을 강조한다.

첫째, 기대효용이론에서는 결과의 절대적인 크기가 효용을 결정하는 척도가 되나, 전망이론에서는 불확실한 대안(전망이론에서는 전망이라는 용어를 사용하나, 대안이라는 용어가 더 친숙하다면 대안이라는 용어를 사용하여도 무방하다)들의 결과를 일정한 준거점(기준점, reference point)을 기준으로 이득(+)과 손실(-)의 영역으로 나눈다. 즉 특정한 대안의 결과에 대한 평가에 있어서 결과의 절대치가 아니라 그 결과가 자신이 마음속으로 갖고 있는 준거점에 비하여 이득인지 손실인지가 더 중요하다는 점이다. S자 모양의 효용곡선에서 볼 수 있는 것처럼 여기에서 효용은 '준거점' 을 기반으로 하므로, 이득이나 손실의 수준이 똑같더라도 어떤 준거점에서 측정하는가에 따라 느끼는 효용은 다르다는 것을 의미한다. 예를 들어, 어떤 사람이 주식투자에 많은 시간과 노력을 투입하여 적어도 30만원은 벌어야 본전이라고 생각하는데 현재 20만원을 벌고 있다면 그는 현재 10만원 손실이라고 생각한다는 것이다. 준거점에 비추어 이득인지 손실인지와 준거점으로부터 얼마나 차이가 큰 것인지의 두 가지가 대안의 가치를 정하는 척도가

11) Kahneman and Tversky(1979)

12) A. Tversky는 1996년도에 피부암으로 사망하여 노벨경제학상을 함께 수상하지 못하였다.

된다는 것이다.

〈그림 6-3〉 가치함수

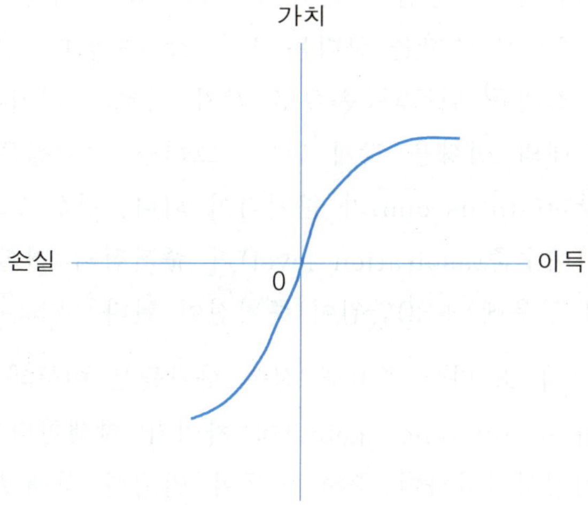

둘째, 기대효용이론에서는 효용함수가 항상 위험기피적인 성향(risk averse, concave function)을 갖는다고 가정하나, 전망이론에서의 가치함수는 이득의 영역에서는 기대효용이론과 같이 위험기피적이나, 손실의 영역에서는 위험선호적(risk seeking, convex function)이라고 가정한다. 즉 전망이론에서는 위험에 대한 성향이 상황에 따라 달리진다는 것을 강조한다. 이익을 볼 때는 안전한 선택을 하고 손해를 볼 때는 과감한 선택을 하는 것으로 보는데, 이와 같은 상반된 태도는 도박장에서의 일반인의 행태를 연상하면 쉽게 이해할 수 있다. 자신이 도박에서 따고 있을 때에는 보수적, 즉 위험기피적인 행태를 보여 딴 자금을 지키려고 한다. 그러나 큰 손실을 보고 있을 때에는 본전을 건지기 위하여 과감하게 판돈을 거는 것과 같은 매우 위험선호적인 행태를 보인다.

셋째, 전망이론의 가치함수에서 또 다른 중요한 가정은 준거점 근처에서 함수의 기울기가 비대칭적이라는 점이다. 위의 그림에 나타난 바와 같이, 이득의 영역에 비하여 손실의 영역에서 기울기가 훨씬 더 가파르며, 따라서 같은 크기의 이득과 손실을 같게 평가하는 것이 아니라 손실에 훨씬 더 비대칭적으로 민감하게 작용한다는 의미이다. 사람의 심리 저변에 손실기피(loss aversion) 성향이 뿌리 깊게 자리하고 있기 때문이다. 예컨대, 100만 원 횡재로부터 얻는 즐거움보다 100만 원 분실이 사람들에게 유발하는 고통의 크기가 훨씬 더 크다는 것이다.

넷째, 전망이론의 세부내용을 자세히 들여다보면 준거점(reference point)이 이론구성에서 매우 중요한 역할을 한다는 점을 알 수 있다. 준거점이 어떻게 결정되는지에 따라서 결과를 이득과 손실로 각기 다르게 평가하게 되고, 따라서 위험에 대하여 정반대의 성향을 갖게 되다. 그러면 준거점은 어떻게 결정되는가? 대개는 현재 상태(status quo)가 준거점이 되나, 항상 그러한 것은 아니다. 경우에 따라서는 기대수준(aspiration level)이 준거점의 역할을 한다. 앞서 예를 든 주식투자자의 경우에 +30만원이 준거점이 된다.

준거점과 관련하여 또 다른 중요한 점은 사람들은 이득과 손실이 발생할 때 준거점의 전환(shift of reference point)에 차이가 발생한다는 점이다. 이득에 대해서는 그것을 기정사실화하여 즉시 이득이 발생한 상태로 준거점을 이동하나, 손실에 대해서는 그것을 받아들이지 못하고 계속 과거의 준거점을 고집하게 된다는 점이다. 주식투자에서 이익을 볼 때는 일정한 이익 수준을 준거점으로 쉽게 설정하지만, 손해를 볼 때는 현재의 손해상태를 준거점으로 설정하지 못하고 일정 이익 수준을 얻거나 손해가 상대적으로 적었던 과거의 상태를 준거점으로 계속 집착하는 경우이다.

다음으로 전망이론의 결정가중치함수(weighting function)를 살펴보도록 하자. 전망이론에서도 기대효용이론과 같이 특정 대안이 가져다주는 가치와 실현될 확률을 곱해서 가장 높은 가치를 주는 대안을 선택한다. 하지만 전망이론에 따르면, 개인들은 각각의 대안이 실현될 객관적인 확률보다는 경험, 감정 등에 좌우되어 주관적으로 인식한 결정가중치(decision weight)에 따라 어림짐작의 주먹구구식 의사결정을 한다는 것이다. 이 결정가중치는 의사결정자들이 그 대안을 얼마나 바람직하다고 주관적으로 인식하는지에 따라 좌우된다. 이는 기본적으로 사람은 위험(확률)을 제대로 평가하지 못하기 때문에 발생하는 현상이다. 이로 인해 로또 당첨이나 비행기 사고와 같이 발생할 확률이 매우 낮은 사건에 대해 주관적으로 과대평가하여 높은 가중치를 부여하는 경우가 종종 있다. 사람들에게 비행기의 추락 가능성이 통계적으로 극히 낮다고 아무리 설명해도 불안감을 해소시킬 수 없고, 로또 당첨 확률이 매우 낮다고 알려 줘도 소용이 없는 것이다. 결국 이런 사람들은 비행기를 타지 않거나, 복권판매소를 그냥 지나치지 못하는 결정을 하게 된다. 정부정책에서도 객관적인 자료나 통계를 기반으로 하는 것이 아니라 정책결정자의 주관적 인식(또는 주관적 가중치)에 근거하여 결정되는 경우가 꽤 있다. 탈원전정책을 의제화하면서 원전안전성에 대한 객관적인 자료보다는 원전의 위험성에 대한 주관적 인식에 의존하는 것이 한 예이다.

2 전망이론의 적용과 평가

지금까지 전망이론의 주요내용을 살펴보았다. 기대효용이론과 전망이론의 가장 큰 차이는 기대효용이론은 불확실한 선택상황에서 최적의 결정이 무엇인지를 알려주는 이론인 반면에, 전망이론은 일반인들의 일상생활에서의 실제의 의사결정과정을 보다 잘 설명해주는 이론이라는 점이다. 기대효용이론에 어긋나는 우리의 일상의 결정을 불합리하다고 무시하지 않고 보다 체계적으로 설명하고 예측하게 되었다는 점에서 전망이론은 매우 큰 의의를 갖는다.

실제로 전망이론은 그동안 거의 모든 사회과학 영역에 괄목할만한 영향을 주었다. 정치학, 행정학, 경영학 등에 큰 영향을 주었으며, 특히 국제정치학의 이론발전에 큰 기여를 하였다고 평가된다. 예를 들어 McDermott(2001)는 1980년 4월에 발생한 미국 이란대사관 인질 구출 실패사건의 원인을 전망이론을 이용하여 명쾌하게 설명하였다. 1979년 이란혁명 당시 과격파들이 테헤란의 미국대사관을 습격하여 52명의 인질을 억류하였다. 인질 억류기간이 장기화되자 Carter대통령은 특수부대를 테헤란에 보내 인질을 구출하려는 야심찬 시도를 하나 결국 그 구출작전은 대참사로 끝나고 만다. 당시 Carter의 결정은 평소 도덕정치를 내세운 그의 정치이념이나 구출작전이 갖는 높은 군사적 위험성에 비추어 매우 이해하기 힘든 것이었다. 왜 Carter대통령은 그러한 무모한 결정을 하게 되었을까? McDermott의 설명은 다음과 같다. 인질 억류기간이 길어져도 아무런 대응도 하지 못하는 미국의 무기력함에 대한 국내외의 비난이 대통령에 집중되었다. 또한 연말에 대통령 재선을 위한 선거를 앞두고 있던 Carter대통령은 당시 그가 처한 상황을 매우 큰 손실의 영역으로 인식하게 되었고, 따라서 여러 대안들 중에 인질구출작전이라는 매우 위험추구적인 대안을 선택하게 되었다는 것이다. 손실의 영역에서는 위험을 추구하는 과감한 대안을 고려한다는 것이 전망이론의 주요 내용의 하나이다.

전망이론의 이러한 장점과 의의에도 불구하고 한계를 보이기도 한다. 가장 큰 한계점은 준거점(reference point) 설정 및 그에 따른 이익영역과 손실영역의 프레임(frame) 결정이 전망이론의 핵심임에도 불구하고 그에 대한 일반이론이 존재하지 않는다는 점이다. Kahneman & Tversky가 제시하고 있는 다양한 예들은 실험에 근거한 사례들로서 한정된 실험에서는 무엇이 준거점이고 따라서 어떤 프레임인지(이득의 영역인지 손실의 영역인지)가 자명하나, 현실 사례에서는 준거점이 어떻게 설정되어야 하고 따라서 어떤 프레임인지가 불분명한 경우가 많다. 그런데 만약 준거점 설정이 자의적이라면 전망이론에 근거한 설명 또한 자의적이라는 비난을 벗어나기 힘들게 된다.

요 약

01. 현실세계의 정책결정은 매우 복잡한 활동으로 이루어져 있기 때문에 이를 제대로 파악하기가 쉽지 않다. 이 때문에 정책결정이 어떠한 과정과 단계를 거쳐서 이루어지며 그러한 결정이 합리적인지 여부를 판단할 수 있는 이론모형이 필요하다. 정책결정이론 모형은 복잡한 정책결정현상을 단순하고 쉽게 이해할 수 있도록 추상적으로 개념화한 것이다. 소위 말하는 정책결정의 합리모형은 정책결정이론모형의 하나라고 볼 수 있다. 이러한 합리모형의 대안적 모형으로 여러 가지 모형들이 제시되어 왔다.

02. 합리적 정책결정모형, 이른바 합리모형은 고전파 경제학의 합리적 선택이론을 바탕으로 자연스럽게 형성되어온 정책결정모형의 원형이라고 말할 수 있다. 정책결정모형의 원형으로 널리 알려진 합리모형에 따르면 합리적 정책결정자는 해결할 정책문제 또는 달성할 정책목표를 명확히 한 다음 정책대안을 광범위하게 탐색 또는 개발하여 각각의 정책대안이 가져올 결과를 예측하고 그 결과를 비교·평가한 후 최선의 정책대안을 선택한다는 것이다.

03. 현실에서의 정책결정은 언제나 합리모형의 방식에 따라서 이루어지는 것은 아니다. 현실의 정책결정자는 수많은 제약조건 속에서 나름대로 합리적인 대안을 찾으려고 노력할 뿐이다. 물론 이러한 노력조차 시도하지 않는 비합리적인 정책결정도 무수히 일어난다. 본 장에서는 합리모형의 대안적 모형으로 제시된 Simon의 만족모형, 점증모형, 회사모형, 쓰레기통모형, Allison모형, 전망이론 등을 차례로 검토하였다.

04. Simon이 제시하는 모형은 '제한된 합리성'을 전제하는 만족모형이다. 만족모형은 합리모형에 반하는 것이라기보다는 현실적인 가정에서 출발한 또 다른 합리모형이라고 볼 수 있다. Simon은 합리모형에서 가정하는 의사결정자를 경제인이라고 부르고, 자신이 제시하는 합리성의 제약을 받는 의사결정자를 행정인으로 부르고 있다. 의사결정의 인지과정에 초점을 두고 연구한 Simon은 그가 말하는 행정인은 최적의 대안이 아니라 만족할 만

한 대안의 선택에 그친다고 보았다.

05. Lindblom의 점증모형은 현재의 정책에서 소폭적인 변화만을 대안으로 고려하여 정책을 결정하고 시간이 흐름에 따라 환류되는 정보를 분석하여 잘못된 점이 있으면 수정·보완하는 식으로 연속적인 정책결정을 한다. 이는 정책결정자의 분석능력과 시간이 부족하고 정보도 제약되어 있으며 대안비교의 기준으로 이용할 가치기준마저 불분명하기 때문이다. 나아가 이러한 방식의 정책결정이 민주주의 하에서 현실적으로 가능한 방식이며 바람직한 정책결정방법이라고 한다.

06. 회사모형은 Simon의 이론을 분업화된 계층적 구조를 지닌 조직 내부의 의사결정에 적용한 것이다. 회사모형은 고전파 경제학에서 기업이 합리모형에 따라 의사결정을 하는 것으로 전제하는 데 대한 비판에서 출발한다. 즉, 기업의 목표는 이윤만이 아니라 다른 목표들도 있고, Simon의 말대로 어느 것이 목표이든 극대화가 아니라 만족할 만한 수준의 달성만 있으면 충분하다는 것이다. 또한 완전한 지식이 아니라 제한된 합리성 때문에 최선의 대안을 선택할 수 없으므로 실제 회사의 결정은 고전파 경제학자의 가정과는 다르다고 보았다.

07. 쓰레기통모형은 조직의 구성단위나 구성원 사이의 응집성이 아주 약한 혼란상태에서 이루어지는 의사결정의 특징적 측면을 강조하는 모형으로, 이러한 혼란상태에서는 합리모형은 물론이고 회사모형보다도 훨씬 더 불합리한 의사결정이 일어나게 된다고 한다. 즉, 극도로 불합리한 집단적 의사결정에 관한 대표적인 모형이다.

08. Allison은 하나의 사건을 합리모형, 조직과정모형, 관료정치모형 등 다양한 정책결정모형으로 설명하면서 각각의 정책결정모형을 비교할 수 있는 분석틀을 제시하였다. 모델1로 설정된 합리모형에 따르면 정책결정주체인 정부를 잘 조정된 유기체로 간주하고 있으며, 모델2로 설정된 조직과정모델의 경우는 정부를 준독립적인 하위조직들이 느슨하게 연결되어 있는 집합체로 간주하고 있다. 끝으로 모델3으로 설정된 관료정치모형은 정부를 서로 독립적인 정치적 참여자들의 집합체로 간주하고 있다.

09. 개인적인 의사결정자나 집합체로서의 정부는 불확실성의 상황하에서 의사결정의 해야 할 경우가 많다. 어떤 의미에서는 불확실성의 상황이 일반적이라고 해도 과언이 아니다. 불확실성 상황하에서 적용되는 일반이론은 합리모형에 근거한 기대효용이론이다. 그러나 Kahneman(카네만)과 Tversky(터브스키)가 제안한 전망이론에 따르면 불확실성하에서의 의사결정은 직관이나 어림짐작의 주먹구구식 판단에 의존하는 경우가 많다는 것이다. 이들은 수 많은 실험을 통해 불확실성하에서의 의사결정이 합리모형에서 가정하는 것처럼 이루어질 수 없음을 증명하였다. 전망이론은 우리의 일상의 결정을 불합리하다고 무시하지 않고 보다 체계적으로 설명하고 예측하게 되었다는 점에서 매우 큰 의의를 갖는다.

|제 7 장| 정책집행론

개 요

정책결정이 이루어진 후 정책의 성공과 실패는 정책내용을 실질적으로 구체화하는 집행단계의 내용과 전략에 달려 있다. 정책집행연구는 정책결정 이후 구체적인 정책산출이 나타나기까지의 과정을 연구대상으로 한다. 초기의 정책집행연구는 대부분 사례연구의 형태로 이루어졌으며, 바람직한 정책집행을 위하여 정책결정자가 고려해야 할 요인에 대한 연구가 주를 이뤘다. 성공적인 정책집행과 순응의 확보에 관한 논의는 이에 필요한 수단(도구)에 관한 연구로 이어진다. 정책목표를 어떠한 형태의 수단(도구)를 통해서 실현하는가에 따라서 성과가 달라지기 때문이다. 여기서는 다양한 유형의 정책도구를 소개하였다. 정책집행이론은 하향적 접근방법과 상향적 접근방법 두 가지 대립되는 접근방법을 중심으로 발전하였고, 양 접근방법을 통합해보려는 노력도 시도되었다.

제1절 정책집행의 의의

1 정책집행 연구의 등장

1970년대에 와서 현대적 정책집행론이 폭발적으로 유행하게 된 것은 Pressman(프레스만)과 Wildavsky(윌다브스키)가 1973년에 출간한 *Implementation*(집행론) 때문이다. 이 책은 많은 사람들의 기대와 관심을 끌었던 미국 연방정부의 Oakland 사업이 보잘 것 없는 결과만을 산출하고 충격적으로 실패한 이유를 집행과정의 분석을 통하여 자세히 밝혔다. 원래 이 사업은 하류층 흑인 등 저소득층에 대한 단순한 복지비 지출이 아니라, 일자리 창출을 통하여 복지와 성장을 동시에 추구하여 자본주의의 한계를 돌파할 수 있는 상징적 사업이었기 때문에 실패는 많은 지식인들을 심각한 실망에 빠트렸으며, 그리고 정책집행이란 그렇게 어려운 것이 아니라고 암암리에 생각하던 학계에 대단한 충격을 주었다.

미국 연방정부 상무성내에 설치된 경제개발처(EDA, Economic Development Administration)는 1966년 4월에 흑인 실업자를 취업시키기 위한 실험적 사업을 발표했다. Oakland라는 인구 36만 5천 정도의 작은 도시에 2천 3백만 달러의 거액을 투입하여 공공시설(비행장의 비행기 격납고, 항구의 하역시설 등)을 건설하고 이를 통해 주로 흑인들의 일자리를 창출하려는 계획이었다. 그러나 3년 정도가 지난 1969년에 보니 예산은 겨우 300만 달러만 지출되었고 새로 생겨난 일자리는 거의 없었다. 지출된 돈의 액수가 너무 적고, 당초 계획했던 것에 훨씬 미치지 못하는 극히 소수의 일자리(only few jobs)만 창출된 결과는 매우 충격적인 것이었다. 결국 1970년대에 들어 오클랜드 프로젝트는 완전히 실패한 것으로 드러났다. 연방정부의 집행기관의 의욕적인 추진과 더불어 지방민들의 커다란 기대 속에 시작된 실험적 사업이 이렇게 실패하게 된 과정을 Pressman과 Wildavsky가 자세히 분석한 것이다.

미국의 Oakland 사업에서 나타난 바와 같이 정책은 정책결정자가 의도한 대로 집행되기가 쉽지 않다. 이런 사례는 미국뿐만 아니다. 우리나라에서도 나타난다. 정부는 급등하는 부동산 가격을 안정시키기 위해 20여 차례 이상 무수히 많은 정책을 집행하였음에도 불구하고 오히려 부동산 가격이 상승하는 결과가 초래되었다. 왜 이러한 현상이 나타났을까. 어느 나라든 정상적인 정부라면, 정책이 실패할 것을 분명하게 알면서도 정책을 결정하는 경우는 없을 것이다. 또 집행과정에서 고의적으로 정책이 실패하도록 유도하는 경우도 없을 것이다. 그럼에도 불구하고 정책집행 결과를 보면 정책결정 당시에 의도한 것이 전혀 실현되지 못하는 경우가 흔히 발생한다. 정책집행론의 출발은 바로 여기에 있다. 정책집행에 영향을 미치는 다양한 요인들을 확인하고 이들이 성공적인 정책집행에 긍정적으로 작용하도록 하는 방안을 찾는 것이 정책집행 연구의 목적이라고 할 수 있다.

사례 7-1 우리나라 부동산 정책 실패사례

2017년 새로운 정부가 등장한 이후 아파트 가격이 상승하기 시작하였다. 대통령 취임 후 1년 동안 가격 상승률이 8.31%로 이전 정부보다 매우 가파른 수준이 되었다. 이에 정부는 주택담보대출 제한, 분양권 전매금지, 재건축 규제 강화 등의 조치를 취하였다. 하지만 이러한 정책은 아무런 효과를 거두지 못하고 오히려 아파트 가격은 더욱 상승하는 상황이 전개되었다. 그래서 정부는 추가적인 대책을 내놓았다. 바로 투기지역 지정, 주택청약 규제, 재건축, 재개발 규제, 민간택지분양가상한제 등이다. 이후 일시적으로 상승세가 다소 수그러들었으나 다시 아파트 가격은 상승하였다. 게다가 가계부채의 질적 악성화, 전세 시장의 불안정, 아파트 공급의 감소 등 정책의 부작용만 속출하였다. 정부는 또다시 투기지역을 추가로 지정하고, 가계부채를 줄이는 종합대책을 내놓았으나 상승하는 아파트 가격은 잡지 못하고, 오히려 서울에서 시발된 주택가격 상승을 전국으로 확대시키는 결과만을 초래하게 되었다.

정부는 추가적인 부동산대책을 계속 내놓았다. 종합부동산세와 재산세를 대폭 인상하였으며, 세입자가 원하면 2년 더 거주하게 하여 최장 4년간 거주할 수 있게 되는 계약갱신 청구권과, 전·월세 가격을 5% 상한제를 의무화하는 임대료 상한을 규정한 임대차보호법 법안 등이 통과되었다. 또한 그동안 공급대책이 부족했다는 비판을 수용하여 재개발, 재건축 용적률 규제 완화와 공공재개발・공공재건축 사업 시행 등 주택공급 정책도 발표하였다.

하지만 정부가 5년 동안 20여 차례 이상의 부동산 대책을 시행하였음에도 불구하고 5년 동안 아파트가격은 폭등을 거듭하여 그동안의 정책들이 아무런 효과를 거두지 못한 것으로 평가되었다. 경제정의실천시민연합은, 2017년 5월부터 2021년 11월까지 국민은행 시세정보를 기준으로 서울 25개 구의 총 75개 단지, 11만5,000가구 아파트 시세를 분석한 결과, 서울 아파트 가격이 109% 늘어났다고 발표했다. 4년 반 만에 2배 이상 상승한 것이다. 여론조사 결과도 정부의 부동산 정책에 대해 부정평가가 79%로 압도적이었고, 긍정 평가는 6%에 그쳤다.(〈한국갤럽〉의 여론조사결과, 2021년 9월 28~30일 전국 만 18세 이상 1,002명 대상) 결국 그동안 시행된 정부의 부동산 정책은 의도한 효과를 거두지 못하고 실패한 것으로 평가된다.

2 정책집행의 의의

1) 정책집행의 의미

정책집행(policy implementation)은 정책의 내용을 실현시키는 과정을 의미한다. 정책의 내용은 정책목표와 정책수단으로 이루어지는데, 정책의 내용을 실현시킨다는 것의 핵심은 정책수단을 실현시키는 것이다. 예를 들어 불량청소년의 선도를 정책목표로 하고 상담을 그 수단으로 하는 청소년선도 정책의 경우 불량청소년을 조사・파악하고 부모의 협조를 얻어 이들에 대한 상담활동을 하는 것이 정책수단인 상담을 실현시키는 것이며, 이러한 활동들로 정책내용의 실현이 이루어지는 것이다. 이러한 활동들이 없으면 정책수단인 상담이 이루어지지 못한 것으로 이것은 불집행(不執行)(non-implementation)이 된다.

2) 정책집행의 중요성

정책을 집행하여 정책목표를 달성하지 않으면, 갈등과 대립을 거치면서 힘들게 정책을 결정한 노력이 모두 수포로 돌아간다. 그런데 집행이 잘못되어 이런 일들이 흔히 벌어진다. 그래서 정책집행을 성공적으로 추진하기 위하여 필요한 지식이나 논리를 연구하는 것이 정책집행론이다. 정책집행이 중요한 이유는 다음과 같다.

(1) 정책의도의 실현

정책결정에서 달성하기로 한 정책목표는 정책의 존재이유가 되며, 이 목표의 달성은 정책수단의 실현, 즉 정책집행이 있어야만 가능하다. 물론 앞에서 보았듯이 정책집행이 있어도 정책결정에서 채택된 정책수단이 잘못되어 정책목표의 달성이 불가능한 경우도 있다. 그러나 정책수단의 실현이 없으면 올바른 정책수단을 지닌 정책도 그 의의를 살리지 못한다.

여기에는 예외가 있는데, 상징적 정책(symbolic policy)은 이를 집행에 옮겨 정책목표를 달성하기보다는 특정한 정책을 실시하고 있다는 사실 자체로서 목적을 달성하기 때문이다.

(2) 실질적인 정책내용 구성

정책결정과정에서 여러 가지 이유 때문에 일반적·추상적으로 결정된 정책내용이 정책집행과정에서 보다 실질적이고 구체적으로 결정되는 경우가 많다.

첫째, 정책결정과정에서는 정보 부족과 불확실성 때문에 구체적이고 자세한 내용까지 결정할 수 없다. 정책의 내용은 정책결정과정에서 추상적으로 결정되는 경우가 대부분이고 이것이 집행과정에서 구체화되면서 실질적인 결정이 이뤄진다. 따라서 정책결정단계에서 결정이 된 정책의 내용이 정책집행과정에서 수정·보완되는 경우가 많다.

둘째, 정책결정과정에서 일어나는 정치적 갈등과 타협 때문에 정책이 애매모호하고 불합리하며 상호모순적인 내용을 지니게 된다. 이러한 경우 집행을 하기 위해서는 집행과정에서 정책의 내용을 결정하는 수밖에 없다.

(3) 국민생활과 직결되는 정부활동

정책집행과정이야말로 정부의 활동이 일반국민에게 직접 영향을 미치는 단계이다. 국민들에게 서비스나 재화를 제공하는 배분정책의 경우 수혜집단에게 직접 서비스를 제공하는 단계이고, 규제정책의 경우는 피규제자의 행동이나 권리행사를 직접 제한하는 단계이다. 그래서 일반국민들이 정부의 존재와 그 활동의 결과를 피부로 직접 느끼는 단계가 집행단계인 것이다.

3 정책집행과 정책결정

1) 정책집행과 정책결정의 관계

(1) 정치 · 행정 이원론과 일원론

가. 정치 · 행정 이원론

행정학에서 정치와 행정의 관계는 크게 일원론과 이원론이 대립적으로 논의되어 왔다. Wilson은 1887년에 발표한 논문에서 정치 · 행정 이원론을 주장하였는데 이것이 고전파 행정학의 중요한 기초개념이 되었다. 그에 의하면, 정치는 정부의 광범위한 계획이나 기본방침을 결정하는 활동이며, 행정은 정치에서 결정된 이러한 계획이나 방침을 구체적으로 집행하는 활동으로서 '사무적인 일'이라고 한다. 그러므로 정치와 행정은 성격상 완전히 이질적인 것으로 서로 분리된다. 즉, 행정은 중립적 · 전문적 · 비정치적인 활동이다. 이러한 Wilson의 주장은 당시 선거에서 승리한 집권자가 공직자를 임명하던 정실주의가 행정에서 극도의 혼란과 무능 · 부패를 초래했기 때문에 정실주의를 추방하고 실적주의를 도입하려는 운동과 노력을 뒷받침하기 위한 것이었다. 행정은 정치와 다르므로 정치가 행정에 개입해서는 안 된다는 논리를 제공하기 위해서였다. 정치 · 행정 이원론은 이후 능력 있는 공직자에 의하여 능률적으로 행정을 추진하여야 한다는 능률지상주의의 이론적 근거가 되어 고전파 행정학의 기초가 되었다.

나. 정치 · 행정일원론

1930년대 미국에서 추진된 New Deal 정책은 정치 · 행정 이원론에 대한 심각한 반성을 촉구하는 계기가 되었다. 세계적 대공황을 극복하기 위해서 추진된 T.V.A. 사업[1]은 그 계획수립에 고도의 전문성을 요구하였고, 이에 따라 행정 각 부처가 이 사업계획의 수립을 직접 담당하게 되었다. 즉 산업화와 도시화 등으로 국정업무가 복잡해지고 사회문제 해결에 전문지식이 필요하게 되자, 전문성을 갖춘 행정조직에서 정책의 구체적인 내용을 실질적으로 결정하는 현상이

---

1) 테네시강유역 개발공사(Tennessee Valley Authority)는 1933년 New Deal 정책의 일환으로 테네시강 홍수 조절, 내륙 수운 개선, 전력 공급, 지역 개발 등의 목적을 달성하기 위해 설립되었다. 개발공사에 의한 이 계획은 대규모 국토개발계획의 원형으로 행정에 의한 주요 정책결정의 사례로서 큰 의의가 있다.

나타나게 되었다. 반면 의회는 단지 행정부에서 결정한 내용을 통과시키는 수동적인 역할을 담당하였다. 정치를 담당하는 의회가 중요한 정책의 내용과 계획을 수립하고, 행정을 담당하는 행정부처는 이를 충실히 집행한다는 정치·행정이원론의 주장과는 달리 이제는 정치가 담당해야 할 일까지도 행정이 담당하게 된 것이다. 이른바 행정국가화 시대가 등장하였다.

(2) 정책결정과 정책집행의 공통점과 차이점

전술한 바와 같이 현재는 정치·행정 일원론에 따라 행정부에서 정책집행뿐만 아니라 정책결정까지 담당하게 되어 정책결정과 집행의 구분이 모호해지고 있다. 그러나 보다 자세히 검토해 보면 정책집행과 정책결정은 다음 몇 가지 차원에서 공통점과 차이점을 갖고 있다.

첫째, 두 가지 기능은 본질적으로 의사결정이라는 공통점을 지닌다. 정책집행단계에서 정책의 내용을 실질적으로 결정하는 경우뿐만 아니라 이미 명확하고 합리적으로 결정된 정책의 경우에도 정책결정에서 완전히 구체화할 수 없었던 내용을 구체화하여 실현시켜야 한다. 이 때 구체화 과정에서의 핵심적인 활동도 의사결정이며 이것은 정책결정단계의 의사결정과 본질적으로 아무런 차이가 없다는 것이다. 교통난 해소를 위해 정책결정에서 지하철 건설과 도로확장을 추진하는 여러 가지 대안들 중에서 어느 하나를 결정하는 것과 집행에서 도로확장을 위한 세부적인 노선을 설정할 때 여러 가지 대안들 중에서 어느 하나를 선택하는 결정은 본질적으로 의사결정이란 측면에서 공통점이 있다.

그러나 정책집행과정에서는 정책결정에서 만들어진 계획의 실행을 위한 행동(action) 또는 활동(activity) 그 자체가 중요한 부분을 차지한다. Dror는 정책결정은 군대에서 참모진들이 모여 작전회의를 하여 작전 계획을 수립하는 것과 같고, 정책집행은 이 작전 계획에 따라 일선에서 군대를 움직이며 전투를 하는 것과 같다고 하였다.[2)]

둘째, 정책결정만이 아니라 집행활동도 정치적 성격을 많이 띠고 있다는 공통점이 있다. 집행단계에서의 활동은 단순하게 기술적·사무적·기계적인 것이 아니라 이해관계가 대립되는 관계자들 사이에서 타협·흥정에 의하여 결정되는 정치적 성격도 강하게 띠고 있다. 예를 들어, 도심의 일정 구간에 경전철을 설

---

2) Dror(1968)에서 이것을 '현장운영'(field operation)이라고 부르고 있다.

치하는 정책이 결정되고 집행단계에 들어가는 경우를 생각해 보자. 주민들은 서로 자기 지역에 추가로 역을 설치해 달라고 요구하는 상황이 발생하고, 해당 지역 의원들도 이에 가세한다. 이로 인해 당초 결정단계에서 고려하지 않았던 지역에 추가로 역이 생기기도 하고, 이 과정에서 경전철 노선이 수정되기도 한다. 특히 집행단계에서 정책의 내용을 실질적으로 결정하는 경우에는 특정 대안을 채택하도록 하기 위해서 이해관계자들이 첨예하게 대립하고, 같은 이해관계를 가진 자들끼리 연합형성도 일어난다.

하지만 정책집행이 정치적 성격을 내포하고 있다고 하더라도 기술적 성격이 보다 강하다. 정책결정은 집행에 비해서 보다 정치적이고, 정책집행은 결정에 비해서 보다 기술적·기계적·전문적이다.

셋째, 정치·행정일원론자들은 집행을 담당하기로 한 행정부에서 정책의 내용을 실질적으로 결정하여 제안하고 의회가 이를 받아들이는 현상에 주목하여 정치(정책결정)와 행정(정책집행)의 차이가 없음을 주장하였다. 행정부는 정책결정과정에서 주도적인 역할을 하고 있을 뿐만 아니라 정책집행과정에서도 불합리하게 결정된 정책내용을 수정·보완하고, 애매하고 추상적인 정책을 구체화함으로써 실질적으로 정책을 결정한다. 따라서 정책집행자도 정책결정자 역할을 한다는 점에서 정책결정과 집행은 큰 차이가 없다고 볼 수 있다.

그러나 일반적으로 보면 행정부처 내부에서도 장관·차관·국장 등이 정책결정에서 핵심적 역할을 담당하고 하위조직은 자료수집이나 정보 제공 등의 역할을 통해 제한적으로 정책결정에 참여할 뿐이다. 반면에 정책집행에서는 하위조직이 그 활동을 직접 담당하고 있다. 특히 일선관료(street-level bureaucrats)들이 집행의 핵심 활동을 담당하여 서비스 공급이나 규제 등을 행하고 있다.

2) 정책집행자와 정책결정자의 관계

(1) 정책집행자와 정책결정자의 개념 구별

정책집행자란 정책결정자로부터 법적 권한(legal authority), 제도적 책임(institutional responsibility), 공적 자원(public resources) 등을 부여받아 정책의 내용을 수행하는 행위자를 의미한다. 그러나 구체적인 정책에서 누가 정책결정자이고 누가 집행자인지의 구분은 개별적인 사례에 따라 달라진다. 정책결정자와 집행자간의 구분은 상대적인 것이다. 정책결정자와 정책집행자의 구분이 상대적인 것은 행정부의 계층제에서 어느 수준을 중심으로 결정자와 집행자를 구분할 것인가에 대한 객관적인 기준이 없기 때문이다. 국회를 정책결정자(또는 정책결정기관)로 본다면 행정부가 집행자의 지위에 선다. 그리고 대통령이 정책결정자일 경우 각 행정부처가 집행자가 된다. 또한 장관을 정책결정자로 보면 각 실·국 또는 그 부처에 소속되어 있는 지방의 특별행정기관이 집행자의 지위에 있게 된다. 중앙정부가 정책결정자의 지위를 가질 경우 지방정부가 집행자의 역할을 하게 된다.

(2) 정책결정자와 정책집행자의 권한배분모형

정책집행과정에서 일반적으로 정책결정자가 계층제상에서 상위직에 있으므로 정책집행자보다 우위라고 예상할 수 있지만, 양자의 관계를 분석해 보면 다양한 유형이 존재한다. Nakamura(나까무라)와 Smallwood(스몰우드)(1980)는 정책결정자의 역할, 정책집행자의 권한과 요구되는 역량 등을 기준으로 정책결정자와 정책집행자와의 관계를 다섯 가지 유형으로 구분하였다.[3] 이 중 고전적 기술관료형, 지시적 위임형, 협상형을 보기로 한다.

가. 고전적 기술관료형(Classical Technocracy)

이 유형은 정책결정과 정책집행이 업무성격 및 담당주체 측면에서 엄격하게 분리된다는 점을 가정하여, 정책집행자는 정책결정자가 결정한 정책내용을 충실히 집행하는 유형을 말한다. 쉽게 표현하면, 고위층에서 결정한 정책을 하위 집행부서에서 충실하게 집행하는 유형을 말한다. 고전적 기술관료형의 특징 및 전제조건은 다음과 같다. 첫째, 정책결정자가 정책목표를 명확히 설정하고 정책집행자는 이러한 목표를 지지한다. 둘째, 정책결정자는 계층제적인 통제구조를 구축하여 기술적인 권위를 특정 정책집행자에게 위임함으로써 설정된 정책목표를 수행하도록 한다. 셋째, 정책집행자는 정책목표를 달성할 수 있는 기술적인 역량을 보유하고 있다. 이러한 상황에서 집행과정에서 발생하는 문제점의 원인은 정책집행자가 정책을 집행하는데 필요한 기술이 부족한 경우이다. 즉, 세 번째 전제조건이 만족되지 않기 때문에 대부분의 집행실패가 발생한다고 가정하는 것이다.

---

3) 5개 유형은 고전적 기술관료형, 지시적 위임형, 협상형, 재량적 실험가형, 관료적 기업가형 등이며, 뒤로 갈수록 정책결정자보다 정책집행자의 영향력이 상대적으로 더 커진다.

Nakamura와 Smallwood는 1960년대 초 미국의 달 착륙 사업이 위의 세 가지 전제조건이 모두 만족되어 집행이 성공한 반면, 원자력 발전소 건립 사업은 기술적 문제의 해결에 실패하였기 때문에 정책집행이 결국 실패하게 되었음을 예로 들고 있다. 달 착륙 사업은 정책목표와 이행계획이 명확하고 세부적으로 수립되었고 대통령, 의회, 정책집행자인 우주과학자들 사이에 목표와 수단에 대한 합의가 이루어져 있었다. 무엇보다도 정치적, 재정적 지원과 함께 기술적 수단을 마련하기 위하여 NASA라는 집행체제가 설립되었고, 새로운 정책집행체제는 정책목표 달성에 필요한 기술을 획득할 수 있었다. 그러나 원자력 발전소 건립 사업은 다른 양상을 보였다. 정책목표는 뚜렷하고 원자력위원회라는 정책집행자는 충분한 자원과 권한을 가지고 있었으며 또 정책목표와 내용에 대한 합의가 이루어졌다. 그러나 방사능 누출에 의한 사고의 가능성을 비롯한 폐기물처리와 환경문제, 사고의 법적 책임과 보험문제, 건설비용 초과문제라는 세 가지 기술적인 난점이 정책집행의 지연과 정책에 대한 회의를 불러일으켰다. 결국 방사능 누출사고를 계기로 국민들의 신뢰를 상실하였고 시간이 흐름에 따라 원자력 발전소 정책은 점점 정치성을 띠게 되었다. 새로운 정부부처와 이익집단들이 집행에 참여하게 되었고 고전적 기술관료형의 성격은 무너지고 말았다.

나. 지시적 위임형(Instructed Delegation)

지시적 위임형에서는 정책결정자가 정책목표를 달성하는데 필요한 관리적 행위에 관한 권한들을 정책집행자에게 위임하기 때문에 정책집행자는 많은 재량을 행사할 수 있다. 고전적 기술관료형과 마찬가지로 정책결정자가 정책목표를 명확하게 설정하고, 정책집행자도 이미 결정된 정책목표를 지지한다. 그러나 정책집행자들은 '정책수단'을 결정할 수 있는 재량권을 가지고 있고, 다수의 집행자가 참여하는 경우에는 어떠한 수단을 선택할 것인가에 대한 합의를 이루어야 한다. 이 유형의 특징 및 전제조건은 다음과 같다. 첫째, 정책결정자가 명확한 정책목표를 설정하고, 정책집행자들은 설정된 목표에 동의한다. 둘째, 정책결정자는 정책집행자에게 정책목표를 달성할 것을 지시하고, 관리적 권한(administrative authority)을 위임한다. 셋째, 정책집행자는 목표 달성에 필요한 기술적, 관리적 역량과 협상력을 가지고 있다.

지시적 위임형에서는 정책결정자가 정책결정과정에 대한 통제력을 가지고 있지만 정책집행자 역시 정책수단을 결정할 수 있는 재량을 가지고 있기 때문에 고전적 기술관료형과는 다른 양상의 집행실패가 발생할 수 있다. 첫째, 정책집행자의 기술적 역량의 부족은 여전히 집행과정에서 문제를 일으킬 수 있다. 둘째, 다수의 집행기관이 참여하는 경우 정책수단에 대해 집행기관들 간 합의를 이루지 못한다면 문제를 일으킬 수 있다. 셋째, 정책결정자가 정책집행자에게 명확하고 상세한 지시를 내리고 권한을 위임하여야 하나 지시가 애매모호한 경우에는 정책결정자의 의도가 무엇인지, 어떠한 정책수단을 채택해야 하는지에 대해 정책집행자들 간에 해석상의 갈등이 일어날 수 있다.

정책수단을 결정할 수 있는 재량권을 위임받았으나 다수의 집행기관들이 합의를 이루지 못하여 집행실패가 발생한 사례는 전술한 Oakland 경제개발 사업에서 찾아볼 수 있다. 이 사업의 구체적인 실패이유는 다음에서 자세히 살펴볼 것이다.

다. 협상형(Bargaining)

협상형에서는 정책목표 또는 이를 달성하기 위한 정책수단에 대하여 정책결정자와 정책집행자 간에 합의가 이루어졌다는 가정을 하지 않는다. 협상형의 특징 및 전제조건은 다음과 같다. 첫째, 공식적 정책결정자가 정책목표를 설정한다. 둘째, 그러나 정책결정자와 정책집행자간에 정책의 소망성에 대한 합의를 반드시 이루는 것은 아니다. 셋째, 정책집행자들은 정책목표와 정책수단에 대해 정책결정자와 협상을 한다. 이러한 상황은 중앙정부와 지방정부 간의 관계에서 종종 나타난다.

정책집행자가 정책결정자가 가지고 있는 정책목표에 동의를 하지 않는다면, 불응(non-compliance) 또는 불집행(non-implementation)을 통하여 영향력을 행사할 수 있기 때문에 정책집행자의 권력은 증가할 수 있다. 이러한 상황에서 발생할 수 있는 집행실패의 원인을 살펴보면 다음과 같다. 첫째, 다른 유형에서와 마찬가지로 집행자의 기술적 역량 부족이 집행실패의 원인이 된다. 둘째, 협상의 실패로 인하여 정책집행자는 불만을 가지게 되어 타성, 교착상태, 불집행 등이 발생할 수 있다. 셋째, 정책집행자는 정책결정자가 설정한 정책목표에 동의할 필요가 없기 때문에 자신의 목적을 위해서 정책집행을 회피하고 자원을 마음대로 사용할 수 있다. 이를 적응적 흡수(co-optation)라 하는데, 정책집행자가 자신의 정책목표를 달성하는데 필요한 자원을 확보하기 위해 겉으로만 정책목표를 추구하는 척하는 행태를 의미한다.

결국 정책결정자와 정책집행자 간의 협상의 결과는 상대적인 권력배분에 따라 결정된다. 정책결정자가 권력을 독점적으로 행사할 수 있다면 집행자들이 정책목표에 동의하지 않는다 하더라도 정책집행을 강요할 수 있다. 권력이 동등하게 배분되어 있다면 협상의 결과에 따라 정책이 집행될 것이다. 그러나 정책집행자가 권력을 독점하고 또 그들이 협상을 원하지 않는다면 정책은 집행되지 않거나 정책결정자의 본래 의도와는 상이한 형태로 집행이 나타날 것이다.

사례 7-2 사회복지정책(영유아보육비) 집행 관련 중앙정부와 지방정부 간 갈등

사회복지에 대한 수요가 확대되면서, 사회복지정책이 급속히 증가하고 있다. 문제는 이에 필요한 재원을 조달하는 것이다. 특히 결정은 중앙정부가 하고 집행은 지방정부가 담당하는 사회복지 정책의 경우 재원조달을 둘러싸고 양자 간에 갈등이 발생하고 있다. 지방정부 입장에서는 중앙정부가 결정한 복지정책의 집행에 필요한 재정을 중앙정부가 부담하라는 것이고, 중앙정부 입장에서는 복지정책의 상당부분이 지방사무이므로 지방정부가 부담해야 한다는 논리이다. 대표적인 사례로 「누리과정」 정책집행 사례를 보기로 하자.

정부는 2012년 3월부터 만 5세 공통교육과정인 「누리과정」을 도입하였다. 어린이집 및 유치원을 이용하는 만 5세 유아와 만 0~2세 영아에게 부모의 소득 수준에 관계없이 영유아보육료 및 유아학비를 지원하는 정책이다. 또한, 2013년부터 「누리과정」의 대상을 만 3~4세까지 확대하였고, 2015년부터는 어린이집이나 유치원을 이용하는 모든 만 0~5세 영유아에게 보육료 및 유아학비를 제공하고 있다. 이에 소요되는 비용은 중앙과 지방이 각각 50%씩 부담하도록 하였다. 이로 인해 지방정부의 재정부담이 가중되었다. 그렇지 않아도 재정이 열악한 지방정부 입장에서는 추가적인 재정 마련에 어려움을 겪게 되었다. 그래서 지방정부들은 국비지원 비율을 70% 이상으로 높여 줄 것을 요구하였다. 하지만 이를 반영한 개정 법안이 국회에서 통과되지 못하였고, 지방정부들은 강력히 반발하였다. 일부 지자체들은 보육사업의 중단을 선언하기도 하였으며, 예산부족으로 보육비를 지급하지 못하는 곳도 나타났다. 또한 기존 재정으로 감당이 어려운 지자체는 지방채를 발행하기도 하는 등 전국에서 이른바 '보육대란'이 발생하였다. 정책집행자인 지방정부가 정책결정자인 중앙정부에 반기를 든 것이다.

집행자인 지방정부의 반대가 심해지자 중앙정부는 지방정부의 요구를 반영하여 추경예산을 통해 지방정부에 재정을 지원하는 한편, 2015년부터는 누리과정 예산을 시도 교육청의 지방재정교부금으로 충당하도록 결정하였다. 그러자

이번에는 각 시·도교육청이 즉각 반발했다. 교육감들은 어린이집 보육료 예산 전액을 편성하지 않기로 결의하기도 했다. 가뜩이나 열악한 지방교육 재정이 더욱 악화할 것이라는 이유에서였다. 이후 매년 중앙정부와 시도교육청 간에 누리과정 재원부담을 둘러싸고 논란이 계속되었다. 국회 예산안 심사과정에서도 어린이집 누리과정 비용의 국고지원 예산 반영 여부가 매년 예산안 여야 합의처리를 위한 주요 쟁점이 되었다. 결국 정부는 이 문제의 해결을 위해 특별회계를 신설하여 누리과정 비용을 지방교육재정교부금이 아니라 해당 특별회계에서 지원하는 방안을 제시하였고, 국회가 이를 받아들임에 따라 2017년도부터 '유아교육지원특별회계'가 설치되었다. 유아교육지원특별회계의 세입은 교육세와 일반회계 전입금(국고 지원분)으로 구성된다. 특별회계는 2017년부터 2019년까지 한시적으로 설치되었으나, 2022년까지 연장되어 시행되고 있다.

이 사례의 핵심은 중앙정부가 결정한 정책의 집행에 소요되는 예산을 누가 책임져야 하는가이다. 결국 결정자인 중앙정부와 집행자인 지방정부(시도 교육청 포함)가 협상과 타협을 통해 특별회계라는 새로운 제도를 만들어 정책집행이 지속되도록 만들었다.

4 정책집행과 정책평가

1) 정책집행에 대한 정책평가의 영향

정책집행 연구가 본격화된 이후 대부분의 집행연구는 정책집행 실패의 원인을 찾는데 초점을 두었다. 정책집행연구의 일차적 목적이 성공적인 정책집행을 위한 최선의 전략을 수립하는데 필요한 지식이나 논리를 제공하는 것이었기 때문이었다. 따라서 집행연구의 중요한 관심 중 하나는 정책집행이 성공하였는지 또는 실패하였는지에 대한 판단을 내리는 것이고, 이에 따라 정책평가가 집행연구에 영향을 미치게 되었다.

초기의 정책평가에서는 의도했던 정책결과가 발생하였는지를 검토하는 총괄평가가 중심이었다. 그러나 1970년대 이후 정책평가연구가 급증함에 따라 정책과정에 대한 평가도 중요성을 더해가고 있다.[4] 과정평가는 정책과정 전반에 걸

4) 정책평가의 내용과 종류, 그리고 연구경향 등에 대한 자세한 내용은 제8장 참조.

쳐 발생하는 활동을 대상으로 하여 정책수단이 어떠한 경로를 통하여 정책결과를 가져왔는지를 분석함으로써, 정책집행의 중요성에 대한 새로운 관심을 불러일으켰다. 정책집행과정에서 일어나는 정책의도의 재해석, 정책목표와 수단의 재설계가 정책의 결과에 큰 영향을 주고, 집행현장에서의 적응이 중요한 집행전략이 되기 때문이다.

실제 정책집행이 이루어지는 현장에서도 정책평가가 집행과정에 미치는 영향력은 매우 크다. 정책집행을 평가하는 기준은 매우 다양하며, 어떠한 기준이 적용될 것인지에 따라 정책집행자가 우선적으로 추구하는 요소가 달라지기 때문이다.

2) 성공적 정책집행의 판단기준

무엇을 성공적인 정책집행으로 볼 것인가에 대해 합의된 기준은 없다. 학자들이 성공적인 집행기준을 다양하게 제시하고 있는 것은 '성공적'이라는 용어 자체가 가치판단적 요소를 내포하고 있기 때문이다. 따라서 집행성공에 대해 일반적이고 사전적인 기준을 정의하는 것은 매우 어려운 작업이다.

아래에서는 집행성공의 판단기준을 정책목표 달성도, 능률성, 정책지지 및 관련 집단의 만족도 등으로 나누어 설명하고자 한다.

(1) 정책목표 달성도(policy goal attainment)

정책집행의 결과 정책목표가 얼마나 충실히 달성되었는지를 측정하는 것이다. 일반적으로 특정 정책목표 대비 정책산출을 측정하는 계량적인 방법이 사용된다. 정책결정시 정의된 목표를 계량화하여 집행 결과와 비교하는 것이 주된 평가방법이다. 정책산출에 초점을 두는 이유는 시간과 방법론상의 제약 때문이다. 정책성과(outcome)와 정책영향(impact)은 장기간에 걸쳐 그 효과가 나타나고, 기술변화나 태도변화 등 다른 변수의 영향을 받을 우려가 있으므로 객관적인 측정이 매우 어렵다.[5]

5) 정책산출(policy output), 정책성과(policy outcome), 정책영향(policy impact)의 개념 구분은 정책평가뿐만 아니라 정책집행연구에서도 중요하다. 정책산출이란 실질적으로 정책대상자에게 전달되는 재화나 서비스를 의미한다. 예를 들어 교육프로그램에 참여한 학생 수, 건설된 도로의 길이 등이 관련 정책의 정책산출이다. 이에 비해 정책성과는 정책이 궁극적으로 지향하는 정책목표의 달성정도(정책이 의도하였던 성과)로, 학생들의 독해력 향상, 원활한 교통소통 등을 의미한다. 정책영향은 정책성과보다 더 장기적이고 또 여러 가지 정책프로그램과의 연계성

하지만 정책목표 달성도(효과성)를 성공적 집행의 기준으로 삼는 데에는 크게 세 가지의 문제가 있다. 첫째, 아무리 효과적인 집행이라도 지나치게 많은 비용이나 희생이 소모되면 바람직한(즉, 성공적인) 집행으로 보기가 어렵다는 점이다. 이것은 뒤에서 보듯이 정책비용을 최소화시키는 능률성을 성공적 집행의 기준으로 사용하여야 해결될 수 있다. 둘째, 정책수단이 충실히 수행되었는데도, 즉 정책집행이 정상적으로 이뤄졌는데도 정책목표가 달성되지 않는 경우도 있다. 셋째, 결정된 정책의 목표가 애매모호하거나, 상호 모순·대립관계에 있는 목표들이 아무런 우선순위도 없이 나열되어 있을 때, 즉 정책목표가 분명하지 않을 때에는 효과성을 성공적 집행의 판단기준으로 삼기가 어렵다.

(2) 능률성(efficiency)

능률성은 정책효과를 극대화하고 정책비용을 최소화하는 것을 성공적인 집행으로 본다. 능률성은 정책비용을 감안하기 때문에 효과성보다도 넓은 의미를 지닌 기준이라고 볼 수 있다. 그런데 학자에 따라서는 원래의 의미와 달리 능률성을 비용절약(economy)과 비슷한 개념으로 혼용하여 효과보다는 산출물 생산에 투입된 비용이 적을수록 능률적이라고 보기도 한다. 예를 들면, 저수지를 건설하여 쌀을 증산하려고 할 때 쌀의 증산량(효과-effect)은 고려하지 않고 동일한 저수지(산출물-output) 건설의 비용이 적게 들수록 능률적이라고 하는 경우이다. 능률성 기준도 평가 측정을 위해 계량적인 지표에 의존한다는 점에 있어서는 정책목표 달성도 기준과 유사하다.

어떤 경우이든 능률성을 성공적 집행의 기준으로 보게 되면 효과성 기준이 경시하고 있는 집행상의 비용을 고려한다는 장점이 있다. 반면에 능률성도 효과성과 동일한 약점이 있는데, 정책목표와 정책수단이 애매모호하거나 모순·충돌되는 경우에는 무슨 산출물을 생산해야 하는지 불분명하고, 따라서 무조건 경비가 적게 들었다고 해서 성공적인 집행으로 보는 것은 문제가 있다.

(3) 정책지지 및 관련 집단의 만족도(constituency satisfaction)

정책집행에 의하여 이익과 손해를 보는 여러 집단의 만족도를 평가하여 정책집행의 성공 여부를 판단하는 기준으로서, 앞의 두 기준과는 기본적으로 상이한 초점과 방법론을 가지고 있다. 효과나 비용 등에 대한 객관적인 지표를 사용하는 대신, 만족도라는 주관적인 측면에서 정책의 효과를 평가하며, 질적이고

을 고려해서 판단되는 사회 상황의 변화 정도이다.

주관적인 피드백 정보(만족도 조사 등)에 의존한다. 정책지지 및 관련 집단의 만족도를 측정하는 평가는 명시적인 정책목표의 달성에 집행의 초점을 두는 것이 아니라, 관련 집단 간의 갈등을 조정하고 적응시키는 과정에 초점을 둔다. 정책의 궁극적인 성공은 정책담당자들이 관련 집단들로부터 정책에 대한 지지를 이끌어내고 이를 계속 유지하는 것이기 때문이다.

한편 정책집행에 의하여 이익과 손해를 보는 여러 관련 집단 중 특히 정책수혜집단의 만족도를 중시하는 기준도 있다. 이를 정책수혜집단의 요구대응성(clientele responsiveness)이라고 부른다. 정책이 제공하는 재화나 서비스가, 이를 직접 전달받는 고객이 가지고 있는 요구에 얼마나 부응하는가를 평가하는 것으로서, 특히 배분정책(규제정책이 아니고)에서 중요한 기준이다.

정책지지 및 관련 집단의 만족도 기준과 정책수혜집단의 요구대응성 기준은 공통적으로 정책 관련 집단의 요구에 충실히 대응하는 것을 성공적 집행의 기준으로 삼는다는 점에서는 민주적인 것이지만 다음과 같은 치명적인 약점이 있다. 첫째, 강력한 이익집단의 요구에 민감하게 대응하여 특수이익을 옹호하고 일반이익(공익)을 희생시킬 수 있으므로 비민주적일 가능성이 있다(예를 들면, 환경주의자나 소비자 보호단체는 조직과 경제력이 약하고, 오히려 환경을 오염시키거나 불공정거래를 하는 기업주들의 힘이 강할 때이다). 둘째, 지나친 참여가 집행과정에서 거부점(veto points)을 증가시켜 집행을 지연시키거나 방해하는 경우도 흔히 있다.

제2절 정책집행을 좌우하는 요인

당연히 성공할 것으로 믿었던 정책이 제대로 집행이 되지 않아 실패하게 되자 그 원인이 무엇인지를 밝혀보려고 집행에 대한 연구가 시작되었음을 앞에서 보았다. 실패의 원인을 알게 되면, 이를 수정하여 집행을 성공시킬 수 있기 때문이다. 그러므로 동전의 양면과 같이 집행실패의 원인은 성공의 원인과 표리일체의 관계에 있다. 정책집행의 성공이나 실패를 좌우하는 요인은 결국 정책집행에 영향을 미치는 요인들이기 때문에 흔히 '정책집행을 좌우하는 요인'이라고 부른다.

Behind Story 7-1 **정책집행의 실패요인과 성공요인**

정책집행은 자칫하면 실패하게 되므로, '어떻게 하면 정책집행을 성공시킬 수 있을 것인가'를 연구하는 것이 정책집행론의 가장 중요한 목적이다. 즉 집행의 성공요인을 찾는 것이다. 집행의 성공요인을 찾기 위해서는 동일한 정책을 놓고 성공한 경우와 실패한 경우를 비교하는 것이 가장 좋은 방법이다. 그러나 현실에서는 이렇게 비교할 수 있는 사례가 없는 경우가 대부분이다. 그래서 성공한 사례보다 실패한 사례를 연구하는 것이 보다 효과적인 방법이다. 왜 그런가?

'안전한 자동차'를 만드는 경우를 생각해 보자. 이를 위해서는 자동차 안전에 영향을 미치는 모든 요소를 파악해야 한다. 엔진, 핸들, 브레이크, 차체, 전기장치, 에어백, 타이어 등 자동차를 구성하고 있는 모든 요소가 자동차 안전에 어떠한 영향을 미치는지에 대한 정보와 데이터가 필요하다. 자동차 전문가들이 생각할 수 있는 모든 요소를 고려해서 안전한 자동차를 만들었다고 하자. 그럼에도 불구하고 전혀 예상치 못한 요인 때문에 자동차 안전사고가 발생할 수 있다. 즉 자동차 안전에 필요한 모든 요인이 결합되어야 안전한 자동차가 만들어지는데 이 중 어느 하나라도 빠지면 자동차 안전사고가 발생할 수 있는 것이다. 그런데 자동차 안전에 어떤 요소가 어느 정도 영향을 미치는지에 대한 정보를 사전에 모두 알 수는 없다. 하지만 안전사고가 발생한 이후에는 어떤 요인 때문에 사고가 발생했는지를 파악하는 것은 상대적으로 용이하다. 즉 사전에 모든 성공요인을 정확히 알 수는 없지만, 사고가 난 이후에는(즉 정책이 실패한 이후에는) 사고 요인(실패요인)에 대한 파악은 상대적으로 용이하다. 그리고 자동차 안전사고가 발생한 요인, 즉 실패요인들을 계속 추적하여 보완해나가면 이전보다 훨씬 더 안전한 자동차를 만드는데 기여하게 될 것이다.

정책도 마찬가지이다. 정책집행의 성공을 위해서는 성공에 기여하는 모든 요인이 있어야 하며, 이 중 어느 하나의 요인만 없어도 실패하게 된다. 오클랜드에서 흑인실업자를 구제하기 위한 일자리를 만들기 위해서 비행기 격납고를 건설하는 등 구체적인 계획을 세우고, 필요한 자금을 충분히 지원하고, 책임자가 헌신적으로 매달렸는데도 실패하였다. 인간의 노력과 지혜를 동원해도 실수하는 경우가 생기는 것이다. 이때 이 실수는 유사한 다른 경우에도 얼마든지 발생할 수 있다. 이러한 실수의 원인(실패요인)을 파악하고, 다른 정책사례에서는 이를 극복할 수 있는 대책을 세운다면 정책집행의 성공에 결정적인 도움을 줄 것이다. 실패요인의 파악이 곧 성공요인이 되는 셈이다.

그래서 이들을 정확하게 표현하면 정책집행의 실패요인이라고 불러야 할 것이지만, 실패요인을 극복하면 성공요인이 되므로, 중립적인 표현으로 '집행을 좌우하는 요인'이라고 부르는 것이다.

정책집행을 좌우하는 요인에 대한 경험적·체계적 연구를 종합 정리하여 가장 방대하고 포괄적으로 요인들을 제시한 사람은 Sabatier(사바티어)와 Mazmanian(마즈마니언)이다. 후술할 하향적 정책집행연구의 대표라고 할 수 있는데, 이들은 정부가 조작, 통제, 유도 가능한 요인들로서 정책결정과정에서 정책내용

〈 그림 7-1 〉 정책집행을 좌우하는 요인

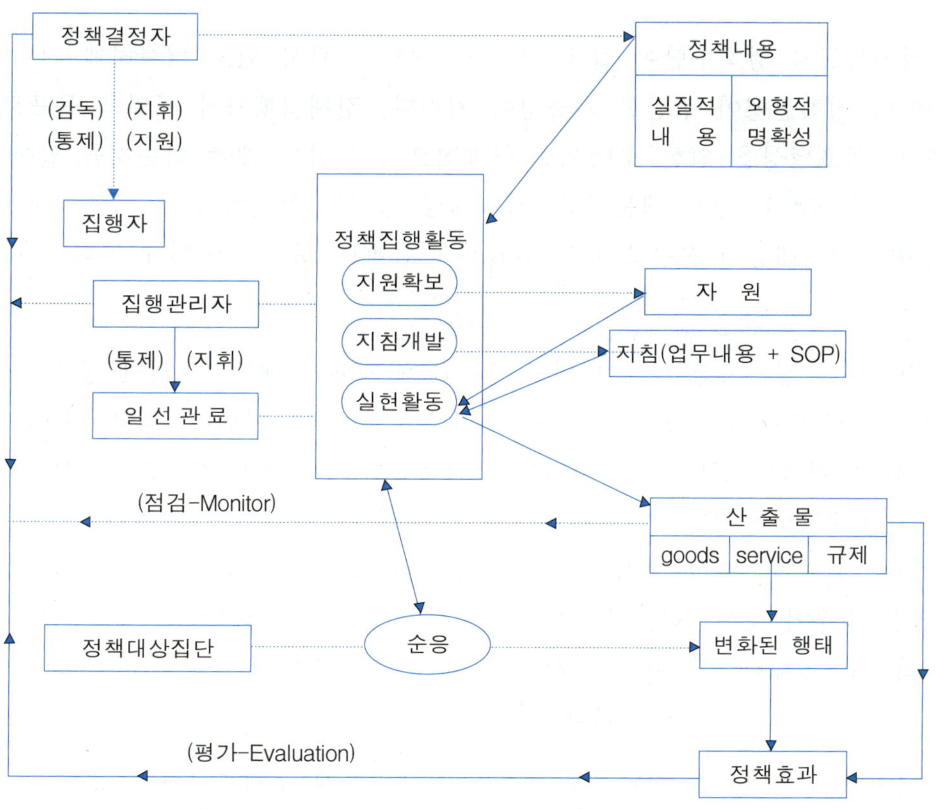

속에 포함시킬 수 있는 것들을 중심으로 정리하였다. 여기에서는 이들의 연구를 중심으로 논의하되, 상향적 정책집행연구에서 논의된 내용들도 함께 언급할 것이다.

1 정책의 특성과 자원

정책집행은 정책내용을 실현하는 활동이기 때문에 실현되어야 할 정책내용의 성질에 따라서 정책집행의 성공 여부가 크게 좌우된다. 달성해야 할 정책목표와 실현시켜야 할 정책수단이 명확하고, 정책의 내용이 바람직스러우며, 또 정책집행을 위한 자원이 충분히 확보되면 정책의 집행은 쉽게 성공할 수 있는 조건을 갖추게 된다.

1) 정책내용의 명확성과 일관성

정책목표와 정책수단이 집행 관련자들에게 일관성 있고 명확하게 전달·이해되어야 정책집행이 성공할 가능성이 커진다. 정책집행자가 무엇을 목표로 집행하고, 목표달성을 위한 수단으로 구체적으로 무엇을 해야 하는지를 알아야만 집행활동을 할 수 있기 때문이고, 정책대상 집단도 정책의 내용을 명확히 알고 있어야만 정책내용에 순응하기 위하여 무엇을 해야 하는지를 알게 된다.

(1) 정책내용의 명확성(clarity)

정책이나 정책지침 속에 나타난 정책내용 자체가 애매모호하면 정책 관련자들이 그 정책내용의 실현에 도움이 되는 행동을 하기 어렵다. 정책내용이 분명하지 않고 애매모호하다는 의미에는 정책내용이 추상적인 경우뿐만 아니라, 상호 모순·대립되는 목표들 또는 수단이 아무런 우선순위 없이 나열되어 있어서 정책집행 관련자, 특히 정책집행자들이 구체적으로 무엇을 해야 하는지 명백하지 않은 경우가 포함된다. 정책내용이 추상적인 경우에 대해서 주로 정책목표가 추상적이고 애매한 경우를 지적하고 있지만, 정책수단의 경우에도 모호성과 추상성이 문제가 되는 사례가 많다.

하지만 정책내용을 지나치게 명백하고 세밀하게 구체화시키는 것은 그 나름대로의 약점이 있다. 오히려 정책지침이 추상적으로 결정되어야만 집행상의 신축성을 얻어서 집행이 성공할 수 있다. 또한 경우에 따라 집행현장 상황에 적응하는 것이 필요한 경우에는 정책을 지나치게 세밀하고 구체적으로 정의해서는 안 된다. 그러나 이러한 집행상의 신축성은 자칫 잘못하면 집행자의 재량권 남용·악용을 초래하여 정책목표의 변질이나 반대중적·비효과적 집행을 가져오는 등의 문제가 있다.

(2) 정책의 일관성(consistency)

정책의 일관성이 없으면 집행 관련자들에게 정확한 내용의 전달이 어렵고 혼란이 일어난다. 이러한 일관성 결여의 원인에는 크게 세 가지가 있다. 첫째, 동일한 정책이나 정책지침 속에 포함된 정책목표들이나 정책수단들이 상호 모순·대립되고 있으며 이들 간에 우선순위가 명백하게 나타나 있지 않은 경우이다. 또한 겉으로는 특정한 목적을 위해 여러 가지 대책 및 사업을 지시하면서 필요한 예산을 지원하지 않아서 집행기관이 정책의도에 대하여 혼란을 일으키는 경우도 허다하다.

둘째, 정책들 간에 상호 대립·모순되는 경우도 흔히 있다. 똑같은 도로에 오늘은 포장을 하고 다음날에는 그것을 다시 파내어 전화시설을 하고, 며칠 후에는 또 다시 파내어서 상수도 공사를 하는 것이 그 예이다.

셋째, 지나치게 급속하거나 잦은 정책의 변경 때문에 정책이 시간적으로 일관성을 잃게 되는 경우이다. 대학입시 수험생들에 대한 대학생들의 과외금지조치를 둘러싸고 정부가 비공식적으로 처음에는 반대의 입장, 다음에는 찬성의 입장, 그 후에는 반대의 입장으로 계속 상충된 견해를 표명하자, 정책대상 집단인 일반국민들이나 대학생들 모두 혼란에 빠져서 자기들에게 유리하게 해석하여 행동하였던 경우를 볼 수 있다.

2) 정책내용의 소망성

정책집행 담당자, 정책대상 집단(특히 규제정책의 피규제자), 기타 집행에 관련된 사람들이 정책을 바람직한 것으로 인식하면 정책집행의 성공 가능성은 커진다. 반면 정책집행자가 정책이 바람직하지 않다고 판단하면 열심히 집행할 의욕이 줄어들게 된다. 또 집행에 관련된 사람들이 정책을 나쁘게 판단하면 정책에 대한 협조가 어려워지고 오히려 방해할 수도 있다. 정책대상 집단, 특히 피규제자들은 규제에 불응할 명분을 얻고 심리적으로도 순응할 의욕이 줄어들게 된다.

이와 같이 집행 관련자들의 태도에 영향을 미치는 것은 이들이 주관적으로 인식한 정책내용의 소망성(desirability)이다. 그러나 일반국민 또는 전체 여론이 정책을 소망스럽게 보게 되면, 비록 개인적으로 싫어하는 정책이라도 정책집행에 크게 반대하지 않게 된다. 예를 들면, 공장폐수의 방류를 금지하는 규제정책이 자신에게 손해를 주더라도 모든 사람들이 국민건강을 위해서 바람직하다는 생각을 하고 있으면 공장주들도 그 규제정책의 소망성에 대해서 마음속으로 인정하게 되고, 인정하지 않는다 하더라도 크게 반대하지 못하게 되는 것이다.

사회전체의 여론이나 관련자들이 정책의 소망성을 인정하는 데에는 크게 두 가지 요소가 영향을 미친다.

첫째, 정책이 객관적으로 보아 실질적 내용이 바람직스러워야 한다. 앞에서 본 정책내용의 명확성과 일관성이 정책의 외형적 측면을 강조한 것이라면 이 부분은 정책의 실질적 내용 측면을 강조한 것이다. 정책내용의 소망성 판단기준은 흔히 정책대안의 비교·평가기준 또는 정책의 평가기준으로 불린다. 이는 앞서 정책수단의 선택(제5장 5절)에서 자세히 살펴보았으므로 간략히 살펴보도록 하겠다.

① 우선 정책목표가 바람직스러워야 한다. 여러 가지 목표들이 있는 경우에 우선순위가 분명하게 있고, 적합성(정책목표들 중에서 진실로 가장 중요한 목표가 우선되어 있는 경우)과 적절성(정책목표의 달성계획 수준이 지나치게 낮거나 지나치게 높지 않고 적당한 경우)이 있어야 한다. ② 정책수단은 효과성(목표를 잘 달성할 수 있는 수단이 선택되어 목표와 수단 사이의 인과관계가 분명한 경우), 능률성(일정한 목표달성을 위해서 최소한의 경비나 희생을 지불하는 경우), 그리고 공평성(정책대상집단의 선택과 수혜 및 비용부담 정도 면에서 배분적 정의에 합치되는 경우)이 있어야 한다. ③ 정책평가기준의 하나인 실현가능성(정책이 기술적·재정적·도덕적 측면 등에서 보아 실현가능한 경우)도 포함해야 한다.

둘째, 절차적 측면에서 정책결정 과정이 민주적이어야 한다. 정책결정 과정이 폐쇄적이어서 관련자의 참여가 제한되면 결정된 정책의 내용이 객관적으로 바람직한 것이라도 관련자들의 정책소망성에 대한 인식은 부정적일 가능성이 크다. 정책결정 과정에서 비록 많은 정책대안을 깊이 있게 분석·검토하여 최선의 대안을 선택했다고 하더라도 정책결정 과정에서 배제된 사람들은 이러한 사실을 알지 못하고, 보다 나은 정책대안이 있을 것으로 생각하기 쉽다. 뿐만 아니라 폐쇄적인 정책결정과정에서는 흔히 많은 대안을 검토하지 못하거나 일부 계층의 이익이 무시되는 경우가 있고, 이러한 상태가 되풀이 되면 관련자뿐만 아니라 일반국민들도 결정된 정책의 진정한 목표에 대한 의심과 정책수단의 합리성에 대한 불신이 생기게 된다. 이렇게 되면 정부가 아무리 홍보활동을 계속해도 정책집행 과정에서 일반국민들의 협조를 얻기 어렵게 된다.

3) 정책집행수단 및 자원의 확보

정책집행을 위한 자원은 물적 자원과 인적 자원으로 나누어진다. 물적 자원은 예산지원이 대표적인데, 가령 지역개발 정책을 위해서 도로, 항만과 같은 사회간접자본 시설 건설 재원을 조달해 주는 것이다. 인적 자원은 전문기술적인 지식을 갖춘 사람들을 의미하는데, 예를 들면 환경보호를 위한 연구사업을 추진할 때 필요한 전문가 등이다. 정책집행수단이나 자원은 자동차의 연료와 같은 존재이다. 그래서 정책에 반대하는 세력들이 정책집행수단이나 자원을 확보하지 못하도록 방해하여 정책을 실질적으로 봉쇄하는 경우가 허다하다.

정책목표 또는 그 목표를 달성하기 위한 정책수단이 정책대상집단 등의 정책관련자들의 행태변화를 내용으로 하는 경우에 집행자가 정책을 집행하기 위하여 사용하는 수단에는 크게 설득, 유인, 강압 세 가지가 있다.[6] 예를 들면, 한강의 수질오염을 방지하기 위하여 한강유역에서 공장을 운영하는 공장주들을 설득하거나, 정부에서 보조금이나 세제 혜택 등을 주는 등의 유인책을 쓰거나, 정책을 준수하지 않을 경우 형사처벌을 하는 등의 강압적인 방법을 써서 공장폐수를 정화시키는 시설을 갖추도록 하는 것이다.

4) 정책의 기타 특성

정책이 바람직하고 정책목표 및 정책수단 등의 내용이 명확하며, 정책집행에 필요한 인적·물적 자원과 강제력을 발동시킬 수 있는 권한 등이 마련되어 있으면 정책의 집행은 그만큼 성공을 보장받을 수 있다. 그러나 이러한 특성 이

6) 이들 세 가지 방법은 정책관련자의 정책에 대한 순응확보 수단과 관련되므로 뒤에서 자세히 설명하기로 한다.

외에도 정책의 다른 특성들이 정책의 성공적 집행을 좌우하게 된다.

(1) 정책의 중요성

정책이 중요하면 정책결정자 또는 강력한 정치지도자의 주목을 끌기 쉽고, 이들의 강력한 지지를 얻게 되면 집행은 보다 쉽게 추진될 것이다. 반면에 중요한 정책은 집행에 비용과 시간이 많이 소요되어 집행이 더 어려울 수도 있다. 정책의 중요성을 좌우하는 요소와 집행에 미치는 영향을 살펴보면 다음과 같다.

첫째, 정책의 중요성은 먼저 그 정책으로부터 영향을 받는 자의 수, 특히 정책대상 집단의 규모에 의하여 크게 좌우된다. 흔히 전국적으로 분산되어 있는 작은 단위의 많은 사업들로 하나의 정책이 구성되는 경우는 전체적으로 집행이 성공하기가 힘들어진다. 규제정책의 경우에도 마찬가지로 피규제자의 수가 많아질수록 집행은 그만큼 어려워진다.

둘째, 정책의 중요성은 정책이 사회의 제 측면에 얼마만큼 광범위하게 영향을 미치느냐에 따라서도 달라진다. 정책목표의 달성이나 정책수단의 실현 중 어느 것이든지 정치·경제·사회·문화 등의 한 측면에 그치지 않고 광범위하게 영향을 미치는 경우에는 집행이 비교적 힘들어진다.

셋째, 정책의 중요성은 정책의 영향이 어느 정도 강하냐에 의해서도 결정된다. 정책목표 달성을 통해서 이루려는 변화의 정도가 클수록, 그리고 정책수혜집단에게 제공되는 혜택의 크기가 클수록 정책은 보다 중요해지므로 집행도 어려워진다.

(2) 문제 상황의 특성

정책의 수립은 해결되어야 할 정책문제를 인지하는데서 출발한다. 이러한 정책문제와 그를 둘러싼 상황은 정책의 배후에 도사리고 있는 무대장치와 같이 정책의 집행활동을 크게 좌우한다. 여기에서는 정책문제 상황의 특성으로 복잡성, 동태성, 불확실성이 정책집행의 성공가능성을 낮추는 것을 보기로 한다.

먼저 정책문제의 발생 원인이 많으며 이들 간의 관계가 복잡하면 정책문제는 복잡성의 정도가 커진다. 이렇게 되면 문제해결을 위한 정책수단을 결정하기가 어렵고, 영향을 받는 자들의 종류가 많고 이들 간의 이해관계가 복잡하게 얽히게 된다. 전술한 정책목표나 수단이 불명확하게 되고, 그렇지 않더라도 집행과정에서 끊임없이 집행자를 혼란에 빠뜨린다.

문제 상황의 동태성은 문제의 구성요소 간의 비중이 계속 변하거나, 문제발생 원인들 간의 비중과 원인들의 상태가 계속 변해 집행결과도 계속 변화되는 상태를 의미한다. 동태성이 심하면 정책결정 당시와는 다른 문제 상황이 전개되어 이미 결정된 정책내용을 집행하는 것이 불합리하게 되거나, 이들을 무시하고 집행과정에서 실질적으로 새로운 정책을 결정하는 결과가 나오게 된다. 어느 경우이거나 처음의 정책을 집행하는데 커다란 장애가 된다.

문제 상황의 불확실성은 문제발생 원인을 모르거나 문제해결 수단인 정책을 추진하였을 때 나타날 결과를 모르는 상태이다. 설사 원인을 알더라도 그 정도나 수준을 알 수 없거나 문제와 원인의 현재 상태에 대하여 정확하게 알지 못하는 상태를 의미한다. 이 불확실성이 심하면 집행자가 성공적으로 정책을 집행할 수 없다.

2 정책결정자 및 정책관련 집단의 지지

정책집행자를 감독·통제하고 있는 정책결정자나 일반 국민, 언론 등의 정책에 대한 태도와 정책대상 집단의 정책에 대한 태도 등은 정책집행의 성공을 크게 좌우한다.

1) 정책결정자의 지지 및 태도

대통령, 장·차관, 의회 등 정책결정자가 정책집행의 성공적 추진을 어느 정도 중시하느냐에 따라 집행자의 집행에 대한 의욕이 달라진다. 정책결정자가 정책에 커다란 관심을 지니고 집행과정에 계속적으로 관여하게 되면 집행자들은 어쩔 수 없이 집행에 열성을 보일 수밖에 없다. 또 정책결정자들의 지지는 집행에 필요한 인적·물적 자원을 획득하거나 여러 제약조건을 극복하는데 중요한 역할을 하게 된다. 특히 권한이 강한 개발도상국의 대통령은 너무나 중요한 역할을 담당하여 대통령의 강력한 지지가 있으면 집행 상 어려움의 대부분은 극복될 가능성이 높다.

미국과 같이 의회가 강력한 나라에서는 의회의 지지도 극히 중요하다. 의회가 정책을 통과시켜 놓고도 집행에 결정적인 역할을 하는 예산을 책정하지 않는 경우도 얼마든지 있으며, 집행에 필요한 기구나 일선집행관료를 확보해 주지 않는 경우도 있다. 우리나라도 국회에서 관련 법안이 통과되지 못하거나 예산을 삭감하여 특정 정책의 집행에 어려움을 겪는 경우가 늘어나고 있다.

요컨대 대통령, 장·차관, 국회의원 등의 정책결정자들은 집행에 필요한 인력, 예산, 기타 강력한 권한 등을 확보해 줄 수 있고, 집행관료를 지휘·감독·통제할 수 있기 때문에 집행에 강력한 영향력을 행사한다.

2) 대중 및 매스컴의 지지

정책결정자들의 정치적 지지에 못지않게 중요한 것이 대중 및 대중매체의 지지와 협조이다. 선진국이나 개발도상국을 막론하고 모든 경우에 큰 영향을 미치는 것이 매스컴이다. 특히 정책의 집행이 까다로운 기술적인 요소를 많이 포함하여 일반대중이 이해하기 힘든 경우에는, 정책집행에 반대하는 강력한 세력(예를 들면, 경제력이 풍부한 이익집단)이 집행자들을 매수하거나 집행에 필요한 자원을 확보하지 못하도록 하여 집행을 방해할 수 있다. 이러한 경우에는 이들을 비난하는 매스컴의 태도가 정책집행에 커다란 도움을 준다.

집행과정에서 까다롭고 전문적인 문제가 등장하지 않을 때에는 일반대중들도 집행과정에서 쉽게 의견을 제시할 수 있고, 이러한 대중의 의견은 특수 이익집단이 집행과정에 가하는 압력을 극복하는데 매우 유리하다.

3) 정책대상 집단의 태도와 정치력

정책대상 집단은 정책으로부터 직접 혜택을 받는 수혜집단과 정책으로 인하여 희생을 감수해야 하는 희생집단으로 나누어지는데, 성공적인 정책집행을 위해서는 수혜집단의 강력한 지지가 있어야 하고 희생집단의 저항이 약해야 한다. 수혜집단의 지지는 정책의 유형에 따라서 달라지는데 특정한 집단이 배타적으로 혜택을 보는(Lowi의 분류에 따르면 배분정책) 경우에는 이들의 강한 지지를 얻을 수 있는데, 불특정다수인이 혜택을 보는 경우(예를 들면, 규제정책으로 환경오염을 방지하는 경우)에는 이들의 강력한 지지를 얻기가 힘든 것이 일반적이다.

3 집행조직과 담당자

정책집행의 성공을 위해서 가장 중요한 것은 집행을 담당하고 있는 집행주체이다. 집행주체가 의욕을 지니고 열심히 노력하면 집행상의 어려움을 어느 정도 극복할 수 있다. 불분명한 정책내용, 부족한 자원, 집행결정자나 환경의 지지부족 등 집행을 어렵게 하는 요소의 방해 정도도 집행자의 노력에 따라서 어느 정도 완화될 수 있다. 물론 아무리 의욕이 강해도 능력이 없으면 집행이 성공하기 어렵다. 사실 조직위계상 집행의 현장에 가까운 하위 층일수록 집행담당자의 전문기술은 집행에 결정적인 영향을 미친다. 그래서 집행자의 의욕과 능력이 성공적 집행을 위해서 가장 중요한 요인 중의 하나이다.

집행담당자는 조직의 구성원이기 때문에 집행조직의 구조나 분위기 등 여러 가지 특성이 이들의 능력과 집행의욕에 영향을 미친다. 뿐만 아니라 집행체제는 중앙정부, 지방정부, 중간매개집단(intermediary group) 등의 여러 조직 또는 집단으로 구성되어 있고, 또 이들 상호간에는 집행을 위한 명령체계가 매우 약하거나 그 관계가 느슨하게 연계되어(loosely coupled) 문제를 일으킨다.

1) 집행자의 능력과 태도

(1) 집행자의 능력

정책집행자가 지녀야 할 첫 번째 능력은 지적 능력이다. 집행상의 지위가 무엇이든 관계없이 모든 집행자에게 공통적으로 필요한 능력이다. 정책집행자가 정책의 내용과 정책문제 상황 등에 대하여 정확하게 알고 있으면 그만큼 집행의 성공가능성은 커진다. 합리적인 의사결정이 이루어지기 위해 필요한 조건, 즉 문제를 정확히 파악하고 대안을 광범위하게 탐색하며 대안의 결과를 예측할 수 있는 지적 능력이 집행자에게 필요한 것이다. 지적 능력은 해당분야의 구체적인 현상에 대한 이론이나 외국 사례의 터득을 통해 경험으로 획득되고 축적된다. 정책집행에서는 지적 능력 중에서도 특히 복잡하고 구체적인 사안에 따라 신축성 있게 대응할 수 있는 처리능력이 중요하며 이는 오랜 경험으로 터득된다. 이러한 지적 능력은 결정의 하위수준으로 갈수록 숙련기술화 되어 순간적인 판단력과 직관력이 필요한 경우가 많다. 특히 일선집행관료는 자신이 담당하는 업무 분야의 전문기술을 갖추고 있어야 한다.

집행자가 지녀야 할 두 번째 능력은 관리자로서의 능력이다. 특히 집행조직의 중간관리 층에서 필요한 능력으로 리더십을 포함하는 넓은 개념이다. 보통의 경우 정책은 많은 사업으로 구성되기 때문에 정책을 집행하는 것은 사업을 추진하여 실현시키는 것이 핵심이므로 사업의 추진을 위한 관리능력이 중요하다. 이러한 관리능력은 전통적으로 행정학의 조직관리론, 인사행정론 및 재무행정론 등에서 취급해 온 것들이다. 특히 이 중에서 리더십은 조직의 능률과 관련하여 논의가 많았는데, 효과적이고 능률적인 업무추진이 바로 성공적인 정책집행이므로 리더십이 중요함은 당연하다.

세 번째로 갖추어야 할 능력은 관리능력과 성격은 비슷하나 이보다 훨씬 포괄적인 정치적 능력이다. 정책의 집행자는 사실상 정치를 해야 하는 경우가 많다. 정책목표나 수단이 불분명한 경우에는 그 내용을 집행과정에서 구체화해야 하는데 이것은 바로 실질적 정책결정을 해야 함을 의미한다. 정책의 내용에 따라 영향을 받는 이해관계자들이 자신의 이익을 위해서 집행과정에 끊임없이 개입하게 되고, 집행자는 타협·흥정·조정을 해야 하는 경우가 많다. 뿐만 아니라 정책의 집행을 위해서 필요한 자원의 확보, 반대자의 설득, 방해의 극복, 바람직한 정치적 지지획득 등을 위하여 능력을 발휘해야 하는 경우가 많다.

(2) 집행자의 의욕과 태도

정책집행자가 정책의 집행을 위해서 강한 의욕을 지니고 있어야 정책이 성공적으로 집행될 가능성이 커진다. 집행자가 고의적으로 정책의 집행을 방해하거나 방해는 하지 않더라도 정책의 집행에 대해서 소극적인 태도를 지니는 경우 정책집행은 성공하기 어렵다. 집행자들을 자극하여 동기를 부여할 수 있는 유인의 존재여부, 정책결정과정에서의 참여 여부 등이 집행자의 의욕에 영향을 미친다.

2) 집행조직의 관료규범과 집행절차

(1) 집행조직의 구조

조직의 구조가 그 조직의 활동에 영향을 미치는 것은 전통적으로 행정이론에서 가장 중시하고 있는 측면 중 하나이다. 특히 정책집행에서 중요한 것으로는 집행과정상 바깥에서 환류되어 들어오는 정보를 빨리 처리할 수 있는 의사 전달체계와 조직내부의 하위조직 간에 업무협조와 조정이 쉽게 될 수 있는 분업체계 등이다.

(2) 조직의 분위기와 관료규범

집행이 성공하기 위해서는 집행자의 경우와 마찬가지로 집행조직 전체가 집행에 대한 의욕과 능력이 있어야 한다. 집행조직의 능력은 자원을 확보하는데 필요한 정치적 권력도 중요하지만 무엇보다도 전문적인 집행 인력을 충분히 확보하느냐가 중요하다는 것은 앞에서 이미 언급하였다. 집행조직의 능력과 의욕은 조직의 분위기와 관료규범 등에 의해서도 크게 영향을 받는다.

영국에서 노동당 정부가 집권하여 노동자를 위한 사회복지 정책들을 추진했을 때 집행과정에서 보수적 관료조직의 저항에 부디쳐서 집행에 제약을 받은 것이 조직 분위기의 중요성을 나타내는 예가 된다. 미국에서도 노동문제를 취급하는 부처가 없었을 때 노동정책을 상무성에 맡겼는데, 상무성은 과거부터 기업들을 고객으로 하였기 때문에 관료조직의 전체 분위기가 기업가들에게 호의적인 태도를 지니고 있었으므로 노동정책의 내용이 집행과정에서 크게 왜곡된 경우가 있다. 이와 같이 정책목표나 내용에 반대되거나 서로 잘 조화되지 않는 업무를 수행하는 조직이 집행을 수행하면 집행은 실패할 가능성이 크다. 비록 반대하지 않더라도 소홀하게 취급되어 정책의 집행은 어렵게 된다.

이러한 조직의 분위기와 달리 특정 정책과 무관하게 모든 조직에 공통적으로 존재하는 구성원 전체의 지배적인 태도로 정책집행에 결정적인 영향을 미치는 것이 있는데, 이것을 흔히들 관료규범(bureaucratic norms)이라고 부른다. 어떠한 조직이든지 조직의 목표나 목표달성을 위한 업무추진방법 등에 대해서 구성원들 사이에 묵시적인 합의가 있다. 뿐만 아니라 조직업무와 직접 관련이 없는 행동에 대해서도 수용할 만한 것인지를 판단하는 일종의 규범이 있다. 앞에서 본 특정 정책에 대한 조직의 저항도 정책이 그 조직의 규범과 서로 상치되기 때문이다. 이러한 규범 중에는 정책의 집행에 도움을 주는 것이 있는가 하면 방해가 되는 것도 있다.

정책의 집행에 도움을 주는 관료규범의 대표적인 경우가 합리적·관료적 명제(rational-bureaucratic imperatives) 중에서 합리적 명제이다. 이는 관료들이 어떤 정책을 집행하든지 지적·윤리적 측면에서 정당화될 수 있고 기술적으로 문제해결을 할 수 있는 방법을 찾아 집행하기 위해 노력한다는 의미이다(Rein and Rabinovitz, 1978).

그러나 관료적 규범이 정책집행의 성공에 방해가 되는 것은 두 가지 측면에서 발생한다. 첫째, 관료조직이 그들 조직의 발전·유지를 가장 우선하기 때문이다. 새로운 사업이 추진될 때 이 사업의 집행을 담당하는 조직은 거의 대부분이 사업집행에 필요한 경비와 권한을 조직의 강화·발전에 활용하려는 의도가 체질화되어 있다. 일단 사업과 예산이 확보되면 이에 필요한 조직과 집행요원의 증가를 주장하고 사업집행이 끝나도 여러 핑계로 일단 확장된 조직이나 인원을 감축시키려고 하지 않는다. 반대로 사업의 예산이나 사업추진에서 얻게 되는 권한, 조직 확장 등의 이익이 없어 보이는 정책의 집행은 어느 조직도 담당하려고 하지 않는다.

둘째, 많은 학자들이 지적하고 있는 또 다른 역기능은 조직은 언제나 조용하고 원만하게, 평화스러운 가운데 업무를 추진하려고 한다는 점이다. 조직 내의 평화유지나 원만한 집행이라는 관료규범은 때때로 정책집행에서 커다란 문제를 일으킨다. 이 규범은 급격한 변화보다는 점진적인 변화를 선호하기 때문에 혁신적 정책에 커다란 장애요인이 된다. 그리고 평화유지 규범은 말썽 많은 자들의 참여를 제한하고 강력한 규제대상 집단들과 싸우기보다는 이들의 요구에 굴복·순종하여 갈등 없는 집행을 하려고 하기 때문에 정책의 변질이 일어난다. 무엇보다도 기존의 표준운영절차(SOP)에 따른 집행을 선호하게 되어 타성에 빠지게 되는데, 이에 관하여 좀 더 구체적으로 살펴보기로 한다.

(3) 집행절차

집행에 필요한 제 활동들에 대해서는 표준화된 절차가 있는 경우 집행관료들이 절차에 따라 활동하기만 하면 집행은 성공할 가능성이 크다. 이 표준화된 또는 상례화된(routinized) 절차를 표준운영절차(SOP)라고 부르는데, 보통 집행조직에서 업무수행 매뉴얼로 활용된다. 이것은 제6장의 회사모형에서 자세히 검토했듯이 정책집행과정에서 동일한 유형의 활동이나 작업이 계속하여 반복되는 경우 이러한 활동이나 작업이 수행되는 방식과 절차 중에서 여러 가지 상황에 비교적 만족스럽게 적용될 수 있는 것을 골라서 표준화(standardize)시킨 것이다.

표준운영절차가 확립되어 있는 경우 정책집행이 용이하다. 왜냐하면 SOP에 따른 집행은 시간과 노력을 절약해 주고 공통적인 기준을 적용함으로써 정책대상 집단에 대한 공정성을 확보하는 등의 장점이 있기 때문이다. 그러나 SOP가 정책집행에 언제나 도움을 주는 것은 아니다. 그 이유는 사안별로 특수사정을 감안한 신축적인 집행을 저해할 가능성이 있으며, 정책의 성질에 따라 새로운 SOP를 개발하려는 노력을 하지 않고 기존의 SOP에 따르는 등 타성에 빠질 가능성이 있기 때문이다.

3) 집행체제의 특성

정책집행에서 집행활동을 담당하는 조직이나 기관들은 무수하게 많다. 집행체제가 복잡할수록 집행은 어려움에 부딪치게 되는데 이것은 두 가지 측면에서 검토될 수 있다. 첫째, 수평적 측면에서 보아 조직들 간에 협조와 조정이 어려워서 집행이 어려움에 봉착하는 것이고 둘째, 수직적으로 보아 상하(上下) 집행조직들 간의 체제가 약하고 느슨하게 연계되어 있기 때문에 집행이 정책내용이 집행과정에서 변질되는 문제이다. 이들을 간단하게 검토하기로 한다.

(1) 부처할거주의와 조정의 어려움

부처할거주의는 권한과 지위 면에서 수평적인 관계에 있는 여러 조직들이 하나의 정책을 분담하여 집행할 때 발생한다. 사법부와 행정부의 관계, 행정부 내에서도 동일한 지위에 있는 부처들 간의 관계에서 흔히 볼 수 있다. 첫 번째 문제점은 협조와 조정이 어려워서 집행이 중단되거나 지연된다는 점이다. 두 번째 문제점은 책임 분산으로 인해 정책내용 중 집행되지 않는 부분이 생기고 따라서 전체적인 성공을 기대하기 힘들다는 점이다. 각자가 자기소관의 업무만을 추진하되 소관이 애매한 부분은 어느 조직도 책임지려 하지 않기 때문이다. 세 번째 문제점은 부처 간 업무의 중복이나 모순·갈등이 발생한다는 점이다. 앞서 예를 든 바와 같이 도로를 포장한지 하루 만에 다시 파헤쳐 전화시설을 가설하고 다시 포장한 지 며칠 후에 상수도시설을 위해 다시 파헤치는 경우와 같다.

(2) 느슨한 연계(loose coupling)와 거부점(veto points)

이론상으로 보면 조직체계상 상하관계에 있는 중앙·지방·일선집행관료 사이에도 실질적으로는 명령계통이 없기 때문에 여러 가지 문제가 발생한다. 이러한 문제는 지방자치가 확립되어 있고 민간의 자율성이 높은 국가들에서는 공통적인 것이며, 미국과 같이 연방제를 채택하고 있는 다원적인 정치체제에서는 더욱 심각하다.

미국은 중앙정부 · 주정부 · 시정부의 관계가 정부위계상 상층부에 있는 집행책임자인 중앙이 강력하게 통제하는 관계가 아니라 느슨하게 연계되어 있다(Berman, 1978; Peters, 1982). 지방정부들은 강한 자율성을 지니고 있으며 중앙정부와는 다른 정책목표와 정책수단을 지니고 있다. 그래서 동일한 문제에 대해서도 중앙정부, 주정부, 시정부의 태도와 정책적 대응방법이 서로 다르다. 따라서 중앙정부에서 결정된 정책내용과 정책지침이 집행의 현장에서 그대로 실현될 가능성이 감소하게 된다.

느슨한 연계 구조에서 정책이 집행현장에서 변질되는 이유는 다음과 같다. 첫째, 정책내용이나 정책지침이 정확하게 집행현장까지 전달되기 힘들다. 중앙정부에서 주정부로 전달되는 과정에서 왜곡이 발생하고 주정부에서 시정부, 시정부에서 중간매개조직 그리고 매개조직에서 일선집행자에게 전달될 때마다 왜곡이 일어나게 된다. 이러한 왜곡은 정책이나 정책지침의 내용이 추상적이고 애매모호할수록 더욱 심해진다.

둘째, 정책이나 정책지침이 통과해야 하는 각 참여자간의 연계점 하나하나가 모두 정책집행을 중단시킬 수 있는 거부점이 된다. 중앙정부에서 주정부에게 집행을 지시하여도 주정부가 거부하면 집행은 일어나지 않는다. 주정부가 호의적이어도 시정부에서 거부하면 집행이 일어나지 않게 되고, 집행현장의 실질적인 담당자가 집행을 거부할 수도 있다. 이들 거부점이 많으면 집행의 성공가능성은 크게 약화된다.

셋째, 비록 모든 거부점을 무사히 통과하여 정책이 집행된다고 하더라도 그 내용이 변질될 가능성이 있다. 각 의사결정점은 정책의 내용을 자기조직에 유리하게 수정 · 보완하는 경우가 많기 때문이다. 그러므로 연계점(또는 의사결정점, 거부점)이 많을수록 정책의 내용은 더욱 크게 변질된다.

4 정책집행에 대한 순응

1) 순응의 의미와 중요성

(1) 순응과 불응의 의미

순응(compliance)이란 정책이나 법규에서 요구하는 행동에 따르는 행위를 의미한다. 반대로 여기에 따르지 않는 행위를 불응(non-compliance)이라고 부른다. 예를 들면 환경보호 정책에서 수질오염을 방지하기 위하여 기업으로 하여금 공장폐수를 방류하지 못하도록 규정하고 있을 때, 기업들이 공장폐수를 방류하지 않으면 순응이 일어난 것이고 반대로 과거와 같이 폐수를 방류하면 불응이 일어난 것이다. 정책은 사회문제의 해결을 그 목표로 하는데 사회문제는 사회구성원들의 상호작용이나 개별적 행동에 의해서 발생하는 경우가 많고, 따라서 사회문제의 해결을 위해서는 사회구성원의 행태변화가 필수적이다. 그러므로 정책집행이 이루어지더라도 정책대상 집단의 행태변화가 수반되지 않으면 정책집행은 실패하게 된다.7)

순응은 수용과 다르다. 순응은 외면적 행동이 일정한 행동규정에 일치하는 것인데 비해서, 수용(acceptance)은 외면적 행동의 변화만이 아니라 내면적인 가치체계와 태도의 구체적 변화를 의미하는 것으로 보고 있다. 일반적으로 순응은 내면적 가치관의 변화까지를 포함하지 않기 때문에, 마음속으로 어떻게 생각하든 겉으로 나타난 행동이 정책이나 법규에 따르면 순응으로 본다.

(2) 순응의 중요성과 순응주체

정책집행을 위해서는 크게 두 집단의 순응이 중요하다. 정책대상 집단과 정책집행을 담당하는 일선관료 또는 중간매개집단이다.

첫째, 정책대상 집단의 순응은 성공적 집행을 위해서 무엇보다 중요하며, 규제정책의 경우에는 더욱 그렇다. 수질오염의 방지라는 목표를 지니고 기업체로 하여금 폐수를 방류하지 못하도록 규제하는 정책의 경우에는 정책집행에 필요한 온갖 노력이 투입되어도 결국은 기업들이 정책의 내용에서 요구하고 있는 행동규정을 준수해야만 비로소 의도했던 대로 정책집행이 이루어질 수 있다. 그러나 정책대상 집단의 착실한 순응이 있어도 정책목표가 달성되지 않는 경우도 있다. 예컨대 아파트 가격이 지나치게 상승하지 못하도록 건설업자들의 아파트 분양가격을 규제하는 경우에 건설업자들이 이 규정을 충실히 지켜도 아파트 값이 천정부지로 치솟는 것을 들 수 있다. 이 경우에는 분양가 억제라는 정책수단

---

7) 예를 들어, 1970년 미국의 대기보전법(Clean Air Amendment)은 인간의 활동이 대기오염의 원인이고, 대기오염물질이 대기의 상태를 좌우한다는 인과적 이론에 바탕을 두었다. 만약 화산활동과 같은 다른 요소들이 중요한 원인이 된다면 정책대상 집단의 순응 확보만으로는 큰 성과를 거두지 못할 것이다.

이 원래의 정책목표인 아파트 가격 상승억제를 달성할 수 없는 경우인데 정책수단의 선택이 잘못된 것이다.

둘째, 정책집행에 개입하는 일선집행담당자와 중간매개집단의 순응도 중요하다. 우선 일선집행담당자의 경우를 살펴보면, 집행현장에서 서비스를 직접 제공하거나(의료, 교육, 복지 분야 등) 정책대상 집단의 행동을 직접 규제하는(범죄감독, 근로감독, 공장폐수방류적발, 불공정거래행위적발 및 고발 등) 일선관료들의 순응이 없으면 서비스 제공이나 규제활동 자체가 왜곡되거나 또는 집행이 전혀 일어나지 않게 된다.

일선관료의 불응 문제는 중앙에서 획일적으로 결정된 정책의 집행보다는 집행현장에서 고려해야 할 사안별 특수성을 더욱 중시하여 집행이 추진되는 경우에 많이 나타난다. 택시합승을 금지시켜야 하지만 복잡한 출퇴근 시에는 합승을 인정하여 일선 단속요원이 단속을 하지 않는 것과 같다. 이 경우의 불응은 부작용(넓게 보면 정책비용)을 극소화하기 위한 집행담당자의 바람직한 재량권행사로 볼 수도 있다. 그래서 일선집행담당자의 순응문제는 집행현장에서의 재량권과 깊이 관련되어 있으므로 뒤에서 다시 자세히 검토할 것이다.

중간매개집단은 공식적 책임자가 아니지만 집행책임자나 기관을 대신하여 집행을 실제로 담당하고 있는 집단으로 크게 두 가지 종류가 있다. 첫째, 지방정부 등 하위정부인데, 예를 들면 연방정부 또는 중앙정부의 어느 부처가 집행을 책임지고 있으면 주정부 또는 시정부들이 여기에 해당된다. 미국의 연방정부에서 1960년대 흑백차별을 줄이기 위해서 흑인이 주로 다니는 시내의 학교와 백인이 주로 다니는 교외의 학교를 통합시키는 사업을 결정했으나 실제 집행자인 지방정부가 집행을 거부하여 문제가 되었다. 한편 이와 같이 명백하게 외부적으로 드러내지 않고 은밀하게 불응하는 경우가 더 많으며 이때에는 그 시정도 매우 어렵다. 예를 들면 미국 연방정부가 실업자 구제를 위해 사회복지비를 주정부에 지원하였는데, 주정부는 연방정부의 지원이 없었더라도 지출하기로 예정했던 액수만큼만 사회복지비를 위해서 사용하고 연방정부의 지원자금은 다른 용도로 이용하는 것이다.

둘째, 중간매개집단의 두 번째 유형은 정부의 집행주체를 대신하여 정책집행을 실제로 담당하고 있는 민간부문으로 흔히 말하는 제3섹터(the third sector)이다. 이들은 시정부의 교통담당자들을 대신하여 지하철건설을 직접 담당하고 있는 건설회사나 정부의 예산으로 양로원이나 보육원을 운영하고 있는 민간인들이다. 이들은 보통 배분정책이나 재분배정책의 집행을 위해서 수혜집단에게 재화나 서비스를 생산·제공한다. 이들의 순응이 중요한 이유는 기본적으로 앞서본 일선관료의 순응이 중요한 것과 같다. 민간인들이 정부부문의 일을 담당하게 되는 근본적인 동기가 보통 이윤 또는 기타 이익추구에 있는 경우 자칫하면 자신들의 이익을 위해서 정책의 근본취지를 망각하기 쉽다. 보육원이나 양로원에서 급식비를 횡령하는 사태가 나타나는 것이다. 이들의 순응이 문제되는 것은 이들의 불응 활동을 단속하기 위해서 불응 여부를 판단해야 하는데 이를 판단하기 위한 객관적인 자료를 쉽게 획득하기가 어렵기 때문이다. 급식비를 횡령하여 영양가 없는 빈약한 식사를 제공하더라도 이를 판단하기가 극히 어려운 것이다. 이러한 문제는 중간매개집단이 정부기관인 경우도 마찬가지이다.

2) 순응을 좌우하는 요인

순응이 발생하는 원인은 크게 세 가지로 나눌 수 있는데, 정책의 내용과 관련된 요인, 정책결정 및 집행기관과 관련된 요인, 순응주체와 관련된 요인이 그것이다. 이러한 요인들은 정책집행을 좌우하는 요인들과 상당 부분 겹치는데 그것은 순응을 확보하는 것이 성공적인 정책집행의 중요한 조건이기 때문이다. 이들 요인에 대해서는 앞에서 자세히 설명하였으므로 여기에서는 간단히 언급하기로 한다.

첫째, 정책의 실질적 내용이 바람직스러워야 하며, 외형적인 측면에서 명료하고 일관성이 있어야 순응주체가 쉽게 따른다.

둘째, 정책집행자의 태도와 신뢰성, 집행의 일관성 등도 영향을 미친다. 정책대상 집단은 집행기관이 성실하게 그리고 일관성 있게 정책을 집행하고, 평소에 추진하는 정책이 믿을 만하고 평소의 태도가 성실·공정하면 정책의 내용에 쉽게 순응하게 된다. 반면에 정통성이 약한 정책담당기관이 결정하거나 집행하고 있는 정책에 대해서는 정책목표의 순수성에 대한 의심 때문에 정책대상 집단은 순응하지 않는다. 정책대상 집단만이 아니라 중간매개집단 및 일선집행관료가 상부기관에 대하여 느끼는 신뢰성이나 정통성도 이들의 순응에 크게 영향을 미친다.

셋째, 순응주체가 지적 능력이 부족하여 정책내용을 이해할 수 없거나 정보를 획득하지 못하여 정책내용을 모르고 있으면 순응이 어렵다. 또한 순응주체가 경제적 능력이 부족하여도 순응이 일어나지 않는다. 순응에서 가장 크게 문제가 되는 것은 순응주체가 의욕이 없어서 불응하는 경우이다. 이는 순응주체가 순응하는 것이 단순히 귀찮아서 또는 심리적으로 거부감이 생겨서 불응하는 경우, 그리고 순응에 따르는 경제적 비용을 부담하기 싫어서, 즉 경제적 능력은 있으나 손해를 보기 싫어서 순응의욕이 없는 경우 등으로 구분할 수 있다.

3) 순응확보수단

순응을 확보하려면 불응의 원인에 따라서 대책을 세워야 한다.[8] 먼저 정책내용이 소망스럽지 못하면 바람직한 정책목표와 합리적 정책수단을 선택해야 한다. 애매모호하고 추상적인 정책내용은 구체화시켜 분명히 하고, 정책내용들 간의 모순·충돌이 있으면 이것을 제거하여 목표나 수단의 우선순위를 명확히 하며, 정책내용이 지나치게 자주 변경되어 집행 상에서 일관성을 잃는 경우를 피해야 할 것이다. 그럼에도 불구하고 정책대상 집단의 이해능력 및 정보획득 능력이 부족하여 정책내용을 분명히 이해하지 못하거나 알지 못할 경우에는 정부에서 적극적인 홍보활동을 통하여 정보를 제공하고 쉽게 이해시킬 수 있도록 해야 한다. 정책결정기관의 정통성이 약하거나 집행기관이 신뢰성이 없는 경우에는 이를 회복하도록 노력하여야 한다. 또 순응주체가 경제적 능력이 없을 때, 특히 지방정부 등의 중간매개집단이 자원부족으로 순응하지 못할 때에는 적절한 예산의 지원이 있어야 한다. 또 이들이 지적 능력이 부족하면 교육훈련을 해야 한다.

이와 같은 순응확보 수단들이 모두 실시되어도 순응주체의 불응이 있으면 이것은 순응주체의 의욕 부족인 경우가 대부분이다. 순응확보수단 논의에서 가장 비중 있게 다루고 있는 부분이 바로 이러한 경우이다. 순응주체가 심리적 거부감이나 경제적 부담 때문에 불응을 하게 될 때 이를 극복하기 위한 수단에는 여러 가지가 있으며, 전통적으로 순응확보수단으로 주로 활용되고 있는 것은 도

8) Coombs는 앞에서 본 원인에 따라서 대책을 제시하고 Balch도 마찬가지인데, 양자의 내용은 거의 비슷하다. 즉, Balch는 ① 정보제공 ② 편익시설제공(정책대상 집단이 경제적 능력이 없는 경우나 순응의 편의를 도모하기 위해) ③ 유인 ④ 처벌을 들고 있다(Balch, 1980).

덕적 설득, 유인, 처벌 세 가지이다.9)

(1) 도덕적 설득(normative persuasion)

순응주체에게 특정한 정책에 순응하는 것이 국가·사회적 또는 윤리·도덕적 차원에서 올바른 것, 좋은 것임을 인식시키기 위한 설득을 말한다. 일선집행관료나 중간매개자는 원래 적극적으로 정책집행을 해야 할 도덕적·윤리적·법적 책임이 있기 때문에 이들에 대한 도덕적 설득은 큰 저항이 없다. 그러나 정책대상 집단들, 특히 피규제자에게 부담을 주는 정책내용(기업의 과대광고를 금지하거나 폐수방류를 금지하는 등)에 따르는 것이 도덕적으로 옳다는 설득을 하려면 몇 가지 전제조건이 충족되어야 한다.

정책목표와 수단이 객관적으로 보아 타당성 있고 일관성이 있으며 분명해야 하고, 또 정책결정기관이나 집행기관이 객관적인 정통성과 신뢰성을 가지고 있어야 한다. 객관적으로 이와 같은 조건이 충족되어 있어도 정책대상 집단은 자신들에게 부담을 주는 정책의 경우 그 정책내용의 소망성과 이를 결정하고 집행하는 결정기관과 집행기관의 정통성과 신뢰성에 대하여 의문을 품는 수가 있어서 의도적으로 불응의 핑계를 여기에서 찾으려고 한다. 이런 경우에 이들에게 도덕적 설득이 필요한 것이다.

(2) 지원(support) : 유인(incentives) 또는 보상(rewards)

순응을 하는 경우에 혜택을 제공함으로써 순응자가 자발적으로 순응하도록 하는 방법이다. 제공되는 혜택에는 특별한 권리의 부여 등도 있지만 보통의 경우는 경제적인 것이다. 폐수정화기 구입비를 저리로 융자해 주거나 도시에서 지방으로 옮겨가는 공장에 대해서 세금을 감면시켜 주는 것 등이 대표적인 예이다. 유인이 지닌 최대의 장점은 순응여부를 순응주체의 자발적인 선택에 맡긴다는 점이다. 특히 경제학자들은 유인에 의한 순응확보를 시장기능에 의한 소비자 선택에 비유하며 분권화된 체제에서 순응확보를 위한 방법 중 가장 효과적이고 능률적인 방법이라고 주장한다.

그러나 유인이나 보상의 약점도 있다. 첫째, 자발적으로 순응하는 사람들을 마치 경제적 유인 때문에 순응하는 것처럼 보이게 하여 이들의 명예심이나 도덕

9) 이것은 Etzioni(1968)가 조직이 구성원으로 하여금 목표달성을 위하여 움직이게 하는 수단으로 사용하는 것을 분류한 것이다. 이 중에서 유인과 처벌은 많은 학자들이 계속 지적하고 있으며 (Coombs, 1979; Young, 1979; Brigham and Brown, 1980) 이 두 가지에는 도덕적 정당성이 뒷받침되어야 함을 강조하고 있다.

적 자부심을 손상시킬 수 있다. 둘째, 정부의 경제적 지원에만 의존하려는 경향이 강해지고 순응을 위한 자구적인 노력을 소홀히 할 가능성이 있다. 기업들이 스스로 환경오염 물질의 배출을 줄이려는 투자를 하지 않고 정부의 보조금에만 의존하려는 경우가 이에 해당한다. 셋째, 무엇보다도 큰 약점은 비용이 많이 든다는 사실이다. 이 때문에 개발도상국에서는 이 방법을 사용하지 않으려 한다.

(3) 처벌(punishment or penalty) 또는 강압(coercion)

순응하지 않는 행위에 대해서 처벌하거나 처벌하겠다고 위협하여 순응을 확보하는 방법이다. 처벌의 내용은 벌금이나 과태료와 같은 금전적인 경우도 있고 징역과 같은 체형도 있다. 금전적인 처벌에는 벌금뿐만 아니라 이미 누리고 있는 혜택을 박탈하는 것도 있다. 지금까지 지원하던 수출보조금을 주지 않는 것, 보건위생이 문제가 있기 때문에 음식점의 허가를 취소 또는 정지시키는 것 등이 이에 해당한다.

처벌을 이용한 순응확보는 결국 순응하지 않는 경우에 불이익을 부과하는 방법으로 불응의 비용을 높여서 불응을 하지 않도록 하는 방법이다. 유인은 이와 달리 순응의 이익을 높이는 방법을 사용하는 것이다. 유인의 경우는 정책담당 기관이 자원의 소모(보조금 지불이나 세금감면 등)를 해야 하는데 비해서, 처벌의 경우는 자원이 거의 들지 않거나(체형의 경우), 벌금의 부과, 계획했던 지원의 철회, 세금감면의 취소 등으로 오히려 자금을 획득하는 수가 있다. 그래서 처벌은 정책담당자의 비용이 들지 않는다.

그러나 처벌은 유인에 비해서 여러 가지 약점이 있다. 첫째, 유인은 자발적 순응을 유도하는데 비해서 처벌은 강제적으로 순응을 확보하기 때문에 개인의 인권, 재산 등을 침해할 가능성이 있다. 둘째, 처벌은 감정적인 적개심을 유발시켜 처벌만 없으면 불응을 쉽게 하도록 하는 심리적인 역효과를 가져오고, 또 저항이나 도피를 유발시킨다. 셋째, 처벌을 위해서는 불응의 형태를 정확하게 점검·파악할 수 있어야 하는데, 이것이 어려운 경우가 많으며, 불응행태를 정확히 파악하기 위해서는 과다한 행정비용이 소요되는 경우도 많다.

또한 처벌은 개인의 인권이나 재산을 침해하는 행위이기 때문에 그 사용에는 여러 가지 제약조건이 따른다. 첫째, 무엇보다도 도덕적 정당성이 있어야 한다. 순응을 필요로 하는 정책의 집행이 바람직하고, 불응행위 자체가 사회정의 기준에서 보아 처벌을 당연히 받을 만하다는 사회적 합의가 있어야 한다. 즉,

불응에 대한 처벌이 공정하다는 사회적 인식이 처벌의 전제조건이 되는 것이다.

둘째, 도덕적 정당성은 극히 주관적이기 때문에 논란이 있을 수 있으므로 국민적 합의를 제도적으로 보장하여야 한다. 특히 인권의 침해가 큰 재산과 신체에 대한 처벌은 반드시 국회의 의결을 받은 법률에 의해서만 가능하여야 한다. 국민의 신체나 재산에 피해를 주는 처벌은 과거 전제군주 하에서 국가권력의 횡포가 심할 때 특히 남용·악용되었기 때문에 국민의 대표기관인 국회의 의결에 의해서만 가능하도록 한 것이다.

셋째, 처벌의 효력은 처벌의 확실성과 강도에 의하여 크게 좌우된다. 처벌의 확실성은 불응행위를 놓치지 않고 정확하게 적발할 때 높아지므로 불응행위의 파악을 위해서 점검과 확인 등의 노력이 지속적으로 이루어져야 한다. 그런데 이러한 점검이 어려운 경우가 많다.

제3절 정책수단론(도구론)

1 정책 수단론(도구론)의 등장

앞에서 정책대상자의 순응을 확보하기 위한 수단들을 검토하였다. 그런데 1980년대 이후 이러한 정책대상자의 행동을 변화시키기 위한 수단들의 사용에 큰 변화가 발생하면서 정책집행의 성과를 위한 다양한 수단들이 검토되기 시작하고, 이들을 정책수단(policy tools) 또는 정책도구(policy instruments)라고 부르기 시작하였다.

미국의 항공산업 규제를 살펴보기로 한다. 1980년대에 들어서서 미국은 항공산업에 대한 진입규제를 완화시켜서 많은 업체들이 참여하여 경쟁하도록 하였다. 규제개혁을 통해 진입을 완화하는 수단을 도입한 것이다. 결과적으로 몇 개 소수의 업체들이 시장을 장악하고 있을 때 보다 비행기 운임이 저렴해지고 서비스는 향상되었다. 이 규제완화는 1980년대에 미국, 영국 등에서 신자유주의가 등장하여 산업의 경쟁력을 강화하기 위한 조치로서 규제개혁을 대대적으로 추진하면서 벌어진 일이다. 민간의 생산 활동에 대한 정부간섭을 최소화하여 기업들의 경쟁을 유도하여 제품의 품질을 향상하고 서비스를 개선하는 등 국제무역에서의 경쟁력을 강화하기 위한 조치이다. 시장에 대한 정부의 간섭을 최소화시켜서 기업들이 자유롭게 활동하도록 하기 때문에 과거의 자유방임주의시대의 경제철학이 부활한 것이라고 하여 신자유주의(Neo-liberalism)라고 부른다.10)

이와 같이 정책수단에 대한 관심은 정부가 직접적으로 정책의 전반적인 과정에 관여하는 것으로부터 탈피하고자 하는 노력인 규제개혁과 밀접하게 관련되어 있다. 1970년대 후반부터 정부가 강력하게 규제적 수단으로 사회문제를 해결하고 관리하고자 하는 접근법에 한계가 드러나게 되었고 이에 대한 비판의 목소리가 높아졌다. 과도한 규제로 인한 규제비용이 높아질 뿐만 아니라 이를 모니터링하는 행정비용도 높아졌기 때문이다. 또한 규제자와 피규제자를 양분하는 규제정책은 피규제자의 자발적인 참여 유도를 어렵게 하였다. 또한 규제정책의 효과성에 대한 문제점이 지속적으로 제기되면서 과도한 규제에 대한 재검토와 새로운 대안에 대한 요구가 규제를 대신할 수 있는 정책수단에 대한 관심으로 이어졌다.

정부의 정책목적을 달성하기 위하여 전통적인 방식인 규제 대신 민간부문을 활용하는 자유주의적-시장경제적 방식이 대대적으로 채택되고, 처벌 대신에 지원(인센티브나 보상)등이 시도되면서 몇 가지 쟁점이 부각되었다. 이러한 방식이 과연 효과적인지, 다른 중요한 가치(예를 들면 형평성)를 해치는 것이 아닌지? 등의 문제였다. 이런 문제들이 다각적으로 검토되기 시작하면서, 여러 가지 정책수단이 연구의 대상이 되었다 이리하여 정책수단에 대한 보다 적극적인 연구가 시작되었는데, 이를 정책수단론 또는 정책도구론으로 부르고 있다.11)

---

10) 기업에 대한 세금을 감면시켜서 생산비인하를 유도하여 가격경쟁력을 향상시키는 조치를 추진하기도 하였는데, 이러한 조치는 바로 세수감소로 인한 복지비삭감으로 이어지기 때문에 이러한 신자유주의를 신보수주의라고 부르기도 한다.

11) 정책수단 연구의 행정학적·정책학적 함의와 쟁점은 문명재(2008)를 참고하기 바란다. 정책수단론(도구론)은 행정학과 정책학의 접점분야로 과도한 규제를 개혁하고 큰 정부의 비효율성을 극복하기 위하여 직접정부(direct government)를 보완 또는 대체할 수 있는, 민영화를 비롯한 다양한 대안을 모색하는 과정에서 발전하였다.

2 정책수단의 변화

정책수단은 정책집행현장에서 실제로 하는 일들에서 사용된다. 정부와 국민의 경계선에서, 즉 국민들과 접촉하는 부분에서 하는 일들은 모두 정책수단=정책도구를 사용하는 것이라고 보아도 좋다. 정책수단은 크게 두 가지로 분류할 수 있는데, 하나는 정부가 직접 서비스나 재화를 생산하여 공급하기 위한 정책수단, 다른 하나는 정책대상 집단의 행동을 유도하여 정책목표를 달성하려고 하는 정책수단으로 구분할 수 있다.

국공립학교에서 학생들을 교육시키는 것이나, 전염병이 돌 때 시청 방역과에서 소독약을 살포하는 것 등이 모두 정부가 직접 서비스를 제공하여 교육목적, 보건위생 목적을 달성하는 것이다. 이러한 정부에 의한 공공서비스의 직접 제공은 과거부터 국가의 활동으로 당연히 수행하던 일들이다. 국토방위를 위하여 국경 일선지역에 초소를 설치하여 적군의 동태를 감시한다거나, 경찰이 강도를 체포한다거나, 외국의 관료들을 설득하여 한국제품이 수출될 수 있도록 외교활동을 하는 것 등이 모두 여기에 해당된다. 국가가 국민들을 위하여 수행하는 기능으로 국가의 존재이유가 되는 것이다. 그래서 예외가 간혹 있기는 하지만, 과거에는 이 모든 일들을 정부가 직접 해야 하는 것으로 생각하여 왔다.

그런데 정부가 직접 담당하던 방식이 효율성이 떨어지자 기업의 운영방식을 적용한 공기업이 등장하였다. 경제가 발전하고 민간부문이 성장함에 따라 정부에서 직접 담당하는 것이 상대적으로 비효율적인 시대가 되고, 이에 따라 공기업이 등장하게 된다. 정부의 간섭과 감독을 감소시키면서 민간기업의 운영방식을 이용하는 것이다. 우리나라에서는 과거에 정부가 직접 생산하던 전기, 철도 등을 먼저 공기업화 하였다. 그 이후 1980년대에는 신자유주의의 바람을 타고 신공공관리(NPM=New Public Management)가 대대적으로 채택되면서 민영화와 민간위탁 등으로 공공재 생산에 기업들이 참여하여 경쟁하는 시장의 경쟁 원리를 도입하게 되었다. 예를 들면, 과거 시청 청소과에서 직접 담당하던 길거리 청소를 용역업체에게 맡기되, 여러 업체 중에서 가장 적합한 업체를 선정하여 서로 경쟁 입찰을 하도록 하였다. 정부 직접생산 →공기업 →민간위탁 →제3부문 →민영화에 의한 민간기업 담당의 순서로 국가기능의 일부를 다른 조직에게 담당시킨 것이다. 공공재를 공급하는 방식, 즉 정책도구가 정부 중심에서 점차 민간 위주로 이전된 것이다.

한편 집행주체인 정부와 민간기업, 지방정부와 같은 중간매개집단, 제3부문인 비영리-비정부 조직 등이 협동하여 공공업무를 추진하는 경우도 많아지고 있는데, 3장에서 본 바와 같이 이를 거버넌스(governance)라고 부른다. 여하튼 이때 정부는 수직적인 지시 감독이 아니라 수평적 관계에서의 협상과 타협을 하면서 방향잡기(steering)만 해야 하는 경우가 대부분이다. 이때에는 강압적 수단을 사용하기 어렵기 때문에 사용할 수 있는 정책수단이 몇 가지로 한정될 수밖에 없다.

다음으로 정부가 직접 역할을 하되, 정책대상 집단의 행동을 변화시켜서 정책목적을 실현하려는 정책수단의 경우에는 정책대상 집단의 순응을 확보하는 것이 핵심적인 성공조건이 된다. 이를 위해서 강압적 처벌, 유인, 설득과 같은 정책수단들이 동원되는데 이에 관해서는 앞에서 논의한 정책집행의 순응확보수단들에서 자세히 검토한 바와 같다.

3 정책수단의 내용과 유형

정책수단은 정책목적을 달성하기 위하여 정책집행에서 사용하는 수단이다. 이를 정책도구(tool, 또는 instrument)라고 부르기도 한다. 학자에 따라서 다양한 정의를 하지만, 핵심은 정책집행수단이다. 다만 이 수단이 다양한 형태를 취할 수 있다. 이러한 정책수단은 앞의 제1장에서 정책목적과 수단 등의 내용을 검토하면서 본 바와 같이 실질적인 수단과 실행적-집행적 수단으로 나눌 수 있다. 정책수단론-도구론에서 검토하는 것은 후자이다.

정책수단=정책도구를 실행적 수단에 한정시켜도 그 종류가 아주 많다. 정부가 국민들을 상대로 직접적으로 수행하는 거의 모든 일들이 해당될 수 있기 때문이다. 정부가 하는 일은 모두 목적을 지니고 있는데, 이러한 목적을 국가목적, 정부목적, 정책목적, 행정목적 등 무엇으로도 부를 수 있다. 정책학에서는 이들을 정책목적으로 부른다. 그리고 이 목적을 달성하기 위해서 하는 일들은 정책수단이라고 볼 수 있다. 물론 이것도 정책수단, 정책도구, 행정수단, 행정도구 등으로 부를 수 있다.

이러한 수단은 보는 각도에 따라 다양한 형태로 나타난다. 폐수를 방류하는 공장에 벌금을 부과하는 행동을 수단으로 볼 수도 있고, 부과되는 벌금 자체를 수단으로 볼 수도 있다. 즉 사용되는 물건, 재화도 수단으로 부를 수 있다. 또 폐수방류를 감시하여 고발하는 시민에게 포상금을 주는 제도를 만든다면, 이 제도도 수단이라고 불 수 있다. 행동, 물건, 제도 등이 모두 수단으로 불릴 수 있는 것이다. 아래 〈표 7-1〉에는 다양한 정책수단의 종류가 정리되어 있으며, 정부는 정책목적을 달성하기 위하여 이와 같이 다양한 정책수단들을 활용하는 것이다.

〔표 7-1〕 정책수단의 종류

행정도구(tool)	산출물/활동	수단(vehicle)	전달 체계
직접정부	재화, 서비스 제공	직접 제공	공공조직
사회적 규제	금지/제도/	규칙	공공조직/감독
경제적 규제	공정한 가격/제도	진입 및 점유율 규제	규제위원회
위탁계약	재화, 서비스 제공	계약/현금지불	사조직/비영리조직
보조금	상품, 서비스 제공	보조금/현금지불	지방정부/비영리조직
직접대출	현금	대출	공공조직
대출담보	현금	대출	시중은행
보험	보호	보험	공공조직/민간보험회사
조세지출	현금, 인센티브	조세	조세시스템
부과금	경제적 벌금	조세	조세시스템
배상책임	사회적 보호	권리보호	법원시스템
공기업	재화, 서비스 제공	직접 제공/대출	준공공조직
바우처	재화, 서비스 제공	보조금	공공조직/소비자
포상금	현금	포상금제도	공공조직/시민
행정지도	협의/정보	협의/행정제도	공공조직
공공정보	정보	정보제공	공공조직/매체
민간위탁	재화, 서비스 제공	위탁계약	영리조직/비영리조직

출처: Salamon (2002)를 토대로 수정함

정부가 다양한 정책수단(도구)을 활용하는 예를 들어 보자. 전염병 예방을 위하여 시청 방역과가 직접 소독활동을 하는 것은 '직접정부'라는 정책도구를 사용하는 경우이다. 방역활동을 계약을 통해 민간 소독업체가 수행한다면 이는 '민간위탁'이라는 도구를 사용하는 것이며, 경우에 따라서는 소독을 자발적으로 하는 업소에 '보조금'을 지급하는 방식을 택할 수도 있다. 또는 소독활동을 담당하는 '공기업'을 설립하여 이에 맡길 수도 있다. 근로자의 안전을 보장하기 위한 정책에 있어서도, 안전조치를 다하지 않은 기업을 대상으로 '규제' 도구를 사용할 수도 있고, 이보다는 다소 약한 '행정지도' 수단을 택할 수도 있다. 또한 작업장의 안전에 관한 정보를 제공하는 '공공정보' 도구도 활용이 가능할 것이다. 이와 같이 정부는 정책의 내용에 따라 다양한 정책도구를 활용할 수 있으며, 어느 상황에서 어떤 도구를 선택하느냐 하는 것은 정책목표를 달성하는데 지대한 영향을 미친다(Kettl, 1998; Salamon, 2002; Landry and Varone, 2005) 이에 대해서는 다음에서 자세히 보도록 한다.

4 정책조합(policy mix)과 정책짝짓기(policy match)

1) 정책조합(policy mix)

정책수단은 단독으로 사용되는 경우가 거의 없다. 여러 가지를 배합시켜서 사용하는데 이를 정책조합이라고 부른다. 그러나 강압적 수단과 지원적 수단은 같이 사용해서는 안 되는 경우가 발생한다. 수단의 효과가 상쇄될 수 있기 때문이다. 이런 식으로 수단들 간에는 서로 배척하는 경우와 그 반대의 친화적 경우가 있다. 이를 이해하는 것은 정책조합의 전략을 수립하기 위해 아주 중요하다.

정책대상 집단의 행동을 바람직한 방향으로 유도하기 위하여 사용하는 정책수단(=도구)들 간의 관계가 문제의 핵심이다. 이들 정책수단의 효과는 정책대상자의 행동변화로 나타나기 때문에 정책대상자의 순응이 핵심이고, 순응확보기제의 3가지 수단(강압, 지원, 도덕적 설득 및 정보제공)들 간의 관계가 논의의 핵심이다.

환경규제정책을 예로 들어 보자. 정부가 수질오염 방지를 위하여 폐수배출 규제기준을 강화하는 경우에 기업들은 자신들이 처한 상황에 따라 다양한 반응을 보일 것이다. 강화된 규제기준을 충족시킬 수 있는 역량을 충분히 갖추고 있는 기업(편의상 정상기업으로 부르기로 한다)들은 변경된 규제기준을 통보하는 정보제공 만으로도 순응을 하게 된다. 반면 현재의 공장 운영방식으로는 폐수정화 시설을 강화할 경비(능력)가 부족하지만, 운영을 효율화하여 다른 경비를 절약하면 강화된 기준의 충족이 가능한 기업(한계기업)들의 경우에는 정보제공만이 아니라 도덕적 설득도 해야 기업이 의지를 가지고 노력을 할 것이다. 한편 공장경영을 개선하여도 부족하여 정부로부터 어느 정도의 지원금을 받지 않으면 폐수처리 시설의 설치가 불가능한 기업(조건부 한계기업)도 있고, 아무리 기업 스스로 노력하고 정부 보조금이 지원되어도 필요한 경비조달이 어려워 폐수처리 시설설치가 불가능한 기업(탈락기업)도 있다.

이상과 같은 경우에 정부는 어떤 수단을 써야 할 것인가? 다음과 같은 집행전략을 세울 수 있다. 먼저 정화기준을 제시하고 이를 어기는 기업은 어기는 정도에 상응하는 벌금을 부과하되 1년 후에 시행할 것임을 발표한다. 그리고 폐수방류의 피해를 알리고 이를 억제하는 것이 기업의 사회적 책임이라고 홍보한다. 즉 정보제공과 도덕적 설득을 병행하는 것이다. 1년 후가 되면, 정상기업은 당연히 순응의 행동을 할 것이다. 그리고 한계기업의 일부는 경영합리화노력 등으로 기준을 지키는 순응을 할 것이다. 하지만 나머지 한계기업과 조건부 한계기업은 벌금이나 처벌을 받기도 할 것이다. 탈락기업은 공장을 자진 폐쇄하든지 벌금이나 처벌을 부담하면서 사태변화를 관망할 것이다. 그리고 벌금을 부담하는 기업들은 연합하여 정부가 제시한 기준이 너무 높으니 수준을 낮추든지, 아니면 정화시설을 설치하는 비용의 일부 또는 전부를 지원해달라고 민원을 청구할 것이다.

이런 상황에서 집행주체는 어떻게 할 것인가? 이 두 번째 단계에서 집행주체는 두 가지 중에서 하나를 선택해야 한다. 첫째는 민원을 무시하고 강경한 자세로 나가는 것이다. 이렇게 되면 공장들을 엄격하게 감시하면서 위반 기업들을 처벌하는데, 퇴출기업은 물론이고 조건부 한계기업도 공장 문을 닫게 된다. 두 번째 방법은 조건부 한계기업을 구원할 정도로 폐수처리시설 설치자금의 일부 또는 전부를 지원하는 것이다. 이때의 지원은 보조(공짜로 지원)가 아니라 융자(일정기간 후에 회수)의 방법을 통해서 경영합리화를 시도할 한계기업을 자극하지 않도록 해야 한다. 그리고 이런 지원에도 기준을 지키지 못하는 기업들은 자진

폐업 등으로 퇴출을 유도한다.

이런 식으로 정책수단(=도구)는 대부분의 경우에 정책상황에 맞게 다양한 수단이 모두 활용된다. 그러나 몇 가지 주의해야 할 점이 있다. 첫째, 위의 예에서 보듯이 수단의 활용은 동시적으로 이루어지는 것이 아니라 시간적 순서를 가지고 적용되어야 하는 경우가 대부분이다. 처음에는 정보제공, 도덕적 설득 등이 진행되고, 순응 여부를 보아가면서 처벌이 뒤 따른다.[12] 둘째, 처벌 도중에 지원을 하는 경우가 발생할 수가 있는데, 이 때 지원을 처벌 이전에 해서는 안 된다는 점이 위의 예에서는 명백하다. 일단 처벌을 하고 대상자들의 행동을 보아가면서 지원의 필요성을 판단해야 한다. 이 판단은 실제에 있어서 아주 어려운 문제를 야기한다. 일단 정부지원이 있게 되면, 한계기업들은 물론이고 일부 능력이 한계기업과 비슷한 정상기업도 경영합리화노력보다 지원에 의존하려는 경향이 있기 때문이다.

위의 가상적 예에서 보듯이 정보제공과 도덕적 설득은 처벌이나 지원과 병행해도 좋지만, 지원과 처벌의 선후관계, 또는 동시적 실시여부를 판단하는 것은 실제 상황에 따라 달라지는 까다로운 문제이다.[13] 일정한 원칙이 있을 수 없으면서 상황에 따라 대처해야 하는 중요한 문제라는 사실은 기억해야 한다.

한편 여기서는 정책도구의 조합을 실행적 수단 또는 순응확보 수단을 중심으로 논의하였으나 정책조합은 실질적 수단에서도 필요하다. 즉 정책목적을 달성하기 위해서는 어느 하나의 정책수단으로는 어렵고 다양한 정책수단의 조합이 동원되어야 하는 경우가 많다. 예컨대 교통분야의 진입규제를 완화하여 정보기술을 활용한 신산업의 등장을 가능하게 하는 동시에, 기존 산업을 보호하기 위해서 보조금을 신설하거나 확대하는 정책이 필요하다. 규제완화와 보조금이라는 두 가지 정책을 조합시키는 것이다. 노동정책의 경우에도, 한편으로는 노동유연성을 증대시키는 동시에 노동자들의 연금제도를 강화하는 정책을 배합하면 정책의 실현가능성이 제고될 수 있을 것이다. 이와 같이 실제의 정책과정에서는 실

12) 물론 이런 순서가 필요 없는 경우도 많다. 국민들의 안전을 위해서 일정 행동을 금지하고 이를 어기는 자를 처벌하는 경우에는 정보제공이나 도덕적 설득이 생략된다. 도둑질, 강도, 폭력, 살인 등등 형법상 처벌의 대상이 된 행동을 하게 되면 즉각 처벌의 절차를 밟게 된다.

13) 형법에서 금지하는 행동을 하지 않도록 정부에서 지원을 하는 예는 좀체로 없다. 살인, 도둑질이나 폭력을 사용하지 말라고 정부가 지원을 하지는 않는 것이다. 그러나 형기를 마친 죄수가 재활하여 다시는 범죄를 저지르지 않도록 직업훈련을 시키거나 정착자금을 주는 등의 예외가 있다.

질적 정책수단 조합의 구성이 매우 중요한 이슈가 된다. 하지만 이러한 실질적 정책수단은 정책분야마다 다르고, 이로 인해 정책학의 논의 범위를 넘어서는 것이기 때문에 여기서는 실행적 정책수단을 중심으로 논의하였다.

사례 7-3 산업안전을 위한 정책수단 조합

한국은 OECD 회원국 중 산업재해 사망률이 1위다. 2018년 1월부터 2019년 9월까지 산업 현장에서 1692건의 사망사고가 발생했다고 한다. 고용노동부가 발간한 '안전보건 관리체계 가이드북'에 따르면 2021년 산재가 초래한 경제적 손실 추정액은 29조 9천841억 원으로 전년도 27조 6천468억 원보다 8.5% 증가했다. 태풍이나 홍수와 같은 자연재해로 인한 손실액의 30배가 넘는 수준이다. 이러한 산업재해 피해를 줄이기 위한 정책이 바로 산업안전보건법, 중대재해처벌법 등이다. 특히 후자는 중대한 인명 피해를 주는 산업재해가 발생했을 경우 사업주에 대한 형사 처벌을 강화하는 내용을 핵심으로 한 법안으로, 2021년 1월 8일 국회 본회의를 통과했다. 이 법에 따르면 안전사고로 노동자가 사망할 경우 사업주 또는 경영책임자에게 1년 이상의 징역이나 10억 원 이하의 벌금을, 법인에는 50억 원 이하의 벌금을 부과할 수 있다

그런데 산업안전을 강화하기 위한 정책수단에는 이러한 처벌수단만 있는 것이 아니다. 산업안전보건법에는, 정부로 하여금 산업재해를 체계적이고 효율적으로 예방하기 위하여 산업재해 예방 통합정보시스템을 구축·운영할 수 있도록 하고 있으며, 근로자에 대한 안전보건교육, 유해·위험기계 등의 품질·안전성 또는 설계·시공 능력 등의 향상을 위한 예산 지원 등의 수단이 포함되어 있다. 이는 처벌 수단이 단기적으로는 안전사고 방지에 성과를 거둘 수 있을지 모르지만, 장기적으로 보면 처벌 수단 못지않게 교육을 통해 안전의식, 안전문화 등을 확5산 시키는 것이 중요하기 때문이다. 이와 같이 산업안전정책의 목표를 달성하기 위해서는 처벌, 교육, 지원 등 다양한 정책의 조합이 필요하다.

2) 정책짝짓기(policy match)

정책수단은 정책목적과 별개로 움직이면서 결합하지만, 모든 정책수단이 모든 정책목적과 결합할 수 있는 것은 아니다. 이것은 앞에서 본 정책수단들 끼리의 친화적-배척적인 관계와 비슷하다. 정책목적이나 내용과 정책수단 간에는 친화력이 있어서 결합이 잘 되는 경우가 있는가 하면, 반대로 서로 배척하는 관

계가 되기도 하는 것이다. 특정 정책목적이나 내용과 정책수단이 결합되는 것을 정책짝짓기라고 부를 수 있다. 짝짓기를 결정하는 것은 정책목적과 수단의 성질이다.

여기서도 도덕적 설득과 정보제공 수단은 특별한 경우를 제외하고는 어떤 정책목적이나 내용과도 잘 어울린다. 그러나 처벌과 지원 수단은 다르다. 결론만 먼저 보면, 정책의 내용이 정책대상자에게 특정한 행동을 하지 않도록 요구하는 경우에 이 금지된 행동을 하거나, 해야 한다고 정해진 행동을 하지 않는 경우에는 처벌이 기본 수단이 된다. 반대로 정책대상자가 하지 않아도 되는 특정한 행동을(공동체나 국가사회를 위하여) 해주기를 희망하는 경우에 지원수단을 사용할 수가 있는 것이다. 처벌의 경우는 명백하다. 강도행위, 폭력행위, 살인 등은 처벌로서 방지를 하고, 이를 하지 않는다고 지원금을 주지는 않는다. 국민의 안전을 위한 치안, 사법질서유지, 환경보호, 보건위생 등의 정책은 규제를 기본적인 수단으로 채택하며 이를 어기는 행위를 처벌하게 된다.14)

Behind Story 7-2 **잘못된 짝짓기의 비극**

우리나라의 대통령 중에서 김영삼 대통령만큼 개그(joke)의 대상이 많이 된 사람은 없다. 주로 머리가 나쁘다는 것을 과장하여 사람들을 웃기는 joke이다. 김 대통령은 대범한 성격이라 이런 Joke를 들어도 크게 웃고 넘겼기 때문에 재미있는 것들이 많다. 다음 것도 그러한 내용이다.

김 대통령이 클린턴 미국 대통령과 정상회담을 할 때 이야기이다. 클린턴 대통령도 본인에 대한 Joke를 싫어하지 않았는데(적어도 겉으로는), 주로 부인인 힐러리 여사와의 관계에 대한 것이다. 원래 힐러리 여사는 탁월한 능력과 미모를 갖춘 인재로 널리 알려졌고, 클린턴이 아닌 다른 사람과 결혼했으면, 그 사람이 대통령이 되었을 것이라는 Joke가 유행하였다. 그래서 사람들이 클린턴을 소개할 때 대통령 클린턴이라고 하지 않고 흔히 힐러리 여사의 남편이라고 소개하여 사람들을 웃기기도 하였다. 이러한 클린턴 대통령과 김영삼 대통령이 정상회담을 할 때의 이야기다.

처음으로 서로 만날 때는 인사말만큼은 대통령이 직접 하는 것이 예의라고

14) 물론 앞에서 본 폐수방류업체의 지원이나, 보건위생시설을 위해서 정부에서 지원을 해야 하는 중소식당에 정부가 지원을 하는 등의 예외가 있기는 하다.

생각하였는데, 김 대통령이 고령으로 기억력이 극도로 취약하므로 참모들이 머리를 짜 내어 아주 단순한 두 문장만 기억하도록 주문하였다.

만나는 순간에 대통령이 먼저 악수를 하면서 〈How are you?〉라고 말하면,클린턴이 틀림없이 〈I am fine, and you?〉라고 응답할 것이다.(이렇게 답변하도록 상대편 참모에게 부탁을 할 계획이었을 것이다.) 그러면 대통령이 〈me too.〉라고 답변하면 무난한 첫 인사가 된다. 그리하여 김 대통령은 이 단순한 두 문장을 열심히 암기하였다.

〈How are you?〉 〈Me too〉

그런데 두 사람이 만나자 말자 사고가 터졌다. 김 대통령이 깜박한 것이다.

악수하면서 한 말이,

〈Who are you?〉

미국 대통령을 만나서 〈당신이 누구냐?〉라고 물은 것이다.

클린턴은 '이 사람이 나하고 장난을 치는구나'하고 생각하여 농담으로 받았다.

〈I am Hilary's husband〉

그러자 상대편이 응답하는 것에 힘을 얻은 김 대통령이 즉각 받았다.

〈Me too〉

두 번째로 두 정상이 만나게 되었다. 첫 번째 만남의 실수를 만회하기 위하여 김 대통령의 참모들도 고심하여 조금 어렵지만 약간 복잡한 두 문장을 암기하도록 대통령에게 부탁하였다. 대통령도 첫 번째 만남의 실수를 만회하기 위하여 두 문장을 열심히 암기했다.

〈I am glad to meet you again〉

〈I am sorry I can not speak English〉

만나는 즉시 이 두 문장을 연달아 말하기로 하였다. 그런데 김 대통령이 또 사고를 쳤다. 다음과 같이 말한 것이다

〈I am sorry to meet you again〉 -- 〈당신을 다시 만나다니 유감이오.〉

〈I am glad I cannot speak English〉

각각 두 부분으로 구성된 문장의 짝짓기를 잘 못한 것이다. 그래서 치명적인 외교적 실수를 범한 것이다. 짝짓기 잘못이 가져오는 비극이다.

이 이야기도 웃으라고 지어낸 joke이다. 그런데 이 Joke는 세계적으로 대유행을 하였다. 물론 우리 김대통령의 경우가 아니고, 영어를 잘못하는 국가원

수들이 클린턴과 정상회담을 할 때 각국의 언론에서 재미로 사용한 것이다. 동남아시아, 아프리카뿐만 아니라 심지어는 유럽 국가들의 정상도 영어가 서툴면 이 Joke의 희생물이 되었는데, 클린턴이 미국 대통령직을 8년이나 수행하였기 때문에 정상회담을 한 상대국가의 원수가 엄청나게 많았다. 선진국 정상 중에서는 일본 수상들이 흔히 거론되었는데, 이 기간에 일본 수상이 자주 바뀌었기 때문이다. 아마도 이 Joke의 진원지도 일본일 것이다.

지원의 경우는 국가 사회나 공동체를 위하여 바람직한 행동을(해야 될 의무는 없지만) 정책대상자가 적극적으로 해주기를 원할 때 사용하는 수단이다. 세금납부나 병역의무와 달리 해야 할 의무는 없지만 바람직스럽다고 정부가 판단하여 이 행동을 하도록 유도하는 수단이다. 이 때문에 지원 대신에 보상 또는 유인이라는 용어를 쓰기도 한다. 과거 개발연대 시절에는 경제의 각 부문에서 대대적으로 융자금, 보조금 등을 지원하였다. 수출장려금, 과수농업지원금, 축산장려금 등이 모두 이런 지원적 수단이다. 지금도 장애인고용장려금, 중소기업지원금 등 경제분야, 연구분야, 교육분야 등에 이러한 지원이 많이 있다.

제4절 정책집행이론

1 정책집행이론 개관

정책집행연구는 1970년대 초부터 본격적인 연구가 이루어졌으므로 정책학의 타 분야에 비하여 비교적 짧은 학문적 역사를 가지고 있다. 초기의 정책집행연구는 대부분 사례연구의 형태로 이루어졌으며, 실제적인 정책집행과정에 대한 이해와 바람직한 정책집행을 위하여 정책결정자가 고려해야 할 요인에 대한 이해가 주된 연구목적이었다. 이후 정책집행이론은 하향적 접근방법과 상향적 접근방법이라는 두 가지 대립되는 접근방법을 중심으로 발전하였고, 양 접근방법을 통합하고자 노력한 연구도 있다.

1) 고전파 행정학에서의 집행관

(1) 고전파 행정학의 원리

원래 행정학이란 행정을 연구하는 학문이고, 행정은 정책집행이므로 행정학은 당연히 정책집행을 연구했어야 했다. 그러나 1970년대 이전까지의 행정학은 지금 우리가 검토하는 정책집행론은 전혀 아니다. 전통적인 행정학은 행정조직 내부의 관리(조직 인사 재무 등)에 초점이 있었다. 이것은 Wilson 이후 고전파 행정학이 취급하였던 당시의 시대적 과제가 정책의 집행과정에 있지 않았기 때문이다.

여기에서 말하는 고전파 행정학이란 미국에서 19세기 말 내지 20세기 초에 시작되어 New Deal 정책으로 행정국가화 현상이 심화된 시기까지의 행정학을 의미한다. 고전파 행정학은 정책집행과 관련하여 다음과 같은 세 가지 특징을 지닌다(Nakamura and Smallwood, 1980).

첫째, Wilson이 주장한 정치・행정이원론이다. 정치는 정책결정을, 행정은 정책집행을 담당하여야 하며 양자의 성격은 근본적으로 다르기 때문에 상호 개입해서는 안 된다는 주장이다. 행정을 사무적인 것으로 보고, 중립적인 전문가에 의해 과학적이고 객관적인 합리성에 기초를 두고 추진되어야 한다고 하였다. 그래서 정실적 임명이 아니라 실적주의적 인사관리를 해야 한다는 것이 주장의 초점이었다.

둘째, 20세기 초에 등장한 Taylor의 과학적 관리(scientific management)이다. 행정의 기초로서 과학적이고 객관적인 합리성의 기준으로 능률을 제시하고 능률추구를 위한 여러 가지 원칙들을 주장하였다. Taylor는 주로 육체노동자의 시간-동작연구(time and motion study)를 통하여 작업장에서 필요한 동작과 불필요한 동작을 구분하고, 필요한 동작을 수행하는데 소요되는 시간을 추정하였다. 이것을 조직에 적용하면 조직의 상층부에서 중요한 결정을 내리고 하층부에서는 이를 기계적으로 수행하는 것이 능률의 향상을 가져온다는 것이다. 이 역시 행정조직의 내부관리에 초점이 있었다.

셋째, Taylor의 사고방식과 유사한 논리를 행정조직에 적용하려는 연구가 여러 학자들에 의하여 추진되었는데, 대표적인 것이 Weber의 관료제이다. Weber의 합리적 관료제는 분업에 의한 전문화, 분업화된 하위조직들의 조정을 위한 상위 직위의 결정권, 조직운영에서 개인의 자의적 행동의 영향을 배제하기 위해 공식화된 규칙(rule)에 의한 지배 등을 특징으로 삼고 있다. 즉 정책의 주된 내용은 조직의 상층부에서 결정하고, 이를 실현하기 위하여 조직의 하층부에 전문가를 고용하여 이들이 결정된 내용을 충실하게 집행하면 조직 전체가 합리적으로 운영된다는 것이다.

결국 미국의 고전파 행정학의 집행관은, 정치에 의하여 결정된 정책의 내용을 행정은 충실히 사무처리 하듯이 집행하고(정치 · 행정이원론), 행정조직의 상층부에서 의사결정을 하고 조직 하층부의 전문가가 이를 집행하며(Weber의 계층제), 기계적 · 자동적으로 충실히 집행하면 능률성이 보장된다는 것(Taylor의 과학적 관리론)으로 정리할 수 있다. 이상의 모든 것이 행정조직의 합리적 관리를 위한 아이디어들이다. 그런데 이 장에서 설명하고 있듯이 정책의 집행에서 더욱 어려운 문제는 행정부가 내부의 조직이나 직원들을 상대로 관리를 하는 부분이 아니라, 국민을 대상으로 집행현장에서 정책수단을 실현하는 과정에서 발생하며, 이것을 연구하는 것이 정책집행론이다.

(2) 고전파 행정학적 집행관의 문제점

이상과 같이 고전파 행정학에서는 행정부와 국민이 상호작용하는 부분에서의 정책집행에 대해서는 관심이 없었다. 더욱이 행정부 내부에서도 집행상의 문제가 상당히 발생하는데도 불구하고 이를 언급조차 하지 않아, 다음과 같은 오해를 부른다. 즉 명령체계에 따라 상층부에서 결정한 정책을 하층부에서는 아무런 재량권 없이 집행하는 것을 전제하여, 정책만 결정되면 집행은 결정자가 기대한 대로 자동적으로 이루어지는 것으로 보았던 것이 아니냐는 오해이다. 물론 많은 학자들이 다 같이 바보 같은 오해를 했을 리는 없고, 단지 당시에는 이 문제 보다 훨씬 심각한 내부관리적 문제(만연한 비능률적 경영, 정실인사나 조직위계상의 명령통일 문제 등)에 행정학자들이 관심을 기울였기 때문이다. 원시적인 비능률에 시달리던 행정의 내부관리 문제가 어느 정도 해소된 후에 고전파 행정학을 대신한 현대적 행정학이 등장하였고, 1960년대 후반부터 무수한 복지사업 등으로 국민과의 접촉을 통하여 집행되는 정책이 급증하고, 또 정책집행과정에서의 실패사례가 많이 발생하자, 이 문제를 해결하기 위한 아이디어를 얻기 위해 집행론이 대대적으로 등장하게 된 것이다.

정책집행론이 본격적으로 연구되면서 정책집행에 대하여 고전파행정학에서 암암리에 전제하였던 가정이 현실과 상당히 다른 것으로 나타났다. 첫째, 정책집행과 정책결정은 그 성질 면에서 본질적인 차이가 없다. 정책집행은 정책의 내용을 구체화하는 과정으로 정책목표 · 수단의 계층제에서 하층부로 내려오면서 수단을 구체화하는데, 구체화과정은 상층부에서 목표와 수단을 결정하는 것(즉, 정책결정)과 본질적으로 차이가 없다.

둘째, 정책결정과정에서 정책의 내용이 먼저 확정되는 것이 아니라, 실제로는 정책집행과정에서 확정되는 경우가 많다. 전문지식의 부족, 정보의 부족으로 정책결정과정에서 불합리하거나 애매모호하고 추상적인 정책을 결정하는 경우가 많으므로, 집행과정에서 환류되는 정보와 집행자의 전문가적 판단에 의하여 정책의 내용이 수정되고 확정되기 때문이다. 그래서 정책결정이 시간적으로 먼저 이루어진 다음에 집행이 이루어지는 단일방향성이 아니라 서로 영향을 주고받는 순환성(circularity)을 띠고 있다. 이러한 상황을 이해하게 된 것은 1960년대에 흑인 등 빈곤층을 위한 여러 가지 사업들을 대대적으로 추진하면서, 탁상공론과 주먹구구식으로 결정을 하여 무수한 문제가 집행과정에서 발생하였기 때문이다.

셋째, 정책결정자와 집행자의 관계도 행정조직의 내부에서만 보면, 전자가 명령 · 지시하고 후자가 복종하는 경우가 일반적이지만, 앞의 영유아 보육비 집행사례에서 설명한 바와 같이 중앙정부가 지방정부에 위임하여 집행을 하는 경우 등은 전혀 다른 경우가 많다. 즉 정책결정자의 지시와 명령은 자동적 · 기계적으로 수행되는 것이 아니다. 연방정부에서 결정된 정책이 주정부, 시정부에서 제대로 집행이 되지 않거나, 동일한 정부의 동일한 집행조직 내부에서도 상부에서 결정된 것이 일선관료의 재량권에 의하여 거부되는 경우가 많으며, 일선관료가 충실히 집행하려고 해도 정책대상 집단이 순응하지 않는 경우도 많다. 즉, 정책집행은 자동적 · 기계적인 것이 아니다.

2) 현대적 집행론의 등장

이 장의 맨 앞에서 본 바와 같이 Pressman(프레스만)과 Wildavsky(윌다브스키)가 Implementation(집행론)을 출간한 이후 정책집행에 대한 연구가 급증하였다. Oakland에서의 흑인 실업자구제를 위한 정책은 여러 가지 요인들이 결합되어 집행이 실패하였는데, 이들이 지적한 Oakland 사업의 중요한 정책집행 실패요인들을 보면 다음과 같다.

첫째, 집행과정에서 참여기관 및 참여자가 너무 많았다. 연방정부의 집행책임자와 그 막료들, 연방정부 지방담당직원들, 연방정부의 노동부, 후생부, 회계감사원, Oakland 시장과 관료, 공공사업체의 직원, 은행가, 사기업체의 대표, 흑인대표 등이 참여하였다. 이들은 정책내용에 대한 이해 정도, 이해관계 및 지지 정도가 각각 다르기 때문에 집행과정에서 협조와 지지를 얻는데 많은 시간이 걸렸으며, 정책에 대한 태도도 수시로 변하였다. 이 때문에 의사결정점이 많아졌으며, 하나하나의 의사결정점은 바로 거부점(veto point)의 역할을 하였다. 또한 이 과정에서 정책의 내용이 수정·변경될 가능성이 컸으며 이것은 집행을 원래의 의도에서 벗어나게 만들었다.

둘째, 중요한 지위에 있는 자들의 빈번한 교체도 집행에 대한 기존의 지지와 협조를 허물어뜨림으로서 집행의 장애요인이 되었다.

셋째, 정책의 내용을 결정할 때 정책목표를 달성할 수 있는 타당하고 실현가능한 수단을 선택하는 것이 중요한데, Oakland 사업의 경우 이러한 고려가 부족하였다. 원래 흑인실업자 구제를 위하여 일자리를 창출한다는 정책목표를 위해서는 마련된 자금으로 새로 취업하는 흑인들에게 임금을 주는 방법을 정책수단으로 생각했어야 하는데, Oakland 사업에서는 이 자금으로 여러 시설(비행기 격납고, 부두항만시설 등)을 건설하고 이를 통하여 일자리를 창출하려는 간접적인 방법을 썼기 때문에 목표달성 효과가 미흡했던 것이다.

넷째, 적절하지 않은 기관이 정책집행을 담당하였다. 부적절한 집행기관이 정책집행을 담당하면 타성적이거나 습관적으로 부적절한 정책수단을 선택하게 된다. 원래 경제개발처는 경제적 불황 지역에서 경기회복을 주로 담당하는 기관이었기 때문에 당시 사용하던 정책수단(즉, 재정투자를 통해 경기회복과 고용증가를 도모하는 정책수단)을 Oakland에도 그대로 적용하였다. 하지만 Oakland는 전체적으로 경기가 호황인 상태에 있었고 유색인종과 흑인들만이 주로 실직상태에 있었기 때문에 이 수단이 효과를 가져 올 수 없었다. 따라서 직접적 시설투자보다는 이들을 대상으로 맞춤형 직업훈련을 실시하는 편이 더 나았을 것이라는 지적이었다.

이러한 정책실패가 1960년대 말에 이르러 미국에서 광범위하게 문제가 되었고 이것이 정책집행에 대한 연구를 폭발적으로 증가시키게 만든 배경이 되었다. 이 당시 미국에서 정책집행의 실패가 이렇게 광범위하게 나타나게 된 원인은 크게 두 가지로 나눌 수 있다.

첫째, 1960년대 중반부터 미국이 여러 가지 종류의 사회정책 사업들을 막대한 예산을 들여서 대대적으로 추진하게 되었는데 이들 사업의 대부분이 1960년대 말에 와서는 거의 실패한 것으로 인식되었다. 1960년대 초에 미국 전역에서 발생한 흑인폭동에 자극받은 Johnson 행정부가 흑·백이 조화롭게 살아가는 '위대한 사회'(great society)를 건설한다는 슬로건을 내걸고 흑인의 생활수준 향상을 위해서 수없이 많은 사업을 추진하여 과거 연방정부예산에서 20% 정도를 차지하던 복지비가 40% 정도로 급격하게 증가되었다. 저소득층 어린이를 위한 무료유아원설치, 흑인이 다수인 초·중·고등학교에 대한 특별지원, 한 부모가정의 지원, 실업자와 저소득층을 위한 직업재훈련사업, 취업알선사업, 불량청소년 선도사업, 범죄인재활사업, 고아보호사업, 저소득층을 위한 의료사업 등이 대표적이다.

그러나 너무 의욕이 앞서서 졸속으로 사업내용을 결정하게 되어 앞에서 본 바와 같이 실현가능성이 없거나 정책목표를 달성하기 어려운 정책수단(이론이 없는 정책내용)을 선택한 경우가 많았다. 사업내용의 대부분이 정책대상 집단의 행태의 변화, 지능의 향상·개발을 목표로 하였기 때문에 사실 어떠한 정책수단을 선택하여도 목표달성이 쉬운 것은 아니며, 이것이 원인이 되어 정책실패가 일어나는 경우가 많다. 가정환경(실직자인 아버지가 알코올 중독자가 되어 어머니와 매일 싸우고 형제들이 도둑질이나 하는)이 변화되지 않은 상태에서 일주일에 몇 시간 정도 상담을 받았다고 해서 청소년이 착한 사람으로 바뀌리라는 것은 기대하기 어렵다. 대부분의 경우 막연한 짐작이나 탁상공론적 판단에 의하여 정책내용을 결정하였고, 이로 인해 집행과정에서 문제가 발생하여 집행이 어려워졌던 것이다.

둘째, 미국 정치체제의 다원론적 특성이 새로운 정책의 집행을 어렵게 만들었다. 앞에서 보았듯이 미국은 민간부문이 자율적으로 움직이고, 지방정부가 강한 자치권을 지니고 있는 연방체제로 삼권분립이 철저하다. 따라서 행정부의 정책집행이 의회나 사법부에 의하여 언제나 견제를 받고, 관료권이 확립되어 관료조직도 대통령의 명령을 그대로 따르지는 않는다. 이런 상황에서 혁신정책을 집행함에 있어서 대통령에서부터 최하위 지방정부의 일선공무원에 이르기까지 중간단계에 놓여 있는 모든 의사결정점들이 거부점으로 작용할 가능성이 크다. 그야말로 '비틀거리며 거부점들을 헤치고 나가야'(muddling through) 한다는 점증주의자들의 지적 그대로이다.

이와 같이 계속되는 정책의 실패는 학자와 실무자들로 하여금 정책이 왜 실패하는지, 어떻게 하면 성공할 수 있는지에 대한 관심을 불러일으켰다. 정책집행의 실패를 되풀이하지 않고 성공적으로 집행하기 위한 조건이나 전략을 알아내고자 한 것이다. 실업자 구제 사업을 성공적으로 추진하기 위해서 어떻게 해야 하는지를 알아내고, 이를 근거로 성공적인 정책집행을 위한 처방적 지식을 제공하는 것이 Pressman과 Wildavsky 연구의 일차적 목적이었다.[15] 이후의 정책집행이론은 이와 같이 정책집행의 성공을 좌우하는 요인에 초점을 두고 진행되었다.

3) 정책집행이론의 발전

초기의 정책집행연구는 사례연구가 주종을 이루었기 때문에 연구결과의 학문적 축적이 제대로 이루어지지 않았다. 실제 정책담당자들에게 줄 수 있는 조언이 지나치게 장황하거나 개별 정책상황에 맞지 않아 큰 도움을 주지 못한다는 지적이 있었다.[16] 개별 연구자가 합의된 이론적 틀 없이 각기 상이한 정책영역에서 정책집행의 실패 또는 성공의 원인을 설명하고자 하였기 때문이다. 이러한 집행연구의 이론적 문제점에 대응하기 위하여 일부 학자들은 집행연구의 이론적 틀을 정립하였다. 초기 정책집행 연구의 이론적 틀에 관한 연구는 크게 두 가지 접근방법으로 구분된다. 정책집행을 주어진 정책목표의 달성을 위한 수단적 행위로 파악하는 하향적 접근방법(top-down approach)과 집행을 다수의 참여자들 사이에서 발생하는 상호작용으로 이해하는 상향적 접근방법(bottom-up approach)이 그것이다. 그리고 1980년대 들어서며 하향적 접근과 상향적 접근의 상이한 이론적 구성을 통합하려는 학문적 노력이 등장하게 된다. 다음에서는 이들을 자세히 살펴보자.

---

15) 이들은 성공적 집행을 위해서는 타당성 있는 이론(theory)에 기반하고, 실현가능성 있는 정책내용이 정책설계 시에 결정되어야 하며, 의사결정점을 줄이기 위해서 가급적 정책집행과정을 단순화시켜야 한다는 등의 처방을 제시하였다.

16) O'Toole(1986)은 100여 개의 정책집행 관련 연구를 검토한 결과, 학자들이 제시하는 집행과정에 영향을 주는 주요 변수들이 약 300여 개나 된다고 조사하였다.

2 하향적 접근방법(Top-Down Approach)

1) 개념과 주요내용

정책이 성공적으로 집행되려면, 앞에서 자세히 보았듯이 결정할 때 정책의 내용을 합리적으로 결정하고, 집행을 위한 수단 등을 잘 마련하여야 하는데 이것들은 행정조직으로 보면 대통령, 장차관등의 상층부에서 담당하는 일이다. 그리고 이것들을 하층부에 있는 집행자들에게 지시하고, 집행자들은 전문기술을 이용하여 충실히 실현시켜야 한다. 그래서 상층부에서부터 하층부로 내려가면서, 집행과정을 연구하는 방법을 하향식 접근법이라고 한다. 앞에서 본 집행을 좌우하는 요인들은 대부분 이런 식으로 연구하면서 밝혀 낸 것들이다. 그러나 정반대로 집행현장에서 일어나는 여러 가지 집행을 어렵게 하는 문제들을 먼저 파악하고, 그 중에서 그 원인이 상층부에서 정책결정과정에서의 잘못이 있는지를 밝혀내는 식으로 집행현장에서 시작하여 조직을 거슬러 올라가면서 연구하는 방법을 상향식 접근법이라고 부른다. 물론 이 상향식은 하향식 방법으로서 밝혀내지 못하는 것들을 연구하기 위하여 시작된 것이다.

하향적 접근방법은 정책집행을 정책결정단계에서 채택된 정책목표를 달성하는 과정에 초점을 둔다. 정책목표를 달성하기 위한 정책수단의 선택, 이 정책수단을 구체적으로 실현하기 위한 하위수단의 선택과정, 그리고 마지막으로 집행현장에서 실현될 때까지의 전 과정에서 조직 위계를 따라 내려가면서 차례대로 점검하여 잘 못된 부분을 밝혀내고, 이를 바로잡기 위한 대책들을 제시하려고 한다. 그러므로 이 방법은 정책결정자의 입장에서 집행과정을 추적하면서 바람직한 집행이 일어날 수 있는 규범적 처방(prescription)을 정책결정자에게 제시하는 것이다. 다음 다섯 가지는 하향적 시각에서 제시하는 규범적 처방의 핵심적인 내용이라고 할 수 있다.

첫째, 정책목표와 채택된 정책수단 사이에는 타당한 인과이론이 있어야 한다. 타당한 인과이론이란 정책수단을 집행하면 정책목표가 달성될 수 있는, 즉 양자 사이의 인과관계가 타당해야 함을 말한다. 이를 기술적 타당성(technical validity)이라고도 한다. 불경기 시에 채택하는 실업대책을 호경기 시에 사용해서는 안 되는 것이 오클랜드 실업자 구제 프로젝트의 실패 사례가 밝힌 것을 앞에서 보았다.

둘째, 정책은 명확한 정책지침을 갖고 있어야 하며, 관련 집단의 순응을 극대화할 수 있도록 구성되어야 한다. 앞에서 순응확보를 위한 방법들에서 본 것들이다.[17)]

셋째, 유능하고 헌신적인 집행관료가 정책집행을 담당하여야 한다. 집행기관의 장은 정치적·관리적 역량을 가지고 있어야 하며, 담당 정책에 우선순위를 부여하고 신념을 가지고 헌신적으로 전념해야 한다.

넷째, 결정된 정책에 대해 조직화된 이익집단, 유권자 집단 그리고 주요 입법가 또는 행정부의 장으로부터 지속적인 지지를 받아야 한다. 집행의 긴 과정 동안 장애요인을 극복하고, 필요한 재정적·정치적 자원을 지속적으로 제공받기 위해서는 시간이 경과해도 지속적으로 지지해 줄 수 있는 대통령, 고위 행정관료, 주요 국회의원, 조직적인 이익집단의 존재가 필수적인 조건이 된다.

다섯째, 정책목표가 안정적이어서 집행과정 동안 법령에 규정된 목표의 우선순위가 변하지 않아야 하며, 상충되는 정책이나 사회경제적 상황의 변화에 의해 기존의 정책이 현저하게 달라지지 않아야 한다.

2) 평 가

(1) 장 점

하향적 접근방법의 장점은 다음과 같다. 첫째, 집행과정의 법적 구조화 등 하향적 접근방법이 제시하는 성공적 정책집행 요인의 중요성이 많은 후속 사례 연구들을 통해 확인되고 있다. 앞에서 제시한 5가지 처방적 제안들이 실제로 유용하다는 의미이다.

둘째, 효과적인 집행의 다섯 가지 조건은 정책결정자들로 하여금 정책결정 단계에서 사전에 집행과정에서 발생할 수 있는 변수들을 미리 예견할 수 있도록

17) 순응을 위해서는 참여를 확대해야 하는데, 이렇게 되면 의사결정점의 수 혹은 거부점의 수가 많아져서 정책집행의 성공가능성은 낮아진다. 즉, 각 단계에서의 집행가능성이 매우 높더라도 많은 수의 의사결정점이 축적되면 성공확률은 낮아진다는 것인데, 이를 Pressman-Wildavsky Paradox라고 한다. 따라서 이러한 거부점의 수를 최소화할 수 있는 집행기관 간 계서적 통합이 법규화되어 있을수록 집행의 성공가능성이 높아지게 된다.

해주는 유용한 체크리스트로서의 기능을 한다. 또한 그러한 체크리스트를 사용하여 여러 가지 정책집행과정이 왜 상이한 집행실적을 나타내는지 설명하고 이해하는데 커다란 도움을 준다.

셋째, 하향적 접근방법은 비교적 소수의 집행 영향변수(전술한 5가지 조건)에 관심을 집중시킴으로써 '정책형성-집행-재형성-재집행…'이라는 총체적인 정책과정에 초점을 맞출 수 있도록 한다. 이를 통해 초기의 집행연구(4년 정도)보다 긴 장기적인 시계(視界, 10년 정도)를 갖도록 해주었다. 이러한 연구대상 기간의 장기화는 정책지지자들로 하여금 정책지향적 학습과정을 발견하도록 도와주었으며, 기존 정책의 결점을 좀 더 잘 파악하고 개선된 법적·절차적 전략을 발견할 수 있도록 하였다.

넷째, 하향식 접근방법은 정책목표를 중시하며, 집행결과를 법적으로 명시된 정책목표의 달성도에 의하여 평가하므로 정치적 상징이나 수사 등 비합리적인 평가기준을 적용할 경우보다 객관적인 집행평가가 가능해진다.

요컨대 하향적 접근방법은 정책결정권자가 정책집행 과정에 가장 큰 영향력을 행사할 수 있다는 가정에서 논의를 출발하며, 목표와 수단 간의 연계성을 강조하는 합리적 의사결정모형의 연장선상에서 그 이론적 특징을 찾을 수 있다. 하향적 접근방법은 뒤에서 살펴볼 상향적 접근방법에 비하여 훨씬 더 일관된 연구 분석틀을 가지고 있고, 정책집행의 성공을 위해 알아야 할 중요한 요소들을 분명하고 체계적으로 밝히고 있다는 장점이 있다.

(2) 단 점

하향적 접근방법은 다음과 같은 이론적·현실적 한계를 가지고 있다. 첫째, 하향적 접근방법이 제시하는 '명확하고 일관된 정책목표의 설정'은 다원적 민주체제하에서 불가능한 경우가 많다. 이해관계가 상반되는 많은 집단이 정책결정과정에 참여할 경우 다수의 지지를 얻기 위해서는 정책목표가 모호해질 수밖에 없으며, 법령의 내용도 대강의 요지만 제시하여 집행자에게 명확한 지침을 주기 어려운 경우가 많다.

둘째, 정책결정권자가 정책집행에 큰 영향력을 행사할 수 있고, 집행과정에서 발생하는 모든 문제들을 예견하여 법령에 그 대안을 미리 명확한 지침으로 제시할 수 있다는 하향식 접근방법의 암묵적인 전제들이 실제로는 현실성을 갖지 못하는 경우가 많다. 실제 정책결정은 다수 이해관계자들의 상반된 의견이 모호하게 반영되어 있는 경우가 대부분이며, 정책집행과정 발생할 수 있는 집행 환경의 변화를 미리 예견하여 정책에 반영하는 것은 사실상 불가능에 가깝다.

셋째, 하향적 접근방법의 가장 근본적인 문제점은 정책집행을 주도하고 지지하는 자들의 입장에서 정책집행 과정을 관찰하고 연구하기 때문에 반대자 및 다른 행위자들의 입장이나 전략적 행동들을 쉽게 파악할 수 없다는 점이다. 정책결정자만을 주요 행위자로 보고 다른 행위자들은 기본적으로 방해물로 간주하기 때문에 민간부문, 일선관료, 지방의 집행관료의 전략적 행위에 대한 관심이 부족하고, 다른 정책 하부시스템들에 얽힌 변이들의 원인을 파악하는데 한계가 있다. 즉, 하향적 접근방법은 '숲은 보되, 나무를 보지 못하는' 문제점이 있다.

넷째, 하향적 접근방법은 하나의 정책에 초점을 맞추어 그것이 집행되는 과정을 연구하는데, 현실적으로 집행현장에서는 여러 가지 정책이 동시에 집행되고 어느 하나가 지배적이지 않은 경우가 많다. 예를 들어, 청년실업대책은 고용노동부, 산업통상부, 각종 지방자치단체, 중소기업부 등 수많은 부처의 각종 정책프로그램이 교차하는 영역이며, 어느 정책이 지배적인 정책이라고 말하기 매우 곤란하다.

사례 7-4 기후변화정책 집행의 실패요인 분석 -2020 온실가스 감축로드맵의 집행실패

온실가스 배출 등으로 인한 기후변화는 1992년 기후변화협약(UNFCCC)이 유엔에서 채택된 이래 전 세계 주요 국가들의 공통적인 정책과제로 등장하였다. 우리나라도 예외는 아니어서 1999년 제1차 기후협약 대응 종합대책을 시작으로 하여 2014년에는 2020 온실가스 감축 로드맵을 확정하여 추진하였다. 2020 온실가스 감축로드맵은 우리나라가 최초로 온실가스의 정량적 감축목표를 설정한 2009년의 '국가온실가스 중기(2020년) 설정방안'의 후속조치로 수립된 세부 이행방안이다. 국무조정실, 기획재정부등 9개의 유관 부처가 합동으로 작성하였으며, 2014년1월 녹색성장위원회 심의 및 국무회의 보고를 거친 후 최종 확정되었다. 2020 온실가스 감축 로드맵에서는 2020년 까지 배출전망치(BAU) 대비 30% 감축'이라는 정량적 목표를 설정하고 그 시간적 범위를 우리나라가 감축목표를 설정한 2009년부터 감축목표 연도인 2020년까지를 계획기간으로 하되, 실제적 이행은 2014년부터 2020년까지 설정하였다. 이러한 목표달성을 위해 '국가 감축목표 달성으로 저탄소 사회 실현'을 비전으로 하고, 시장친화적 감축제도를 비롯한 4가지 전략과 7개 분야의 구체적인 이행계획 그리고 평가체계를 수립하여 추진하였다.

2014년 1월 확정하여 구체적인 집행에 들어간 2020 온실가스 감축 로드맵은 시행 첫해부터 목표배출량에 비해 초과 배출하여 향후의 감축목표에 적신호를 울렸다. 2014년을 시작으로 2020년까지 목표배출량의 연간 감축률이 10%(2015)에서 30%(2020)까지 점진적으로 상향되도록 설정되어 있기 때문에 시행 첫 해부터 목표치를 달성하지 못했다는 것은 향후에 감축해야 할 양이 점점 증가하여 더 많은 부담을 준다는 것을 의미한다. 이러한 어려움에 봉착한 정부는 2015년 6월 유엔기후협약기구에 온실가스 감축목표의 수정버전인 2030 감축목표를 제출하면서 사실상 기존의 2020 온실가스 감축 목표 이행을 연기하는 조치를 취하였다. 이것은 사실상 2020년 목표를 폐기하는 것으로 정책집행의 실패를 대내외적으로 표출하였을 뿐만 아니라 온실가스 감축을 통한 우리나라 기후변화정책에 대한 국제적 신뢰도를 약화시키는 결과를 초래하였다. 그러면 이러한 정책실패의 요인은 무엇인가?

첫째, 정책형성과정에서 기술적 검토의 부족, 정보의 부재 등 정책을 수립하는데 필요한 인과이론의 타당성이 충분히 확보되지 않은 채 2020년도의 온실가스 감축목표를 설정하였다는 점이다. 또한 정책목표-정책수단-정책산출 간의 7년간의 시차가 정책목표의 인과이론과 일관성에 위험요인으로 작용하였음을 알 수 있다. 둘째, 산업계-시민사회로 대표되는 정책참여자간의 2020 온실가스 감축목표에 대한 상반된 시각차로 인한 갈등으로 정책네트워크 상호간의 신뢰 부족을 들 수 있다. 셋째, 이명박 대통령이 정권의 상징적 정책으로 추진한 2020 온실가스 로드맵이 박근혜 정부로 정권이 바뀌면서 이전 정부의 상징적 정책을 경계하려는 분위기로 인해 정책집행의 일관성이 저해된 점도 중요한 요인으로 판단된다. 넷째, 온실가스 감축과 관련한 핵심 부서인 산업통상자원부와 환경부의 집행행태 차이로 인한 갈등과 정권변화에 따른 일선관료의 혼란가중도 안정적이고 지속적인 정책의 집행에 저해요인으로 작용하였다. 끝으로 2020 온실가스 감축목표의 발표와 감축 로드맵 수립 및 이행간의 시간적 차이로 정책지지자였던 시민사회의 관심은 약화되었던 반면에 주된 정책대상 집단인 산업부문의 저항은 점점 더 강고했기 때문이다.

자료: 임서영(2017)

3 상향적 접근방법(Bottom-Up Approach)

1) 개념과 주요 내용

상향적 접근방법은, 정책결정자가 집행과정에서 발생하는 모든 것에 결정적인 영향력을 행사할 수 있고 그렇게 해야 한다는 하향적 접근방법의 가정에 의문을 제기하고, 그와 반대되는 논리로 집행연구에 접근한다. 상향적 접근방법은 집행과정에 가장 큰 영향력을 행사하는 집단은 명목적인 통제만을 담당하는 정책결정권자가 아니라 정책문제 해결에 필요한 전문성과 지식을 가진 일선집행권자이므로 집행과정에 대해 정확하게 이해하기 위해서는 집행현장에서 활동하는 일선집행관료와 대상집단의 행태를 고찰해야 한다고 본다. 또한 분명하고 일관된 정책목표의 존재가능성을 부인하고, 정책목표 대신 집행문제의 해결에 논의의 초점을 맞춘다. 그리고 실제의 정책결정은 일선집행권자의 집행과정에서 구체화되므로 정책결정과 정책집행간의 엄밀한 구분에 의문을 제기한다.

상향적 접근방법의 구체적인 연구단계는 다음과 같다(Elmore, 1979-80). 첫째, 집행단계의 최하위 수준에 위치한 일선집행관료들이 집행문제를 해결하기 위하여 어떠한 행동을 해야 하는지를 서술하고, 그러한 행동을 도출시키는 조직운용절차는 무엇인가를 파악한다. 둘째, 말단 집행계층부터 차상위계층으로 올라가면서(bottom-up) 그러한 바람직한 행동과 조직운용절차를 유발하기 위하여 어떠한 재량과 자원이 필요한지를 살펴본 후 집행에 가장 큰 영향력을 행사하는 조직단위에게 그러한 재량과 자원을 집중시킬 것을 주장한다. 따라서 상향적 접근방법에서 정책집행의 성공의 관건은 집행문제를 해결할 수 있도록 일선집행관료로 하여금 그들의 지식과 전문성을 충분히 발휘할 수 있도록 적절한 재량과 자원을 부여하는 것이다. 즉, 상향적 접근방법에서 집행의 성공 또는 실패의 판단기준은 정책결정권자의 의도에 대한 순응정도가 아니라 일선집행관료들의 바람직한 행동이 얼마나 유발되었는가이다.

이와 같이 상향적 접근방법은 문제가 표출되는 현장에 가까이 있는 일선관료의 지식과 능력을 강조하며, 정책담당주체의 문제해결능력은 계서제적 통제에 달려있는 것이 아니라 문제에 가장 근접한 지점에서 일선담당자의 재량을 극대화하는 것에 달려있다고 본다. 계서적 관계구조가 치밀할수록 순응을 확보하기 위해 요구되는 거부점 및 의사결정점의 수가 증가하고, 이에 따라 분산과 지연의 가능성이 높아져서 전체적으로 집행의 성공가능성은 낮아지기 때문이다. 또한 지나친 계서적 통제는 현장에서 적실성 있는 문제해결에 필수적인 현장집행요원의 개인적 판단능력 및 문제해결 능력의 활용 정도도 저하시키게 된다. 이 때문에 계서적 통제라는 고전적 도구를 강하게 사용할수록 성공할 가능성은 떨어진다는 아이러니에 처하게 된다.[18)]

한편 집행현장에는 지배적인 정책프로그램이 존재하지 않고 무수히 많은 정책들이 각기 상이한 초점을 가지고 동시에 집행되는 경우에는 특정 정책프로그램을 분석단위로 선정하는 하향적 접근방법의 적용이 불가능해진다는 주장도 있다(Hjern and Hull, 1985). 집행연구의 분석단위는 기존의 이론적 틀에 근거하여 연역적으로 결정될 수 없으며, 귀납적인 방법에 의하여 발견되어야 한다는 것이다. 즉 집행과정의 행위자들로부터 그들의 각기 상이한 목표, 전략, 행동이 무엇인지를 파악하는 것이 중요하다. 그런데 이 과정에서 특히 중요한 것은 그들이 다른 행위자들과 어떠한 접촉(contacts)을 가지는지를 발견하는 것이다. 즉, 집행과정의 올바른 이해는 집행 참여자들 간에 나타나는 접촉에 근거하여 집행네트워크를 발견하고, 그 특징을 밝힘으로써 비로소 가능하게 된다는 논리이다.

2) 평 가

(1) 장 점

상향적 접근방법의 장점은 하향적 접근방법의 약점들을 극복할 수 있다는 점이다.

첫째, 상향적 접근방법은 실제적인 정책집행과정을 상세히 기술하여 정책집행과정의 인과관계를 보다 잘 설명할 수 있다는 점에서 그 이론적 의의를 찾을 수 있다. 상향적 접근방법은 문제의 근원이 되는 집행현장에서 일선집행관료와 정책대상 집단들이 감지하고 있는 문제의 성격과 해결전략들을 파악할 수 있게 해준다. 또한 문제를 해결하기 위해 추진되고 있는 여러 가지 종류의 정부정책이나 사업들 중에서 어느 것이 더 효과가 있는지도 파악할 수 있다. 네덜란드의

---

18) 이러한 Elmore의 주장은 앞서 살펴본 Pressman-Wildavsky Paradox와 깊은 관련이 있다.

공해억제정책을 상향적으로 연구한 결과를 보면, 공해억제정책보다 정부의 여타 에너지정책 및 에너지가격이 기업체의 공해방지활동에 훨씬 큰 영향을 미친다는 사실을 발견하였는데, 이러한 발견은 하나의 정책을 개별적으로 검토하는 하향적 접근방법으로는 불가능한 것이다.

둘째, 공식적인 정책목표의 달성에 초점을 맞추지 않고 집행현장을 있는 그대로 파악하기 때문에 정부 및 민간 프로그램에서의 의도하지 않은 효과까지도 분석할 수 있다.

셋째, 집행현장에서 참여자들이 인식한 문제와 그 문제를 처리하기 위해 개발된 전략에서 논의를 출발하기 때문에 문제해결 능력 측면에서 민간조직 및 시장의 역할과 정부프로그램의 상대적 중요도를 평가할 수 있다. 이에 반해 하향적 접근방법은 정부프로그램의 역할을 과대평가하게 된다.

넷째, 집행현장에서 여러 정책들이 동시에 추진되어 어느 하나의 정책도 지배적이지 못한 채 다양한 공적 또는 사적인 정책프로그램이 교차하는 집행영역을 보다 잘 다룰 수 있다. 하나의 정책을 강조하는 하향적 접근방법으로는 이러한 복잡한 과정을 파악하기 어려운 반면, 상향적 접근방법은 이러한 요소를 감안하여 보다 바람직한 집행전략을 수립할 수 있다.

다섯째, 광범위한 행위자들이 추구하는 전략에 초점을 맞추기 때문에, 하향적 접근방법에 비해 시간의 경과에 따른 전략적 상호작용이 어떻게 형성되고 변화하는지를 잘 알 수 있다.

(2) 단 점

하향적 접근방법이 '숲은 보되, 나무를 보지 못하는' 한계가 있는 반면, 상향적 접근방법은 '나무는 보되, 숲은 보지 못하는' 문제점이 있다.

첫째, 일선집행관료의 영향력이 지나치게 강조되는 반면에 정책결정권자가 통제할 수 있는 집행의 거시적 틀, 즉 집행의 제도적 구조, 집행자원의 배분, 집행에 관여할 수 있는 정책결정권자의 공식적 권한 등 일선집행관료의 행태에 간접적인 영향을 미치는 변수들의 중요성이 경시된다. 또한 집행과정의 참여에 영향을 미치는 다양한 개인들의 사전적 노력에 대한 검토 없이 집행과정에 현재 참여하는 행위자들만을 연구대상으로 한다는 한계가 있다.

둘째, 공식적인 정책목표를 중요한 변수로 취급하지 않으므로 집행실적의 객관적 평가가 어려워진다. 즉, 상향적 접근론자들은 정책의 집행가능성에만 관심을 가져 정책프로그램의 유연성과 집행자의 자율성 및 재량을 강조하나, 그것이 무엇을 위한 유연성이고 자율성인지가 불분명하다(Matland, 1995). 따라서 일선관료의 역할을 지나치게 강조함으로써 집행지상주의에 빠져 정책목표를 도외시할 위험이 있다.

셋째, 집행현장에서 활동하고 있는 일선집행요원들과 정책대상 집단들이 인지하고 있는 문제점과 그 요인을 중심으로 연구하게 되므로 이들이 인지하지 못하는 요인들, 특히 이들이 쉽게 느낄 수는 없지만 간접적으로 영향을 미치는 사회적·경제적·법적 요인들을 무시하기 쉽다.

넷째, 정책결정과 정책집행의 구분이 불필요하다는 상향적 접근방법의 관점은 선거직 공무원에 의한 정책결정과 책임이라는 민주주의의 기본가치에 위배된다.

다섯째, 하향적 접근방법은 정책의 내용을 결정할 때 정책집행에 영향을 미치는 여러 요인들을 이론과 선행연구에 근거를 둔 모형(model)이나 틀(framework)로 확정하고 이를 토대로 연역적으로 집행과정을 연구하는데 비해서, 상향적 접근방법에서는 집행현장에서 작용하는 무수하게 많은 요인들을 일반화하여 일정한 틀로 나타내기가 어렵다. 따라서 집행현장에서 행위자들이 인지하고 있는 요소들과 행위자들 간에 흥정·타협이 되고 있는 요소들만 연구대상으로 삼기 때문에 하향적 접근에서와 같은 일관된 연역적 분석틀을 제시하기가 어렵다.

4 상황적 집행과 상호적응적 집행

1) 의 의

1980년대 중반 이후 하향적 접근과 상향적 접근이 지닌 각각의 장·단점을 보완하고자 하는 학문적 노력이 등장하게 된다. 주된 논의의 출발은 양 접근방법이 각기 집행현실의 부분적인 면만 강조할 뿐 포괄적인 집행연구의 방법으로는 부족한 점이 많다는 것이다. 한 쪽의 장점이 다른 쪽의 한계점이 되는 서로 상반되는 논리형식을 취하므로, 각 접근방법의 변수들을 통합하여야만 집행과정에 대한 다양한 측면을 설명할 수 있다는 것이다.

여기에서는 포괄적인 통합노력을 보였던 학자로서 Sabatier(사바티어), Matland(매틀랜드), Elmore(엘모어), Berman(버먼) 등의 논의를 중심으로 살펴보도록 하겠다.

2) 상황적 집행

이는 집행상황이나 조건에 따라 하향식 접근방법과 상향식 접근방법 중 하나를 선택적으로 적용하자는 주장을 말한다. 이 주장의 대표적인 학자는 Sabatier와 Matland이다.

먼저 Sabatier(1986)는 하향적 접근방법과 상향적 접근방법의 각각의 장·단점을 평가한 후 그들의 한계를 극복할 수 있는 방법을 제시하였다. 즉 하향적 또는 상향적 방법 중 하나의 접근방법이 다른 접근방법에 비해 상대적으로 높은 적용가능성이 있는 조건을 발견한 후, 그러한 조건에 따라 둘 중 하나의 접근방법을 개별 집행연구의 이론적 틀로 이용하자는 것이다. 하향적 접근법이 유용한 경우는 다음과 같다. i) 특정한 지배적인 공공정책이 집행현장을 좌우하는 경우, ii) 연구자가 평균적·일반적인 과정과 반응에만 관심을 가지는 경우, iii) 앞서 하향적 접근방법의 주요내용에서 논의한 성공적 정책집행을 위한 다섯 가지 조건(타당한 인과이론, 명확한 정책지침, 유능하고 헌신적인 집행관료, 관련 집단의 지지, 안정적인 정책목표 등)을 상대적으로 잘 충족하고 있는 경우, iv) 하향적 접근방법에서는 정책집행에 영향을 미치는 변수와 변수들 간의 인과관계 등 이론적인 발전이 잘 이루어져 있기 때문에 실제 집행이 이루어지기 전(前)단계에서의 예비평가나 예측을 하는 경우 등이다.

반면 상향적 접근방법이 유용한 경우는 다음과 같다. i) 지배적인 정책이나 법규가 없고, 직업훈련이나 고용정책과 같이 공공부문과 민간부문의 다양한 참여자들이 존재하는 경우, ii) 상이한 지역적 상황과 중앙·지방간 역학관계에 관심을 갖는 경우, iii) 성공적 정책집행을 위한 다섯 가지 조건이 상대적으로 잘 충족되지 않고, 지역 간의 다양성에 연구의 초점이 있는 경우 등이다.

다음으로, Matland(1995)는 하향식 및 상향식 접근방법이 어떠한 조건하에서 더 잘 적용되는지, 그리고 이 때 중요한 집행변수가 무엇인지를 탐색한 연구를 시도하였다. 즉, 집행구조의 상황에 따라 집행결과에 영향을 미치는 가장 중요한 변수들이 달라져서 하향적 접근방법과 상향적 접근방법의 설명력도

〔표 7-2〕 Matland의 정책집행 유형

구 분		갈등수준	
		낮은 수준	높은 수준
모호성 수준	낮은 수준	관리적 집행형 (administrative implementation type)	정치적 집행형 (political implementation type)
	높은 수준	실험적 집행형 (experimental implementation type)	상징적 집행형 (symbolic implementation type)

각각 달리 나타난다는 것이다. 집행구조의 상황은 모호성(ambiguity)과 갈등(conflict)이라는 두 차원의 정도에 따라 다양하게 나타나는데, 하향적 접근방법에서는 이를 최소화하려고 하지만 상향적 접근방법은 불가피한 것으로 본다. 그는 <그림 7-2>와 같이 모호성과 갈등의 수준을 두 차원으로 하여 네 가지 집행상황을 설정하였다. 모호성과 갈등의 수준이 모두 낮은 경우는 관리적 집행(administrative implementation), 모두 높은 경우는 상징적 집행(symbolic implementation)이 일어난다. 모호성의 수준은 낮지만 갈등의 수준이 높은 경우는 정치적 집행(political implementation), 이와 반대로 갈등의 수준이 낮지만 모호성의 수준이 높은 경우는 실험적 집행(experimental implementation)이 일어난다.[19]

이상의 네 가지 집행에서는 갈등과 모호성의 수준이 각기 다르고 이에 따라 정책결과에 영향을 미치는 변수와 집행과정의 특징이 달라지기 때문에 하향적 접근방법과 상향적 접근방법이 각 집행을 설명할 수 있는 정도 또한 달라진다. 즉 하향적 접근방법은 정책이 명확하고 갈등 수준이 낮은 경우에 설명력을 가지

19) ① 관리적 집행에서는 목표가 정해져 있고 문제해결을 위한 기술적인 수단이 알려져 있으며, 갈등의 수준이 낮기 때문에 정책과정은 계층제에 기반한 중앙집권적 권위로 특징 지워진다. 집행자는 결정자가 결정한 대로 이행하는 형태로 나타난다. ② 정치적 집행은 행위자들이 상이한 정책목표나 정책수단을 가지고 있는 경우에 발생하기 때문에 정책결과는 권력관계에 의해 결정된다. ③ 실험적 집행은 정책목표와 수단에 대한 참여자들의 선호가 모호하거나 또는 정책을 실현하기 위해 필요한 기술이 불확실한 상황이다. 이와 같은 경우 정책결과는 맥락적인 조건(contextual conditions)에 의해 결정된다. ④ 상징적 집행은 목표와 수단이 불분명함에도 불구하고 이해관계자간 갈등이 존재할 때에 발생하는 집행이다. 상징적인 집행의 결과를 좌우하는 것은 자원을 가지고 있는 행위자들이 형성한 다수 연합체들의 권력관계이다. (Matland, 1995)

고, 상향적 접근방법은 정책이 모호하고 갈등 수준이 높은 경우를 잘 설명한다. 그리고 정책이 명확하지만 갈등 수준이 높은 경우에는 정치적인 변수를 고려하는 하향적 접근방법의 설명력이 높을 것이다. 이러한 주장은, 하향적 접근방법과 상향적 접근방법 모두가 정책집행현상에 대해 설명력을 가지므로, 각 접근방법이 설명력을 지니는 집행의 상황조건을 탐색하는 연구가 중요하다는 것을 보여준다.

3) 상호적응적 집행

이는 정책결정자의 시각을 중시하는 하향식 접근방법과 집행현장을 중시하는 상향식 접근방법을 적용하는 경우 어느 한 시각에서 정책집행을 바라볼 것이 아니라 정책결정과 정책집행이 상호적응적으로 통합되어야 함을 강조하는 시각이다. 이 주장의 대표적 학자는 Elmore와 Berman이다.

우선 Elmore는 집행연구의 접근방법을 전방향적 접근(forward mapping)과 후방향적 접근(backward mapping)으로 구분한다(Elmore, 1979-80). 전자는, 앞서 살펴본 하향적 접근방법과 유사한 개념으로 정책결정자의 의도를 가능한 한 명확히 진술하는 것에서 출발하여, 목표달성을 위해 정책집행자들에게 기대되는 사항을 각 단계별로 구체화한 후 최종적인 집행과정에서 나타날 집행성과를 원래 의도한 정책목표와 비교하는 연구방법이다. 반면 후자는 명확한 정책목표의 제시에서 집행연구를 시작하는 것이 아니라 정책적 해결의 필요를 발생시키는 집행과정의 최하위 수준, 즉 집행현장에서 발생하는 상황과 일선관료의 행태에 대한 분석에서 연구를 시작한다. 집행현장에서 정책의 대상이 명확히 설정되면, 분석은 집행기관의 구조를 따라 하위계층에서 상위계층으로 거슬러 올라가면서 이루어진다.

Elmore는 전방향적 접근방법과 후방향적 접근방법의 적절한 통합이 필요하다고 주장하였다(Elmore, 1985). 구체적으로 Elmore가 제시하는 방법은 우선 하향적 접근방법의 이론적 틀에 의하여 정책결정자가 정책프로그램을 설계할 경우 정책목표를 명확히 설정하고 목표달성에 필요한 수단을 강구하여 각 집행단계에서의 실적을 평가할 수 있는 기준을 제시하도록 한다. 그리고 상향적 접근방법의 이론적 틀에 의하여 일선집행관료와 대상 집단의 바람직한 행태와 그러한 행동을 유도할 수 있는 조직운용 절차를 발견하고, 그러한 발견과정을 조직

계층에 따라 계속 수행하여 정책결정 계층까지 이르도록 한다. 즉, 정책결정자들이 정책프로그램 설계 시 하향적 접근방법에 의하여 정책목표를 결정하되, 상향적 접근에서 제시하는 방법을 수용하여 가장 집행가능성이 높은 정책수단을 선택하는 방안을 제시함으로써 양 접근방법의 통합을 이루고자 한 것이다. 예컨대 정부가 코로나 환자의 치료를 원활히 하기 위해 전문가들의 의견 등 여러 정보를 토대로 민간병원에 음압병실과 치료인력을 취대한 확보하는 정책수단을 채택했지만, 실제 이를 집행해야 할 지역의 보건소나 민간병원에서는 예산부족과 기존환자 치료 때문에 실행이 어려운 경우가 있을 수 있다. 이 때 집행자인 지역보건소에서 민간병원 시설확충보다는 임시 공공치료소를 빨리 설치하여 환자들을 수용하는 것이 더 현실적이라는 제안을 하면 이를 수용하여 정책을 변경하여 집행하는 것이 필요하다는 것이다.

다음으로 Berman은 정책집행의 문제가 정책과 그것을 둘러싼 제도적 환경(institutional setting)의 상호작용에 의하여 발생한다고 이해하며, 집행의 제도적 환경을 크게 거시집행(macro-implementation)구조와 미시집행(micro-implementation)구조로 구분한다.(Berman, 1978) 논의의 핵심은 미시집행 국면에서 발생하는 정책과 집행조직 사이의 상호적응(mutual adaptation) 자체가 성공적인 집행이며, 정책집행의 성과는 미시적 집행과정에서 이러한 적응적 상호작용의 실현 여부에 따라 결정된다는 것이다.

실질적인 서비스 전달이 지방정부와 같이 상대적으로 중앙정부로부터 독립적인 조직에 의해 이루어지는 경우, 정책의 집행은 두 종류의 구조를 가지게 된다. 중앙정부는 실질적인 집행현장의 조직들에 영향을 미쳐 정책이 의도한 결과를 가져올 수 있도록 해야 하고, 집행현장의 조직들은 그들 나름대로의 정책을 설계해서 자신들의 환경에 적합하게 집행해야 한다. 전자를 거시적 집행구조라 하고, 후자를 미시적 집행구조라고 한다.[20] 두 구조의 근본적인 차이점은 제도적 환경의 차이에서 발생한다. 거시적 집행구조의 제도적 환경은 중앙정부에서 지방의 집행조직에 이르기까지 관련 정책분야의 전 참여자(행정관료, 법원, 이익집

20) 미시적 집행구조의 특징은 다음과 같이 세 가지로 요약된다. 첫째, 집행현장에서는 서비스 전달자인 전문적인 집행관료와 서비스 수혜자간의 끊임없는 상호작용이 일어난다. 둘째, 정책결과로 측정해야 할 산출이 무엇인지, 어떻게 측정할 수 있는지, 측정할 수 있기는 한 것인지 등 미시적 집행구조의 성과에 대한 측정의 어려움이 존재한다. 셋째, 집행조직이 처한 환경은 개방적이며, 불확실하고 통제가 불가능하다. 한마디로 미시적 집행구조는 집행현장 상황을 의미한다고 볼 수 있다.

단, 지방정부, 개인 고객 등)와 활동을 포함하고, 미시적 집행구조의 제도적 환경은 서비스를 전달하거나 규제를 직접 담당하는 일선집행기관 또는 지방정부의 하위수준에서 발생하는 집행활동만을 포함한다.

결국 Berman이 주장하는 것은 다음과 같다. 즉 정책결정자의 결정을 그대로 집행하거나, 아니면 정책집행자가 결정자의 의도를 무시하고 자신의 의사대로 집행하는 것 모두 최선의 집행이 아니며, 개별적인 집행환경에 부합하는 적응적 정책집행이 필요하다는 것이다.[21] 이는 바람직한 정책집행을 위해서는 정책결정자가 결정한 정책의 내용과 정책집행자의 집행방식이 동시에 변화해야 한다는 것을 의미하다. 예컨대 장학금기준이 소득수준으로 결정되어 있는 경우 학교와 지역에 따라서는 이에 해당하는 학생들이 없을 수가 있다. 그러면 이때 배정된 장학금을 지급하지 않고 모두 반납해야 하는가, 아니면 성적과 같은 다른 기준을 적용하여 지급할 것인가. Berman의 주장에 따라 설명하면, 정책결정자는 집행자가 기준을 변경하는 것을 허용하고, 집행자도 상황에 맞게 기준을 변경하려는 노력을 기울여 가급적 장학금을 지급하도록 하는 것이 바람직하다는 것이다.

이와 같이 정책결정자가 추구하는 정책의 집행을 위하여 집행현장의 집행조직은 자신의 기존 표준운영절차를 변화시키는 적응(organizational adaptation)을 하고, 정책결정자는 집행환경의 특수성에 맞게끔 정책프로그램을 변화(project adaptation)시키는 일을 해야 한다. 즉 정책결정자와 현장의 집행조직이 상호적응해야 한다는 것이다.

5 집행현장의 중요성과 재량

1) 집행현장의 중요성

---

21) 적응(adaptation)에는 다음 네 가지 형태가 발생할 수 있다. ① 사업이나 표준운영절차 어느 것에서도 적응이 발생하지 않는 불집행(non-implementation), ② 집행조직이 개발해 놓은 기존의 표준운영절차에 사업이 적응하는 흡수(co-optation), ③ 집행조직의 표준운영절차가 채택된 사업에 맞게 변하는 기술적 학습(technological learning), ④ 사업과 조직이 모두 서로에게 적응하는 상호적응(mutual adaptation)이다. 하향적 집행론자들은 세 번째 집행유형인 기술적 학습을 가장 바람직한 결과로 보지만, Berman은 상호적응 경로를 따를 때 가장 효과적인 결과가 나타난다고 한다.

상향적 접근방법을 강조한 학자들은 집행현장의 중요성을 강조한다. 특히 교육, 실업자 구제, 직업 재훈련, 청소년 상담 등 사회적 서비스를 제공하는 정책을 연구한 학자들이 집행현장을 중요하게 다룬다. 그들이 집행현장을 강조한 이유는 다음과 같다.

첫째, 집행현장은 정책수단이 물리적으로 실현되어 정책의도가 실현되는 현장이다. 정책집행을 위해서 투입된 모든 자원, 인력, 시간이 결실을 맺는 장소이며, 정책의 전체 과정에 투입된 모든 노력들이 드디어 결과를 보게 되는 장소이다.

둘째, 정책의 내용이 애매모호하거나 추상적인 경우는 말할 것도 없지만, 그렇지 않은 경우에도 상당한 재량권을 가진 일선집행관료의 집행방법이나 집행내용에 따라서 정책의 내용이 실질적으로 결정된다. 그들이 수립한 업무수행의 절차, 불확실성을 극복하고 업무상 압박을 회피하기 위한 방법이나 전략들은 사실상 정책내용에 중요한 영향을 미친다. 정책집행 과정에서 실질적으로 정책이 결정되는 경우 집행현장에서의 결정이 매우 중요한 역할을 한다.

셋째, 집행현장은 정책을 통하여 해결하고자 했던 문제가 발생한 현장이기 때문에 집행의 결과로 나타나는 문제의 변화양상을 파악하여 그 결과에 따라 적절한 방법으로, 경우에 따라서는 정책내용에 전혀 포함되어 있지 않은 신축적인 대응을 해야 할 필요가 있다. 정책의 부작용이나 예상하지 못한 결과 등은 정책집행 책임자나 정책결정자에게 그 정보를 환류 시켜 정책의 수정·변경에 활용하도록 해야 한다.

2) 집행담당자의 재량권 강화의 필요성

상향식 접근방법에서는 일선집행담당자의 광범위한 재량권을 인정하는 것이 성공적 집행에 더욱 도움이 된다고 주장한다. 일선집행담당자들에게 재량권을 부여해야 할 필요성은 크게 두 가지로 나눌 수 있다.

(1) 정책내용이나 정책지침이 불명확한 경우

정책내용이나 지침이 불명확하거나, 또는 무리하게 정책내용이나 지침을 명확하게 만든 경우에는 일선 집행담당자에게 광범위한 재량권을 부여하는 것이 성공적 집행을 위해서 바람직하다. 즉 실제 문제가 일어나고 있는 현장에서 현실에 적합한 해결책을 발견하고 이를 실행하기 위해서 일선관료들은 첫째, 추상적이고 일반적인 정책지침이나 정책내용을 현실에 맞게 구체화시켜서 적용하기 위한 재량권, 둘째, 구체적인 정책내용이나 지침이 현실에 맞지 않는 경우 광범위하게 예외를 인정할 수 있는 재량권, 셋째, 현장에서 예상하지 못했던 사태가 일어나는 경우에 대비한 재량권 등을 지니고 있어야 한다.

만일 정책내용이 불명확할 경우 일선집행담당자의 재량을 허용하지 않으면 다음과 같은 문제가 발생한다.

첫째, 정책목표와 수단 등의 정책내용에 대해 관련자들이 의견일치를 보지 못한 경우 억지로 특정 세력의 견해를 따라 일관성 있고 명확한 정책내용(지침)을 개발하여 작성하면 집행현장에서 광범위한 저항이 발생하거나 형식적인 순응만 있게 되어 정책의 집행이 극히 어렵게 된다.

둘째, 이론이 부족하고 상황이 복잡한데도 중앙에서 사전에 자세하고 구체적인 정책지침을 만들거나 중앙집행기관이 집행상의 의사결정을 독점하게 되면 집행현장의 구체적이고 개별적인 사례에 적합하지 않은 지침이나 결정이 되어 문제를 해결하지 못하고 집행은 실패하게 된다. 일선집행요원의 저항과 형식적인 순응도 광범위하게 나타날 뿐만 아니라 집행의 도중에 나타나는 결과를 보고 현실에 적합한 이론이나 기술을 알아내는(즉, 목표달성을 위한 수단을 발견하는) 노력을 하지 않을 것이다. 이러한 사례는 사회서비스를 제공하는 사업(예를 들면, 교육, 의료, 청소년 상담 등)에서 많이 보게 되는데, 이런 경우는 서비스 제공자(선생, 의사, 상담원 등)가 까다롭고 어려운 전문지식을 지니고 대상사례의 특수성에 따라 필요한 조치를 취해야 비로소 올바른 집행이 보장된다. 즉, 전문직이나 준전문직이 광범위한 재량권을 지니고 집행을 해야 한다. 사실 이런 필요성 때문에 전문직이 생겨난 것이다.

(2) 다수의 집행 관련자들이 참여한 경우

집행현장에는 정책대상 집단, 관련 이해집단 및 타정부기관이 모두 개입하고 있으며, 이들은 정책의 특정한 내용이나 방법에 대해 집행에 저항하거나 방해하기도 하며, 경우에 따라서는 자신들이 원하는 내용이나 방법대로 집행할 것을 강력히 요구한다. 민주화된 정치체제에서는 이들의 참여가 권리로서 보장되어 있고, 많은 경우에 이들의 협조나 최소한의 묵인 없이는 정책집행이 어렵다. 그런데 이들 참여자나 집행 관련 기관들이 중앙정부의 지시대로 특정 정책의 집행을 위해서 일사불란하게 움직이지 않는 경우가 대부분이다. 집행기관들은 서로 느슨하게 연결된 체제를 형성하며 집행을 위해서 중요한 역할을 하고 있다.

불량 청소년 상담의 경우에 부모, 가족, 교사 심지어는 경찰기관의 협조도 필요하다. 이들 참여자들의 협조를 얻기 위해서는 이들의 요구를 어느 정도 받아들여야 하고, 경우에 따라서는 집행을 위한 연합형성을 위해서 정책내용을 어느 정도 희생하는 타협이 필요하다. 이런 경우에 일선 집행담당자들에게 명확하고 자세한 정책지침에 따라 집행하도록 강요하면 정책참여자들 간에 타협과 흥정이 어려워지고, 일선담당자들은 표면상으로만 지침에 순응하는 것처럼 행동하거나 보고서상으로만 순응하는 현상(paper compliance)이 나타난다. 이때는 관련 집단의 참여를 인정해야만 집행기관들의 이해를 상호 조정할 수 있어 집행이 용이해진다. 물론 참여가 지나치게 많으면 의사결정점들이 많게 되고, 이들이 모두 거부점들이 되기 때문에 집행에 방해가 되는 것은 사실이다. 그러나 그렇다고 해서 참여를 제한하게 되면 이들의 협조가 없어 집행이 이루어지지 못하는 더욱 큰 문제에 직면하게 된다. 그리고 참여를 위해서는 참여과정에서 흥정과 타협을 할 수 있도록 집행담당자에게 재량을 부여하는 것이 반드시 필요하다.

3) 재량권의 의미와 문제점

(1) 재량권의 의미

재량권 또는 재량(discretion)의 의미를 다음의 예를 통해 살펴보자. 교통규칙에 의하면, 차량이 반대 방향의 차선으로 들어가는 것은 원칙적으로 금지되어 있으므로 처벌을 받는다. 이 규칙에는 특별한 경우에(갑자기 앞에 사람이 뛰어 들어오는 경우와 기타 특별한 경우에) 반대 차선으로 차가 들어가는 것을 허용하는 예외규정이 있다고 가정하자. 어떤 차량이 반대편 차선으로 갑자기 들어갔을 때 교통경찰이 행사할 수 있는 재량권을 살펴보자.

갑자기 사람이 차 앞으로 뛰어 들어온 경우에는 교통규칙에 나와 있는 예외조항을 그대로 적용하면 될 것이다. 그런데 강아지를 피하려고 한 경우를 '기타 특별한 경우'에 해당되는 것으로 인정할 수 있겠는가? 또 차 앞에 돌멩이가 갑자기 튀어 들어와서 이것을 피하기 위해서 반대 차선으로 들어간 경우도 '기타 특별한 경우'로 인정할 수 있겠는가? 속도가 느린 앞차를 추월하기 위해서 반대 차선으로 들어가는 경우나 한눈을 팔다가 들어가는 경우는 어떻게 할 것인가?

재량권을 무한정 인정한다면, 일선관료들이 자의적으로, 또는 선택적으로 예외 규정의 '기타 특별한 경우'로 도저히 인정할 수 없는 것까지 허용하는 경우가 발생할 수 있다. 즉 재량의 한계를 넘어서서 법 규정을 위반한 것을 용인하는 결과가 초래될 수 있다. 일선관료들의 재량권이 문제가 되는 것은 이와 같이 재량권의 범위가 불분명하기 때문에 일선관료가 재량권을 남용하거나 범법행위를 인정하는 등의 일탈행위가 나타날 수 있다는 것이다.

(2) 광범위한 재량권의 문제점

상향식 접근방법에서 주장하는 것처럼, 집행현장의 복잡한 사정 때문에 일선집행담당자의 재량권이 반드시 필요한 것이 사실이다. 그런데 문제는 재량권이 커질수록 일선관료가 이를 악용하거나 집행현장 세력에 의해 정책의 근본목표가 자의적으로 수정·변질될 가능성이 크다는 점이다. 이를 구체적으로 보면 다음과 같다.

첫째, 일선 집행담당자의 횡포 가능성이다. 이것은 사회적 약자를 수혜자로 하는 소득재분배 정책에서 흔히 나타나는 경우이다. 취업을 위해 재훈련을 받는 피훈련자, 정부의 수당으로 생계를 유지하는 극빈자, 무상으로 치료를 받아야 하는 가난한 환자 등은 일선 집행담당자들에게 오로지 '감사의 마음'이나 '존경하는 태도' 이외에는 별다른 수단을 동원할 수가 없다. 따라서 일선집행담당자가 이러한 사회적 약자를 대할 때에는 이들 중 누구에게, 언제, 어떻게 혜택을 주는가를 결정할 수 있는 재량권이 커지며 이에 따라 담당자들의 횡포가능성도 커진다.

둘째, 보다 심각한 것은 정책이 집행현장에서 변질되어 '목표의 대치'가 일어나는 경우이다. 집행현장의 특수성을 감안하여 인정된 재량권을 이용해서 정책의 내용을 현지에 적응시키는 것이 아니라 현지의 세력에 의해서 정책이 매수·변질(co-optation)되는 것이다. 흔히 재분배정책이 배분정책으로 변질되는데, 예를 들어 가난한 학생들에게 지급하기로 한 장학금을 가난의 기준을 정하기가 힘들다는 이유로 쉽게 판단할 수 있는 성적을 기준으로 장학금을 지급하는 것과 같다. 이것은 장학생 선발의 재량권을 이용하여 목표의 대치가 일어난 경우이다. 실직자의 직업재훈련을 위하여 중앙정부에서 지급한 예산을 도로건설 목적으로 돌려서 사용하는 경우도 마찬가지이다. 이와 유사한 경우로서 현장에 뿌리를 박고 있는 강한 이익집단의 압력으로 정책의 내용이 수정·변경되어 일반대중이나 약한 집단이 피해를 보는 경우가 있다. 이것은 Lowi가 '이익집단 자유주의'(interest group liberalism)라고 부르며 크게 우려한 부분이다(Lowi, 1969). 이것은 규제정책의 경우에 흔히 나타난다. 공장지대에서 폐수 방류를 금지하는 정책을 집행하는 현지요원이 공장주들의 압력과 회유 때문에 지방의 경제발전을 위한다는 명목으로 이들에게 유리하게끔 규정을 확대 해석하거나 규정보다 훨씬 심하게 폐수를 방류하는 공장을 그냥 내버려 두는 경우이다.

(3) 재량권 제약의 다양한 요인

한편 일선관료에게 재량권을 부여하여도 이를 행사하는 데에는 다양한 제약요인이 있어서 재량권 행사가 어려운 경우가 있다. 먼저 일선관료 개인 스스로가 내재적으로 부과하는 제약을 들 수 있다. 고객이 일선관료에게 공격적인 태도를 취할 경우, 즉 강력한 고객의 횡포를 피하기 위하여 일선관료들이 규칙대로 엄격하게 정책을 집행하여 스스로 재량권 행사를 기피하는 경향을 보인다(김서용 2018). 이러한 내재적 요인은 조직 규칙의 명확성과 같은 외적 요인과 상호작용을 한다. 즉 규칙이 명확하면 재량권 행사가 제약을 받게 된다는 것이다. 또한 최근 정보통신 기술이 행정현장에 적용되면서 일선관료의 재량권이 축소되는 경향이 나타나고 있다. 예를 들어 과거 교통위반에 대한 범칙금을 부과하는 경우 교통경찰이 재량권을 쉽게 행사했지만, 교통카메라의 설치로 그 재량권의 범위가 대폭 축소되었다.

사례 7-5 ICT 기술의 도입과 정책집행 현장의 변화

정책집행을 수행하는 일선 공무원은 재량권을 행사하며 상황에 맞게 정책을 집행한다. 이들은 일선 현장에서 다양한 업무와 제한된 자원으로 정책집행을 효과적으로 수행하는데 어려움을 호소하기도 한다. 최근 ICT(Information & Communication Technology)와 AI(Artificial Intelligence) 기술이 급속히 발전하면서 정책집행 현장에 적용되고 있는데, 이에 따라 정책집행을 수행하는 일선 공무원의 업무에 다양한 영향을 미치고 있다.

<사례 1>

"2019년 '던지기 수법으로 마약을 구입하고 대금을 송금하던 연예인이 CCTV에 녹화되어 체포되었다. 이뿐만 아니라 지난 4월 17일 총 사상자 20명이 발생한 아파트 방화 살인사건에서 몇 시간 전에 피의자가 인근 주유소에서 휘발유를 구입해 집으로 들고 들어오는 장면이 아파트 CCTV에 촬영되어 체포에 중요한 단서가 되었다. 이와 같이 최근 경찰의 범죄수사에 CCTV가 중요하게 활용되고 있다."

<사례 2>

"경기도가 '아동급식카드'(G드림카드) 부정발급 차단에 나선다. 도는 G드림카드 신규 대상자 등록 시 보건복지부 '사회보장정보시스템'(행복e음)과 연계해 실제 급식대상 여부를 확인할 수 있는 방안을 마련했다고 밝혔다. 이는 가상정보 입력 후 허위카드를 발급받아 부정수급을 하는 범죄를 원천 봉쇄하고, 시스템 데이터의 신뢰성을 확보하기 위한 조치다. 실제로 지난해 7월 도내 한 기초자치단체에서 담당 공무원이 G드림카드 시스템과 사회보장정보시스템이 연동되지 않는 단점을 악용해 횡령하는 일이 발생했다. 도는 이후 보건복지부, 사회보장정보원, 행정안전부 등과 협의해 G드림카드와 건복지부의 사회보장정보시스템(행복e음) 연계를 추진해 지난 22일 시스템 연계에 성공했다."

<사례 3>

"정부는 복지 수급자들을 관리한다며 사회복지 통합전산망, 행복E음 시스템이라는 것을 도입했다. 그러나 나에게 행복E음 시스템은 행복 끊음 시스템이었다. 행복E음 시스템을 도입한 후 시행한 일제조사에서 엄마의 소득이 발견되었고, 부양의무자 기준이 적용되어 수급비가 깎였다. 당시 엄마는 나와 연락도 하고 만나기도 했지만 우리를 경제적으로 지원할 수는 없는 상황이었다. 이해가 되지 않았다. 실제 부양하고 있지 않고, 또 부양하는 것도 힘든 상황에서 일괄적인 잣대로 '엄마의 소득이 이만큼이니까 얼마는 도와줄 수 있다'고 정하는 것이, 그리고 이를 뒷받침한 게 전화통화기록이 이라는 것이, 당시 용산구청 복지담당자와 통화하며 '이혼하면서 양육권도 친권도 다 포기했는데, 어떻게 부양의무가 끝까지 남을 수가 있냐, 전화 통화를 하면 통장에 돈이 들어오는 것도 아니지 않으냐'고 물었다. '제도가 그러하니 본인도 어쩔 수 없다'는 답변만 돌아왔다."

4) Lipsky(립스키)의 일선집행관료이론

집행현장의 중요성 때문에 일선관료의 능력과 의욕, 그리고 그들이 처한 환경적 요인은 집행결과에 많은 영향을 미치게 된다. Lipsky는 일선관료들이 일반적으로 처하게 되는 업무환경을 살피고 업무환경의 어려움에 대처하기 위해 어떠한 적응 메커니즘을 개발하는지, 그리고 그러한 적응 메커니즘이 일선관료의 집행활동에 어떠한 영향을 미치는지를 분석하였다.

(1) 일선관료의 업무환경

일선관료가 다른 정책과정의 참여자와 가장 구별되는 특징은 일반 시민들과 끊임없이 상호작용을 한다는 점이다. 일선관료들은 비록 계층제적인 구조 속에 놓여 있지만, 집행현장의 다양성과 복잡성 그리고 자신이 보유한 전문성과 경험 때문에 직무의 자율성이 광범위하며 의사결정에 있어서 상당한 재량권을 가지고 있다. 따라서 정책대상 집단에 미치는 잠재적 영향력 또한 크다고 볼 수 있다. 경찰, 교사, 환경감시원 등이 대표적인 일선관료에 속한다. 시민과의 끊임없는 상호작용과 집행현장의 복잡성이라는 업무의 특징은 일선관료들의 업무환경을 매우 어렵게 만든다. 일선관료들이 처하게 되는 문제성 있는 업무환경은 다음의 세 가지로 정리할 수 있다.

첫째, 불충분한 자원이다. 시간과 정보의 부족, 기술적인 지원의 부족은 상대적으로 불확실성이 높은 일선관료의 업무환경을 더욱 악화시키는 요소이다. 자원의 부족은 결과적으로 즉흥적인 집행과 피상적인 집행을 낳는다. 집행현장에서 발생하는 모든 상황을 사전에 예측할 수 없고 의사결정에 필요한 정보를 집행현장에서 모두 얻을 수 있는 것도 아니기 때문에 일선관료의 집행은 순간적인 판단에 의존할 수밖에 없다.

둘째, 권위에 대한 위협과 도전이다. 경찰의 집행현장은 육체적 위협이 끊이지 않는 곳이며, 교사의 작업환경도 학생과 학부모들로부터 가해지는 스트레스로 가득 차 있다. 위협의 존재는 일선관료가 지니는 권위에 영향을 미치는데, 위협이 커질수록 일선관료들은 자신들의 권위가 떨어지는 것으로 인식한다. 권위가 있어야만 시민들에 대한 통제가 가능해지기 때문에 육체적·정신적 위협이 큰 작업환경에 처한 일선관료일수록 자신들의 권위를 과시하려는 경향이 커진다. 경찰이 정복과 정모를 쓰거나, 일선교사가 외모를 단정하게 하고 품위 있는 행동을 하려고 노력하는 것 등이다.

셋째, 모호하고 대립되는 기대의 존재이다. 일선관료들의 집행성과에 대한 기대 중 일부분은 비현실적이거나 또는 상호 갈등을 일으키는 것이기 때문에 달성될 수 없는 것들이 많다. 모호하고 상반된 기대의 가장 큰 원인은 시민들을 불편부당하게 대해야 한다는 이상과, 실제로 집행현장에서 만나게 되는 개개인과 개별사례에 대해서는 특별한 고려가 필요하다는 현실적인 요구간의 괴리이다. 일선 민원담당 공무원이 시민들의 요구를 민원제기 순서에 따라 처리해야 하지만, 지역의 유지나 유력한 집단의 요구를 먼저 처리해 주지 않을 수 없는 경우가 발생하기도 한다. 또는 노인을 비롯한 사회적 약자들에 대한 특별한 배려가 필요한 경우도 있을 수 있다. 그래서 현실에서는 집행현장의 상황적 조건 등을 이유로 특정 집단의 이해관계와 요구를 반영하여 집행을 수행하게 된다. 일선관료들이 고려해야 하는 역할 기대에 대한 합의가 이루어지지 않는 경우에는 가능한 많은 기대를 만족시키기보다는 그 중 하나를 선택하게 되고 그만큼 재량을 발휘할 여지가 커진다.

(2) 적응 메커니즘의 개발

일선관료는 복잡한 문제와 불확실한 상황에 직면했을 때 직무를 보다 용이하게 하기 위한 적응 메커니즘을 개발한다. 위에서 살펴본 세 가지 문제를 해결하기 위해 일선관료들이 주로 개발하는 메커니즘은 단순화와 정형화이다. 단순화란 복잡한 환경을 자신이 이해하고 다룰 수 있는 환경으로 구조화시켜 인지하는 것을 의미한다. 문제 상황과 환경을 단순화시킴으로써 심리적 불안을 감소시키고자 하는 것이다. 정형화란 업무가 수행되는 방식을 규칙적이고 습관적인 것으로 패턴화 시키는 것을 의미한다. 위의 세 가지 문제 상황에 처했을 때 일선관료들이 단순화와 정형화라는 적응 메커니즘을 개발하여 업무를 처리하는 구체적인 방식은 다음과 같다.

첫째, 부족한 자원에 대처하는 가장 쉬운 방법은 '지름길'을 택하는 것이다. 재빨리 결정을 내림으로써 시간을 절약하고 정책대상 집단과의 갈등, 결정에 대한 심리적 불안을 피하는 것이다. 또 궁극적인 책임이 없는 다른 사람에게 권한을 위임하는 것도 부족한 자원을 해결하기 위한 방법이 되기도 한다. 문제 상황을 미리 구조화시켜 관심을 특정대상에 집중시키는 방법도 사용한다. 예컨대 경찰과 교사들은 전과자나 문제아에 항상 주의를 기울이고 문제가 발생한 경우에도 그들을 가장 우선적으로 다룬다.

둘째, 육체적·신체적 위협에 대처하기 위해 '잠재적 공격자'(potential assailants)의 특징을 사전에 정의함으로써 집행현장의 의사결정을 단순화시킨다. 경찰들은 옷차림, 인종, 전과경력 등을 기준으로 자신들에 대한 신체적 위협자를 정의한다. 이런 식으로 전과자, 문제아의 특징을 사전에 머리 속에 그려 두고 이들에게 대책을 집중시키는 것이다. 그리고 자신들의 간여를 최소한으로 줄이는 회피전략을 사용함으로써 위협요인을 줄이기도 한다. 즉, 법률 또는 내부 규정을 들어 자신들의 권한과 책임의 범위가 아니라는 사실을 합리화시키고자 한다.

셋째, 모호하고 상반된 역할기대에 적응하는 메커니즘은 크게 두 가지로 구분된다. 역할기대에 대한 재정의(changing role expectations)와 고객집단에 대한 재정의(changing definitions of the clientele)가 그것이다. 먼저 일선관료들을 자신들이 달성해야 할 성과나 시민들이 자신들에게 기대하는 역할을 재정의하는 전략을 사용한다. 교사는 스스로에게 영웅적인 이미지를 투사시킨다. 다른 사람들이 인정해 주지 않고 아무런 보상이 주어지지 않더라도 소수 인종이나 가난한 가정의 학생들을 위해 헌신하는 것으로 자신들의 이미지를 그린다. 그리고 다른 사람들도 그렇게 생각해 주기를 기대한다. 이러한 역할 재정의의 문제점은, 특정집단이나 특정 이해관계에만 관심을 집중시켜 정작 요구되는 일은 회피하고 자신들이 원하는 역할만 수행하는 결과를 가져올 수 있다는 점이다. 예를 들어, 어차피 모든 학생들에게 관심을 쏟는 것이 불가능하다면 아주 똑똑한 몇몇 학생만 잘 가르치면 된다고 생각한다든지, 반대로 문제아들에게 집중적으로 신경을 쓰는 식이다.

자신들의 업무에 대한 기대를 변경시키는 또 다른 방법은 고객집단에 대한 정의를 새롭게 하고, 또 결과에 대한 모든 책임을 고객에게 전가시키거나 고객이 겪고 있는 것을 사회적인 문제의 탓으로 돌려 일선관료인 자신들이 해줄 수 있는 것이 아무 것도 없다는 식으로 인식하게 하는 것이다. 즉, 일선관료들은 자신의 인지구조 속에 단순화시켜 놓은 인종, 성, 학력, 경제적 계급, 문화적 계급 등의 기준을 가지고 고객을 정의한 후(예를 들어, 빈민지역의 거주자, 결손가정의 학생, 노숙자) 해결해야 할 문제의 원인이 고객 자신에게 있거나 전반적인 사회적·경제적 구조의 변화 없이는 해결이 불가능하다고 주장함으로써 책임을 회피한다.

이상의 내용에서 알 수 있는 것은 일선관료들이 사용하는 적응 메커니즘의 큰 특징은 일반시민들을 구분하여 인식하고, 특정 계층에 집중적인 관심을 쏟는다는 점이다. 권위에 대한 위협과 모호하고 상반된 역할기대에 대한 대응에서 주로 이러한 메커니즘이 사용된다.

일선관료들이 불리한 업무환경에 적응하기 위해 사용하는 단순화와 정형화는 집행조직 내에 제도적인 메커니즘으로 자리 잡게 된다. 이러한 메커니즘이 바로 업무환경에 대한 통제와 고객들의 요구에 대한 반응을 가능하게 하는 것이다. 능력별 학급편성제도가 바로 이러한 제도적인 메커니즘의 예가 된다. 이러한 시스템은 학생들 개인에 대한 교사들의 기대를 형성시키고 교사들이 내려야 하는 판단과 의사결정의 여지를 줄여준다. 재정적·심리적 비용을 증가시킴으로써 고객들의 요구를 원천적으로 줄이는 절차의 개발도 일선관료의 어려움을 해결하는 제도적인 메커니즘의 예이다. 사회보장서비스 신청절차나 자격조건을 복잡하고 까다롭게 만들어 놓거나 범죄신고 후 경찰의 조사나 방문을 수시로 겪게 하면 고객들의 요구가 줄어들어 일선관료들의 업무 스트레스가 줄어들기 때문이다. 또 다른 제도적인 메커니즘의 예는 특수조직의 설치이다. 특정 문제에 대한 고객들의 요구가 심각해질 때 그 문제를 해결하기 위한 전담부서를 설치함으로써 문제해결에 대한 강력한 의지를 표명한다. 하지만 이러한 상징적인 조치에서는 실제로 그 조직이 문제해결을 위한 성과를 달성하느냐의 여부는 중요하지 않다. 단지 무언가를 하고 있다는 것을 과시하는 것만으로도 충분히 그 기능을 달성하고 있는 것이다.

(3) 고정관념(stereotypes)의 형성

단순화, 정형화, 그리고 일선관료들이 복잡성과 불확실성을 해결하기 위해 형성하는 제도적인 메커니즘이 지속되면 일선관료들이 가지고 있는 편견이나 선입견들이 고착화되어 하나의 고정관념으로 자리 잡게 된다. 그리고 이런 고정관념의 기본을 이루는 것은 유형화 또는 분류이다. 흑인과 백인을 구분하고, 가난한 지역과 부유한 지역을 구분하고, 전과자와 그렇지 않은 사람을 구분하는 것이다. 이러한 유형화와 고정관념에 근거하여 자신에게 위협이 되는 환경을 인지하고, 어느 집단의 기대를 충족시켜 줄 것인지를 판단한다.

고정관념이 반영된 정책집행은 사회에 자리 잡고 있는 차별을 더욱 공고히 한다는 점에서 큰 문제점이 있다. 일선관료들이 행하는 차별은 일반 개인들의 차별적 행위보다 더 큰 파급효과가 있으며, 고정관념에 의해 형성된 단순화와 정형화가 집행조직 내에 제도화되어 있다면 문제는 더욱 심각해진다. 일선관료들은 고정관념이 반영된 자신들의 집행을 감추거나 합리화시킨다. 고객들은 공정하지 못하다고 인지하는 것을 일선관료들은 중립적이고, 공정하고, 합리적인 것이라고 인지한다. 고객과의 갈등이 표면화되면, 일선관료들은 그것이 업무수행에 필수불가결하여 어쩔 수 없는데도 고객들이 이를 이해하지 못한다고 항변

한다.

이상의 논의를 요약하면, 일선관료들은 불충분한 조직적·인적 자원, 신체적·심리적 위협, 그리고 상충되거나 모호한 역할 기대라는 집행환경 속에서 단순화와 정형화라는 메커니즘을 통해 복잡한 문제와 불확실한 상황에 대처하고자 한다. 즉, 개별적인 집행상황에 부합하는 유연한 업무수행을 하기보다는 습관적이고 정형화된 형태로 업무를 수행한다는 의미이다. 예를 들어, 집행에 필요한 자원이 부족할 경우 부분적이고 간헐적인 법집행을 하고, 위협을 공개적으로 과장시켜 공식적인 징계를 경감시킨다. 그리고 자신들의 역할에 대한 기대를 변경하고, 고객집단을 재정의하거나 고객이나 사회에 책임을 전가함으로써 모순되거나 모호한 역할기대를 회피하고자 한다. 그리고 이러한 단순화나 정형화 같은 적응 메커니즘은 일선관료들의 고정관념으로 자리 잡게 된다.

요 약

01. 정책집행은 정책목표를 달성하기 위해 도입한 정책수단을 구체화하는 것으로 정책의도를 실현하기 위해서는 반드시 정책집행이 성공적으로 이루어져야 한다. 뿐만 아니라 국민의 생활과 직결되는 정책의 실질적이고 구체적인 내용은 집행과정에서 확정되는 경우가 많기 때문에 정책집행은 소홀히 다룰 수 없다. 하지만 문제는 집행의 결과로서 나타난 정책산출이 언제나 정책목표를 달성하는 것은 아니라는 것이다. 정책목표와 수단 간에 인과관계가 없다면 아무리 정책이 충실히 집행되어 집행의 산출물(output)이 나오더라도 정책목표가 지향하는 성과(outcome) 또는 정책효과를 기대할 수 없기 때문이다.

02. 정책결정과 집행의 관계는 정치와 행정의 관계에 관한 정치・행정이원론과 일원론의 논의와 관련이 있다. 행정학이 학문적 토대를 갖춘 초창기에 등장한 이원론은 정치와 행정이 엄밀히 구별되듯 정책결정과 집행의 구별을 부각하였다. 반면 현대 정부의 기능과 규모가 커지면서 정책집행이 실질적인 정책결정을 이루는 경우가 많아졌다(일원론). 정책결정과 집행의 관계는 정책의 유형에 따라 다르게 나타날 수 있는데, Nakamura와 Smallwood는 정책결정자와 집행자의 관계를 정책집행자가 가지는 정책결정에서의 재량에 따라 유형화하였다. 정책집행자의 재량이 작은 순서대로 고전적 기술관료형, 지시적 위임형, 협상형, 재량적 실험가형, 관료적 기업가형 등의 유형이 있다.

03. 한편 정책평가와 정책집행의 관계를 보면, 어떠한 평가기준을 적용하느냐에 따라 정책집행의 방향이 달라진다. 일반적인 평가기준으로는 정책목표 달성도(효과성), 능률성, 정책지지 및 관련 집단의 만족도, 체제유지 등이 있다. 여기에서 주의할 점은 정책집행의 성공을 판단하는 평가기준이 때로는 상충하고 모순될 수 있다는 점이다.

04. 정책집행의 성공을 위해서는 다양한 조건이 갖춰져야 한다. 정책집행을 좌우하는 요인에 대한 연구는 주로 하향적 집행연구자들에 의해 연구되었는

데, 상향적 집행연구에서도 핵심 요인을 찾을 수 있다. 첫째, 정책의 특성과 자원 측면에서는 정책내용의 명확성, 일관성, 소망성 등이 갖춰져야 하며, 정책집행수단 및 자원이 확보되어야 한다. 둘째, 정책결정자와 정책 관련 집단의 지지가 필수적이다. 셋째, 집행주체의 능력과 태도가 중요하다. 이들의 능력과 의욕, 정책에 대한 태도에 따라 정책집행의 성패가 결정된다. 나아가 다양한 집행조직 간의 협업과 갈등조정 없이는 집행 자체가 어려워진다. 끝으로 이상의 조건이 갖춰져 있다고 하더라도 정책대상 집단의 순응을 확보할 수 없다면 집행이 이루어졌다고 볼 수 없다.

05. 동일한 정책목표를 달성하기 위하여 동원되는 정책도구들의 유형은 매우 다양하다. 정책의 내용도 중요하지만 이를 어떠한 형태의 정책도구를 통해서 실현시키는가에 따라 그 의미와 성과가 크게 달라질 수 있다. 정책도구는 정책수단을 실현하기 위해 정부가 실제로 동원하는 수단과 장치들을 의미한다. 정책수단은 단독으로 사용되는 경우가 거의 없다. 여러 가지를 배합시켜서 사용하는데 이를 정책조합(policy mix)이라고 부른다. 또한 정책목적과 정책수단 간에는 결합이 잘 되는 경우가 있는가 하면, 반대로 서로 배척하는 관계가 되기도 한다. 특정 정책목적이나 내용과 정책수단이 결합되는 것을 정책짝짓기(policy match)라고 부를 수 있다.

06. 정책집행 연구는 학문적 역사가 매우 짧다 하더라도 이론의 발전 양상은 매우 다양하게 나타났다. 정책집행연구는 Pressman과 Wildavsky, Derthick 등의 연구에 의하여 1970년대 초부터 본격적인 연구가 이루어졌다. 초기의 정책집행연구는 대부분 사례연구의 형태로 이루어졌으며, 실제적인 정책집행과정에 대한 이해와 바람직한 정책집행을 위하여 정책결정자가 고려해야 할 요인에 대한 이해가 주 연구목적이었다. 이후 정책집행이론은 하향적 접근방법과 상향적 접근방법 두 가지 대립되는 접근방법을 중심으로 발전하였고, 양 접근방법을 통합하고자 노력한 연구도 있었다.

07. 정책결정자에게 바람직한 집행을 위한 규범적 처방을 제시해 주는 것을 목적으로 하는 하향적 접근방법은 새로운 정책결정의 내용에 따라 집행관료 및 대상집단의 행태의 변화정도를 집행성공 판단의 기준으로 본다. 반면 상향적 접근방법은 정책목표 대신 집행문제의 해결에 논의의 초점을 두고,

집행과정에 가장 큰 영향을 주는 것은 일선집행관료와 대상집단이라고 본다. 1980년대 이후에는 하향적 접근과 상향적 접근의 상이한 이론적 구성을 동시에 적용하려는 학문적 노력이 등장하게 된다. 이는 크게 집행상황에 따른 집행, 정책결정과 집행의 상호적응적 집행 등 두 가지로 구분할 수 있다.

08. 상향적 접근방법을 주장하는 학자들은 집행현장의 중요성과 일선관료의 재량을 강조한다. 정책내용이나 지침이 불명확한 경우나 다수의 집행자들이 참여한 경우에는 집행관료에게 재량이 필요하다. 하지만 재량은 일선관료의 횡포나 정책내용의 변질 가능성이 있으므로 어느 정도 제약이 불가피한 측면이 있다. 일선집행관료가 처한 집행상황과 이에 대응하는 일선관료들의 대응행태를 연구한 Lipsky의 이론에 의하면, 일선관료들은 열악한 근무환경에서 나름대로의 적응메커니즘을 개발하고 있는 것으로 나타났다.

|제 8 장| 정책평가론

개 요

성공적인 조직은 평가활동을 강조한다. 합리적인 분석과 정치적 갈등의 조정을 통해 바람직한 정책이 결정되었다 하더라도 구체적인 집행활동으로 이행되지 않으면 우리가 기대한 문제해결이나 바람직한 상태가 이루어지지 않는다. 우리가 기대한 문제해결이나 바람직한 상태의 실현이 제대로 이루어지지 않는 이유는 정책결정이 잘못되었거나 그렇지 않으면 집행활동이 제대로 이루어지지 않았기 때문이라고 볼 수 있다. 정책평가는 정책결정과정에서 의도한 결과가 제대로 달성되었는지, 제대로 달성되지 않았다면 그 이유가 정책결정이 잘못되었기 때문인지 혹은 정책집행이 잘못되었는지를 체계적으로 파악하여 다음의 정책결정과 집행과정에 유용한 정보를 제공하기 위한 활동이다. 이 장에서는 정책평가에 대한 관심이 대두된 배경, 평가의 목적과 종류, 정책평가의 수행절차, 그리고 정책평가의 방법에 대하여 살펴본다.

제1절 정책평가론의 등장

1 정책평가론의 등장 배경

Behind Story 8-1 정책의 효과판단을 위한 인간 지혜의 총동원

1960년대 중반부터 미국에서는 흑인들의 비인간적인 생활을 개선하기 위하여 수많은 사업을 추진하였다. 그런데 국립무료유아원사업(Head Start Program)만큼 지식인들의 열렬한 지지 속에 수많은 젊은 이상주의자들이 자원봉사를 하면서 대대적으로 추진한 사업은 없다. 흑인들의 가난은 교육수준이 낮아서 좋은 직장에 취업할 수 없는데 근본 원인이 있고, 대학교육을 못 받는 원인은 중고등학교에서의 성적이 좋지 않아서인데, 이는 또 초등학교 때부터 성적이 낮은데 원인이 있고, 이것은 다시 초등학교 입학시에 이미 백인과는 엄청난 지능의 차이가 났음에 그 원인이 있었다고 알려져 있었다. 중산층 아동들은 유아원 유치원에서부터 교육을 받고 초등학교에 입학하는데 비해서 가난한 흑인 아동들은 그대로 방치되었던 것이다. 이 아동들을 연방정부에서 경비를 지원하여 운영하는 국립유아원에서 교육을 담당한 것이다.

그런데 국립유아원을 졸업한 흑인 아동들의 지능수준이 과거 이 교육을 받지 못한 아동들에 비해서 나아진 것 같지 않다는 풍문이 돌면서 과연 유아원 교육이 지능개발효과를 가져왔는지 여부가 논쟁거리가 되었다. 결국 연방정부에서는 믿을 만한 연구소를 선정(Ohio University와 Westing House가 공동연구팀 구성)하여 평가를 담당시켰는데, 이 사업이 아동들의 지능향상에 별 영향을 주지 못했다는 결론이 나왔다. 미국 전체가 엄청난 충격을 받았다. 그리고 흑인들의 생활개선을 위하여 대대적으로 추진하던 복지사업들에 반대하던 보수주의자들에게 큰 힘이 되었다. 이 평가를 근거로 이 사업은 물론이고 다른 복지사업의 폐기도 강력하게 요구하게 된 것이다.

한편 이 사업은 지능향상이라는 주된 목적만이 아니라, 가난한 흑인들에게 커다란 도움을 주는 부수적 효과가 컸다. 대부분의 가난한 흑인 가정은 아버지가 없거나 할 일 없이 빈둥거리는 술주정뱅이고, 어머니가 날품팔이로 생계를 유지하는데, 어머니가 출근하고 술주정뱅이 아버지도 나가버리면, 어린이들은 나이 조금 많은 형들을 따라 동네 가게에서 물건을 훔치거나 더러운 뒷골목에서 시간을 보내도록 방치되었다. 이 사업이 시작되면서, 어린이들의 생활이 완전히 달라졌다. 아침 8시에 어머니 출근 전에 학교버스가 와서 아동을 태우고 가서 유아원에서 점심도 먹이면서 공부도 시키고 친구들과 어울려 놀게 하다가, 어머니가 퇴근할 때쯤에 학교버스로 귀가를 시키는 생활을 하게 된 것이다. 당연히 아동들의 감성이나 윤리성 사회성에 큰 도움이 될 것은 너무나 명백하고, 또 집을 비운 사이에 어린이가 정상적인 유아교육을 받고 있다는 사실이 어머니나 다른 가족들에게 미치는 심리적 효과는 이루 말할 수가 없을 정도였다. 이러한 사업을 중단한다는 것은 가난한 흑인가족에게 너무나 가혹한 처사였다. 그래서 유아원에서 자원봉사를 하던 수많은 젊은이를 비롯하여 많은 지식인이 사업의 계속을 주장하였다.

그럼에도 불구하고 이 사업의 근본 목표는 위에서와 같은 부수효과가 아니라 어린이의 지능향상이었고, 지능향상이 없다면, 사업계속의 정당성은 타격을 입을 수밖에 없었다. 그래서 학자들이 나섰다. 특히 아동교육 전문가들은 논리적으로 보아 지능향상효과가 없었다는 평가결과를 도저히 믿을 수 없었다. 당시까지 축적된 이론으로 보면, 지능과 성격 형성의 가장 중요한 시기인 3-5세 정도에 교육을 하면 당연히 효과가 있어야 하는 것이다. 그리하여 평가의 방법이 잘 못 되었을 것이라고 믿는 많은 연구방법 전문가들이 동일한 자료를 다른 방법(통계기법)으로 분석하였다. 원래의 평가가 잘 못 되었고, 지능개발효과가 있었다고 결론을 내린 재연구들이 나왔다. 그러나 원래의 결론이 옳았다는 재연구도 나왔다. 연구방법에 따라 다른 결론이 나오게 된 것이다.

그리하여 다양한 연구방법(통계기법들) 중에서 어느 방법이 가장 타당한가를 두고 격렬한 논쟁이 벌어졌다. 불행하게도 현존하는 어느 통계기법도 정확한 효과판단을 해낼 수 없었다. 당연히 가장 올바른 분석기법을 발견하기 위한 다양한 노력이 동시에 전개되어, 무수한 학자들이 온갖 지혜를 짜내면서 지금도 새로운 방법을 탐색하고 있다. 정책평가론은 이렇게 등장하였기 때문에 사업(정책)의 효과를 판단하는 다양한 평가방법의 장단점을 밝히는 것이 그 핵심이 되어 있다.

상식적인 의미에서 보면 정책을 평가한다는 말은 정책의 좋고 나쁨을 비판한다는 뜻으로 사용된다. 정책의 좋고 나쁨을 비판한다는 것은 단순히 정책이 집행된 후에 나타난 정책효과의 크기나 집행과정의 합리성을 판단하는 것만이 아니다. 정책의 목표가 바람직스러운 것인지, 정책수단은 최선의 것이 선택되었는지 등에 대해서도 비판적으로 평가한다. 뿐만 아니라 경우에 따라서 정책결정과정이나 정책의제설정과정이 바람직스러운지에 대해서도 비판하게 된다. 이런 식으로 상식적인 의미에서의 정책평가는 정책과정상의 모든 활동이나 모든 산물을 대상으로 필요한 정보를 얻기 위해서, 나아가 정책과정상의 모든 측면에 대한 담당기관의 책임을 추궁하기 위해서 수행할 수 있다. 그러나 우리가 정책학에서 공부하는 정책평가는 이러한 상식적인 내용이 아니다.

정책평가론의 등장배경과 관련하여 크게 세 가지 요인이 중요하다. 첫째는 정책학의 한 연구분야로서 평가론의 학문적, 이론적 발전은 1960년대 미국정부가 의욕적으로 시행한 여러 사회복지사업의 확대와 더불어 이러한 사업들이 애초에 기대한 성과를 달성했는지를 평가하는 것에서 출발한다. 그 중에서도 <Behind Story 8-1>에서 본 Head Start Program으로 불리는 국립무료유아원사업에 대한 평가는 평가이론의 학문적인 발전에 기폭제 역할을 하였다. 두 번째의 배경은 정부가 시행하는 사업들이 제대로 집행되는지를 감독하고 모리터링하는 차원에서 정책집행활동을 평가하는 것이다. 학문적인 이론의 개발보다는 실무적으로 회계 및 감사의 관점에서 시행되는 평가활동으로 상식적으로 알려진 정책평가의 일종이라고 할 수 있다. 마지막 요인은 1980년대 이후 전개되는 신공공관리론의 확산과 더불어 조직관리의 측면에서 조직의 운영성과와 목표달성 여부를 다양한 성과관리지표를 통해서 평가하는 것이다.

이처럼 평가이론은 서로 다른 뿌리에서 출발한 것이 시간이 지나면서 서로 혼합되고 합쳐져서 하나의 연구분야로 발전하였다. 구체적으로 보면 다음과 같다.

1) 대폭적인 사회정책사업의 시행(총괄평가)

정책학의 독자적인 연구분야로 정책평가의 역사를 논의할 때는 체계적이고 과학적 방법에 의한 정책평가와 이에 대한 연구만을 논의하게 되는데 이는 주로 1960년대 이후에 등장하였다. 정책평가가 1960년대 후반부터 급속하게 성장하고, 1970년대에 폭발적으로 증가하게 된 것은 무엇보다도 미국정부가 사회정책적 사업을 무모할 정도로 의욕적으로 추진함으로써 발생한 효과성·능률성의 결여와 이에 대한 반작용으로 미국사회 전반에 걸쳐 나타나게 된 보수주의적 경향 때문이다. 양자는 상호 영향을 미쳐서 더욱 그 경향을 촉진시켰다.

먼저 1960년초의 흑인폭동을 계기로 Johnson(존슨) 행정부가 '위대한 사회'를 건설한다는 슬로건 아래 추진하였던 각종 사회정책적 사업들이 대부분 실패한 것으로 드러났다는 점이다. 앞의 Behind Story에서 본 저소득 계층 아동들의 조기교육을 위해 추진하였던 국립무료유아원사업(Head Start Program)이 그 대표적인 예이다. 이러한 사태는 이 사업들의 인도주의적 정신에 찬성했던 사람들까지도 복지사업들의 보다 향상된 능률성을 요구하게 만들었고, 이에 따라 사업의 효과성이나 능률성을 제대로 평가하는 것이 필요해졌다. 이 평가가 바로 나중에 구체적으로 살펴보게 될 총괄평가이다.[1]

한편 1960년대 후반부터 강화되기 시작한 보수주의적 경향은 정부의 사업실패를 경우에 따라서는 사실 이상으로 대대적으로 논의하고 비판하게끔 하였다. 보수주의자들에게는 사회정책 사업의 실패가 무엇보다도 훌륭한 무기가 되었던 것이다. 이러한 경향으로 80년대의 Reagan(레이건) 대통령의 당선과 보수주의가 강력하게 곳곳에서 강력한 영향을 미치게 되었다.

위의 두 가지 측면이 결합하여 다음과 같은 요구가 더욱 커지게 되었다.

① 정부의 사업은 가능한 대로 축소하고 이에 따라서 민간부분을 확대해야 한다. 효과성이 없는 것은 물론이고 일정한 새로운 사업은 일정기간 후에 반드시 완료되어야 하며 만약 계속 추진하려면 다시 승인을 얻어야 한다.[2]

② 정부사업의 능률성을 최대한 향상시켜야 한다.

③ 정부지출에 대한 감사를 보다 철저히 해야 한다.

④ 위의 결과로 절약된 만큼 세금을 감소시켜야 한다.

이상과 같은 요구는 정부사업의 능률성과 효과성을 더욱 철저히 확인하게 하였다. 즉 총괄평가의 필요성을 더욱 높인 것이다.

---

1) 이 시기에 미국 연방정부가 추진한 사업의 성과에 관한 정보를 필요로 하는 또 다른 사건으로 계획예산제도(PPBS)의 도입이 있다. 이 제도는 과거의 예산제도가 사업의 목표나 능률에 대해서 관심이 없었던 문제를 해결하기 위해서 등장한 것으로 효과성·능률성이 높은 사업을 우선하려고 하였다. 그러나 PPBS는 미연방정부에서 채택된 후 10여 년도 존속하지 못하고 공식적으로 폐기되었는데 그 중요한 이유가 사업의 실적에 대한 확실한 자료가 없었기 때문이다. 사업이 발생시킨 효과를 확인하는 총괄평가가 그때까지는 부족하였던 것이다.

2) 이것이 일몰법(sunset laws)의 핵심이다.

2) 정책과정상의 책임성 확보(과정평가)

국립무료유아원사업과 같은 것이 효과가 없다는 식의 평가는 효과적이고 능률적인 정책추진을 위해서 관리의 책임이나 정치적 책임을 확실히 해야 한다는 요구로 연결된다. 예를 들면 미국은 회계감사원(GAO)이 의회에 소속되어 있으면서 정책평가를 담당하는데, GAO에서 객관적인 평가를 통하여 밝혀진 내용은 집행부의 정책추진에 대한 정치적 책임을 묻기 위하여 언제나 사용될 수 있다. 한국의 경우 국무조정실의 정부업무평가나 감사원의 활동 역시 정책집행의 합법성과 투명성에 대한 감독을 중심으로 수행되고 있다. 이러한 집행과정에 대한 평가는 실무적, 관리적인 차원의 접근이라는 특징이 있다.

여기서 책임성(accountability)은 구체적으로 보면 세 가지로 나누어진다. 첫째는 집행요원들의 집행활동이 법규나 회계규칙 등에 합치하게끔 강제하여 법적 책임성을 확보하는 것이다. 법적·회계적 책임을 면하려면 집행과정에서 법률에 합치되도록 집행이 이루어져야 하고 또 재정·회계규칙에 따라 자금이 사용·지출되어야 한다. 정책집행과정에서의 집행활동을 평가하는 활동 특히 감사(audit) 활동이 이러한 목적을 달성한다. 이러한 평가는 근본적으로 통제의 역할을 수행한다.

둘째는 관리자가 능률적·효과적으로 집행업무를 관리하여야 하는 책임을 확보하는 것이다. 관리상의 책임은 뒤에서 살펴볼 효율적 집행전략 수립과 마찬가지로 좁은 의미의 과정평가와 집행과정의 평가를 통해서 집행설계·절차·활동 등을 평가함으로써 집행관리자에게 보다 효율적이고 능률적인 관리를 하게끔 자극·유도·강제할 때 그 책임이 확보된다. 이렇게 집행과정의 평가는 그 자체로서 관리상의 효율성을 제고시키는 것이다.

셋째는 정책담당자가 일반 국민에게 정책의 효과와 능률을 보장해야 하는 정치적 책임을 확보하는 것이다. 정치적 책임은 정치체제의 담당자가 국민들에게 지는 책임으로서 구체적으로는 선거를 통해서 지게 된다. 즉 많은 자금을 투자한 사업이나 중대한 문제를 해결하려는 정책이 효과가 없다거나, 또는 비능률적으로 집행되었다고 평가된다면 이것을 이유로 선거에서 정권담당자를 교체시킬 수 있을 것이다. 정책의 평가만이 아니라 다른 요소도 같이 고려되겠지만 이러한 이유 때문에 정권담당자(대통령이나 수상)는 자신들이 임명하거나 선택한

장・차관 등의 정치적 관리자들이 효과적・능률적 정책추진을 할 것을 원하게 된다. 그래서 정책평가에서 효율성이 있는 것으로 평가되면 장・차관은 대통령이나 수상에게, 대통령이나 수상은 국민에게 지고 있는 정치적 책임을 완수하게 되는 것이다. 또 넓게 보면 모든 정책결정자 및 정책집행자는 일반국민에게 효과적이고 능률적인 정책추진을 할 정치적 책임을 지고 있다.

3) 신공공관리론의 등장과 성과평가

1980년대 들어 서구자본주의 사회를 대표하는 영국과 미국 등에서 신보수주의 정권들이 등장하여 과거와는 다른 행정개혁이 대대적으로 단행되었다. 과거의 행정개혁은 주로 조직의 구조개혁 등에 치중하였다면 1980년대 등장한 이들 신보수주의 정권들은 소위 작은 정부와 낭비제거를 지향한 행정체제 전반의 개혁추진에 중점을 두고 있었다. 이들은 정부활동에 시장주의적인 경쟁원리의 도입과 관리의 자율성 강화로 기업가적 정부운영을 시도하였던 것이다. 시장주의는 신자유주의 정신을 살리는 것으로 독점적 정부서비스 제공방식에 경쟁원리를 최대한 도입하려는 것이며, 관리주의는 지나친 내부통제를 감축시켜서 성과위주로 행정을 운영하려는 시도이다. 이와 같은 내용을 가진 행정개혁을 신공공관리론(NPM)적 개혁이라고 총칭하며, 이러한 행정개혁에서의 주요개념 중의 하나가 성과라고 할 수 있다.

과도한 규칙과 규정을 준수하게 하는 대신에 조직이 수행해야 할 사명, 즉 목표를 달성하게 하고 이의 결과인 성과를 점검하여 관료들을 통제하고 나아가서 국민들에게 정부활동의 성과를 알림으로써 정부활동의 책임성을 확보하고자 하는 것이다. 조직의 사명, 즉 목표달성이 제대로 이루어졌는지를 확인하기 위해서는 성과에 대한 평가가 선결요건임은 두말할 나위가 없다.[3] 이리하여 성과를 평가하기 위한 기준과 방법을 제도적으로 확보하여 체계적이고 주기적인 성과의 평가를 수행하는 것이 행정개혁의 주요 내용이 되었다. 이러한 맥락에서 미국, 영국

3) 행정기관의 성과와 고객만족도에 관련된 업적지표를 설정하고 그것을 측정하는데 많은 어려움이 있다. 무엇을 업적지표로 삼을 것이냐의 문제에 있어서 행정활동의 직접적인 결과물인 산출(output)을 지표로 삼을 것인지 아니면 산출이 가져온 결과(outcome)를 지표로 삼을 것인지에 대한 논란이 끊이지 않고 있다. 일반적으로 결과는 행정활동과 관계없는 요소들에 의해 영향을 받을 가능성이 높으며 또 그 측정이 용이하지 않다는 점에서 결과보다는 산출을 업적지표로 삼는 경우가 많다. 즉, 많은 국가들이 산출을 성과로 보고 이를 기준으로 성과급, 보너스 등 보상정도를 결정하려는 입장을 채택하고 있다.

등 선진제국들은 성과와 고객만족도에 관련된 업적지표를 설정하고 그 달성 상황을 상시적으로 감시하는 모니터링적인 평가를 실시하고 있다.4)

그런데 신공공관리론적 행정개혁의 일환으로 강조하고 있는 성과평가와 본 교재의 정책평가론에서 다루고 있는 정책평가와는 다소 성격이 다르다는 점에 유의할 필요가 있다. 신공공관리론에서 강조하고 있는 성과평가는 조직차원에서 각 행정기관이 설정한 사명과 목표를 어느 정도 달성했는지를 업적지표 또는 성과지표를 통해서 행정활동의 성과를 파악하는데 초점이 있다.5)

2 정책평가론의 초점

앞에서 소개한 것처럼 정책평가론의 발전배경은 총괄평가로부터 시작한다고 볼 수 있다. 이어서 과정평가 그리고 성과평가로 이어지면서 평가론의 연구대상과 관점, 활용목적이 다양해진 것이다. 그 중에서 이 책은 총괄평가와 과정평가를 다루고 있기 때문에 두 가지 평가방법의 초점을 보다 구체적으로 보기로 한다.

과학적인 정책평가가 1960년대부터 활발해지고 1970년대에 폭발적으로 증가하자 정책평가활동에 대한 연구, 즉 정책평가론도 급속하게 발전하게 되었다. 1960년대 중반 이후 서서히 등장하기 시작한 학자들의 논문이나 책이 1970년대에는 폭발적으로 증가하였고, 평가에 대한 연구도 다양하게 이루어지기 시작하였다. 이러한 연구들은 처음에는 총괄평가를 중심으로 시작하다가 점차 과정평가도 포함하게 되었다.

총괄평가(summative evaluation)는 정책이나 사업(program)이 집행된 후에

---

4) 미국의 경우, 1993년에 「정부성과관리법」(Government Performance and Results Act)을 제정하여 운영하고 있다. 이 법은 지방정부에서 널리 행해져오던 업적목표설정과 실적측정을 연방정부의 각 부처에 대해서도 도입하기 위해 제정된 법률이다. 이것은 연방정부 각 기관의 사명(mission), 전략과 구체적인 업적목표를 체계적으로 연계시킴과 동시에, 행정활동의 초점을 성과와 고객만족도에 맞추도록 유도하고 나아가서 정부기관의 성과평가 결과를 예산배분에 반영하도록 규정한 법률이다.

5) 반면에 정책평가론에서 다루고 있는 정책평가는 개별 정책이나 사업이 애초에 의도한 효과를 어느 정도 달성했는지를 과학적, 체계적으로 파악하고(총괄평가), 정책이나 사업이 애초에 설계된 대로 집행이 이루어졌는지(집행분석), 또 정책의 효과가 발생하기까지의 인과경로는 어떠한지(좁은 의미의 과정평가)를 파악하는데 초점이 있다.

과연 의도했던 정책효과가 발생했는지를 확인·검토하는 것이다. 이 총괄평가는 정책효과만이 아니라 부수효과나 부작용까지 포함하여 정책이 사회에 끼친 영향이나 충격(impacts)을 확인하려는 사실판단 활동이다. 국립무료유아원이 과연 유아들의 지능개발에 도움을 주었는지를 확인하는 것과 같다. 총괄평가론의 핵심적인 연구대상은 평가방법이다. 정책효과가 발생했는지 여부를 과학적으로 판단하는 방법을 학자들의 노력과 연구에 의해서 개발하고 개선하는 것이다. 다른 원인이 아니라 정책 때문에 어떤 사회현상이 나타났다는 것을 확인·검증하는 것은 과학적 방법을 적용하지 않고는 불가능하다. 이처럼 총괄평가론은 과학적 방법론과 밀접한 관련이 있는데, 과학적 방법을 적용해도 경우에 따라서는 총괄평가가 어렵거나 불가능한 경우도 있다. 그 이유는 목표와 수단의 인과추론에 대한 과학적 방법을 검토해야 알 수 있다.

과정평가(process evaluation)는 정책집행이 끝난 후에 정책집행과정에 나타난 집행계획·집행절차·투입자원·집행활동 등을 검토하고 점검하여 바람직한 집행전략을 수립하는 데 도움을 주는 것이다. 과정평가는 1970년대 중반부터 크게 주목을 받고 있는데 이것은 정책집행론에서의 연구와 서로 중복되기도 한다. 과정평가는 총괄평가를 통해서 정책의 성과가 발생하지 않았음이 확인될 경우, 그 원인이 어디에 있는지 규명하는데 중요한 의미가 있다. 정책이 잘 결정되었다 하더라고 이것이 제대로 집행되지 않는 경우에는 의도한 성과가 나타나기 어렵기 때문이다. 그러나 정책평가론의 핵심은 총괄평가, 특히 그 방법에 있으므로 우리도 여기에 보다 많은 초점을 두고 검토할 것이다.

제2절 정책평가의 종류와 목적

1 정책평가의 종류

정책평가는 그 목적에 따라서 여러 가지 종류로 구분되는데 일반적으로는 총괄평가와 과정평가로 나누어진다. 즉 정책결과를 평가대상으로 한 것이 총괄평가이며 집행과정을 평가대상으로 한 것이 과정평가이다. 그래서 양자의 구분은 평가대상에 따른 분류인데 평가론의 구성과 관련된 가장 중요한 분류이므로 조금 후 자세히 검토할 것이다.

정책평가의 시점을 기준으로 보면 흔히 총괄평가와 형성평가의 구분이 논의되는데, 총괄평가는 정책집행이 끝날 때에 내리는 평가이며, 형성평가는 집행의 도중에 이루어지는 평가로서 집행의 관리와 전략의 수정·보충을 위한 것이다. 그런데 형성평가는 과정평가와 중복되는 것이 많으므로 과정평가에서 같이 논의되는 것이 일반적이다.

한편, 총괄평가 중에서 평가대상인 정책의 결과에 대해서는 이를 어떻게 세부적으로 구분하는가에 따라서 상이한 개념이 있다.[6] 첫째, 정책의 효과 중에서 정책산출(policy outputs)은 가장 단기간에 나타나는 효과로서 예컨대 프로그램의 직접적인 물적·인적 산물을 의미하며(예컨대 건설된 저수지 시설), 둘째, 정책성과(outcomes)는 이 정책산출을 통해 얻는 효과(저수지를 통해 얻게 되는 쌀의 증산효과)를 의미한다. 셋째, 정책영향(impacts)이란 그 사업이 다른 부문에 미치는 영향까지 고려된 효과(쌀의 증산으로 인한 쌀값의 하락이나 재배면적의 변동, 부작용, 기타 외부효과 등)를 의미하며 정책산출이나 정책효과(성과)보다도 더 장기간 후에 나타나는 것이 보통이기 때문에 정책영향은 측정하기가 가장 어려운 것이기도 하다. 이러한 차이에 따라 정책의 결과에 대한 평가를 다시 세부적으로 ① 정책산출평가, ② 정책성과(효과)평가, ③ 정책영향평가로 구분할 수 있다.

우리나라의 실제에 있어서는 대체로 ①,②의 예는 많이 있으나 ③은 장기간을 요하는 경우 그 시차 때문에 프로그램과 결과간의 인과성 추론이 어렵고, 여러 부문과의 상호작용을 모두 감안해야 한다는 복잡성 때문에 평가에서 흔하게 활용되고 있는 것은 아니다. 오히려 이 정책영향평가가 많이 활용되는 것은 정책대안의 결과에 대한 사전적 예측, 즉 '정책분석' 단계에서인데 그 대표적인 것이 '환경영향평가'와 '교통영향평가'이다.

또 정책평가는 평가주체에 따라서 내부평가와 외부평가로 나누어진다. 내부평가(inside-evaluation)는 정책의 결정·집행을 담당하고 있는 사람들이나(이

6) 김형렬 교수는 정책평가를 정책과정평가와 정책결과평가로 구분한 후, 다시 후자를 정책산출(policy output)평가와 정책영향(policy impact)평가로 구분하고 있다. 그러나 유훈 교수는 정책평가를 과정평가와 효과평가로 구분한 후, 후자에서의 정부 프로그램의 효과를 산출(outputs), 성과(outcome), 임팩트(impacts)로 분류하고 있다(김형렬, 1990; 유훈, 2002).

경우에는 자체평가-self evaluation-라고 부른다) 이들이 소속된 조직의 다른 구성원이 행하는 평가이다. 외부평가(outside-evaluation)는 정책의 결정·집행의 담당기관이 아닌 제삼자가 수행하는 평가이다.

2 총괄평가

1) 총괄평가의 개념

정책평가는 앞에서 본 바와 같이 총괄평가와 과정평가가 핵심인데 그 중에서 총괄평가가 기본이다. 총괄평가(summative evaluation)는 정책이 집행되고 난 후에 정책이 사회에 미친 영향(impact)을 추정하는 판단활동이다. 정책이 사회에 미친 영향·충격은 정책효과도 있고, 부작용 등의 희생도 있다. 그런데 정책효과의 추정이 보다 큰 관심을 끌어왔다. 앞에서 보았던 국립무료유아원의 효과추정에서 보았던 것과 같다. 정책효과(effect)를 추정한다는 것은 정책목표의 달성여부를 판단하는 것을 의미한다.

정책이 집행되고 나면 정책목표는 달성될 것이고 따라서 정책효과는 언제나 발생될 것으로 생각하는 경우가 많다. 그러나 앞에서 본 예에서와 같이 그렇지 않은 경우도 많다. 뿐만 아니라 효과가 발생했는지의 여부를 판단하는 것이 아주 어려운 경우도 많다. 정책이 아닌 다른 요인 때문에 일어난 변화를 정책효과로 판단하는 경우가 많기 때문이다. 정부에서 이자율을 인하하고 자금공급을 원활히 하는 경기활성화정책을 추진한 후에 경기가 좋아졌다면 이것을 정책효과로 보기 쉽다. 그러나 사실은 정책의 효과가 있어서가 아니라 불경기가 오랫동안 계속된 후에 경기가 자동적으로 회복되었기 때문인 경우도 있다. 건강한 사람은 감기를 일정한 기간동안 앓고 나면 자연히 낫게 되는데 나을 때쯤 해서 사실은 효과도 없는 감기약을 먹고 감기약 때문에 나은 것으로 착각하는 것과 같다. 정책이 아닌 다른 요인이 미친 영향과 정책이 미친 영향을 분리해 내는 방법이 총괄평가에서는 가장 중요하다. 따라서 이에 대해서는 다음에 자세히 다루도록 한다.

총괄평가는 그 평가대상과 목적이 서로 다른 몇 가지로 나눌 수가 있다. 그것은 효과성 평가·능률성 평가·형평성 평가 등이다. 이들의 목적과 내용에 대해서 좀 더 구체적으로 검토하기로 한다.

2) 효과성 평가

정책의 효과성(effectiveness)은 정책목표의 달성정도를 의미하는데 효과성을 판단하는 것이 총괄평가의 가장 핵심적 작업이다. 예컨대 경제안정정책의 실시로 과연 물가가 안정되었는지 교통정책의 실시로 출퇴근시의 교통문제가 완화되었는지를 판단하는 것이다.

앞에서 본 바와 같이 정책문제의 해결이 정책목표(치유적 목표)가 되는 경우에는 문제의 해결이 정책목표의 달성으로서 나타나는 효과라 할 수 있다. 그러므로 효과성 평가는 단순하게 의도했던 효과가 어느 정도 발생했는지를 판단하는 것에만 그치지 않고 해결하고자 했던 정책문제가 어느 정도 해결되었는지, 그리고 문제가 완화 또는 악화되었는지 등의 정책문제의 파악과 분석도 이루어져야 한다.

그래서 효과성 평가는 대강 다음과 같은 내용을 포함한다.

① 의도했던 정책효과가 과연 그 정책 때문에 발생했는지의 여부.

② 발생한 정책효과의 크기는 정책목표와 대비하여 어느 정도인지의 판단(이것은 효과성이 정책목표 달성정도이므로 효과성 판단에 해당된다).

③ 정책효과의 크기는 해결하고자 했던 원래의 정책문제의 해결에 충분할 정도인지의 판단(이것은 효과의 적절성(adequacy)판단에 해당된다).

이 중에서 가장 중요하면서 어려운 판단은 ①이며, 이것이 효과성 판단의 핵심이다. 이상과 같은 판단은 의도했던 정책효과만이 아니라 의도하지 않았던 부수효과(side-effect)에 대해서도 판단할 수 있다.

위에서 본 점차 높은 단계로 진행되는 효과성 평가는 세 번째 단계에 이르게 되면 현재 평가되는 정책의 중단·축소·현상유지·확대 중 어느 것을 선택할 것인지를 결정하는데 필요한 정보를 제공한다. 극단적인 예를 들면 다음과 같다.

· 정책의 중단……정책문제가 충분히 해결되었으며 다시 발생할 가능성이 없다고 판단되는 경우이거나, 전혀 정책효과가 없으며 다른 방법으로 정책내용을 수정해도 성공의 가능성이 없다고 판단되는 경우(다음에 보는 능

률성 판단에서 비용이 너무 들어서 비효율적이라고 판단되는 경우도 있음).

• 정책의 확대……정책효과가 분명히 있으나 정책목표달성에는 미흡한 경우와 정책문제가 계속되고 있거나 악화되고 있다고 판단되는 경우.

3) 능률성 평가 및 정책영향평가

능률성(efficiency)은 흔히 투입과 산출의 비율로서 표현되는데 투입을 정책이나 사업의 비용으로 그리고 산출을 효과로 삼게 되므로, 능률성을 기준으로 하는 것은 효과성만이 아니라 사업이나 정책추진의 비용까지 고려하는 것을 의미한다. 정책이나 사업의 능률성을 평가하는 것은 투입과 산출이 다 같이 동일한 척도인 화폐가치(즉 경제적 가치)로 측정이 가능한 투자사업이나 경제사업평가로서 발전된 것이다. 그러므로 이 능률성 평가는 주로 경제학자들이 중심이 되어 개발한 비용-편익분석(cost-benefit analysis)에 의존하게 된다.[7] 위에서 본 효과성 평가가 심리학·사회심리학·교육학에서 발전시킨 논리와 기법을 사용하는 것과는 크게 다르다. 뿐만 아니라 비용-편익분석은 정책분석의 가장 중요한 기법으로서 정책이나 사업의 결정단계에서 사전적으로 정책이나 사업의 대안들을 비교·평가하기 위하여 많이 이용되어 왔다. 그러나 효과성 평가는 정책이나 사업이 집행된 후에 행하는 사후적 평가이므로 이 점에서도 서로 차이가 있다. 전자는 사전에 예상(예측)한 것이고, 후자는 사후에 실제로 나타난 결과를 판단하는 것이다.

또 비경제정책의 정책효과와 비경제사업의 사업효과는 말할 것도 없고 경제정책의 경우에도 상위수준으로 갈수록 그 효과의 화폐적 측정이 어렵다. 뿐만 아니라 이 수준에서는 경비도 화폐적으로 측정되지 않으므로 능률성 자체가 의미가 없는 경우가 많다. 예를 들면 물가안정을 위해서 임금인상억제와 쌀의 정

---

7) '비용-편익분석'(cost-benefit analysis)은 비용과 편익을 동일한 단위(화폐, 시간, 기타 물리적 단위 등)로 측정한 뒤 이를 비교하는 것이다. 그러나 실제의 정부정책 중에는 그 비용과 편익을 동일한 척도로 환산하여 측정하는 것이 어려운 경우가 많다. 예컨대 국방정책의 경우 비용은 국방비 지출액(화폐)으로 산정할 수 있으나 그 지출로 인한 편익들이 다 화폐로 환산되기 곤란한 것과 같다. 이와 같이 비용과 편익이 서로 다른 척도로 표현될 경우의 양자의 비교 논리를 특히 '비용-효과분석'(cost-effectiveness analysis)이라고 한다. 그러므로 이 비용-효과분석은 1) 여러 정책대안들의 정책비용이 동일할 경우에 효과들만을 비교하거나, 2) 동일한 효과를 초래하는 여러 정책대안들에 대해 그 비용만을 비교하는 데에 유용성이 높다(Weimer and Vining, 2004).

부매입가격을 인상시키지 않는 정책수단을 채택했을 때 물가안정의 효과나 정책비용으로 볼 수 있는 쌀가격 억제로 인한 농민의 희생이나 임금동결로 인한 근로자의 희생 및 이 때문에 발생하는 사회불안이나 갈등 등은 하나의 척도로 측정하기 어렵다. 그래서 능률성 평가는 정책평가로서는 커다란 한계가 있다.

능률성 평가는 흔히 효과성 평가를 전제로 한다. 효과와 비용을 비교하려면 먼저 정책효과가 얼마만큼 발생했는지 판단해야 하기 때문이다(비용의 경우도 마찬가지이다). 지금도 그런 경향이 많지만 과거에는 경제학자들이 행하는 능률성 평가에서의 효과나 비용은 사전에 설계되고 예측된 것을 그대로 받아들여 비용-편익분석을 진행하였다.

한편 효과성 평가에서 고려하지 않는 것으로서 능률성 평가에서 고려하는 정책비용의 측면은 총괄평가에서도 극히 중요하다. 즉 비용-편익분석에서와 같이 효과와 비용을 모두 동일한 척도(주로 화폐가치)로 추정할 수는 없어도 정책비용을 독립적으로나마 측정하고 이의 크기를 판단 또는 추정하는 것은 정책효과의 판단·추정과 마찬가지로 중요하다. 정책비용 중에서 돈으로 직접 계산되는 사업비용이 아니라 정책의 추진으로 인하여 발생되는 사회적 희생은 흔히 그 측정이 어려워서 비용-편익분석에서는 제외되고 있지만 그 자체로서 극히 중요하다. 규제정책에서 피규제자의 권리의 제약이나 정책의 추진으로 발생한 부작용 등이 사회적 희생의 예이다.

정책의 능률성 평가와 정책의 영향평가는 효과성 평가에서의 내용을 제외하면 다음과 같은 내용을 포함한다.

① 정책의 직접적 비용은 얼마 만큼인가?

② 부작용이나 사회적 충격을 포함한 사회적 비용은 얼마 만큼인가?

③ 정책효과는 비용을 상쇄시킬 만큼 큰 것인가?

그래서 이상과 같은 평가는 현재 평가되는 정책의 추진여부만이 아니라 정책내용의 수정에도 필요한 정보를 제공한다. 예를 들면 다음과 같다.

· 정책의 중단 …… 정책의 효과보다 비용이 크다고 판단되는 경우.
· 정책의 추진 …… 정책의 효과가 비용보다 크다고 판단되는 경우.
· 정책목표의 수정·변경 …… 여러 가지 복수목표 중에서 효과와 비용면에서 유리한 목표를 보다 우선하도록 조정.
· 정책수단의 수정·변경 …… 보다 효율적인 정책수단을 강화.

이 능률성 평가는 이렇게 중대한 공헌을 하지만 능률성 평가의 절차나 방법의 핵심이 되는 비용-편익분석은 정책분석에서 논의하므로 정책평가론에서는 능률성평가의 기초가 되는 사후적 효과나 비용의 추정을 위한 논리나 기법(비용-편익분석에서 취급하지 않는)을 총괄평가의 핵심으로서 연구하게 된다. 그래서 우리도 이에 따른다.

4) 형평성 평가

논리적으로 보면 정책의 집행 후에 나타난 정책결과의 평가 속에는 정책효과와 비용의 사회집단간의 배분 등이 공평한지를 평가하는 형평성(equity) 평가도 있어야 할 것이다. 일반적으로 효과성이나 능률성 평가는 정책효과가 사회 전체적으로 얼마만큼 발생하였고, 정책비용이 사회 전체적으로 얼마나 소요되었는지를 측정하여 밝히는 것이다. 정책효과와 정책비용이 누구에게 얼마만큼 돌아갔느냐는 효과성 평가나 능률성 평가에서 제외된다. 이 제외된 문제를 고려하는 것이 형평성 평가이다. 형평성 평가는 경제적 측면에서 보면 그리 중요하지 않지만 정치적 측면에서는 매우 중요한 가치의 하나이다.

형평성 평가의 측면에서 보면 정책의 효과가 보다 많은 사람들에 의해 향유되고 나아가 사회적으로 열악한 형편에 있는 사람들에게 보다 많은 혜택이 주어진 정책이 바람직스럽다. 반면에 이들 열악한 형편에 있는 사람들에게 정책비용을 가볍게 부담시키고, 대신에 능력이 있는 사람들에게 보다 많은 부담이 가게 하면 바람직스러운 정책인 것이다. 예컨대 건강보험의 경우, 보험료의 부담측면과 보험의 혜택 측면에서 어느 정도 사회적 정의에 부응한 부담과 혜택이 이루어졌는지 형평성의 평가의 측면에서 파악해 볼 수 있을 것이다. 아울러 현행의 의료기관 분포를 감안할 때, 지역별로 의료기관의 접근성이 어느 정도 차이가 나는지 평가해서 공공의료기관(예컨대 보건소)의 수요와 지역별 배치를 위한 근거로 삼을 수 있을 것이다.

그래서 형평성 평가는 대강 다음과 같은 내용을 포함한다.

① 정책의 주된 향유 대상자는 누구인지?

② 정책의 효과가 지역별, 계층별 등의 기준에 따른 필요를 적절하게 충족하였는지?

③ 정책의 비용이 분담되는 경우, 부담능력에 따른 적절한 비용부담이 이루

어졌는지?

형평성 평가와 관련해서는 사실 정책학자·행정학자들이 공헌할 수 있는 분야이기도 하다. 효과성 평가가 주로 사회심리학자 등에 의해서, 능률성 평가가 경제학자들에 의해서 발전되고 개발된 것이라면, 형평성 평가야말로 행정학자·정치학자들이 기여할 수 있는 부분이다.

사례 8-1 종괄평가: 저출산 대책의 효과성 평가

한국 사회는 전세계에서 가장 낮은 수준의 저출산 현상이 장기간 지속되고 있다. 출산율 제고를 위하여 대규모 예산이 투입되고 매년 그 규모가 확대 되고 있음에도 실제 출산율 증가로 이어지지 못하고 있는 저출산 대책에 대해서 한국보건사회연구원은 정책효과를 평가하였다.

정책평가에 있어서 혼인율과 유배우자 출산율로 구분하여 평가를 진행하여 저출산 정책의 출산율 제고 효과를 측정하였다. 구체적으로 연령별·교육수준별 혼인율, 유배우자 출산율 모형을 각각 구축하여 각 변인별 정책효과 평가를 시도하였다. 아울러 기초 지방자치단체 단위의 저출산 대책, 복지재정 투입 정도, 보육시설 수준 및 접근성 등을 종합하여 평가하였다.

평가결과 시군구별 출산장려금, 아동인구 대비 보육시설 수 등 출산장려 정책이 유배우 출산율에 유의미하게 긍정적인 영향을 미친 것으로 나타났다. 즉, 유배우 출산율은 크게 증가하여 합계출산율이 증가하거나 적어도 더 떨어지지 않게 하는 데 큰 공헌을 한 것으로 평가하였다. 또한 연구는 기존의 연구 결과와 달리 보육료 지원 확대가 출산율 제고에 긍정적인 효과가 있는바, 해당기간 합계출산율 변화의 75% 정도를 설명하는 것으로 추정된다는 결과를 제시하고 있으며, 2009년 7월에 도입된 양육수당 지원 역시 출산율에 긍정적인 영향을 준 것으로 나타났다.

향후 정책방향으로는 출산장려금이나 보육정책과 같은 명시적인 저출산 대책 외에도 많은 정책이 간접적으로 무배우 인구의 결혼과 유배우 인구의 출산에 영향을 미칠 수 있다는 점을 고려해야 한다고 주장한다. 경제적 여건, 전반적인 사회복지 지출의 규모, 주택 및 전세가격, 양질의 일자리, 자녀 교육여건, 일·가정 양립 등 출산의 다른 중요한 요인과 관련된 정책이 호의적이지 못한 방향으로 진행된다면 아무리 많은 재원을 출산과 직접적으로 관련된 것처럼 보이는 정책에 쏟아붓는다고 해도 그 효과가 상쇄될 가능성이 크다는 것이다.

자료: 이상협 외(2016).

3 과정평가

1) 좁은 의미의 과정평가

과정평가는 정책집행과정이나 활동을 분석하는 것인데, 그 내용과 목적에 따라서 ① 좁은 의미의 과정평가와 ② 집행과정평가로 구분할 수 있다.

좁은 의미의 과정평가(process evaluation)는 총괄평가, 보다 정확하게는 주로 효과성 평가의 완성을 위해서 이루어진다. 정책수단이 구체적으로 어떠한 경로를 거쳐서 정책효과를 발생시켰는지 파악하려는 것으로, 환언하면 정책효과를 결과로 하고 정책수단을 원인으로 하여 인과관계를 파악하되 도중에 개입되는 매개변수(intermediate, intervening 또는 bridging variable)도 확인함으로써 인과관계의 경로를 검증·확인하려는 것이다.

이러한 과정평가의 예를 <그림 8-1>를 통해서 보기로 하자. 이 그림은 부동산 시장 안정을 정책목표로 하여 이를 달성하기 위한 정책수단들을 중간목표 또는 하위목표(sub-objective)로 표시하고 이를 달성하기 위한 정책활동을 나타낸 것이다. 이 내용을 구체적으로 보기로 한다. 부동산 가격이 갑자기 상승할 때 이를 안정시키기 위하여 그 원인이 되는 초과수요(공급보다 수요가 많은 부분)를 감소시켜야 한다. 이러한 중간목표를 달성하기 위해서 주택공급을 증가시키는 또 다른 중간목표를 달성해야 하고, 이를 위해서 공공주택 공급을 증대하거나 다주택 소유자들이 주택을 매도하도록 유도해야 한다. 또 이를 위해서는 LH(토지주택공사)가 신규 공공주택을 건설해서 주택공급을 늘리거나 정부가 각종 조세수단을 활용하여 다주택 소유자들이 매도를 하도록 유도한다.

<그림 8-1>에서 보면 실제로 정부에서는 다주택 보유자의 매도를 유도하거나 공공주택 공급증가를 정책(또는 정책수단)으로 하여 부동산 가격안정이라는 목표를 달성하려고 하고 있다. 이때 총괄평가의 핵심이 되는 효과성 평가에서는 이 정책이 과연 부동산 가격의 안정 효과를 가져왔는지를 판단하려고 한다. 그래서 양자의 중간에 있는 중간목표에 대해서는 관심이 없다. 그러나 과정평가는 다르다. 효과가 나타나는 과정을 정확하게 밝히려는 것이다. 그래서 좁은 의미의 과정평가에서는 정책활동(또는 수단)으로부터 목표까지 이르는 도중에 개입되

어 있는 중간목표(또는 하위목표)를 포함한 변수들 간의 인과관계경로(<그림 8-1>에서 아주 간단하게 화살표로 표시한)를 확인·검증하려는 것이다. 예를 들면, LH 공사에서 공공주택을 건설하였는데, 이로서 공공주택의 공급증가가 나타났는지(b의 인과관계), 그리고 공공주택공급증가가 민간회사의 주택공급을 포함한 전체 주택공급의 증가가 발생했는지, 그리고 주택공급증가가 부동산 가격을 안정시켰는지를 하나하나 판단하는 것이다. 즉 정책활동에서부터 목표달성까지의 경로를 따라가면서 화살표로 나타낸 인과관계가 발생했는지를 점검하는 것이다.

〈 그림 8-1 〉 정책활동 · 중간평가 · 정책의 경로

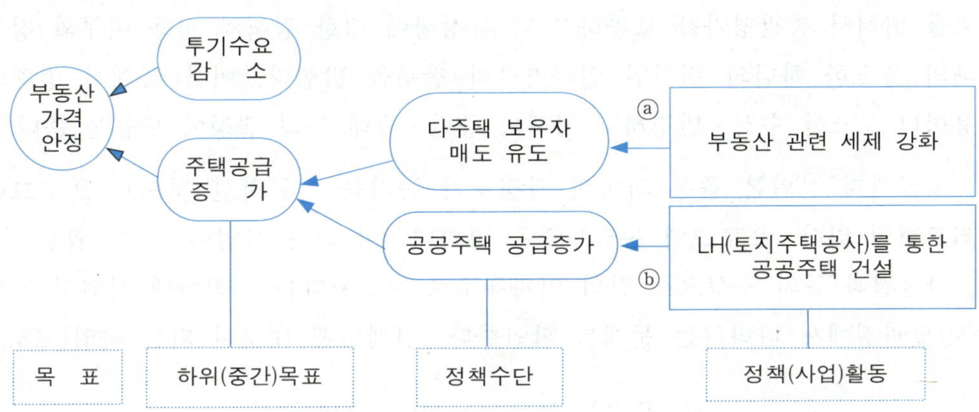

이런 식으로 정책수단에서 최종목표까지의 과정(process)을 인과관계의 측면에서 확인하는 것이 좁은 의미의 과정평가인데 이것은 효과성 평가를 보완한다. 정책의 집행이 이루어졌는데도 효과가 나타나지 않는 것은 위에서의 과정 어딘가에서 고장이 발생한 것이다. 즉 인과관계가 없는 것이다. 예를 들면, 공공주택공급의 증가까지는 되었는데, 새로 증가되는 공공주택 때문에 아파트 분양이 되지 않을 것을 걱정하여 민간건설회사들이 주택건설을 대폭 감소시키면, 전체 주택공급은 오히려 감소할 수가 있다. 이런 식의 판단착오는 흔히 발생한다. 정책수단에서 목표에 이르는 인과관계에 대해서 정책결정자들이 잘못 판단한 것이다. 이런 경우에는 효과발생 여부만이 아니라 어디에서 인과관계가 잘못되었는지를 판단하는 것이 중요하다. 사실 이 판단이 더욱 중요하다. 어디에서 고장이 났는지를 알아야만, 여기에 대한 대책을 만들 수 있기 때문이다. 마찬가지로 정

책효과가 나왔을 때에도 그 과정을 밝히는 것은 극히 중요한데 특정한 상황에서만이 아니라 다른 상황(context)에서도 효과가 나올 것인지를 아는데 큰 도움이 되기 때문이다.

위의 예에서 보듯이 효과발생의 인과경로를 밝히는 좁은 의미의 과정평가는 다음과 같은 질문에 답을 주고자 하는 것이다.

① 정책효과는 어떠한 경로를 거쳐서 발생하게 되었는가?

② 정책효과가 발행하지 않은 경우에 어떤 경로에 잘못이 있었는가?

③ 보다 강한 영향을 미치는 경로는 없는가?

이러한 질문에 답하는 내용을 지닌 과정평가는 앞에서 본대로 효과발생의 경로를 밝혀서 총괄평가를 보완하고 다른 상황에 대한 정책의 적용 여부와 정책실패의 중요한 하나의 원인인 인과경로의 잘못을 밝힌다. 이를 통해서 정책의 내용이나 구조를 수정·변경하고 정책의 중단·확대 등의 결정에 도움을 준다.

지금까지 살펴본 좁은 의미의 과정평가 논리를 이론화한 것으로 프로그램 논리모형이 있다. 프로그램 논리모형은 평가대상이 되는 사업이 투입, 활동, 산출, 산출결과 등의 구성요소 간의 인과경로로 추진된다는 논리하에 사업의 집행과 전달과정에서 나타나는 문제를 확인한다. 정책집행 대상이 되는 사업(프로그

〈그림 8-2〉 프로그램 논리모형의 구성

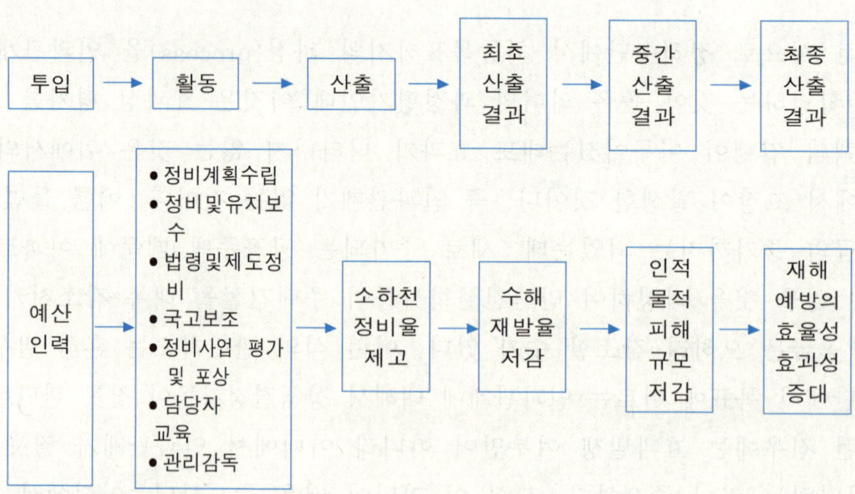

자료: 국회예산정책처 (2008)

램)의 투입과 활동이 산출과 최종적인 산출결과에 이르는 과정을 논리적 연계를 통해서 평가하는 것이다. 국회예산처에 의한 '소하천 정비사업'에 대한 집행과정 평가를 예시적으로 나타낸 것이 위의 <그림 8-2>이다.

2) 집행과정평가

집행과정평가는 정책이 의도했던 대로 집행이 되었는지를 확인·점검(monitor)하는 것이다. 집행과정평가 또는 집행분석은 정책의 집행이나 사업의 운영(operation)이 원래의 집행계획(plan)이나 집행설계(design)에 따라 이루어졌는지를 확인하여 이에서 벗어난 부분을 파악하는 것이다. 구체적으로 정책집행활동을 그 계획에 비추어 점검하되 그 활동에 치명적인 영향을 주는 집행절차(process 또는 procedure)와 자원(input), 정책대상자에의 서비스전달(service delivery), 정책의 대상영역(coverage) 등을 계획에 대비하여 점검하는 것이다. 집행과정평가는 <그림 8-1>에서 보면 주로 평가의 대상이 정책(사업) 활동에 있음을 알 수 있다. 즉 좁은 의미의 과정평가는 집행활동이 있은 후에 중간목표를 거쳐 최종목표에 이르는 과정의 인과관계를 점검하는데 비해서 집행과정평가는 집행활동이 제대로 되었는지를 점검하는 것이다. 예를 들면, LH공사에서 공공주택 공급을 하기 위해 토지를 확보하고 비교적 작은 경비로 아파트를 건설하기 위한 설계를 하고, 값싸고 품질이 좋은 자재 등을 제대로 구입했는지 등등을 원래 계획에 맞추어 점검하는 것이다.

그래서 다음과 같은 질문을 하게 된다.

① 원래 집행계획에서의 활동들이 이루어졌는가? (activity)

② 계획된 양·질의 자원(인적·물적)이 계획된 시간에 투입되었가? (input)

③ 원래 의도한 정책대상집단에 실시되었는가? (coverage)

④ 관련된 법률이나 규정에 순응하고 있는가? (compliance)

위와 같은 질문에 답변함으로써 집행과정평가는 다음과 같은 목적을 위해 이용된다. 첫째, 집행활동의 설계상의 약점을 파악·보완하고 활동을 위한 보다 바람직한 절차·방법 등을 제시하여 효율적 집행전략을 수립하게 한다. 둘째, 정책집행상의 여러 가지 상황을 점검하여 정책수단의 수정·변경을 도모하고 이를 통해서 바람직한 정책내용을 위한 정보를 제공한다. 셋째, 이 집행과정분석은 앞에서 보지 않았던 새로운 평가목적으로 책임성(accountability) 확보에 기여한다. 집행과정에서의 책임성은 주로 합법성이 문제가 되는데 위의 ④에서 본 바와 같이 법률이나 규정에의 적합성을 점검하게 된다. 이것은 주로 감사가 담당하는 일이다.

4 정책평가의 목적

1) 정책결정과 집행에 필요한 정보제공

이상에서 본 바와 같이 정책평가는 다양한 목적을 지니고 있다. 위에서 논의한 내용을 정리하면 정책결과와 정책집행과정을 주로 사후적으로(즉, 정책집행 후에) 평가하는 정책평가는 주로 세 가지의 커다란 직접적 목적을 지니고 있다(Rossi, Lipsey, and Freeman, 2019). 가장 중요한 목적은 정책결정이나 집행과정에 필요한 정보를 제공하여 이들 과정을 바람직스럽게 추진하도록 하는 것으로 정책과정상의 환류기능이라고 볼 수 있다. 이는 총괄평가를 중심으로 1960년대 이후의 정책평가가 가장 중요하게 취급한 것이다. 정책의 집행과정이나 집행 후에 나타난 정책결과에 의해서 획득한 정보를 환류시켜 효과적인 집행전략을 수립하거나 정책추진 여부 및 정책내용의 수정·결정에 도움을 준다.

한편, 정책평가가 기본적으로 사후적으로 정책의 결과에 관한 정보를 획득하는 작업이라면, 정책을 결정할 때 사전적으로 정책의 효과를 추정할 수 있는 객관적인 근거(evidence)에 의하여 결정해야 한다는 것이 증거기반 정책(Evidencebased policy)이다. 증거기반정책은 환자에 대한 처방(treatment) 시 그 처치의 효과를 알고 해야 한다는 '증거기반 의학' 개념에서 차용한 것으로, 정책결정 과정에서 그 효과에 관한 과학적인 증거의 활용을 강조한다. 통계, 데이터, 평가결과 등에 기반하여 이루어지는 증거기반 정책결정은 이데올로기(ideology)나 의견(opinion)에 기반하여 이루어지는 결정에 비하여 목표달성과 문제해결의 가능성이 높을 것으로 기대할 수 있다.

정책평가는 이러한 과학적인 증거들을 산출하는 유용한 활동이다. 예를 들면 진실험, 준실험 등 정책평가를 통해 얻어지는 정책효과에 관한 영향증거(impact evidence) 혹은 총괄평가, 과정평가 등을 통해 산출되는 정책집행의 성과에 관한 집행증거(implementation evidence) 등이 있다. 또한, 정책의 추진여부를 결정하는 과정에서는 다양한 통계적 기법과 모델을 정책시나리오 분석 등에 활용하여 분석의 정확성과 타당성을 높여주는 통계적 모델링 증거, 그리고 비용-편익, 비용-효과 등을 통해서 정책효과의 경제성을 분석하는 경제증거 등이 활용될 수 있다(Davies, 2004).

Behind Story 8-2 **오바마 행정부의 증거기반 정책**

오바마 대통령은 2009년 취임사에서 증거, 데이터, 통계라는 표현을 쓰고 있다. "--우리가 힘을 사용하는 (그릇된) 방식이 우리의 적을 강화시키고 전세계를 위협하고 있다는 증거들이 매일 속출하고 있습니다. 이것들은 데이터와 통계에 따른 위기의 지표입니다.(--each day brings further evidence that the ways we use energy strengthen our adversaries and threaten our planet. These are the indicators of crisis, subject to data and statistics.)"

2013년에는 대통령 직속 기관 공통으로 '증거와 혁신에 관한 아젠다'(Next Steps in the Evidence and Innovation Agenda)를 발표하였다. 네 가지 방향에서 제안된 실천전략은 1) 정부 기관의 성과 향상을 위하여 데이터를 활용할 것, 2) 성과 평가에 실험방법을 활용할 것, 3) 보조금 프로그램 설계시 증거를 활용할 것, 4) 기관의 증거 활용 역량을 강화할 것이다. 정책의 성과를 정확히 평가하고, 정책 과정에서 데이터의 활용성을 높이도록 한 것이다.

오바마 정부는 또한 증거기반정책수립위원회법(Evidence-Based Policy making Commission Act 2016)에 의하여 증거기반정책수립위원회를 설치하고, 연방정부의 정책 결정 및 데이터 유지·관리 기관의 데이터 목록과 인프라, 데이터베이스 보안 및 통계 프로토콜에 관하여 포괄적인 연구를 수행하였다. 증거기반정책수립위원회는 정책 및 프로그램 결정에 활용되는 정보를 두 가지 유형(Portfolio of evidence)으로 구분하였다. ① 기초 증거(Foundational Evidence)는 종합지표, 인구, 추세 및 상관관계, 특정한 치료효과 등을 포함하는 자료이며, ② 정책별 증거(Policy-Specific Evidence)는 성과 측정, 프로세스 평가, 이행 평가, 무작위 및 준실험 방법을 활용한 영향평가, 비용분석, 비용편익분석, 규제영향분석 등을 포함하는 자료로 구성된다.

자료: 오세영, 윤건, 오균 (2017) 참조

앞에서 논의한 정책평가의 종류별로 평가의내용과 목적을 요약하면 다음 <그림 8-3>과 같다. <그림 8-3>에서 먼저 평가의 목적만을 보면 이들도 크게 세 가지이다.

(1) 정책의 추진여부 결정

정책의 계속적 추진 여부를 결정하는데 필요한 정보를 평가에서 제공할 수 있다. 보다 구체적으로는 정책의 중단·축소·유지·확대 여부를 결정하는데 도움을 준다. 정책을 계속 실시할 것이냐 아니면 중단할 것이냐(go or not-go)의 문제는 여러 가지 고려에 의해서 결정된다. 그중에서 가장 중요한 것이 정책이 의도했던 효과를 발생하지 못하거나 효과보다 비용이 큰 경우에 정책의 추진을 중단하는 경우이다.

〈그림 8-3〉 정책평가와 정책과정상의 환류기능과 평가 내용(제공된 정보)

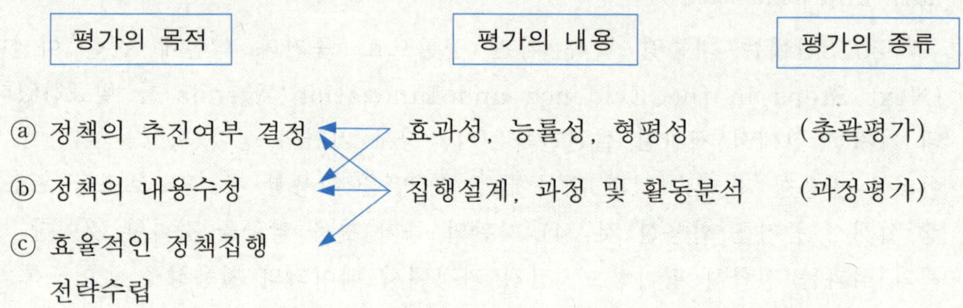

정책의 추진여부를 결정하는 것은 단순히 중단·유지의 형태를 취하는 경우보다는 축소와 확대의 형태를 취하는 경우가 많다. 정책이 여러 지역에서 분산되어 실시될 때에 정책평가에서 밝혀진 내용에 따라서 큰 효과가 없거나 비용이 지나치게 많이 투입되는 지역에서의 사업을 축소하고, 반대의 경우에는 이를 확대하는 결정을 내리는 경우도 있고, 사업의 전체규모를 축소·확대하고 사업의 종류를 축소·확대하거나, 수혜자를 축소·확대하는 경우도 있다. 이때 그 수단으로서 예산이나 인력의 축소·확대가 당연히 따르게 된다.

(2) 정책의 내용수정

정책의 내용은 정책목표·정책수단·정책대상자 등인데 특히 앞의 두 가지는 정책구조의 핵심이다.

정책목표의 수정은 복수의 정책목표 중에서(그 추진 과정에서 밝혀진) 비용·효과 측면에서 보다 바람직한 목표를 우선하게끔 조정한다거나 정책수단의 수정에 따라서 그 내용이 변경되는 경우를 포함한다. 어느 경우든지 정책집행과정을 평가하여 여러 가지 정책수단·집행설계·전략의 효율성을 검토하고 목표의 적절성을 검토하여 얻게 된 정보에 의존한다.

한편 정책목표나 정책수단의 수정·보완은 정책결정시에 사전적으로 분석하여(정책분석의 논리에 따라) 예상하였던 이들의 성격이 정책집행 후에 실제로 어떻게 나타났는가를 검토하여서 수행할 수도 있다. 즉 정책목표가 과연 적합(appropriateness)하고 적절(adequacy)한지를 정책집행 후에 실제 정책문제 변화 및 문제 상황과 대비·분석하여 이에 따라서 목표의 수정을 기할 수 있다. 정책수단의 경우도 효과성·능률성 등을 정책집행 후에(정책결정시에 예상했던 것이 아니라) 검토하여 보다 효과적이고 능률적인 수단을 사용할 수 있다. 그러나 이러한 작업은 정책분석적 논리를 적용하고 후술하는 총괄평가나 과정평가의 논리를 적용하지 않기 때문에 이러한 평가 목적은 정책평가론에서 크게 논의되지 않는다.

(3) 보다 효율적인 집행전략수립

이것은 주로 과정평가에서 제공되는 정보에 의하여 가능하다. 집행과정의 검토와 집행활동의 점검을 통하여 목표달성에 효과적인 정책수단을 발견하고 보다 능률적인 집행절차와 집행활동의 설계(design)를 발견할 수 있다. 이것은 여러 지역에서 여러 정책대상 집단을 상대로 다양한 정책수단과 집행설계 및 집행절차를 채택하고 있을 때 이들을 효과성이나 능률성의 면에서 비교·평가함으로써 가능하다.

위에서 본 정책평가의 목적 중에서 어느 것을 더욱 중시하느냐는 활용자의 입장에 따라 달라진다. 효율적인 집행전략의 수립에 도움이 되는 정보는 관리자들에게는 커다란 도움이 되므로 이들은 정책평가에서 이것을 크게 기대한다. 그러므로 이들에게는 정책효과의 존재여부만을 판단하는 총괄평가는 도움이 되지 않는다. 한편 정책결정자나 고위정책결정권자는 정책의 계속적 추진 여부나 정책내용의 수정·보완을 위한 정보가 더욱 필요하기 때문에 총괄평가가 중시된다.

2) 정책과정상의 책임성 확보

정책평가의 두 번째 큰 목적은 정책과정상의 책임성(accountability)을 확보하는 것이다. 이것은 정책과정(정책결정과 집행과정 등)이 정치체제의 가장 핵심적 활동으로 이루어지고 있으며 정치체제의 관리·운영집단은 국민에게 책임을 져야 한다는 민주주의 원리에 입각하고 있다. 제도적으로는 미국의 회계감사원(GAO)이나 한국의 국무조정실, 감사원 등에서 수행하는 행정에 대한 평가·감독과 밀접한 관련이 있다. 따라서 이것은 국민에 의해 수행되는 정치체제 담당자에 대한 통제기능에 속한다고 할 수 있다. 그런데 이런 통제기능을 위해서 수행하는 정책평가의 대상은 정책효과·정책집행 과정만이 아니라 정책의 전 과정과 내용이 관련되므로 상식적 의미의 정책평가라 할 수 있다.

3) 이론구축에 의한 학문적 기여

일반적으로 하나의 정책은 그 속에 많은 인과관계에 대한 가설들을 포함하고 있다. 예를 들면, <그림 8-1>의 화살표들이다. 이들 중에는 기존 이론에서 나온 것도 있고, 정책입안자의 짐작이나 주관적 판단에 의하여 만들어진 것도 있다. 이때 전자의 검증은 기존 이론의 수정·보완에 도움을 주고, 후자에 대한 검증은 새로운 이론을 형성시킨다. 전자의 예를 들면 앞에서 본 국립무료유아원 사업의 경우를 들 수 있다. 어릴 때의 유아원 교육이 지능개발에 도움이 된다는 것은 이미 밝혀진 이론에서 나온 것인데 이 사업의 평가에서 어느 정도 수정·보완되었다. 즉 평가 결과, 단기적인 교육(예컨대, summer program)은 효과가 거의 없었는데 장기적 교육은 효과가 있는 것으로 판단되었던 것이다. 그래서 상당한 기간 계속되는 유아교육만이 지속적인 지능개발효과를 가져온다는 식으로 이론이 수정·보완된 것이다.

제3절 정책평가의 절차

정책평가의 수행절차는 평가목적이나 대상에 따라 달라질 수 있지만 일반적으로 정책평가의 절차는 1) 정책평가의 목적확인과 평가유형의 결정, 2) 정책구조의 파악과 평가대상의 구체적 확정, 3) 평가방법의 결정, 4) 자료의 수집 및 분석, 5) 평가결과의 제시 등의 순으로 이루어진다. 이들 각각을 간략히 살펴보면 다음과 같다.

1 정책평가의 목적 확인과 평가유형의 결정

정책평가의 목적은 앞에서 본 바와 같이 첫째, 정책결정이나 집행과정에서 필요한 정보를 제공하며, 둘째, 정책책임자의 책임을 확보하고, 셋째, 학문적인 기여를 하는 것으로 나눌 수 있다. 이 중에서 세 번째의 것이 학자들이 가장 중요하게 생각하는 것이다. 두 번째의 것은 국민들 전체가 직접적으로 추구하는 목적이다. 국민들이 정책결정자의 정치적 책임을 추궁하는 것은 민주정치의 기본원리이며, 정책결정자가 자신의 지도·통제하에 있는 정책집행자의 관리책임을 추궁하는 것은 국민들에 대한 자신의 정치적 책임을 완수하기 위해서이다. 첫 번째의 것은 정책평가에 의해서 합리적 정책결정을 위해 필요한 정보와 효율적 정책집행을 위해 필요한 정보를 제공함으로써 달성되는 것이다.

첫째 및 둘째 목적과 관련되는 정책집행자의 관리책임을 확보하는 것은 모두 정책결정자나 집행자들이 원하는 내용이다. 이에 따라 이들은 정책평가를 지원해야 할 필요성이 있는 것이다. 또 이들을 지원할 수 있는 능력도 갖추고 있다.

일반적으로 과학적·체계적 정책평가는 엄청난 노력과 시간이 필요하기 때문에 누군가의 지원이 있어야만 가능하다. 비록 과학적·체계적 평가를 수행할 수 있는 능력을 갖춘 학자나 전문가가 있다고 하더라도 평가작업에 필요한 많은 자금이 뒷받침되어야 한다. 이 자금은 정책결정자나 집행자가 아니고는 지원하기 어려운 것이다. 뿐만 아니라 평가에서는 정책집행이나 정책결정에 관한 정보(외부적으로 공개하기 어려운 것도 많이 있다)도 필요하므로 정책결정자나 집행자의 도움이 없이는 수행이 불가능하다.

그래서 정책결정자나 집행자의 도움이 정책평가에서는 절대 필요하다. 그러므로 정책평가를 통해서 알고자 하는 것이 무엇인가를 정확하게 확인하려면 이들이 무엇을 원하는지를 먼저 알아야 한다. 그런데 정책평가를 원하는 정책결정자나 집행자의 입장에 따라서 구체적으로 원하는 내용이 달라질 수 있다. 예컨대 정책결정자는 현재의 정책집행이 능률적인지의 여부를 알고 싶어 하지만 정책집행자는 자신의 입장을 난처하게 할지도 모르는(만약 비능률적으로 집행되고 있다고 평가되면) 능률성 평가보다는 여러 가지 집행방법 중에서 어느 것이 보다 능률적인 집행방법인가를 밝혀주는 평가를 더욱 원하게 될 것이다. 그래서 구체적인 평가목적을 확인하기 위해서는 정책관련자의 입장을 모두 확인해 보아야 하는 경우도 있다.

그러나 아무리 정책평가 의뢰자가 원하는 것을 중요하게 취급한다고 해도 평가자는 국민전체와 국가사회를 위해서 가급적 객관적인 입장에서 포괄적인 평가를 추진해야 한다. 이것은 평가자의 윤리에 해당된다. 전술한 바와 같이 평가의 목적에 따라 평가대상이 달라지며 이로 인해 평가유형이 달라진다. 크게 보면 총괄평가와 과정평가에 따라서 그리고 총괄평가에서도 효과성·능률성·형평성 등 어디에 초점을 두느냐에 따라 달라진다.

2 정책(사업)구조의 파악과 평가대상의 구체적 확정

정책평가의 목적이 확인되고 이러한 목적에 적절한 평가의 유형이 결정되고 나면, 평가되어야 할 정책 내지 사업을 명확하게 규정해야 한다. 정책 내지 사업이 명확하게 규정되지 않으면 무엇을 평가 대상으로 해야 할지가 불분명하기 때문이다. 정책(사업)을 명확히 규정해서 평가해야 할 대상을 구체적으로 확정짓기 위해서는 우선 정책(사업)의 범위를 개괄적으로 파악해야 한다. 이러한 개괄적인 정책(사업)의 범위 파악을 토대로 보다 구체적인 정책(사업)모형을 작성하여 개별적인 활동에서 결과에 이르는 인과모형을 작성하게 되면 평가해야 할 대상이 보다 명확히 확인된다.

ⓐ 사업의 범위 파악……사업의 범위를 규정하는데 주로 문제가 되는 것은 관련된 다른 사업과의 구분이 명확하지 않은 경우가 흔히 있다는 점이다. 이것은 목표-수단의 계층제 또는 사업구조(program structure)에서 어느 수준까지를 하나의 사업으로 보느냐의 문제이다. <그림 8-4>에서 보는 바와 같이 농가 소득 증대사업의 예를 들 수 있다.

〈그림 8-4〉 농가소득증대 사업의 구조

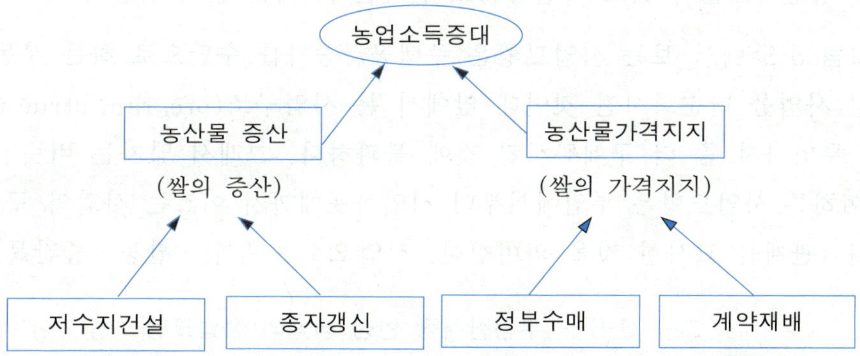

<그림 8-4>에서 보듯이 농가소득증대를 위해서는 농촌지역에 공장을 유치하여 근로소득도 얻게 하고 농업소득도 증대해야 한다. 이때 농업소득의 증대를 위해서는 농산물을 보다 많이 생산하고 가능한 한 높은 가격에 판매하여야 한다. 정부에서 쌀의 증산과 쌀 가격의 지지로써 농업소득을 증대하려고 하는 경우를 생각해 보자. 이때 쌀 증산과 이를 위한 저수지 건설이나 종자갱신을 묶어서 하나의 사업으로 규정할 수도 있다. 이때의 사업은 쌀 증산사업이며, 사업의 목표는 쌀의 증산이고 수단은 저수지 건설이나 종자갱신 등이다. 한편 쌀 증산과 쌀 가격지지를 수단으로 하고 농업소득증대를 목표로 하는 농업소득증대사업을 고려할 수도 있다.8)

사업의 정의는 사업의 목표·성공의 기준·사업의 내용을 확정되게 하며 이것은 결국 사업의 범위를 규정하는 것과 같다. 또 사업의 정의가 어떻게 되느냐

8) 경우에 따라서는 저수지 건설도 하나의 사업이 되고 종자갱신도 하나의 사업이 된다. 또 농업소득증대와 농외소득증대를 수단으로 하는 농가소득증대사업도 생각할 수 있다.

에 따라서 평가의 대상이 달라지고 성공 · 실패의 판단도 달라지게 된다. 그러므로 실제 정책결정자 · 사업관리자들이 운영하고 있는 사업을 정확하게 파악하여야 한다. 평가자의 짐작이나 이론적 논리에 따라서 사업을 규정해서는 안 된다. 사업의 담당자가 사업정의의 주체가 되어야 하는 것이다.

ⓑ 사업모형의 파악…… 앞의 단계에서 사업의 테두리가 결정되면 사업의 구체적 내용을 정확하게 파악해야 한다. 사업의 내용은 원래 정책이나 마찬가지로 사업목표와 사업수단으로 구성된다. 또 이들은 목표-수단의 계층제에서 보듯이 목표와 수단의 양자로 구분되는 것이 아니라 투입이나 활동에서부터 시작하여 많은 중간목표들이 있고 사업목표로 연결된다. 예를 들면 다음과 같다.

<그림 8-5>에서 보는 사업모형은 주택공급증가를 수단으로 하는 부동산 시장 안정 사업을 단순화시킨 것인데 앞에서 본 사업구조(program structure)를 활동과 투입까지 좀 더 구체화시킨 것에 불과하다. 그래서 양자는 비슷한 것이다.[9] 여하튼 사업모형은 투입에서부터 사업목표에까지 이르는 사업의 구성요소들의 인과관계를 묘사한 것을 의미한다. 사업요소는 투입 · 활동 · 중간목표 · 사

〈 그림 8-5 〉 부동산시장 안정 정책의 사업모형

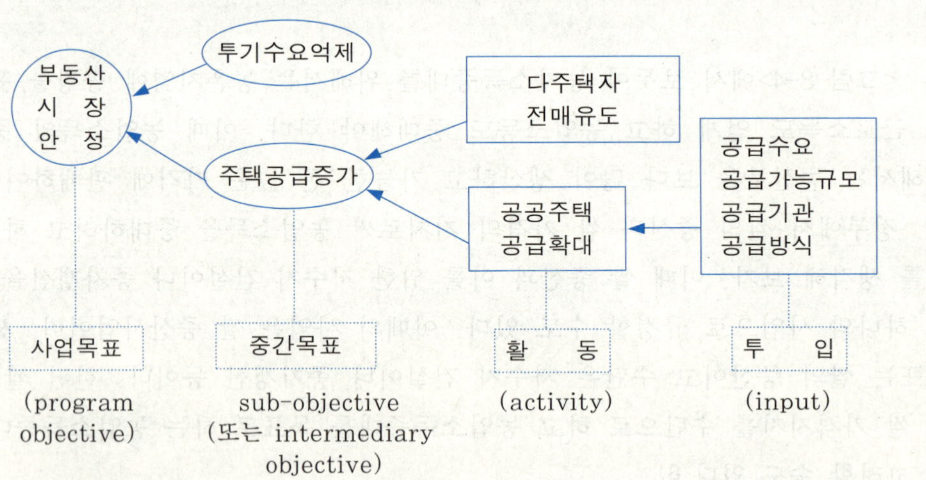

9) 다만 두 단어는 서로 사용되는 경우가 다른데 사업모형(program model)의 경우는 그림에서 나타난 화살표의 인과관계가 확실히 존재하는 것이 아직 검증되지 않은 상태에 있음을 강조하기 위해서 모형이라는 용어를 쓰는 경우도 있고, 또 사업의 전체내용에 대한 개략적인 기술이나 묘사를 강조하는 의미로 사업모형이라는 용어를 사용할 수 있다. 어느 경우이거나 사업모형은 사업구조를 포함하고 활동이나 투입도 내포한다.

업목표이고 인과관계는 <그림 8-5>에서 보듯이 화살표로 나타나는 것이다. 인과관계는 하나의 요소가 실현되면 다음의 요소가 결과적으로 실현되는 관계를 나타낸다.

이 사업모형은 정책평가에서 평가하는 중요한 평가대상을 모두 포함하고 있는 중요한 개념이다. 그러므로 정책평가에 있어서 사업모형의 확인은 평가대상을 구체적으로 확인하는 것과 같으므로 가장 중요한 작업의 하나이다. <그림 8-5>에서 보면 각 유형의 평가는 다음과 같다.

· 총괄평가 (효과성평가) …… 사업목표(부동산 가격안정)의 달성 여부 판단.
· 좁은 의미의 과정평가 …… 공공주택 공급증대 →주택 공급 증가 → 부동산 가격안정으로 이어지는 인과관계 검증.
· 집행과정평가 ……………… 여러 정책대안들의 투입 및 활동의 실현 여부와 중간목표 등의 성과 점검(monitor).

사업모형은 평가대상을 나타내 주기 때문에 이것을 정확하게 확인하여야 평가가 시작될 수 있다. 그러나 사업의 내용을 구성하는 각 요소(투입 · 활동 · 중간목표와 사업목표 등)에 대하여 관련자들이 모두 알고 있지도 않고, 기록도 없는 경우가 많다. 이런 경우에는 관련자들이 묵시적으로 같은 생각을 하는 것으로 오해하고 있지만, 흔히 서로 다른 내용을 생각하고 있다. 이렇게 다르게 인식하고 있는 사업의 구체적인 내용을 파악하여 평가되어야 할 사업모형을 작성하는 것은 어렵고도 중요한 작업 중의 하나이다.

3 평가방법의 결정

정책 내지 사업의 범위와 구조가 파악되고 이를 근거로 평가되어야 할 대상이 확정되고 나면, 어떻게 평가를 할 것인지 그리고 자료수집과 분석을 어떻게 할 것인지를 결정해야 한다. 이 중에서 평가방법이 중요하다. 평가방법의 결정에서 고려해야 하는 것은 질적 방법과 양적 방법을 어떻게 적절하게 배합시키며, 어떠한 조사설계를 채택하고 조사 대상지역이나 대상집단 중에서 어떻게 표본을 결정해야 하는가 등에 관한 것이다. 이 중에서 질적 · 양적 방법과 조사설계가 가장 중요하므로 이들에 대해 간단히 검토하기로 한다. 다만 이 부분을 정확하게 이해하기 위해서는 다음 절에서 보는 평가방법을 검토한 후에 읽어 보는 것이 좋다.

평가방법은 평가의 유형에 따라 많이 달라진다. 특히 총괄평가는 양적(quantitative) 방법에 의존하고, 과정평가는 질적(qualitative) 방법에 많이 의존한다. 첫째, 총괄평가는 정책이 정책효과(정책목표의 달성으로 얻게 되는 바람직한 상태)를 발생시켰는지의 여부를 판단하는 작업이다. 정책이 아닌 다른 원인에 의하여 발생한 상태를 정책집행 때문에 발생한 것으로 착각하기 쉽다. 그러므로 정책과 정책효과 사이에 존재하는 인과관계를 검증하는 작업은 매우 정교하고 치밀한 조사설계와 통계적 분석방법을 적용하여야 한다. 다시 말해 고도의 양적 방법을 적용하여야 하는 것이다. 좁은 의미의 과정평가에서 검증하려는 인과관계나 총괄평가에서 검증하려는 정책과 효과 사이의 인과관계는 양적 방법에 의해서만 검증이 가능하다. 이 양적 방법은 조사설계에서 실험적 설계 또는 비실험적 설계를 채택하게 된다. 둘째, 과정평가를 보면 ① 집행과정평가는 정책활동의 점검이나 집행설계 및 절차의 검토 등 주로 질적 분석방법에 의존하게 된다. ② 좁은 의미의 과정평가에서는 정책활동에서부터 중간목표 그리고 중간목표에서 정책목표로 이어지는 인과관계의 타당성에 대한 논리적 검토와 정책집행 후에 실제로 인과관계가 존재하는지를 검증하는 두 가지 작업이 있는데 전자는 질적 방법이고, 후자는 총괄평가와 마찬가지로 양적 방법을 주로 채택한다.

4 자료의 수집 및 분석

객관적이고 신뢰성 있는 평가가 이루어지기 위해서는 평가대상과 관련된 양적인 자료와 질적인 자료가 충분하게 수집되어서 평가의 근거로 삼아야 한다. 양적인 자료는 공식적인 사업결과의 보고서에 나타난 수치나 통계로 축적된 자료, 그리고 설문지 조사를 통한 자료의 수집 등을 통해 이루어질 수 있다. 질적 자료는 주로 정책대상자들(상담받는 불량청소년, 도움받는 복지대상자 등)의 감정이나 생각 등을 심층면담이나 관찰을 통하여 파악하는 것인데 여러 가지 방법을 사용한다.

질적 방법은 주로 과정평가에서 이용되고 양적 방법은 주로 총괄평가에서 사용한다. 그러나 총괄평가의 경우도 정책이 아닌 다른 요인이 정책효과에 미친

논리를 명백히 하는데 질적 평가의 도움을 크게 받을 수 있다. 예를 들면 외국에서의 증권시세, 석유가격, 농산물 가격 등의 변동이 국내의 부동산투자자들의 현금 흐름을 변화시켜서 주택가격에 영향을 미치는 수도 있는데, 이렇게 정책이 아니면서 정책효과에 영향을 미치는 다른 요인을 광범하게 파악할 때는 분야의 전문가 의견을 최대한 활용하여야 한다. 또 과정평가에서는 활동과 중간목표 또는 중간목표와 사업목표 사이에 존재하는 인과관계를 검증하기 위해서 양적 방법을 이용한다. 요컨대 총괄평가든 과정평가든 양적·질적 방법을 적절히 혼합하여야 종합적인 평가를 할 수 있다. 앞의 3에서 논의한 평가방법과 여기서 논의한 자료수집·분석방법 등을 평가대상과 연결시켜 정리해 보면 <그림 8-6>과 같다.

〈 그림 8-6 〉 평가대상·평가유형과 방법

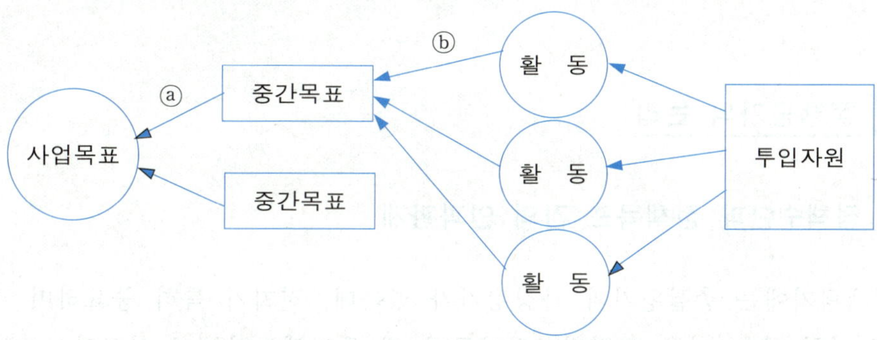

· 총괄평가 ……………… 활동 → 사업목표의 인과관계 검증(양적 방법).
· 좁은 의미의 과정평가 …… ⓐⓑ 등의 인과관계의 잠정적 설정(질적 방법).
ⓐⓑ 등의 인과관계 검증(양적 방법).
· 집행과정평가 …… 투입자원·활동들의 파악, 목표들의 달성상태 파악, 집행 설계·절차파악(질적 방법).

5 평가결과의 제시

정책평가의 실천적인 목적은 평가의 결과가 정책결정자나 집행자에 의해 반영되어 정책의 개선에 도움을 주기 위한 것이다. 따라서 평가의 결과가 활용될 수 있도록 적절한 방식으로 전달되어야 한다. 대개의 경우 평가활동의 결과는 문서화된 공식보고서의 형태로 제시된다. 평가결과를 보고서로 작성하여 제시하는 경우 그 보고서는 명확하고 논리적이어야 하며 근거가 타당해야 한다. 그 표현방식에 있어서는 가급적 일상적인 언어로 기술되는 것이 바람직하고 기술적인 용어나 전문적인 용어를 사용해야 하는 경우 그 용어에 대한 적절한 설명이 있어야 할 것이다. 보고서는 그 결론과 제언을 지지해 줄 수 있는 충분한 증거를 바탕으로 하여야 한다.

제4절 정책평가의 논리와 방법

1 정책평가의 논리

1) 정책수단과 정책목표 간의 인과관계

정책평가에는 총괄평가와 과정평가가 있는데, 전자가 특히 중요하며 평가방법을 논의할 때는 더욱 그렇다. 평가론이 왜 등장했는지를 논의하면서 계속 강조했던 이야기이다. 간단하게 되풀이하면, 어린애들의 지능향상이라는 중요한 목적을 달성하기 위하여 국립무료유아원사업을 추진하였는데 사업집행후에 목적달성이 되지 못했다는 풍문이 돌게 되어 사업을 폐기해야 된다는 주장이 나왔다. 과연 목적달성으로 의도한 효과가 발생했는지의 여부를 판단하는 것이 총괄평가인데, 평가방법의 종류에 따라 판단결과가 달리 나왔고, 과연 어느 방법이 더 타당한지를 둘러싸고 격렬한 논쟁과 새로운 방법의 탐색으로 평가론이 등장한 것이다.

이런 식으로 총괄평가의 목적은 정책이 집행된 후에 소기의 효과가 발생했는가의 여부를 판단하는데 있다. 정책은 일반적으로 정책목표와 이를 달성하기 위한 정책수단으로 구성되어 있다. 이 때 정책을 집행한다는 것은 정책수단을 실현한다는 의미이다. 그러므로 정책집행이 소기의 효과를 가져왔는가를 판단한다는 것은 정책수단이 실현되었을 때 소기의 효과를 가져왔는가를 판단하는 것이나 같은 의미이다.

한편 정책목표가 어느 정도 달성되면 정책의 효과가 발생했다고 한다. 그러므로 정책이 집행된 후에 소기의 정책효과가 있었는가를 판단한다는 것은 정책수단이 실현되었을 때 정책목표가 어느 정도 달성되었는가를 판단한다는 것과 같은 의미이다. 이를 요약하여 예시하면 <그림 8-7>과 같다.

<그림 8-7>에서는 비행청소년을 만나서 그들의 고민과 어려움을 서로 이야기하고 이들에게 여러 가지 정신적인 위안을 하는 상담(counseling) 사업의 예를 들었다. 이 상담프로그램의 목표는 이들 청소년을 선량하게 계도하는 것이다. 즉, 정책수단으로서의 상담을 통하여 청소년을 선량하게 계도하는 정책목표를 달성하려고 하는 경우이다. 이 상담사업을 평가한다는 것은 바로 상담 후에 과연 정책효과가 있었는가, 즉 청소년의 태도가 선량하게 되었는가를 판단하려는 것이다. 이때 정책효과가 있었는가를 판단하기 위해서 청소년의 태도를 판단기준으로 가정했는데 이 태도는 정책목표의 달성을 표시해 줄 수 있기 때문이다. 이런 기준이나 지표를 결과변수(outcome variable)라고 부른다.

〈그림 8-7〉 정책수단과 정책목표

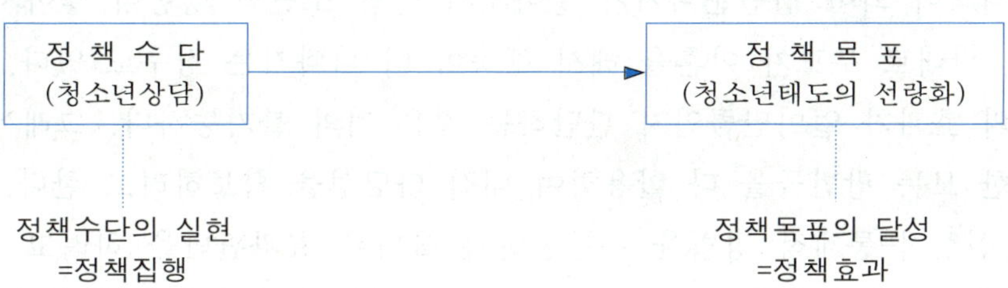

2) 평가의 타당성

정책결과를 올바르게 판단하면 정책평가는 타당성(validity)이 있게 된다. 이러한 평가의 타당성은 흔히 두 가지로 나눈다.10)

10) Cook과 Campbell(1979)은 이 두 가지에 덧붙여서 구성적 타당성(construct validity)과 통계적 타당성(statistical validity)을 이야기하고 있으나 이것은 평가론에서 크게 취급되지 않는다.

(1) 내적 타당성(Internal validity)

어떤 특정한 상황에서 정책이 집행된 후에 결과변수 상에서 변화가 일어났을 때 이 변화가 정책 때문에 발생했는지 아니면 다른 요인에 의해서 발생하게 되었는지를 정확하게 밝히게 되면 정책평가는 내적 타당성이 있게 된다. 환언하면 진실로 정책효과가 있었을 때 이것이 있다고 판단하고 사실상 정책효과가 없는 경우에는 이 효과가 없다고 정확하게 밝히면 평가는 내적 타당성이 있게 되는 것이다.

예를 들면 <그림 8-7>과 같은 경우에 상담 후에 이 상담 때문에 청소년의 태도가 선량해질 때 상담의 효과가 있다고 판단하면 내적 타당성이 있는 것이다. 즉 어떤 정책이 어떤 효과를 가져올 경우에 그 정책이 원인이 되어 그러한 효과가 발생했다고 정확하게 판단하면 평가는 내적 타당성이 있게 된다. 요약하면 정책실현과 정책효과 사이의 인과관계를 정확히 파악하면 평가는 내적 타당성이 있다.

정책평가의 초점(특히 총괄적 평가의 초점)은 정책이 집행된 후에 정책효과가 있었는지 여부를 판단하는 데 있다고 하였다. 이러한 목적은 내적 타당성이 있는 평가로써만 달성될 수 있다. 그러므로 내적 타당성은 정책평가가 갖추어야 할 제 1의 생명과 같은 것이다. 그런데 이것이 너무나 어렵다. 아버지가 좋은 직장에 취직이 되어 집안분위기가 좋아져서 상담 소년의 행동이 좋아지는 경우도 있고, 반대로 부모가 이혼을 해서 행동이 더 나빠지는 경우도 있다. 이런 경우 상담의 효과가 얼마만큼인지 판단하는 것은 거의 불가능하다. 그래서 인간들이 개발한 모든 방법들을 다 활용하여 내적 타당성을 확보하려고 한다. 객관적-주관적, 실험적-통계적 방법을 총동원하여 올바른 효과판단을 하려고 하고, 이러한 방법들의 장단점을 밝혀내는 것이 정책평가론의 핵심이 되어 왔다.

(2) 외적 타당성(external validity)

어떤 특정한 상황에서 내적 타당성을 확보한 정책평가가 다른 상황에서도 적용될 가능성을 정책평가의 외적 타당성이라고 한다. 환언하면 어떤 특정한 상황에서 정책이 집행되고 그 결과로서 나타난 정책효과를 정확하게 판단하여 평가의 내적 타당성이 있는 경우에 이 판단이 다른 상황에서 그 정책을 집행하여 나타날 효과에 대해서도 그대로 적용이 되면 그 평가는 외적 타당성이 있는 것이다.

예를 들어, 2020년 코로나19 위기 상황에서 이자율을 인하하는 금융정책을 실시하여 경기부양 효과를 실제로 얻었다고 할 경우, 이 평가의 결과가 2025년도의 상황에서도 타당할 것인가 하는 것이다. 만약 2025년도의 상황에서도 이자율 인하가 경기부양 효과를 가져온다고 한다면 앞의 평가는 외적 타당성이 있는 것이다. 그러므로 평가의 외적 타당성은 특정한 상황에서 시행한 정책실현과 정책효과 사이의 인과관계에 대한 판단이 다른 상황에 얼마만큼 유추(infer)되고 또한 일반화(generalization)될 수 있는가 하는 가능성을 의미한다. 즉 특정 상황 내에서의 타당한 평가(내적 타당성을 확보한 평가)가 다른 상황에서 얼마만큼 타당할 것인가가 외적 타당성이다.11)

이 외적 타당성은 어떠한 평가방법을 사용하더라도 문제가 되지만 사회실험에서는 특별한 주의를 요한다. 앞으로 보겠지만 사회실험 중에서 진실험은 평가를 위해서 약간의 인위적인 상황(실험을 한다는 상황)을 조성하는데 여기서 얻은 결론이 이러한 인위적 상황이 아닌 자연상태에서 정책을 집행할 때 나타날 효과에 대해서도 타당할 것인가가 문제되는 경우가 많다.

2 정책평가의 방법

정책평가를 추진하는 방법은 무수하게 있을 수 있으며, 비과학적인 방법도 있다. 그러나 과학적이고 체계적인 정책평가 방법이 무엇보다 중요한데 이는 이 방법으로만 평가의 타당성을 어느 정도 확보할 수 있기 때문이다. 이것은 총괄평가나 과정평가의 어느 경우에도 적용되는 것이다. 그러나 타당성 있는 과학적 방법은 특히 총괄평가의 경우에 더욱 필요하고 또 많이 논의되어 왔기 때문에 우리는 여기에서 총괄평가의 경우만을 검토하기로 한다.

총괄평가는 특정한 정책이 집행된 후에 소기의 정책효과를 가져왔는가를 판단하는 데 그 목적이 있다. 이 판단은 누누이 지적했듯이 극히 어렵다. 자칫 잘못하면 사실상 효과가 없는 정책을 효과가 있는 것으로 판단하거나, 또는 효과가 있는 정책을 효과가 없는 것으로 판단하여 평가가 타당성(내적 타당성)을 잃게 된다. 타당성 있는 정책평가를 위해서 사용하는 정책평가의 방법은 과학적인

11) 이것은 특정한 상황에서 타당한 이론이 시간과 공간을 초월하여 적용될 수 있는 일반이론이 될 수 있는 가능성과 본질적으로 같은 것이다.

조사방법과 완전히 동일한데 여기에는 크게 비실험적 방법과 진실험과 준실험으로 구성되는 실험적 방법이 있다.

1) 비실험적 방법

(1) 사후적 비교집단 구성과 선정효과

비실험설계는 정책효과의 존재여부를 판단하기 위하여 정책대상집단과 다른 집단을 정책집행 후에 사후적으로 찾아내어 일정한 시점(one-shot)에서 비교하는 설계이다.

영어 특별지도를 희망하는 고등학생 100여명에게 특별반을 만들어 일주일에 1시간 정도 공부시키는 경우를 생각해 보자. 이 특별교육이 영어실력을 얼마나 향상시키는지를 알기 위해서 영어시험을 치렀더니 평균 80점을 받았다고 하자. 이때 이 80점만을 보아서는 특별교육의 효과를 알 수 없기 때문에 같은 고등학교의 다른 학급 학생들을 비교집단으로 이용할 수 있다. 다른 학급 학생들이 평균 70점을 받았다고 해보자. 이런 경우 여러 가지 정밀한 통계분석을 행할 수 있지만 근본적으로는 특별교육 때문에 10점만큼 영어실력이 향상된 것으로 판단하는 것이 이러한 설계의 기본논리이다.

이 설계의 약점은 많이 있지만 가장 핵심적인 약점은 선정변수(selection variable)의 개입에 의한 선정효과를 사업효과로 착각하기 쉽다는 점이다. 비교집단이 아니라 실험집단이나 정책대상집단에 배치되게(즉 선정되게) 만든 요인을 선정변수라고 부르는데 이 변수의 차이 때문에 나타나는 현상을 선정효과라고 부른다. 위에서 본 예의 경우에 영어 특별지도를 하는 특별반에서 공부하기를 희망하느냐 않느냐가 선정변수인데 희망한 자가 대상집단에 선정되고 그렇지 않은 자가 비교집단에 포함된 것이다.

그런데 영어 특별지도를 희망하는 학생들은 다른 학생보다 영어공부를 하려는 의욕이 많은 학생들이며 이러한 의욕 때문에 평소에도 영어 공부를 많이 해서 영어 실력이 10점만큼이나 다른 학생보다 좋아졌다고 가정해 보자. 이 10점이 바로 선정효과이다. 만약 위와 같은 경우에 선정효과가 10점이라면 영어 특별교육은 사실상 전혀 효과가 없음을 의미한다. 이 특별교육이 없었더라도 특별반에 들어간 학생들은 다른 학생보다 10점만큼 영어 성적이 좋을 것이기 때문이다.

선정효과는 여러 가지가 있을 수 있다. 성적이 나쁜 학생을 특별반에 넣어서 특별교육을 하고 다른 학생과 비교하면 성적이 선정변수가 되고, 도시주민이 이용하는 상수도에 불소를 넣어서 불소가 치아의 건강상태에 미치는 효과를 알기 위해서 농촌주민과 비교한다면 주거지역(도시 대 농촌)이 선정변수가 된다. 위의 영어교육의 예에서 본 바와 같이 대상자가 스스로 어느 집단에 들어가기로 희망하는 경우를 자기선정(self-selection)이라고 부르는데 이 경우에는 거의 언제나 선정효과가 있는 것으로 알려져 있다. 일정시점에서 대상집단과 비교집단을 비교하는 방법은 선정효과가 과연 있는지, 있으면 얼마인지를 알 수 없기 때문에 근본적인 문제가 있다.

(2) 정책실시 전후비교설계와 성숙효과

<그림 8-8>에서는 초등학교 아동 100명을 뽑아서 이들에게 5학년 초에서 시작하여 6학년 초까지 우유급식을 계속하여 우유급식이 체중증가에 얼마만큼 도움을 주었는가를 알아보는 예를 들었다. 이때 우유급식을 하는 집단을 편의상 실험집단이라고 불렀으나 이것은 물론 정확한 표현은 아니다.[12)]

<그림 8-8>에서와 같은 경우에 우유급식이 체중에 어떤 효과를 가져왔는가를 추정하기 위해서는 앞에서도 지적했듯어 여러 가지 정밀한 통계 분석을 할 수 있지만 아주 간단하게 다음과 같은 결론을 내리는 것이 이 설계의 기본논리이다. 우유급식을 하기 전에 100명 아동의 평균체중은 40kg인데 우유급식을 1년 동

〈 그림 8-8 〉 정책실시 전후비교 설계

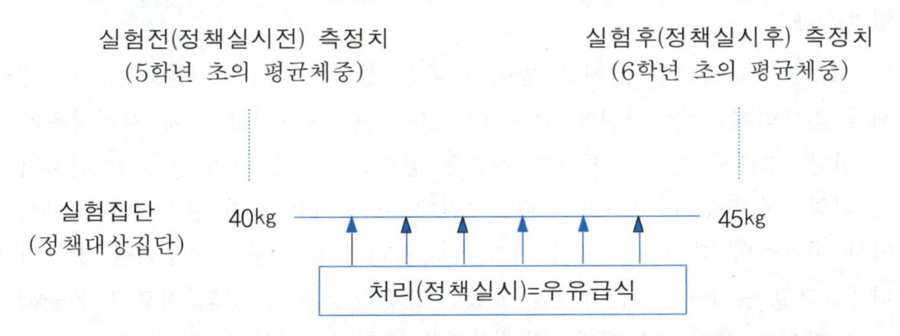

12) 앞에서도 지적했듯이 비실험적 설계는 '실험'이라고 부르지 못하기 때문에 '실험'집단이라는 말은 정확한 표현이 아니다.

안 하고 난 후에 평균체중이 45kg이 되었으니 5kg의 체중증가가 있다. 그러므로 우유급식이라는 처리(또는 정책, 또는 사업, 또는 정책적 사업)의 결과는 5kg의 체중증가이다.

위와 같은 처리효과의 추정은 여러 가지 잘못을 범할 가능성이 크다. 무엇보다도 다음 두 가지의 가능성이 있다.

첫째, 5kg의 체중이 증가된 것은 우유급식의 효과가 아니라 초등학교 아동들이 5학년에서 6학년이 될 때까지 1년 동안에 자연히 성장한 결과이다. 즉 자연성장이 5kg의 체중증가를 가져온 것이지 우유급식이 5kg의 체중을 증가시킨 것은 아니라는 주장이다. 보통의 경우에 실험집단은 시간이 지남에 따라 결과변수 상에서 변화를 가져온다. 이러한 현상을 성숙효과(maturation effect)라고 부른다. 감기에 걸린 사람이 며칠 지나면 낫게 되는 현상, 심지어는 불경기에 빠진 경제가 정책적인 지원 없이도 상당한 기간 후에 회복되는 현상 등등이 모두 성숙효과의 예가 된다.

Behind Story 8-3 감기약과 디스크 치료

"독감 환자 - 감기약을 먹으면 얼마 만에 나을까요?
훌륭한 의사 - 아마 2주일쯤 걸릴 겁니다
독감환자 - 약은 싫은데 먹지 않으면 어떻게 됩니까?
훌륭한 의사 - 아마 보름쯤 후에 나을 겁니다"

원래 감기에는 치료약이 없고 영양제를 처방하거나 통증을 완화시켜주어서 편하게 하는 효과를 지닌 약을 처방한다고 한다. 훌륭한 의사는 이를 환자에게 알려준다.

그런데 디스크가 상처를 받아서 아픈 경우도 마찬가지라고 한다. 다친 부위를 건드리지 않고 안정을 취하면서 조심하면 2-3개월 후에 자체치유가 된다고 한다. 그래서 디스크 치료의 기본은 통증을 줄이는 처방을 하고 환자가 안정을 취하도록 하는데 있다고 한다. 그런데 이 지식은 널리 알려지지 않아서 허리 약한 사람들이 디스크 치료의 특효약을 찾거나 특별한 치료방법을 찾아서 헤맨다. 그리고 옛날에는 이 사실을 몰랐던 많은 의사도 자신의 치료가 훌륭해서 치료된 것으로 선전하곤 했다. 정부정책을 주도한 집권자들도 정책효과에 대하여 흔히 이런 착각에 빠진다.

5kg의 체중증가는 성숙효과 때문이라는 주장과 5kg의 체중증가가 우유급식사업효과 때문이라는 주장은 서로 경쟁(rival)관계에 있다. 두 가지 주장 중 어느 것도 아직은 증명이 되지 않은 상태에 있기 때문에 두 주장 모두 하나의 가설(hypothesis)에 불과하다고 생각할 수 있다. 이와 같이 실험을 통해서 증명해 보고자 하는 가설에 대립되고 경쟁적인 관계에 있는 가설을 경쟁가설(rival hypothesis)이라고 부른다. 성숙효과가 체중증가를 가져왔다는 주장은 우유급식사업이 체중증가를 가져왔다는 주장에 대한 경쟁가설인 것이다.

둘째, <그림 8-8>을 두고 우유급식사업이 5kg의 체중증가를 가져왔다는 주장을 하게 될 때 이 주장에 대립되는 두 번째의 주장, 즉 두 번째의 경쟁가설이 있을 수 있다. 즉 '실험기간 중에 일어난 사건'(history)(예: 지역소득증대, 유통구조개선 등)이 5kg의 체중증가를 가져왔다는 주장이다.[13)]

위에서 본 두 가지의 경쟁가설 이외에도 많은 다른 경쟁가설들이 <그림 8-8>과 같은 경우에 등장할 수 있다. <그림 8-8>과 같은 비실험적 설계의 근본 문제는 우유급식이 5Kg의 체중증가를 가져왔는지, 아니면 경쟁가설들의 주장내용이 옳은 것인지에 대해서 명확한 판단을 할 수 없다는 점이다. 환언하면 <그림 8-8>과 같은 설계에서는 우유급식효과(정책효과), 성숙효과, 사건효과들이 모두 뒤섞여 있는 상태여서 우유급식효과만을 추출해 내기가 어려울 것이다.

(3) 비실험방법의 본질적 문제 —허위변수와 혼란변수의 개입—

통계분석적 관점에서 보면 비실험설계는 본질적으로 두 가지 변수를 조사설계에서 처리하지 못하기 때문에 정책효과를 정확하게 측정하지 못한다.

첫째, 허위변수(spurious variable)이다. <그림 8-9>에서 보는 바와 같은 가정을 해보자. 즉 영어특별교육(B)은 전혀 영어실력향상(C)에 도움을 주지 못하며, 의욕이 많은 학생들이 원래 영어 공부를 열심히 했기 때문에 영어실력이 향상되었다고 가정하는 것이다. 그러면 그림에서 보듯이 화살표 방향에 따라 인과관계가 나타난다. 이때 표면상으로 보면 영어특별교육을 받은 학생들이 성적이 좋아 보이기 때문에 B가 C를 발생시킨 것 같은 착각을 하게 된다(성적이 좋아진 진짜 이유는 특별교육반의 학생들은 의욕이 높기 때문이었다). 이와 같이 실제로는 관계가 없는데 겉으로 관계가 있는 듯이 보이는 B와 C의 관계를 허위상관(spuri-

13) 이것이 바로 조사방법론에서 내적 타당도를 저해하는 요인의 하나로 들고 있는 '역사요인'이다.

ous correlation)이라고 부르고 이를 일으키는 A변수를 허위변수라고 부른다.[14] 허위변수가 개입되면 우리는 허위상관관계를 정책효과라고 착각하게 되는 것이다.

둘째, 혼란변수(confounding variable)가 존재해도 정책효과 추정이 부정확해진다. <그림 8-9>에서 이제는 (B→C)의 인과관계가 존재한다고 하자. 이 경우에는 영어특별교육(B)이 영어실력을 어느 정도 향상(C)시키는 것은 틀림없지만 동시에 A 역시 영어실력의 향상에 원인으로 작용하고 있는 셈이다. 그런데 A의 존재를 인식하지 못하고서 영어특별교육(B)만이 결과(C)의 원인이라고 착각하면 결국 영어특별교육이라는 사업효과는 과대평가 되는 것이다. 이 경우 A를 혼란변수라고 한다.[15]

〈 그림 8-9 〉 허위변수, 혼란변수와 허위상관관계

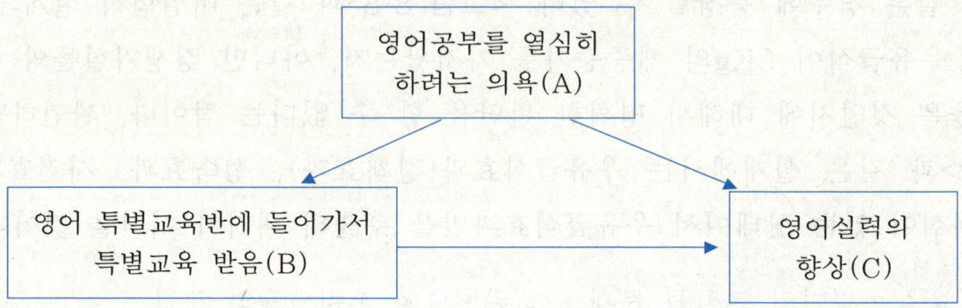

과대평가 되는 예를 들면 영어특별교육 때문에 영어실력이 2점만큼 향상되고 (B→C의 인과관계에서) 영어를 공부하려는 의욕이 커서(A) 평소에 공부를 많이 했기 때문에 8점만큼 향상되어(A→C의 인과관계에서), 합계 10점만큼 영어특별반 학생들이 다른 학생들보다 성적이 더 좋았다고 가정해보자. 이때 10점 모두가 영어특별교육 때문인 것으로(B→C의 인과관계만 있는 것으로) 착각하게 되는 것이다.

14) 이때 B와 C간에 아무런 상관관계도 존재하지 않는데도, 통계적으로 보면 B와 C간에는 상관관계가 존재하는 것으로 나타난다. 그런데 이러한 단순한 '통계적 상관관계'를 마치 B로 인하여 C가 발생한다는 '인과관계'로 착각하게 하는 것이 문제이다.

15) 그러므로 A가 허위변수인가 혼란변수인가 하는 차이는 <그림 8-9>에서 A만으로 C를 모두 설명할 수 있는 경우에는 A는 허위변수가 되는 반면에, B가 C의 일부를 설명할 수 있으며 또 A도 C의 일부를 설명할 수 있는 경우에는 A는 혼란변수가 된다.

앞에서 본 선정효과나 성숙효과 등은 허위변수나 혼란변수(선정변수의 영향이나 성숙이 되는 사실)로 작용할 수 있는 가능성을 모두 가지고 있다. 허위변수나 혼란변수(A)의 영향을 제거하고 순수하게 사업 또는 정책(B)이 결과변수(C)에 미친 영향을 파악하려는 것이 총괄평가의 목적이다. 다음의 사회실험을 통한 조사설계는 이러한 혼란변수, 허위변수로 작용하는 선정효과나 성숙효과를 보다 체계적으로 제거시키려는 접근이다.

2) 실험적 방법(1): 실험적 방법의 개요

(1) 사회실험의 등장

새로운 교과과정을 만들거나 새로운 교수방법을 만들어서 이것이 가져 오는 효과를 판단하려는 시도는 교육학에서 오래전부터 사용해 왔다. 이러한 논리를 1960년대 말 경부터 정책평가를 위해서 활용하면서 정책평가에서 사회실험이 중요한 방법으로 부상되었다. 사회실험은 실험실이 아닌 사회라는 상황 속에서 행하여지는 실험이지만 여기서 사용하는 개념이나 기본논리는 실험실에서의 실험(laboratory experiment)과 동일하다. 이러한 실험은 총괄평가뿐만 아니라 과정평가를 위해서도 이용된다(Riecken and Boruch, 1974). 그러나 여기에서는 총괄평가를 위한 측면만을 보기로 한다. 사회실험은 총괄평가를 위한 비실험적 방법이 지니는 약점과 이를 보충할 수 있는 통계적 방법의 미개발 때문에 Campbell(캠블)같은 학자에 의하여 강력히 권장되고 있다.

(2) 실험의 기본개념

실험은 반드시 실험집단(experimental group)과 이에 비교되는 통제집단(control group) 또는 비교집단(comparison group)을 실험 실시 전에 미리 확보한다. 그래서 실험대상을 의도적으로 두 집단으로 나누고 처음부터 실험집단에게는 일정한 조작 또는 처리를 가하고 통제집단에게는 처리를 가하지 않게 하여 일정한 시간이 지난 후에 두 집단이 나타내는 결과변수 상에서의 차이를 처리의 효과라고 판단하는 것이 실험의 기본논리이다. 이것을 자세히 살펴보자.

초등학교 5학년 아동들에게 1년 동안 우유를 급식시켜서 이 우유급식이 이들 아동의 체중을 증가시킬 것인지를 알아보기 위해서 사회실험을 한다고 해보자. 이 때 100명의 A초등학교 아동들에게는 우유를 급식하고, 100명의 B초등학교 아동들에게는 비교를 위해서 우유를 급식하지 않는다고 하면 다음과 같이 된다.

◎ 실험대상(subjects)……전국의 초등학교 5학년 아동들이 된다. 정책의 경우에는 정책대상집단(policy target group)이 여기에 해당된다. 실험대상은 실험집단과 통제집단(혹은 비교집단)으로 나누어진다. 위 예의 경우 A초등학교 학생 100명은 실험집단이고 B초등학교 학생 100명은 통제집단(비교집단)에 해당된다.

◎ 처리(treatment)……우유급식이 바로 이것이 되는데 정책의 경우에는 정책수단의 실현(또는 정책의 집행) 또는 정책내용의 실현이 여기에 해당된다.

◎ 처리효과(treatment effect)……우유급식의 효과로서 결과변수의 변화로 나타낸다. 정책의 경우는 정책효과 즉 정책목표의 달성이 여기에 해당되고, 이는 결과변수의 변화로서 측정된다.

◎ 결과변수(outcome variable)……우유급식으로서 체중증가를 가져온다고 생각하고 있으므로 체중이 결과변수이다. 정책의 경우는 정책목표를 나타내는 지표가 된다. 이 결과변수를 흔히 실험전에 측정하고, 실험후에도 측정하는데 전자를 실험전 측정치(pretest score 또는 premeasure), 후자를 실험후 측정치(posttest score 또는 postmeasure)라고 부른다.

이상을 예시한 것이 <그림 8-10>이다.

〈그림 8-10〉 실험의 예

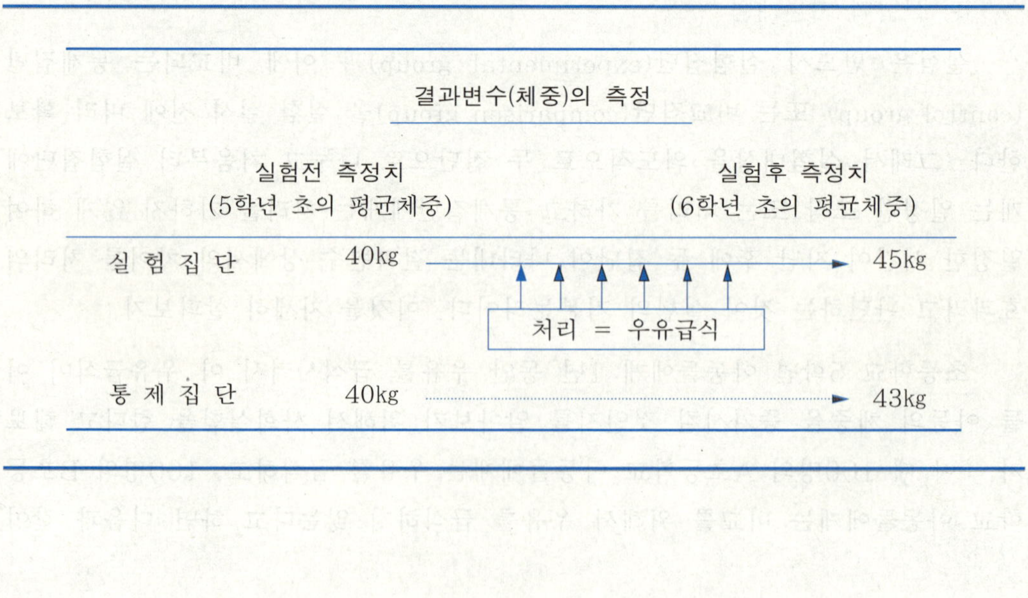

(3) 사회실험의 종류

<그림 8-10>과 같은 경우를 두고 우유급식을 받지 못한 통제집단의 아동들은 6학년 초의 평균 몸무게가 43kg인데 우유급식을 받은 실험집단의 아동들은 평균 몸무게가 45kg이므로 우유급식의 효과가 2kg이라고 판단하는 것이 실험의 기본적 논리이다. 그러나 이 논리는 우유급식이 없었더라면 실험집단과 통제집단이 체중면에서 동일할 때에만 타당하다. 앞으로 자세히 보겠지만 두 집단이 동질적인 경우에만 이상의 논리가 타당하게 된다.

실험집단과 통제집단의 동질성을 확보하고 행하는 실험을 진실험(true experiment)이라고 부르고 두 집단의 동질성을 확보하지 않고 행하는 실험을 준실험(quasi-experiment)이라고 부른다. 먼저 어떤 경우에 두 집단이 이질적인가를 보자. 우유를 급식시키는 실험집단은 비교적 생활수준이 좋고 그래서 아동들의 영양상태가 좋은 도시지역의 어느 초등학교 5학년생들로서 구성하고 통제집단은 아주 가난하고 아동들의 영양상태가 나쁜 낙도지역의 어느 초등학교 5학년생들로서 구성하면 두 집단은 동질적이라고 보기 어렵다. 그래서 이런 경우에는 실험 이전부터 두 집단이 평균체중 면에서 서로 다를 것이다. 예를 들면 실험집단은 실험전 평균체중이 40kg이고 통제집단(나중에 보겠지만 이 경우는 통제집단이라고 부르지 않고 비교집단이라고 부른다)은 38kg이 될 가능성이 있다.

이에 비해서 진실험은 양 집단의 동질성을 확보하고 행하는 실험이다. 그렇다면 어떤 경우에 실험집단과 통제집단의 동질성이 확보되는가? 바꾸어 말하면 어떤 경우가 준실험이고 어떤 경우가 진실험인가? 실험집단과 통제집단의 동질성 여부는 양 집단을 구성하는 방법(또는 설계방법)에 의하여 판단한다. 실험대상(subject universe 또는 population)으로부터 두 집단에 포함될 구성원을 무작위(random)로 선정하면, 즉 특별한 이유 때문이 아니라 제비뽑듯이 순전히 우연(chance)에 의하여 선정하면, 두 집단은 동질성을 확보하게 되고 따라서 진실험이 된다. 반면에 두 집단의 구성원을 무작위로 배정하지 않으면 두 집단은 이질적 또는 비동질적(nonequivalent)이 되고 이 경우의 실험은 준실험이 된다.

원칙적으로(좁은 의미로) 실험이라면 진실험을 의미한다. '준'실험이라는 용어 자체가 실험(즉 진실험)에 준한다는 뜻을 나타내고 있다. 그러나 앞으로 보듯이 진실험이 지닌 커다란 강점에도 불구하고 여러 가지 문제점 때문에 준실험이 현실적으로 많이 이용되고 있으므로 넓은 뜻으로 사회실험이라면 양 실험을 모두 포함한다.

3) 실험적 방법(2): 준실험(Quasi-experiment)

(1) 대표적 준실험설계와 그 논리

준실험은 실험의 일종이기 때문에 비실험적 방법에 비해서는 강점을 지니고 있다. 그러나 준실험은 진실험에 비해서는 많은 치명적 약점들을 지니고 있다. 이 약점들은 주로 내적 타당성(internal validity)에 관한 것이며 이들을 극복할 수 있는 것이 진실험이기 때문에 진실험의 강점을 보기 전에 먼저 준실험의 약점을 보기로 한다.

준실험의 대표적인 예로 알려져 있는 비동질적 통제집단설계(nonequivalent control group design)는 앞의 <그림 8-8>에서 본 비실험설계의 문제점을 상당히 해결할 수 있다. 이 설계를 보기로 하자. <그림 8-11>은 <그림 8-8>과 모든 것이 같고, 실험집단과 비교하기 위한 통제집단 대신에 비교집단(comparison group)을 넣은 것만이 다르다. 이 비교집단은 통제집단과 달리 실험집단과 동질적이 아니기 때문에 비동질적 통제집단이라고 불린다. 한편 비교집단을 사전에 미리 확보하고(또 실험전 측정치까지 확보하고) 대상집단에게 처리를 실시한다는 점에서, 사후에 대비할 만한 비교집단을 찾아내는 비실험설계와 차이가 있다.

〈그림 8-11〉 비동질적 통제집단설계

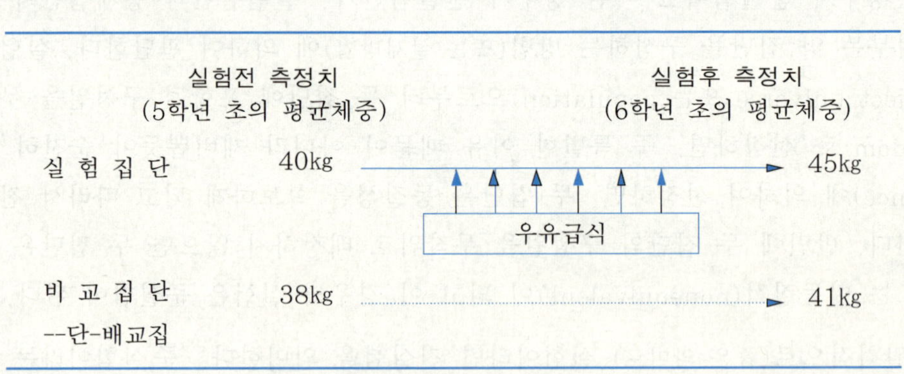

어떤 경우에 실험집단과 비교집단이 비동질적인가는 앞에서 보았다. 예를

들어보면 부유한 지역의 학생들은 일상식생활에서 영양을 충분히 섭취하기 때문에 실험측정치인 5학년 초의 평균체중이 40kg인데 비해서 비교집단인 낙도학생들은 38kg인 경우이다. 보통의 비동질적 통제집단설계에서는 <그림 8-11>에서와 같이 실험전 측정치가 두 집단 간에 차이가 나게 된다.

<그림 8-11>과 같은 경우를 놓고 가장 단순하게 우유급식의 효과를 추정하는 논리는 다음과 같다. 먼저 두 집단에서 성숙효과는 같은 것으로 생각한다. 그래서 비교집단에서의 성숙효과가 3kg(즉, 41kg-38kg=3kg)이므로 우유급식이 없었더라면 실험집단에서도 3kg의 성숙효과만 있었을 것이다. 그러므로 실험집단의 실험전 측정치가 40kg으로, 실험후에는 우유급식이 없었을 때 43kg(즉, 40kg+3kg의 성숙효과=43kg)의 실험후 측정치가 나타났을 것이다. 그런데 실제의 실험후 측정치가 45kg이므로 2kg(45kg-43kg=2kg)은 바로 우유급식의 효과이다.

이상과 같이 우유급식 효과를 추정하게 되면 <그림 8-8>에서와 같은 선정효과와 성숙효과의 문제는 어느 정도 해결된다. 이렇게 선정효과와 성숙효과를 뺀 우유급식 효과를 추정할 수 있는 이유는 바로 <그림 8-8>에서는 없던 비교집단을 <그림 8-11>에서 이용하고 또한 전후 측정치를 이용할 수 있었기 때문이다. 환언하면 비교집단을 이용하여 성숙효과 및 선정효과와 우유급식 효과(즉 정책효과)를 분리시킬 수 있었던 것이다.

(2) 준실험의 약점

그러나 이상과 같이 <그림 8-11>을 이용하여 우유급식 효과를 성숙효과로부터 분리시키는 논리는 실험집단의 성숙효과와 비교집단의 성숙효과가 동일한 경우에만 타당하다. 즉 우리는 실험집단의 성숙효과를 3kg으로 생각했는데 그것은 통제집단의 성숙효과가 3kg이었기 때문이다. 만약 실험집단과 비교집단의 성숙효과가 서로 다르면 위의 논리는 맞지 않게 된다. 양 집단 간의 성숙효과가 차이가 나는 현상을 선정과 성숙의 상호작용(selection-maturation interaction)이라고 부른다. 양 집단 간에 성숙효과의 차이가 나는 근본 이유가 실험집단과 통제집단의 구성원을 선정(selection)할 때 두 집단 간에 차이가 있었기 때문에 붙인 이름이다.

<그림 8-11>에서 만약 실험집단은 부유한 도시지역의 초등학교 학생이고 비교집단은 가난한 낙도의 초등학교 아동들이라면 5학년에서 6학년이 될 때까지

두 집단 간에 성숙(체중증가)면에서 차이가 있을 수 있다. 가난한 낙도 어린이들이 1년 동안에 평균 3kg의 체중증가를 보였으며 부유한 도시지역의 어린이들은 3kg이 아니라 5kg의 체중증가를 가져왔을 가능성도 있다. 즉 실험집단과 통제집단을 서로 이질적인 구성원으로 만들었기 때문에 성숙효과가 다르게 될 가능성이 있다.

선정과 성숙의 상호작용이 특별히 문제되는 경우가 있다. 실험대상이 자원(volition)에 의하여 실험집단을 선택하고 자원하지 않은 자로서 비교집단을 구성하는 경우이다. 즉, 실험집단에 들어가서 처리(treatment)를 받겠다는 자원자(volunteer)로서 실험집단을 구성하게 되는 경우이다. 흔히 이런 경우를 자기선택(self-selection)에 의한 배정이라고 부른다. 자원자로 구성된 실험집단과 비자원자로 구성된 비교집단 사이에는 성숙효과가 달라질 가능성이 크다. 희망하는 학생들을 영어특별교육을 1년간 시키면서 보통학생들을 비교집단으로 하여 두 집단의 영어성적을 교육전과 후에 모두 파악한 경우를 생각해 보자. 비교집단의 성적이 1년만에 향상된 것이 비교집단의 성숙효과인데, 실험집단의 학생들은 영어공부의욕이 강하기 때문에 특별교육효과가 없이도 비교집단보다 성숙효과가 클 것이다. 비로 이러한 현상을 말하는 것이다.

<그림 8-11>에서와 같은 비동질적 통제집단을 이용하는 준실험이 지니는 두 번째 큰 약점은 집단특유의 사건(intra-session history)[16]이 일어날 때 이를 해결할 수 없다는 점이다. 집단특유의 사건발생은 실험 도중에 실험집단이나 통제집단 어느 한쪽에만 특유한 사건이 발생한다는 것을 의미한다.

예를 들면 <그림 8-11>의 경우에 실험집단은 도시지역의 초등학생들이고 비교집단은 어느 낙도의 초등학생들인데 실험이 진행되는 동안에 태풍이 크게 불고, 또 이상해류에 의하여 고기잡이가 전혀 되지 않아서 낙도의 주민들이 먹을 것을 걱정할 정도가 되었다고 해보자. 그렇다면 잘 먹지 못한 비교집단의 어린이들이 제대로 발육되지(체중이 증가되지) 못했을 것이고 정상적인 성숙효과보다 적은 성숙효과를 나타내었을 것이다. 환언하면 이러한 사건이 없이 제대로 성숙되었더라면 낙도의 어린이들(비교집단)도 도시의 어린이들(실험집단)과 같이 5kg의 체중증가(성숙효과)를 가져왔을지 모른다. 그런데 이러한 사건 때문에 3kg의

16) 이 intra-session history는 원래 실험기간 중에(intra-session) 일어나는 사건을 말하는데 이것이 일반적으로는 본문에서와 같은 뜻으로 쓰이고 있다.

성숙효과가 나타났는데, 이것을 보고 실험집단의 성숙효과도 3kg일 것이라고 판단하게 되면 문제가 생기는 것이다. 이처럼 실험 도중에 실험집단과 통제집단 중 어느 한 쪽만이 커다란 사건에 부딪쳐서 이것이 결과변수에 영향을 미치면 <그림 8-11>과 같은 실험설계로서는 이 영향을 파악하지 못하므로 이 영향이 처리효과의 추정치 속에 그대로 포함된다.

(3) 준실험의 약점 보완방법

위에서 본 준실험이 지니고 있는 중요한 두 가지 약점들이 발생한 근본이유는 <그림 8-11>에서와 같이 실험집단과 비교집단이 비동질성이라는 사실에 있다. 그러므로 이 약점들을 근원적으로 없애려면 양 집단을 동질적으로 구성하는 진실험(true experiment)을 행해야 한다. 그러나 진실험은 그 나름대로의 다른 약점을 지니고 있으므로 진실험이 아닌 다른 방법으로 준실험의 약점을 보완하는 것이 좋다.

준실험의 보완책으로서 들 수 있는 것은 첫째, 가급적 실험집단과 비교집단이 동질적이 되도록 구성하는 방법이다. 즉 진실험에 가깝도록 하는 것이다. 예를 들어보자. <그림 8-11>에서 실험집단을 도시지역의 초등학생들로서 구성했다면 비교집단도 가능한 한 낙도가 아닌 도시지역에서 구하는 것이다. 구체적으로 실험집단을 서울의 여의도 어느 초등학교 아동들로 구성했다면 비교집단은 서울의 반포지역의 어느 초등학교 아동들로 구성한다.

이렇게 두 집단을 구성하면 실험전 측정치도 비슷할 것이고, 더욱이 반포지역 초등학교나 여의도지역 초등학교 어느 한 쪽에서만 발생하는 사건(intrasession history)도 아주 드물 것이고 두 집단 간의 성숙효과도 비슷해서 선정과 성숙의 상호작용도 약화될 것이다. 물론 똑같은 초등학교에서 일부의 학생은 실험집단에 일부의 학생은 비교집단에 넣을 수도 있다. 그러면 양 집단의 동질성이 더욱 강화될 수 있을 것이다. 그러나 자칫 잘못하면 앞으로 볼 진실험의 약점이 커질 수 있기 때문에 주의를 요하게 된다.

둘째, 실험집단과 통제집단에 실험대상을 배정할 때 어떠한 명백한 기준을 이용하는 방법이다. 이러한 방법으로 널리 활용되는 것에는 명확히 알려진 자격기준을 적용하여 실험집단과 통제집단을 배정하는 회귀불연속설계(regression discontinuity design)와 여러 시점에서 관찰되는 자료를 통하여 실험변수의 효과를 추정하는 단절적 시계열분석(interrupted timeseries analysis)이 있다.[17)]

4) 실험적 방법(3): 진실험(True Experience)

(1) 진실험의 논리와 강점

진실험(true experiment)은 앞에서 이미 지적한 바와 같이 실험집단과 통제집단의 동질성을 확보하여 행하는 실험이다. 되풀이하면 실험대상을 무작위로 두 집단에 배정하여 두 집단 간의 동질성을 확보하고 그 중 하나의 집단은 비교를 위해서 사용하며 이를 통제집단(control group)이라 부른다. 그리고 다른 하나의 집단(즉, 실험집단)에게는 일정한 처리(treatment)를 가하여 일정한 시간 후에 양 집단이 결과변수(outcome variable)상에서 나타내는 차이를 처리의 효과로 추정하는 실험방법이다. 이 진실험이야말로 좁은 의미로 우리가 이야기하는 실험이다.

이 진실험과 앞에서 본 준실험과의 본질적인 차이는 실험집단과 통제집단이 완전히 동질적이라는 데 있음은 이미 보았다. 그래서 <그림 8-11>에서 두 집단의 동질성이 있다는 점만 추가하면 바로 진실험의 전형적인 실험설계가 되는 것이다. 진실험의 본질은 실험대상을 무작위로 두 집단 간에 배정함으로써 실험집단과 통제집단의 동질성을 확보하는 데 있다. 이를 좀 더 자세히 보자.

우유급식사업의 효과를 알기 위하여 여의도에 있는 어느 초등학교 5학년 학생 500여명을 실험대상으로 하여 무작위로(추첨이든지, 난수표를 이용하든지 또는 다른 방법에 의하여) 250명씩 나누어 실험집단과 통제집단을 만들었다고 해보자.

그러면 실험 이전에 학생들의 체중을 측정하면 두 집단이 평균체중 면에서 같아질 것이라고 기대할 수 있다. 즉 선정효과가 없을 것으로 기대할 수 있다. 왜냐하면 몸무게가 가벼운 학생 중에서 일부는 실험집단에 일부는 통제집단에

17) 회귀불연속설계(regression discontinuity design)는 실험집단과 통제집단에 실험대상을 배정할 때 분명하게 알려진 자격기준을 적용하여 회귀직선의 불연속 단절을 통하여 정책효과를 파악하는 것이다. 예를 들면 장학금 지급이 성적에 미치는 영향을 파악하기 위하여 장학금 지급 학점을 기준으로 이상과 이하 두 집단의 성적분포 회귀선을 비교하고 단절적인 차이를 장학금이 성적에 미치는 효과로 파악하는 것이다.
단절적 시계열분석(interrupted time series analysis)은 별도의 통제집단 없이 동일한 집단에 대하여 정책을 집행한 후에 일정기간 동안 나타난 산출의 변화를 정책실시전의 일정기간 동안 나타났던 산출의 변화와 비교하는 것이다. 예를 들면 특정 지역에서 차량속도 단속 전후에 교통사고 발생 건수를 비교하는 것이 이에 해당한다.

포함될 것이고 몸무게가 무거운 학생들도 마찬가지일 것이다. 실험전의 몸무게 평균이 같으면 우유급식이 없을 경우에는 1년 후에도 몸무게 평균은 두 집단 간에 똑같을 것이다. 즉, 성숙효과도 같을 것이다. 그러므로 우유급식을 한 다음에 두 집단 간에 평균체중에서 차이가 있으면 그것은 우유급식의 효과라고 추정한다.

이상의 논리는 많은 경우에 그대로 타당하다. 그래서 준실험에서의 여러 약점중에서 비교집단이 비동질적이기 때문에 생기는 선정과 성숙의 상호작용 등이 문제가 되지 않는다. 이상과 같이 준실험, 특히 <그림 8-11>에서와 같은 경우의 여러 가지 약점을 거의 완전히 극복할 수 있는 점이 진실험의 강점이다. 이 때문에 Campbell 등 많은 학자들이 진실험을 강조하고 있다.

사례 8-2 진실험의 사례: 메릴랜드주 출소자 생계보조금 지원사업

진실험을 통한 정책(사업)평가의 사례를 우리나라에서는 찾아보기 힘들다. 그만큼 진실험적인 방법을 통한 정책(사업)평가는 실행가능성의 측면에서 쉽지 않다는 것을 말해 준다. 미국에서 실시한 진실험 방법을 통한 정책(사업)평가의 사례를 한 가지 소개하면 다음과 같다.

이 사례는 교도소에서 형기를 마치고 출소한 출소자에게 일정액수의 생계보조금을 지급하여 다시 범죄를 저지를 가능성을 줄이고 사회에 원만하게 복귀할 수 있도록 하기 위한 사업에 관한 것이다. 과연 이러한 사업이 효과가 있을 것인가를 평가하기 위하여 진실험 방법을 실시하였다. 실험이 이루어진 지역은 메릴랜드주의 볼티모어이다. 메릴랜드주의 교도소에서 출소하여 볼티모어 지역에 복귀한 출소자를 무작위로 실험집단과 통제집단으로 나누었다. 실험집단에 배정된 출소자는 그들이 고용상태에 있지 않는 한, 13주에 걸쳐 주당 60불의 생계보조금을 지급하고 통제집단에 배정된 출소자에 대해서는 지급하지 않았다. 평가연구자들은 정기적으로 실험집단과 통제집단에 배정된 대상자들을 면담하였으며, 이들이 출소후 1년간 재범을 저질러 체포된 상태를 조사하였다. 출소후 1년간 이들이 재범을 저질러 체포된 비율은 다음과 같았다.

체포 사유	실험집단(n=216)	통제집단(n=216)	차 이
절도죄(약탈, 주거침입, 절도 등)	22.2%	30.6%	-8.4
기타 중죄(살인, 강간, 상해 등)	19.4%	16.2%	+3.2
경범죄(질서위반, 음주 등)	7.9%	10.2%	-2.3

위의 표는 실험의 결과를 아주 간명하게 보여주고 있다. 실험집단과 통제집단은 무작위로 배정되었기 때문에 생계보조금 지급이라는 실험변수의 개입 외에는 통계적으로 동등하다. 따라서 실험집단과 통제집단간의 차이는 실험변수와 아주 우연적인 변수에 기인한 것으로 볼 수 있다. 위의 표에 나타나 있는 바와 같이 실험집단과 통제집단간의 차이는 체포사유에 따라 다름을 알 수 있다. 즉, 절도죄의 경우에는 바람직한 방향으로 그 차이가 뚜렷하게 나타나고 있고 기타 중죄와 경범죄의 경우에는 그 차이가 미미함을 알 수 있다. 이러한 차이가 통계적으로 유의한 지를 확인하기 위하여 연구자들은 체포사유별로 t검증을 실시한 결과, 절도죄의 경우에는 $p \leq 0.05$ 수준에서 유의미한 차이가 확인되었고 기타 중죄와 경범죄의 경우에는 유의미한 차이가 발견되지 않았다. 따라서 출소자들의 재범율을 줄여 사회에 원만하게 복귀할 수 있도록 하기 위한 생계보조금 지급사업은 절도죄의 예방에는 목적을 달성하였으나 다른 범죄의 경우에는 효과가 있다고 말할 수 없다.

자료: Rossi, Lipsey and Henry(2019).

(2) 진실험의 약점과 보완책

가. 내적 타당성상의 약점과 보완책

정책이나 사업이 과연 어떤 효과를 가져왔느냐, 아니면 어떠한 사건이나 다른 원인이 발생해서 변화가 있는 것을 잘못 판단하여 정책의 효과라고 생각했느냐? 이 문제가 바로 평가의 내적 타당성(internal validity) 여부에 관한 것이다. 앞에서 본 준실험의 문제들은 모두 여기에 해당된다.

진실험은 앞에서 본대로 다음과 같은 논리에 따라 정책효과를 판단한다. 통제집단과 실험집단은 동질적이므로 실험이 없었더라면 두 집단이 결과변수 상에서 차이가 없었을 것이다. 실험이 있게 되어 실험집단에게만 정책이 집행되면 (즉, 우유급식이 있으면) 정책효과만큼 실험집단은 통제집단과 달라지게 될 것이다. 그러므로 실험 후의(즉 정책집행 후의) 두 집단간의 차이는 바로 정책효과이다.

그러나 이 논리에 따라 정책효과를 추정하는 것은 정책집행이 실험집단에게만 한정될 경우에만 옳다. 만약에 잘못되어서 통제집단 구성원이 정책집행에 의하여 크게 영향을 받으면 통제집단과 실험집단의 차이가 정책효과라고 보기가 어려워진다. 우유급식을 실험집단에 포함된 250명의 어린이에게 하기로 했는데 잘못하여 통제집단의 어린이 250명(혹은 그 일부)에게도 우유급식을 했다고 해보자. 그러면 우유급식을 받은 통제집단의 어린이도 체중이 증가될 것이다. 정책수단의 내용인 우유급식이 잘못되어 실험집단만이 아니라 통제집단에게도 누출(leakage 또는 transfer)되는 경우인데 이런 경우도 실제로 많이 있다.

가장 많이 지적되고 있는 진실험의 약점은 모방효과(imitation effect)인데 이것은 정책이나 사업의 효과로 실험집단의 사람들이 태도 변화가 있을 경우(다른 측면도 마찬가지다) 통제집단의 사람들이 이것을 모방하게 되는 현상을 말한다.

이상의 두 가지 현상, 즉 누출과 모방효과를 합쳐서 흔히 오염현상(contamination) 또는 확산효과(diffusion effect)라고 부르는데 이 확산은 통제집단도 정책의 효과를 향유하는 경우이다. 이렇게 되면 실험집단과 통제집단의 차이는 정확한 정책효과를 나타내지 못하게 된다. 실험이 통제집단에게 나쁜 영향을 미치거나 또 통제집단이 실험집단에게 압력을 가하여 실험대상이 부자연스런 반응(unnatural reaction)을 일으키기도 한다.

이러한 제약점이 발생하는 근본원인은 실험집단과 통제집단의 동질성을 확보하기 위해서 같은 지역이나 생활환경 속에 있는 실험대상자들을 무작위로 나누는 데서 발생한다. 같은 지역이나 생활환경을 가지고 있는 사람들은 상호접촉이 많으므로 이들이 무작위로 실험집단이나 통제집단으로 구분이 되더라도 계속 서로 접촉하게 되므로 오염현상 등이 발생하게 되는 것이다. 그러므로 이 문제점들의 근원적인 해결은 실험집단과 통제집단의 사람들이 서로 접촉하지 않도록 두 집단을 구성해야 한다.

이를 위한 방법은 첫째는, 양 집단의 접촉이 일어나지 않도록 하는 철저한 실험관리(정책집행)를 하는 것이며, 둘째는 아예 그러한 접촉이 일어나기 힘들 정도로 격리된(그래서 양자의 동질성은 보장되기 힘든) 두 집단을 이용하는 준실험을 이용하는 것이다. 후자의 예를 들면 부산에 있는 어느 초등학교 5학년 어린이들에게는 우유를 급식하고 서울에 있는 어느 초등학교 5학년 어린이들을 통제집단으로 이용하면(또는 낙도에 있는 어느 초등학교 5학년 어린이들을 통제집단으로 이용하면) 통제집단의 어린이에게도 우유를 주는 사태는 발생하지 않을 것이다. 또 서로 모방하는 현상도 발생하지 않을 것이다. 그러나 준실험은 앞에서 보았던 약점이 있다. 그래서 우리는 딜레마에 빠지게 되는데 이 딜레마를 해결하기 위한 노력은 아직도 계속되고 있다.

나. 외적 타당성상의 약점18)

외적 타당성(external validity)은 특정한 상황에서 추진한 정책이 어떤 효과를 내었을 때 이 정책효과가 다른 상황에서 그 정책을 추진했을 때에도 그대로 나타날 것이냐의 문제와 관련되어 있음은 앞에서 보았다. 사회실험에서 특히 문제가 되는 것은 실험대상자들이 실험의 대상으로서 그들이 관찰되고 있다는 사실을 알게 되어 평소와는 다른 행동을 함으로써 발생하는 호오손효과(Hawthorne Effect)이다.

불량청소년을 모아서 이들에게 상담도 하고 정신교육도 시키는 정책을(또는 사업을) 보건복지부에서 계획하고 과연 이 정책이 청소년들을 선량하게 만들 것인가를 알기 위해서 실험을 한다고 하자. 서울 어느 지역의 고등학교에서 선도대상 학생을 뽑아서 실험집단으로 하고 이들에게 상담과 정신교육을 대대적으로 실시한다고 해보자. 이런 경우에는 보건복지부 관계자만이 아니라 교육과학기술부 관계자도 커다란 관심을 가지고 보게 되고 교장 이하 모든 교사들도 여기에 신경을 집중시키게 된다. 또한 부모들도 큰 관심을 표명하게 될 것이다. 이렇게 실험에 대한 열띤 분위기가 조성되면 실험대상 청소년들은 상담 및 정신교육을 받으면서 평소와는 전혀 달리 아주 선량하게 행동할 것이다. 그래서 이 정책적 사업은 크게 효과가 있는 것으로 평가될 것이다.

그러나 이 결과를 보고 이 사업을 전국적으로 확대·실시하고 얼마쯤 시간이 지나면 이 사업은 그저 하나의 일상적인 사업으로 간주되고 사람들의 관심의 초점에서 벗어난다. 신문에서도 이제는 기사화되지 않고 보건복지부나 교육과학기술부에서도 고위정책결정자의 관심이 줄어든다. 교장 이하 다른 교사들도 커다란 주목을 하지 않으며 따라서 상담을 담당하는 교사도 열의가 식어지고 학부모들도 별로 관심이 없어진다. 이러한 상태에서 상담대상 학생들의 행동은 사회적인 각광 속에 실험이 있었을 때의 학생들의 행동과 완전히 달라질 것이다. 한마디로 이런 상황에서는 이 사업의 효과가 전혀 없을지 모른다.

이상과 같이 실험이라는 특수한 상황에서 평가된 정책효과가 일상 상황하에

---

18) Cook and Campbell(1979) 및 Borgatta and Bornstedt(1969) 참조.

서는 타당하지 못할 가능성이 있는데 이것은 바로 호오손효과 때문이다. 여기에 대한 대책은 사회실험을 가능한대로 조용하게 추진하여 실험대상자들이 실험이 진행되고 있다는 것과 자기들이 주목의 초점이 되어 있다는 것을 모르도록 하는 수밖에 없다.

다. 실행가능성(feasibility) 문제

진실험이 지니는 최대의 약점은 이것을 실현시키기가 어렵다는 것이다. 실험대상자 또는 정책대상자들을 무작위로 두 집단으로 나누어서 하나의 집단에게만 정책을 집행한다는 것(즉, 실험처리한다는 것)이 정치적으로, 도의적으로 불가능할 경우가 많다.

정책의 내용이 정책대상자에게 혜택을 주는 경우에는 통제집단에 속한 자들은 자기들에게도 혜택을 주어야 한다고 주장하게 되고 이러한 이들의 주장을 꺾어 버리기가 힘들게 된다. 예를 들어서 우유급식사업이 영양부족상태에 있는 어린이의 체중증가를 가져오는가를 알기 위해서 가난한 어느 지역 초등학교 학생들을 추첨으로 두 집단으로 나누어서 실험집단에 뽑힌 학생만 우유를 1년 동안 무료로 급식하게 되면 통제집단에 뽑힌 어린이들의 좌절감과 부모들의 항의 때문에 이러한 실험을 계속하기가 도의적으로나 정치적으로 어려워지는 경우가 많다.

극단적인 경우로 많은 사람들이 지적하고 있듯이 암(cancer)의 특효약이 개발되어 이 약효를 알기 위해서 실험을 하는 경우에 죽어 가는 암환자가 추첨에 의해서 통제집단에 배정되었다는 이유로 그에게 약을 복용할 수 없다고 거절할 수 있을 것인가? 도의적 이유로 이러한 실험을 실행하기가 어렵게 될 것이다.

이와는 달리 정책의 내용이 불이익을 주는 경우도 있다. 이런 경우에는 실험집단에 뽑힌 대상자가 자기들만이 불이익을 받을 수는 없다고 항의할 것이다. 상술한 여러 가지 문제가 결합되어 진실험은 그 실행상 어려움에 부딪친다. 이러한 문제들을 극복할 수 있는 방법은 두 가지로 볼 수가 있다. 첫째는 심각한 도의적 문제를 일으키지 않는 경우에는 정치적 반대자들에게 호소하고 설득하여 실험의 중요함을 인식시켜서 이들의 협조를 얻는 방법이다. 사실 이런 방법이 성공하여 진실험이 성공적으로 실행된 사례가 많이 있다(Boruch, 1974). 둘째의 방법은 실험대상자로 하여금 자기가 원하는 대로 실험집단이나 통제집단 중 어느 것이든지 선택하도록 하는 방법인데 이것은 바로 앞에서 본 준실험이 되어

버린다.

준실험의 경우는 어느 설계에 의해서든지 실현가능성의 문제는 크게 걱정할 것이 없다. 즉 실험집단과 통제집단을 동질적으로 구성할 필요가 없으므로 어느 한 지역에서 정책적 사업을 실시하고 있으면 그 지역주민을 실험집단으로 하고 멀리 떨어진 다른 지역의 주민을 통제집단으로 하면 된다. 또 다른 방법도 얼마든지 있을 수 있다.

라. 진실험을 추진할 경우

진실험은 상술한 여러 가지 약점이 있음에도 불구하고 준실험에 비해서 실험결과 얻게 되는 정책효과 판단 면에서 유리한 것으로 알려져 있다. 사실 과거에는 진실험이 내적 타당성 면에서는 거의 문제가 없는 듯이 주장되기까지 하였다. 그러므로 진실험의 강・약점을 다시 정리해 보는 것이 중요하다. 준실험과 진실험을 비교하면,

첫째, 내적 타당성면에서는 진실험이 우수하다.

둘째, 외적 타당성면에서는 비슷하나 준실험이 오히려 약간 우수하다.

셋째, 실행가능성면에서는 준실험이 우수하다.

셋째의 실행가능성 문제는 정책의 종류에 따라 심각하지 않을 경우도 있다는 것을 앞에서 보았다. 둘째의 외적 타당성 문제는 호오손효과 등을 일으키지 않도록 세심한 주의를 기울여서 이를 해결해 나가도록 해야 한다. 이러한 이야기를 하는 이유는 첫째의 내적 타당성 면에서 준실험보다 진실험이 아직은 우수하므로 진실험을 가능한 영역에서 조심스럽게 추진하는 것이 좋다고 생각하기 때문이다.

첫째의 내적 타당성 면에서 진실험이 우수하다는 것은 준실험이 지니고 있는 치명적 약점들을 극복할 수 있는 통계 분석방법이 아직까지 개발되어 있지 못했기 때문이다. 그러나 준실험을 보완하는 방안들은 때에 따라서 아주 훌륭하게 진실험의 약점들을 극복할 수 있으므로 이런 경우에는 준실험을 이용해야 한다. 이 때문에 많은 학자들의 관심이 준실험의 보완방법에 집중되고 있는 것이다.

더욱 주의할 것은 진실험이 지니고 있는 내적 타당성상의 약점이 경우에 따라서는 치명적이 될 수도 있다는 사실이다. 그러므로 앞에서 지적한 진실험의

약점이 어떤 구체적 정책의 경우에 치명적이냐 아니냐를 면밀하게 검토해서 진실험 사용 여부를 결정해야 한다.

5) 실험적 방법(4): 자연실험(Natural Experiment)

앞에서 보았듯이 진실험은 여러 가지 장점이 있지만, 그 약점도 많았다. 내적 타당성을 약화하는 오염현상이나 외적 타당성을 약화하는 호오손 효과 등이 있고, 또 실시가 불가능한 경우도 있다. 그런데 이런 현상들은 모두 인위적으로 실험을 하기 때문에 발생한다. 만약 고의적으로 실험을 하지 않은데도 자연적으로 실험과 같은 상황이 벌어진다면 진실험의 약점을 거의 극복할 수 있다. 이런 경우를 자연실험이라고 부른다. 진실험이 지니는 강점을 어느 정도 보유하면서도 그 약점을 극복한다면 바람직한 평가방법이 될 수 있다.

구체적인 예를 들어 보자. 대기오염이 사망률에 미치는 영향을 자연실험적 방법으로 추정한 사례가 있다. 중국정부는 2008년 베이징 올림픽을 개최하면서 2007년말부터 2008년말까지 북경과 그 인근도시에 대해 강력한 대기오염 규제 정책을 실시하였다. 이러한 정책은 대기오염 수준을 임의로 변화시킨 자연 실험과 유사한 효과가 있는데 이렇게 대기오염을 규제한 도시들과 그렇지 않은 도시들에 대해 정책시행 전후의 사망률 감소를 비교하여 대기오염의 사망률에 대한 인과관계를 확인할 수 있다(He, Guojun et al: 2016). 자연적 사건을 활용할 수도 있다. 강력한 지진이 발생하자 그 지역의 도로 철도 등 통행로가 막히고, 전화기지국이 파괴되면서 통신도 두절이 되는 사태가 발생하여 한달 가까이 지속되었다고 하자. 이때 이 지역의 생산활동 변화를 파악해보면, 전쟁이나 인위적인 파괴활동이 미치는 경제활동의 변화를 추정할 수 있다.

사회실험은 정부가 인위적으로 실험상황을 만들어 정책효과에 영향을 미치는 혼란변수를 통제한다. 하지만 자연실험은 인위적 실험이 아닌 자연이나 사회현상 속에서 만들어진 사건이나 변화를 혼란변수의 영향력을 통제하기 위해 이용하는 것이다. 자연실험은 말 그대로 자연스러운 사건(natural event)이나 정치적, 경제적, 사회적, 자연적 충격(shock)을 통해 그 실험여건이 조성된다. 또한 급격한 정책이나 제도변화에 의해서도 자연실험의 여건이 형성되기도 한다. 사회실험의 약점을 회피하고 장점을 살리면서도, 사회실험에 수반되는 비용문제를 걱정할 필요가 없는 부수적인 장점도 있다. 그래서 인위적 실험의 대안으로 자연실험이 적극 활용되고 있는 것이다(Angrist and Krueger, 1991; Meyer, 1995).

하지만 자연실험은 다음과 같은 단점이 있다. 연구자나 정책당국이 원하는 실험방식대로 자연실험이 이루어진다는 보장이 없다. 인위적 사회실험의 경우 윤리문제나 비용문제가 발생하더라도 의도한 실험방식대로 실험설계를 할 수 있다. 하지만 자연실험의 경우 그렇지 못하다. 자연실험의 경우 어떤 때는 연구자나 정책당국이 원하는 방향으로 실험방식이 형성될 수도 있고 그렇지 않을 수도 있다. 자연실험의 형성이 연구자나 정책당국의 의도와는 완전히 별개로 존재하기 때문이다.

뿐만 아니라 자연실험은 본질적으로 진실험이 아닌 준실험에 가까운 실험설계 방식이다. 그러므로 준실험의 약점을 지닐 수가 있다. 그런데도 불구하고 준실험의 약점을 아래에서 보는 바와 같이 어느 정도 극복할 수 있다.

첫째, 자기선정(self-selection)변수의 영향을 통제할 수 있다. 앞에서 희망한 학생들을 모아서 영어특별교육을 시키고 그렇지 않은 학생들과 비교를 하는 준실험을 보았다. 희망한 학생들은 영어공부 의욕이 강한 학생들이라 특별교육이 없더라도 다른 학생들보다 영어성적이 더 향상되는데, 이것이 자기선정변수의 효과이다. 그래서 이것이 특별교육효과와 합쳐져서 구분이 어려운 경우가 생기는 것이다. 그런데 만약 어느 지방도시의 교육청에서 중학교 2학년 학생들 전부를 영어특별교육을 시키기로 했다고 가정해보자. 이때는 학생의 희망과 관계없이 모두가 특별교육을 받으므로 자기선정효과는 없어진다. 물론 이 경우에 교육전 영어성적보다 1년 후의 영어실력이 향상되어도 특별교육이 아니라도 1년 동안 보통 영어교육으로 향상될 성적(성숙효과)이 특별교육효과와 혼합된다. 이를 극복하기 위해서 이 지방도시와 교육여건이 비슷한 다른 지방도시의 학교학생들을 비교집단으로 이용하면 성숙효과를 어느 정도 파악하여 특별교육효과와 구분할 수 있다. 물론 이경우에도 준실험에서 본 약점들, 사건효과 등의 문제가 남는다, 이는 준실험에서 자세히 검토하였다.

둘째, 혼란변수의 영향도 경우에 따라 통제할 수 있다. 교육이 지식수준을 향상시키고, 이것이 기본이 되어 취업 후의 업무추진능력을 향상시킬 것이므로, 교육년수를 늘리어 교육을 많이 받을수록 좋은 직장에 취직하여 높은 봉급을 받을 것이라고 누구나 생각한다. 그래서 고졸보다 대졸 출신이 봉급을 많이 받는 것이라고 믿는다. 그런데 옛날에 대학진학율이 20%도 안 되던 시절(요즈음도 선진국에서는 진학률이 50%이하이다)에는 본인의 지적 능력과 아버지의 사회경제적 능력이 높을수록 대학에 진학하기 때문에, 대학졸업생이 많은 임금을 받는 것은 대학교육의 효과보다는 본인과 아버지의 능력 효과라는 주장이 등장했다. 그런데 정부에서 교육년수를 증가시키는 교육개혁을 추진하게 되자, 자연실험의 조건이 갖추어졌다. 학생본인의 능력이나 아버지의 능력은 개혁 전의 학생이나 개혁 후의 학생간에 차이가 거의 없다. 과연 교육년수의 증가 효과만을 추출하기가 쉬워진 것이다. 그러나 이 경우에도 실험 전-후를 비교하는 준실험과 근본적으로 동일하므로 약점도 동일하다.

셋째, 독립(원인)변수와 종속(결과)변수가 서로 영향을 주고받는 동시적 관계에 있을 때 이를 통제하기 위한 수단으로 자연실험을 이용할 수 있다. 예를 들면, 경찰관 수(독립변수로 가정)와 범죄율(종속변수로 가정)의 관계를 생각해 보자. 경찰관수가 증가하면 범죄율이 줄어들 것으로 추정할 수 있다. 하지만 역으로 범죄율이 증가하여 경찰관수가 증가할 수도 있다. 따라서 범죄율 변화가 경찰관 수에 영향을 주는 경로를 차단할 필요가 있다. 이를 위해 범죄율과 상관없이 경찰관 수의 증감이 발생하도록—즉, 경찰관 수가 범죄율과 무관하게 만들어지도록—실험설계를 할 필요가 있다. 예를 들면, 각종 선거가 경찰관 수에 영향을 주기 때문에 선거 직후 경찰관 수는 일반적으로 그 전년에 비해 증가하는 경향이 있다. 이렇게 만들어진 경찰관 수의 자료는 범죄율과 무관하게 만들어진 자연실험의 결과인 것이다(Levitt, 1997). 즉 효과를 추정하려는 평가자가 의도적으로 실험을 한 것이 아니라 선거때 자연적으로 증가된 경찰관 수를 이용하여 이것이 범죄율에 미치는 영향을 추정할 수가 있는 것이다.

결국 자연실험이 진실험이나 준실험보다 나은 강점은 인위적으로 실험대상을 정하지 않기 때문에 윤리적 문제 등 실시가능성 문제가 전혀 없다는 점과 비용이 들지 않는다는 점, 그리고 평가결과의 외적 타당성 면에서 호오손 효과가 없다는 점도 강점이다. 내적 타당성 면에서는 첫 번째에서 본 자기선정효과를 극복할 수 있는 장점을 제외하면, 실험전후를 비교하거나 비교집단을 선정하여 실험전후를 비교하는 준실험과는 장점과 약점이 완전히 동일하다.

결국 사회실험의 방법은 어느 경우라도 장단점이 있기 때문에, 통계적 기법을 보완적으로 사용하여 혼란변수의 영향을 제거하여야 한다. 그러나 불행하게

도 지금껏 개발된 통계적 기법으로는 혼란변수의 영향을 완전히 제거하지 못하고 있다. 가장 최선의 해결책은 상황에 따라 이러한 방법들의 장단점이 다르게 나타나므로, 혼란변수의 영향을 가장 많이 제거하는 방법을 적용하거나, 여러 가지 방법을 보완적으로 사용하는 것이다.

요 약

01. 정책에 대한 상식적인 평가는 오래전부터 있어 왔다. 그러나 정책학의 연구분야로써 정책평가는 정책에 대한 상식적이고 주먹구구식의 비판적 활동이 아니라 정책의 집행과정과 그 결과에 대한 과학적이고 체계적인 평가를 말한다. 과학적이고 체계적인 평가는 현실의 정책을 평가하는데 과학적인 논리와 방법을 적용하는 것을 말한다.

02. 정책집행이 일어난 이후에 집행과정이나 정책결과를 대상으로 하는 평가적·지적 활동을 정책평가라 하고 합리적 정책결정을 위해서 주로 정책결정시에 이루어지는 지적 활동을 정책분석이라 한다. 정책분석이 사전적으로 정책대안의 결과를 예측하고 이에 근거하여 정책대안을 비교·평가하는데 비하여 정책평가는 주로 정책이 결정되고 집행된 후에(또는 집행도중에 하는 형성평가도 있지만) 집행과정이나 정책결과를 사후적으로 검토하는 것을 의미한다.

03. 정책평가의 목적은 향후의 정책결정과 집행에 필요한 정보를 제공하고, 정책결정과 집행에 책임을 맡고 있는 공직자의 책임성을 확보하고, 나아가서 이론구축을 통한 학문적 기여에 있다.

04. 정책평가의 유형을 여러 가지로 구분할 수 있지만 가장 핵심적인 정책평가의 유형은 과정평가와 총괄평가이다. 과정평가(process evaluation)는 정책집행이 끝난 후에 정책집행과정에 나타난 집행계획·집행절차·투입자원·집행활동 등을 검토하고 점검하여 바람직한 집행전략을 수립하는 데 도움을 주는 평가이다. 총괄평가(summative evaluation)는 정책의 집행 후에 과연 의도했던 정책효과가 발생했는지를 확인·검토하는 것이다. 이 총괄평가는 정책효과만이 아니라 부수효과나 부작용까지 포함하여 정책이 사회에 끼친 영향이나 충격(impacts)을 확인하려는 사실판단적 활동이다.

05. 정책평가의 절차는 일반적으로 ① 정책평가의 목적확인과 평가유형의 결정, ② 정책구조의 파악과 평가대상의 구체적 확정, ③ 평가방법의 결정,

④ 자료의 수집과 분석, ⑤ 평가결과의 제시 등의 순으로 이루어진다.

06. 정책평가의 논리는 인과관계의 논리를 바탕으로 하고 있다. 즉, 정책은 정책수단과 정책결과간의 인과관계에 있다는 것을 전제로 한다. 이것은 일종의 가설적 언명으로 정책평가를 통해 인과관계가 규명이 되는 것이다. 인과관계가 성립되기 위해서는 원인이 결과에 선행해야 하고(시간적 선행성), 원인의 변화에 따라 결과도 변해야 하며(공동변화성), 원인과 결과를 설명하는 다른 변수의 개입정도를 차단할 수 있어야(경쟁적 가설의 배제) 한다.

07. 정책수단의 정책목표 달성(정책효과) 정도를 파악하는 총괄평가의 방법에는 비실험적 방법과 실험적 방법이 있다. 비실험적 방법의 대표적인 예는 정책대상 집단을 대상으로 정책수단을 실시하기 전과 후를 비교하는 정책대상집단 전후비교 설계방법을 들 수 있는데, 이러한 방법은 정책수단 외의 다른 요인이 개입한 정도를 파악하는데 어려움이 있다. 따라서 이러한 약점을 극복하기 위해 자연과학의 실험논리를 적용한 실험적 방법이 권장되고 있다.

08. 정책평가를 가장 과학적이고 체계적으로 할 수 있는 방법은 실험적 방법을 적용하는 것이다. 실험적 방법은 실험집단과 통제집단(비교집단)을 미리 설정하여 정책수단이 개입된 전후의 결과를 비교하여 정책의 효과를 측정하는 것이다. 이러한 실험적 방법에는 실험집단과 통제집단의 동질성을 확보한 진실험과 동질성이 확보되지 않은 준실험 방법이 있다.

|제 9 장| 정책변동론

개 요

정책이 한번 결정되고 집행되면 아무런 변화 없이 그대로 지속되는 경우는 거의 없다. 정책환경과 정치체제의 변화에 따라 수정·보완되거나 때로는 폐지되기도 한다. 이와 같이 정책의 내용이 바뀌는 것을 정책변동이라고 부른다. 본 장에서는 첫째, 정책변동의 유형으로서 정책혁신, 정책유지, 정책종결, 정책승계를 설명한다. 둘째, 정책변동의 일반적 원인을 정책환경의 변화, 정책오류와 집행상황, 정책일관성 문제를 중심으로 소개한다. 셋째, 정책결정 활동의 변화로 인한 정책변동 요인으로 집권세력의 변화, 통치이념(신념체계)의 변화 등을 다양한 정책변동 이론모형을 통해 설명한다. 넷째, 합리적 정책변동으로서 정책혁신의 필요성과 혁신에 대한 저항을 극복하는데 필요한 전략을 소개한다. 마지막으로 정책변동이 불합리하게 진행되는 원인을 고찰하고 이에 대한 대책을 제시한다.

제1절 정책변동의 의의와 유형

1 정책변동의 의의

정책이 한번 결정되고 집행되면 아무런 변화 없이 그대로 지속되는 경우는 거의 없다. 정책결정 당시의 환경이나 상황이 변화하여 기존 정책을 그대로 집행하는 것이 적절하지 않은 경우도 있고, 결정 당시에는 정보나 자료가 부족하여 추후에 보완해야 할 필요성이 생기기도 한다. 그래서 정책이 결정된 이후 정도의 차이는 있지만 변화를 겪는 것이 불가피한 경우가 많다.

가장 빈번하게 변화한 정책 중의 하나가 교육정책일 것이다. 그 중에서도 대학입시 정책이 가장 많이 변화하였다. 대략만 열거해도 대학별 본고사, 예비고사와 본고사 병행, 예비고사와 고교 내신성적 반영, 학력고사와 고교 내신성적, 대학수학능력 시험(수능)과 내신성적, 수능과 내신성적·학생생활기록부 반영 등으로 15차례 이상 변화하였다. 그리하여 어떤 시험제도를 통해 대학을 입학하였는가에 따라 이른바 본고사세대, 수능세대, 학력고사 세대 등으로 구분하여 부르기도 할 정도이다. 북한을 대상으로 하는 안보정책도 많은 변화를 겪었다. 어느 정부에서는 대화를 통한 유화정책을 시행하였는가 하면, 또 다른 정부에서는 제재와 압박수단을 동원하는 정책을 시행하기도 하였다. 한편 정책에 따라서는 큰 변화 없이 수년 동안 지속되는 것도 있다. 의약분업 정책은 수가조정과 같은 소소한 변화는 있었지만 기본적 골격에는 큰 변화 없이 20여 년간 시행되고 있다.

그러면 대학입시 정책과 대북정책은 왜 이렇게 자주 변화하였는가? 그리고 그것은 과연 바람직한 변화였는가? 의약분업 정책은 왜 큰 변화 없이 그대로 시행되고 있는가? 이 장에서는 바로 이런 주제들을 다루게 될 것이다.

정책변동은 결정된 정책의 내용이 다른 것으로 변화하는 현상으로 정책내용(정책목표와 정책수단 및 대상집단 등)의 변동뿐만 아니라 정책집행방법(서비스 제공 체계상의 변화를 비롯한 SOP상의 변화 등)의 변화까지도 포함한다. 그러므로 정책변동은 정책결정에서 일어나는 정책의 수정·종결만이 아니라 집행단계에서 일어나는 것도 포함된다. 그러나 정책변동론에서의 주된 연구의 초점은 정책내용의 변동 부분이다.

정책의 변동은 본질적으로 정책의 결정과 비슷하다. 정책의 결정에 영향을 미친 요인들이 변동하면, 그 정책의 내용은 변동을 하게 된다. 제2장에서 보았듯이 정책의 내용은 정책환경의 특성과 정치체제의 특성에 의하여 결정된다. 예컨대 복지정책은 산업화, 도시화 등에 의하여 복지정책에 대한 요구(demand)가 강해지고, 국민소득 수준의 향상에 의해서 조세 납부가 증가되어 정부의 재정능력을 강화시켜주면(지지-support), 복지비 지출 등 복지정책의 확충이 있게 된다. 또한 정치체제의 내부구조, 담당자들이 변화하거나 통치이념에서 복지주의가 강화되는 경우에도 복지정책의 변화가 나타난다.

만일 이와 같이 정책결정과정에서 작동하는 정책환경 요인과 정치체제적 요인이 모두 정책변동에서도 똑같이 영향을 미친다면, 정책결정과정만을 연구하고 그 연구결과로서 정책변동을 이해하고 설명할 수 있으므로, 정책변동을 따로 연구할 필요가 없을 것이다. 그러나 정책결정에서 영향을 미치는 요인들이 정책변동에도 동일하게 영향을 미치지는 않는다. 어떤 경우에는 결정과정에서는 미미한 영향을 미친 요인이 변동에 큰 영향을 미치고, 반대로 결정과정에서 중대한 영향을 미친 요인이 변동과정에서는 영향이 약하거나, 그 자체의 변화가 거의 없기도 한다. 예를 들면, 정치체제의 구조(중앙정부와 지방정부의 권력관계 등)가 지방정부에 대한 보조금 지원 정책 등의 결정에서 큰 영향을 미치지만, 시간이 흘러도 구조가 변하지 않는 것이 일반적이다. 복지정책 결정에서 결정적인 영향을 미친 국민소득 수준이 경제의 장기적 침체로 상당한 기간 이후에도 전혀 변화하지 않을 수도 있다. 그러므로 정책변동을 발생시키는 요인들과 변동과정을 검토할 때는 정책결정에 영향을 미치는 요인들과 과정을 중심으로 출발하지만, 본격적인 연구에서는 정책이 실제로 변동되면서 나타나는 과정과 이를 좌우하는 요인들을 검토하게 된다. 앞으로 우리들은 이러한 연구절차를 거치면서 밝혀진 중요한 변동 좌우요인들과 이들이 작동하는 과정을 살펴 볼 것이다.

사례 9-1 우리나라 입시제도의 변화

아래 표에 정리된 바와 같이, 해방 이후 우리나라 대학입시 제도는 10여 차례 이상 변화하였다. 세부적인 사항까지 포함하면 변화 횟수는 더 많지만, 대략 대학별 자체 시험 실시 방식과 예비고사, 학력고사, 수학능력시험 등 국가가 주관하는 시험과 대학별 시험을 같이 반영하는 방식으로 구분할 수 있다. 또한 고등학교 성적을 반영하는 제도가 도입되었으며, 이에 더해서 논술, 면접, 추천 등 다양한 방법이 시행되기도 하였다. 이러한 변동은 학생과 학부모들에게 많은 혼란을 안겨 주었으며, 학생들은 입시제도에 적응하느라 애를 먹었다. 또한 학생들과 학부모들의 부담 경감, 다양한 전형방식 도입으로 대학입학의 다양한 경로 제공, 대학들의 자율성 강화 등을 내걸고 입시제도의 변화를 도모하였지만 실제로 이러한 목표를 달성했는지는 의문이다.

연 도	입시제도	주요내용
1945~1953	대학별 단독시험제	- 대학별 입학시험 실시
1955~1961	대학별 단독시험제	- 고등학교 내신성적에 의한 무시험전형 - 대학별 본고사 및 고등학교 내신성적 병과
1965 ~1968	대학별 단독시험제	- 대학별 입학시험 실시 - 필기시험 이외에 진학적성검사, 신체검사, 면접을 함께 실시
1969~1980	대학입학 예비고사와 대학별 본고사 병과	- 대학입학예비고사 합격자에게 대학본고사 응시자격 부여 - 대학입학예비고사 성적, 내신성적 입학전형에 반영
1981~1985	대학입학 예비고사와 고등학교 내신성적 반영 병과	- 대학별 본고사 폐지 - 대학입학 예비고사 성적과 고등학교 내신성적
1986~1987	대학입학 학력고사와 고등학교 내신성적 및 논술고사 병과	- 대학별 논술고사 실시 - 고등학교 내신성적 학년별 성적 반영 조정
1994~1996	고등학교 내신성적과 대학 수학능력 시험 및 대학별고사 병과	- 고등학교 내신성적 40% 이상 의무화 - 대학수학능력시험 성적과 대학별 고사성적의 채택 여부, 반영비율, 반영방법이 자율적 결정
2001-2004	.대학수학능력시험과 학교생활기록부 및 논술, 추천서, 심층면접 등 병과	- 대학별로 다양한 전형제도 개발 유도 및 확대 - 국・영・수 위주의 본고사 금지(사립까지 확대) - 정원 및 학사운영 자율화와 연계해 연중 수시 선발할 수 있게 하고, 수험생의 실질적인 복수지원 기회를 확대(수시 1학기모집으로 확대)
2005~2007	대학수학능력시험과 학교생활기록부 및 논술, 추천서, 심층면접 등 병과	- 대학별로 다양한 전형제도의 개발유도 및 확대 - 제7차교육과정 시행에 따른 수능체제 변경 - 수능 원점수 폐지 및 영역/과목별 표준점수, 백분위, 9등급제 도입

2015~	대학수학능력시험과 학교생활기록부 및 논술, 추천서, 심층면접 등 병과	- 영어 수준별 시험 폐지. 국어·영어는 유지 - 수시에서 수능성적 반영 완화 - 대입전형 사전예고제 강화 - 수시 원서접수 기간 한 차례로 통합

2 정책변동의 유형

정책변동은 변화되는 정책의 내용에 따라 정책혁신, 정책유지, 정책종결, 그리고 정책승계로 분류할 수 있다(Hogwood and Peters, 1983). 이를 구체적으로 살펴보면 다음과 같다.

1) 정책혁신(policy innovation)

정책혁신은 정부가 지금까지 관여하지 않았던 분야에 개입하기 위해 새로운 정책을 결정하는 것을 의미한다. 엄격하게 말하면, 정책혁신으로 새로운 정책을 결정하는 것은 정책의 '변동(change)'이 아니라 '새로운 정책결정'이지만 다른 정책변동 유형과 비교하기 위해 논의하고자 한다.

정책혁신은 특정 사회문제가 처음으로 정책문제화되고 이것을 해결하기 위해 정부가 개입하는 것으로, 관련 정책이나 활동이 없고 이를 담당하는 조직이나 예산도 없는 '무'(無)에서 새로운 정책을 만드는 것이다. 이러한 의미의 정책혁신은 쉽게 찾아보기 힘들다. 우리나라의 경우 정보화가 진전되고 인터넷 이용이 활성화되면서 각종 사이버 범죄가 빈발하자, 이 문제를 해결하기 위한 정부대책들이 만들어지고 사이버 수사대와 같은 전담조직이 새롭게 등장하게 된 것을 예로 들 수 있다. 급격한 사회변화가 일상적이 되자 이에 대응한 정부의 정책혁신도 빈번하게 되었다.

2) 정책유지(policy maintenance)

정책유지를 문자 그대로 해석하면 현재의 정책이 가진 기본 특성, 즉 정책목표는 물론이고 중요한 정책수단을 그대로 지속시키는 것을 의미한다. 정책을 구성하는 사업내용이나 예산액수, 집행절차의 변경이 있더라도 정책의 기본 특성이 유지된다면(예를 들면, 법률이나 기본정책이 변경되지 않으면) 정책유지로 본다. 모든 정책은 시간이 흐름에 따라 그 내용이 변화되기 마련이어서 어느 정도의 변화까지를 정책유지로 봐야하는지 혼란이 있을 수 있다.

3) 정책승계(succession)

정책변동의 거의 대부분이 정책유지와 정책승계인데, 정책유지는 정책내용의 기본골격을 유지하는 것이므로 체계적이고 정밀한 분석에 따라 결정할 필요성이 크지 않다. 반면 정책승계는 정책의 대폭적인 수정이 있으므로 이를 합리적으로 수행하기 위해서는 체계적이고 정밀한 분석이 절대적으로 필요하다. 그런데 정책승계의 내용이 매우 다양하기 때문에 그 내용에 따라 대응방법도 달라진다. 그러므로 정책승계의 내용을 보다 구체적으로 검토해야 한다.

정책승계는 현존하는 정책의 기본적 성격을 바꾸는 것으로서 정책의 근본적인 수정을 하는 경우(정책의 중요한 일부를 없애거나, 새로운 부분을 추가하는 경우), 정책을 없애고 새로이 완전히 대체(replacement)하는 경우 등을 포함한다. 어떤 경우라도 기본적인 정책목표는 수정하지 않기 때문에 정책 '종결'이 아니라 정책 '승계'(succession)라고 부른다. 또한 정책승계는 정책목표를 유지한다는 측면에서 정책유지와 비슷하지만, 정책수단인 사업(program)이나 그 사업을 담당하는 조직, 그리고 예산에 중대한 변화가 일어나기 때문에 정책유지와도 다르다.

이처럼 정책승계는 기존 정책의 목표는 변경하지 않고 그 수단의 핵심이 되는 내용의 일부, 또는 전부를 바꾸는 것이다. 즉, 변동되는 정책의 실질적 내용면에서 정책수단의 핵심이 되는 사업, 이를 담당하는 조직, 이를 뒷받침하는 예산 등의 일부가 크게 변동하는 경우를 말한다. 하지만 정책승계는 정책변동의 유형 자체가 변하는 경우도 포괄하는데, 아래의 <그림 9-1>의 오른쪽에 승계된 정책의 내용이 나와 있다. 승계된 정책 내용은 하나 또는 그 이상이 복합적으로 나타날 수 있는데 종결만이 나타나는 경우를 정책종결이라고 하고, 유지만이 나타나면 정책유지에 해당한다. 하지만 이 둘은 정책승계에서 논의하지 않는다. 정책승계의 4가지 유형을 살펴보면 아래와 같다.[1]

---

1) Hogwood와 Peters는 6가지 유형으로 나누고 있는데 아래의 곳곳에서 언급하게 된다(Hogwood and Peters, 1983).

첫째, 정책대체(replacement)이다. 정책목표를 변경시키지 않는 범위 내에서 정책내용을 완전히 새로운 것으로 바꾸는 것이다. 예를 들면, 과속차량을 단속하기 위해 기존에는 경찰관이 현장에서 직접 단속하는 수단을 채택했는데, 요즘은 무인 감시카메라를 설치해 단속하는 경우가 이에 해당한다.

둘째, 부분종결(partial termination)은 정책의 일부를 유지하면서 다른 일부는 완전히 폐지하는 것을 말한다. 정책유지와 종결이 배합된 경우라고 볼 수 있다. 예를 들어, 석유파동으로 석유부족이 일시적으로 심해지자 석유소비를 억제하기 위해 소비세를 부과하고 석유배급제를 실시했는데, 석유공급이 어느 정도 안정되자 소비세는 유지하되 배급제는 폐지한 경우이다.

〈그림 9-1〉 정책승계의 내용

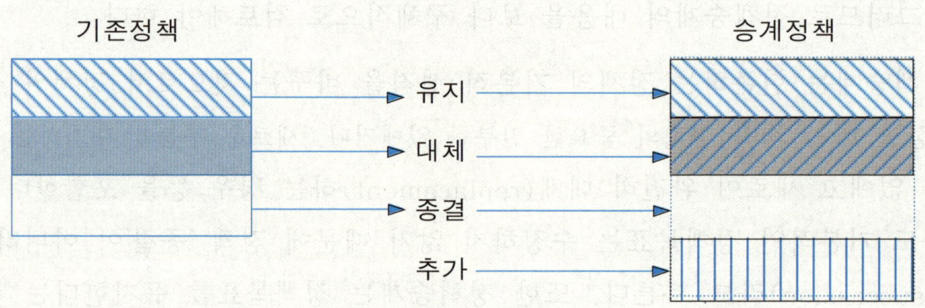

셋째, 복합적 정책승계로서 정책유지, 정책대체, 정책종결 그리고 정책추가(정책혁신과 같은) 등이 3개 이상 복합적으로 나타나는 경우이다.

넷째, 위의 <그림 9-1>에서는 전혀 나타나지 않는 정책승계 유형으로서 정책통합과 정책분할이 있다. 정책통합(consolidation)은 두 개의 정책이 하나의 정책으로 통합되는 경우를 말하는데, 두 정책이 동일하거나 비슷한 목표를 지니고 있을 때 일어난다. 예를 들면, 해운정책과 항만정책이 통합되어 해운항만정책으로 통합된 경우가 있다. 이러한 정책통합이 일어나면 거의 언제나 담당조직의 통합을 가져오게 된다. 한편 정책분할(splitting)은 하나의 정책이 두 개 이상으로 분리되는 것인데,[2] 정책담당기관이 하나에서 두 개 이상으로 분리되면

2) 원래 정책은 여러 개의 관련된 정책목표들과 정책수단들로써 구성되어 있기 때문에 논리적으로 얼마든지 분류하여 분할할 수 있다.

서 그 정책도 분리되는 것이다. 그런데 정책담당기관이 분리되면 정책의 성격에도 크게 변할 수 있다. 예를 들어, 보건사회부 내에 있던 환경청이 환경처로 분리·승격되면서(후에 환경부로 다시 승격) 보건정책과 환경정책이 분리되었는데, 환경정책이 과거 사후처리방식에서 사전예방에 초점을 두는 정책으로 바뀐 것이다.

4) 정책종결

정책종결은 현존하는 정책을 완전히 소멸시키는 것으로서 정책수단이 되는 사업과 지원 예산을 중단하고 이들을 대체할 다른 수단을 결정하지 않은 경우이다. 이때 정부는 그 분야에 대한 개입을 중단하고 민간부문에 모든 것을 맡기게 되는 경우가 있는데, 미국에서 항공산업에 대한 규제를 완화(deregulation)한 경우나 우리나라에서 1980년대에 접어들어 민간주도 경제를 위해 각종 규제를 완화하거나 폐지한 경우가 이에 해당한다. 하지만 규제의 완전한 폐지는 쉽게 찾아볼 수 없다. 그러나 이러한 문제를 해결하기 위해서 일몰법(sun-set law)에서는 정책을 결정하는 시점에 정책의 종결 시기를 미리 명시한다.

정책종결은 실질적인 내용 측면에서 볼 때 관련 법률, 사업, 조직, 예산 등이 폐지되는 것을 의미하며, 이들 중 하나라도 종결되면 앞에서 살펴 본 부분종결에 해당한다.

5) 정책변동 유형 간의 관계

정책변동의 네 가지 유형 간의 관계는 <그림 9-2>와 같이 나타낼 수 있다. 즉, 처음 정책이 만들어지면 환경변화가 있어도 정책내용을 그 변화에 적응시켜 단순히 수정·보완만 하는 경우가 있다. 이는 정책유지로 기존 정책의 기본골격을 유지하는 것이다. 그러다가 변화가 더욱 누적되면 정책승계로서 기존 정책을 대폭 수정·변경하기도 하고, 그래도 부족하면 정책을 새로운 것으로 대체하게 된다. 이렇게 승계된 정책은 다시 변화에 적응하면서 유지되어 나간다. 한편 환경의 변화에 따라 필요 없는 정책으로 판단되면 정책은 폐지되어 종결된다.

〈그림 9-2〉 정책변동의 여러 유형 간의 관계

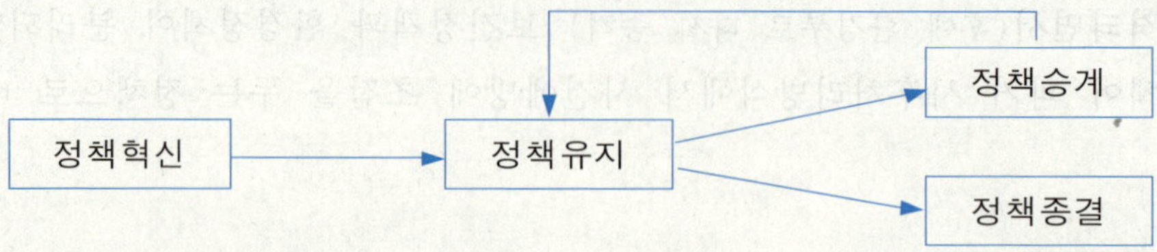

3 정책변동의 다양한 형태

1) 정책변동의 다양한 형태 1 - 점증적 변동과 비점증적 변동-

앞에서는 정책목표와 수단 등의 내용의 변화를 기준으로 정책변동의 유형들을 보았다. 그런데, 정책변동은 그 범위와 정도에 따라 점증적 변동과 비점증적 변동으로도 나눌 수 있다(Baumgartner and Jones, 2002). 점증적 변동의 경우 현상유지라는 균형을 중심으로 일정한 범위 내에서 예측 가능한 변화가 발생한다. 반면 비점증적 변동의 경우 기존의 균형이 파괴되어 급격한 변화가 일어난다. 변화의 정도와 방향을 예측하기 어려울 만큼 변동의 정도와 속도가 광범위하고 급격하다. 물론 대부분의 변동은 급격한 변동과 점증적인 변동 수준의 중간단계에 있다.

점증적 변동은 균형을 유지하려는 속성 때문에 발생한다. 생태계뿐만 아니라 정치체계나 공공정책은 급격한 변화에 대한 대응이나 적응과정으로 안정을 유지하려는 특성을 가지고 있다. 점증적 정책변동은 자원이나 권력처럼 무한정 증가하기 어려운 영역에서 나타난다. 점증적 예산변동을 생각하면 쉽게 이해가 될 수 있다. 예산이 확정되는 과정에서 여러 세력들은 많은 예산을 확보하려고 서로 경쟁한다. 이 과정에서 정치세력들이 동의할 수 있는 범위 내에서 예산이 확정된다. 그리고 새로운 예산을 결정할 때는 이러한 동의를 깨뜨리지 않게 큰 변동 없이, 즉 정치세력의 균형을 유지할 수 있는 일정한 범위 내 예산이 확정된다. 만약 일정한 범위를 넘어 임계점(threshold)을 초과하는 예산변동을 시도하면, 기존 예산결정에서 참여자들 간에 합의하여 유지되는 균형이 깨어진다. 이렇게 되면 예산을 둘러싼 정치체계나 유관 정책 사이에 존재하는 균형을 파괴하기 때문에 큰 혼란이 초래될 수 있다. 따라서 예산변동은 균형을 파괴하지 않는 범위 내에서 점증적으로 이뤄지는 경우가 많다. 또한 정부 정책과 여론도 상호 균형기제를 가지고 있다. 즉 정부가 너무 지나치게 보수적이거나 급진적인 정책을 시행하는 경우에는 중도적인 여론의 반대가 정부를 견제하여 한 쪽으로 치우치지 않고 균형을 유지하게 하는 것도 점증적 변동의 한 예로 들 수 있다 (Baumgartner and Jones, 2002).

이와 같은 점증적 변동을 강조하는 것이 바로 점증주의이다. 점증주의에서는 정책결정 과정에서 이미 변동을 예견하고 당연한 것으로 받아들인다. 두 가지 이유 때문인데, 첫째는 바로 위에서 언급한 정치세력 간의 다원론적 균형을 추구하는 것이고, 둘째는 정책결정자의 인지적 능력 부족, 즉 합리성의 제약 때문이다. 정보와 능력의 부족으로 정책결과의 예측이 불가능하거나 불확실한 경우에 기존의 정책을 조금 수정하는 결정을 하고 이를 추진하면서 환류되는 정보를 보고 다시 수정하는 식으로 결정하는 것이다. 예를 들면, 쌀 가격이 갑자기 10%나 상승했을 때 정부보유미를 하루 10,000석을 시중에 방출하였는데 하루쯤 후에 쌀 가격이 전보다 -2%가 되어서, 그 다음날은 5,000석만 방출하였더니 다시 5%가 상승하고, 다시 7,000석을 방출하여 인상율이 0가 되어 쌀 가격이 안정되면 적정기간 동안 그 수준을 계속하는 유지하는 식이다. 이런 식으로 결정에 영향을 미친 요인들이 아무런 변화가 없더라도 '균형'에 다가가기 위해 지속적으로 정책을 수정(변동)하는 경우를 처음부터 전제하고 있다.

물론 현실에는 점증적 변동만 있는 것이 아니다. 예측하기 어려운 급격한 변화를 초래하는 변동도 있다. 이것이 바로 비점증적 변동이다.[3] 전술한 대학입시정책의 변화, 대북정책의 변화 등이 이에 해당한다. 비점증적 변동은, 사회환경이 급속히 변화한 경우, 여론의 변화가 심한 경우, 위기가 발생한 경우, 국제적 돌발 상황이 발생한 경우, 선거로 정치권력과 리더십에 큰 변화가 온 경우 등과 같이 바로 정책결정요인, 즉 정책에 영향을 미치는 요인들의 변화 때문에 야기되는 것이다. 예컨대 급속한 고령화로 인하여 사회복지비 예산이 예년에 비

3) 이를 단절적 균형(Punctuated Equilibrium Model)이라고 부르기도 한다. 단절균형모형은 진화생물학에서 종(種)의 분화가 단절적으로 일어나는 현상을 설명하는 과정에서 만들어졌으며, 이후 여러 사회현상의 변동과정을 설명하는 데에도 적용되고 있다. Krasner(1984)는 제도의 변화 과정에도 중대한 전환점(critical juncture)이 있는 시기와 새로이 형성된 경로가 지속되는 시기가 있다고 하였다. 또한 Gersick(1991)도 조직(organization)의 변화과정을 정체(stasis) 시기와 급진적(radical) 변화시기로 구분하여 설명함으로써 단절균형의 개념을 적용하였다.

해 높은 수준으로 증가할 수 있으며, 인접국의 군비확대가 심각한 수준에 이르고, 2022년 2월 러시아의 우크라이나 침공과 같이 전쟁까지 발생하면, 국방비가 예외적으로 증가하는 변화도 가능할 것이다. 그래서 정책변동의 요인에 대한 논의는 주로 비점증적 정책변동을 전제로 하고 있다.

2) 정책변동의 다양한 형태 2 - 정책오류의 수정 보완을 위한 정책변동-

위에서 본 점증주의적 결정은 처음 정책을 결정할 때 그 결정에 오류가 있음을 당연한 것으로 보고 여기에 대비하여 이뤄지는 수정-보완이다. 그런데 그럴 의도가 없었는데도 불구하고 정책이 잘못 결정된 경우는 어떨까? 이때에도 정책은 당연히 수정-변동되어야 한다. 점증주의에서와 달리 의도하지 않았던 잘못으로 정책이 바람직하지 못한 경우이다. 이러한 경우에도 점증주의적 결정에서와 마찬가지로 정책결정 요인들의 변화가 전혀 없어도 정책이 변동된다. 즉 정책결정 후에 결정의 오류가 밝혀지면 ,집행단계에서나 그 이후에 정책내용이 변화하는 경우가 발생하는 것이다. 또한 집행-평가과정에서 얻게 된 새로운 정보에 의하여 정책의 내용을 수정·보완하는 경우(정책환류)도 있다.

정책의 일관성이 상실된 경우도 비슷하다. 정책의 일관성은 두 가지 차원에서 볼 수 있는데 첫째, 특정 정책이 공간적으로 볼 때 다른 정책과 모순 또는 갈등 없이 조화를 이루고, 둘째, 시간적으로 볼 때도 큰 변화가 없어야 한다. 따라서 정책이 일관성을 상실했다는 것은 특정 정책이 다른 정책과 모순 또는 충돌되거나 시간이 흐름에 따라 정책의 내용이 빈번히 바뀌는 것을 의미한다. 그런데 후자의 경우는 시간이 흐름에 따라 변화하는 환경에 신축적으로 대응한다는 점에서 불가피한 측면이 있으므로 항상 바람직하지 않은 것은 아니다. 그러나 단기간 내에 정책변동이 급속하게 일어나는 것은 바람직하지 않다.

정책이 일관성을 상실하면 모순·충돌되는 정책이 동시에 추진됨으로써 사회적인 낭비를 초래할 뿐만 아니라 정책과 관련된 이해당사자들은 물론이고 국민들 사이에 혼란을 초래한다. 이를 정책혼란이라고 부른다.4)

4) 이와 유사한 용어이면서 구분되는 개념으로 정책표류(policy drift)가 있다. 정책표류는 특정 정책안이 정부의 공식적인 기관에서 만들어진 후 정부정책으로 최종적으로 결정되기 전에 당초안과 대립되는 정책대안이 나타나 어느 것 하나도 공식적으로 결정되지 못하고 정부기관 내에서 표류하는 현상을 말한다. 예를 들면, 국민연금 개혁안에 대해서 복지부안과 국회 여·야당의 안들이 대립하고 이들 간에 합의를 이루지 못하여 아무런 결정도 내리지 못하고 상당기

정책내용에 약간의 오류가 있는 경우는 집행과정에서 수정·보완되어(즉, 정책유지의 경우로서) 크게 문제가 되지 않는다. 그러나 정책의 오류가 정치적 목적과 결부되어 있는 경우에는 정책내용의 오류 자체만으로는 정책변동이 일어나지 않고 정치체제나 정책환경이 크게 변해야만 변동이 일어난다. 기업친화적인 정부가 기업들의 지지를 얻기 위해 환경규제를 완화해 오던 것이(그래서 그 정책의 의도에 대해서 논란이 많던), 정권이 교체된 다음 친환경정책으로 환경정책이 대폭 변경되는 것이 그 예이다. 이러한 정치체제적 변동만이 아니라, 정치체제의 외부 환경(정책환경)의 급격한 변화도 같은 결과를 가져 올 수 있다. 갑자기 대기오염이 심각해지는 경우 등이다. 정책의 일관성 상실도 비슷하다. 농업지원 차원에서는 담배농가에 보조금을 주면서, 국민보건 차원에서 금연 캠페인을 하는 것 같은 수평적-공간적 일관성 상실의 경우에 이를 수정하는 정책변동도 정치체제적 변화가 있던지 환경변화가 있어야 가능한 경우가 많다. 이러한 변동은 다음의 변동요인 검토에서 자세히 볼 것이다.

제2절 정책변동의 일반적 원인

1 정책변동의 원인

정책의 변동도 본질적으로 보면 정책결정의 한 유형이라고 할 수 있다. 따라서 정책을 결정하는데 영향을 미치는 정책결정 요인들이 변화하면 정책변동이 발생하게 됨은 누누이 지적되었다. 정책은 정책환경으로부터 투입을 받아 정치체제가 전환과정을 거쳐 산출하는 것이므로, 대부분의 정책변동의 근본적인 원인은 정책환경의 변화이다. 정책환경이 변하면 정치체제에 대한 투입이 변하여 과거의 투입에 의해 결정된 정책이 변하기 마련이다.

정치체제에 대한 투입은 정치체제 내부의 전환과정을 거쳐 정책이 산출되므로, 전환과정의 변동이 있어도 당연히 정책변동이 일어난다. 전환과정은 정치체

간 표류하는 현상이 이에 해당한다.

제 내부에서 이루어지는 활동이므로, 정치체제의 속성이 변하면, 전환과정도 변화한다. 즉 제2장에서 자세히 보았듯이 정치체제의 구조, 체제에서 활동하는 사람들, 통치이념 등이 변동되면 정책도 변동된다. 이는 <그림 9-3>에 요약되어 있다.[5] 다음에서는 정책의 변동을 야기하는 요인 중에 몇 가지 중요한 것을 살펴보기로 한다.

〈그림 9-3〉 정책변동의 원인들

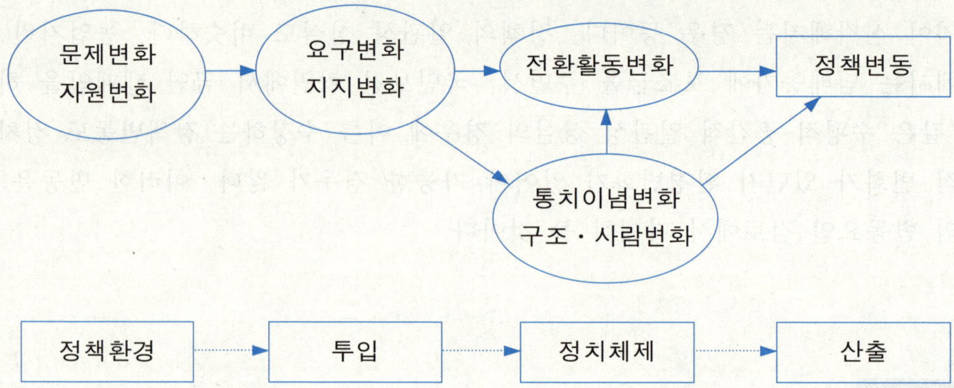

2 정책환경의 변화에 따른 투입의 변화

정책환경의 변화는 정치체제에 대한 투입의 변화를 가져 오는데 투입은 특정한 정책내용을 추진할 것을 주장하는 요구(demand)와 정치체제에 대한 지지(support)로 나눌 수 있다.

1) 정책문제의 변화와 요구의 변화

정책문제의 해결을 목표(즉, 치유적 목표)로 하는 경우, 문제가 변하면 문제

5) 정책변동의 원인에 대해서 학자들 간에 혼란이 있다. 그러나 환경적 변화는 누구나 지적하고 있는 원인이다. Rose는 주로 환경적 변화, Hogwood와 Peters는 환경적 변화와 정책관계집단(집행조직과 정책대상 집단 등), Levine은 환경변화와 집행조직의 특성, Bardach는 주로 정책관계 집단의 정치적 갈등을 논의하고 있다(Rose, 1976; Hogwood and Peters, 1983; Bardach, 1977; Levine, 1978).

를 해결하기 위한 정책내용도 변해야 한다고 관계집단들은 요구한다. 문제의 변화는 보통 환경의 변화에 의하거나 정책변화에 의해 일어난다. 첫째, 정책의 사회적·경제적 환경이 변하면 정책문제의 변화가 일어난다. 경기침체로 일자리가 줄어들어 젊은이들의 실업률이 증가하면 일자리를 늘리는 것이 중요한 정책문제로 등장하게 되고, 산업화의 진전으로 환경오염이 심각해지면 환경문제가 사회문제로 부각된다. 둘째, 정책의 효과로 인하여, 또는 부작용을 포함한 정책영향(impact)으로 인하여, 정책문제가 완전히 해결되는 경우도 있다. 예를 들면, 과거에 계속되어 온 전력부족 문제가 원자력 발전 진흥정책으로 완전히 해결된 것과 같다.

정책문제의 변화는 몇 가지 유형이 있는데 이에 따라 정책변동의 내용도 달라진다. 문제가 소멸되면 더 이상 이를 해소하기 위한 정책이 필요 없으므로 정책을 종결시킨다. 문제가 변질되면 이에 대응하여 정책수단의 변화가 필요하게 되고 이는 정책승계로 나타난다. 한편 문제가 지속되면 기존의 정책을 그대로 유지해야 하며, 새로운 문제가 등장하면 기존과는 전혀 다른 새로운 정책을 마련하는 정책혁신이 필요하다.

〈그림 9-4〉 문제의 변화와 정책변동 유형

· 문제의 소멸 ……………………………………→ 정책종결
· 문제의 변질 ……………………………………→ 정책승계
· 문제의 지속 ……………………………………→ 정책유지
· 새로운 문제등장 ……………………………→ 정책혁신

2) 자원의 변화와 지지의 변화

경제사정이 좋아져서 국민소득 수준이 향상되고 조세납부가 증가하면 정책을 추진할 수 있는 자원을 확보할 수 있어 새로운 정책을 추진할 수 있게 된다. 그러나 반대로 경제사정이 악화되어 조세납부가 감소되면(명목상으로는 감소되지 않아도 인플레이션 때문에 실질적인 가치가 감소되면) 정부예산이 축소되어 일부 정책의 축소 또는 폐지가 불가피해진다. 이는 정책변동 중에서도 정책종결에 큰 영향을 미치며 감축관리(cutback management)의 가장 중요한 원인이기도 하다.

제3절 정책결정 활동의 변화로 인한 정책변동

정책변동은 정책환경의 변화와 이로 인한 정치체제에 대한 투입의 변화, 그리고 투입을 정책으로 전환시키는 정치체제의 전환과정에 의해 좌우된다. 그래서 전환과정에서의 정책결정 활동이 변화하면 정책변동이 발생하는데, 이에 대해 다양한 이론적 모형들을 찾아볼 수 있다. 여기에서는 Sabatier(사바티어)의 정책지지연합모형, Hall(홀)의 정책패러다임 변동모형, Kingdon의 정책흐름모형 등을 활용하여 살펴보기로 한다.

1 정치체제의 구조변화와 정책변동

전환과정에서 정책결정(활동)을 좌우하는 요인은 크게 세 가지로서, 정치체제의 구조와 이 속에서 움직이는 사람, 그리고 이들의 생각을 좌우하는 통치이념이다. 이는 제2장에서 자세히 검토하였다. 그런데 정치체제의 구조의 큰 틀은 쉽게 변동하지 않기 때문에 여기서 간단하게만 보기로 한다.

정치체제의 구조변화는 국회와 행정부의 권력관계가 변화하거나 행정부처간의 관계, 중앙정부의 지방정부의 역할분담 등이 변화하는 것으로서 이러한 변화는 장기적으로 발생하므로 일반적 정책변동의 원인이 되지 않는다. 그러나 조직의 담당업무가 변하는 경우는 중기적으로 흔히 나타난다.

문재인 정부에서 수자원관리를 환경부에 담당시키면서 수질오염에 대한 정책이 대폭 강화된 반면에, 수자원 확보정책은 상대적으로 약화되었다. 한편, 노동과 환경보호가 중요한 사회문제가 되면서 과거 보건의료업무 중심의 보건사회부에서 가볍게 취급되던 노동정책, 환경정책이 노동부, 환경부가 독립되면서 크게 강화된 경우도 있다. 그런데 조직의 능력이 약화되면서 정책변동이 일어난 경우에 대해서는 아래에서 보는 바와 같이 자세한 사례연구가 있다.

담당조직의 취약성 때문에 그 조직이 추진하는 정책에 변동이 발생하는 경우이다(Levine, 1978). 담당조직의 취약성은 첫째, 조직이 지니고 있는 대외적 이미지(image)의 악화, 조직지도층의 리더십의 약화, 내부적 갈등의 심화 등으로 발생하는데, 이러한 정치적 취약성(political vulnerability)이 드러나 정책이 종결되거나 축소되는 경우가 있었다. 그런데 정치적 취약성은 조직의 역사가 오래될수록 그 심각성이 훨씬 줄어들게 되고, 조직이 담당하는 기능이 국민들에게 좋은 반응을 얻을수록 줄어든다. 둘째, 조직 내의 기술적 측면과 관련된 것으로서 조직이 외부환경으로부터 받아들인 정보를 정확하고 신속하게 분석·전달하는 능력을 갖추지 못하기 때문에 변화에 대한 적응이 떨어져 발생하는 경우이다. 이를 조직의 위축(organizational atrophy)이라고도 한다.

2 통치이념과 정책신념의 변화와 정책변동

정치체제내부의 전환과정에서 발생하는 두 번째 변화요인은 통치이념과 같은 신념체계의 변화이다. 원래 통치이념이나 정책신념은 정치체제 내부에서만 작동하는 것이 아니고, 사회전체에서 영향을 미치지만, 구체적으로 정책결정이나 정책변동에 영향을 미칠 때는 정치체제 내부의 결정과정에서 작동하게 된다.

통치이념은 바람직한 사회에 대한 이론과 이를 실현하는 이론 등으로 구성된다. 즉 바람직한 사회의 모습과 왜 그 모습이 바람직한지를 뒷받침하는 논리, 그리고 이 바람직한 모습을 실현하기 위한 방법과 그 방법을 정당화하는 논리 등으로 구성된다. 통치이념보다 낮은 차원에 정책신념이 있다. 정책신념은 정책문제에 대한 인식, 정책이 추구하는 목표와 수단 그리고 이에 대한 추진방식에 대한 생각과 판단이다. 간단히 말해 정책이 어떤 모습으로 어떻게 추진되어야 하는가에 대한 체계적인 사고이다.

정책신념을 이해하기 위한 사례로 의료정책의 경우를 보면 다음과 같다. 정책신념 A는 우리나라의 의료체계가 제공하는 서비스의 질(quality)이 낮다는 문제의식을 가지고, 이에 대해 개선하는 것이 필요하다는 판단이라고 하자. 이러한 정책신념에 따라 우수한 의료 인력을 확보하기 위해 의학교육을 강화하고, 성능 좋은 의료기기를 확보하는 정책이 필요하다고 생각할 것이다. 이러한 정책을 추진하는 방식으로 의료 시장체제의 자율적 공급과 수요가 가장 바람직한 것으로 판단하고, 의료 공급자 간의 경쟁을 촉진하고 의료시장에서 정부의 개입을 최소화하는 것이 필요하다고 판단한다. 민간의료 중심주의적 생각이다.

이에 비해 정책신념 B는 의료체계의 문제는 의료비가 비싸서 필요한 의료서비스를 받지 못하는 국민들이 많은 것이라고 생각한다. 이러한 신념에 따르면 저렴한 의료 서비스를 제공하는 것이 필요하다고 판단할 것이다. 이러한 판단에 따라 의사를 대량으로 양성하고 저렴한 의료기기를 대폭 보급하면서 민간의료기관의 의료수가를 낮추는 정책이나, 공공의료 서비스를 확대하는 정책을 추진하는 것이 바람직하다고 주장하게 될 것이다. 공공의료중심주의이다.

이와 같이 서로 다른 정책신념이 존재하고, 정책주도세력들이 서로 다른 정책이념을 가지고 서로 경쟁하는 상황에서 정책주도 세력과 집권 세력이 바뀐다면 의료정책에 있어서 정책변동이 초래하게 된다.

정책지지연합모형(advocacy coalition framework)을 제시한 Sabatier와 Jenkins-Smith(젠킨스-스미스) 등은 정책신념을 떠받치고 있는 것이 통치이념이라고 강조했다. 즉 통치이념에 따라 구체적인 정책신념이 설정된다고 주장하면서 통치이념과 정책신념 등을 포함하는 신념체계는 '규범적 핵심'(normative core), '정책핵심'(policy core), '부차적 측면'(secondary aspects) 등으로 구성되어 있다고 설명한다.

Sabatier는 그 가운데서 모든 정책에서 적용되는 근본가치를 규범적 핵심(normative core)이라고 개념화 했다. 예를 들어 인간의 자유, 평등, 인권 등에 관한 가장 기본적인 생각을 말하며, 이러한 규범적 핵심으로부터 통치이념과 정책신념도 도출된다.

다음으로 정책핵심은 정책에 대한 근본적인 시각이나 입장을 말한다. 앞에서 예시한 의료정책에 대한 정책신념에서 의료시장의 자율적 수요와 공급, 혹은 정부의 정책적 개입의 필요성 등에 대한 판단에 영향을 주는 것이 정책핵심이라고 할 수 있다.

마지막으로 부차적 측면(secondary aspect)은 행정규칙, 예산배분, 규정해석 등과 같이 정책핵심을 집행하기 위하여 필요한 도구나 정보탐색과 관련된 규칙으로 신념체계 중에서 가장 쉽게 변할 수 있다.

<그림 9-5>는 이러한 이론과 개념으로 구성된 Sabatier의 정책옹호집단

모형이다. Sabatier는 신념체계(belief systems)를 공유하는 정책지지연합이 다수 존재할 수 있으며, 이 정책지지연합들이 그들의 신념체계에 입각한 정책을 추진하기 위해 경쟁하는 과정에서 정책변동이 발생하는 것으로 보고 있다(Sabatier, 1993). 각각의 정책지지 연합들은 공통의 신념체계를 가지고 있으며, 이들이 가지고 있는 자원과 정책신념을 기초로 자신들의 목표를 달성하기 위한 다양한 전략을 사용한다. 그리고 경쟁하는 정책지지연합들이 선택한 이러한 전략들은 정책중개자(policy brokers)에 의해 실현된다.

〈 그림 9-5 〉 Sabatier의 정책지지연합모형

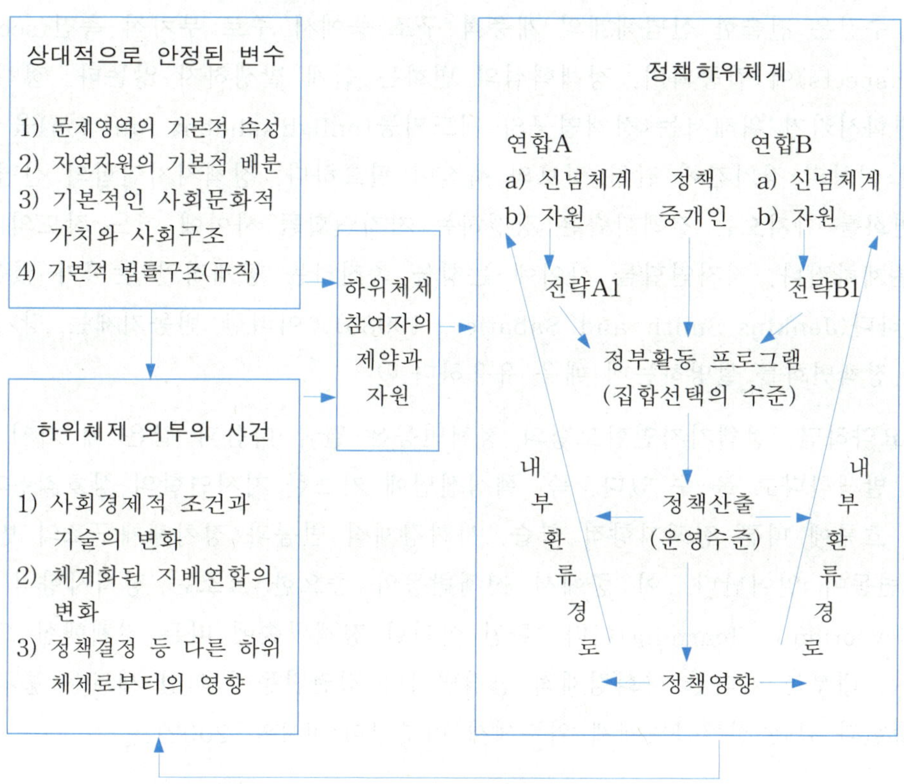

자료: Sabatier(1986)

정책지지연합은 특정 신념을 공유하며 공사(公私)를 막론하고 다양한 분야에서 활동하는 행위자들로 구성된다. 또한 정책지지연합은 그들의 신념을 정책 또는 프로그램을 통해 실현하기 위해 노력하며, 이들의 정책변동 능력은 보유하고 있는 자금, 전문지식, 지지자, 법적 권한 등 자원의 정도에 달려 있다.

정책지지 연합은 이들 신념체계 중에서 정책핵심을 구성하는 정책기조나 전략을 중심으로 정책동맹을 형성한다(Sabatier, 1993). 이들 정책지지연합이 자원을 동원하여 그들의 신념체계를 정책으로 변화시키기 위하여 서로 경쟁하는 과정에서 서로 상반되는 정책대안들은 제3자인 정책중개자들에 의해 중재된다. 정치인과 관료, 시민단체들 모두 정책중개자가 될 수 있다.

정책지지연합의 신념체계의 수정, 또는 변경(modification of belief system)은 정책학습에 의하여 발생한다. 정책지지 연합모형에서는 정책학습을 장기적이고 점진적인 정책변화를 촉진하는 원동력으로 파악하고 있다. 한편 신념체계의 수정은 전술한 신념체계의 계층적 구조 중에서 주로 부차적 측면(secondary aspects)에 집중되며, 정책핵심의 변화는 쉽게 발생하지 않는다. 정책핵심을 변화시키기 위해서는 정책연구의 계도기능(enlightenment function)을 통한 10년 이상의 장기간에 걸친 정보의 축적이 필요하다. 정책지지연합의 신념체계의 변화를 가져오는 정책학습은 경쟁하는 지지연합들 사이에 어느 정도의 갈등이 존재하거나, 지지연합들 사이에 논쟁을 촉진하는 공개적인 논의가 있을 때 가능하다(Jenkins-Smith and Sabatier, 1993b). 이러한 변동기제는 장기간에 걸친 정책변화를 설명하는데 매우 유용하다.6)

요약하면, 정책지지연합모형의 정책변동은 결국 다음과 같은 세 가지 과정에서 발생한다고 볼 수 있다. 즉, 핵심신념에 기초한 지지연합의 상호작용과 시간의 흐름에 따른 정책지향적 학습, 사회경제적 변동과 정치체제구조의 변화로 정책변동이 일어난다. 이 중에서 정책변동의 중요한 요소는 정책지향적 학습(policy oriented learning)이다. 한편 이러한 정책학습에 따른 정책핵심 요소의 변동은 대부분 커다란 사회경제적 환경변화나 정권변동에 의한 새로운 통치연합의 출현과 같은 정책하위체제 외부에서 비롯된다(이시원, 2002).

6) 정책지지연합모형은 많은 실증적 연구결과에 의해서도 그 유용성이 입증되었는데, 몇 가지만 예를 들면 다음과 같다. Mawhinney(1993)는 캐나다 온타리오 주에서의 소수민족 교육을 위한 교육정책 변화를 분석하였으며, Brown(브라운)과 Stewart(스튜어트)는 미국의 항공산업규제정책의 변화를 분석하였다(Brown and Stewart, Jr., 1993). 또 Munro(먼로)는 캘리포니아주의 수자원 정책의 변화를(Munro, 1993), Sato(사토)는 일본의 흡연규제정책을 정책지지연합모형으로 설명하였다(Sato, 1999). 우리나라에서도 의약분업정책(전진석, 2003), 그린벨트 정책(강은숙, 2001) 등을 분석한 연구가 있다.

3 정책패러다임과 정책변동

정책지지 연합모형 등과 같은 이론에서 말하는 통치이념, 정책신념 등을 정책 패러다임이라는 관점에서 이해하고 정책변동을 설명할 수 있다. Hall이 제시한 정책패러다임은 정책결정자들이 정책문제의 본질을 파악하고 정책목표와 이를 달성하기 위한 정책수단을 구체화하는데 있어서 일정한 사고와 기준의 틀을 말한다. 위에서 본 정책신념과 이를 근거로 한 정책의 기본내용 묶음과 아주 유사한 개념이다. 이러한 틀은 사람들에게 너무도 당연하여 의심할 여지가 없는 것으로 받아들여 상당한 영향력을 발휘한다.

정책패러다임은 '정책목표'와 '정책수단' 또는 '기술', 그리고 '정책환경' 세 가지 내용을 포함하는 것인데, Hall은 매년 정부예산을 조정하는 것처럼 정책목표나 수단의 근본적인 변화 없이 정책수단 수준만이 변동되는 1차적 변동, 정책의 목표에는 변화가 없으나 정책수단을 변경하는 2차적 변동, 경제정책이 케인즈주의에서 통화주의로 전환되는 것과 같이 정책의 기본방향이 바뀌어 정책목표 및 정책수단이 급격히 변동하는 3차적 변동 등으로 구분하였다. 3차적 변동에는 이를 촉발한 중요한 환경변화가 포함되는데, 이 변동이 가장 중요한 정책변동으로서 바로 정책패러다임의 변화(paradigm shift)에서 초래된다는 것이다(Hall, 1993).

여기서 유의할 점은 정책패러다임의 변동은 한꺼번에 일어나는 것이 아니라 일정한 단계를 거친다는 점이다. 우선 하나의 패러다임이 형성되면 일정기간의 안정기를 누리게 된다. 그러다가 기존의 패러다임으로 충분히 설명될 수 없는 혼란스러운 요소들이 등장하게 되면서 변이요소들의 축적(accumulation of anomalies)이 이뤄지게 되고, 이들은 당초의 패러다임의 정확성이나 지적인 능력에 손상을 가져온다. 그 후 이러한 변이들을 다루기 위한 노력으로서 새로운 정책대안을 탐색하는 등 기존의 정책을 조정하는 실험기(experimentation)를 거치게 된다(1 · 2차적 변동). 만약 이러한 실험이 실패로 나타난다면 기존 패러다임의 권위는 더욱 크게 손상되며, 당초의 패러다임을 대체할 복수의 새로운 패러다임이 출현하게 되고 이들 간에 경쟁(contest between competing paradigms)이 전개된다. 여기에는 정치가는 물론이고 정책공동체도 가담한다. 경쟁하는 패러다임 중 권위를 얻게 되는 패러다임이 등장하게 되면, 새로운 패러다임의 지지자들이 이를 제도화하기 위해 정책형성에 대한 권위를 안정적으로 구축하고 조직과 정책과정의 SOP를 재정비함으로써 새로운 패러다임이 정착된다(3차적 변동). 요컨대 Hall의 패러다임변동모형에서 설명하고 있는 정책변동은, ① 패러다임의 안정기, ② 변이의 축적기, ③ 실험기, ④ 기존 패러다임의 권위 손상기, ⑤ 새로운 패러다임 경쟁기, ⑥ 새로운 패러다임의 정착 및 안정기 등의 과정을 거쳐 진행되는 것으로 요약할 수 있다.7)

Behind Story 9-1 영국 경제정책의 변동

Hall은 1970년부터 1980년대에 걸쳐 영국에서 일어난 경제정책의 변동이 다음과 같이 다섯 가지 단계를 거쳐 진행된 것으로 설명하고 있다.(Hall, 1993; 유훈, 2006)

영국의 경제정책은 1970년대 초 노동당 집권기에는 케인즈주의가 지배적이었다. 경제정책의 제1목표는 실업률 감소에 있었으며, 통화정책보다는 재정정책을 주요 수단으로 사용하였다. 기존 패러다임의 정착기라고 볼 수 있다. 변이의 축적은 1970년대 초부터 시작되었다. 물가가 급등하고 동시에 성장률의 저하, 실업률의 상승이 나타났다.

물가와 실업률이 동시에 상승하는 현상을 케인즈주의에 의해서는 설명이 불가하였으며, 케인지안 재정정책으로는 이 두 가지를 동시에 해결할 방안이 존재하지 않았다. 그래서 물가와 실업률이 동시에 상승하는 스태그플레이션을 잡기 위해 여러 가지 실험적인 대책들이 수립되었다.

우선 물가 폭등을 막기 위해 디플레이션 정책을 시행하였는데, 실업률이 대폭 상승하는 결과만 초래되었다. 노조의 불만을 달래기 위해 임금을 5% 인상하는 소득정책을 시행하였으나 오히려 대규모 파업이 발생하였다. 이 과정에서 노조와 협상을 하면서 정부의 권위가 크게 손상되었으며, 정부의 노조 설득은 완전히 실패하였다. 결국 노동당 정부의 권위 손상은 선거패배로 나타났다.

케인즈주의에 의거한 노동당 정부의 경제정책이 실패를 거듭하자 케인지안 패러다임에 대한 대안이 모색되었으며, 통화주의가 가장 유력하게 떠올랐다. 1979년 총선에서 승리한 보수당 정부는 통화주의적 경제정책의 도입에 적극적

---

7) Howlett(하울렛)은 Hall의 정책패러다임 변동모형을 가지고 캐나다의 원주민 정책의 변동을 분석하고 있다(Howlett, 1994).

으로 나섰다. 통화주의자들을 내각의 주요 보직에 임용하였으며, 새로운 예산안은 직접세보다는 간접세에 역점을 두었으며, 실업률보다는 인플레 억제에 중점을 두었다. 금리 인상으로 환율이 올랐으며 수출경쟁력을 떨어지고 실업률은 상승했다. 그럼에도 불구하고 보수당은 신축적인 통화주의의 토대 위에 긴축재정 정책을 채택했다. 이에 대해 노조와 경제학자들은 항의를 제기하였다. 경제정책을 둘러싸고 분쟁이 발생한 것이다.

1985년까지 지속된 보수당 정부는 2기에 들어서 통화주의의 원칙은 지키되 보다 신축성을 지니게 되었다. 공식적인 통화량 목표는 점차 중요성을 상실해 갔으며, 환율과 성장률에 역점을 두게 되었다. 엄격한 통화주의를 추구하지는 않았으나 그렇다고 해서 케인지안으로 되돌아 간 것은 아니었다. 말하자면 재량적 통화주의라고 할 수 있었다. 정책이 여전히 자산 가치, 환율, 금리와 같은 통화적 지표에 의해 좌우되었기 때문이다. 말하자면 통화주의가 이제 새로운 패러다임으로 자리를 잡은 것이다.

4 정책주도집단과 정책변동

정치체제의 전환과정이 변화하여 정책변동을 일으키는 세 번째 요인은 정책결정에 참여하는 사람이다. 특히 그 중에서 정책주도집단의 변화가 중요하다. 정책주도집단은 자신들이 선호하는 정책과 정책패러다임을 지지하는 집단들과 동맹을 결성하여 정책결정에 영향을 미치는 선도자들의 집합체라고 할 수 있다. Sabatier의 정책지지연합이 대표적인 보기이다. 이러한 정책주도집단의 변동은 새로운 집권세력의 등장, 집권세력 내부 구성원의 변동, 정책주도집단이 지닌 능력과 활동의 변화와 같은 방식으로 표출된다.

첫째, 새로운 패러다임을 지지하는 집권세력이 정권을 장악하는 경우 변화가 발생하게 된다. 이 경우에도 통치이념이 다른 정권이 등장하면 변동의 폭은 더욱 커지게 된다.

둘째, 대통령, 장관, 여당 지도자 등과 같은 집권세력 내부 구성원의 변화도 정책변동을 야기한다. 이 경우 통치이념이 같은 정권 사이의 내부 구성원 변화는 정책패러다임의 변경을 초래하는 것은 아니어서 정책목표가 변화하는 경우는 적고, 정책수단을 변경시키는 경우가 많이 발생한다.

셋째, 정책주도 집단의 능력과 활동은 정책결정권자의 지지확보, 자원(경제력 규모, 응집성, 명망 등)의 확보, 여론의 지지 획득 등을 통하여 정책결정에 영향을 미칠 수 있다. 왜냐하면 능력과 활동이 뛰어난 집단일수록 반대집단과의 경쟁 에서 우위에 설 수 있기 때문이다.

정책주도 집단이 정책변동에 미치는 영향을 앞에서 살펴본 정책신념, 정책패러다임과의 관계에서 종합하면 다음과 같다. 먼저 정책변동을 초래하는 데 있어서 공식적인 정책결정 권한을 갖은 집단의 태도가 결정적이라고 할 수 있으며, 정책주도집단과 반대집단은 공식적 정책결정권자들의 지지를 얻기 위해 보유한 자원을 동원하여 서로 경쟁한다. 특히, 정책신념, 정책패러다임, 통치이념이 동시에 변화하면 급격한 정책변동이 발생하면서 정책목표와 수단 모두가 변화하게 된다. 그리고 정책패러다임의 변화는 학습에 의하여 이루어지기 때문에 시간이 소요되면서 서서히 발생하는 경우가 일반적이다.

5 정책흐름과 정책변동

Kingdon(킹던)이 제시한 정책흐름 모형(policy stream model)은 원래 정책의제설정 과정을 설명하기 위한 모형이었으나, 정책변동의 설명에도 적용되고 있다. Kingdon의 정책흐름 모형의 핵심은, 서로 무관하게 자신의 규칙에 따라 흘러 다니는 정책문제의 흐름, 정치의 흐름, 정책대안의 흐름 등 세 가지의 흐름이 결합하여 정책의제 설정이 이루어진다는 것이다. 이와 같이 정책변동에서도 우연적 요소가 중요하게 작용함을 강조한다. 의도적-합리적 정책관리를 통한 정책변동이 아니라, 우연한 사건 등이 변동을 촉발시킨다는 지적이다. 하지만 정책변동의 필요성을 인지하고 지속적으로 이를 주장하면서 우연적으로 대두된 기회의 창을 활용하여 정책변동을 추진하는 정책선도자의 역할 또한 매우 중요함을 이 모형을 통해서 알 수 있다.

사회에는 해결되지 않고 강물과 같이 흘러 다니는 정책문제의 흐름(problem stream)이 존재하는데, 어떤 문제가 정부의 관심 대상이 되느냐의 여부는 정책결정자의 인지수단과 문제정의 방법에 달려 있으며, 구체적으로 지표(indicator), 사건이나 위기, 환류 등에 크게 영향을 받는다. 이와 같은 문제에 대한 해결책으로 정책대안의 흐름(policy stream)이 제시되는데, 정책에 전문성을 가진 정책공동체 내에서 이러한 정책대안이 논의된다. 이와는 별개로 정치의 흐름(political stream)은 여론의 변화, 정권의 교체, 국회 의석수의 변화, 이익집단의 압력 등에 영향을 받으면서 변화하는 데 정권의 교체와 의석수의 변화는 정책의제의 우선순위를 변경시킬 뿐만 아니라 새로운 의제를 등장시킨다.

Kingdon에 의하면 정책문제, 정책대안, 정치 등은 서로 아무런 관련이 없이 자신의 고유한 규칙에 따라 흘러 다닌다. 그럼에도 불구하고 세 개의 흐름이 만나는 경우가 있다.[8] 대표적인 것이 사회적 사건과 정치적 사건이 발생하는 경우이다. 예를 들면, 대형 화재사고나 안전사고와 같은 사건의 발생은 많은 사람들의 관심을 불러일으키고 정책공동체에서 논의되던 정책대안이 해결책으로서 정책문제와 결합하게 된다. 정권의 교체와 같은 정치적 사건도 새로운 정권의 철학과 이념에 맞는 정책대안을 찾게 되고, 그 대안으로 해결할 수 있는 문제가 전면에 등장하게 된다.

이와 같이 사건의 발생이 점화장치가 되어 세 개의 흐름의 결합하는 현상을 Kingdon은 정책의 창(policy window)이 열린 것으로 표현하였다. 즉, 정책의 창은 정책참여자들이 자신들의 이해관계가 걸린 문제에 정부의 관심을 집중시키도록 하거나 그들이 옹호하는 정책대안을 관철시킬 수 있는 기회를 의미한다. 따라서 정책참여자들은 정책의 창이 열리기를 기다리는데, 선호하는 대안을 갖고 이를 사용할 수 있는 문제가 흘러오기를 기다리거나, 특정 문제에 관심을 기울여줄 정권의 출현을 기다리기도 한다. 그러나 정책선도자는 정책의 창이 열리기를 그저 기다리는 수동적인 존재가 아니라, 각 흐름을 결합시켜 정책의 창을 열어서 정책의제설정이나 정책변동을 유도하려는 적극적인 역할을 수행하는 존재이다.

---

8) Kingdon은 흐름의 결합을 세 개의 흐름이 모두 결합되는 완전결합과 세 개 중 두 개의 흐름이 결합되는 부분결합으로 구분하고, 결정의제가 되기 위해서는 완전결합이 이뤄져야 한다고 보고 있다.

제4절 정책혁신과 저항

1 정책변동의 합리적 관리의 필요성

1) 합리적 정책변동의 필요성

정책변동을 합리적으로 추진해야 할 필요성은 다음과 같이 정리할 수 있다. 첫째, 현재 추진하고 있는 정책들은 거의 과거에 결정된 것으로 정책결정 활동은 기존의 정책을 수정·보완·대체하는 수준이다. 즉, 새로이 정책을 결정하는 정책혁신(innovation)은 매우 드물고 과거에 결정된 정책을 변경시키는 결정, 즉 정책변동(policy change)이 거의 대부분이다(Hogwood and Peters, 1983). 둘째, 환경의 변화가 급격하고 다양해졌을 뿐만 아니라 정부의 민간에 대한 개입이 확대되고 복잡해지기 때문에 정책내용 또한 환경변화에 따라 끊임없이 변해야 한다(허범, 1981). 셋째, 이러한 필요성 때문에 정책변동이 끊임없이 일어나야 함에도 불구하고 현실적으로 여러 가지 원인에 의해 정책변동은 그 폭과 방향이 불완전한 경우가 대부분이다.[9] 그러므로 합리적 판단에 의한 정책변동의 추진이 필요하다.

2) 정책변동의 합리적 결정

정책변동의 내용을 어떻게 합리적으로 결정할 수 있는가? 그 결정논리는 합리적·분석적 정책결정과 동일하다. 즉, 정책의 내용 중에서 어느 부문을 수정·대체·종결(삭제)할 것인지 또한 무엇을 추가할 것인지에 대하여 여러 가지

9) 이와 관련하여 과거에 실시되었던 정책과 국가 운영형태가 정책변동의 범위를 결정한다는 연구가 있다. 즉, Montpetit(몽프티)는 농업부문에 대한 환경규제 강화 정책이 캐나다보다 미국에서 성공한 이유에 대한 분석에서 미국의 경우 뉴딜시대에 행해진 중앙집권화 된 농업정책이 정부에 우호적인 정책네트워크를 선점하게 함으로써 정부가 강력한 환경규제 정책을 추진하는데 유리하게 작용하였다고 한다(Montpetit, 2000).

대안을 탐색하고, 그 결과를 예측해서 비교·평가한 후 최선의 대안을 선택하는 것이다. 그러나 새로운 정책의 결정과 기존 정책의 변동은 커다란 차이가 있다. 첫 단계에서 문제를 파악하는(그리고 목표결정을 하는) 작업을 할 때 새로 정책을 결정하는 경우는 문제의 파악을 하는 것으로 끝나지만, 정책변동의 경우에는 문제의 파악은 물론 기존 정책이 문제에 미치는 영향과 정책의 내용 중에서 어느 것이 변경의 대상이 될 것인가를 파악하기 위해서 정책내용에 대한 분석도 해야 한다. 즉, 합리적인 정책변동을 위해서는 정책평가 작업이 선행되어야 한다(Hogwood and Peters, 1983). 이와 같이 분석적 차원에서 정책의 혁신(새로운 정책의 결정)과 정책의 변동은 공통점과 차이점이 있다.

2 정책혁신에 대한 저항: 정책종결의 경우를 중심으로

정책변동이 발생하는 경우 기존 정책으로부터 혜택을 보는 집단이 정책변동에 강력하게 저항하는 경우가 많다. 정책변동이 합리적으로 추진되지 못하는 이유는 분석적 결정이 어려운 데에도 있지만, 무엇보다도 변동에 대한 저항집단의 반대가 가장 큰 이유이다.

정책변동에 대한 저항은 그 유형(정책유지, 정책승계, 정책종결)에 따라서 다르게 나타난다. 이 중에서 정책종결에 대한 저항이 가장 강력하다. 왜냐하면 정책과 사업, 예산 그리고 이를 담당하는 조직(조직이 다른 여러 가지 정책을 담당하는 경우는 조직의 일부)을 모두 없애는 경우가 정책종결이기 때문이다. 정책종결이나 조직의 감축에 대한 저항은 크게 두 가지 집단에서 나오게 되는데, 바로 정책담당 조직과 정책수혜 집단(beneficiary group)이다. 그래서 정책종결에 대한 저항은 다음과 같이 구분할 수 있다(deLeon, 1978).

1) 담당조직의 저항

어느 조직이 하나의 정책을 담당하고 있는 경우에는 그 정책의 종결은 바로 조직의 소멸을 의미한다. 다른 정책도 같이 담당하고 있다면 종결되는 정책을 담당하는 하위조직과 그 예산, 사업이 모두 삭감된다. 그러므로 조직은 정책종결에 강력하게 저항하게 된다.

조직의 저항에 대해서는 두 가지 측면을 주의해야 한다. 첫째, 조직의 저항은 원래 유기체가 생명유지를 위해서 투쟁을 하는 것과 비슷하다는 점이다. 흔히 말하는 행정조직의 영속성(institutional permanence)은 이 때문에 나오는 것이다. 둘째, 그렇기 때문에 행정조직은 정책의 종결을 피하기 위해서 목표가 달성된 후에도 비슷한 목표를 지닌 정책을 개발하거나(월드컵이 끝난 후에 문화관광부가 스포츠 시민축제를 위한 정책을 개발하듯이), 이것이 어려우면 다른 목표를 지닌 정책을 개발하거나 종결되어야 할 사업을 다른 것으로 대체하려고 노력한다. 이것을 동태적 보수주의(dynamic conservatism)라고 부른다.

조직의 저항에서 주의해야 할 점이 있다. 조직원 중에서 저항이 이기적인 행동이라고 생각하지 않는 사람들이 많다는 점이다. 즉 업무에 몰입하여 상당한 기간이 흐르면, 그 업무의 국가-사회적 중요성에 대한 소명의식이 강해지고, 업무와 관련되거나 유사한 업무에 대해서도 비슷한 생각을 하기가 쉽다. 그래서 자신들의 저항은 국가-사회를 위해서 필요하다고 생각하는 경향이 강한 것이다.

2) 정책수혜집단의 저항과 정치적 연합

정책수혜집단은 정책의 종결로 인해 혜택이 박탈되지 않도록 노력한다. 담당조직이 중심이 되고 정책수혜집단과 원래 정책을 지지한 정치인들이 정치적 연합을 형성해서 강력하게 투쟁한다. 산업단지를 폐쇄하려고 할 때 담당 조직이 그 지역의 관련기업, 노동조합, 국회의원 등을 모두 동원하여 단지폐쇄 반대운동을 하는 것과 같다.

3) 정치적 부담

정치적 측면에서 보면 정책종결에 따른 정치적 부담이 흔히 문제가 된다(Bardach, 1976). 정치인들이나 정책입안자, 그리고 집행책임자 등의 정부지도자들은 정책의 종결이 마치 자신의 잘못 때문인 것으로 비추어질 가능성이 크기 때문에 정책종결에 소극적이다. 정책의 종결은 현재 수혜자들에게 제공되는 혜택을 박탈하는 것이기 때문에 이들의 정치적 저항이 정치적으로 큰 부담이 된다. 정책대체의 경우에도 새로운 정책이 얼마나 큰 혜택을 누구에게 줄 것인지 확실하지 않기 때문에 정치적 손실은 크면서 정치적 지지의 확보는 극히 불확실하다. 그래서 정치지도자들도 정책의 변동, 특히 정책종결에 협조하지 않는다.

4) 정책종결이나 정책변동의 불합리성

정책변동 자체가 지니고 있는 약점 때문에 정책변동의 추진이 어려워지는 경우가 많다. 이것은 정책변동의 필요성(또는 효과)과 서로 대립되는 측면으로 정책변동의 약점에 해당한다. 그래서 정책종결의 추진자에게는 커다란 장애가 되는 반면 반대자에게는 커다란 무기가 된다. 첫째, 정책종결은 수혜자에게 부여되던 혜택을 빼앗는데 혜택이 처음부터 전혀 없었던 것보다 오히려 더 큰 피해를 줄 수가 있다. 혜택 받는 것을 전제로 하여 생활이 계속되어 왔기 때문이다. 그래서 정책종결은 도덕적·윤리적으로 보아 정당성이 인정되지 못하는 경우가 있다. 둘째, 정책의 종결을 통해서 문제가 개선될지 불확실하면서 이미 막대하게 투입된 사회적 비용을 그대로 버리는 것은 사회적 손실이 될 가능성이 크다. 셋째, 무엇보다도 정책변동, 특히 정책종결은 정책의 일관성을 깨뜨린다.

3 정책변동의 추진전략: 효과적인 정책종결과 감축 전략

1) 동태적 전략

정책변동으로 인해 혜택이 박탈되는 기존의 정책수혜집단의 불만을 무마하기 위해서 대가를 제공해야 한다. 또한 정책담당 조직을 삭감·축소하는 경우에는 해고되는 직원들에게 다른 직장을 알선하는 등의 방법이 필요하다. 그리고 정책변동의 필요성을 홍보하여 일반국민의 지지를 얻어 정치적 지지세력을 확대하고, 반대세력을 줄이기 위해 정책변동을 최소한으로 제한해야 한다(Hogwood and Peters, 1983).

2) 제도적 전략

무엇보다도 중요한 것이 정책변동이 필요할 때 정책변동을 할 수 있는 제도적 장치를 마련하는 것이다. 대표적으로 영기준예산(ZBB: zero base budgeting)과 일몰법(sun-set law)이 있다. 첫째, 영기준예산은 기존의 예산과는 달리 어떠한 사업이든지 그 예산의 추진 타당성을 먼저 검토한 후에 예산을 지원하는 제도이다. 기존의 예산제도에서는 한 번 지원이 시작된 사업은 계속적으로 지원을 받아 오는 것이 관례인데, 영기준예산은 사업의 타당성을 예산심사 때마다 다시 검토하여 타당성이 인정되지 못한 사업은 종결시키는 제도이다. 하지만 이 제도는 실제로 채택하기가 어려운데, 사업의 타당성 검토가 어려울 뿐만 아니라 너무나 많은 사업을 하나하나 정밀분석·평가하는 것이 어렵기 때문이다.

둘째, 일몰법은 일정한 정책(사업이나 법률)을 결정할 때 미리 그 정책을 일정한 기간이 지난 후에 평가하여 타당성이 인정되면 계속하되, 그렇지 않으면 종결시키거나 감축시키는 제도이다. 정책관련 집단에게 정책에 대한 예측가능성을 높여주는 장점이 있으나 정책이나 사업의 타당성 평가가 어렵다는 단점은 위의 영기준예산과 같다.

제5절 불합리한 정책변경과 대책

1 불합리한 정책변경의 폐해

앞에서는 한번 결정된 정책이 환경변화 등으로 수정이 불가피한데도 불구하고 변경에 대한 반대가 강하여 수정을 하지 못하는 경우에 이를 극복할 방법을 검토하였다. 이러한 경우는 오랫동안 다원론적 국정운영을 해 온 나라, 특히 미국에서 심각한 문제가 되는 사례가 많다. 그러나 민주정치의 역사가 짧아서 다원론적 정책결정 보다는 정부가 주도하여 결정을 하고, 이익집단이나 관련 단체들의 영향력이 상대적으로 약한 경우에는 정반대의 상황이 벌어지기 쉽다. 정권이 바뀌면 너무 쉽게 정책이 변경되는 것이다. 합리적으로 결정된 정책도 쉽게 변경되기도 한다. 이로 인해 문제가 해결되지 않는 것은 물론이고, 오히려 문제를 더욱 악화시킬 수가 있다.

또한 기존의 정책을 폐기하거나 대폭 수정하면, 기존의 정책을 집행하는 것을 전제로 새로이 형성되는 사회·경제적 상태를 파괴하여 심각한 피해를 발생시키는 경우가 발생할 수 있다. 주택가격의 안정을 위한 대책을 보기로 하자. 주택가격을 안정시키려면 가격통제와 수요억제를 하는 직접적 방법과 주택공급을 확대하여 장기적으로 주택가격안정을 달성하는 간접적 방법이 있다. 주택공급량이 절대적으로 부족하면 후자의 방법을 사용하는 것이 합리적인데, 주택공급량을 대폭 늘리려면 시간이 상당히 필요하다. 지나치게 일률적으로 통제하던 아파트 분양가격을 융통성 있게 풀어주고, 그린벨트를 해제하여 택지를 저렴하게 공급하는 등의 방법을 사용하면, 주택건설 업체들이 주택건설을 활발하게 하게 되는데, 실제로 아파트가 완성되려면 상당한 시간이 소요된다. 이 숙성기간에 정책을 근본적으로 바꾸어 분양가 통제와 택지공급을 축소하게 되면, 커다란 혼란이 발생한다. 은행의 대출을 받고 민간부문에서 자금을 마련하여 건설을 시작한 주택건설업체들은 거의 대부분 도산하게 된다. 뿐만 아니라 아파트가 건설되기로 예정된 지역에서 수익성이 있을 만한 사업들을 계획하고 주변 토지를 매입한 사람들도 커다란 피해를 보게 된다. 이와 같이 일단 결정되어 추진되는 정책을 폐기하거나 변경하면 큰 피해(부작용)가 발생할 수 있다.

Behind Story 9-2 지나친 정책변경의 위험

사과나무는 심은 지 6~7년이 지나야 맛있는 사과가 열린다고 한다. 그런데 성미 급한 과수원 주인이 참지 못하고 3~4년 후에 뽑아내고 대추나무를 심는다. 그런데 대추가 풍년이 되어 대추 값이 떨어져서 대추나무를 뽑아내고 포도를 심는다. 불행하게도 포도가 익을 때쯤에 비가 많이 와서 손해를 많이 보았다. 블루베리가 수익이 좋다는 소문이 있어서 포도를 뽑고 블루베리를 심을 계획을 세운다. 이런 일들을 되풀이하면 과수원은 망해버린다.

옆집 논의 벼는 무성하고 키도 큰데, 자기 벼는 연약하고 키도 작아서 속이 상한 농부가 있었다. 참지 못한 농부가 자기 논의 벼를 뽑아 올려 키를 키웠다. 당연히 대부분이 말라 죽고, 비교적 뿌리가 크고 깊이 박혀서 원래부터 튼튼하던 벼만 조금 살아남았다. 약한 벼들을 빨리 자라게 하려는 농부의 의도와는 정반대의 상황이 벌어졌다. 〈장자〉에 나오는 이야기다.

이렇게 어리석은 과수원 주인은 아무 곳에도 없다. 물론 어리석은 농부의 경우도 마찬가지다. 그러나 정부에서는 이런 일들이 흔히 벌어진다. 해결해야 할 문제들이 서로 얽히고설키어 해결이 너무나 어렵기 때문이다. 이렇게 해도 해결이 안 되고, 저렇게 하면 다른 곳의 피해가 너무 커서 중단할 수밖에 없다.

> 그래서 새로운 방법을 쓰면 되겠지 라는 막연한 기대로 정책이나 사업을 변경한다. 그리고 또 실패한다. 과수원 주인의 행태이다. 바람직한 상태를 빨리 만들기 위해서 집권 초에는 대체로 정책을 무리하게 추진하는 경향이 있다. 농부의 벼 뿌리 뽑아 올리기 작전이다. 당연히 엄청난 피해를 유발한다. 정권이 바뀌면 새로운 일들이 악순환을 되풀이한다.
>
> 물론 모든 정책이나 사업이 이런 것은 절대 아니다. 그랬다가는 벌써 나라가 망했을 것이다. 그러나 중요한 몇 가지 부분에서만 이런 일들이 발생해도, 다른 분야의 많은 성공 노력을 망가뜨리는 엄청난 피해를 준다. 나라 전체가 퇴락의 길로 접어들 수가 있다.

2 불합리한 정책변경의 원인

1) 극단적인(교조주의적) 통치이념과 정치양극화

통치이념이 다른 정권변동이 계속되면 극단적인 정책변경이 발생하기 쉽다. 극단적이고 교조주의적(원칙을 극단적으로 적용하려는) 통치이념을 지닌 좌파와 우파가 짧은 기간에 번갈아가면서 정권을 장악하는 경우이다. 남미의 아르헨티나가 대표적이다. 아르헨티나는 1930년대에 세계 선진국의 문턱까지 갔던 신흥발전국이었는데, 그 후 몰락하여 2020년 현재로는 중진국의 수준에 머물러 있다. 이 실패의 원인은 많은 학자들의 분석과 논쟁의 대상이 되었다.[10] 남미경제를 오래 동안 관찰하고 분석한 Hirschman(허쉬만) 교수는 통치이념을 극단적으로 적용하려는 교조주의적 정책변경 때문이라고 결론을 내렸다(Hirschman, 1975). 즉 통치이념이 다른 정권이 정권을 잡으면 기존 정책을 뿌리 채 뽑고 정반대의 정책을 추진하는 것을 되풀이 하다가 어느 정책도 뿌리를 내리지 못하고 실패했다는 것이다. 예를 들면, 좌파 정부가 농지의 국유화, 보호무역과 외국자본의 몰수 등의 정책을 추진하고, 다시 등장한 우파 정부가 이를 완전히 백지화하고 자유무역, 외국자본유치 등을 추진하고, 다시 좌파정부가 등장하면 정반대의 정책으로 회귀하는 식이었다. 그래서 어떤 정책도 뿌리를 내리지 못하고 정

10) 좌파들은 미국의 자본주의가 남미경제를 종속시켜 착취하였기 때문이라고 결론(종속이론-dependency theory)을 내리고, 우파들은 대규모 노동조합들이 분별없이 파업과 임금 상승을 계속하여 천정부지의 인플레가 경제를 파멸시켰다고 주장했다.

부의 중요한 정책은 모두 실패하는 운명에 빠졌다는 것이다.

민주정치를 오래 동안 유지해온 국가에서는 통치이념이 다른 정권이 등장해도 극단적인 정책변경이 아니라 합리적이고 실용적인 변경이 일어난다. 예를 들면, 우파정권이 등장하면 시장경제체제에서 자유주의적 기업 활동과 성장을 추구하지만, 좌파가 결정하여 추진하던 복지정책의 근간은 해치지 않고 복지나 노동정책 중 지나치게 기업활동과 성장을 저해하는 부분만 수정한다. 좌파가 정권을 장악하는 경우에도 위축된 복지나 노동부분을 회복시키지만 기업활동과 성장에 지나친 악영향을 미치는 정책은 추진하지 않는다. 흔히 이를 좌우파의 대립을 지양하는 '제3의 길', 중도실용주의라고 부르면서 합리성의 범위 내에서 정책을 변경하는 것이다.

통치이념이 극단적으로 대립하는 상황은 최근에는 잘 나타나지 않는다. 그러나 정치양극화로 인한 급격한 정책변동은 21세기가 들어서서도 흔히 나타난다. 미국의 트럼프 정부가 맥시코 국경을 폐쇄하는 등 이민을 억제하는 조치들이 대표적이다. 최근에 우리의 경우에 나타난 급격한 변동도 독자들이 쉽게 지적할 수 있을 것이다. 통치이념이 교조주의적으로 극단적인 경우가 아닌데도, 그리고 많은 경우 통치이념과 관계없는 분야에서 이러한 급격한 정책변동이 일어나는 가장 큰 이유는 정치적 양극화이다.

컴퓨터와 로봇이 급속도로 일자리를 차지하고, 대체할 수 있는 양질의 일자리가 충분히 증가하지 못하여 대졸생의 미취업, 중장년의 조기 퇴직 등으로 파생되고 악화된 문제들, 특히 생계문제로 고통받는 국민들이 많아지는 현상이 21세기에 들면서 더욱 심각해 지고 있다. 자신의 고통을 감소시키기 위한 정책이 상대편이나 공동체에 미치는 부작용이나 피해를 고려할 여유가 없어진 국민들이 많아진다. 자연이 문제해결을 강력하게 요구하고 이 때문에 피해를 볼 수 있는 반대편의 적대감을 유발한다. 이러한 상태가 계속되면 이해가 대립되는 사람들간에 생성되는 적대적 관계가 악화되어 이해관계 양극화 현상이 나타난다. 국민들의 지지를 얻어야 하는 정치인들은 어느 한쪽에 설 수밖에 없다. 결과적으로 정치양극화가 심화되고 극단적인 정책대립이 발생한다.

이해관계의 양극화는 정책신념의 양극화로 이어지기 쉽다. 여기서 말하는 정책신념의 양극화는 개별적 정책에서의 대립이 상호 양보로 타협할 수 있는 여지를 없애고 극단적인 흑백논리로 변화하는 현상을 말한다. 다양한 정책분야에 광범위하게 적용되는 통치이념보다는 수준이 낮고 개별적인 경우이지만, 심각한 적대적 관계를 형성하는 것은 마찬가지이다. 그리고 이러한 양극화에서는 스스로 고통이나 피해가 커서 참을 수 없다고 느끼는 사람들이 과격파가 되어 한쪽 끝으로 정책을 끌고 가려고 한다. 이들 과격파들은 반대편 과격파에게 적대감을 느낄 뿐만 아니라 심지어는 증오심까지 지니게 된다. 이들 목소리가 큰 과격파들이 대립과 논쟁을 주도하여 상대를 배려하고 공익을 고려하는 합리적 주장을 압도한다. 결과적으로 합리적 정책변경은 어려워지고, 선거에서 승리한 쪽의 과격한 주장이 새로운 정책으로 추진될 가능성이 커진다. 패배한 쪽의 고통과 상실감은 더욱 악화되어 증오의 정치가 점차 확산된다. 이런 현상은 정책을 주도하는 집정부가 합리적 정책결정에 필요한 전문지식이 부족한 경우에 더욱 심각해지는데, 이 부분은 아래에서 자세히 검토한다.

2) 정책주도자의 변화 - 외부인 주도정치의 등장 -

정치체제의 여러 가지 속성 중에서 정책결정을 좌우하거나 정책변경을 좌우하는 요인으로서 구조, 사람, 분위기(통치이념 등)를 꼽는다. 21세기에 접어들면서 한국의 상황에서 통치이념의 갈등에 못지않게 심각하게 등장한 요인이 사람이다. 대통령과 국회의원 등 정치인들이 과거와 달리 아마추어로 변화되기 시작한 것이다. 정치체제 내에서 오래 동안 여러 가지 정책결정에 참여하여 온 사람들을 정치체제의 내부인(insider)이라고 부르고, 정치체제의 주변 또는 바깥에서 활동한 사람들을 외부인(outsider)이라고 부른다. 전자는 고위관료와 공직자, 다선 국회의원 등이고, 후자는 정부활동에 새로이 참여한 지식인이나 정치인 또는 사회운동가들이다. 그리고 이들 외부인들이 정권의 핵심이 되어 정책을 추진하는 것을 외부인 주도정치(outsider politics)라고 부른다.[11)]

이러한 외부인 주도정치가 등장한 가장 큰 이유는 기존 관료나 정치인들에 대한 불신이 높아졌기 때문이다. 21세기 들어 한국이 부딪친 정책문제는 복잡하게 서로 얽히어 그 해결이 너무나 어려운 것들이 대부분이다. 예를 들면, 급속

11) 1976년도에 등장한 미국의 카터 대통령, 1980년의 레이건 대통령, 그리고, 일본의 호소카와 수상, 오스트레일리아의 멀로니 수상, 캐나다의 트뤼도 수상 등이 비슷한 시기에 등장하여 외부인 주도정치가 여러 나라에서 보편화되었는데, 그 후 미국은 아버지 부시 대통령을 제외한 나머지가 모두 외부인이고, 트럼프 같은 극단적인 외부인도 등장하였다. 한국도 노무현 대통령 시절부터 비슷한 상황이 계속되고 있다.

히 사라져 가는 양질의 일자리, 과도한 사교육비, 저출산, 심화되는 고령화와 노인복지문제 등이다. 정권마다 여러 가지 정책을 추진하지만 성과를 거두지 못하고 문제를 악화시키는 경우가 많았다. 이로 인해 장밋빛 공약을 내걸고 등장한 정권, 평생을 공직에 매달린 관료들 모두가 무능하거나 해결의욕이 없는 무책임한 사람들로 보인다. 정부에 대한 신뢰는 극도로 추락하고, 내부인에 대한 불신이 커진다. 국민들이 외부인주도정치를 허용하는 근본 이유이다. 새로운 사람에게 기대를 해 보는 것이다.12)

외부인 주도정치는 변화가 절실한 시기에는 커다란 기여를 하기도 한다. 새로운 시각에서 혁신적인 정책을 제시하고 기존의 병폐를 일소하는 효과를 거두기도 한다. 하지만 이들은 합리적인 정책추진에 필요한 전문성을 결여하고 있는 것이 큰 약점이다. 보다 정확하게 표현하면 정책문제의 복잡성과 좋은 해결책을 찾기가 쉽지 않다는 사실 자체를 잘 모른다. 이들은 내부인들이 기득권에 포획되어 문제해결을 할 수 있는 정책을 추진하지 않는다고 착각하는 경우가 너무나 많다. 그래서 실현가능성이 없거나 부작용이 훨씬 더 큰 정책을 채택하면서도, 이를 통해 문제가 해결될 것으로 착각한다. 이런 정책들을 당연히 선거 공약으로 내세운다. 그리고 선거에서 승리하면 공약이라는 이유로 제대로 된 분석과 검토도 없이 정책으로 추진한다. 결국 문제해결에 기여할 수 없는 정책들을 결정하여 불합리한 정책변경이 일반화 된다. 요컨대 전문성이 부족한 외부인들이 무리한 정책변경을 시도하는 것이다.

3) 정책효과와 비용의 숙성기간에 따른 차이

불합리한 정책변경은 정책효과와 비용의 숙성기간에 따라 많은 차이를 보인다. 정책효과와 비용의 숙성은 다음 4가지 형태가 나타난다.

a 정책효과와 비용이 정책집행 초기부터 발생하는 경우

b 정책효과는 서서히 발생하고 정책비용은 초기에 집중적으로 발생하거나 계속적으로 발생하는 경우

c 정책효과는 초기부터 발생하고 비용은 서서히 미래에 더 증가되는 경우

12) 이는 우리만의 문제가 아니다. 2000년대에 접어들어 거의 모든 나라들이 비슷한 상황에 빠져 있다. 과거 1970년대까지 정부에 대한 신뢰도가 70% 정도이던 미국이 2020년대에는 겨우 30% 정도에 불과하다. 독일을 비롯한 유럽 여러 나라들도 사정이 비슷하다. 외부인주도정치가 보편화된 것이다.

d 정책효과와 비용 모두 서서히 발생하는 경우

네 가지 중에서 b의 경우가 일단 결정되어도 정책에 대한 반대가 강력하여 쉽게 정책이 불합리하게 변경될 가능성이 크다. 당장 비용지불이나 희생이 발생하지만, 미래에 나타날 효과는 불확실하므로 당연히 반대가 클 수밖에 없다. 그런데 불행하게도 중요한 정책들은 대부분 이러한 성격의 것이다. 대졸자들의 미취업 문제를 해결하거나 중년퇴직자들에게 고용 기회를 주려면, 새로운 지식이나 기술을 습득시켜야 하는데, 이에는 많은 비용과 시간이 필요하다. 하지만 이후 이들의 고용여부는 불확실할 수밖에 없다. 고용증대 정책뿐만 아니라 저출산 고령화 대책 등 중요한 정책들은 모두 정책대상 집단의 생각, 행태, 지식 등을 변화시켜야 하는데, 이를 위해서는 다양한 정책수단들을 상당한 기간에 걸쳐 꾸준하고 일관성 있게 추진해야 한다. 그러나 그 효과는 발생 여부도 불확실하고, 발생하더라도 속도가 무척 느리다. 그래서 비용이나 희생을 감당하여야 할 정책대상 집단은 이러한 정책에 대하여 반대하거나, 처음에는 찬성하였어도 나중에 쉽게 태도를 바꾸게 된다.[13)]

뿐만 아니라 이러한 정책들은 대부분 다양한 세부정책으로 구성되어 같이 보조를 맞추어 추진되어야 하는데, 세부 정책의 일부가 제대로 추진되지 못하면 정책전체가 실패하게 된다. 반대자들은 일부의 실패를 정책 전체를 폐기하기 위한 명분으로 최대한 활용한다. 결국 인기주의에 편승하는 아웃사이더 정치인들의 좋은 공격목표가 된다. 이들은 당연히 이러한 정책을 뿌리 채 뽑고 새로운 정책으로 변경한다.

요약하면, 정치체제의 환경부분에서는 정책문제가 복잡해지고 해결이 어려워지는 변화가 일상화되고, 정치체제 내부에서는 정책에 대한 전문성의 부족으로 이를 정확하게 이해하지 못하는 외부인들이 많이 등장하여 정책결정을 주도하면서 기존의 정책 내용을 불합리한 내용으로 변경시키는 경우가 많아진 것이다.

3 대책 -전문성을 지닌 공직자와 지식인들의 노력-

정책문제가 복잡해지고 해결이 어려워지는 것은 어쩔 수 없는 시대적 흐름

13) 예외적으로 대규모 투자가 투입되는 거대 프로젝트는 일정 기간이 지나면, 투입된 매몰비용(sunk cost) 때문에 변경을 쉽게 하지 못한다.

이다. 또 외부인의 등장과 정책주도도 당분간 계속될 것으로 보인다. 그러므로 외부인들의 정략적 고려, 정책에 대한 오해나 착각을 바로잡아 불합리한 정책변경을 하지 않도록 하는 것이 해결책이 될 수밖에 없다.

정책결정 권한을 차지한 외부인에 의한 정책변경에 대하여 좀 더 구체적으로 보아야 대책이 분명해진다. 먼저 알아야 할 것이 있다. 외부인은 내부인에 비하여 정책변경에서 커다란 장점을 지닌다. 상황의 변화에 따라 새로운 시각으로 정책문제를 파악하고 정책대안을 창안할 수 있는 장점이다. 그리하여 변화가 절실한 시기에는 이들 외부인들이 정책의 기본 방향을 시대상황에 적합하게 바꾸는 획기적 변화를 선도하기도 한다. 내부인으로서 외부인들의 약점과 한계점을 보완하여야 할 담당부서의 공직자들이 언제나 고려해야 하는 점이다. 그러므로 외부인들이 새로운 정책대안을 추진하려고 할 때는 최대한 객관적 시각으로 이를 검토할 마음 자세를 지녀야 한다. 그러기 위해서는 내부의 담당 부서 공직자들이 시대적 상황변화와 이에 대응하는 세계적인 정책변화의 추이를 정확하게 이해하고 있어야 한다.

외부인들의 약점과 한계점은 앞에서 계속 언급한 바와 같이 해당분야의 전문성(정보와 이론들)이 부족하기 때문에 올바른 정책방향을 잡아도 구체적인 정책내용에 대해서 잘 알 수 없다는 점이다. 즉 구체적인 정책수단들의 효과와 실현가능성에 대해서 정확하게 알지 못한다. 특히 정책효과만이 아니라 다른 부분에 발생시킬 부작용이나 다른 정책수단과의 균형 등에 대하여 알 수가 없는 것이다. 더욱이 정략적 이유로 특정한 정책목표나 정책수단을 고집하게 되면, 부작용이 예측될지라도 이를 간단히 무시해 버린다. 심지어는 해결하고자 하는 정책문제에 대한 영향도 고려하지 않는 경우가 많다.

이런 경우에는 전문성을 지니고 있는 담당분야의 공직자들이 잘못된 정책추진을 바로 잡아야 한다. 미국의 레이건 대통령이 외부인으로서 성공한 이유가 전문 지식인들의 집합체인 정책공동체를 최대한 활용하여 외부인의 실수를 피했기 때문인 것을 교훈으로 삼아야 한다. 대통령을 중심으로 한 집정부에서 불합리한 정책을 추진하고자 할 때 이를 바로 잡아야 할 첫 번째의 사람들이 담당부서의 공직자들이다. 이들이 전문성이 부족한 정무직 상관들을 설득하여야 한다. 그러나 착각이나 오해가 아닌 정략적 이유로 불합리한 정책을 추진하려는 경우가 많고, 또 정략적 고려와 오해-착각이 뒤엉킨 경우도 많다. 이로 인해 공직자들의 합리적인 설득이 집권세력의 태도를 바꾸지 못하고, 오히려 담당 공직자가 교체되는 등 인사상의 불이익을 받는 경우가 대부분이다. 그래서 불합리한 정책임을 알면서도 공직자들이 쉽게 나서지 못한다.

Behind Story 9-3 소명의식이 투철한 관료들

옛날 너무 가난해서 먹을 것이 부족하던 60년대의 이야기다. 흉년이 2년쯤 계속되어 부족한 쌀을 도입하는데 3억 달러 가까이 지불하기도 했는데, 당시 수출총액이 2억 달러를 넘지 않는 상황이었으니 얼마나 쌀 부족이 심각한 문제였는지 짐작이 갈 것이다. 이런 상황에서 농촌진흥청이 수확량이 좋은 통일벼를 개발하여 쌀 부족 문제를 깨끗이 해결하였으니 그 기쁨은 비교할 수 없을 정도였다. 그런데 쌀이 많이 생산되자 전혀 엉뚱한 문제가 생기기 시작했다. 흉년에 대비하여 정부에서 쌀을 비축하기 시작하였는데, 이것이 몇 년이 지나자 썩기 시작한 것이다. 언제 다시 심각한 흉년이 들지 몰라서 일부가 썩어가는 걸 알고서도 문제를 덮어두고 있었는데, 점점 문제가 커지기 시작했다. 썩어가는 양이 많아진 것이다.

완전히 썩기 전에 팔아서 사료로 사용하도록 하는 것이 조금이라도 손실을 방지하는 것이므로, 하루라도 빨리 이 사실을 공표하고 처분해야만 했다. 그러나 쌀이 모자라서 쩔쩔매던 때가 엊그제 같은데, 정부에서 쌀을 너무 비축하여 썩어가도록 했다는 비난이 일 것 같아서 장관이 결단을 내리지 못하고 차일피일 미루고 있었다. 이러한 비난은 자칫하면 대통령에 대한 비난으로도 번질 수 있었기 때문에 장관이 더욱 결단을 내리지 못한 것이다. 따지고 보면 현재 장관의 잘못이 아니라 과거 장관들이 너무 비축을 많이 한 것이 화근이 된 것이지만, 문제가 공표되면 현직 장관이 죄를 덮어쓸 가능성이 컸기 때문이다.

하루하루 손실이 커져 가자 실무책임자와 사명감 있는 고위관료들의 걱정은 커져 갔다. 드디어 농수산부를 이끌어 가던 혁신적 고위관료 두 사람이 비밀리에 모의하여 믿을 만한 출입기자 한 사람에게 은밀히 사태를 알렸다. 당연히 신문에 보도되었고, 대통령이 사실을 알게 되어 과잉비축분의 처분 결정이 내려졌다. 다행히 이 문제로 장관이 문책을 당하지 않았기 때문에 결단을 내려 사태수습을 한 행정관료 두 사람도 무사할 수 있었다. 언론이 기사내용에서 과잉비축을 비난하지 않고 사실만 보도한 것이 영향을 미쳤을 것이다.

아무리 은밀하게 기자에게 알려도 누가 그랬는지 몇몇 사람들은 짐작할 수 있었지만, 공익을 위해서 희생을 각오한 행동이었기 때문에 다들 모른 척 하고 덮고 넘어갔다. 후배들은 소명의식이 투철한 이 두 명의 관료를 오래전부터 존경하였고, 이들이 주도하여 추진한 1970년대 농수산부 개혁노력은 전설적인 이야기로 후배들 사이에 전승되었다.

공직자들이 불이익을 감수할 용기를 지닐 수 있도록 하기 위해서는 제도적인 장치(공직자 보호를 위한)도 필요하고, 공직자가 소신을 갖고 행동할 수 있는 전문성도 축적하여야 하는 등 공직자 본인의 노력도 필수적이다. 여기에 더하여, 외부 전문가의 지원이 필수적이다. 담당분야의 외부 전문가들이 공직자를 지원하거나 대신하여 집권세력을 견제하여야 한다. 물론 언론의 지원도 필수적이다. 더 근본적으로는 사회의 일반 지식인들이 전문가들과 집권세력의 대립이 발생하는 경우에 전문가들을 지원해 주어야 한다. 이러한 내용들에 대하여는 앞으로 좀 더 체계적이고 구체적인 검토를 해야 할 것이다.

여기서는 결론만 꼭 기억하도록 하자. 여러 가지 복잡한 정책문제들은 국가 전체의 발전과 쇠퇴를 좌우하는 극히 중요한 것이므로, 공직자가 전문성과 용기를 갖추고 합리적인 정책결정과 변경을 할 수 있도록 사회 전체의 지혜를 모으는 것이 이 시대를 살아가는 모든 지식인의 소명임을 잊지 말아야 한다.

요 약

01. 정책변동은 결정된 정책의 내용이 다른 것으로 변화하는 현상으로 정책내용(정책목표와 정책수단 및 대상집단 등)의 변동뿐만 아니라 정책집행방법(서비스 제공 체계상의 변화를 비롯한 SOP상의 변화 등)까지도 포함한다. 그러므로 정책변동은 정책결정에서 일어나는 정책의 수정 · 종결만이 아니라 집행단계에서 일어나는 것도 포함된다. 그러나 정책변동론에서의 주된 연구의 초점은 정책내용의 변동 부분이다.

02. 정책변동은 변화되는 정책의 내용에 따라 정책혁신, 정책유지, 정책종결, 그리고 정책승계로 분류할 수 있다. 정책혁신은 정부가 지금까지 관여하지 않았던 분야에 개입하기 위해 새로운 정책을 결정하는 것을 의미한다. 정책유지는 현재의 정책이 가진 기본 특성, 즉 정책목표는 물론이고 중요한 정책수단을 그대로 지속시키는 것을 의미한다. 반면 정책승계는 현존하는 정책의 기본적 성격을 바꾸는 것으로서 정책의 근본적인 수정을 하는 경우(정책의 중요한 일부를 없애거나, 새로운 부분을 추가하는 경우), 정책을 없애고 새로이 완전히 대체(replacement)하는 경우 등을 포함한다. 정책종결은 현존하는 정책을 완전히 소멸시키는 것을 의미한다.

03. 정책변동은 그 범위와 정도에 따라 점증적 변동과 비점증적 변동으로 나눌 수 있다. 점증적 변동의 경우 현상유지라는 균형을 중심으로 일정한 범위 내에서 예측 가능한 변화가 발생한다. 반면 비점증적 변동의 경우 기존의 균형이 파괴되어 급격한 변화가 일어난다. 한편 정책변동의 근본적인 원인은 정책환경의 변화이지만, 정치체제 내부에서 활동하는 정책관련집단의 성격과 정책담당조직의 변화와 같은 정치체제 관련 요인들도 함께 고려해야 한다

04. 정책변동은 정책결정활동의 변화에 의해서도 발생한다. 즉 정책신념의 변화, 정책패러다임의 변화, 정책주도집단의 변화 등도 정책변동의 원인이 된다. 이를 설명하는 이론적 모형들이 있는데, 먼저 정책지지연합모형은 정책하위체계의 신념과 인식틀이 외부의 충격이나 환경변화로 정책변동이

발생한다고 한다. 정책패러다임 변동모형은 정책패러다임이 변할 경우에만 근본적 정책변동이 가능하다고 본다. 정책흐름모형의 경우 정책문제, 정책대안이나 수단, 그리고 정치흐름이 특정 시점에서 합류하여 정책변동의 창이 열리면서 정책변동이 일어난다고 한다.

05. 정책변동은 혁신과 저항을 수반한다. 정책혁신은 합리적 기획과 정책리더십을 바탕으로 추진되지만 이를 제약하는 여러 가지 요인이 있다. 첫째, 정보와 자원의 제약으로 정책변동에는 일정한 한계가 존재한다. 둘째, 정책변동에 따른 이해관계자의 저항이 발생한다. 특히 어떤 정책을 종결할 경우 이를 담당하는 관료조직과 정책고객들의 저항이 발생한다. 따라서 효과적인 정책변동이나 정책종결은 이를 뒷받침할 수 있는 정치적 지지를 필요로 하고, 정책변동을 강제할 수 있는 영기준 예산과 같은 각종 제도적 장치의 활용 전략이 필요하다.

06. 정권이 바뀌면, 합리적으로 결정된 정책도 변경되는 등 너무 쉽게 정책이 변경되는 경우가 많다. 불합리한 정책변경이 발생하는 것이다. 이 이유로는 우선 통치이념의 변화를 들 수 있다. 통치이념이 다른 정권이 등장할 때마다 기존 정권이 추진하던 정책을 집권세력의 통치이념에 맞게 변경시키는 경우이다. 또한 외부인 주도정치의 등장도 정책의 불합리한 변동을 가져온다. 이들은 전문성이 부족하여 실현가능성이 없거나 부작용이 예상되는 정책을 채택하는 경우가 많다. 마지막으로 정책효과와 비용의 숙성기간에 따른 차이도 한 원인이 되는데, 특히 정책효과는 서서히 발생하고 정책비용은 초기에 집중적으로 발생하거나 계속적으로 발생하는 정책의 경우에는, 비용부담자들의 반대를 활용하여 쉽게 정책변화를 도모하는 경향이 있다. 이러한 불합리한 정책변경을 방지하기 위해서는 공직자와 지식인들이 전문성과 용기를 갖추고 사회 전체의 지혜를 모아나갈 필요가 있다.

참고문헌

Ⅰ. 국내문헌

1. 저 서

국회예산정책처, 『소하천 정비사업 평가』(국회예산정책처, 2008).
권영성, 『헌법학원론』(법문사, 1999).
김형렬, 『정책학』(법문사, 1990).
데이비드 거겐(David Gergen) 지음, 『Eyewitness to Power: The Essence of Leadership Nixon to Clinton』(2000), 서율택 옮김, 『CEO 대통령의 7가지 리더십』(스테디북 , 2002).
백완기, 『행정학』(박영사, 1984).
신고리 5·6호기 공론화위원회, 『신고리 5·6호기 공론화 시민참여형 조사 보고서』(신고리 5·6호기 공론화위원회, 2017).
오세영 · 윤건 · 오윤, 『증거기반정책을 위한 정부의 통계 구축 및 활용에 대한 현황 조사』(한국행정연구원, 2017).
유 훈, 『정책변동론』(대영문화사, 2009).
_____, 『정책학원론』(법문사, 2002).
이시원, 『수도권과 비수도권간의 지역격차』 경상대 사회과학원, (한울아카데미, 2002).
이시원 · 김찬동 공역, 『일본의 정책과정』(대영문화사, 1995).
정광호, 『정책이론사례 실증연구』(학림사, 2008a).
정정길 외, 『정책평가론』(법영사, 1987).
정정길 외, 『정책학원론』(대명출판사, 2003)
정정길 외, 『행정의 시차적 접근』(박영사, 2005)
정정길, 『행정학의 새로운 이해』(대명출판사, 2003).
_____, 『대통령의 경제리더십』(한국경제신문사, 1994).
_____, 『정책결정론』(대명출판사, 1988).
정준금, 『환경정책론』(대영문화사, 2007)
허 범, 『기본정책의 형성과 운용』(중앙공무원교육원편, 1981).
황윤원 · 허만형 · 유일호 · 서병철, 『싱크탱크와 국가경쟁력 』(나남출판, 2003).

2. 논 문

강윤호, "지방정부의 정책선호와 그 결정요인," 『한국행정학보』, 36(4), 2002.
강은숙, "정책변동의 정책네트워크이론적 고찰: 그린벨트 정책을 중심으로," 한국행정학회 하계학술대회 발표논문, 2001.

구본상 · 최준영 · 김준석, "한국 국회의원의 다차원 정책공간 분석," 『한국정당학회보』, 15(3), 2016.

권혁주, "정책수단의 정치적 성격: 사회정책을 중심으로," 한국정책학회 2009 춘계학술대회 발표논문, 2009.

김서용, "딜레마 상황에서 일선관료의 행동선택에 대한 분석,"『한국행정학보』, 52(2), 2018.

김성수, "정책문제 구조화와 문제정의에 관한 연구: 경제민주화의 프레임(담론)을 중심으로," 『한국사회와 행정연구』, 28(3), 2017.

김성수 · 이영철, "강요된 의제설정과 재외국민 참정권 부여: 의제설정 통합모형과 그 적용," 『한국행정학보』, 49(4), 2015.

김철회, "정부지출변동의 패턴과 결정요인에 관한 연구: 한국 중앙정부의 기능별 지출변동을 중심으로," 서울대학교 행정학 박사학위논문, 2005.

문명재, "정책도구연구의 학문적 좌표와 이론적 연계성: 새로운 분야 아니면 새로운 시각?" 『정부학연구』, 14(4), 2008.

박기묵, "언론의 공공의제 설정 및 정책결정 과정과 사례적용에 관한 연구," 『한국정책학회보』, 24(3), 2015.

박종현, "정치의 사법화의 메커니즘: 헌법재판에 의한 정치의 사법화 현상에 대한 분석 및 평가," 『법학연구』, 27(1), 2017.

박천오, "한국 이익집단의 정책과정상의 영향력과 활동패턴: 정부관료제와의 관계를 중심으로," 『한국행정학보』, 36(1), 2002.

안병철, "대통령의 정책관리행태에 관한 실증적 연구," 『한국사회와 행정연구』, 27(1), 2016.

유 훈, "정책변동과 정책활동가," 『행정논총』, 39(1), 2001.

윤영근, "증거기반(Evidence-Based) 정책과 정책품질관리제도," 한국행정학회 하계학술발표논문집, 2012.

______, "정책변동요인에 관한 연구," 『행정논총』, 35(1), 1997.

윤창근 · 안진모, "국회선진화법의 입법 영향과 발의주체별 입법생산성 분석," 『지방정부연구』, 22(1), 2018.

이상희, "법령체계와 입법절차," 법제처 법제교육포털 온라인법제교육자료, 2008.

이태준, "숙의적 원자력 커뮤니케이션 활동과 정책이해관계자의 심리적 거버넌스 변화에 관한 현장실험연구," 『한국행정학보』, 51(1), 2017.

이해영, "1950~70년대의 정책학의 역사," 『한국정책학회보』, 12(2), 2003.

임도빈 · 이시원 · 김준기 · 정준금, "정책결정 소요시간에 관한 연구: 참여정부의 대통령 주요정책을 중심으로," 『한국정치학회보』, 42(3), 2008.

임서영, "기후변화정책 집행 실패요인 분석: 2020 온실가스 감축 로드맵 중심으로," 연세대학교 공공정책 석사학위논문, 2017.

임채홍 · 홍성만 · 박소연, "문화예술교육 정책네트워크(Policy Network)의 변화 분석: 학교문화예술교육정책을 중심으로," 『한국정책학회보』, 22(1), 2013.

장현주, "한국의 정책변동과정에서 나타난 정책선도가의 유형, 역할과 전략은 무엇인가? - Kingdon의 다중흐름모형에 대한 메타분석"『한국정책학회보』, 26(2), 2017.

전영한, "정책도구연구의 의의와 과제,"『정부학연구』, 13(2), 2007a.

______, "정책도구의 다양성: 도구유형분류의 쟁점과 평가,"『정부학연구』, 13(4), 2007b.

전진석, "의약분업 정책변화에 관한 연구: 정책옹호연합모형을 적용하여,"『한국정책학회보』, 12(2), 2003.

전진영, "국회의원의 갈등적 투표행태 분석: 제16대 국회 전자표결을 중심으로,"『한국정치학회보』, 40(1), 2006.

정광호, "대통령비서실 조직개편," 최병선 · 최종원 공편, 『국가운영시스템: 과제와 전략』, (나남출판, 2008).

______, "정책과정에서의 미국 싱크탱크(Think Tank)의 활동과 역할에 관한 예비적 분석,"『행정논총』, 44(1), 2006.

______, "새대통령과 의회의 관계: 입법과정에 있어서 국회와 관료제의 관계에 대한 예비적 분석,"『의정연구』, 14, 2002.

정정길, "바람직한 대통령의 정책관리: 경제정책을 중심으로,"『한국행정학보』, 27(1), 1993a.

______, "통상정책결정의 미국 일본 한국의 비교,"『행정논총』, 31(1), 1993b.

______, "대통령의 정책결정: 경제정책을 중심으로,"『행정논총』, 29(2), 1991.

______, "대통령의 정책결정과 전문관료의 역할,"『한국행정학보』, 23(1), 1989.

______, "정책평가를 위한 실험실적 사회실험의 문제점,"『한국행정학보』, 14, 1980.

정정길, 김재훈(1993), "공공정책 결정요인 연구의 전개과정 및 이론적 배경," 노화준, 남궁근 외 공저,『공공정책의 결정요인분석』, (법문사, 1993).

정정길 · 정준금, "정책과 제도변화의 시차적 요소," 정정길 외, 『행정의 시차적 접근』, (박영사, 2005).

정준금, "정책결정에 있어서 정책이전의 역할 분석을 위한 서설적 연구,"『한국사회와 행정연구』, 17(2), 2006.

______, "시차이론과 제도변화: 개방형직위 임용제도를 중심으로," 정정길 외, 『행정의 시차적 접근』(박영사, 2005).

______, "시차적 접근을 통한 정책과정의 동태적 이해: 환경정책을 중심으로,"『한국정책학회보』, 11(2), 2002.

______, "사회적 위기에 대한 정책대응과정 분석: 낙동강 페놀오염사건을 중심으로,"『한국행정학보』, 29(1), 1995.

정태석, "과학기술사회에서 시민자격과 '공공선 거버넌스'의 전망,"『경제와 사회』, 112, 2016.

최연구, "영화에서만 보았던 미래가 현실로 다가온다!" (교육부, 4차산업 혁명시대 미래교육 칼럼 제2편, 2020.)

최영훈 · 목진휴 · 명승환, "정보기술이 정책결정과정에 미치는 영향: 주요 광역자치단체를 중심으로,"『한국행정학보』, 32(3), 1998.

최종원, "시차이론과 행정개혁," 정정길 외, 『행정의 시차적 접근』(박영사, 2005).

______, “정책집행연구의 이론적 틀에 대한 비판적 고찰,” 『한국정책학회보』, 7(1), 1998.

______, “합리성과 정책연구,” 『한국정책학회보』, 4(2), 1995.

최준영, “의원발의의 동인에 대한 경험적 분석: 사건계수 분석기법(Event Count Analysis)을 중심으로,” 『21세기 정치학회보 』, 16(2), 2006.

하연희 · 문명재, “정책목표의 변화에 따른 정책도구의 전략적 선택과 효과: 우리나라 인구정책을 중심으로,” 『정부학연구』, 13(2), 2007.

Ⅱ. 외국문헌

1. 저 서

Allison, Graham T., *Essence of Decision: Explaining the Cuban Missile* Crisis (Boston: Little, Brown and Company, 1971).

Almond, Gabriel A. and G. Bingham Powell Jr., *Comparative Politics*, 3rd ed. (Boston: Little Brown, 1980).

Anderson, James E., *Public Policy-Making,* 5th ed. (Boston: Houghton Mifflin Company, 2005).

Bachrach, Peter and Morton Baratz, *Power and Poverty* (N. Y.: Oxford University Press, 1970).

Bardach, Eugene, *The Implementation Game: What Happens after a Bill Becomes a Law* (Cambridge, Massachusetts: The MIT Press, 1977).

Bauer, Raymond A., Ithiel de Sola Pool and Lewis A. Dexter, *American Business and Public Policy: The Politics of Foreign Trade* (New York: Atherton Press, 1963).

Baumgartner, Frank and Bryan D. Jones, (ed.), *Policy Dynamics* (University of Chicago Press, 2002).

______. Jones, *Agendas and Instability in America Politics*, (Chicago: University of Chicago Pres, 1993).

Birkland, Thomas A, *An Introduction to the Policy Process: Theories, Concepts, and Models of Public Policy Making* (Armonk, N. Y.: M.E. Sharpe, 2001).

Borgatta, E. F. and G. W. Bornstedt (eds.), *Sociological Methodology* (San Francisco: Jossey-Bass, 1969).

Braybrooke, David and Charles E. Lindblom, *A Strategy of Decision* (N. Y.: The Free Press, 1970).

Brazer, Harvey, *City Expenditures in the United States* (New York: National Bureau of Economic Research, 1959).

Brewer, Garry D. and Peter deLeon, *The Foundations of Policy Analysis* (Homewood, Ill.: Dorsey Press, 1983).

Cobb, Roger W. and Charles D. Elder, *Participation in American Politics: the Dynamics of Agenda-Building*, 2nd ed. (Baltimore, MD: Johns Hopkins University Press, 1983).

Cook, T. and D. Campbell, *Quasi-experimentation: Design and analysis issues for field settings* (Boston: Houghlin-Mifflin Company, 1979)

Crenson, Matthew A., *The Unpolitics of Air Pollution* (Baltimore: John Hopkins Univ. Press, 1971).

Cyert, Richard M. and James G. March, *A Behavioral Theory of the Firm* (N. Y.: Prentice-Hall, 1963).

Dahl, Robert A., *Who Governs?* (New Haven: Yale University Press, 1961).

deLeon, Peter, *Democracy and The Policy Sciences* (Albany: State University Of New York Press, 1997).

Dror, Yehezkel, *Ventures in Policy Sciences* (N. Y.: American Elsevier, 1971a).

______, *Design for Policy Sciences* (N. Y.: American Elsevier, 1971b).

______, *Public Policymaking Re-examined* (Scrantion Chandler Pub. Co. 1968).

Dunleavy, P. and D. O'Leary, *Theories of the State: The Politics of Liberal Democracy* (Basingstoke: Macmillan, 1987).

Dunn, William N., *Public Policy Analysis: An Introduction.* 4th (ed.). (Englewood Cliffs: Prentice Hall, 2009).

Easton, D. (ed.), *Varieties of Political Theory* (Englewood Cliffs, N. J.: Prentice-Hall Inc., 1966).

______, *The Political System* (N. Y.: Alfred A. Knopf, 1953).

Edwards Ⅲ, George C., *Implementing Public Policy* (Washington, D. C.: Congressional Quarterly Press, 1980).

Esping-Andersen, G., *The Three Worlds of Welfare Capitalism* (Cambridge, UK: Polity Press, 1990)

Etzioni, Amitai, *The New Golden Rule: Community and Morality in a Democratic Society* (New York: Basic Books, 1997).

______, *The Active Society* (N. Y.: The Free Press, 1968).

______, *A Comparative Analysis of Complex Organizations* (Glencoe, IL: Free Press, 1961)

Eyestone, Robert, *From Social Issues to Public Policy* (New York: John Wiley and Sons, 1978).

Fabricant, Solomon, *The Trend of Government Activity in the United States since 1900* (New York: National Bureau of Economic Research, 1952).

Frederickson, George, *The Spirit of Public Administration* (San Francisco: Jossey Bass, 1997).

Grant, W., *The Political Economy of Corporatism* (N. Y.: St. Martin's Press, 1985).

Grossman, Lawrence K., *The Electronic Republic: Reshaping Democracy in the Information Age* (New York: Viking Press, 1995).

Hall, P. A., *Governing the Economy: The Politics of Growth in the Newly Industrializing Countries* (Ithaca and London: Cornell University, 1986)

Ham, Christopher and Michael Hill, *The Policy Process in the Modern Capitalist State* (Brington, Sussex: Wheatsheaf Books, 1984).

Heidenheimer, Arnold J., Hugh Heclo and C. T. Adams, *Comparative Public Policy* (New York: St. Martin's Press, 1975).

Heywood, Andrew, *Political Ideologies*, 5th ed. (London: Palgrave, 2012).

Hogwood, Brain W. and Lewis A. Gunn, *Policy Analysis for the Real World* (N. Y.: Oxford University Press, 1991).

Hogwood, Brian W. and B. Guy Peters, *Policy Dynamics* (New York: St. Martin's Press, 1983).

Howlett, Michael and M. Ramesh, *Studing Public Policy: Policy Cycles and Policy Subsystems* (Oxford: Oxford University Press, 2003).

Hunter, Floyd, *Community Power Structure* (Garden City, N. Y.: Doubleday and Company Inc., 1963).

Isaak, Allan C., *Scope and Methods of Political Science* (Homewood, Ill.: Dorsey Press, 1981).

James Fishkin: Democracy when the people are thinking: revitalizing our politics through public deliberation(Oxford: Oxford University Press, 2020).

Kahneman, D., Slovic, P., and Tversky, A. (ed.), *Judgment under Uncertainty: Heuristics and Bias* (New York: Cambridge University Press, 1982).

Key, V. O. Jr. *Southern Politics in State and Nation* (New York: Alfred A. Knopf, 1949).

Kingdon, John, *Agendas, Alternatives, and Public Policies*, 2nd ed. (New York : Longman, 2003).

Kjaer, Anne Mette, *Governance* (MA: Polity Press, 2004).

Lasswell, Harold D. and Abraham Kaplan, *Power and Society* (New Haven: Yale University Press, 1970).

Lasswell, Harold D., *A Preview of Policy Sciences* (N. Y.: American Elsevier, 1971).

Lerner, D. and Harold D. Lasswell (eds.), *Policy Sciences* (Stanford: Stanford University Press, 1951).

Lindblom, C. E., and E. J. Woodhouse, *The Policy-Making Process*, 3rd ed. (Englewood Cliffs, NJ: Prentice Hall, 1992).

Lindblom, C. E., *Politics and Markets* (New York: Basic Books, 1977).

Lineberry, Robert L., *American Public Policy* (N. Y.: Harper & Row, 2000).

Lockard, D., *New England State Politics* (Princeton, N. J.: Princeton University Press, 1959).

Lowi, Theodore, *The End of Liveralism* (New York: W. W. Norton, 1969).

MacRae, D. and J. Wilde, *Policy Analysis for Public Decision* (N. Scituate: Duxbury, 1985).

March, James G. and Herbert A. Simon, *Organizations* (N. Y.: John Wiley, 1958).

Mazmanian, Daniel and Paul P. Sabatier (eds.), *Effective Policy Implementation* (Lexington, M. A.: Lexington Books, 1981).

Mazmanian, Daniel and Paul P. Sabatier, *Implementation and Public Policy,* rev. ed, (Latham, Md.: University Press of America, 1989).

McCoy, C. and J. Playford (eds.), *Apolitical Politics* (N. Y.: Thomas Y. Crowell Co., 1961).

Mills, C. Wright, *The Power Elite* (N. Y.: Oxford University Press, 1956).

Mood, Alexander M., *Introduction to Policy Analysis* (New York: Elsevier, 1994).

Mossberger, Karen, Caroline J. Tolbert and Ramona S. McNeal, *Digital Citizenship: The Internet, Society, and Participation* (Cambridge: MIT Press, 2008).

Nakamura, Robert and Frank Smallwood, *The Politics of Policy Implementation* (New York: St. Martin's Press, 1980).

Nelson, Richard R. and Sydney G. Winter, *An Evolutionary Theory of Economic Change* (Cambridge, Mass.: Harvard University Press, 1982).

Neustadt, R. E., *Presidential power and the modern presidents: the politics of leadership from Roosevelt to Reagan* (New York: Maxwell Macmillan, 1990).

Nordlinger, E., *On the Autonomy of the Democratic State* (Cambridge, MA: Harvard University Press, 1981).

Ostrom, Elinor, *Governing the Commons: The Evolution of Institutions for Collective Action* (Cambridge: Cambridge University Press, 1990).

Parsons, Wayne, *Public Policy: An Introduction to the Theory and Practice of Policy Analysis* (Brookfield, Vt., US: Edward Elgar, 1995).

Peter H. Rossi, Mark W. Lipsey, Gary T. Henry, *Evaluation: A Systematic Approach 8th Edition* (SAGE Publications, Inc, 2019)

Pierre, Jon (eds.), *Debating Governance: Authority, Steering, and Democracy* (Oxford: Oxford University Press, 2000).

Pressman, Jeffrey L. and Aaron Wildavsky, *Implementation,* 2nd ed. (L. A.: University of California Press, 1979).

Pross, A. Paul, *Group Politics and Public Policy* (Toronto: Oxford Univ. Press, 1986).

Protess, David and Maxwell E. Mccombs (eds.) Agenda Setting: Readings On Media, Public Opinion, And Policymaking (Lawrence Erlbaum Associates, 1991).

Putnam, Robert D., *The Comparative Study of Elites* (Englewood Cliffs: Prentice Hall, 1976).

Quade, Edward S., *Analysis for Public Decision,* 3rd ed. (N. Y.: North Holland, 1989).

Rawls. Jhon, A theory of justice(Cambridge: Harvard Univ. Pr.,1971)

Redford, E. S., *Democracy in the Administrative State* (London: Oxford University Press, 1969).

Rein, M., *From Policy to Practice* (New York: M. E. Sharpe, 1983).

Rhodes, R. A. W., *Understanding Governance: Policy Networks, Governance, Reflexibility and Accountability* (Buckingham: Open University Press, 1997).

Ripley, Randall B. and Grace A. Franklin, *Policy Implementation and Bureaucracy* (Chicago: Dorsey, 1986).

______, *Congress, the Bureaucracy, and Public Policy,* 2nd ed. (Homewood, Ill.: Dorsey Press, 1980).

Robert, Dahl. *Who governs?: democracy and power in an American city* (New Haven: Yale Univ. Pr.1961).

Rourke, Francis E., *Bureaucracy, Politics and Public Policy* (Boston: Little, Brown and Company, 1976).

Sabatier, Paul A. (eds)., *Theories of the Policy Process*, 2nd ed. (Boulder, CO: Westview Press, 2007).

Salamon, Lester and Helmut Anheir, *The Emerging Nonprofit Sector: An Overview* (London: Manchester University Press, 1996).

Salamon, Lester (ed.), *The Tools of Government: A Guide to the New Governance* (New York: Oxford University Press, 2002).

______, *America's Nonprofit Sector: A Primer*, 2nd ed. (Foundation Center, 1999).

Schattschneider, E. E., *The Semisovereign People: A Realist's View of Democracy in America* (Hinsdale, Ill.: The Dryden Press, 1960, 1975).

Sharkansky, Ira and George Edwards Ⅲ, *The Policy Predicament* (San francisco: W. H. freemen Company, 1978).

Simon, Herbert A., *Administrative Behavior,* 4th ed. (The Free Press 1997).

______, *Reason in Human Affairs* (Stanford, CA.: Stanford University Press, 1983).

Smith, M. J., *Pressure, Power, and Policy: State Autonomy and Policy Networks in Britain and United State* (New York: Harvester Wheatsheaf, 1993).

Steinbruner, John D., *The Cybernetic Theory of Decision,* (Princeton: Princeton University Press, 1974).

Truman, David, *The Governmental Process* (N. Y.: Alfred A. Knopf, 1971).

Wagner, A., *Finanzwissenshaft* (Leibzig: C. F. Winter, 1883)

Weimer, David L. and Aidan R. Vining, *Policy Analysis: Concepts and Practice* (Upper Saddle River, NJ: Pearson Prentice Hall, 2004).

Wildavsky, Aaron, *Searching for Safety* (Berkerly, CA: Transaction Books, 1988).

______, *Budgeting: A Comparative Theory of Budgetary Processes,* Revised ed. (Boston: Little, Brown & Co., 1986).

______, *The Politics of Budgetary Process,* 3rd ed. (Boston: Little, Brown and Company, 1984).

______, *The Arts and Crafts of Policy Analysis* (London: The Macmillan, 1980).

Wilensky, Harold, *The Welfare State and Equality* (Berkeley, CA: University of California Press, 1980).

Wilson, James Q., *Bureaucracy: what government agencies do and why they do it* (New York : Basic Books, 1989).

______, *The Politics of Regulation* (New York: Basic Books, 1980).

Young, Oran R., *Compliance and Public Authority: A Theory with International Applications* (Baltimore: Johns Hopkins University Press, 1979).

2. 논 문

Angrist, Johsua D. and Alan Krueger, "Does Compulsory Schooling Attendance Affect Schooling and Earnings?" *Quarterly Journal of Economics*, Vol. 106 No. 4(1991).

Bache, I., "Government Within Governance: Steering Economic Regeneration Policy Networks in Yorkshire and Humberside," *Public Administration,* Vol. 78 No. 3(2000).

Balch, George I., "The Stick, the Carrot, and Other Strategies," In Brigham and Brown (eds.), *Policy Implementation: Penalties or Incentives* (Beverly Hills: SAGE publications, 1980).

Bardach, Eugene, "Policy Termination as a Political Process," *Policy Sciences*, Vol. 7 No. 2(1976).

Baum, Lawrence, "The Influence of Legislatures and Appellate Courts over the Policy Implementation Process," *Policy Studies Journal*, Vol. 8 No. 4(1980).

Benveniste, Guy, "On a Code of Ethics for Policy Experts," *Journal of Policy Analysis and Management*, Vol. 3 No. 4(1984).

Berman, Paul, "Thinking About Programmed and Adaptive Implementation: Matching Strategies to Situations," In H. M. Ingram and D. E. Mann (eds.), *Why Policies Succeed or Fail* (Beverly Hills: Sage, 1980).

______, "The Study of Macro-and Micro-Implementation," *Public Policy*, Vol. 26 No. 2(1978).

Berry, Frances Stokes & William D. Berry, "Innovation and Diffusion Models in Policy Research," In Paul A. Sabatier (ed.), *Theories of the Policy Process*, 2nd ed. (Boulder, CO: Westview Press, 2007).

______, "State Lottery Adoptions as Policy Innovations: An Event History Analysis," *American Political Science Review*, Vol. 84(1990).

Boruch, R. F., "Illustrative Controlled Experiments for Planning and Evaluating Social Programs," In H. W. Riecken and R. F. Boruch (eds.), *Social Experimentation* (New York: Academic Press, 1974).

Brancheau, J. and Wetherbe, J., "The Adoption of Spreadsheet Software: Testing Innovation Diffusion Theory in the Context of End-user Computing," *Information Systems Research*, Vol. 1 No. 2(1990).

Brigham, J. and D. W. Brown, "Introduction," In John Brigham and Don W. Brown (eds.), *Policy Implementation: Penalties or Incentives* (Beverly Hills: SAGE publications, 1980).

Brown, Anthony E. and Joseph Stewart Jr., "Competing Advocacy Coalition, Policy Evolution, and Airline Deregulation," In P. Sabatier and Jenkins-Smith (eds.), *Policy Change and Learning: An Advocacy Coalition Approach* (Boulder, CO: Westview Press, 1993).

Cameron, D., "The Expansion of the Public Economy: A Comparative Analysis," *American Political Science Review*, Vol. 72 No. 4 (1978).

Cobb, Roger W., J. Keith Ross and Marc H. Ross, "Agenda-Building as a Comparative Political Process," *American Political Science Review*, Vol. 70 No. 1(1976)

Cohen, Michael, James March and Johan Olesen, "A Garbage Can Model of Organizational Choice," *Administrative Science Quarterly,* Vol. XVII No. 1(1972).

Coombs, F. S., "The Base of Noncompliance with a Policy," In John G. Grumm and Stephen L. Wasby (eds.), *The Analysis of Policy Impact* (Washington, D. C.: Sources for the Future Inc., 1979).

Davies, P. "Is Evidence-Based Government Possible?," Presented at the 4th Annual Campbell Collaboration Colloquium (Washington D. C., 2004).

Dawson, Richard E. and James A. Robinson, "Inter-party Competition, Economic Variables, and Welfare Policies in the American States," *Journal of Politics,* Vol. 25(1963).

deLeon, Peter, "A Theory of Policy Termination," In Judith V. May and Aaron B. Wildavsky (eds.), *The Policy Cycle* (Beverly Hills: Sage, 1978).

DiMaggio, Paul J. and Walter W. Powell, "Introduction," In Walter W. Powell and Paul J. Dimaggio (eds.), *The New Institutionalism in Organizational Analysis* (Chicago: Univ. of Chicago Press, 1991).

Dolowitz, David P. and David Marsh, "Learning from Abroad: The Role of Policy Transfer in Contemporary Policy-Making," *Governance,* Vol. 13 No. 1(2000).

Downs, Anthony, "Up and Down with Ecology: the 'Issue Attention Cycle'," *The Public Interest,* Vol. 28(1972).

Dror, Yehezkel, "New Advances in Public Policy Teaching," *Journal of Policy Analysis and Management,* Vol. 2 No. 3(1983).

______, "Muddling Through: Science or Inertia?" *Public Administration Review,* Vol. 24(1964).

Easton, David, "The New Revolution in Political Science," *American Political Science Review,* Vol. 63 No. 4(1969).

______, "Categories for the System Analysis of Politics," In D. Easton (ed.), *Varieties of Political Theory* (Englewood Cliffs: Prentice Hall, 1966).

Elmore, Richard, "Forward and Backward Mapping: Reversible Logic in the Analysis of Public Policy," In Kenneth Hanf and Theo A. J. Toonen (eds.), *Policy Implementation in Federal and Unitary System* (Dordrecht, Netherland: Matinus Nijhoff Publisher, 1985).

______, "Backward Mapping: Implementation Research and Policy Decision," *Political Science Quarterly,* Vol. 94 No. 4 (1979-1980).

Etzioni, Amitai, "Mixed Scanning: A Third Approach to Decision Making," *Public Administration Review,* Vol. 27 No. 5(1967).

Fukuyama, F., "Governance: What Do We Know, and How Do We Know It?," *Annual Review of Political Science*, Vol. 19(2016).

Goodwin, R. E., M. Rein and M. Moran, "The Public and Its Policies," In R. E. Goodwin, M. Rein and M. Moran (eds.), *The Oxford Handbook of Public Policy* (Oxford: Oxford University Press, 2006).

Hall, Peter A. and Rosemary C. R. Taylor, "Political Science and the Three New Institutionalisms," *Political Studies*, Vol. 44 No. 5(1996).

Hall, Peter A., "The Role of Interests, Institutions, and Ideas in the Comparative Political Economy of the Industrialized Nations," In Mark Irving Lichbach and Alan S. Zuckerman (eds.), *Comparative Politics: Rationality, Culture, and Structure* (Cambridge: Cambridge University Press, 1997).

______, "Policy Paradigms, Social Learning, and the State: The Case of Economic Policymaking in Britain," *Comparative Politics* (1993).

He, Guojun, Maoyong Fan and Maigeng Zhou, "The Effect of Air Pollution on Mortality in China: Evidence from the 2008 Beijing Olympic Games," *Journal of Environmental Economics and Management*, Vol. 79(2016).

Heclo, Hugh, "Issue Networks and the Executive Establishment," In A. King (ed.), *The American Political System* (Washington, D. C.: AEI, 1978).

Hirschl, R., "The Judicialization of Mega-Politics and the Rise of Political Courts," *Annual Review of Political Science*, Vol. 11(2008).

Hirschman, Albert O., "Policymaking and Policy Analysis in Latin America: A Return Journey," *Policy Science*, Vol. 6(1975).

Hjern, Benny and Chris Hull, "Small Firm Implementation Creation: An Assistance Structure Explanation," In Kenneth Hanf and Theo A. J. Toonen (eds.), *Policy Implementation in Federal and Unitary Systems* (Dordrecht Netherlands: Martinus Nijhoff Publishers, 1985).

______, "Implementation Research as Empirical Constitutionalism," *European Journal of Political Research*, Vol. 10 No. 2(1982).

Howlett, M. and Rayner, J., "Design Principles for Policy Mixes: Cohesion and Coherence in 'New Governance Arrangements'," *Policy and Society*, Vol. 26 No.4(2007).

______, "Beyond Good and Evil in Policy Implementation: Instrument Mixes, Implementation Styles, and Second Generation Theories of Policy Instrument Choice," *Policy and Society*, Vol. 23 No. 2(2004).

______, "Predictable and Unpredictable Policy Windows: Institutional and Exogenous Correlates of Canadian Federal Agenda-Setting," *Canadian*

Journal of Political Science Revue(Canadienne de Science Politique), Vol. 31 No. 3(1998).

______, "Policy Paradigms and Policy Change: Lessons from the Old and New Canadian Policies Towards Aboriginal Peoples," *Policy Studies Journal*, No.4(1994).

Howlett, M., "What Is a Policy Instrument?" In Eliadis, P., M. Hill and M. Howlett (eds.), *Designing Government: From Instruments to Governance* (Montreal, Canada: McGill-Queen's University Press, 2005).

______, "Managing the "Hollow State": Procedural Policy Instruments and Modern Governance," *Canadian Public Administration*, Vol. 43 No. 4(2000).

Hyden, Goran, "Governance and the Reconstitution of Political Order," In R. Joseph (ed.), *State, Conflict, and Democracy in Africa* (Boulder, CO: Lynne Rienner Publishers, 1999).

Jenkins-Smith, H. and Paul A. Sabatier, "The Study of Public Policy Processes," In P. A. Sabatier and H. Jenkins-Smith (eds.), *Policy Change and Learning: An Advocacy Coalition Approach* (Boulder, CO: Westview Press, 1993a).

______, "The Dynamics of Policy-Oriented Learning," In P. A. Sabatier and H. Jenkins-Smith (eds.), *Policy Change and Learning: An Advocacy Coalition Approach* (Boulder, CO: Westview Press, 1993b).

Jessop, B., "Governance and Meta-governance: On Reflexivity, Requisite Variety and Requisite Irony," (the Department of Sociology, Lancaster University, 2002) at www.comp.lancs.ac.uk/sociology/soc108rj.htm.

Jordan, Grant and K. Schubert, "A Preliminary Ordering of Policy Network Labels," *European Journal of Political Research*, Vol. 21 No. 1(1992).

Jordan, Grant, "The Pluralism of Pluralism: An Anti-theory," *Political Studies*, Vol.38(1990).

Kahneman, Daniel and Amos Tversky, "Prospect Theory: An Analysis of Decisions under Risk," *Econometrica*, Vol. 47 No. 2(1979).

Kickert, Walter J. M. and Joop F. M. Koppenjan, "Public Management and Network Management: An Overview," In Kickert, Walter J. M., Erik-Hans Klijn and Joop F. M. Koppenjan (eds.), *Managing Complex Networks: Strategies for the public sector* (London: Sage Publications, 1997).

Kwon, H. J., "Policy Learning and Transfer: The Experience of the

Developmental State in East Asia," *Policy & Politics*, Vol. 37 No. 3(2009).

Lasswell, Harold D., "Policy Orientation," In D. Lerner and H. Lasswell (eds.), *Policy Sciences* (Stanford: Stanford University Press, 1951).

Levine, Charles H., "Organizational Decline and Cutback Management," *Public Administration Review*, Vol. 38 No. 4(1978).

Levine, S and P. White, "Exchange as a Conceptual Framework for the Study of Interorganizational Relationships," *Administrative Science Quarterly*, Vol. 5(1961).

Levitt, Stephen, "Using Electoral Cycles in Police Hiring to Estimate the Effect of Police on Crime," *American Economic Review*, Vol. 87 No. 3(1997).

Lindblom, C. E. "Still Muddling, Not Yet Through," *Public Administration Review*, Vol. 39 No. 2(1979).

______, "The Science of Muddling Through," *Public Administration Review*, Vol. 19(1959).

Lipsky, Michael, "Standing the Study of Public Policy Implementation on Its Head," In Walter D. Burnham and Martha W. Weinberg, *American Politics and Public Policy* (Cambridge: MIT Press, 1978).

______, "Toward a Theory of Street-Level Bureaucracy," In Willis D. Hawley and Michael Lipskey (eds.), *Theoretical Perspectives on Urban Politics* (Englewoods Cliffs, N. J.: Prentice-Hall, 1976).

Lowi, Theodore J., "Four Systems of Policy, Politics and Choice," *Public Administration Review*, Vol. 32(1972).

______, "Decision Making vs. Policy Making: Toward an Antidote for Technocracy," *Public Administration Review*, Vol. 30(1970).

______, "American Business, Public Policy, Case-Studies and Political Theory," *World Politics*, Vol. 16(1964).

Matland, Richard E., "Synthesizing the Implementation Literature: the Ambiguity-Conflict Model of Policy Implementation," *Journal of Public Administration Research and Theory*, Vol. 5 No. 2(1995).

Mawhinney. H. B., "An Advocacy Coalition Approach to Change in Canadian Education," In P. A. Sabatier and H. Jenkins-Smith (eds.), *Policy Change and Learning: An Advocacy Coalition Approach* (Boulder, CO: Westview Press, 1993).

McCombs, M. & G. Estrada, . "The News Media and the Pictures in Our Heads," In S. Iyengar & R. Reeves (eds.), *Do the media govern?*

Politicians, voters, and reporters in America (Thousand Oak, CA: Sage, 1997).

Merelman, Richard, "On the Neo-elitist Critique of Community Power," *American Political Science Review,* Vol. 62(1968).

Meyer, Bruce D., "Natural and Quasi-Experiments in Economics," *Journal of Business and Economic Statistics,* Vol. 13 No. 2(1995).

Moltoch, H., D. Protess and M. T. Gordon, "The Media-Policy Connection: Ecologies of News," In D. Paletz (ed.), *Political Communication: Theories, Cases, and Assessment,* (New Jersey: Ablex, 1987).

Montpetit, Eric, "Policy Network, Federal Arrangement, and the Development of Environmental Regulations: A Comparison of the Canadian and American Agricultural Sectors," *Governance,* Vol. 15 No. 1(2000).

Moon, M. J. and C. H. Hwang, "The Scholar-Official Policy Nexus and Confucian Policy Styles in South Korea,"In Michael Howlett and Jale Tosun (eds.), *Policy Styles and Policy-Making: Exploring the Linkages* (London: Routledge, 2018).

Munro, John E., "California Water Politics: Explaining Policy Change in a Cognitively Polarized Subsystem," In P. Sabatier and Jenkins-Smith (eds.), *Policy Change and Learning: An Advocacy Coalition Approach* (Boulder, CO: Westview Press, 1993).

O'Toole, Laurence J. Jr., "Research on Policy Implementation: Assessment and Prospect," *Journal of Public Administration Research and Theory,* Vol. 10 No. 2(2000).

______, "Policy Recommendation for Multi-Actor Implementation: An Assessment of the Field," *Journal of Public Policy,* Vol. 6 No. 2(1986).

O'Toole, Laurence J. Jr., and Robert Montjoy, "Interorganizational Policy Implementation: A Theoretical Perspective," *Public Administration Review,* Vol. 44(1984).

Peters, B. Guy, "The Problem of Policy Problems," In P. Eliadis, M. Hill and M. Howlett (eds.), *Designing Government: From Instruments to Governance* (Montreal: McGill-Queen's University Press, 2005).

Purdy, J. M., "A Framework for Assessing Power in Collaborative Governance Processes," *Public Administration Review,* Vol. 72 No. 3(2012).

Rein, Martin and Francine F. Rabinovitz, "Implementation: A Theoretical Perspective," In W. D. Burnham and M. W. Weinberg (eds.), *American Politics and Public Policy* (Cambridge: MIT Press, 1978).

Rhodes, R. A. W., "Forward," In Stoker, Gerry (eds.), *The New Management of*

British Local Level Governance (Basingstoke: Palgrave Macmillan, 1999).

Roberts, N. C. and Paula J. King, "Policy Entrepreneurs: Their Activity Structure and Function in the Policy Process," *Journal of Public Administration Research and Theory*, Vol. 1 No. 2(1991).

Rose, Richard, "Models of Change," In R. Rose (ed.) *The Dynamics of Public Policy* (Beverly Hills: Sage, 1976).

Sabatier, Paul A. and Daniel Mazmanian, "The Conditions of effective Implementation: A Guide to Accomplishing Policy Objectives," *Policy Analysis*, Vol. 6 No. 3(1979).

Sabatier, Paul A., "The Need for Better Theories," In P. A. Sabatier (ed.), *Theories of Policy process*, 2nd ed. (Boulder, CO: Westview Press, 2007).

______, "Policy Change over a Decade or More," In P. Sabatier and Jenkins-Smith (eds.), *Policy Change and Learning: An Advocacy Coalition Approach* (Boulder, CO: Westview Press, 1993).

______, "An Advocacy Coalition Framework of Policy Change and the Role of Policy-oriented Learning Therein," *Policy Sciences*, Vol. 21(1988).

______, "Top-Down and Bottom-Up Approaches to Implementation Research: A Critical Analysis and Suggested Synthesis," *Journal of Public Policy*, Vol. 6 No. 1(1986).

Sato, Hajime, "The Advocacy Coalition Framework and the Policy Process Analysis: The Case of Smoking Control in Japan," *Policy Studies*, Vol. 27 No. 1(1999).

Schulman, Paul R., "Nonincremental Policy Making: Notes Toward an Alternative Paradigm," *American Political Science Review*, Vol. 69(1975).

Skocpol, T., "Bringing the State Back In: Strategies of Analysis in Current Research," In P. B. Evans, D. Rueschmeyer and T. Skocpol (eds.), *Bringing the State Back In* (Cambridge: Cambridge University Press, 1985).

Tate, C. Neal, "Some Introductory Notes," In Symposium Judicial Review and Public Policy in Comparative Perspective, *Policy Studies Journal*, Vol. 19 No. 1(1990).

Verba, S., "Comparative Political Culture," In L. Pye and S. Verba (eds.) *Political Culture and Political Development* (Princeton: Princeton University Press, 1955).

Walker, Jack L., "Setting the Agenda in the U.S. Senate: A Theory of Problem

Selection," *British Journal of Political Science,* Vol. 7(1977).

Winter, Soren, "Integrating Implementation Research," In D. J. Palumbo and D. J. Calista (eds.), *Implementation and Policy Process* (New York: Greenwood Press, 1990).

______, "How Policy-Making Affects Implementation: The Decentralization of the Danish Disablement Pension Administration," *Scandinavian Political Studies,* Vol. 9 No. 4(1986).

인명색인

사항색인

ㅇ

ㅈ

〈 저자소개 〉

◆ 정정길 (鄭正佶)

서울대학교 법과대학 (법학사)
서울대학교 행정대학원 (행정학 석사)
미국 미시간대학교 대학원 (정치학 박사)
제6회 행정고등고시 합격
서울대학교 행정대학원 원장 역임
서울대학교 대학원장 역임
한국행정학회 회장 역임
울산대학교 총장 역임
대통령실장 역임
한국학중앙연구원 원장 역임
울산공업학원 이사장 역임
현 서울대학교 행정대학원 명예교수
현 미국행정한림원 (NAPA) 종신회원

정책결정론, 대명출판사
대통령의 경제리더십, 매일경제신문사
50년대 지방자치(공저), 서울대 출판부
행정학의 새로운 이해, 대명출판사
정책학원론(공저), 대명출판사
행정의 시차적 접근(공저), 박영사
중도실용을 말하다(공저), 랜덤하우스
새로운 패러다임 행정학(공저), 대명출판사

◆ 이시원 (李時遠)

부산대학교 사회복지학과 졸업(행정학사)
서울대학교 행정대학원 졸업(행정학 석사)
서울대학교 대학원 졸업(행정학 박사)
한국지방정부학회 회장
경상대학교 대학평의원회 의장
현 경상대학교 행정학과 명예교수

행정학개론(공저), 법문사
수도권과 비수도권간의 지역격차(공저),
도서출판 한울
관리행동론(역), 도서출판 금정
일본의 정책과정(공역), 대영문화사
새로운 패러다임 행정학(공저), 대명출판사

◆ 정준금 (丁俊錦)

서울대학교 사회교육학과 (문학사)
서울대학교 행정대학원 (행정학 석사)
서울대학교 대학원 (행정학 박사)
미국 시카고대학교, 플로리다주립대학교 방문교수
한국지방정부학회 회장 역임
한국행정학회 부회장 · 한국정책학회 부회장 역임
울산대학교 기획처장 · 정책대학원장 · 사회과학대학장
역임
한국지방정부학회 편집위원장 역임
현 울산대학교 행정학과 교수

새로운 패러다임 행정학(공저), 대명출판사
환경정책론, 대영문화사
행정의 시차적 접근(공저), 박영사
한국사회와 행정개혁(공저), 법문사
환경과 사회(공저), 대영문화사

◆ 김성수(金性洙)

서울대학교 경영학과 졸업(경영학사)
서울대학교 행정대학원 졸업(행정학 석사)
독일 베를린자유대학교 정치학과 졸업(정치학 박사)
과학기술정책연구원 부연구위원
과학기술부 장관자문관
한국외국어대학교 기획조정처장
한국외국어대학교 사회과학대학장
현 한국외국어대학교 사회과학대학 행정학과 교수

비교정치행정(공저), 박영사
독일연방정부론(공저), 도서출판 백산
객관식 행정학개론, 네오시스
작은정부론(공저), 부키
"정책문제 구조화와 문제정의에 관한 연구"
"정책논증에서 수사학적 착상의 활용"

◆ 최종원(崔鍾元)

서울대학교 사회과학대학 졸업(경제학사)
서울대학교 행정대학원 졸업(행정학 석사)
미국 미시간대학교 정책대학원 졸업(정책학 박사)
제26회 행정고등고시 합격
경제기획원 근무
통신개발연구원(현 정보통신정책연구원, KISDI) 책임연구
원 역임
한국개발연구원(KDI) 연구위원
서울대학교 행정대학원 원장 역임
현 서울대학교 행정대학원 교수

국가운영시스템: 과제와 전략(공편), 나남출판
장관리더십(공편), 도서출판 지혜로
정책·행정서비스의 업그레이드(공저), 나남출판
"시차이론과 행정개혁"
"불확실성하에서의 정부의 규제정책결정의 한계"
"정책집행연구의 이론적 틀에 대한 비판적 고찰"

◆ 정광호(鄭光浩)

서울대학교 사회학과 졸업(문학사)
서울대학교 행정대학원 졸업(행정학 석사)
미국 조지타운대학교 정책대학원(정책학 석사)
미국 시라큐스대학교 맥스웰대학원(행정학 박사)
현 서울대학교 행정대학원 원장

장관론(공저), 나남출판사
바우처 연구, 법문사
"정책리터러시 함수 분석"
"외부의 재정지원이 조직운영에 미치는 영향"

◆ 문명재(文命在)

연세대 정치외교학과 (정치외교학사)
경희대 평화복지대학원 (정치학 석사)
미국 텍사스주립대 존슨대통령정책대학원
(정책학 석사)
미국 시라큐스대학교 맥스웰대학원 (행정학 박사)
미국 콜로라도주립대, 텍사스주립대 교수 역임
International Review of Public
Administration 편집장 역임
현 미국행정학회 국제위원장
현 미국행정한림원(NAPA) 종신회원
현 연세대학교 행정학과 교수

Public Administration in East Asia
- Mainland China, Japan, South Korea,
and Taiwan(공편), Taylor & Francis
Group
Korea and the World: Contemporary
History and its Implication(편저),
한국현대사박물관
한국대통령리더십과 국가관리(편저), 법현사
"The Evolution of Internal IT Applications
and e-Government Studies in Public
Administration: Research Themes and
Methods,"(공저)

◆ 권혁주(權赫周)

서울대학교 정치학과 (정치학사)
서울대학교 대학원 (정치학 석사)
영국 옥스퍼드 대학교 (정치학 박사)
성균관대학교 국정관리대학원 교수 역임
유엔사회발전연구소 연구조정관 역임
한국행정학보 편집위원장 역임
현 Global Social Policy 공동편집위원장
현 서울대학교 아시아개발연구소 부소장
현 서울대학교 행정대학원 교수

The Korean State and Social Policy,
Oxford University Press
Transforming the Developmental Welfare
State in East Asia, Palgrave
"Poverty Reduction and Good Governance"
"Economic Development and Poverty
Reduction in Korea"
"정책수단의 정치적 성격"
"보편적 복지에 대한 규범론적 분석

정책학개론

2022년 8월 25일 초판 인쇄
2022년 9월 1일 초판 발행
2025년 2월 25일 2쇄 발행

저 자 정정길 · 이시원 · 정준금 · 김성수
최종원 · 정광호 · 권혁주 · 문명재

발행자 이 윤 구

발행처 大明出版社
서울특별시 관악구 신림로89, 2층
〈등록〉 제2023-0000 13호
〈전화〉 02)737-7771 / FAX 02)735-8666
E-mail : gosi094@naver.com

정가 45,000 원 ISBN 978-89-5774-379-9 93350